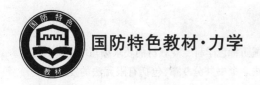

国防特色教材·力学

航空航天结构有限元法

关玉璞 陈 伟 崔海涛 编著

哈尔滨工业大学出版社

北京航空航天大学出版社　北京理工大学出版社

哈尔滨工程大学出版社　西北工业大学出版社

内容简介

本书是根据原国防科学技术工业委员会"十一五"国防特色学科专业教材的要求编写的。

本书系统地阐述了有限元法的基本原理和数值方法。全书共分9章,包括有限元法的发展简史和基本概念,平面问题3结点三角形单元,轴对称体的有限元法,参数单元,有限元方程的解法,变分原理与有限元,非线性有限元法,有限元法的程序设计与使用,有限元法在其他领域中的应用。

本书是针对航空航天、机械工程、动力工程和车辆工程等专业的本科生和研究生编写的教材,也可以作为从事上述专业的工程技术人员的参考书。

图书在版编目(CIP)数据

航空航天结构有限元法/关玉璞,陈伟,崔海涛编著.
哈尔滨:哈尔滨工业大学出版社,2009.11
ISBN 978-7-5603-2962-8

Ⅰ.航… Ⅱ.①关…②陈…③崔… Ⅲ.①有限元法-应用-航空工程 ②有限元法-应用-航天工程 Ⅵ.V

中国版本图书馆 CIP 数据核字(2009)第 194712 号

航空航天结构有限元法

关玉璞 陈 伟 崔海涛 编著
责任编辑 刘培杰 范业婷 张永芹

*

哈尔滨工业大学出版社出版发行
哈尔滨市南岗区复华四道街10号(150006) 发行部电话:0451-86418760 传真:0451-86414749
http://hitpress.hit.edu.cn
哈尔滨市工大节能印刷厂印装 各地书店经销

*

开本:787×960 1/16 印张:26.75 字数:579千字
2009年12月第1版 2009年12月第1次印刷 印数:3 000册
ISBN 978-7-5603-2962-8 定价:48.00元

序

航空航天技术是国防现代化的主要基础技术，是国民经济建设和科学技术发展的主要推动力量，也是国家科技水平和综合实力的主要标志之一。60年来，我国航空航天科技工业有了长足的发展，多型飞机、导弹、卫星与飞船相继研制成功，标志着我国航空航天科技工业沿着"独立自主、自力更生"的发展道路高歌猛进，并建立了较完整的航空航天科技工业体系，为未来我国航空航天科技工业的创新发展奠定了坚实的基础。

航空航天是知识密集型的高科技产业，为确保航空航天科技工业的持续快速发展，高等院校肩负着培养一大批高素质、高层次科技人才这一重要的历史使命。

近年来，国家十分重视高等院校航空航天特色学科的发展和建设，期盼尽快培养出一批高质量的高层次科技专门人才，以满足航空航天科技工业发展的迫切需要。国防特色学科教材是高等院校人才培养中主要的知识载体和教学条件。国家十分重视这方面的建设，原国防科工委在"十五"和"十一五"期间均设立了"国防特色学科教材"建设专项，规划编著出版一批具有国防特色的、高水平的优质教材，以满足国防特色学科高层次科技人才培养的需要。

安全性、可靠性、耐久性是航空航天飞行器及其动力装置研制、生产、使用过程中的技术关键，随着航空航天科技的不断发展越来越引起业内专家和广大科技人员的重视。为确保飞行器及其动力装置的安全使用、运行可靠和足够的寿命，在产品设计、生产和使用过程中，必须精心地对其整机及其零部件进行结构强度、振动以及疲劳寿命等分析。过去这种分析往往是通过将实际工程结构简化为可解析的力学模型，采用经典的结构强度理论与方法来实现的。近数十年来，由于电子计算机技术以及高效数值计算方法的高速发展，使复杂工程结构的大规模数值计算问题能够实现，并达到相当高的精确程度。而有限元法是目前工程结构分析，尤其是航空航天结构分析中最有效、最广泛应用的一种数值方法。有限元法的理论和方法已成为从事航空航天领域的科技人员必须掌握的技术基础和应用工具，也是国防特色学科相关专业本科生和研究生的一门必修课程。

本书作者关玉璞、陈伟和崔海涛三位教授，都具有工学博士学位以及航空航天科学与技术学科的博士后研究经历。他们在航空航天院校从事高层次人才培养都已有十多年的经历,积累了丰富的教学经验;他们都承担过数十项航空航天科技领域的研究和技术攻关任务,并取得了丰硕的成果。作者在长期教学和科研实践的基础上编著的《航空航天结构有限元法》教材,既阐明了有限元法的基础理论和基本方法,又具有有限元法应用于航空航天结构(如轴对称结构、板壳结构等)的特点。本教材不仅体现了有限元法基本理论的基础性,而且体现了有限元法在工程结构分析中的实用性,是一本不可多得的特色教材。

《航空航天结构有限元法》一书是"十一五"国防特色学科教材规划中的一部,旨在满足航空航天相关学科专业本科生和研究生教学之用。这部教材的出版,为航空航天相关学科专业以及其他工程领域相关学科专业的教学创造了有利的条件。同时,作为一本工程应用类书籍,也可供从事航空航天领域工作的科技人员以及其他工程领域的科技人员参考。

2009 年 10 月

前　言

随着现代科学技术的发展,有限元法已经成为航空航天、机械工程、动力工程、车辆工程、土木与水利工程、材料工程等许多工程科学中的一种非常实用的数值分析工具。尤其是众多的结构分析设计商用软件,使有限元法在工程设计中得到了广泛的应用。

本书以1993年由西北工业大学出版社出版、高德平主编的《机械工程中的有限元法基础》教材为基础,总结吸收了近年来的教学经验,通过大量的修改修订,充实增加新的章节和内容,重新编写而成。本书注重有限元方法的基本概念、基本理论和基本方法的阐述,分层次、系统和全面地介绍有限元法及其应用;同时,注重联系工程实际问题,突出航空航天结构特色,注重培养学生设计、开发和使用有限元程序的能力。

全书共分9章,第1章介绍有限元法的发展简史、弹性力学和有限元法的基本概念;第2章以常应变三角形单元为基础,重点叙述有限元法的基本原理和数值方法;第3章介绍轴对称问题的有限元法;第4章从8结点等参数单元出发,建立等参数单元的基本概念,进而联系实际问题,叙述由其演化而成的参数族单元及其特性;第5章介绍了三种有限元方程组的解法;第6章讨论有限元法的变分基础,介绍变分原理和基于变分原理的有限元法;第7章详细叙述了非线性有限元,既包括弹塑性问题,又包括有限变形问题;还有结构屈曲分析、接触、黏弹塑性与蠕变等非线性问题的有限元分析;第8章的内容为有限元程序设计和大型结构分析程序ANSYS的介绍和使用;第9章是有限元法在其他领域中的应用,包括有限元法在结构动力学、结构热力学、流场和电磁场中的应用。

本书中第1~5章和第7章由关玉璞编写;第9章由陈伟编写;第6章和第8章由崔海涛编写。全书由关玉璞统编并最终定稿。

本书在编写过程中,得到了高德平教授的大力支持和不断鼓励,编者在此向他致以深深的谢意。研究生吕文亮和赵振华参与了第9章的编写工作,研究生李爱民编制和校验了第8章的有限元程序,研究生吕文亮、邓君、刘旭阳和杨双林参与了书中插图的绘制工作,编者在此向他们表示衷心的感谢。

北京航空航天大学的邢誉峰教授和南京航空航天大学的朱如鹏教授对本书进行了详尽的审阅,并提出了宝贵的修改意见。编者在此向他们致以特别的感谢。

由于编者的水平不足,书中难免存在疏漏和不妥之处,恳请读者给予批评指正。

编者
2009年9月于明故宫校区

目 录

第1章 绪论 ········· 1

1.1 有限元法的发展简史 ········· 1
1.2 弹性力学的基本概念 ········· 1
    1.2.1 三维问题 ········· 2
    1.2.2 二维问题 ········· 8
1.3 有限元法的基本概念 ········· 10
    1.3.1 结构离散化 ········· 10
    1.3.2 刚度矩阵 ········· 11
思考题 ········· 18

第2章 平面问题 3结点三角形单元 ········· 19

2.1 引言 ········· 19
2.2 位移函数 ········· 20
    2.2.1 位移函数的一般形式 ········· 21
    2.2.2 3结点三角形单元的位移函数 ········· 21
    2.2.3 形函数及其性质 ········· 23
    2.2.4 面积坐标 ········· 24
    2.2.5 位移函数与解的收敛性 ········· 27
2.3 单元刚度矩阵 ········· 29
    2.3.1 基本方法 ········· 29
    2.3.2 三角形单元的刚度矩阵 ········· 29
    2.3.3 单元刚度矩阵的性质 ········· 34
2.4 等效结点载荷 ········· 34
    2.4.1 非结点载荷的移置 ········· 34
    2.4.2 载荷移置的普遍公式 ········· 35
    2.4.3 载荷移置举例 ········· 36
    2.4.4 三角形常应变单元的载荷移置结果 ········· 38
    2.4.5 温度改变的等效结点载荷 ········· 40

2.5 结构刚度方程 ··· 42
　2.5.1 集合的基本原则 ·· 42
　2.5.2 结构刚度方程的建立 ··· 43
　2.5.3 形成结构刚度矩阵的常用方法 ·· 46
　2.5.4 结构刚度矩阵的性质及其应用 ·· 48
2.6 位移边界条件处理 ··· 49
　2.6.1 结构刚度矩阵的奇异性 ·· 49
　2.6.2 处理位移边界条件的常用方法 ·· 51
2.7 应力计算 ·· 53
　2.7.1 基本公式 ··· 53
　2.7.2 温度应力的计算 ··· 54
　2.7.3 应力的表示方法 ··· 55
　2.7.4 主应力和主方向 ··· 56
2.8 解题示例 ·· 57
2.9 公式推广 ·· 61
习题 ··· 62
思考题 ·· 65

第 3 章 轴对称体的有限元法 ··· 66

3.1 轴对称问题的有限元法 ··· 66
　3.1.1 轴对称问题的基本方程 ·· 66
　3.1.2 轴对称体的离散化 ··· 68
　3.1.3 位移函数 ··· 68
　3.1.4 单元的应变和应力 ··· 70
　3.1.5 单元刚度矩阵 ··· 72
　3.1.6 结构的总体刚度矩阵 ··· 77
　3.1.7 等效结点载荷 ··· 77
　3.1.8 应力计算 ··· 81
3.2 非轴对称载荷作用下轴对称体的有限元法 ································· 82
　3.2.1 载荷和位移沿 θ 方向的傅里叶级数展开 ······················· 82
　3.2.2 正对称载荷下的有限元格式 ·· 84
　3.2.3 反对称载荷下的有限元格式 ·· 90
　3.2.4 等效结点载荷 ··· 92
习题 ··· 95

思考题 …… 96

第4章 参数单元 …… 97

4.1 引言 …… 97
4.2 单元位移函数 …… 97
4.2.1 拉格朗日插值函数 …… 98
4.2.2 四边形与六面体单元的形函数 …… 99
4.3 等参数单元 …… 103
4.3.1 4结点四边形单元 …… 104
4.3.2 坐标变换矩阵 …… 107
4.3.3 8结点四边形单元 …… 110
4.3.4 4-8可变结点参数单元 …… 117
4.3.5 数值积分 …… 118
4.4 三维8-21可变结点参数单元 …… 119
4.4.1 位移形函数 …… 120
4.4.2 几何形函数与坐标变换 …… 121
4.4.3 三维参数单元刚度矩阵 …… 124
4.4.4 等效结点载荷 …… 124
4.4.5 三维参数单元的应力计算 …… 127
4.5 超参数单元 …… 127
4.5.1 坐标函数 …… 128
4.5.2 位移函数 …… 129
4.5.3 局部坐标系与坐标变换 …… 130
4.5.4 应变与应力 …… 131
4.5.5 单元刚度矩阵 …… 133
4.6 非协调单元 …… 133
4.6.1 非协调形函数 …… 134
4.6.2 分片检验 …… 135
4.7 过渡单元 …… 136
4.7.1 轴对称和平面过渡单元 …… 137
4.7.2 三维过渡单元 …… 141
4.8 参数单元在正交异性材料中的应用 …… 148
4.8.1 正交各向异性材料的弹性矩阵 …… 148
4.8.2 正交各向异性材料弹性矩阵的方向性 …… 150

习题 ··· 152
　　思考题 ·· 154

第 5 章　有限元方程的解法 ··· 155
　5.1　引言 ··· 155
　5.2　高斯消去法 ·· 156
　5.3　波前法 ··· 159
　5.4　子结构法 ·· 162
　　习题 ··· 165
　　思考题 ·· 166

第 6 章　变分原理与有限元法 ··· 167
　6.1　微分方程的变分解法 ·· 167
　　6.1.1　泛函极值求解与欧拉方程 ·· 167
　　6.1.2　瑞利-里茨法 ··· 174
　6.2　基于变分原理场问题的有限元法 ·· 176
　　6.2.1　泛函极值求解与微分方程求解等价 ··· 177
　　6.2.2　位移场的有限元法求解 ··· 180
　　6.2.3　用有限元法求解椭圆型微分方程 ·· 181
　　习题 ··· 188
　　思考题 ·· 188

第 7 章　非线性有限元法 ··· 189
　7.1　引言 ··· 189
　7.2　弹塑性问题有限元法 ·· 189
　　7.2.1　材料的弹塑性理论 ·· 190
　　7.2.2　增量弹塑性有限元法 ·· 196
　7.3　有限变形问题有限元法 ·· 199
　　7.3.1　有限变形基本方程 ·· 199
　　7.3.2　大变形问题有限元法 ·· 208
　7.4　非线性有限元方程的解法 ·· 215
　　7.4.1　牛顿-拉夫森方法 ·· 216
　　7.4.2　拟牛顿-拉夫森方法 ·· 217
　　7.4.3　收敛准则 ··· 219

  7.4.4 增量法 ································ 219
 7.5 其他非线性问题有限元法 ························ 221
  7.5.1 结构屈曲 ································ 221
  7.5.2 接触问题 ································ 223
  7.5.3 黏弹塑性与蠕变 ···························· 231
 思考题 ·· 242

第8章 有限元法的程序设计与使用 ···················· 244

 8.1 引言 ·· 244
 8.2 有限元程序系统的设计原则与特点 ·················· 245
  8.2.1 程序设计的原则 ···························· 245
  8.2.2 有限元程序系统的特点 ························ 245
 8.3 弹性平面问题三角形单元有限元程序 ················ 246
  8.3.1 程序结构及主调函数 ·························· 246
  8.3.2 原始数据的输入 ···························· 248
  8.3.3 结构刚度矩阵的组装 ·························· 251
  8.3.4 总载荷向量的组装 ···························· 255
  8.3.5 约束支承条件的处理 ·························· 255
  8.3.6 变带宽方程组的求解 ·························· 256
  8.3.7 单元应力的计算 ···························· 256
  8.3.8 计算实例 ·································· 258
  8.3.9 平面问题的源程序 ···························· 261
 8.4 弹塑性平面问题等参数单元有限元程序 ·············· 275
  8.4.1 程序的主要变量 ···························· 276
  8.4.2 程序的主要数组 ···························· 277
  8.4.3 程序框图 ·································· 278
  8.4.4 弹塑性平面问题有限元源程序 ···················· 279
 8.5 大型通用有限元分析软件 ANSYS 简介 ················ 329
  8.5.1 ANSYS 程序概述 ···························· 330
  8.5.2 结构分析例题 ······························ 331
 习题 ·· 337

第9章 有限元法在其他领域中的应用 ···················· 339

 9.1 结构动力学分析中的有限元法 ······················ 339

  9.1.1 结构动力学基本方程 …………………………………… 339
  9.1.2 单元质量矩阵 …………………………………………… 340
  9.1.3 单元阻尼矩阵 …………………………………………… 341
  9.1.4 特征值问题 ……………………………………………… 342
  9.1.5 结构动力学方程的解法 ………………………………… 350
 9.2 结构热分析中的有限元法 ……………………………………… 357
  9.2.1 热传导基本理论 ………………………………………… 357
  9.2.2 平面温度场有限元 ……………………………………… 358
  9.2.3 轴对称温度场有限元 …………………………………… 373
  9.2.4 瞬态温度场有限元 ……………………………………… 375
 9.3 流场分析中的有限元法 ………………………………………… 379
  9.3.1 渗流问题的有限元法 …………………………………… 379
  9.3.2 势流问题的有限元法 …………………………………… 381
 9.4 电磁场分析中的有限元法 ……………………………………… 389
  9.4.1 电磁场基本理论 ………………………………………… 389
  9.4.2 电磁场变分问题 ………………………………………… 392
  9.4.3 二维场的有限元 ………………………………………… 401
  9.4.4 轴对称场的有限元 ……………………………………… 405
  9.4.5 三维场的有限元 ………………………………………… 407
  9.4.6 非线性问题的有限元 …………………………………… 410
习题 …………………………………………………………………………… 412
思考题 ………………………………………………………………………… 413
参考文献 ……………………………………………………………………… 414

第1章 绪 论

1.1 有限元法的发展简史

有限元法是一种求解微分方程的数值计算方法。与传统的解析方法相比,有限元法具有理论完善,物理意义直观明确,解题效率高等优点。随着电子计算机的发展和应用,有限元法已经成为解决许多科学和工程实际问题的有效工具。

有限元法最早的概念可以追溯到1943年,数学家Courant应用定义在三角形区域上的分片连续函数与最小势能原理相结合,来求解St. Venant扭转问题。1955年,Argyris和Kelsey利用最小势能原理,得到了系统的刚度方程,推广杆系结构矩阵分析法,对连续结构进行了分析。1956年,波音公司Turner, Clough, Martin和Topp等人在分析大型飞机结构时,第一次给出采用直接刚度法推导出的三角形单元,将结构力学中的位移法推广到平面应力问题。Clough于1960年在一篇论文中首次使用"Finite Element"(有限元或有限单元)这一名称。1963年,Besseling等人证明了有限元法是基于变分原理的Ritz法的另一种形式。1969年,Oden将有限元法推广应用于加权残量法(如Galerkin法)。同年,Zienkiewicz提出了等参元的概念,从而使有限元法更加普及与完善。

1970年以后,随着电子计算机硬件和软件技术的发展,有限元法的研究和应用得到了飞速的进展,出现了一些大型结构分析软件,同时,有限元法应用的领域不断扩大。从弹性力学平面问题扩展到空间问题和板壳问题,从静力平衡问题扩展到动力响应问题、结构稳定问题和波动问题,从固体力学扩展到流体力学、传热学和电磁学等学科,从弹性材料扩展到弹塑性、塑性、黏弹性、黏塑性和复合材料等,从航空领域扩展到宇航、土木建筑、机械制造、水利工程、造船与核工程等领域。

1.2 弹性力学的基本概念

有限元法是在求解弹性力学平面问题时显露其有效性的。这是由于弹性体的变形能和外力势能可以表示为形式划一的二次泛函。为了浅显地介绍有限元法,这里简要地介绍弹性力学的基本概念。

1.2.1 三维问题

1. 应力与平衡方程

弹性体在外力或者温度发生变化等条件作用下,内部各部分之间将产生内力。内力的大小通常用应力表示,单位面积上所受到的内力就称为应力。

在弹性体内的一点 P 附近作一平行微元六面体,其棱边平行于各坐标轴。微元六面体中有 3 个面的外法线方向分别与 x 轴、y 轴和 z 轴同向,其余 3 个则与坐标轴反向。作用在垂直于 x 轴平面上的应力分量为 $\sigma_x, \tau_{xy}, \tau_{xz}$,作用在垂直于 y 轴平面上的应力分量为 $\sigma_y, \tau_{yx}, \tau_{yz}$,作用在垂直于 z 轴平面上的应力分量为 $\sigma_z, \tau_{zx}, \tau_{zy}$,如图 1.1 所示。这 9 个应力分量构成一个张量,称为应力张量。

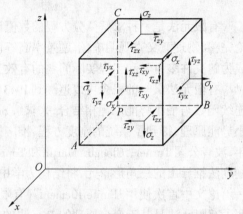

图 1.1 微元六面体上的应力

从图 1.1 中可以看出,应力分量 σ_x 表示垂直于 x 轴的坐标面上的正应力(沿 x 轴受拉为正,受压为负);而应力分量 τ_{xy}, τ_{xz} 则表示垂直于 x 轴的坐标面上的切应力(使扭转角变为锐角的为正)。由微元六面体力矩的平衡可得切应力互等定律,即

$$\tau_{ij} = \tau_{ji} \quad (i,j = x,y,z; i \neq j) \tag{1.1}$$

因此,应力张量是对称的,其分量只有 6 个是独立的。在有限元法中,通常把 6 个应力分量排成下列次序的列向量

$$\{\sigma\} = \begin{Bmatrix} \sigma_x \\ \sigma_y \\ \sigma_z \\ \tau_{xy} \\ \tau_{yz} \\ \tau_{zx} \end{Bmatrix} \tag{1.2}$$

经过点 P 作一任意的斜面(图 1.2),其法线 N 的方向余弦为 (l,m,n),利用与三坐标面围成的四面体的平衡条件,可以得到作用于该斜面的应力 $\{\sigma_n\}$ 的 3 个分量

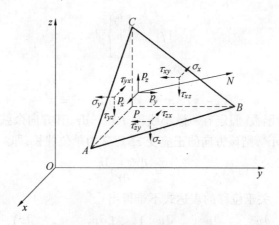

图 1.2 四面体微元上的应力

$$\begin{cases} p_x = \sigma_x l + \tau_{yx} m + \tau_{zx} n \\ p_y = \tau_{yx} l + \sigma_y m + \tau_{zy} n \\ p_z = \tau_{xz} l + \tau_{yz} m + \sigma_z n \end{cases} \quad (1.3)$$

作用于该斜面上的正应力为

$$\sigma_n = p_x l + p_y m + p_z n = \sigma_x l^2 + \sigma_y m^2 + \sigma_z n^2 + 2\tau_{xy} lm + 2\tau_{yz} mn + 2\tau_{zx} nl \quad (1.4)$$

而切应力为

$$\tau_n = p_x^2 + p_y^2 + p_z^2 - \sigma_n^2 \quad (1.5)$$

如果斜面上切应力 $\tau_n = 0$,则该斜面称作 P 点的应力主面,相应的法线称作 P 点的应力主轴,而其正应力称作 P 点的主应力。可以证明,在弹性体内任意一点,一定存在 3 个互相正交的主应力,其中最大(小)的一个就是该点的极大(小)正应力。3 个正应力之和

$$\Theta = \sigma_x + \sigma_y + \sigma_z \quad (1.6)$$

称为体积应力,它在坐标变换下是个不变量,因而等于 3 个主应力之和。

设作用于 P 点的体积力为 $f = [X \quad Y \quad Z]^T$,对微元六面体进行平衡分析,可以得到力的平衡方程为

$$\begin{cases} \dfrac{\partial \sigma_x}{\partial x} + \dfrac{\partial \tau_{yx}}{\partial y} + \dfrac{\partial \tau_{zx}}{\partial z} + X = 0 \\ \dfrac{\partial \tau_{xy}}{\partial x} + \dfrac{\partial \sigma_y}{\partial y} + \dfrac{\partial \tau_{zy}}{\partial z} + Y = 0 \\ \dfrac{\partial \tau_{xz}}{\partial x} + \dfrac{\partial \tau_{yz}}{\partial y} + \dfrac{\partial \sigma_z}{\partial z} + Z = 0 \end{cases} \quad (1.7)$$

2. 应变与几何方程

弹性体内任一点 $P(x,y,z)$ 在小变形后移动到 $P'(x',y',z')$,其位移函数为

$$\{f\} = \begin{Bmatrix} u \\ v \\ w \end{Bmatrix} \tag{1.8}$$

式中

$$u = x' - x, \quad v = y' - y, \quad w = z' - z$$

它们是(x,y,z)的微量函数。假定有一微小线段$PA = \mathrm{d}r$,其方向余弦为(l_1,m_1,n_1),经过小变形变为线段$P'A' = \mathrm{d}r'$,则该方向的正应变ε_n定义为单位伸长,即

$$\varepsilon_n = \frac{\mathrm{d}r' - \mathrm{d}r}{\mathrm{d}r} \tag{1.9}$$

从变形前后的$\mathrm{d}r$与$\mathrm{d}r'$关于位移的表达式不难得出

$$\varepsilon_n = \left\{ \left[\left(1 + \frac{\partial u}{\partial x}\right)l_1 + \frac{\partial u}{\partial y}m_1 + \frac{\partial u}{\partial z}n_1 \right]^2 + \left[\frac{\partial v}{\partial x}l_1 + \left(1 + \frac{\partial v}{\partial y}\right)m_1 + \frac{\partial v}{\partial z}n_1 \right]^2 + \left[\frac{\partial w}{\partial x}l_1 + \frac{\partial w}{\partial y}m_1 + \left(1 + \frac{\partial w}{\partial z}\right)n_1 \right]^2 \right\}^{\frac{1}{2}} - 1$$

展开右端并略去高阶无穷小量(即位移导数的高次项),得到

$$\varepsilon_n = \frac{\partial u}{\partial x}l_1^2 + \frac{\partial v}{\partial y}m_1^2 + \frac{\partial w}{\partial z}n_1^2 + \left(\frac{\partial w}{\partial y} + \frac{\partial v}{\partial z}\right)m_1 n_1 + \left(\frac{\partial u}{\partial z} + \frac{\partial w}{\partial x}\right)n_1 l_1 + \left(\frac{\partial v}{\partial x} + \frac{\partial u}{\partial y}\right)l_1 m_1 \tag{1.10}$$

设另一线段PB,其方向余弦为(l_2,m_2,n_2),变形前两条线段的夹角$\angle APB = \theta$,则

$$\cos\theta = l_1 l_2 + m_1 m_2 + n_1 n_2 \tag{1.11}$$

设变形后的夹角$\angle A'P'B' = \theta'$(图1.3),则

$$\cos\theta' = l'_1 l'_2 + m'_1 m'_2 + n'_1 n'_2 \tag{1.12}$$

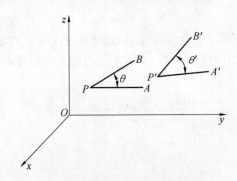

图1.3 空间线段变形前后的夹角

根据变形前后两线段长短和方向的变化,不难得出

$$\cos\theta' = (1 - \varepsilon_{nA} - \varepsilon_{nB})\cos\theta + 2\left(\frac{\partial u}{\partial x}l_1 l_2 + \frac{\partial v}{\partial y}m_1 m_2 + \frac{\partial w}{\partial z}n_1 n_2\right) + \left(\frac{\partial w}{\partial y} + \frac{\partial v}{\partial z}\right) \cdot$$

$$(m_1 n_2 + n_1 m_2) + \left(\frac{\partial u}{\partial z} + \frac{\partial w}{\partial x}\right)(n_1 l_2 + l_1 n_2) + \left(\frac{\partial v}{\partial x} + \frac{\partial u}{\partial y}\right)(l_1 m_2 + m_1 l_2)$$
(1.13)

对照式(1.11)和式(1.13)可知，只要在 P 点给定如下 6 个导数值

$$\begin{cases} \varepsilon_x = \dfrac{\partial u}{\partial x} \\ \gamma_{xy} = \dfrac{\partial v}{\partial x} + \dfrac{\partial u}{\partial y} \\ \varepsilon_y = \dfrac{\partial v}{\partial y} \\ \gamma_{yz} = \dfrac{\partial w}{\partial y} + \dfrac{\partial v}{\partial z} \\ \varepsilon_z = \dfrac{\partial w}{\partial z} \\ \gamma_{zx} = \dfrac{\partial u}{\partial z} + \dfrac{\partial w}{\partial x} \end{cases}$$
(1.14)

就可以完全确定 P 点邻近的变形状态。$\varepsilon_x, \varepsilon_y, \varepsilon_z$ 表示沿坐标轴的正应变，$\gamma_{yz}, \gamma_{zx}, \gamma_{xy}$ 表示经过小变形后坐标方向之间的直角改变量，即所谓切应变；其中 γ_{xy} 如图 1.4 所示。变形后原直角变成锐角切应变为正，变成钝角切应变为负。切应力、切应变同样满足互等定律。这 6 个量称为应变分量，记作

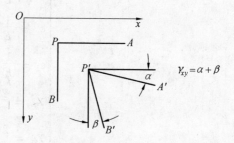

图 1.4 切应变 γ_{xy}

$$\{\varepsilon\} = \begin{Bmatrix} \varepsilon_x \\ \varepsilon_y \\ \varepsilon_z \\ \gamma_{xy} \\ \gamma_{yz} \\ \gamma_{zx} \end{Bmatrix} \quad (1.15)$$

同样可以证明，在弹性体内任意一点，一定存在互相正交的应变主轴，变形后三轴交角仍然保持直角，即切应变为零；沿三应变主轴的应变称为主应变，而且其中最大(小)的一个就是该点的极大(小)的正应变。三个正应变之和

$$e = \varepsilon_x + \varepsilon_y + \varepsilon_z \tag{1.16}$$

称为体积应变，也是不变量，而且表示微元中每单位体积的改变量。对于各向同性体来说，应力主轴与应变主轴的方向是一致的。

关系式(1.14)称为几何方程，其矩阵形式为

$$\{\varepsilon\} = \begin{Bmatrix} \varepsilon_x \\ \varepsilon_y \\ \varepsilon_z \\ \gamma_{xy} \\ \gamma_{yz} \\ \gamma_{zx} \end{Bmatrix} = \begin{bmatrix} \frac{\partial}{\partial x} & 0 & 0 \\ 0 & \frac{\partial}{\partial y} & 0 \\ 0 & 0 & \frac{\partial}{\partial z} \\ \frac{\partial}{\partial y} & \frac{\partial}{\partial x} & 0 \\ 0 & \frac{\partial}{\partial z} & \frac{\partial}{\partial y} \\ \frac{\partial}{\partial z} & 0 & \frac{\partial}{\partial x} \end{bmatrix} \begin{Bmatrix} u \\ v \\ w \end{Bmatrix} = [B]\{f\} \qquad (1.17)$$

3. 物理方程

应变与应力之间的一般关系式,即物理方程为

$$\begin{cases} \varepsilon_x = \frac{1}{E}[\sigma_x - \mu(\sigma_y + \sigma_z)] \\ \varepsilon_y = \frac{1}{E}[\sigma_y - \mu(\sigma_z + \sigma_x)] \\ \varepsilon_z = \frac{1}{E}[\sigma_z - \mu(\sigma_x + \sigma_y)] \\ \gamma_{xy} = \frac{2(1+\mu)}{E}\tau_{xy} = \frac{1}{G}\tau_{xy} \\ \gamma_{yz} = \frac{2(1+\mu)}{E}\tau_{yz} = \frac{1}{G}\tau_{yz} \\ \gamma_{zx} = \frac{2(1+\mu)}{E}\tau_{zx} = \frac{1}{G}\tau_{zx} \end{cases} \qquad (1.18)$$

式中, E, μ 分别称为弹性模量和泊松比; $G = E/[2(1+\mu)]$ 称为剪切弹性模量。

从式(1.18)求逆得出应力与应变之间的关系式为

$$\begin{cases} \sigma_x = \lambda e + 2G\varepsilon_x \\ \sigma_y = \lambda e + 2G\varepsilon_y \\ \sigma_z = \lambda e + 2G\varepsilon_z \\ \tau_{xy} = G\gamma_{xy} \\ \tau_{yz} = G\gamma_{yz} \\ \tau_{zx} = G\gamma_{zx} \end{cases} \qquad (1.19)$$

写成矩阵形式为

$$\{\sigma\} = \begin{bmatrix} \lambda+2G & \lambda & \lambda & 0 & 0 & 0 \\ \lambda & \lambda+2G & \lambda & 0 & 0 & 0 \\ \lambda & \lambda & \lambda+2G & 0 & 0 & 0 \\ 0 & 0 & 0 & G & 0 & 0 \\ 0 & 0 & 0 & 0 & G & 0 \\ 0 & 0 & 0 & 0 & 0 & G \end{bmatrix} \{\varepsilon\} = [D][B]\{f\} \quad (1.20)$$

式中,$\lambda = E\mu/[(1+\mu)(1-2\mu)]$ 与 G 称为拉梅系数;e 是体积应变,它与体积应力 Θ 成正比

$$e = \frac{1-2\mu}{E}\Theta \quad \text{或} \quad \Theta = \frac{E}{1-2\mu}e \quad (1.21\text{a,b})$$

式中,比例常数 $E/(1-2\mu)$ 称为体积弹性模量。

4. 边界条件

弹性体 Ω 的边界 Γ 承受面力

$$\boldsymbol{q} = \{q\} = \begin{Bmatrix} q_x \\ q_y \\ q_z \end{Bmatrix} \quad (1.22)$$

的方式有3种:固定支承,载荷支承和弹性支承。设 Γ 的3种支承部分分别记为 Γ_1,Γ_2 和 Γ_3,则边界条件可表示为:

① 几何约束条件:在 Γ_1 上给定位移,即

$$u = \bar{u}, \quad v = \bar{v}, \quad w = \bar{w} \quad \text{在 } \Gamma_1 \text{ 上} \quad (1.23)$$

② 面力平衡条件:在 Γ_2 上给定载荷,即面力 $\boldsymbol{q}$,(l,m,n) 表示 Γ_2 上任一面积元素的外法线方向余弦,由应力与面力平衡得到

$$\begin{cases} \sigma_x l + \tau_{yx} m + \tau_{zx} n = q_x \\ \tau_{xy} l + \sigma_y m + \tau_{zy} n = q_y \\ \tau_{xz} l + \tau_{yz} m + \sigma_z n = q_z \end{cases} \quad \text{在 } \Gamma_2 \text{ 上} \quad (1.24)$$

③ 耦合平衡条件:在 Γ_3 上弹性体 Ω 与另一弹性体接触,这些接触边界上的位移既不受约束也不自由,而且具有与给定位移 $\bar{u},\bar{v},\bar{w}$ 成正比的弹性反力。在单位面积上它的3个分量为

$$-[c_{j1}(u-\bar{u}) + c_{j2}(v-\bar{v}) + c_{j3}(w-\bar{w})] = -(c_{j1}u + c_{j2}v + c_{j3}w) + q_j \quad (j=1,2,3)$$
$$(1.25)$$

这里弹性支承系数矩阵 $[C] = (c_{ji})$ 是正定的,而 $q_j = c_{j1}\bar{u} + c_{j2}\bar{v} + c_{j3}\bar{w}$ 可以看做给定的面力。同样,反力应由 Γ_3 上的应力来平衡。于是,平衡条件为

$$\begin{cases} \sigma_x l + \tau_{yx} m + \tau_{zx} n = -(c_{11}u + c_{12}v + c_{13}w) + q_1 \\ \tau_{xy} l + \sigma_y m + \tau_{xy} n = -(c_{21}u + c_{22}v + c_{23}w) + q_2 \\ \tau_{xz} l + \tau_{yz} m + \sigma_z n = -(c_{31}u + c_{32}v + c_{33}w) + q_3 \end{cases} \quad \text{在 } \Gamma_3 \text{ 上} \quad (1.26)$$

1.2.2 二维问题

对于承受拉伸的薄板,可以认为沿板厚方向的正应力和切应力都为零。通常以薄板的中面为 xy 平面,假定

$$\sigma_z = 0, \quad \tau_{yz} = \tau_{zy} = \tau_{zx} = \tau_{xz} = 0$$

则只有沿 xy 平面的 3 个应力分量,即 σ_x, σ_y 和 $\tau_{xy} = \tau_{yx}$,且与坐标 z 无关。这就是平面应力问题。对于受到沿长度方向不变的外力作用的相当长的棱柱体(例如水坝),可以认为各点只有平行其横截面(取为 xy 平面)的位移(即 $w = 0$),且其位移沿长度方向不变(即 u, v 与 z 无关),从几何方程可知

$$\varepsilon_z = 0, \quad \gamma_{yz} = \gamma_{zy} = \gamma_{zx} = \gamma_{xz} = 0$$

则只有沿 xy 平面的 3 个应变分量,即 $\varepsilon_x, \varepsilon_y$ 和 $\gamma_{xy} = \gamma_{yx}$,且与坐标 z 无关。这就是平面应变问题。

1. 平面应力问题

(1) 力的平衡方程

$$\begin{cases} \dfrac{\partial \sigma_x}{\partial x} + \dfrac{\partial \tau_{yx}}{\partial y} + X = 0 \\ \dfrac{\partial \tau_{xy}}{\partial x} + \dfrac{\partial \sigma_y}{\partial y} + Y = 0 \end{cases} \quad (1.27)$$

(2) 几何方程

$$\begin{cases} \varepsilon_x = \dfrac{\partial u}{\partial x} \\ \varepsilon_y = \dfrac{\partial v}{\partial y} \\ \gamma_{xy} = \dfrac{\partial v}{\partial x} + \dfrac{\partial u}{\partial y} \end{cases} \quad (1.28)$$

(3) 物理方程

$$\begin{cases} \varepsilon_x = \dfrac{1}{E}(\sigma_x - \mu\sigma_y) \\ \varepsilon_y = \dfrac{1}{E}(\sigma_y - \mu\sigma_x) \\ \gamma_{xy} = \dfrac{2(1+\mu)}{E}\tau_{xy} \end{cases} \quad (1.29)$$

用应变表达应力则为

$$\begin{cases} \sigma_x = \dfrac{E}{1-\mu^2}(\varepsilon_x + \mu\varepsilon_y) \\ \sigma_y = \dfrac{E}{1-\mu^2}(\varepsilon_y + \mu\varepsilon_x) \\ \tau_{xy} = \dfrac{E}{2(1+\mu)}\gamma_{xy} \end{cases} \tag{1.30}$$

从物理方程(1.18)还可推导出

$$\varepsilon_z = -\frac{\mu}{E}(\sigma_x + \sigma_y) = -\frac{\mu}{1-\mu}(\varepsilon_x + \varepsilon_y) \tag{1.31}$$

(4) 边界条件

假定边界 Γ 的固定支承、载荷支承和弹性支承分别记作 Γ_1, Γ_2 和 Γ_3,则边界条件可表示为

$$u = \bar{u}, \quad v = \bar{v} \quad 在 \Gamma_1 上 \tag{1.32}$$

$$\begin{cases} \sigma_x l + \tau_{yx} m = q_x \\ \tau_{xy} l + \sigma_y m = q_y \end{cases} \quad 在 \Gamma_2 上 \tag{1.33}$$

$$\begin{cases} \sigma_x l + \tau_{yx} m = -(c_{11}u + c_{12}v) + q_1 \\ \tau_{xy} l + \sigma_y m = -(c_{21}u + c_{22}v) + q_2 \end{cases} \quad 在 \Gamma_3 上 \tag{1.34}$$

2. 平面应变问题

力的平衡方程、几何方程和边界条件同平面应力问题一样,从 $\varepsilon_z = 0$ 和式(1.18)可推出物理方程为

$$\begin{cases} \varepsilon_x = \dfrac{1-\mu^2}{E}\left(\sigma_x - \dfrac{\mu}{1-\mu}\sigma_y\right) \\ \varepsilon_y = \dfrac{1-\mu^2}{E}\left(\sigma_y - \dfrac{\mu}{1-\mu}\sigma_x\right) \\ \gamma_{xy} = \dfrac{2(1+\mu)}{E}\tau_{xy} \end{cases} \tag{1.35}$$

用应变表达应力则为

$$\begin{cases} \sigma_x = \dfrac{E(1-\mu)}{(1-2\mu)(1+\mu)}\left(\varepsilon_x + \dfrac{\mu}{1-\mu}\varepsilon_y\right) \\ \sigma_y = \dfrac{E(1-\mu)}{(1-2\mu)(1+\mu)}\left(\varepsilon_y + \dfrac{\mu}{1-\mu}\varepsilon_x\right) \\ \tau_{xy} = \dfrac{E}{2(1+\mu)}\gamma_{xy} \end{cases} \tag{1.36}$$

对照平面应力问题的物理方程可以看出,只要把其中的 E, μ 分别换为 $E/(1-\mu^2)$,$\mu/(1-\mu)$,就可得到平面应变问题的物理方程。

1.3　有限元法的基本概念

1.3.1　结构离散化

有限元法的基本思想是将一个连续的求解域(连续体)离散化,即分割成彼此用结点(离散点)互相联系的有限个单元,在单元体内假设近似解的模式,用有限个结点上的未知参数表征单元的特性。然后用适当方法,将各个单元的关系式组合成包含这些未知参数的代数方程组。求解这一方程组,得出各结点的未知参数,再利用插值函数求出近似解。

结构离散化的主要任务是:
① 把结构划分为有限个单元;
② 把结构边界上的约束用适当的结点约束来代替;
③ 把作用在结构上的非结点载荷等效地移置到结点上,形成等效结点载荷。

单元是分割连续体的小区域,包括线单元、面单元和空间单元等。

在弹性平面问题中,可以把结构分割成三角形、矩形和任意四边形等单元(图1.5)。

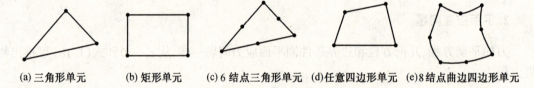

(a) 三角形单元　(b) 矩形单元　(c) 6结点三角形单元　(d) 任意四边形单元　(e) 8结点曲边四边形单元

图1.5　平面单元

对于轴对称问题,一般采用三角形环单元和四边形环单元(图1.6)。

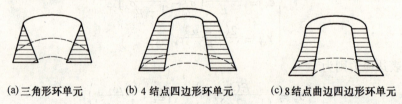

(a) 三角形环单元　(b) 4结点四边形环单元　(c) 8结点曲边四边形环单元

图1.6　轴对称单元

在空间问题中,可以把结构划分为四面体和六面体单元,通常采用8结点和20结点六面体单元(图1.7)。

结点是连接单元的空间点,通常位于单元的角点或边中位置。每个结点有若干自由度。

自由度是描述物理场响应特性的参数,结点自由度是随单元类型变化的。

(a) 四面体单元　　　　(b) 8结点六面体单元　　　(c) 20结点六面体单元

图1.7　空间单元

1.3.2　刚度矩阵

结构离散化后,就需要进行单元特性分析,即确定单元结点力与结点位移的关系。在位移型有限元法中,这一关系是单元的刚度矩阵,它反映了单元的力学特性。

首先用弹簧来模拟单元说明刚度的概念。一个自由度的弹簧如图1.8所示,若结点i处产生位移u_i,则必须在结点i处施加一定大小的外力F_i。在比例极限内,F_i与u_i成正比,即

$$F_i = K u_i \tag{1.37}$$

式中,比例系数K称为弹簧的刚度系数,可以定义为在弹簧的结点i产生单位位移时,必须在结点i所施加的力。弹簧的刚度系数K越大,则表示弹簧越刚硬,施加的力就越大。所以K的大小反映了弹簧刚性的度量,简称刚度。

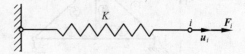

图1.8　单自由度弹簧

由于单元有多个自由度,因此反映单元结点力与结点位移之间关系的不是简单的刚度系数,而是刚度矩阵。下面将通过杆系结构的矩阵分析来介绍有限元刚度矩阵的概念。杆系结构的矩阵法可以说就是杆系结构的有限元法。如图1.9所示的平面桁架结构,作用在结点上的外力及桁架内各杆的位移都在平面内。用有限元法分析杆系结构时,需要将结构离散化。通常采用自然离散的形式,即把结构的杆作为单元,称为杆单元。有限个杆单元之间,利用有限个结点相互铰接(桁架情况),以传递负荷。先对单元的特性进行分析,然后再将其组成结构进行整体分析。有限元法用于杆系,具有十分清晰的物理意义,这对于深入了解有限元刚度矩阵的概念很有帮助。

1. 杆系结构的单元刚度矩阵

从图1.9的平面桁架中,任取一个杆单元③表示为图1.10,令其结点号为i,j,结点位移分量为u_i, v_i, u_j, v_j,用矩阵式表示为

$$\{\delta\}^e = \begin{Bmatrix} u_i \\ v_i \\ u_j \\ v_j \end{Bmatrix} \tag{1.38}$$

式中,$\{\delta\}^e$ 称为单元结点位移列阵。

单元结点力列阵的矩阵表达式为

$$\{F\}^e = \begin{Bmatrix} F_{ix} \\ F_{iy} \\ F_{jx} \\ F_{jy} \end{Bmatrix} \tag{1.39}$$

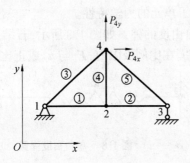

图 1.9 平面桁架结构

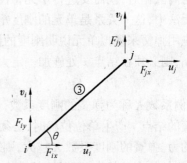

图 1.10 杆单元

当 $u_i = 1, v_i = u_j = v_j = 0$ 时,相当于在结点 i 处安置了一个只允许产生水平位移的连杆铰支座,在结点 j 处安置了固定铰支座,如图 1.11(a) 所示。这时在 i,j 两结点的 x,y 两个方向所产生的抵抗 u_i 变形的力(即刚度)为

$$\begin{cases} F_{ix} = K_{ix,ix}, & F_{iy} = K_{iy,ix} \\ F_{jx} = K_{jx,ix}, & F_{jy} = K_{jy,ix} \end{cases}$$

式中刚度元素符号的第二个下标,说明存在单位位移的结点号和方向。第一个下标表明所产生力的结点号和方向。如 $K_{iy,ix}$ 表示结点 i 的 x 方向具有单位位移时,在结点 j 的 y 方向所产生的力(图 1.11(a))。

同样方法,当 $v_j = 1$,其他方向的位移为零时,各结点沿 x,y 方向所产生的抵抗 v_j 变形的力为

$$\begin{cases} F_{ix} = K_{ix,jy}, & F_{iy} = K_{iy,jy} \\ F_{jx} = K_{jx,jy}, & F_{jy} = K_{jy,jy} \end{cases}$$

如图 1.11(b) 所示。其他依此类推。

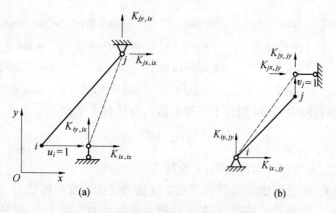

图 1.11 刚度系数的物理概念

当各结点位移分量同时存在时,在线弹性范围内,则各结点力分量等于各个位移分量所产生的结点力分量的线性叠加,即

$$\begin{cases} F_{ix} = K_{ix,ix}u_i + K_{ix,iy}v_i + K_{ix,jx}u_j + K_{ix,jy}v_j \\ F_{iy} = K_{iy,ix}u_i + K_{iy,iy}v_i + K_{iy,jx}u_j + K_{iy,jy}v_j \\ F_{jx} = K_{jx,ix}u_i + K_{jx,iy}v_i + K_{jx,jx}u_j + K_{jx,jy}v_j \\ F_{jy} = K_{jy,ix}u_i + K_{jy,iy}v_i + K_{jy,jx}u_j + K_{jy,jy}v_j \end{cases}$$

将上式写成矩阵形式,并把刚度元素的下标 ix,iy,jx,jy 替换成 1,2,3,4,于是有

$$\begin{Bmatrix} F_{ix} \\ F_{iy} \\ F_{jx} \\ F_{jy} \end{Bmatrix} = \begin{bmatrix} K_{11} & K_{12} & K_{13} & K_{14} \\ K_{21} & K_{22} & K_{23} & K_{24} \\ K_{31} & K_{32} & K_{33} & K_{34} \\ K_{41} & K_{42} & K_{43} & K_{44} \end{bmatrix} \begin{Bmatrix} u_i \\ v_i \\ u_j \\ v_j \end{Bmatrix} \tag{1.40}$$

或简写为

$$\{F\}^e = [K]^e\{\delta\}^e$$

式中,$[K]^e$ 称为单元刚度矩阵,上标 e 表示单元,如单元的结点力 $\{F\}^e$ 等。

杆单元的刚度矩阵也可以用下述方法得到。由于桁架结构的杆件只承受轴向力 F_a,因而只产生轴向位移 δ_a,由图 1.10 可以看出

$$\delta_a = u_j\cos\theta + v_j\sin\theta - u_i\cos\theta - v_i\sin\theta$$

$$F_{jx} = F_a\cos\theta = K\delta_a\cos\theta$$

将前式代入后式,并整理得

$$F_{jx} = K[(u_j - u_i)\cos^2\theta + (v_j - v_i)\cos\theta\sin\theta]$$

类似地可求得其他结点力与结点位移的关系。写成矩阵形式为

$$\begin{Bmatrix} F_{ix} \\ F_{iy} \\ F_{jx} \\ F_{jy} \end{Bmatrix} = K \begin{bmatrix} \cos^2\theta & \cos\theta\sin\theta & -\cos^2\theta & -\cos\theta\sin\theta \\ \cos\theta\sin\theta & \sin^2\theta & -\cos\theta\sin\theta & -\sin^2\theta \\ -\cos^2\theta & -\cos\theta\sin\theta & \cos^2\theta & \cos\theta\sin\theta \\ -\cos\theta\sin\theta & -\sin^2\theta & \cos\theta\sin\theta & \sin^2\theta \end{bmatrix} \begin{Bmatrix} u_i \\ v_i \\ u_j \\ v_j \end{Bmatrix} \quad (1.41)$$

式中，K 为杆件的轴向刚度系数(相当于弹簧系数)，由材料力学知

$$K = \frac{EA}{L}$$

式中，E 为弹性模量；A 为杆件横截面积；L 为杆的长度。

由上述分析可见，单元刚度矩阵的物理意义就是单元抵抗变形的能力，与单向弹簧拉伸刚度不同的是，当存在一个单位位移时，杆单元所产生的结点力不是 1 个，而是 4 个结点力分量。任何 1 个结点力分量都是由 4 个结点位移分量变化所产生的综合结果。

2. 结构刚度方程

将杆单元组成结构，列出整体刚度方程，即建立平面桁架各结点上内力和外力的平衡方程。

把图 1.9 所示的桁架结构自然离散成如图 1.12 所示各个单元，并将各单元结点力注在图上。对于单元 ③ 的刚度方程，由式(1.40)，将式中 i, j 替换为 1,4，可以直接写出单元刚度方程为

$$\begin{Bmatrix} F_{1x}^{③} \\ F_{1y}^{③} \\ F_{4x}^{③} \\ F_{4y}^{③} \end{Bmatrix} = \begin{bmatrix} K_{11}^{③} & K_{12}^{③} & K_{13}^{③} & K_{14}^{③} \\ K_{21}^{③} & K_{22}^{③} & K_{23}^{③} & K_{24}^{③} \\ K_{31}^{③} & K_{32}^{③} & K_{33}^{③} & K_{34}^{③} \\ K_{41}^{③} & K_{42}^{③} & K_{43}^{③} & K_{44}^{③} \end{bmatrix} \begin{Bmatrix} u_1 \\ v_1 \\ u_4 \\ v_4 \end{Bmatrix}$$

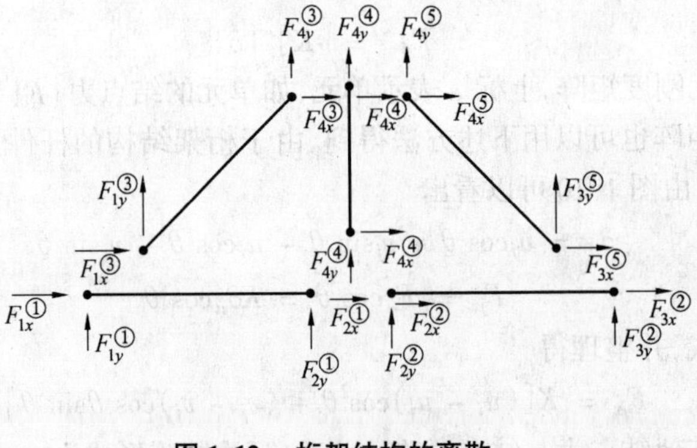

图 1.12　桁架结构的离散

类似上式可以写出

单元④
$$\begin{Bmatrix} F_{4x}^{④} \\ F_{4y}^{④} \\ F_{2x}^{④} \\ F_{2y}^{④} \end{Bmatrix} = \begin{bmatrix} K_{11}^{④} & K_{12}^{④} & K_{13}^{④} & K_{14}^{④} \\ K_{21}^{④} & K_{22}^{④} & K_{23}^{④} & K_{24}^{④} \\ K_{31}^{④} & K_{32}^{④} & K_{33}^{④} & K_{34}^{④} \\ K_{41}^{④} & K_{42}^{④} & K_{43}^{④} & K_{44}^{④} \end{bmatrix} \begin{Bmatrix} u_4 \\ v_4 \\ u_2 \\ v_2 \end{Bmatrix}$$

单元⑤
$$\begin{Bmatrix} F_{4x}^{⑤} \\ F_{4y}^{⑤} \\ F_{3x}^{⑤} \\ F_{3y}^{⑤} \end{Bmatrix} = \begin{bmatrix} K_{11}^{⑤} & K_{12}^{⑤} & K_{13}^{⑤} & K_{14}^{⑤} \\ K_{21}^{⑤} & K_{22}^{⑤} & K_{23}^{⑤} & K_{24}^{⑤} \\ K_{31}^{⑤} & K_{32}^{⑤} & K_{33}^{⑤} & K_{34}^{⑤} \\ K_{41}^{⑤} & K_{42}^{⑤} & K_{43}^{⑤} & K_{44}^{⑤} \end{bmatrix} \begin{Bmatrix} u_4 \\ v_4 \\ u_3 \\ v_3 \end{Bmatrix}$$

单元① 和单元② 的刚度方程类似,不再列出。

根据变形协调条件,即在相互连接的公共结点处,各单元的结点位移必须相等,如结点4处,其位移

$$u_4^{③} = u_4^{④} = u_4^{⑤} = u_4$$
$$v_4^{③} = v_4^{④} = v_4^{⑤} = v_4$$

按力的平衡条件,就是在相互连接的公共结点处,各单元对结点的作用力与作用在该结点的外载荷必须相等,对于结点4有

$$\begin{aligned}
P_{4x} &= F_{4x}^{③} + F_{4x}^{④} + F_{4x}^{⑤} = (K_{31}^{③} u_1 + K_{32}^{③} v_1 + K_{33}^{③} u_4 + K_{34}^{③} v_4) + \\
&\quad (K_{11}^{④} u_4 + K_{12}^{④} v_4 + K_{13}^{④} u_2 + K_{14}^{④} v_2) + \\
&\quad (K_{11}^{⑤} u_4 + K_{12}^{⑤} v_4 + K_{13}^{⑤} u_3 + K_{14}^{⑤} v_3) = \\
&\quad K_{31}^{③} u_1 + K_{32}^{③} v_1 + K_{13}^{④} u_2 + K_{14}^{④} v_2 + K_{13}^{⑤} u_3 + K_{14}^{⑤} v_3 + \\
&\quad (K_{33}^{③} + K_{11}^{④} + K_{11}^{⑤}) u_4 + (K_{34}^{③} + K_{12}^{④} + K_{12}^{⑤}) v_4 \\
P_{4y} &= F_{4y}^{③} + F_{4y}^{④} + F_{4y}^{⑤} = K_{41}^{③} u_1 + K_{42}^{③} v_1 + K_{23}^{④} u_2 + K_{24}^{④} v_2 + K_{23}^{⑤} u_3 + K_{24}^{⑤} v_3 + \\
&\quad (K_{43}^{③} + K_{21}^{④} + K_{21}^{⑤}) u_4 + (K_{44}^{③} + K_{22}^{④} + K_{22}^{⑤}) v_4
\end{aligned}$$

用同样方法可列出其他结点处力的平衡公式。

将上面各结点总合力与各结点位移的关系写成矩阵形式

$$\{R\} = [K]\{\delta\} \tag{1.42}$$

式中

$$\{R\} = [Q_{1x} \quad Q_{1y} \quad 0 \quad 0 \quad 0 \quad Q_{3y} \quad P_{4x} \quad P_{4y}]^{\mathrm{T}}$$

$$\{\delta\} = [u_1 \quad v_1 \quad u_2 \quad v_2 \quad u_3 \quad v_3 \quad u_4 \quad v_4]^{\mathrm{T}}$$

$$[K] = \begin{bmatrix} K_{11} & K_{12} & \cdots & K_{18} \\ K_{21} & K_{22} & \cdots & K_{28} \\ \vdots & \vdots & & \vdots \\ K_{81} & K_{82} & \cdots & K_{88} \end{bmatrix}$$

$K_{11} = K_{11}^{①+③}, K_{12} = K_{12}^{①+③}, K_{13} = K_{13}^{①}, K_{14} = K_{14}^{①}$

$K_{15} = K_{16} = 0, K_{17} = K_{13}^{③}, K_{18} = K_{14}^{③}$

$K_{21} = K_{21}^{①+③}, K_{22} = K_{22}^{①+③}, K_{23} = K_{23}^{①}, K_{24} = K_{24}^{①}$

$K_{25} = K_{26} = 0, K_{27} = K_{23}^{③}, K_{28} = K_{24}^{③}$

$K_{31} = K_{31}^{①}, K_{32} = K_{32}^{①}, K_{33} = K_{33}^{①+④}, K_{34} = K_{34}^{①+④} + K_{12}^{②}$

$K_{35} = K_{13}^{②}, K_{36} = K_{14}^{②}, K_{37} = K_{31}^{④}, K_{38} = K_{32}^{④}$

$K_{41} = K_{41}^{①}, K_{42} = K_{42}^{①}, K_{43} = K_{43}^{①+④} + K_{21}^{②}, K_{44} = K_{44}^{①+④} + K_{22}^{②}$

$K_{45} = K_{23}^{②}, K_{46} = K_{24}^{②}, K_{47} = K_{41}^{④}, K_{48} = K_{42}^{④}$

$K_{51} = K_{52} = 0, K_{53} = K_{31}^{②}, K_{54} = K_{32}^{②}$

$K_{55} = K_{33}^{②+⑤}, K_{56} = K_{34}^{②+⑤}, K_{57} = K_{31}^{⑤}, K_{58} = K_{32}^{⑤}$

$K_{61} = K_{62} = 0, K_{63} = K_{41}^{②}, K_{64} = K_{42}^{②}$

$K_{65} = K_{43}^{②+⑤}, K_{66} = K_{44}^{②+⑤}, K_{67} = K_{41}^{⑤}, K_{68} = K_{42}^{⑤}$

$K_{71} = K_{31}^{③}, K_{72} = K_{32}^{③}, K_{73} = K_{13}^{④}, K_{74} = K_{14}^{④}$

$K_{75} = K_{13}^{⑤}, K_{76} = K_{14}^{⑤}, K_{77} = K_{33}^{③} + K_{11}^{④+⑤}, K_{78} = K_{34}^{③} + K_{12}^{④+⑤}$

$K_{81} = K_{41}^{③}, K_{82} = K_{42}^{③}, K_{83} = K_{23}^{④}, K_{84} = K_{24}^{④}$

$K_{85} = K_{23}^{⑤}, K_{86} = K_{24}^{⑤}, K_{87} = K_{43}^{③} + K_{21}^{④+⑤}, K_{88} = K_{44}^{③} + K_{22}^{④+⑤}$

$[K]$ 为结构总体刚度矩阵;$\{R\}$ 为结构总体载荷列阵,其中 Q_{1x}, Q_{1y}, Q_{3y} 为支承反力,P_{4x} 和 P_{4y} 为作用在结构上的外载荷。

式(1.42)为结构总体刚度方程。对于 n 个结点的结构,有 $2n$ 个结点位移分量,便有 $2n$ 个方程。

应当指出,根据力的平衡条件

$$\sum F_x = 0, \quad \sum F_y = 0, \quad \sum M = 0$$

在上述方程组中,包含有 3 个线性相关的方程,即它们不是完全独立的,因此其解有无穷多个,不可能得出唯一的解。从物理意义上解释,由于所研究的桁架未给予约束,可以产生刚体位移,致使结点位移分量值得不到唯一的解。在具体结构上,由于支座限制了刚体位移,即 $u_1 = v_1 = v_3 = 0$,将其代入方程,这样 8 个方程保存了 5 个方程,便可解出其余 5 个结点位移分量,进一步求出各个杆单元的轴向伸长量,最后得出各杆的应变和应力。

3. 连续体的刚度矩阵

上面通过杆系结构矩阵分析法描述了杆系结构的单元刚度矩阵和结构总体刚度矩阵的物理概念。下面采用有限元法分析弹性平面问题,进一步阐述连续体的刚度矩阵概念。

设有一个带孔的矩形薄板,两端承受均布拉力(图1.13(a)),用有限元法分析时,将它离散成在 n 个结点处相连接的有限个三角形单元的组合体(图1.13(b))。从中任取 1 个单元表示为

图1.14,令其3个结点为 i, j, m,单元结点位移和结点力为

$$\{\delta\}^e = \begin{bmatrix} u_i & v_i & u_j & v_j & u_m & v_m \end{bmatrix}^T$$

$$\{F\}^e = \begin{bmatrix} F_{ix} & F_{iy} & F_{jx} & F_{jy} & F_{mx} & F_{my} \end{bmatrix}^T$$

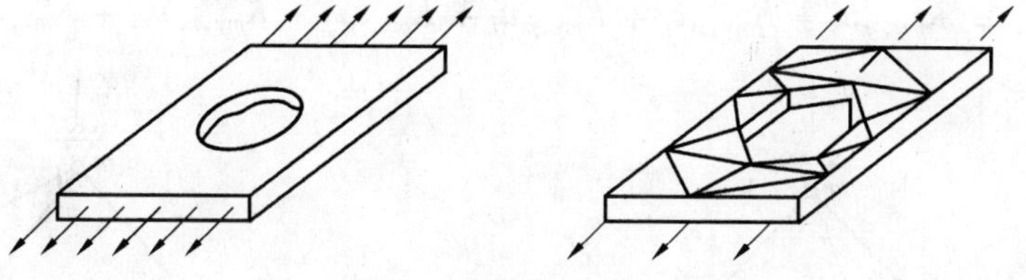

图1.13 带孔的矩形板

同杆系结构一样,首先建立单元结点位移与结点力分量之间的关系式,即单元刚度方程。在这里仍用类似杆单元刚度元素的定义,所不同的是杆单元有2个结点,4个自由度,而三角形单元有3个结点,6个自由度。

当 $u_i = 1$,其他结点位移分量为零,即 $v_i = u_j = v_j = u_m = v_m = 0$ 时,相当于在结点 i 处设置了一个只允许产生水平方向位移的连杆铰支座,在结点 j, m 处分别设置了固定铰支座(图1.15(a))。若假设三角形单元内各点的位移按线性变化,单元的变形情况如图1.15(a)中虚线所示,那么,抵抗 u_i 变形的各结点力分量(即刚度)为

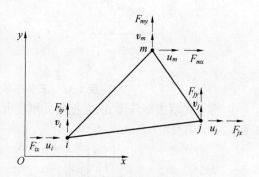

图1.14 三角形平面单元

$$\begin{cases} F_{ix} = K_{ix,ix}, & F_{iy} = K_{iy,ix} \\ F_{jx} = K_{jx,ix}, & F_{jy} = K_{jy,ix} \\ F_{mx} = K_{mx,ix}, & F_{my} = K_{my,ix} \end{cases}$$

同样方法,当 $v_j = 1, u_i = v_i = u_j = u_m = v_m = 0$ 时,如图1.15(b)所示,抵抗 v_j 变形的结点力分量为

$$\begin{cases} F_{ix} = K_{ix,jy}, & F_{iy} = K_{iy,jy} \\ F_{jx} = K_{jx,jy}, & F_{jy} = K_{jy,jy} \\ F_{mx} = K_{mx,jy}, & F_{my} = K_{my,jy} \end{cases}$$

其他依此类推。

若各结点位移分量同时存在,则各结点力分量为各个位移分量所产生的结点力分量的线性叠加,即

$$\begin{cases} F_{ix} = K_{ix,ix}u_i + K_{ix,iy}v_i + K_{ix,jx}u_j + K_{ix,jy}v_j + K_{ix,mx}u_m + K_{ix,my}v_m \\ F_{iy} = K_{iy,ix}u_i + K_{iy,iy}v_i + K_{iy,jx}u_j + K_{iy,jy}v_j + K_{iy,mx}u_m + K_{iy,my}v_m \\ \quad \vdots \\ F_{my} = K_{my,ix}u_i + K_{my,iy}v_i + K_{my,jx}u_j + K_{my,jy}v_j + K_{my,mx}u_m + K_{my,my}v_m \end{cases}$$

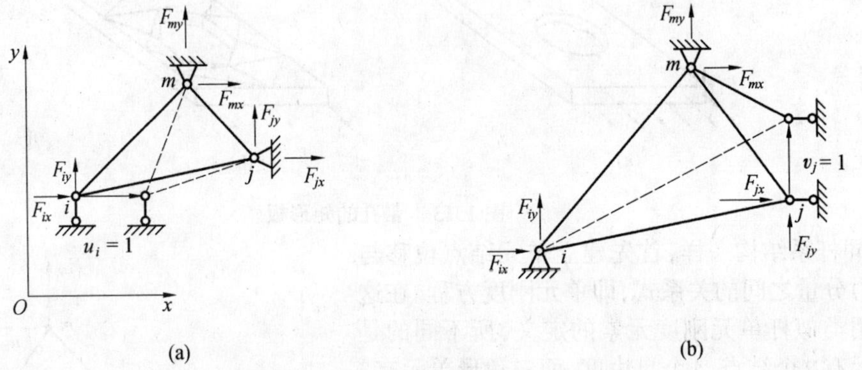

图 1.15　三角形单元单位位移与产生的力分量

将上式写成矩阵形式,并把单元刚度元素的下标 ix,iy,jx,jy,mx 及 my 分别替换成 1,2,3,4,5 及 6,则有

$$\begin{Bmatrix} F_{ix} \\ F_{iy} \\ F_{jx} \\ F_{jy} \\ F_{mx} \\ F_{my} \end{Bmatrix} = \begin{bmatrix} K_{11} & K_{12} & K_{13} & K_{14} & K_{15} & K_{16} \\ K_{21} & K_{22} & K_{23} & K_{24} & K_{25} & K_{26} \\ K_{31} & K_{32} & K_{33} & K_{34} & K_{35} & K_{36} \\ K_{41} & K_{42} & K_{43} & K_{44} & K_{45} & K_{46} \\ K_{51} & K_{52} & K_{53} & K_{54} & K_{55} & K_{56} \\ K_{61} & K_{62} & K_{63} & K_{64} & K_{65} & K_{66} \end{bmatrix} \begin{Bmatrix} u_i \\ v_i \\ u_j \\ v_j \\ u_m \\ v_m \end{Bmatrix} \quad (1.43)$$

从以上分析可以看出,三角形单元刚度矩阵的物理意义即是单元抵抗变形的能力。与杆单元刚度矩阵不同的是,当存在一个单位位移时,所产生的结点力分量不是 4 个,而是 6 个。单元内任意一个结点力分量的数值,也都是单元内所有结点位移分量影响的结果。三角形单元有 3 个结点,6 个结点位移分量,因此单元刚度矩阵共有 36 个元素,其值用材料力学的公式是无法求出的,需利用能量原理求得。

思 考 题

1-1　有限元法的含义是什么?用有限元位移法分析结构时有哪些基本步骤?

1-2　用有限元法分析结构时,与有限差分法有什么区别和特点?

1-3　何谓结构离散化?用有限元法离散杆系结构与离散连续体结构有什么区别?

1-4　试说明单元刚度矩阵的物理意义,并比较弹簧单向拉伸刚度、杆单元刚度矩阵及三角形单元刚度矩阵的异同点。

第2章 平面问题 3结点三角形单元

2.1 引 言

任何一个弹性体都是空间物体,一般的外力都是空间力系。因此,严格地说,任何实际问题都是空间问题,都必须考虑所有的位移分量、应变分量和应力分量。然而,在实际工程问题中,有很多结构具有特殊的几何形状,并且承受特殊的外力,使其沿某一方向的应力或应变很小。在满足工程精度要求的前提下,为了降低问题的复杂性,人们常常忽略某些位移分量、应变分量和应力分量,把空间问题简化为近似的平面问题来处理。按照弹性力学的分类,平面问题可分为平面应力问题与平面应变问题两大类。

航空工程中燃气涡轮发动机中的叶片榫头,带偏心孔的压气机薄轮盘;动力工程中柴油机和内燃机中的连杆;一般机械传动中的齿轮等;均可以简化为平面问题来处理。

用有限元法求解弹性力学平面问题,不仅本身具有实际意义,而且对于研究有限元法的基本理论和方法,也具有一定的典型性。通过对求解平面问题的有限元法的讨论,使初学者了解建立有限元法的基本概念、掌握有限元法及编制计算机程序。同时,它又是利用有限元法进一步研究求解较复杂的工程问题,例如轴对称问题、板壳问题以及空间问题等的重要基础。

在平面问题的有限元分析中,最简单而又被广泛采用的一种单元是三角形单元。由于结构是平面变形,所有的结点都可以看做平面铰,即每个结点有两个位移自由度。最简单的三角形单元有3个结点,共6个自由度。当结点位移或其中某一个位移分量为零时,可在该结点处设置一个平面铰支座或连杆铰支座,以限制结点位移或沿某个方向的位移分量。

用三角形单元划分有限元网格时,应遵循以下几点。

① 三角形单元的角点必须同时也是其相邻三角形单元的角点,而不能在其相邻三角形单元的边上。如图2.1所示,其中图2.1(a)是正确的,图2.1(b)是错误的。

② 三角形单元的3条边长(或3个顶角)之间不应相差太大,即单元划分中不应出现过大的钝角或过小的锐角,如图2.2所示。否则,在计算中会出现较大的误差。为使整个求解区域计算结果的精度大体一致,划分单元时其大小尽量不要相差太悬殊。

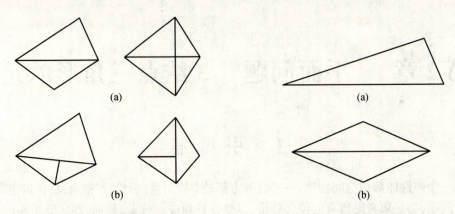

图 2.1 三角形单元网格划分之一　　　　图 2.2 三角形单元网格划分之二

③ 单元数目应根据精度要求和计算机容量来确定。在保证精度的前提下,力求采用较少的单元。为此,划分单元时应充分利用结构的特点,如对称性、循环对称性等,从原结构中取出一部分进行分析。并且可采用疏密不同的网格剖分,对应力变化急剧的区域可分得细一些,应力变化平缓的区域可以分得粗一些,如图 2.3 所示。对于大型复杂结构,可以采用分步计算的方法,即先用比较均匀的粗网格计算一次,然后根据计算结果,在局部区域再细分单元,进行第二次计算,或者采用子结构法(见 5.4 节)。

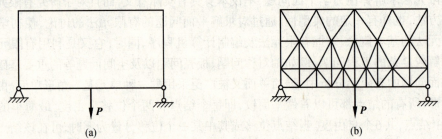

图 2.3 三角形单元的划分

④ 当物体的厚度有突变或者物体由不同材料组成时,不要把厚度不同或材料不同的区域划分在同一单元里。

2.2　位移函数

结构离散化后,需要对单元进行力学特性分析,即建立单元结点力与结点位移之间的关系。为分析并确定这一关系,需要把单元中任意一点的位移分量表示为坐标的某种函数。这个函数称为单元的位移函数。它反映了单元的位移形态并决定着单元的力学特性。由于这种函数关系在解题前是未知的,而在进行单元分析时又必须用到,为此,可以事先假定一个函数,即人为地规定位移分量为坐标的某种函数。所假定的位移函数必须具备两个条件:其一,它在结点上的值应等于结点位移;其二,它所采用的函数必须保证有限元解收敛于真实解。

2.2.1 位移函数的一般形式

位移函数一般选用多项式形式的函数,因为多项式的数学处理比较容易,尤其便于微分与积分运算。另外,任意阶次的多项式可以近似地逼近真实解。为了实用,通常只取从低阶到高阶的有限次多项式来近似。

对于二维问题,位移函数的一般形式为

$$\begin{cases} u(x,y) = \alpha_1 + \alpha_2 x + \alpha_3 y + \alpha_4 x^2 + \alpha_5 xy + \alpha_6 y^2 + \cdots + \alpha_m y^n \\ v(x,y) = \alpha_{m+1} + \alpha_{m+2} x + \alpha_{m+3} y + \alpha_{m+4} x^2 + \alpha_{m+5} xy + \cdots + \alpha_{2m} y^n \end{cases} \quad (2.1)$$

式中,$m = \sum_{i=1}^{n+1} i$;$\alpha_1, \alpha_2, \cdots, \alpha_{2m}$ 为待定系数,也称为广义坐标。因此,位移函数的这种描述方式称为广义坐标形式。

当确定二维多项式的项数时,需参照如图 2.4 所示的二维帕斯卡三角形。在二维多项式中,若包含有帕斯卡三角形对称轴一侧的任意一项,则必须同时包含它在另一侧的对应项。例如,若想构造一个含有 8 项的三次位移函数,则可以选择所有的常数项、线性项及二次项,再加上 x^3 及 y^3 项,或者加上 $x^2 y$ 项与 xy^2 项。

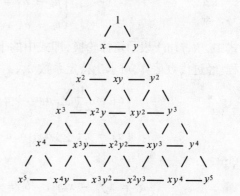

图 2.4 二维帕斯卡三角形

2.2.2 3 结点三角形单元的位移函数

对于如图 2.5 所示的 3 结点三角形单元,按照帕斯卡三角形,最简单的线性函数,即单元的位移函数可取式(2.1)的前 3 项,故有

$$\begin{cases} u(x,y) = \alpha_1 + \alpha_2 x + \alpha_3 y \\ v(x,y) = \alpha_4 + \alpha_5 x + \alpha_6 y \end{cases} \quad (2.2)$$

式中,$\alpha_1, \alpha_2, \cdots, \alpha_6$ 为待定系数。上式表示位移分量在单元内部及沿单元边界上均按线性变化。

为确定待定系数 $\alpha_1, \alpha_2, \cdots, \alpha_6$,将结点 i, j, m 的位移值及坐标值代入上式,得到方程组

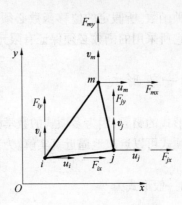

图 2.5 典型的三角形单元

$$\begin{cases} u_i = \alpha_1 + \alpha_2 x_i + \alpha_3 y_i \\ v_i = \alpha_4 + \alpha_5 x_i + \alpha_6 y_i \end{cases} (i,j,m) \qquad (2.3)$$

式中,(i,j,m) 表示角标轮换,即式中的下角标按 i,j,m 顺序轮换。故式(2.3)表示了 6 个方程。经过代数运算,可求出待定系数 $\alpha_1, \alpha_2, \cdots, \alpha_6$,即

$$\begin{cases} \alpha_1 = \frac{1}{2\Delta}\sum a_i u_i, & \alpha_2 = \frac{1}{2\Delta}\sum b_i u_i, & \alpha_3 = \frac{1}{2\Delta}\sum c_i u_i \\ \alpha_4 = \frac{1}{2\Delta}\sum a_i v_i, & \alpha_5 = \frac{1}{2\Delta}\sum b_i v_i, & \alpha_6 = \frac{1}{2\Delta}\sum c_i v_i \end{cases} \qquad (2.4)$$

式中

$$a_i = x_j y_m - x_m y_j, \quad b_i = y_j - y_m, \quad c_i = -x_j + x_m \quad (i,j,m) \qquad (2.5a)$$

$$2\Delta = \begin{vmatrix} 1 & x_i & y_i \\ 1 & x_j & y_j \\ 1 & x_m & y_m \end{vmatrix} \qquad (2.5b)$$

根据解析几何知识,Δ 等于三角形 i,j,m 的面积。为了使面积不出现负值,规定角结点 i,j,m 必须按逆时针方向排列。

将式(2.4)代入式(2.2),得

$$\begin{cases} u = N_i u_i + N_j u_j + N_m u_m \\ v = N_i v_i + N_j v_j + N_m v_m \end{cases} \qquad (2.6)$$

式中

$$N_i = \frac{1}{2\Delta}(a_i + b_i x + c_i y) \quad (i,j,m) \qquad (2.7)$$

称 N_i, N_j, N_m 为单元位移的形状函数,简称形函数或插值函数。

将式(2.6)写成矩阵形式,有

$$\{f\} = [N]\{\delta\}^e \tag{2.8}$$

式中，$[N]$ 为形状函数矩阵，简称形函数矩阵。有

$$[N] = \begin{bmatrix} N_i & 0 & N_j & 0 & N_m & 0 \\ 0 & N_i & 0 & N_j & 0 & N_m \end{bmatrix} = [\mathbf{I}N_i \quad \mathbf{I}N_j \quad \mathbf{I}N_m]$$

$\mathbf{I}$ 为单位矩阵，$\{\delta\}^e$ 为单元的结点位移列阵

$$[\mathbf{I}] = \begin{bmatrix} 1 & 0 \\ 0 & 1 \end{bmatrix}, \quad \{\delta\}^e = \begin{Bmatrix} u_i \\ v_i \\ u_j \\ v_j \\ u_m \\ v_m \end{Bmatrix}$$

在式(2.6)或式(2.8)中，建立了单元中任意一点的位移与单元结点位移之间的关系，即通过单元的结点位移 $\{\delta\}^e$ 插值求出了单元中任意一点的位移 $\{f\}$，故称位移函数的这种描述方式为插值函数形式。

由上述推导过程可知，式(2.2)与式(2.6)或式(2.8)是等同的，均为3结点三角形单元的位移函数。只是它们采用了不同的描述方式，前者采用了广义坐标形式，后者采用了插值函数形式。

根据弹性力学中平面问题的几何方程(1.28)，应变分量是位移分量的一阶导数。而3结点三角形单元的位移函数是坐标的线性函数，则单元的应变分量均为常量，因此3结点三角形单元又称为三角形常应变单元。

2.2.3 形函数及其性质

由式(2.7)可知，形函数 N_i, N_j, N_m 均为 x, y 坐标的函数。与位移函数式(2.2)相比，可以看出形函数是与位移函数有同样阶次的函数。

由式(2.5b)可知，常数 $a_i, b_i, c_i, a_j, b_j, c_j$ 和 a_m, b_m, c_m 依次是行列式 2Δ 的第一行、第二行和第三行各元素的代数余子式。根据行列式的性质，行列式的任意一行(或列)的元素与其相应的代数余子式乘积之和等于行列式的值，而任意一行(或列)的元素与其他行(或列)的元素的代数余子式乘积之和则等于零。从而可以推出形函数的一些性质如下。

① 形函数 N_i 在结点 i 处的值为1；而在其他两个结点(j, m)处的值为零。即

$$\begin{cases} N_i(x_i, y_i) = \dfrac{1}{2\Delta}(a_i + b_i x_i + c_i y_i) = 1 \\ N_i(x_j, y_j) = \dfrac{1}{2\Delta}(a_i + b_i x_j + c_i y_j) = 0 \\ N_i(x_m, y_m) = \dfrac{1}{2\Delta}(a_i + b_i x_m + c_i y_m) = 0 \end{cases} \quad (2.9)$$

类似的,有

$$N_j(x_i, y_i) = 0, \quad N_j(x_j, y_j) = 1, \quad N_j(x_m, y_m) = 0$$
$$N_m(x_i, y_i) = 0, \quad N_m(x_j, y_j) = 0, \quad N_m(x_m, y_m) = 1$$

② 在单元任意一点处,三个形函数之和等于1。

证明如下:

$$N_i(x, y) + N_j(x, y) + N_m(x, y) =$$
$$\frac{1}{2\Delta}(a_i + b_i x + c_i y + a_j + b_j x + c_j y + a_m + b_m x + c_m y) =$$
$$\frac{1}{2\Delta}[(a_i + a_j + a_m) + (b_i + b_j + b_m)x + (c_i + c_j + c_m)y]$$

根据行列式的性质,上式右端第一圆括号等于 2Δ,而第二和第三圆括号都等于零,故有

$$N_i(x, y) + N_j(x, y) + N_m(x, y) = 1 \quad (2.10)$$

③ 在单元任意一条边上,形函数与第三个角点的坐标无关。例如 ij 边上

$$N_i(x, y) = 1 - \frac{x - x_i}{x_j - x_i}, \quad N_j(x, y) = \frac{x - x_i}{x_j - x_i}, \quad N_m(x, y) = 0$$

利用这一性质,很容易证明相邻单元位移在公共边上是相同的因而是连续的。

2.2.4 面积坐标

除了用直角坐标表示三角形单元中任意一点位置外,还可以用面积坐标来表示。在有限元分析中,引入面积坐标来描述某种关系时,其表达式往往比较简明,计算也比较方便。尤其在平面问题中,对高次三角形单元进行分析时,更为多见。

在图 2.6(a) 所示的三角形单元中,任意一点 $P(x, y)$ 的位置可以用如下 3 个比值来确定

$$L_i = \frac{\Delta_i}{\Delta}, \quad L_j = \frac{\Delta_j}{\Delta}, \quad L_m = \frac{\Delta_m}{\Delta} \quad (2.11)$$

式中,Δ 为三角形的单元面积,$\Delta_i, \Delta_j, \Delta_m$ 分别为三角形 Pjm, Pmi, Pij 的面积。这 3 个比值 L_i, L_j, L_m 为点 P 的面积坐标。

显然,上述 3 个面积坐标并不是完全独立的,由于

$$L_i + L_j + L_m = 1 \quad (2.12)$$

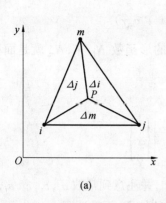 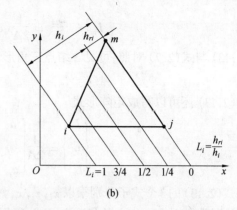

(a) (b)

图 2.6 面积坐标

根据面积坐标的定义,由图 2.6(b)中不难看出,平行于 jm 边的直线上的所有点,都具有相同的 L_i 值,这个坐标值等于该直线至 jm 边的距离 h_{ri} 与结点 i 至 jm 边的距离 h_i 的比值,即

$$L_i = \frac{h_{ri}}{h_i}$$

图 2.6(b)中给出了 L_i 的一些等值线。

显然,3 个结点的面积坐标分别为

结点 i: $L_i = 1, L_j = 0, L_m = 0$;
结点 j: $L_i = 0, L_j = 1, L_m = 0$;
结点 m: $L_i = 0, L_j = 0, L_m = 1$。

三角形单元形心的面积坐标为

$$L_i = L_j = L_m = \frac{1}{3}$$

现在来进一步推导面积坐标与直角坐标之间的关系。在图 2.6(a)中,三角形 Pjm 的面积为

$$\Delta_i = \begin{vmatrix} 1 & x & y \\ 1 & x_j & y_j \\ 1 & x_m & y_m \end{vmatrix} = \frac{1}{2}(a_i + b_i x + c_i y)$$

式中,a_i, b_i, c_i 同式(2.5a)。

于是,面积坐标

$$L_i = \frac{\Delta_i}{\Delta} = \frac{1}{2\Delta}(a_i + b_i x + c_i y) \tag{2.13a}$$

类似的,有

$$L_j = \frac{\Delta_j}{\Delta} = \frac{1}{2\Delta}(a_j + b_j x + c_j y) \tag{2.13b}$$

$$L_m = \frac{\Delta_m}{\Delta} = \frac{1}{2\Delta}(a_m + b_m x + c_m y) \tag{2.13c}$$

将式(2.13)与式(2.7)对照,可见 3 结点三角形单元中的形函数 N_i, N_j, N_m 就是面积坐标 L_i, L_j, L_m。

式(2.13)还可以写成矩阵形式

$$\begin{Bmatrix} L_i \\ L_j \\ L_m \end{Bmatrix} = \frac{1}{2\Delta} \begin{bmatrix} a_i & b_i & c_i \\ a_j & b_j & c_j \\ a_m & b_m & c_m \end{bmatrix} \begin{Bmatrix} 1 \\ x \\ y \end{Bmatrix} \tag{2.14a}$$

将式(2.13)的 3 个式子分别乘以 x_i, x_j, x_m 然后相加,并注意到常数 $a_i, b_i, c_i, a_j, b_j, c_j, a_m, b_m, c_m$ 分别是行列式(2.5b)的代数余子式,根据行列式的性质,不难证明

$$x = x_i L_i + x_j L_j + x_m L_m$$

类似的,有

$$y = y_i L_i + y_j L_j + y_m L_m$$

以及

$$1 = L_i + L_j + L_m$$

将上述三式写成矩阵形式,即

$$\begin{Bmatrix} 1 \\ x \\ y \end{Bmatrix} = \begin{bmatrix} 1 & 1 & 1 \\ x_i & x_j & x_m \\ y_i & y_j & y_m \end{bmatrix} \begin{Bmatrix} L_i \\ L_j \\ L_m \end{Bmatrix} \tag{2.14b}$$

式(2.14b)就是直角坐标与面积坐标之间的变换公式。

在以后的公式推导中,有时会用到含有面积坐标的函数的微积分运算,现给出有关的公式。

当含有面积坐标的函数对直角坐标求导时,可以应用下列公式

$$\frac{\partial}{\partial x} = \frac{\partial}{\partial L_i}\frac{\partial L_i}{\partial x} + \frac{\partial}{\partial L_j}\frac{\partial L_j}{\partial x} + \frac{\partial}{\partial L_m}\frac{\partial L_m}{\partial x}$$

$$\frac{\partial}{\partial y} = \frac{\partial}{\partial L_i}\frac{\partial L_i}{\partial y} + \frac{\partial}{\partial L_j}\frac{\partial L_j}{\partial y} + \frac{\partial}{\partial L_m}\frac{\partial L_m}{\partial y}$$

将式(2.13)代入上式,得到

$$\begin{cases} \dfrac{\partial}{\partial x} = \dfrac{b_i}{2\Delta}\dfrac{\partial}{\partial L_i} + \dfrac{b_j}{2\Delta}\dfrac{\partial}{\partial L_j} + \dfrac{b_m}{2\Delta}\dfrac{\partial}{\partial L_m} \\ \dfrac{\partial}{\partial y} = \dfrac{c_i}{2\Delta}\dfrac{\partial}{\partial L_i} + \dfrac{c_j}{2\Delta}\dfrac{\partial}{\partial L_j} + \dfrac{c_m}{2\Delta}\dfrac{\partial}{\partial L_m} \end{cases} \tag{2.15a}$$

当面积坐标的幂函数在三角形单元上积分时,一般常用的公式有

$$\iint_\Delta L_i^\alpha L_j^\beta L_m^\gamma \mathrm{d}x\mathrm{d}y = \frac{\alpha!\beta!\gamma!}{(\alpha+\beta+\gamma+2)!}2\Delta \tag{2.15b}$$

式中,α,β,γ 为正整数。

当面积坐标的幂函数在三角形单元某一边上积分时,则有

$$\int_L L_i^\alpha L_j^\beta \mathrm{d}s = \frac{\alpha!\beta!}{(\alpha+\beta+1)!}L \tag{2.15c}$$

式中,L 为该边之边长。

2.2.5 位移函数与解的收敛性

对于任何一种数值计算方法,其基本要求是它所提供的数值解必须收敛于问题的真实解。有限元法的收敛性表现在:当结构的网格划分得越来越密时,有限元的近似数值解将收敛于真实解。

为保证有限元法的收敛性,位移函数必须满足以下4个条件:

① 位移函数必须包含单元的常量应变。弹性体的应变可以分为与坐标无关的常量应变及随坐标变化的变量应变。当单元尺寸逐渐缩小时,单元的应变将趋于常量。因此在位移函数中必须包含常量应变。

② 位移函数必须包含单元的刚体位移。所谓刚体位移是指弹性体不发生应变时的位移,这是弹性体可能发生的一种最基本的位移。因此,单元的位移函数既要能够描述单元自身的应变,又要能够描述单元的刚体位移。

③ 位移函数在单元内必须是连续函数。此条件一般称作连续性要求。

④ 位移函数应使得相邻单元间的位移协调。即在交界面上满足变形协调条件,变形后既不开裂,也不重叠,从而保证了整个结构的位移连续。此条件一般称为保续性要求。

上述4个条件是有限元解收敛于真实解的充分条件。以这样的位移函数构成的单元称为协调元。在有限元法中,有些单元的位移函数只满足前3项条件,并不满足保续性要求,这类单元称为非协调元。实践证明,它们的有限元解也可能收敛于真实解。因此前3项条件是有限元解收敛于真实解的必要条件。

用上述4个条件考查三角形常应变单元的位移函数。

① 将位移函数式(2.2)代入平面问题的几何方程,得到

$$\{\varepsilon\} = \begin{Bmatrix} \varepsilon_x \\ \varepsilon_y \\ \gamma_{xy} \end{Bmatrix} = \begin{Bmatrix} \dfrac{\partial u}{\partial x} \\ \dfrac{\partial v}{\partial y} \\ \dfrac{\partial v}{\partial x}+\dfrac{\partial u}{\partial y} \end{Bmatrix} = \begin{Bmatrix} \alpha_2 \\ \alpha_6 \\ \alpha_3+\alpha_5 \end{Bmatrix} \tag{a}$$

由式(2.4)可知,$\alpha_2,\alpha_6,\alpha_3$ 和 α_5 都是常数,与单元中某点的坐标无关,因此,式(2.2)所表示的线性位移函数中包含常量应变。由式(a)还可知,这种单元的应变仅含有常量应变,即单元中各点的应变均相同,故称这种单元为常应变单元。

② 将位移函数式(2.2)改写为

$$\begin{cases} u = \alpha_1 - \dfrac{\alpha_5 - \alpha_3}{2}y + \alpha_2 x + \dfrac{\alpha_3 + \alpha_5}{2}y \\ v = \alpha_4 + \dfrac{\alpha_5 - \alpha_3}{2}x + \alpha_6 y + \dfrac{\alpha_3 + \alpha_5}{2}x \end{cases} \quad (b)$$

当发生刚体位移时,有 $\varepsilon_x = \varepsilon_y = \gamma_{xy} = 0$。由式(a)有 $\alpha_2 = \alpha_6 = \alpha_3 + \alpha_5 = 0$。将其代入式(b),可得到发生刚体位移时的两个位移分量为

$$\begin{cases} u = \alpha_1 - \dfrac{\alpha_5 - \alpha_3}{2}y \\ v = \alpha_4 + \dfrac{\alpha_5 - \alpha_3}{2}x \end{cases} \quad (c)$$

式中,α_1 和 α_4 分别为单元在 x 和 y 方向上的平动位移分量 u_0 和 v_0,而 $(\alpha_5 - \alpha_3)/2$ 为单元绕垂直于 xy 平面的轴线做刚体转动时的角位移 θ_0,因此,上式可改写为

$$\begin{cases} u = u_0 - \theta_0 y \\ v = v_0 - \theta_0 x \end{cases} \quad (d)$$

式(c)或(d)是在应变分量均为零的条件下导出的,表示了单元的刚体位移。

③ 位移函数式(2.2)是坐标 x 和 y 的单值连续函数,故满足连续性要求。

④ 位移函数式(2.2)是线性函数。由于相邻单元在公共结点处的位移值相等,而过两个公共结点可以连一直线,所以两公共结点之间边界线上的各点变形后必定落在此直线上,即该边界上各点的位移是连续的,如图 2.7(a) 所示。不会发生单元重叠(图 2.7(b))或裂开(图 2.7(c))的情况。因此,位移函数满足保续性要求。

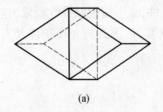
(a)
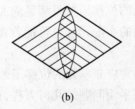
(b)
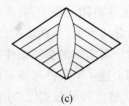
(c)

图 2.7 单元之间的位移情况

综上所述,对于三角形常应变单元而言,其位移函数满足保证收敛性的 4 个条件,故三角形常应变单元属于协调元。

2.3 单元刚度矩阵

2.3.1 基本方法

对单元进行力学特性分析的目的在于确定单元结点力与结点位移之间的关系。这一关系称为单元刚度方程,用矩阵形式表达为

$$[K]^e\{\delta\}^e = \{F\}^e \tag{2.16}$$

式中,$\{\delta\}^e$ 和 $\{F\}^e$ 分别为单元的结点位移列阵和结点力列阵;$[K]^e$ 为单元刚度矩阵。

推导单元刚度矩阵的方法很多。对于简单的构件(如质量弹簧系统、杆和梁等),可以利用材料力学或结构力学的已知结果,直接求出刚度矩阵的每一个元素,这种方法称为直接刚度法。在第 1 章里,对杆单元进行推导时,采用的就是这种方法。

在有限元法中,通常应用能量原理来分析单元特性。在位移型有限元法中,一般采用虚位移原理或最小势能原理。而在力型有限元法中,则一般采用余虚功原理或最小余能原理。对于非结构问题,如流场、温度场和电磁场等,一般采用变分法来分析单元特性。

进行单元特性分析的基本步骤是:首先在假设单元位移函数的基础上,通过弹性理论的基本方程,建立应变、应力与结点位移之间的关系式;然后根据能量原理,求得单元结点力与结点位移之间的关系式,即单元刚度方程,从而得出单元刚度矩阵 $[K]^e$。

2.3.2 三角形单元的刚度矩阵

由图 2.5 知,三角形单元具有 3 个结点,6 个自由度。

前面提到,单元的结点位移列阵 $\{\delta\}^e$ 为

$$\{\delta\}^e = [\delta_i \quad \delta_j \quad \delta_m]^T = [u_i \quad v_i \quad u_j \quad v_j \quad u_m \quad v_m]^T$$

单元的结点力是指与某结点有关的诸单元给予该结点的作用力。与 $\{\delta\}^e$ 的排列顺序相对应,单元的结点力列阵 $\{F\}^e$ 为

$$\{F\}^e = [F_i \quad F_j \quad F_m]^T = [F_{ix} \quad F_{iy} \quad F_{jx} \quad F_{jy} \quad F_{mx} \quad F_{my}]^T$$

单元刚度矩阵的推导过程如下。

1. 用单元结点位移表示单元中任意一点的应变

根据弹性理论中平面问题的几何方程,单元中任意一点的应变为

$$\{\varepsilon\} = [\varepsilon_x \quad \varepsilon_y \quad \gamma_{xy}]^T = \left[\frac{\partial u}{\partial x} \quad \frac{\partial v}{\partial y} \quad \frac{\partial v}{\partial x} + \frac{\partial u}{\partial y}\right]^T \tag{2.17}$$

对于三角形常应变单元,将式(2.6)及式(2.7)代入式(2.17),得

$$\{\varepsilon\} = \frac{1}{2\Delta} \begin{Bmatrix} b_i u_i + b_j u_j + b_m u_m \\ c_i v_i + c_j v_j + c_m v_m \\ c_i u_i + c_j u_j + c_m u_m + b_i v_i + b_j v_j + b_m v_m \end{Bmatrix} =$$

$$\frac{1}{2\Delta} \begin{bmatrix} b_i & 0 & b_j & 0 & b_m & 0 \\ 0 & c_i & 0 & c_j & 0 & c_m \\ c_i & b_i & c_j & b_j & c_m & b_m \end{bmatrix} \begin{Bmatrix} u_i \\ v_i \\ u_j \\ v_j \\ u_m \\ v_m \end{Bmatrix} \quad (2.18)$$

令

$$[B] = [B_i \quad B_j \quad B_m] \quad (2.19)$$

式中

$$[B_i] = \frac{1}{2\Delta} \begin{bmatrix} b_i & 0 \\ 0 & c_i \\ c_i & b_i \end{bmatrix} \quad (i, j, m)$$

则式(2.18)可简写为

$$\{\varepsilon\} = [B]\{\delta\}^e \quad (2.20)$$

式中,$[B]$ 称为单元的几何矩阵,它反映了单元中任意一点的应变与单元结点位移之间的关系。

从式(2.19)可以看出,对于给定的单元而言,系数 b_i、c_i 和三角形单元面积 Δ 均为常数,因而几何矩阵是一个常量矩阵。由式(2.20)可知,单元的应变列阵 $\{\varepsilon\}$ 也必然是个常数列阵。因此,再次说明了三角形单元是一种常应变单元。

2. 用单元结点位移表示单元中任意一点的应力

由弹性理论中关于平面问题的物理方程可知,当不考虑温度影响时,单元中任意一点的应力 $\{\sigma\}$ 为

$$\{\sigma\} = [D]\{\varepsilon\} \quad (2.21)$$

式中,$[D]$ 为材料的弹性矩阵,它反映了单元材料方面的特性。

对于平面应力问题

$$D = \frac{E}{1-\mu^2} \begin{bmatrix} 1 & \mu & 0 \\ \mu & 1 & 0 \\ 0 & 0 & \dfrac{1-\mu}{2} \end{bmatrix} \quad (2.22a)$$

对于平面应变问题

$$D = \frac{E(1-\mu)}{(1+\mu)(1-2\mu)} \begin{bmatrix} 1 & \frac{\mu}{1-\mu} & 0 \\ \frac{\mu}{1-\mu} & 1 & 0 \\ 0 & 0 & \frac{1-2\mu}{2(1-2\mu)} \end{bmatrix} \quad (2.22b)$$

在式(2.22b)中,若用 $E_1 = E/(1-\mu^2)$ 和 $\mu_1 = \mu/(1-\mu)$ 代入,可得到

$$D = \frac{E_1}{1-\mu_1^2} \begin{bmatrix} 1 & \mu_1 & 0 \\ \mu_1 & 1 & 0 \\ 0 & 0 & \frac{1-\mu_1}{2} \end{bmatrix} \quad (2.22c)$$

于是,式(2.22c)与式(2.22a)具有同样的形式。也就是说,只要对材料的弹性模量和泊松比进行相应的代换,则平面应力问题和平面应变问题在计算中便可以采用同样形式的弹性矩阵公式。

将式(2.20)代入式(2.21),得

$$\{\sigma\} = [D][B]\{\delta\}^e \quad (2.23)$$

记 $[S] = [D][B]$,则式(2.23)可写为

$$\{\sigma\} = [S]\{\delta\}^e \quad (2.24)$$

式中,$[S]$ 称为单元的应力矩阵,它反映了单元中任意一点的应力与结点位移之间的关系。对于三角形常应变单元而言,由于矩阵 $[D]$ 和 $[B]$ 均为常量矩阵(与坐标无关),故单元的应力矩阵 $[S]$ 也为常量矩阵。由式(2.24)可知,三角形单元也是一种常应力单元。

3. 单元的结点力与结点位移之间的关系

在位移型有限元法中,对单元进行力学特性分析,是要确定单元的结点力与结点位移之间的关系,即确定单元的刚度矩阵,如式(2.16)所示。现应用虚位移原理来建立这种关系式。

设某单元发生一虚位移,则该单元诸结点上的虚位移为 $\{\delta^*\}^e$;相应的,在单元内任意一点处将发生虚应变 $\{\varepsilon^*\}$。根据式(2.20),它们之间有下列关系

$$\{\varepsilon^*\} = [B]\{\delta^*\}^e \quad (2.25)$$

单元体在结点力作用下处于平衡状态。根据虚位移原理,当虚位移发生时,结点力在虚位移上所做的虚功等于单元的虚应变能,即

$$\{\delta^*\}^{eT}\{F\}^e = \int_V \{\varepsilon^*\}^T \{\sigma\} dV \quad (2.26)$$

称式(2.26)为单元的虚功方程。

将式(2.23)和式(2.25)代入式(2.26),得

$$\{\delta^*\}^{eT}\{F\}^e = \int_{V^e}([B]\{\delta^*\}^e)^T([D][B]\{\delta\}^e)dV$$

由于结点位移$\{\delta\}^e$及结点虚位移$\{\delta^*\}^e$均为常量,可提到积分号外面,得到

$$\{\delta^*\}^{eT}\{F\}^e = \{\delta^*\}^{eT}\int_{V^e}[B]^T[D][B]dV\{\delta\}^e$$

由于结点虚位移$\{\delta^*\}^e$是任意的,从而$\{\delta^*\}^{eT}$也是任意的,于是有

$$\{F\}^e = \int_{V^e}[B]^T[D][B]dV\{\delta\}^e \tag{2.27}$$

令

$$[K]^e = \int_{V^e}[B]^T[D][B]dV \tag{2.28}$$

则式(2.27)可写为

$$\{F\}^e = [K]^e\{\delta\}^e$$

即得到与式(2.16)完全相同的形式,称之为单元刚度方程。式中,$[K]^e$称为单元刚度矩阵,简称单刚,它反映了单元的结点力与结点位移之间的关系。

若应用最小势能原理,同样可以建立单元的结点力与结点位移的关系式,推导如下。

根据弹性理论,单元的总势能Φ等于单元的应变能U与外力所具有的势能$(-W)$之和。即

$$\Phi = U - W$$

其中,单元的应变能为

$$U = \frac{1}{2}\int_{V^e}\{\varepsilon\}^T\{\sigma\}dV = \frac{1}{2}\int_{V^e}\{\varepsilon\}^T[D]\{\varepsilon\}dV \tag{2.29}$$

单元的外力功为

$$W = \{\delta\}^{eT}\{F\}^e \tag{2.30}$$

则单元的总势能为

$$\Phi = \frac{1}{2}\int_{V^e}\{\varepsilon\}^T[D]\{\varepsilon\}dV - \{\delta\}^{eT}\{F\}^e =$$
$$\frac{1}{2}\{\delta\}^{eT}\int_{V^e}[B]^T[D][B]dV\{\delta\}^e - \{\delta\}^{eT}\{F\}^e$$

应用式(2.28),则

$$\Phi = \frac{1}{2}\{\delta\}^{eT}[K]^e\{\delta\}^e - \{\delta\}^{eT}\{F\}^e$$

根据最小势能原理$\delta\Phi = 0$,相当于$\frac{\partial \Phi}{\partial \{\delta\}^e} = 0$,于是得

$$[K]^e\{\delta\}^e = \{F\}^e$$

上述结果与根据虚位移原理推得的公式完全相同。

4. 三角形常应变单元刚度矩阵的显式

式(2.28)为单元刚度矩阵的普遍公式，它适用于各种类型的单元。对于三角形常应变单元，其位移函数为坐标的线性函数，因此公式中的$[B]$和$[D]$矩阵均为常量矩阵，它们可以提到积分号外面，此外$\mathrm{d}V$是单元内微元体的体积，即

$$\mathrm{d}V = t\mathrm{d}x\mathrm{d}y$$

式中，t为单元的厚度。对每一单元而言，将其厚度t取为常数，故单元体积为

$$V^e = \int_{V^e} \mathrm{d}V = t\int_{\Delta} \mathrm{d}x\mathrm{d}y = t\Delta$$

引入上述结论，则式(2.28)可写成

$$[K]^e = t\Delta[B]^{\mathrm{T}}[D][B] \tag{2.31}$$

为便于计算，利用式(2.19)将上式展开，用子矩阵表示，可得

$$[K]^e = t\Delta \begin{Bmatrix} B_i^{\mathrm{T}} \\ B_j^{\mathrm{T}} \\ B_m^{\mathrm{T}} \end{Bmatrix} [D] \begin{bmatrix} B_i & B_j & B_m \end{bmatrix} =$$

$$t\Delta \begin{bmatrix} B_i^{\mathrm{T}}DB_i & B_i^{\mathrm{T}}DB_j & B_i^{\mathrm{T}}DB_m \\ B_j^{\mathrm{T}}DB_i & B_j^{\mathrm{T}}DB_j & B_j^{\mathrm{T}}DB_m \\ B_m^{\mathrm{T}}DB_i & B_m^{\mathrm{T}}DB_j & B_m^{\mathrm{T}}DB_m \end{bmatrix} = \begin{bmatrix} K_{ii} & K_{ij} & K_{im} \\ K_{ji} & K_{jj} & K_{jm} \\ K_{mi} & K_{mj} & K_{mm} \end{bmatrix} \tag{2.32}$$

式中的子刚度阵为

$$[K_{rs}] = t\Delta[B_r]^{\mathrm{T}}[D][B_s] \quad (r,s = i,j,m) \tag{2.33}$$

该子刚度阵$[K_{rs}]$是2×2的矩阵。因此，三角形常应变单元的刚度矩阵是6×6的方阵。即单元刚度矩阵的阶数与单元的自由度数相同。

对于平面应力问题，将式(2.19)及式(2.22)代入式(2.33)，展开后得到

$$[K_{rs}] = t\Delta \frac{1}{2\Delta}\begin{bmatrix} b_r & 0 & c_r \\ 0 & c_r & b_r \end{bmatrix} \frac{E}{1-\mu^2}\begin{bmatrix} 1 & \mu & 0 \\ \mu & 1 & 0 \\ 0 & 0 & \frac{1-\mu}{2} \end{bmatrix} \frac{1}{2\Delta}\begin{bmatrix} b_s & 0 \\ 0 & c_s \\ c_s & b_s \end{bmatrix} =$$

$$\frac{Et}{4\Delta(1-\mu^2)}\begin{bmatrix} b_rb_s + \frac{1-\mu}{2}c_rc_s & \mu b_rc_s + \frac{1-\mu}{2}c_rb_s \\ \mu c_rb_s + \frac{1-\mu}{2}b_rc_s & c_rc_s + \frac{1-\mu}{2}b_rb_s \end{bmatrix} \quad (r,s = i,j,m) \tag{2.34}$$

由上述公式可知，单元刚度矩阵诸元素的数值取决于该单元的形状、大小、方位和单元的材料性质，不随单元或坐标轴的平移而改变。

2.3.3 单元刚度矩阵的性质

① 单元刚度矩阵是对称矩阵。对于三角形常应变单元而言,由式(2.34)可知,位于单元刚度矩阵对角线上的3个子矩阵,即$[K_{ii}]$,$[K_{jj}]$,$[K_{mm}]$显然是对称的。位于非对角线上的子矩阵,如$[K_{ij}]$与$[K_{ji}]$,其关系如下

$$[K_{ij}] = t\Delta[B_i]^T[D][B_j], \quad [K_{ji}] = t\Delta[B_j]^T[D][B_i]$$

由于$[D]$矩阵是对称矩阵,故

$$[K_{ij}] = [K_{ji}]^T$$

同理可得

$$[K_{im}] = [K_{mi}]^T, \quad [K_{jm}] = [K_{mj}]^T$$

因此整个单元刚度矩阵为对称矩阵。

② 单元刚度矩阵的主对角元素恒为正值。由第1章可知,刚度矩阵中某一元素$[K_{rs}]$的物理意义为:使第s个自由度发生单位位移,而其他诸自由度的位移均为零时,在第r个自由度上应施加的力。从这个意义出发,主对角元素$[K_{ii}]$即为使第i个自由度产生单位位移,而其他诸自由度位移均为零时,应在第i个自由度上施加的力。显然,在该自由度上施加的力与单位位移的方向是一致的,因此主对角元素恒为正值。

③ 单元刚度矩阵是奇异阵。从物理上讲,由于计算单元刚度矩阵时,没有对单元结点施加约束,即允许单元产生刚体位移。而从数学上讲,由于单元刚度矩阵诸元素所组成的行列式的值为零,即单元刚度矩阵不存在逆矩阵。所以它是一个奇异矩阵。

④ 单元刚度矩阵仅与单元的几何特性(几何矩阵$[B]$)及材料特性(弹性矩阵$[D]$)有关,而与单元的受力状况无关。

2.4 等效结点载荷

2.4.1 非结点载荷的移置

在有限元分析中,认为单元与单元之间仅通过结点相互联系。因此,在结构离散化的过程中,如果外载荷不是直接作用在结点上,那么就需要将非结点载荷向结点移置。也就是把作用在结构上的真实外载荷理想化为作用在结点上的集中载荷。这个过程称为非结点载荷向结点的移置。移置到结点后的载荷称为等效结点载荷。

整个结构的非结点载荷的移置按单元进行。将各单元所受的非结点外载荷分别移置到各单元相应的结点上;然后,在公共结点处应用力的叠加原理,便可得到整个结构的结点载荷列

阵。因此,这里仅需着重介绍单元载荷移置。

单元载荷移置遵循能量等效原则,即单元的实际载荷与移置后的结点载荷在相应的虚位移上所做的虚功相等。

单元载荷移置的方法一般有两种。一是直接法,即利用能量等效原则直接进行单元载荷移置。这种方法只适用于具有线性位移函数的单元。二是普遍法,即利用根据能量等效原则推导出的载荷移置的普遍公式来进行单元的载荷移置。这种方法适用于各种类型单元。

需要指出的是:载荷移置必须在结构的局部区域内进行。按照圣维南原理,在局部区域内,外载荷按能量等效原则移置后,只可能在该区域内产生误差,而不会影响整个结构的变形或应力状态。在有限元分析中,一般所取的单元较小,因此,单元载荷移置对结果不会带来很大的误差。

2.4.2 载荷移置的普遍公式

1. 集中力 P 的移置公式

在划分单元时,一般均在集中力作用点处设置结点。但在某些情况下,集中力没有落在结点上,这时便需要对此集中力进行移置。

设单元 ijm 中任一点 (x,y) 处作用有集中力 $\boldsymbol{P}$,其分量为 P_x 和 P_y,即

$$\boldsymbol{P} = \{P\} = \begin{Bmatrix} P_x \\ P_y \end{Bmatrix}$$

移置后的单元等效结点载荷列阵为

$$\{R\}^e = \begin{bmatrix} R_{ix} & R_{iy} & R_{jx} & R_{jy} & R_{mx} & R_{my} \end{bmatrix}^T$$

假设单元发生一微小虚位移,则集中力作用点 (x,y) 的相应虚位移为

$$\{f^*\} = \begin{Bmatrix} \delta u \\ \delta v \end{Bmatrix}$$

各结点相应的虚位移为

$$\{\delta^*\}^e = \begin{bmatrix} u_i^* & v_i^* & u_j^* & v_j^* & u_m^* & v_m^* \end{bmatrix}^T$$

根据能量等效原则,集中力与单元的等效结点载荷在相应虚位移上所做的虚功相等。有

$$\{\delta^*\}^{eT} \{R\}^e = \{f^*\}^T \{P\} \tag{a}$$

由式(2.8)可得

$$\{f^*\} = [N]\{\delta^*\}^e \tag{b}$$

将式(b)代入式(a),有

$$\{\delta^*\}^{eT} \{R\}^e = \{\delta^*\}^{eT} [N]^T \{P\}$$

由于 $\{\delta^*\}^e$ 的任意性,得到

$$\{R\}^e = [N]^T\{P\} \tag{2.35}$$

式(2.35)便为集中力 P 的移置公式。

2. 体积力 g 的移置公式

设单元 ijm 上作用有体积力 g,其分量为 g_x 和 g_y,即

$$g = \{g\} = \begin{Bmatrix} g_x \\ g_y \end{Bmatrix}$$

可以将微元体 $t\mathrm{d}x\mathrm{d}y$ 上的体积力 $gt\mathrm{d}x\mathrm{d}y$ 当做集中力 P,利用对式(2.35)的面积分求得单元的等效结点载荷列阵,即

$$\{R\}^e = \iint_\Delta [N]^T\{g\}t\mathrm{d}x\mathrm{d}y = t\iint_\Delta [N]^T\{g\}\mathrm{d}x\mathrm{d}y \tag{2.36}$$

3. 表面力 q 的移置公式

设单元 ijm 的 jm 边上作用有表面力 q,其分量为 q_x 和 q_y,即

$$q = \{q\} = \begin{Bmatrix} q_x \\ q_y \end{Bmatrix}$$

可以将微元面积 $t\mathrm{d}s$ 上的表面力 $qt\mathrm{d}s$ 当做集中力 P,利用对式(2.35)的线积分得出单元的等效结点载荷列阵,即

$$\{R\}^e = \int_{l_{jm}} [N]^T\{q\}t\mathrm{d}s = t\int_{l_{jm}} [N]^T\{q\}\mathrm{d}s \tag{2.37}$$

式中,线积分沿 jm 边进行。

2.4.3 载荷移置举例

以单元自重(或作用在单元形心处的集中力)为例,说明如何利用直接法及普遍法进行单元载荷移置。

已知一个均质等厚度的三角形单元 ijm,其厚度为 t,面积为 Δ,材料比重为 γ,则单元的自重为 $W = t\Delta\gamma$,作用在单元的形心 c 处。现欲求单元的等效结点载荷 $\{R\}^e$。

1. 直接法求解

先求结点 i 在 y 方向的等效结点载荷。为此,设结点 i 在 y 方向发生虚位移 $v_i^* = 1$,而其他自由度均无虚位移发生,即 $u_i^* = u_j^* = v_j^* = u_m^* = v_m^* = 0$。这相当于在结点 i 处设置了一个水平铰,且在结点 j 和 m 处均设置了平面铰,如图2.8所示。

由于单元具有线性位移函数,当结点 i 沿 y 方向发生单位虚位移时,该单元的变形情况如图 2.8 中的虚线所示。因 jm 边保持不动,其中点 b 亦不动。由几何关系可知,形心 c 在 y 方向所产生的虚位移为

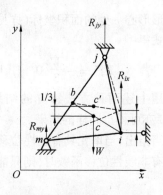

图 2.8 单元自重的移置

$$\frac{\delta v_c}{v_i^*} = \frac{bc}{bi} = \frac{1}{3}$$

则

$$\delta v_c = \frac{1}{3}$$

根据能量等效原则,原载荷在虚位移上的虚功($-W/3$)应等于等效结点载荷在其相应虚位移上的虚功($R_{iy} \times 1$)。由此可得出结点 i 在 y 方向上的等效结点载荷为

$$R_{iy} = -\frac{W}{3} = -\frac{t\Delta\gamma}{3}$$

此处负号表示与 y 轴方向相反(即沿重力方向)。

同理可得

$$R_{jy} = R_{my} = -\frac{t\Delta\gamma}{3}$$

类似地,可以得出各结点沿 x 方向的等效结点载荷 $R_{ix} = R_{jx} = R_{mx} = 0$。因此,单元 ijm 的等效结点载荷列阵为

$$\{R\}^e = \begin{bmatrix} R_{ix} & R_{iy} & R_{jx} & R_{jy} & R_{mx} & R_{my} \end{bmatrix}^T = -\frac{t\Delta\gamma}{3}\begin{bmatrix} 0 & 1 & 0 & 1 & 0 & 1 \end{bmatrix}^T \quad (2.38)$$

式(2.38)表明,对于均质等厚度三角形单元所受的重力,只需将其自重平均地移置到单元的 3 个结点上,其方向与重力方向一致。

2. 普遍法求解

此处的集中力 $P = \begin{bmatrix} 0 & -W \end{bmatrix}^T$,作用在形心 c 处。

由式(2.35),有

$$\{R\}^e = [N]^T\{P\} = \begin{bmatrix} N_i & 0 \\ 0 & N_i \\ N_j & 0 \\ 0 & N_j \\ N_m & 0 \\ 0 & N_m \end{bmatrix} \begin{Bmatrix} 0 \\ -W \end{Bmatrix} = \begin{Bmatrix} 0 \\ -N_iW \\ 0 \\ -N_jW \\ 0 \\ -N_mW \end{Bmatrix}$$

因三角形形心 c 处的面积坐标(详见 2.2.4 节)为 1/3,故在形心 c 处有 $N_i = N_j = N_m = 1/3$。代入上式得

$$\{R\}^e = -\frac{W}{3}[0\ 1\ 0\ 1\ 0\ 1]^T = -\frac{t\Delta\gamma}{3}[0\ 1\ 0\ 1\ 0\ 1]^T$$

可见采用上述两种方法移置的结果相同。因重力是一种体积力,若利用体积力移置公式(2.36),亦可得出同样的结果。

应当指出:当单元具有线性位移函数时,采用直接法进行单元载荷移置一般较为简单;当单元具有非线性位移函数时,则只能采用普遍法进行单元载荷移置了。

2.4.4 三角形常应变单元的载荷移置结果

三角形常应变单元具有线性位移函数,在进行单元载荷移置时,采用直接法较为简单。这里,对于几种常见的载荷情况,利用直接法得出单元的等效结点载荷。

1. 单元的自重(见 2.4.3 节)

2. 单元边界上的集中力

设单元在 ij 边上受到 x 方向的集中力 P,其作用点 a 距 i 和 j 结点分别为 l_i 和 l_j,如图 2.9 所示。通过与单元自重类似的分析,可以得到等效结点载荷

$$R_{ix} = \frac{l_j}{l}P, \quad R_{jx} = \frac{l_i}{l}P$$

$$R_{mx} = R_{iy} = R_{jy} = R_{my} = 0$$

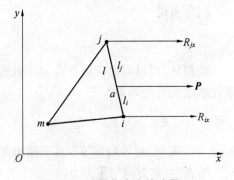

图 2.9 边界集中力的移置

式中

$$l = l_i + l_j = \overline{ij}$$

故单元的等效结点载荷列阵为

$$\{R\}^e = P[\frac{l_j}{l}\ 0\ \frac{l_i}{l}\ 0\ 0\ 0]^T \tag{2.39}$$

3. 单元边界上沿 x 方向的三角形分布载荷

设单元在 ij 边上受到沿 x 方向的三角形分布载荷,在结点 i 处,单位面积所受的力为 q,如图 2.10 所示。求移置到单元各结点上的等效结点载荷。

ij 边上的三角形分布载荷可以看成作用于点 b 处的集中力 P

$$P = \frac{qlt}{2}$$

式中,t 为单元厚度;l 为 ij 边的长度。集中力 P 的作用点距结点 i 为 $l_i = 1/3$,距结点 j 为 $l_j = 2/3$,P 沿 x 方向。

利用上例的载荷移置结果,可求得等效结点载荷为

$$R_{ix} = \frac{2}{3}P = \frac{1}{3}qlt,\quad R_{jx} = \frac{1}{3}P = \frac{1}{6}qlt$$

$$R_{mx} = R_{iy} = R_{jy} = R_{my} = 0$$

故单元的等效结点载荷列阵为

$$\{R\}^e = \frac{qlt}{6}[2\ 0\ 1\ 0\ 0\ 0]^T \tag{2.40}$$

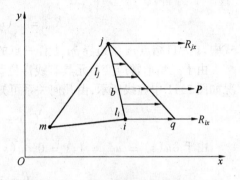

图 2.10 三角形分布的载荷移置

上式表明,应当把总载荷的 2/3 移置到结点 i,1/3 移置到结点 j 上,其方向平行于原载荷方向。

4. 单元一边上受到均匀分布压力

设单元在 jm 边上受到载荷集度为 q 的均布压力,jm 边与 x 轴的夹角为 θ,如图 2.11 所示。单元的厚度为 t,求单元的等效结点载荷。

先求 R_{mx}。设结点 m 沿 x 方向发生单位虚位移,其他自由度均不动,即

$$u_m^* = 1,\quad u_i^* = v_i^* = u_j^* = v_j^* = v_m^* = 0$$

这相当于在结点 m 处设置了一个垂直铰,结点 i 和 j 处设置了平面铰。由图 2.11 可知,原载荷在 x 和 y 方向上的分量为

$$\begin{cases} q_x = q\sin\theta = q\dfrac{y_j - y_m}{s_{jm}} \\ q_y = -q\cos\theta = -q\dfrac{x_j - x_m}{s_{jm}} \end{cases} \tag{a}$$

式中,s_{jm} 为 jm 边的长度。

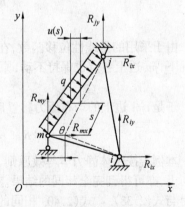

图 2.11 边界受均布压力的移置

当结点 m 沿 x 方向发生单位虚位移时,若设 jm 边的虚位移在 x 和 y 方向的分量分别为 $\delta u(s)$ 和 $\delta v(s)$,则原载荷 q 所做的虚功为 $\int_{s_{jm}}(q_x\delta u(s) + q_y\delta v(s))t\,ds$。而等效结点载荷 $\{R\}^e$ 所做的虚功为 $R_{mx}\times 1$。

根据能量等效原则,有

$$R_{ms} = \int_s (q_x \delta u(s) + q_y \delta v(s)) t \mathrm{d}s \tag{b}$$

式中，s 为自结点 m 到边界 jm 上任一点的距离。

由于三角形常应变单元具有线性位移函数，当结点 m 发生单位虚位移时，单元的位移情况如图 2.11 中虚线所示，由几何关系可知

$$\delta u(s) = \frac{s_{jm} - s}{s_{jm}}, \quad \delta v(s) = 0$$

由于 $\delta u(s) = u_m^* = 1, s = 0, \delta u(s) = u_j^* = 0$ 时，$s = s_{jm}$，故式(b) 可以写为

$$R_{mx} = \int_0^{s_{jm}} q_x \frac{s_{jm} - s}{s_{jm}} t \mathrm{d}s \tag{c}$$

将式(a) 代入式(c)，得

$$R_{mx} = qt \frac{y_j - y_m}{s_{jm}^2} \int_0^{s_{jm}} (s_{jm} - s) \mathrm{d}s = \frac{qt}{2}(y_j - y_m) = \frac{qt}{2} b_i$$

类似地，若假设 $v_m^* = 1, u_m^* = u_i^* = v_i^* = u_j^* = v_j^* = 0$，便可以求得等效结点载荷分量 R_{my}，即

$$R_{my} = -\frac{qt}{2}(x_j - x_m) = \frac{qt}{2} c_i$$

依此类推，可得

$$R_{jx} = \frac{qt}{2} b_i, \quad R_{jy} = \frac{qt}{2} c_i$$

由于采用的是线性位移函数，在结点 i 发生 x 或 y 方向的单位虚位移，在结点 j 和 m 不动的情况下，jm 边上各点也保持不动，原载荷所做的虚功为零，故有

$$R_{ix} = R_{iy} = 0$$

于是，jm 边上的均布压力移置后，单元的等效结点载荷列阵为

$$\{R\}^e = \frac{qt}{2}[0 \quad 0 \quad b_i \quad c_i \quad b_i \quad c_i]^\mathrm{T} \tag{2.41}$$

本例若按刚体静力学等效原则，先将原载荷移置到结点 j 和 m 上，再把它们分解到 x 和 y 方向上，亦可得到完全相同的结果。对于其他 3 例，若按刚体静力等效原则进行载荷移置，亦可获得与式(2.38) ~ 式(2.40) 相同的结果。这表明，对于线性位移函数的单元来说，在进行载荷移置时，按照能量等效原则与按照刚体静力等效原则，其移置的结果是相同的。但对于非线性位移函数的单元，按照上述两种原则移置后的结果是不同的。这时，应该按照能量等效原则，利用普遍公式(2.35) ~ 式(2.37) 进行单元的载荷移置。

2.4.5 温度改变的等效结点载荷

当弹性体的温度发生改变时，它将随着温度的升高或降低而膨胀或收缩。若弹性体不受任

何约束,其膨胀或收缩可以自由地发生,在弹性体内不会产生应力。然而,当弹性体所受的外部约束或弹性体各部分之间的相互约束,使这种膨胀或收缩不能自由地发生时,弹性体内就会产生应力,即所谓温度应力(或称为热应力)。

设弹性体的初始温度为 T_1,温度改变后为 T_2,则弹性体的温度改变为 $T = T_2 - T_1$。在平面问题中,T_1 和 T_2 均为 x 和 y 的函数,故温度改变 T 亦为 x 和 y 的函数。

若弹性体内各点不受任何约束,由于温度改变 T,将发生正应变 αT,其中 α 为线膨胀系数。对于各向同性体而言,此项正应变在各个方向上均相同,不伴随任何切应变。因此,在平面应力状态下,有 $\varepsilon_{x0} = \varepsilon_{y0} = \alpha T$,而 $\gamma_{xy0} = 0$。即由于温度改变而产生的初应变列阵为

$$\{\varepsilon_0\} = [\alpha T \quad \alpha T \quad 0]^T = \alpha T [1 \quad 1 \quad 0]^T \tag{2.42}$$

对于三角形常应变单元,若令3个结点处的温度改变分别为 T_i, T_j, T_m,则单元的温度改变 T 可由3个结点处的温度改变插值求出,即

$$T = N_i T_i + N_j T_j + N_m T_m \tag{2.43a}$$

为简化计算,T 亦可取3个结点处温度改变的平均值,即

$$T = \frac{T_i + T_j + T_m}{3} \tag{2.43b}$$

当考虑温度改变时,平面问题的物理方程为

$$\{\sigma\} = [D](\{\varepsilon\} - \{\varepsilon_0\}) = [D][B]\{\delta\}^e - [D]\{\varepsilon_0\} \tag{2.44}$$

式中,$\{\varepsilon\}$ 为单元中任意一点的总应变;$\{\varepsilon_0\}$ 为该点的初应变(即自由热应变)。

将式(2.44)代入单元的虚功方程式(2.26),得

$$\{\delta^*\}^{eT}\{F\}^e = \int_{V^e} \{\varepsilon^*\}^T ([D][B]\{\delta\}^e - [D]\{\varepsilon_0\}) dV$$

仿照推导单元刚度矩阵时类似的步骤,得到

$$\{F\}^e = [K]^e\{\delta\}^e - \int_{V^e} [B]^T[D]\{\varepsilon_0\} dV$$

令

$$\{R_t\}^e = \int_{V^e} [B]^T[D]\{\varepsilon_0\} dV \tag{2.45}$$

于是得到

$$[K]^e\{\delta\}^e = \{F\}^e + \{R_t\}^e \tag{2.46}$$

式(2.46)即为考虑了温度改变的单元刚度方程。式中的 $\{R_t\}^e$ 项称为单元温度改变的等效结点载荷。由推导过程可知,它并不是一种实际的载荷,是由于考虑温度改变引起的初应变影响,而折算在结点处的一种"载荷"。

对于三角形常应变单元,由于 $[D]$ 和 $[B]$ 均为常量矩阵,式(2.45)可改写为

$$\{R_t\}^e = [B]^T[D]\{\varepsilon_0\}\Delta t = \beta[b_i \quad c_i \quad b_j \quad c_j \quad b_m \quad c_m]^T \tag{2.47}$$

当为平面应力问题时,利用式(2.22a)、式(2.42a)和式(2.43b),导出

$$\beta = \frac{E\alpha t(T_i + T_j + T_m)}{6(1-\mu)} \tag{2.48a}$$

当为平面应变问题时,初应变

$$\{\varepsilon_0\} = (1+\mu)\alpha T[1 \quad 1 \quad 0]^T \tag{2.42)'}$$

利用式(2.22b)、式(2.42)′和式(2.43b),导出

$$\beta = \frac{E\alpha t(T_i + T_j + T_m)}{6(1-2\mu)} \tag{2.48b}$$

若用 $E_1 = E/(1-\mu^2)$,$\mu_1 = \mu/(1-\mu)$,$\alpha_1 = (1+\mu)\alpha$ 代入式(2.48b),得到

$$\beta = \frac{E_1 \alpha_1 t(T_i + T_j + T_m)}{6(1-\mu_1)} \tag{2.48c}$$

式(2.48c)与式(2.48a)具有相同的形式。这表明,对于平面应变问题,对 E,μ 和 α 进行上述变换,便可以采用与平面问题相同的公式计算温度改变的等效结点载荷。

2.5 结构刚度方程

通过单元特性分析,建立了单元刚度矩阵$[K]^e$;将单元载荷移置,建立了结点载荷列阵$\{R\}^e$。在此基础上,可按照一定的方式,将单元的结点位移列阵$\{\delta\}^e$组合成结构的结点位移列阵$\{\delta\}$;将单元的结点载荷列阵$\{R\}^e$组合成结构的结点载荷列阵$\{R\}$;将单元刚度矩阵$[K]^e$组合成结构刚度矩阵$[K]$;从而得到结构刚度方程

$$[K]\{\delta\} = \{R\} \tag{2.49}$$

式(2.49)表示了整个结构的结点载荷与结点位移之间的关系,它是以结点位移$\{\delta\}$为未知量的线性方程组。求解这一线性代数方程组,即可求得结点位移$\{\delta\}$,进而可以求得应变及应力。

上述三个方面的组合过程统称为集合。本节通过一个简单例子说明这一集合过程;并介绍由单元子刚阵$[K_{rs}]$直接形成结构刚度矩阵$[K]$的方法。

2.5.1 集合的基本原则

进行集合时,必须遵循以下两条基本原则:
① 在相互连接的公共结点处,诸单元的结点位移必须相等,即必须满足变形协调条件。
如图2.12所示的结构由4个三角形单元组成。在公共结点 i 处的位移应满足变形协调条件,即

$$\left\{\begin{matrix}u_i\\v_i\end{matrix}\right\}^{①} = \left\{\begin{matrix}u_i\\v_i\end{matrix}\right\}^{②} = \left\{\begin{matrix}u_i\\v_i\end{matrix}\right\}^{③} = \left\{\begin{matrix}u_i\\v_i\end{matrix}\right\}^{④}$$

因此,结点位移不需要按单元来区分,结点 i 处的位移可写为

$$\{\delta_i\} = \begin{Bmatrix} u_i \\ v_i \end{Bmatrix}$$

② 在相互连接的公共结点处,诸单元对结点的作用力(即诸单元结点力的反力)与作用在该结点上的外载荷$\{R_i\}$之间,必须满足静力平衡条件。

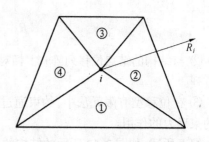

图 2.12　单元组合示意图

对于如图 2.12 所示的结构,在公共结点 i 处有

$$\{R_i\} = \sum_{e=1}^{4} \{F_i\}^e$$

因此,当某结点处的外载荷为零时,其周围单元在该结点处的结点力合力亦为零。

2.5.2　结构刚度方程的建立

现通过一个简单的例子来说明集合过程。图 2.13 为一块受拉薄板,一端固定在两个铰链上,另一端作用有两个各为 $0.5P$ 的集中载荷。为简单起见,将结构离散为两个单元,共 4 个结点,坐标系和结点编号如图 2.13 所示。

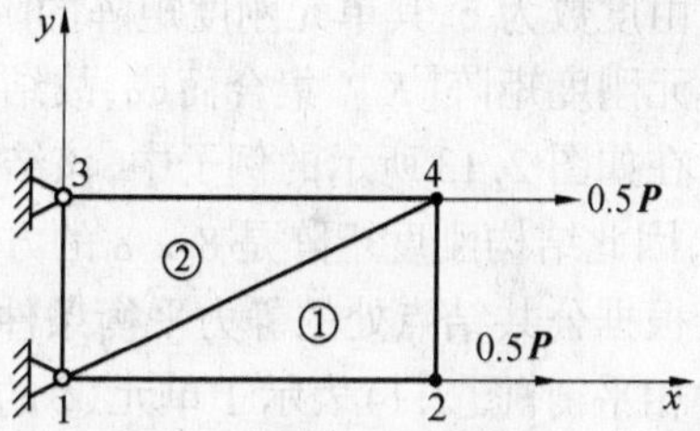

1. 结构的结点位移列阵

根据公共结点处的变形协调条件,不同单元在公共结点处的位移相等。因此结构的结点位移列阵只需按结点编号顺序排列,即有

图 2.13　受拉薄板模型

$$\{\delta\} = \begin{Bmatrix} \delta_1 \\ \delta_2 \\ \delta_3 \\ \delta_4 \end{Bmatrix} = \begin{bmatrix} u_1 & v_1 & u_2 & v_2 & u_3 & v_3 & u_4 & v_4 \end{bmatrix}^{\mathrm{T}} \quad (2.50)$$

2. 结构的结点载荷列阵

在形成结构的结点载荷列阵时,需要注意以下三点:

① 当存在非结点载荷时,首先要进行单元载荷移置;在公共结点 i 处,需将与其有关的诸单元移置后的等效结点载荷$\{R_i\}^e$按分量进行叠加,得出结点 i 处的结点载荷$\{R_i\}$。即

$$\{R_i\} = \begin{Bmatrix} R_{ix} \\ R_{iy} \end{Bmatrix} = \sum_{e=1}^{n} \{R_i\}^e \tag{2.51}$$

② 与结构的结点位移列阵$\{\delta\}$相对应,结构的结点载荷列阵$\{R\}$亦按照总体结点编号顺序排列。

③ 在位移型有限元法中,约束通过限制结点位移来实现。因此在结点载荷列阵中不必考虑约束反力的作用。

综上所述,如图 2.12 所示的结构的结点载荷列阵为

$$\{R\} = \begin{Bmatrix} R_1 \\ R_2 \\ R_3 \\ R_4 \end{Bmatrix} = [0 \ 0 \ 0.5P \ 0 \ 0.5P \ 0 \ 0 \ 0]^{\mathrm{T}} \tag{2.52}$$

式中,令约束反力$\{R_1\} = \{R_4\} = [0 \ 0]^{\mathrm{T}}$。

3. 结构刚度方程

在 2.3.2 节中指出,单元刚度矩阵的阶数与单元的自由度数相同。例如三角形常应变单元的自由度数为 6,其单元刚度矩阵的阶数便为 6,即$[K]^e$是 6×6 的方阵。因结构刚度矩阵$[K]$由单元刚度矩阵$[K]^e$集合而成,故结构刚度矩阵的阶数亦与结构的自由度数相同。

在如图 2.13 所示的例子中,该结构有 4 个结点,每个结点有 2 个自由度,结构的自由度数为 8,因此结构刚度矩阵是 8×8 的方阵。

根据公共结点处的静力平衡条件,作用在某结点上的外载荷与诸单元作用在该结点处的反力相平衡。图 2.14 表示了单元②的结点力。图中的数字为总体结点编号,字母为单元的局部结点编号,其对应关系为

单元①:$i,j,m \rightarrow 1,2,3$

单元②:$i,j,m \rightarrow 1,3,4$

则单元①的结点力列阵为

$$\{F\}^{①} = [F_{1x}^{①} \ F_{1y}^{①} \ F_{2x}^{①} \ F_{2y}^{①} \ F_{3x}^{①} \ F_{3y}^{①}]^{\mathrm{T}} = [F_1^{①} \ F_2^{①} \ F_3^{①}]^{\mathrm{T}}$$

单元②的结点力列阵为

$$\{F\}^{②} = [F_1^{②} \ F_3^{②} \ F_4^{②}]^{\mathrm{T}}$$

由结点 i 处的静力平衡条件(图 2.14),有

$$\begin{cases} \{R_1\} = \{F_1\}^{①} + \{F_1\}^{②} \\ \{R_2\} = \{F_2\}^{①} \\ \{R_3\} = \{F_3\}^{①} + \{F_3\}^{②} \\ \{R_4\} = \{F_4\}^{②} \end{cases} \tag{2.53}$$

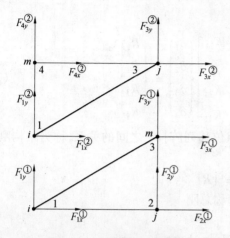
图 2.14 单元的结点力图

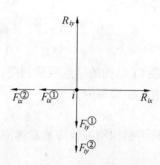
图 2.15 结点的静力平衡图

式中

$$\{R_i\} = \begin{bmatrix} R_{ix} & R_{iy} \end{bmatrix}^T$$
$$\{F_i\} = \begin{bmatrix} F_{ix} & F_{iy} \end{bmatrix}^T \quad (i = 1,2,3;4)$$

由 2.3.2 节知,单元结点力 $\{F\}^e$ 与单元结点位移 $\{\delta\}^e$ 之间的关系为

$$\{F\}^e = [K]^e\{\delta\}^e$$

对于单元①,有

$$\{F_1\}^① = [K_{11}]^①\{\delta_1\} + [K_{12}]^①\{\delta_2\} + [K_{13}]^①\{\delta_3\}$$
$$\{F_2\}^① = [K_{21}]^①\{\delta_1\} + [K_{22}]^①\{\delta_2\} + [K_{23}]^①\{\delta_3\}$$
$$\{F_3\}^① = [K_{31}]^①\{\delta_1\} + [K_{32}]^①\{\delta_2\} + [K_{33}]^①\{\delta_3\}$$

对于单元②,有

$$\{F_1\}^② = [K_{11}]^②\{\delta_1\} + [K_{13}]^②\{\delta_3\} + [K_{14}]^②\{\delta_4\}$$
$$\{F_3\}^② = [K_{31}]^②\{\delta_1\} + [K_{33}]^②\{\delta_3\} + [K_{34}]^②\{\delta_4\}$$
$$\{F_4\}^② = [K_{41}]^②\{\delta_1\} + [K_{43}]^②\{\delta_3\} + [K_{44}]^②\{\delta_4\}$$

将上述各式代入式(2.53),得

$$\{R_1\} = \{F_1\}^① + \{F_1\}^② = ([K_{11}]^① + [K_{11}]^②)\{\delta_1\} + [K_{12}]^①\{\delta_2\} + ([K_{13}]^① + [K_{13}]^②)\{\delta_3\} + [K_{14}]^②\{\delta_4\}$$

$$\{R_2\} = \{F_2\}^① = [K_{21}]^①\{\delta_1\} + [K_{22}]^①\{\delta_2\} + [K_{23}]^①\{\delta_3\}$$

$$\{R_3\} = \{F_3\}^① + \{F_3\}^② = ([K_{31}]^① + [K_{31}]^②)\{\delta_1\} + [K_{32}]^①\{\delta_2\} + ([K_{33}]^① + [K_{33}]^②)\{\delta_3\} + [K_{34}]^②\{\delta_4\}$$

$$\{R_4\} = \{F_4\}^② = [K_{41}]^②\{\delta_1\} + [K_{43}]^②\{\delta_3\} + [K_{44}]^②\{\delta_4\}$$

写成矩阵形式,有

$$\begin{bmatrix} K_{11}^{①+②} & K_{12}^{①} & K_{13}^{①+②} & K_{14}^{②} \\ K_{21}^{①} & K_{22}^{①} & K_{23}^{①} & 0 \\ K_{31}^{①+②} & K_{32}^{①} & K_{33}^{①+②} & K_{34}^{②} \\ K_{41}^{②} & 0 & K_{43}^{②} & K_{44}^{②} \end{bmatrix} \begin{Bmatrix} \delta_1 \\ \delta_2 \\ \delta_3 \\ \delta_4 \end{Bmatrix} = \begin{Bmatrix} R_1 \\ R_2 \\ R_3 \\ R_4 \end{Bmatrix} \quad (2.54)$$

式(2.54)表示了结构的结点载荷列阵$\{R\}$与结点位移列阵$\{\delta\}$之间的关系,称为结构刚度方程。该式可进一步简写为

$$[K]\{\delta\} = \{R\}$$

式中,$[K]$称为结构刚度矩阵或总体刚度矩阵,简称总刚。

2.5.3 形成结构刚度矩阵的常用方法

在2.5.2节中,通过各个结点的平衡关系,导出了结构刚度方程式(2.49)。这种做法的力学概念非常明确,它考虑了每个结点的平衡,即式(2.54)中的每一个公式都表示了一个结点处的静力平衡。在实际解题时,若通过逐点平衡的方法来建立结构刚度方程,一则比较繁琐,二则不便于程序实现。通常采用的方法是将各单元刚度阵或单元子刚阵按一定方式形成结构刚度矩阵$[K]$;通过载荷移置形成结构的结点载荷列阵$\{R\}$;同时建立一个数组以存放解出的结点位移列阵$\{\delta\}$。

下面介绍由单元刚度阵或单元子刚阵形成结构刚度矩阵的两种常用方法。

1. 按单元形成结构刚度矩阵

先将存放结构刚度矩阵的数组充零;然后从第一个单元开始,计算单元刚度矩阵,并将$[K]^e$的每个元素存放到结构刚度矩阵的相应位置上;当依次做完最后一个单元时,便形成了结构刚度矩阵$[K]$。

对于如图2.13所示的例子,将8×8的方阵充零后,先送入单元①的$[K]^①$,将$[K]^①$的各个子刚阵放到相应的位置上,即

$$\begin{bmatrix} K_{11}^{①} & K_{12}^{①} & K_{13}^{①} & 0 \\ K_{21}^{①} & K_{22}^{①} & K_{23}^{①} & 0 \\ K_{31}^{①} & K_{32}^{①} & K_{33}^{①} & 0 \\ 0 & 0 & 0 & 0 \end{bmatrix}$$

然后,将单元②的各个子刚阵送至相应的位置上。若在某个子刚阵位置上已有数值,则需将单元②的相应子刚阵元素叠加上去。当单元②的全部子刚阵均已送入完毕后,便形成了该结构的总体刚度矩阵。

$$[K] = \begin{bmatrix} K_{11}^{①+②} & K_{12}^{①} & K_{13}^{①+②} & K_{14}^{②} \\ K_{21}^{①} & K_{22}^{①} & K_{23}^{①} & 0 \\ K_{31}^{①+②} & K_{32}^{①} & K_{33}^{①+②} & K_{34}^{②} \\ K_{41}^{②} & 0 & K_{43}^{②} & K_{44}^{②} \end{bmatrix}$$

2. 按结点形成结构刚度矩阵

先将存放结构刚度矩阵的数组充零；从结点 1 开始，检查该结点与哪几个结点相邻，凡是与其相邻的结点，在结构刚度矩阵中就有对应的子刚阵。例如结点 r，若结点 s 与其相邻，则总刚阵中必有子刚阵 $[K_{rs}]$。然后再检查哪几个单元与这两个结点有关，并将有关单元的 $[K]^e$ 中的相应子刚阵 $[K_{rs}]$ 相互叠加。若结点 s 与结点 r 无关，则子刚阵 $[K_{rs}]$ 为零矩阵。按照总体结点编号顺序，对每个结点重复上述工作，直到最后一个结点为止。

对于如图 2.13 所示的例子，其结构刚度矩阵可以按照下列步骤写出。

首先将 8×8 的方阵充零。对于结点 1，其与结点 2,3 和 4 均相邻。其中结点 1 和 2 与单元 ① 有关；结点 1 和 3 与单元 ① 和 ② 均有关；结点 1 和 4 与单元 ② 有关。于是结构刚度矩阵第一行的子刚阵为

$$[K_{11}]^{①+②}, [K_{12}]^{①}, [K_{13}]^{①+②}, [K_{14}]^{②}$$

对于结点 2，其与结点 1 和 3 相邻，且结点 2 和 1 及结点 2 和 3 均只与单元 ① 有关。于是结构刚度矩阵第二行的子刚阵为

$$[K_{21}]^{①}, [K_{22}]^{①}, [K_{23}]^{①}, [K_{24}]$$

其中，$[K_{24}]$ 为零矩阵。

同理，对于结点 3 和结点 4，可以分别写出结构刚度矩阵的第三行与第四行为

$$[K_{31}]^{①+②}, [K_{32}]^{①}, [K_{33}]^{①+②}, [K_{34}]^{②}$$
$$[K_{41}]^{②}, [K_{42}], [K_{43}]^{②}, [K_{44}]^{②}$$

其中，$[K_{42}]$ 亦为零矩阵。

于是，得到了同样的结构刚度矩阵

$$[K] = \begin{bmatrix} K_{11}^{①+②} & K_{12}^{①} & K_{13}^{①+②} & K_{14}^{②} \\ K_{21}^{①} & K_{22}^{①} & K_{23}^{①} & 0 \\ K_{31}^{①+②} & K_{32}^{①} & K_{33}^{①+②} & K_{34}^{②} \\ K_{41}^{②} & 0 & K_{43}^{②} & K_{44}^{②} \end{bmatrix}$$

2.5.4 结构刚度矩阵的性质及其应用

结构刚度矩阵由单元刚度矩阵集合而成。因此它也具有单元刚度矩阵的某些性质,如对称性、奇异性、与载荷无关等。在进行有限元程序设计时,利用这些性质可以减少计算工作量,并节省计算机的存储量。

① 结构刚度矩阵是一个对称方阵。在2.3.3节中已经证明了单元刚度矩阵是对称方阵,因此,由单元刚度矩阵依次叠加而成的结构刚度矩阵必然也是对称方阵。

在进行有限元程序设计时,利用这一性质,可以只计算存储结构刚度矩阵对角线一侧的元素,即上三角阵或下三角阵,从而大大减少了计算工作量及对计算机的存储需求。

② 结构刚度矩阵是一个奇异矩阵。从物理上讲,在建立结构刚度矩阵的过程中,并没有对结构施加约束,因而没有消除结构的刚体位移。从数学上讲,可以证明结构刚度矩阵的逆矩阵不存在,因此它是奇异矩阵。

只有引入位移边界条件,对结构刚度矩阵进行适当处理后,才能消除它的奇异性,使之成为正定矩阵。从而保证线性代数方程组有唯一解。

③ 结构刚度矩阵是一个稀疏矩阵。由2.4节得知,对于结构中的任一结点 r,若结点 s 与其相邻,则结构刚度矩阵中必有非零的子刚阵$[K_{rs}]$;反之,若结点 s 与结点 r 不相邻,则结构刚度矩阵中的相应子刚阵$[K_{rs}]$为零矩阵。

当一个结构被离散化以后,尽管单元与结点的数目很多,但每个结点只与周围的有限个单元有关。对于任意一结点 r 而言,与其相邻的结点数并不多。因此,在结构刚度矩阵中必然存在着大量的零元素,所以结构刚度矩阵是一个具有大量零元素的稀疏矩阵。

以如图 2.16 所示的 8 个单元、10 个结点的有限元模型为例,若按如图 2.16(a)所示的方案进行结点编号,当用"×"表示非零元素,用空白表示零元素时,则结构刚度矩阵的形式如图 2.16(b)所示。从图中可以看到,非零元素只有 176 个,占刚度元素总数 400 的 44%。

对上述有限元模型重新编号,如图 2.17(a)所示,则得到如图 2.17(b)所示的结构刚度矩阵。其中非零元素仍为 176 个,但其排列方式发生了变化,非零元素均集中在结构刚度矩阵主对角线两侧的一条狭长带状区域内,形成了一个带状稀疏矩阵。

由此可见,结构刚度矩阵中非零元素的排列与结点编号方式有关。计算实践表明,图 2.17(b)所示的带状稀疏矩阵,不仅可以节省计算机的存储量,而且还可以提高计算效率。因此,在进行结点编号时,应力求使同一单元的结点号比较接近,即同一单元内的最大结点号差值尽可能地小,从而使结构刚度矩阵接近于带状。

在进行有限元程序设计时,利用结构刚度矩阵的带状稀疏性,采取适当的方法,只存储对角线一侧带状以内的元素,可以大大节省计算机的存储量。

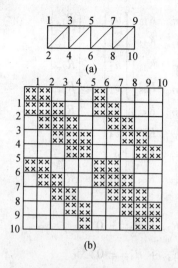

图 2.16 结构刚度矩阵的稀疏性

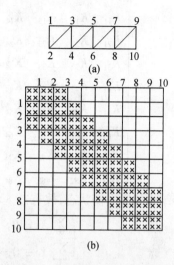

图 2.17 结构刚度矩阵的带状性

④ 结构刚度矩阵仅与结构的几何形状、尺寸以及材料性能有关,而与结构所承受的载荷无关。

在有限元程序设计时,利用这一性质,可以先形成结构刚度矩阵,将其分解并存储;然后再形成结点载荷列阵,进行方程求解。由于在有限元计算中,形成及分解刚度矩阵需要占用大量的计算时间,因此采用上述处理后,可以大大节省计算时间,提高计算效率。

2.6 位移边界条件处理

结构刚度方程

$$[K]\{\delta\} = \{R\}$$

是一个以结点位移$\{\delta\}$为未知量的线性代数方程组。求解方程组便可以得到结点位移$\{\delta\}$。但由于结构刚度矩阵$[K]$的奇异性,上述线性代数方程组不可能有唯一解。为此,必须引入位移边界条件,以消除$[K]$的奇异性。从数学上讲,这是保证刚度方程有唯一解所必需的;从物理上讲,这是给结构施加必要的约束,以限制结构的刚体位移。

本节从数学上证明结构刚度矩阵的奇异性,从而说明引入边界条件的必要性。并介绍处理位移边界条件的几种常用方法。

2.6.1 结构刚度矩阵的奇异性

将如图 2.18 所示的平面结构,划分为 2 个单元,4 个结点。其结构刚度方程为

$$\begin{bmatrix} K_{11} & K_{12} & K_{13} & K_{14} & K_{15} & K_{16} & K_{17} & K_{18} \\ K_{21} & K_{22} & K_{23} & K_{24} & K_{25} & K_{26} & K_{27} & K_{28} \\ K_{31} & K_{32} & K_{33} & K_{34} & K_{35} & K_{36} & K_{37} & K_{38} \\ K_{41} & K_{42} & K_{43} & K_{44} & K_{45} & K_{46} & K_{47} & K_{48} \\ K_{51} & K_{52} & K_{53} & K_{54} & K_{55} & K_{56} & K_{57} & K_{58} \\ K_{61} & K_{62} & K_{63} & K_{64} & K_{65} & K_{66} & K_{67} & K_{68} \\ K_{71} & K_{72} & K_{73} & K_{74} & K_{75} & K_{76} & K_{77} & K_{78} \\ K_{81} & K_{82} & K_{83} & K_{84} & K_{85} & K_{86} & K_{87} & K_{88} \end{bmatrix} \begin{Bmatrix} u_1 \\ v_1 \\ u_2 \\ v_2 \\ u_3 \\ v_3 \\ u_4 \\ v_4 \end{Bmatrix} = \begin{Bmatrix} R_{1x} \\ R_{1y} \\ R_{2x} \\ R_{2y} \\ R_{3x} \\ R_{3y} \\ R_{4x} \\ R_{4y} \end{Bmatrix} \quad (2.55)$$

由于结构处于平衡状态,故有

$$\begin{cases} \sum X = 0, & R_{1x} + R_{2x} + R_{3x} + R_{4x} = 0 \\ \sum Y = 0, & R_{1y} + R_{2y} + R_{3y} + R_{4y} = 0 \end{cases}$$

将式(2.55)中的 $R_{1x}, R_{2x}, \cdots, R_{4y}$ 代入上面两式,并将两式相加,得到

$$u_1(\sum_{s=1}^{8} K_{s1}) + v_1(\sum_{s=1}^{8} K_{s2}) + u_2(\sum_{s=1}^{8} K_{s3}) + v_2(\sum_{s=1}^{8} K_{s4}) + $$
$$u_3(\sum_{s=1}^{8} K_{s5}) + v_3(\sum_{s=1}^{8} K_{s6}) + u_4(\sum_{s=1}^{8} K_{s7}) + v_4(\sum_{s=1}^{8} K_{s8}) = 0$$

当 u_i 和 $v_i (i = 1,2,3,4)$ 为任何一组值时,上式恒等于零。

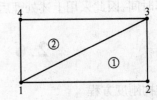

因此,其系数应分别等于零,即

$$\sum_{s=1}^{8} K_{sr} = 0 \quad (r = 1,2,\cdots,8) \qquad (a)$$

由于结构刚度矩阵的对称性,$K_{sr} = K_{rs}$,式(a)可以写成

图 2.18 2 个单元剖分

$$\sum_{s=1}^{8} K_{rs} = 0 \quad (r = 1,2,\cdots,8) \qquad (b)$$

式(b)表示结构刚度矩阵[K]中各行元素之和均为零,即与[K]对应的行列式 |K| 的各行线性相关。

根据行列式性质"若行列式 D 的诸行是线性相关的,或某一行是其余各行的线性组合,则 $D = 0$",有

$$|K| = 0$$

故总刚度矩阵[K]为奇异矩阵。

从数学上讲,若总体刚度矩阵[K]是奇异阵,则线性代数方程组

$$[K]\{\delta\} = \{R\}$$

有无穷多组解。

从物理上讲,在单元特性分析及集合建立结构刚度方程的过程中,没有对结构施加任何约束。因此,在载荷的作用下,结构除变形外,还可以发生刚体位移,致使各结点位移为不定值。

因此,必须对结构刚度方程式(2.49)引入位移边界条件,即对$[K]$及$\{R\}$进行适当处理,以消除$[K]$的奇异性。从数学方面看,这是保证结构刚度方程有唯一解所必需的;从物理方面看,这是给结构施加足够的约束,以消除结构的刚体位移。

2.6.2 处理位移边界条件的常用方法

在有限元法中,引入位移边界条件的步骤通常是在已经形成了结构刚度矩阵$[K]$及结点载荷列阵$\{R\}$之后进行的。这时$[K]$及$\{R\}$中的各元素均已按照一定的顺序分别存储在相应的数组中了。因此,在对$[K]$及$\{R\}$进行处理时,应尽量不打乱原有的存储顺序,并希望需要处理的元素越少越好。

常用的引入位移边界条件的方法有以下三种。

1. 降阶法

降阶法即降低结构刚度方程阶次的方法。

若结构刚度方程为

$$[K]\{\delta\} = \{R\}$$

在结点位移$\{\delta\}$中,令$\{\delta_A\}$为未知位移,$\{\delta_B\}$为已知位移。利用矩阵分块,上式可改写为

$$\begin{bmatrix} K_{AA} & K_{AB} \\ K_{BA} & K_{BB} \end{bmatrix} \begin{Bmatrix} \delta_A \\ \delta_B \end{Bmatrix} = \begin{Bmatrix} R_A \\ R_B \end{Bmatrix} \tag{c}$$

式中,$\{R_B\}$为未知载荷。

现按第一行展开,得

$$[K_{AA}]\{\delta_A\} + [K_{AB}]\{\delta_B\} = \{R_A\} \tag{d}$$

令

$$\{\bar{R}_A\} = \{R_A\} - [K_{AB}]\{\delta_B\}$$

则

$$[K_{AA}]\{\delta_A\} = \{\bar{R}_A\} \tag{2.56}$$

与式(c)相比,显然式(2.56)的阶次要低。

若已知位移$\{\delta_B\}$均为零位移,则上式变为

$$[K_{AA}]\{\delta_A\} = \{R_A\} \tag{2.57}$$

式(2.57)相当于在结构刚度方程式(2.49)中,将与零位移约束对应的行与列划去后得到的线

性代数方程组。由该式可以解出未知位移$\{\delta_A\}$。

当采用计算机解题时,由于降阶可能会打乱原来$\{K\}$及$\{R\}$的存储顺序,且需要重新安排$[K_{AA}]$、$\{R_A\}$以及$\{\delta_A\}$的存储。因此,在有限元程序设计中一般不采用降阶法。

2. 对角元置 1 法

结构刚度方程为

$$\begin{bmatrix} K_{11} & K_{12} & \cdots & K_{1i} & \cdots & K_{1n} \\ K_{21} & K_{22} & \cdots & K_{2i} & \cdots & K_{2n} \\ \vdots & \vdots & & \vdots & & \vdots \\ K_{i1} & K_{i2} & \cdots & K_{ii} & \cdots & K_{in} \\ \vdots & \vdots & & \vdots & & \vdots \\ K_{n1} & K_{n2} & \cdots & K_{ni} & \cdots & K_{nn} \end{bmatrix} \begin{bmatrix} \delta_1 \\ \delta_2 \\ \vdots \\ \delta_i \\ \vdots \\ \delta_n \end{bmatrix} = \begin{bmatrix} R_1 \\ R_2 \\ \vdots \\ R_i \\ \vdots \\ R_n \end{bmatrix} \qquad (e)$$

已知的位移边界条件为 $\delta_i = \bar{\delta}$($\bar{\delta}$ 可以为零),现欲将其引入刚度方程。

为了不改变总刚度矩阵$[K]$的列数(即不变更$[K]$的阶数),将$[K]$中第 i 列诸元素乘以$\bar{\delta}$并移至等号右端后,在第 i 列的位置处补 0。但对于第 i 行暂不处理。于是

$$\begin{bmatrix} K_{11} & K_{12} & \cdots & 0 & \cdots & K_{1n} \\ K_{21} & K_{22} & \cdots & 0 & \cdots & K_{2n} \\ \vdots & \vdots & & \vdots & & \vdots \\ K_{i1} & K_{i2} & \cdots & K_{ii} & \cdots & K_{in} \\ \vdots & \vdots & & \vdots & & \vdots \\ K_{n1} & K_{n2} & \cdots & 0 & \cdots & K_{nn} \end{bmatrix} \begin{bmatrix} \delta_1 \\ \delta_2 \\ \vdots \\ \delta_i \\ \vdots \\ \delta_n \end{bmatrix} = \begin{bmatrix} R_1 - K_{1i}\bar{\delta} \\ R_2 - K_{2i}\bar{\delta} \\ \vdots \\ R_i \\ \vdots \\ R_n - K_{ni}\bar{\delta} \end{bmatrix}$$

为了不改变总刚度矩阵$[K]$的行数,对刚度方程的第 i 行进行处理,使其体现出 $\delta_i = \bar{\delta}$。为此,在$[K]$的第 i 行的对角元K_{ii}处置 1,其余元素置 0;且将第 i 行的右端项处以$\bar{\delta}$代替R_i。于是得到

$$\begin{bmatrix} K_{11} & K_{12} & \cdots & 0 & \cdots & K_{1n} \\ K_{21} & K_{22} & \cdots & 0 & \cdots & K_{2n} \\ \vdots & \vdots & & \vdots & & \vdots \\ 0 & 0 & \cdots & 1 & \cdots & 0 \\ \vdots & \vdots & & \vdots & & \vdots \\ K_{n1} & K_{n2} & \cdots & 0 & \cdots & K_{nn} \end{bmatrix} \begin{bmatrix} \delta_1 \\ \delta_2 \\ \vdots \\ \delta_i \\ \vdots \\ \delta_n \end{bmatrix} = \begin{bmatrix} R_1 - K_{1i}\bar{\delta} \\ R_2 - K_{2i}\bar{\delta} \\ \vdots \\ \bar{\delta} \\ \vdots \\ R_n - K_{ni}\bar{\delta} \end{bmatrix} \qquad (2.58)$$

在原方程(e)中,与已知位移 δ_i 对应的载荷 R_i 是未知的,经过上述处理后,R_i 已被$\bar{\delta}$所代替。只要引入足够的约束条件(对于平面问题至少应为 3 个,即需要经过至少 3 次"置 1"处理),经处理后的$[K]$变为非奇异阵,右端载荷项的数值亦均为已知,故可以解出待求的位移值。

在对角元置1法中,无需改变$[K]$及$\{R\}$的存储顺序,只需对$[K]$的第i行、第i列元素以及$\{R\}$的诸元素进行上述处理。当$\overline{\delta} = 0$时,式(2.58)变为

$$\begin{bmatrix} K_{11} & K_{12} & \cdots & 0 & \cdots & K_{1n} \\ K_{21} & K_{22} & \cdots & 0 & \cdots & K_{2n} \\ \vdots & \vdots & & \vdots & & \vdots \\ 0 & 0 & \cdots & 1 & \cdots & 0 \\ \vdots & \vdots & & \vdots & & \vdots \\ K_{n1} & K_{n2} & \cdots & 0 & \cdots & K_{nn} \end{bmatrix} \begin{Bmatrix} \delta_1 \\ \delta_2 \\ \vdots \\ \delta_i \\ \vdots \\ \delta_n \end{Bmatrix} = \begin{Bmatrix} R_1 \\ R_2 \\ \vdots \\ 0 \\ \vdots \\ R_n \end{Bmatrix} \tag{2.59}$$

这时,只需对$[K]$的第i行、第i列元素以及R_i进行处理。

3. 对角元乘大数法

对于结构刚度方程式(e),若已知第i个位移分量为$\delta_i = \overline{\delta}$。

当采用对角元乘大数法引入边界条件时,只需将第i行的主对角元K_{ii}乘以一个大数,例如10^{20},并将对应的载荷分量R_i改为$10^{20}K_{ii}\overline{\delta}$,其他各行各列诸元素均保持不变。这样处理后,展开第i行得

$$K_{i1}\delta_1 + K_{i2}\delta_2 + \cdots + 10^{20}K_{ii}\delta_i + \cdots + K_{in}\delta_n = 10^{20}K_{ii}\overline{\delta}$$

将等号两边同时除以10^{20},得

$$\frac{1}{10^{20}}(K_{i1}\delta_1 + K_{i2}\delta_2 + \cdots + K_{ii-1}\delta_{i-1} + K_{ii+1}\delta_{i+1} + \cdots + K_{in}\delta_n) + K_{ii}\delta_i = K_{ii}\overline{\delta}$$

略去小量,于是有

$$\delta_i \approx \overline{\delta}$$

当给定位移$\overline{\delta} = 0$时,只需在第i行的主对角元K_{ii}处乘以大数10^{20},且将对应的R_i处置0。由上面的推导可知,利用对角元乘大数法只是近似地满足边界条件,但由于处理简便,故使用相当普遍。

也可以直接用一个大数代替主对角元素K_{ii},对应的载荷项也仅用该大数乘以已知位移来代替,这样处理可以获得与上述对角元乘大数法同样的效果。这样的处理方法称为对角元置大数法。

2.7 应力计算

2.7.1 基本公式

由结构刚度方程解出结点位移$\{\delta\}$后,就得到了各单元的结点位移$\{\delta\}^e$。利用2.3.2节中

导出的单元中任意一点的应变、应力与结点位移间的关系，便可以计算单元中任意一点处的应变与应力。

当不考虑温度改变时，由式(2.18)知，单元中任意一点的应变为

$$\begin{cases} \varepsilon_x = \dfrac{1}{2\Delta}(b_i u_i + b_j u_j + b_m u_m) \\ \varepsilon_y = \dfrac{1}{2\Delta}(c_i v_i + c_j v_j + c_m v_m) \\ \gamma_{xy} = \dfrac{1}{2\Delta}(b_i v_i + b_j v_j + b_m u_m + c_i u_i + c_j u_j + c_m u_m) \end{cases} \quad (2.60)$$

由式(2.21)及式(2.22a)得出，平面应力状态下单元中任意一点的应力为

$$\begin{cases} \sigma_x = \dfrac{E}{1-\mu^2}(\varepsilon_x + \mu\varepsilon_y) \\ \sigma_y = \dfrac{E}{1-\mu^2}(\varepsilon_y + \mu\varepsilon_x) \\ \tau_{xy} = \dfrac{E}{2(1+\mu)}\gamma_{xy} \end{cases} \quad (2.61)$$

将式(2.60)代入式(2.61)，得

$$\begin{cases} \sigma_x = \dfrac{E}{2\Delta(1-\mu^2)}[(b_i u_i + b_j u_j + b_m u_m) + \mu(c_i v_i + c_j v_j + c_m v_m)] \\ \sigma_y = \dfrac{E}{2\Delta(1-\mu^2)}[(c_i v_i + c_j v_j + c_m v_m) + \mu(b_i u_i + b_j u_j + b_m u_m)] \\ \tau_{xy} = \dfrac{E}{4\Delta(1+\mu)}(c_i u_i + c_j u_j + c_m u_m + b_i v_i + b_j v_j + b_m v_m) \end{cases} \quad (2.62)$$

根据式(2.62)，可由单元结点位移求出单元中任意一点的应力。

2.7.2　温度应力的计算

在前面的公式推导中，除2.4.5节里的"温度改变的等效结点载荷"外，其余均未考虑温度改变的影响。当考虑温度改变影响时，需要进行以下处理。

① 根据考虑温度改变时的单元刚度方程式(2.46)可知，单元结点力为

$$\{F\}^e = [K]^e\{\delta\}^e - \{R_t\}^e$$

式中，$\{R_t\}^e$ 为单元温度改变的等效结点载荷。

因此，集合形成的结构刚度方程中，其右端的结点载荷项中将增加一项$\{R_t\}$，即

$$[K]\{\delta\} = \{R\} + \{R_t\} \quad (2.63)$$

式中，$\{R_t\}$ 由 $\{R_t\}^e$ 集合而成，称为结构温度改变的等效结点载荷列阵。

式(2.63)为考虑温度改变时的结构刚度方程。

② 当由式(2.63)解出结点位移$\{\delta\}$后,需按照考虑温度改变时的物理方程来计算单元中任意一点的应力,即

$$\{\sigma\} = [D](\{\varepsilon\} - \{\varepsilon_0\}) = [D][B]\{\delta\}^e - [D]\{\varepsilon_0\}$$

上式表明,当考虑温度改变时,应按基本公式(2.21)对算出的应力进行修正,即减去$[D]\{\varepsilon_0\}$项。

对于平面应力问题,修正项为

$$[D]\{\varepsilon_0\} = \frac{E\alpha T}{1-\mu}[1 \quad 1 \quad 0]^T \tag{2.64a}$$

式中,T为单元的温度改变。

对于三角形常应变单元

$$T = \frac{T_i + T_j + T_m}{3}$$

对于平面应变问题,修正项为

$$[D]\{\varepsilon_0\} = \frac{E\alpha T}{1-2\mu}[1 \quad 1 \quad 0]^T \tag{2.64b}$$

若对材料参数E,μ和α进行如下变换

$$E_1 = \frac{E}{(1-\mu^2)}, \quad \mu_1 = \frac{\mu}{1-\mu}, \quad \alpha_1 = (1+\mu)\alpha$$

则平面应变状态下的修正项$[D]\{\varepsilon_0\}$仍可以按照式(2.64a)计算。

在应力计算式(2.21)及式(2.44)中,均含有单元结点位移$\{\delta\}^e$。因此,不论考虑温度改变与否,应力计算均应按单元进行。同理,应变计算亦应按单元进行。

2.7.3 应力的表示方法

由式(2.21)及式(2.44)求得的应力为单元中任意一点的应力。由于三角形常应变单元也是常应力单元,单元内部各点的应变和应力均为常数值。因此可以用单元形心处的应力状态来表示单元的应力状态。

在求得结点位移值后,有时还希望了解结点处的应力值。因此需要将已经求出的单元应力转化为结点应力。这里介绍两种常用的转化方法。

1. 绕结点平均法

将环绕某一结点的各单元的常量应力加以平均,以平均值表示该结点处的应力。如图2.19所示结构,环绕结点i的应力值为

$$\sigma_i = \frac{1}{5}\sum_{e=1}^{5}\sigma_i^e$$

一般而言,若结点 i 周围有 n 个单元,则结点 i 的应力为

$$\sigma_i = \frac{1}{n} \sum_{e=1}^{n} \sigma_i^e \qquad (2.65)$$

2. 按单元面积的加权平均法

以连接结点 i 的各单元的面积作为加权系数,来计算结点 i 处的应力平均值。对于如图 2.19 所示的结构,按单元面积的加权平均法所得的结点 i 处的应力为

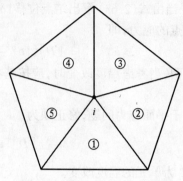

图 2.19　绕结点平均法示意图

$$\sigma_i = \frac{\sum\limits_{e=1}^{5} \sigma_i^e \Delta_e}{\sum\limits_{e=1}^{5} \Delta_e}$$

对于一般情况,有

$$\sigma_i = \frac{\sum\limits_{e=1}^{n} \sigma_i^e \Delta_e}{\sum\limits_{e=1}^{n} \Delta_e} \qquad (2.66)$$

式中,Δ_e 为单元 e 的面积;n 为环绕结点 i 的单元数。

用这种方法求得的结点应力比绕结点平均法要精确些。

2.7.4　主应力和主方向

根据材料力学公式,可以求出平面问题中结点的主应力、主方向和当量应力。

$$\begin{cases} \sigma_1 = \dfrac{1}{2}(\sigma_x + \sigma_y) + \sqrt{\left(\dfrac{\sigma_x + \sigma_y}{2}\right)^2 + \tau_{xy}^2} \\ \sigma_2 = \dfrac{1}{2}(\sigma_x + \sigma_y) - \sqrt{\left(\dfrac{\sigma_x + \sigma_y}{2}\right)^2 + \tau_{xy}^2} \\ \theta = \dfrac{1}{2}\tan^{-1}\left(\dfrac{2\tau_{xy}}{\sigma_x - \sigma_y}\right) \end{cases} \qquad (2.67)$$

(当 σ_x 逆时针转至 σ_1 时,θ 为正值)

$$\sigma_{eq} = \sqrt{\sigma_1^2 + \sigma_2^2 - \sigma_1 \sigma_2} \qquad (2.68)$$

2.8 解题示例

在 2.2~2.7 节中介绍了采用位移型有限元法进行结构分析的主要步骤。本节是对前面几节内容的应用,通过一个简单例题来说明解题步骤,展示用三角形常应变单元求解平面应力问题的全过程。

图 2.20 为一等厚度的矩形薄板,一端固定,另一端承受载荷集度为 $q(\text{kg} \cdot \text{m}^{-2})$ 的均布拉力。板长 l 为 2 m,宽 h 为 1 m,厚度为 t。材料的弹性模量为 E,泊松比 $\mu = \dfrac{1}{3}$。求板端角点的位移及板的应力。

1. 结构离散化

为简单起见,将该矩形薄板划分为 2 个单元、4 个结点,单元与结点的编号如图 2.20(b) 所示。作用于单元 ① 的均布拉力,按能量等效原则移置到结点 2 与结点 3 后,有

$$R_{2x} = \frac{qht}{2}, \quad R_{2y} = 0, \quad R_{3x} = \frac{qht}{2}, \quad R_{3y} = 0$$

将一端固定的约束条件简化为位于固定端的结点 1 和 4 处的平面铰。直角坐标系 xy 的选取如图 2.20(b) 所示。

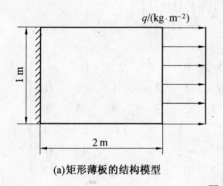 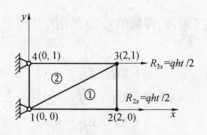

(a) 矩形薄板的结构模型　　　　　(b) 矩形薄板的物理模型

图 2.20

2. 计算单元刚度矩阵

(1) 单元 ①

局部结点号	总体结点号	x	y
i	1	0	0
j	2	2	0
m	3	2	1

$$b_i = y_j - y_m = -1, \quad b_j = y_m - y_i = 1, \quad b_m = y_i - y_j = 0$$
$$c_i = x_m - x_j = 0, \quad c_j = x_i - x_m = -2, \quad c_m = x_j - x_i = 2$$
$$\Delta = \frac{1}{2}(b_i c_j - b_j c_i) = 1, \quad \frac{Et}{4(1-\mu^2)\Delta} = \frac{9Et}{32}, \quad \frac{1-\mu}{2} = \frac{1}{3}$$

根据式(2.34)

$$[K_{rs}] = \frac{Et}{4\Delta(1-\mu^2)} \begin{bmatrix} b_r b_s + \frac{1-\mu}{2} c_r c_s & \mu b_r c_s + \frac{1-\mu}{2} c_r b_s \\ \mu c_r b_s + \frac{1-\mu}{2} b_r c_s & c_r c_s + \frac{1-\mu}{2} b_r b_s \end{bmatrix} \quad (r,s = i,j,m)$$

可算出各个子刚阵为

$$[K_{11}]^① = [K_{ii}] = \frac{3Et}{32}\begin{bmatrix} 3 & 0 \\ 0 & 1 \end{bmatrix}, \quad [K_{12}]^① = [K_{ij}] = \frac{3Et}{32}\begin{bmatrix} -3 & 2 \\ 2 & -1 \end{bmatrix}$$

$$[K_{13}]^① = [K_{im}] = \frac{3Et}{32}\begin{bmatrix} 0 & -2 \\ -2 & 0 \end{bmatrix}, \quad [K_{21}]^① = [K_{12}]^{①T} = [K_{ji}]$$

$$[K_{22}]^① = [K_{jj}] = \frac{3Et}{32}\begin{bmatrix} 7 & -4 \\ -4 & 13 \end{bmatrix}, \quad [K_{23}]^① = [K_{jm}] = \frac{3Et}{32}\begin{bmatrix} -4 & 2 \\ 2 & -12 \end{bmatrix}$$

$$[K_{31}]^① = [K_{13}]^{①T} = [K_{mi}], \quad [K_{32}]^① = [K_{23}]^{①T} = [K_{mj}]$$

$$[K_{33}]^① = [K_{mm}] = \frac{3Et}{32}\begin{bmatrix} 4 & 0 \\ 0 & 12 \end{bmatrix}$$

组合上述子刚阵,得到单元①的刚度矩阵为

$$[K]^① = \begin{bmatrix} K_{11}^① & K_{12}^① & K_{13}^① \\ K_{21}^① & K_{22}^① & K_{23}^① \\ K_{31}^① & K_{32}^① & K_{33}^① \end{bmatrix} = \frac{3Et}{32}\begin{bmatrix} 3 & 0 & -3 & 2 & 0 & -2 \\ 0 & 1 & 2 & -1 & -2 & 0 \\ -3 & 2 & 7 & -4 & -4 & 2 \\ 2 & -1 & -4 & 13 & 2 & -12 \\ 0 & -2 & -4 & 2 & 4 & 0 \\ -2 & 0 & 2 & -12 & 0 & 12 \end{bmatrix}$$

(2) 单元②

局部结点号	总体结点号	x	y
i	1	0	0
j	3	2	1
m	4	0	1

$$b_i = 0, \quad b_j = 1, \quad b_m = -1$$
$$c_i = -2, \quad c_j = 0, \quad c_n = 2$$

$$\Delta = 1, \quad \frac{Et}{4(1-\mu^2)\Delta} = \frac{9Et}{32}, \quad \frac{1-\mu}{2} = \frac{1}{3}$$

与单元①类似，先求出各个子刚阵，然后组合成单元②的刚度矩阵：

$$[K]^{②} = \begin{bmatrix} K_{11}^{②} & K_{13}^{②} & K_{14}^{②} \\ K_{31}^{②} & K_{33}^{②} & K_{34}^{②} \\ K_{41}^{②} & K_{43}^{②} & K_{44}^{②} \end{bmatrix} = \frac{3Et}{32} \begin{bmatrix} 4 & 0 & 0 & -2 & -4 & 2 \\ 0 & 12 & -2 & 0 & 2 & -12 \\ 0 & -2 & 3 & 0 & -3 & 2 \\ -2 & 0 & 0 & 1 & 2 & -1 \\ -4 & 2 & -3 & 2 & 7 & -4 \\ 2 & -12 & 2 & -1 & -4 & 13 \end{bmatrix}$$

3. 建立结构刚度矩阵

此处采用按单元形成结构刚度矩阵的方法，由$[K]^{①}$及$[K]^{②}$叠加得

$$[K] = \begin{bmatrix} K_{11}^{①+②} & K_{12}^{①} & K_{13}^{①+②} & K_{14}^{②} \\ K_{21}^{①} & K_{22}^{①} & K_{23}^{①} & 0 \\ K_{31}^{①+②} & K_{32}^{①} & K_{33}^{①+②} & K_{34}^{②} \\ K_{41}^{②} & 0 & K_{43}^{②} & K_{44}^{②} \end{bmatrix} =$$

$$\frac{3Et}{32} \begin{bmatrix} 7 & 0 & -3 & 2 & 0 & -4 & -4 & 2 \\ 0 & 13 & 2 & -1 & -4 & 0 & 2 & -12 \\ -3 & 2 & 7 & -4 & -4 & 2 & 0 & 0 \\ 2 & -1 & -4 & 13 & 2 & -12 & 0 & 0 \\ 0 & -4 & -4 & 2 & 7 & 0 & -3 & 2 \\ -4 & 0 & 2 & -12 & 0 & 13 & 2 & -1 \\ -4 & 2 & 0 & 0 & -3 & 2 & 7 & -4 \\ 2 & -12 & 0 & 0 & 2 & -1 & -4 & 13 \end{bmatrix}$$

4. 建立结构的结点载荷列阵

因结点载荷列阵$\{R\}$中不必考虑约束反力的作用，故在R_{1x}，R_{1y}，R_{4y}，R_4处置0。于是得到

$$\{R\} = \begin{bmatrix} 0 & 0 & \dfrac{qht}{2} & 0 & \dfrac{qht}{2} & 0 & 0 & 0 \end{bmatrix}^{T}$$

5. 引入位移边界条件，求解线性代数方程组

在结点1和结点4处，$u_1 = v_1 = u_4 = v_4 = 0$。这里采用降阶法引入上述位移边界条件。在结构刚度方程

$$\frac{3Et}{32}\begin{bmatrix} 7 & 0 & -3 & 2 & 0 & -4 & -4 & 2 \\ 0 & 13 & 2 & -1 & -4 & 0 & 2 & -12 \\ -3 & 2 & 7 & -4 & -4 & 2 & 0 & 0 \\ 2 & -1 & -4 & 13 & 2 & -12 & 0 & 0 \\ 0 & -4 & -4 & 2 & 7 & 0 & -3 & 2 \\ -4 & 0 & 2 & -12 & 0 & 13 & 2 & -1 \\ -4 & 2 & 0 & 0 & -3 & 2 & 7 & -4 \\ 2 & -12 & 0 & 0 & 2 & -1 & -4 & 13 \end{bmatrix} \begin{Bmatrix} u_1 \\ v_1 \\ u_2 \\ v_2 \\ u_3 \\ v_3 \\ u_4 \\ v_4 \end{Bmatrix} = \begin{Bmatrix} 0 \\ 0 \\ \dfrac{qht}{2} \\ 0 \\ \dfrac{qht}{2} \\ 0 \\ 0 \\ 0 \end{Bmatrix}$$

中,划去刚度矩阵中与上述零位移对应的行与列,以及结点位移列阵与结点载荷列阵中的对应项,得到

$$\frac{3Et}{32}\begin{bmatrix} 7 & -4 & -4 & 2 \\ -4 & 13 & 2 & -12 \\ -4 & 2 & 7 & 0 \\ 2 & -12 & 0 & 13 \end{bmatrix}\begin{Bmatrix} u_2 \\ v_2 \\ u_3 \\ v_3 \end{Bmatrix} = \begin{Bmatrix} \dfrac{qht}{2} \\ 0 \\ \dfrac{qht}{2} \\ 0 \end{Bmatrix}$$

解上述线性代数方程组,得出

$$u_2 = 1.98\frac{qh}{E}, \quad v_2 = 0.36\frac{qh}{E}, \quad u_3 = 1.79\frac{qh}{E}, \quad v_3 = 0.024\frac{qh}{E}$$

以 $h = 1$ m 代入上式,得到

$$u_2 = 198\frac{q}{E}, \quad v_2 = 36\frac{q}{E}, \quad u_3 = 179\frac{q}{E}, \quad v_3 = 2.4\frac{q}{E}$$

位移分量的单位符号为 cm。

6. 计算单元应力

(1) 单元 ①

$$i = 1, \quad j = 2, \quad m = 3$$

$$u_i = v_i = 0, \quad u_j = 198\frac{q}{E}, \quad v_j = 36\frac{q}{E}, \quad u_m = 179\frac{q}{E}, \quad v_m = 2.4\frac{q}{E}$$

根据式(2.62)得出

$$\begin{Bmatrix} \sigma_x \\ \sigma_y \\ \tau_{xy} \end{Bmatrix}^{①} = q\begin{Bmatrix} 0.988 \\ -0.007 \\ -0.004 \end{Bmatrix}$$

(2) 单元②

$$i = 1, \quad j = 3, \quad m = 4$$

$$u_i = v_i = u_m = v_m = 0, \quad u_j = 179\frac{q}{E}, \quad v_j = 2.4\frac{q}{E}$$

故

$$\begin{Bmatrix} \sigma_x \\ \sigma_y \\ \tau_{xy} \end{Bmatrix}^{②} = q \begin{Bmatrix} 1.007 \\ 0.336 \\ 0.005 \end{Bmatrix}$$

应力分量的单位符号为 $kg \cdot m^{-2}$。

7. 计算结点处的应力

采用绕结点平均法。

结点 1:

$$\begin{Bmatrix} \sigma_x \\ \sigma_y \\ \tau_{xy} \end{Bmatrix} = \frac{1}{2}(\{\sigma\}^{①} + \{\sigma\}^{②}) = q \begin{Bmatrix} 0.9975 \\ 0.1645 \\ 0.0005 \end{Bmatrix}$$

结点 2:

$$\begin{Bmatrix} \sigma_x \\ \sigma_y \\ \tau_{xy} \end{Bmatrix} = \{\sigma\}^{①} = q \begin{Bmatrix} 0.988 \\ -0.007 \\ -0.004 \end{Bmatrix}$$

结点 3:

$$\begin{Bmatrix} \sigma_x \\ \sigma_y \\ \tau_{xy} \end{Bmatrix} = \frac{1}{2}(\{\sigma\}^{①} + \{\sigma\}^{②}) = q \begin{Bmatrix} 0.9975 \\ 0.1645 \\ 0.0005 \end{Bmatrix}$$

结点 4:

$$\begin{Bmatrix} \sigma_x \\ \sigma_y \\ \tau_{xy} \end{Bmatrix} = \{\sigma\}^{②} = q \begin{Bmatrix} 1.007 \\ 0.336 \\ 0.005 \end{Bmatrix}$$

2.9 公式推广

本节对前面导出的求解平面问题的三角形常应变单元的公式进行推广,得到对各种类型单元(如环单元、三维单元、板单元和壳单元等)和各种类型问题(如轴对称问题、三维问题和板壳问题等)均适用的普遍公式。

可以将三角形常应变单元求解平面问题的公式推广为下列矩阵形式的普遍公式。

(1) 单元中任意一点处的位移、应变与应力

$$\{f\} = [N]\{\delta\}^e \tag{2.69}$$

$$\{\varepsilon\} = [B]\{\delta\}^e \tag{2.70}$$

$$\{\sigma\} = [D][B]\{\delta\}^e \quad (\text{不考虑温度改变}) \tag{2.71}$$

$$\{\sigma\} = [D]([B]\{\delta\}^e - \{\varepsilon_0\}) \quad (\text{考虑温度改变}) \tag{2.72}$$

(2) 单元刚度方程、单元刚度矩阵与子刚阵

$$[K]^e\{\delta\}^e = \{F\}^e \quad (\text{不考虑温度改变}) \tag{2.73}$$

$$[K]^e\{\delta\}^e = \{F\}^e + \{R_t\}^e \quad (\text{考虑温度改变}) \tag{2.74}$$

$$[K]^e = \int_{V^e} [B]^T[D][B] dV \tag{2.75}$$

$$[K_{rs}]^e = \int_{V^e} [B_r]^T[D][B_s] dV \tag{2.76}$$

(3) 单元载荷移置公式

集中力

$$\{R\}^e = [N]^T\{P\} \tag{2.77}$$

体积力

$$\{R\}^e = \int_{V^e} [N]^T\{g\} dV \tag{2.78}$$

表面力

$$\{R\}^e = \int_S [N]^T\{q\} dS \tag{2.79}$$

温度改变的等效结点载荷

$$\{R_t\}^e = \int_{V^e} [B]^T[D]\{\varepsilon_0\} dV \tag{2.80}$$

(4) 结构刚度方程

$$[K]\{\delta\} = \{R\} \quad (\text{不考虑温度改变}) \tag{2.81}$$

$$[K]\{\delta\} = \{R\} + \{R_t\} \quad (\text{考虑温度改变}) \tag{2.82}$$

上述公式适用于各种类型的单元及各种类型的问题,称之为位移型有限元法求解线弹性静力问题的普遍公式。

习 题

2-1 如图 2.21 所示的两个单元 ① 和 ②,结点分别为 1,2,3 和 1,3,4,有着共同的边界

13。若单元中各点的位移分量是坐标的线性函数。已知:$u_1 = v_1 = 0$;$u_2 = 0.001, v_2 = 0$;$u_3 = 0.001, v_3 = 0.001$;$u_4 = -0.001, v_4 = 0$。求:$5(0, \frac{1}{2}), 6(\frac{1}{3}, \frac{1}{3}), 7(-\frac{1}{3}, \frac{1}{3})$点的位移分量,并问这两个单元在边界13上的位移是否连续?

2-2 写出如图2.22所示的三角形单元的形函数 N_i, N_j, N_m 以及几何矩阵$[B]$。

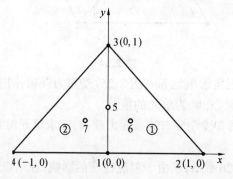

图 2.21　　　　　　图 2.22

2-3 如图2.23所示的三角形常应变单元,厚度为t,弹性模量为E,泊松比$\mu = 0$。试求:
(1) 形函数矩阵$[N]$;
(2) 几何矩阵$[B]$;
(3) 应力矩阵$[S]$;
(4) 单元刚度矩阵$[K]^e$。($[D]$按平面应力问题选取)

2-4 图2.24中的两个三角形单元组成平行四边形。已知单元①按局部结点编号i, j, m的单元刚度矩阵和应力矩阵分别为

$$[K]^① = \begin{bmatrix} 8 & 0 & -6 & -6 & -2 & 6 \\ 0 & 16 & -6 & -12 & 6 & -4 \\ -6 & -6 & 13.5 & 9 & -7.5 & -3 \\ -6 & -12 & 9 & 13.5 & -3 & -1.5 \\ 2 & 6 & 7.5 & -3 & 9.5 & -3 \\ 6 & -4 & -3 & -1.5 & -3 & 5.5 \end{bmatrix}$$

$$[S]^① = \begin{bmatrix} 0 & 0 & -3 & 0 & 3 & 0 \\ 0 & 4 & 0 & -3 & 0 & -1 \\ 2 & 0 & -1.5 & -1.5 & -0.5 & 1.5 \end{bmatrix}$$

按图示单元②的局部结点编号写出$[K]^②$及$[S]^②$。

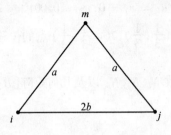

图 2.23

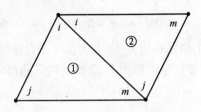

图 2.24

2-5 试用能量等效的方法求均质、等厚的三角形单元 ijm(图 2.25)受重力载荷作用时，移置到结点 i,j,m 的水平载荷。图中点 c 为单元形心，W 为单元的重量。

2-6 图 2.22 中，单元在 jm 边沿 x 方向作用有线性分布的表面力载荷，试求单元的等效结点载荷列阵。

2-7 弹性体的尺寸和各结点的温度如图 2.26 所示，求由于温度改变的影响，在结点 i 处的等效结点载荷。已知：$E = 2 \times 10^6 \text{ kg} \cdot \text{cm}^{-2}$，$\mu = 0.3$，$\alpha = 12 \times 10^{-6} \text{ ℃}^{-1}$，板厚 $t = 0.1 \text{ cm}$，设弹性体的初温为 0℃。

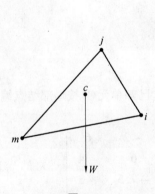

图 2.25

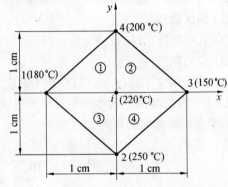

图 2.26

2-8 写出如图 2.27 所示的结构的总体刚度矩阵，并表示出总体刚度矩阵元素与各单元刚度矩阵元素之间的关系(为方便起见，不必按自由度建立刚阵，而按结点建立刚阵)。

2-9 单元体 ijm 的尺寸如图 2.28 所示，材料参数为 $E = 2 \times 10^6 \text{ kg} \cdot \text{cm}^{-2}$，$\mu = 0.3$，已知结点位移为 $u_i = v_i = 0$；$u_j = 0.001 \text{ cm}$，$v_j = 0$；$u_m = 0.001 \text{ cm}$，$v_m = 0.001 \text{ cm}$。求单元体内任意一点的应力 $\{\sigma\}$。

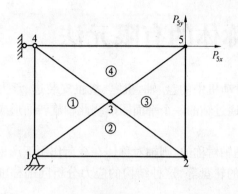
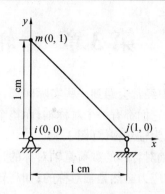

图 2.27　　　　　　　　　　　　　　图 2.28

2-10　计算如图 2.29 所示的平面应力问题的结点位移。板厚为 t，弹性模量为 E，泊松比 $\mu = \dfrac{1}{3}$。

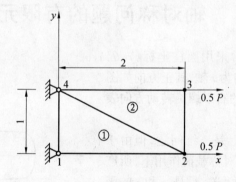

图 2.29

思 考 题

2-1　在平面应力问题中，若某点 P 的应变 $\{\varepsilon\} = [\varepsilon_x \quad \varepsilon_y \quad \gamma_{xy}]^T$ 为零时，为什么该点的位移 $\{f\} = [u \quad v]^T$ 未必为零？在什么情况下，该点的位移 $\{f\}$ 才等于零？

2-2　以三角形常应变单元为例，证明单元刚度矩阵的任何一行（或列）元素的和为零。

2-3　平面单元在 xy 坐标平面内平移到不同位置，单元刚度矩阵 $[K]^e$ 相同吗？在平面内旋转时怎样？单元旋转 180° 后，$[K]^e$ 与原来的相同吗？当单元作上述变化时，应力矩阵 $[S]$ 如何变化？

2-4　证明三角形常应变单元发生刚体位移时，单元中不产生应力。

提示：赋予结点在单元做平移和转动时相应的结点位移，证明单元中应力为零。

第 3 章　　轴对称体的有限元法

工程中经常会遇到一些实际问题,如航空发动机中的盘、轴、机匣、机匣安装边、承力环及支撑圈等。它们都有一个对称轴,而整个物体是通过轴的一个平面图形绕此轴旋转而形成的回转体,称之为轴对称体(图 3.1)。

如果轴对称体的载荷是轴对称的,约束也是轴对称的,则轴对称体在载荷作用下产生的位移、应变和应力必然是轴对称的;如高转速工作的轮盘等,这种结构的应力分析问题称轴对称问题。

如果轴对称体所受的载荷是复杂载荷,如弯矩和扭矩等,此时载荷不是轴对称的,所产生的位移、应变和应力就不再是对称的,这类问题将在本章作简要介绍。

3.1　轴对称问题的有限元法

在轴对称问题中,通常采用圆柱坐标(r,θ,z),对称轴为z轴,半径方向为r轴,其正方向如图3.1所示。以z轴为正方向的右手螺旋转动方向表示θ的正向。

空间轴对称问题实际上是三维问题,但由于几何形状的轴对称性,在轴对称载荷作用下,所产生的位移、应变和应力与θ无关,只是r和z的函数。因此轴对称问题是准二维问题,一定程度上可以按平面问题处理,但与平面问题又不相同。

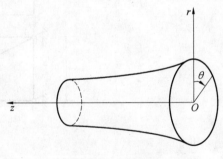

图 3.1　轴对称体

3.1.1　轴对称问题的基本方程

由弹性力学知,轴对称问题的应力分量有 $\sigma_r, \sigma_z, \sigma_\theta$ 和 τ_{rz},写成矩阵形式为

$$\{\sigma\} = \begin{bmatrix} \sigma_r & \sigma_z & \sigma_\theta & \tau_{rz} \end{bmatrix}^{\mathrm{T}} \tag{3.1}$$

1. 几何方程

对应于应力分量的应变分量为 $\varepsilon_r, \varepsilon_z, \varepsilon_\theta$ 和 γ_{rz},写成矩阵形式为

$$\{\varepsilon\} = \begin{bmatrix} \varepsilon_r & \varepsilon_z & \varepsilon_\theta & \gamma_{rz} \end{bmatrix}^{\mathrm{T}} \tag{3.2}$$

如果用 u 和 v 分别表示 r 和 z 方向的位移分量,则应变分量与位移分量之间的关系,即几何方程为

$$[\varepsilon_r \quad \varepsilon_z \quad \varepsilon_\theta \quad \gamma_{rz}]^T = \left[\frac{\partial u}{\partial r} \quad \frac{\partial v}{\partial z} \quad \frac{u}{r} \quad \frac{\partial u}{\partial z} + \frac{\partial v}{\partial r}\right]^T \tag{3.3}$$

由式(3.3)可见,周向(θ方向)应变 ε_θ 是由径向位移 u 引起的,这是与平面问题的重要区别之一。

2. 物理方程

对于各向同性材料,若不考虑温度变化,则轴对称问题应力与应变之间的关系为

$$\begin{cases} \sigma_r = \dfrac{E(1-\mu)}{(1+\mu)(1-2\mu)}\left(\varepsilon_r + \dfrac{\mu}{1-\mu}\varepsilon_z + \dfrac{\mu}{1-\mu}\varepsilon_\theta\right) \\ \sigma_z = \dfrac{E(1-\mu)}{(1+\mu)(1-2\mu)}\left(\varepsilon_z + \dfrac{\mu}{1-\mu}\varepsilon_\theta + \dfrac{\mu}{1-\mu}\varepsilon_r\right) \\ \sigma_\theta = \dfrac{E(1-\mu)}{(1+\mu)(1-2\mu)}\left(\varepsilon_\theta + \dfrac{\mu}{1-\mu}\varepsilon_r + \dfrac{\mu}{1-\mu}\varepsilon_z\right) \\ \tau_{rz} = \dfrac{E}{2(1+\mu)}\gamma_{rz} \end{cases}$$

将上式写成矩阵形式

$$\begin{Bmatrix} \sigma_r \\ \sigma_z \\ \sigma_\theta \\ \tau_{rz} \end{Bmatrix} = \frac{E(1-\mu)}{(1+\mu)(1-2\mu)} \begin{bmatrix} 1 & \Delta_1 & \Delta_1 & 0 \\ \Delta_1 & 1 & \Delta_1 & 0 \\ \Delta_1 & \Delta_1 & 1 & 0 \\ 0 & 0 & 0 & \Delta_2 \end{bmatrix} \begin{Bmatrix} \varepsilon_r \\ \varepsilon_z \\ \varepsilon_\theta \\ \gamma_{rz} \end{Bmatrix} \tag{3.4}$$

又可以简写成

$$\{\sigma\} = [D]\{\varepsilon\} \tag{3.5}$$

其中弹性矩阵为

$$[D] = \frac{E(1-\mu)}{(1+\mu)(1-2\mu)} \begin{bmatrix} 1 & \Delta_1 & \Delta_1 & 0 \\ \Delta_1 & 1 & \Delta_1 & 0 \\ \Delta_1 & \Delta_1 & 1 & 0 \\ 0 & 0 & 0 & \Delta_2 \end{bmatrix}$$

式中

$$\Delta_1 = \frac{\mu}{1-\mu}, \quad \Delta_2 = \frac{1-2\mu}{2(1-\mu)}$$

从上式可以看出,矩阵 $[D]$ 只与材料的弹性模量 E 及泊松比 μ 有关。

3. 初应变

在轴对称问题中,若结构还受到温度变化而引起的热负荷的作用,则需要考虑由温度变化引起的初应变。对于各向同性体,设线膨胀系数为 α,温度变化为 T,初应变为

$$\{\varepsilon_0\} = [\varepsilon_{r0} \quad \varepsilon_{z0} \quad \varepsilon_{\theta 0} \quad \gamma_{rz0}]^T = \alpha T[1 \quad 1 \quad 1 \quad 0]^T \tag{3.6}$$

于是应力与应变之间的关系为

$$\{\sigma\} = [D](\{\varepsilon\} - \{\varepsilon_0\}) \tag{3.7}$$

3.1.2 轴对称体的离散化

由于轴对称问题的位移和应力仅与坐标 r 和 z 有关,因此结构离散化只需要在子午面(rz 面)内进行。同平面问题一样,把 rz 面求解域划分成若干个互不重叠的三角形单元(图3.2(a)),对单元划分的要求与平面问题三角形单元一样,不过要注意的是由于轴对称问题的结构是回转体,在 rz 面上划分的三角形单元,实际上代表一个"三棱环体"单元(图3.2(b)),称为三角形环单元。每一个三角形环单元都有3条棱边,这3条棱边是3个圆,它们与 rz 面的交点是三角形的3个顶点 i,j,m,我们把这3条棱边称为结点圆,而把 i,j,m 称为结点。单元结点是圆环形的铰链,三角形环单元之间用这些铰链互相连接传力。

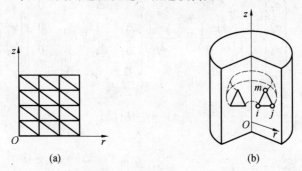

图3.2 三角形环单元

3.1.3 位移函数

在轴对称问题的应力分析中,由于回转体承受轴对称载荷,其变形是轴对称的,所以周向位移 $w = 0$,r 和 z 方向的位移分量 u 和 v 只与坐标位置有关,因此可以类似平面问题,取线性位移函数,即

$$\begin{cases} u(r,z) = \alpha_1 + \alpha_2 r + \alpha_3 z \\ v(r,z) = \alpha_4 + \alpha_5 r + \alpha_6 z \end{cases} \tag{3.8}$$

式中各待定系数 $\alpha_1,\alpha_2,\cdots,\alpha_6$ 与平面问题中类似,即

$$\begin{cases} \alpha_1 = \dfrac{1}{2\Delta}\sum a_i u_i \\[4pt] \alpha_2 = \dfrac{1}{2\Delta}\sum b_i u_i \\[4pt] \alpha_3 = \dfrac{1}{2\Delta}\sum c_i u_i \\[4pt] \alpha_4 = \dfrac{1}{2\Delta}\sum a_i v_i \\[4pt] \alpha_5 = \dfrac{1}{2\Delta}\sum b_i v_i \\[4pt] \alpha_6 = \dfrac{1}{2\Delta}\sum c_i v_i \end{cases} \tag{3.9}$$

式中,Δ 表示三角形环单元的横截面积,即

$$\Delta = \frac{1}{2}\begin{vmatrix} 1 & r_i & z_i \\ 1 & r_j & z_j \\ 1 & r_m & z_m \end{vmatrix}$$

这里应注意:结点编号 i,j,m 的排列顺序和平面问题一样,仍按逆时针转向排列。系数为

$$a_i = r_j z_m - r_m z_j, \quad b_i = z_j - z_m, \quad c_i = -r_j + r_m \quad (i,j,m) \tag{3.10}$$

此处需要指出,以后凡在公式后注有 (i,j,m) 时,表示将该式中的下标,按 i,j,m 顺序轮换代入,便可得其余各式。

利用三角形环单元的 3 个结点 i,j,m 的位移值,也可以得到与平面问题相同的位移函数表达式

$$\begin{cases} u = N_i u_i + N_j u_j + N_m u_m \\ v = N_i v_i + N_j v_j + N_m v_m \end{cases} \tag{3.11}$$

上式可写成矩阵形式

$$\begin{Bmatrix} u \\ v \end{Bmatrix} = \begin{bmatrix} N_i & 0 & N_j & 0 & N_m & 0 \\ 0 & N_i & 0 & N_j & 0 & N_m \end{bmatrix} \begin{Bmatrix} u_i \\ v_i \\ u_j \\ v_j \\ u_m \\ v_m \end{Bmatrix}$$

或
$$\{f\} = [N]\{\delta\}^e \tag{3.12}$$

式中,$\{f\}$为单元内任意一点$P(r,z)$的位移列阵

$$\{f\} = \begin{Bmatrix} u \\ v \end{Bmatrix}$$

$\{\delta\}^e$ 表示单元3个结点(圆)的位移值

$$\{\delta\}^e = [\delta_i \quad \delta_j \quad \delta_m]^T = [u_i \quad v_i \quad u_j \quad v_j \quad u_m \quad v_m]$$

$[N]$为形状函数矩阵

$$[N] = [IN_i \quad IN_j \quad IN_m] = \begin{bmatrix} N_i & 0 & N_j & 0 & N_m & 0 \\ 0 & N_i & 0 & N_j & 0 & N_m \end{bmatrix}$$

式中,$[I] = \begin{bmatrix} 1 & 0 \\ 0 & 1 \end{bmatrix}$ 是二阶单位矩阵;$[N]$是单元结点坐标和单元内任意一点$P(r,z)$坐标的函数,称为形状函数矩阵,$N_i(i,j,m)$为形函数,即

$$N_i = \frac{1}{2\Delta}(a_i + b_i r + c_i z) \quad (i,j,m) \tag{3.13}$$

3.1.4 单元的应变和应力

1. 单元的应变

利用式(3.12)和式(3.13),则式(3.3)可变成

$$\begin{cases} \varepsilon_r = \frac{1}{2\Delta}(b_i u_i + b_j u_j + b_m u_m) \\ \varepsilon_z = \frac{1}{2\Delta}(c_i v_i + c_j v_j + c_m v_m) \\ \varepsilon_\theta = \frac{1}{2\Delta}\left[\left(\frac{a_i}{r} + b_i + \frac{c_i z}{r}\right)u_i + \left(\frac{a_j}{r} + b_j + \frac{c_j z}{r}\right)u_j + \left(\frac{a_m}{r} + b_m + \frac{c_m z}{r}\right)u_m\right] \\ \gamma_{rz} = \frac{1}{2\Delta}(c_i u_i + c_j u_j + c_m u_m + b_i v_i + b_j v_j + b_m v_m) \end{cases} \tag{3.14}$$

写成矩阵形式为

$$\begin{Bmatrix} \varepsilon_r \\ \varepsilon_z \\ \varepsilon_\theta \\ \gamma_{rz} \end{Bmatrix} = \frac{1}{2\Delta} \begin{bmatrix} b_i & 0 & b_j & 0 & b_m & 0 \\ 0 & c_i & 0 & c_j & 0 & c_m \\ A_i & 0 & A_j & 0 & A_m & 0 \\ c_i & b_i & c_j & b_j & c_m & b_m \end{bmatrix} \begin{Bmatrix} u_i \\ v_i \\ u_j \\ v_j \\ u_m \\ v_m \end{Bmatrix} \quad (3.15)$$

简写成为

$$\{\varepsilon\} = [B]\{\delta\}^e = [B_i \quad B_j \quad B_m]\{\delta\}^e \quad (3.16)$$

式中

$$[B_i] = \frac{1}{2\Delta} \begin{bmatrix} b_i & 0 \\ 0 & c_i \\ A_i & 0 \\ c_i & b_i \end{bmatrix} \quad (i,j,m) \quad (3.17)$$

式中

$$A_i = \frac{a_i}{r} + b_i + \frac{c_i z}{r} \quad (i,j,m) \quad (3.18)$$

从式(3.15)至式(3.18)可以看出,单元中的应变分量 ε_r、ε_z 和 γ_{rz} 是常量,周向应变 ε_θ 不是常量,不仅与结点坐标有关,而且与单元内各点的位置 (r,z) 有关,同时矩阵 $[B]$ 中包含了 $1/r$ 项,它将给计算带来麻烦。

2. 单元的初应变

在轴对称问题中,物体的温度 $T = T(r,z)$ 是坐标 r 和 z 的函数,与坐标 θ 无关。单元内的初应变一般说来是不均匀的,但当单元的数目划分得较多,即单元的尺寸很小时,可以用一个平均温度值来表示。若单元的3个结点的温度变化值分别为 T_i、T_j 和 T_m,则单元的平均温度变化值为

$$\bar{T} = \frac{1}{3}(T_i + T_j + T_m) \quad (3.19)$$

于是单元的初应变

$$\{\varepsilon_0\} = \alpha\bar{T}[1 \quad 1 \quad 1 \quad 0]^T \quad (3.20)$$

3. 单元的应力

将式(3.16)代入式(3.5)得到单元内的应力

$$\{\sigma\} = [D][B]\{\delta\}^e = [S]\{\delta\}^e = [S_i \quad S_j \quad S_m]\{\delta\}^e \quad (3.21)$$

式中，$[S]$ 称为应力矩阵，应力子矩阵为

$$[S_i] = [D][B_i] = \frac{E(1-\mu)}{2\Delta(1+\mu)(1-2\mu)}\begin{bmatrix} b_i + \Delta_1 A_i & \Delta_1 c_i \\ \Delta_1(b_i + A_i) & c_i \\ \Delta_1 b_i + A_i & \Delta_1 c_i \\ \Delta_2 c_i & \Delta_2 b_i \end{bmatrix} \quad (i,j,m) \quad (3.22)$$

式中

$$\Delta_1 = \frac{\mu}{1-\mu}, \quad \Delta_2 = \frac{1-2\mu}{2(1-\mu)}$$

若考虑单元的初应变，则单元的应力为

$$\{\sigma\} = [D](\{\varepsilon\} - \{\varepsilon_0\}) \quad (3.23)$$

从式(3.21)和式(3.22)可见，单元中除切应力 τ_{rz} 外，其他应力分量也不是常量。

3.1.5 单元刚度矩阵

平面问题的三角形单元刚度矩阵已经在第 2 章详细介绍过。对于轴对称问题，三角形环单元刚度矩阵可以利用第 2 章导出的单元刚度矩阵的普遍式(2.76)，具体地写为

$$[K]^e = \int_{V^e}[B]^T[D][B]dV = \int_{V^e}[B]^T[D][B]rd\theta drdz = 2\pi\int_{\Delta}[B]^T[D][B]rdrdz \quad (3.24)$$

式中

$$[B] = [B_i \quad B_j \quad B_m], \quad [B]^T = [B_i \quad B_j \quad B_m]^T$$

于是

$$[K]^e = 2\pi\int_{\Delta}\begin{bmatrix} B_i^T \\ B_j^T \\ B_m^T \end{bmatrix}[D][B_i \quad B_j \quad B_m]rdrdz$$

上式又可以写成

$$[K]^e = \begin{bmatrix} K_{ii} & K_{ij} & K_{im} \\ K_{ji} & K_{jj} & K_{jm} \\ K_{mi} & K_{mj} & K_{mm} \end{bmatrix}$$

式中，子矩阵$[K_{st}]$为 2×2 阶矩阵，即

$$[K_{st}]^e = 2\pi\int_{\Delta}[B_s]^T[D][B_t]rdrdz \quad (s,t = i,j,m) \quad (3.25)$$

与平面问题不同的是矩阵$[B]$内含有元素

$$A_i = \frac{a_i}{r} + b_i + \frac{c_i z}{r} \quad (i, j, m)$$

它们是坐标 r 和 z 的函数。为了便于积分,简化计算,同时为了消除在对称轴 $r = 0$ 上所引起的麻烦,引入三角形形心坐标 $(\bar{r}, \bar{z})$(见图 3.3),即

$$\bar{r} = \frac{r_i + r_j + r_m}{3}, \quad \bar{z} = \frac{z_i + z_j + z_m}{3}$$

把矩阵 $[B_s]([B_t])$ 分成与坐标 r 和 z 无关的常值部分 $[\bar{B}_s]([\bar{B}_t])$ 和与坐标 r 和 z 有关的变值部分 $[B'_s]([B'_t])$,即

$$[B_s] = [\bar{B}_s] + [B'_s], \quad [B_t] = [\bar{B}_t] + [B'_t]$$

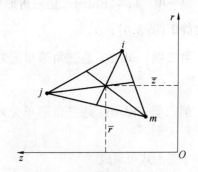

图 3.3 三角形单元的形心坐标

以 $[B_s]$ 为例,将其展开

$$[B_s] = \frac{1}{2\Delta}\begin{bmatrix} b_s & 0 \\ 0 & c_s \\ A_s & 0 \\ c_s & b_s \end{bmatrix} = \frac{1}{2\Delta}\begin{bmatrix} b_s & 0 \\ 0 & c_s \\ \bar{A}_s & 0 \\ c_s & b_s \end{bmatrix} + \frac{1}{2\Delta}\begin{bmatrix} 0 & 0 \\ 0 & 0 \\ A'_s & 0 \\ 0 & 0 \end{bmatrix} = [\bar{B}_s] + [B'_s]$$

式中

$$\bar{A}_s = \frac{a_s}{\bar{r}} + b_s + \frac{c_s \bar{z}}{\bar{r}}, \quad A'_s = -\frac{a_s}{\bar{r}} - \frac{c_s \bar{z}}{\bar{r}} + \frac{a_s}{r} + \frac{c_s z}{r}$$

常值部分 $[\bar{B}_s]$ 是对三角形形心坐标 $\bar{r}$ 和 $\bar{z}$ 求出的,对于所给的三角形单元,这是个常量矩阵,与坐标 r 和 z 无关。单元刚度矩阵的子矩阵为

$$[K_{st}] = 2\pi \int_\Delta [B_s]^T [D][B_t] r \mathrm{d}r\mathrm{d}z =$$
$$2\pi \int_\Delta ([\bar{B}_s]^T + [B'_s]^T)[D]([\bar{B}_t] + [B'_t]) r \mathrm{d}r\mathrm{d}z =$$
$$2\pi \int_\Delta [\bar{B}_s]^T[D][\bar{B}_t] r \mathrm{d}r\mathrm{d}z + 2\pi \int_\Delta [B'_s]^T[D][B'_t] r \mathrm{d}r\mathrm{d}z +$$
$$2\pi \int_\Delta [\bar{B}_s]^T[D][B'_t] r \mathrm{d}r\mathrm{d}z + 2\pi \int_\Delta [B'_s]^T[D][\bar{B}_t] r \mathrm{d}r\mathrm{d}z \quad (s, t = i, j, m) \quad (3.26)$$

式中变值部分 $[B'_s]$ 对三角形面积的积分等于零,证明如下:

$$\int_\Delta [B'_s]^T r \mathrm{d}r\mathrm{d}z = \int_\Delta \frac{1}{2\Delta}\left(-\frac{a_s}{\bar{r}} - \frac{c_s \bar{z}}{\bar{r}} + \frac{a_s}{r} + \frac{c_s z}{r}\right) r \mathrm{d}r\mathrm{d}z =$$
$$\int_\Delta \frac{1}{2\Delta}\left[\frac{a_s}{r\bar{r}}(\bar{r} - r) - \frac{c_s \bar{z}}{\bar{r}} + \frac{c_s z}{r}\right] r \mathrm{d}r\mathrm{d}z =$$
$$\frac{a_s}{2\Delta \bar{r}}\int_\Delta (\bar{r} - r) \mathrm{d}r\mathrm{d}z + \frac{c_s}{2\Delta}\int_\Delta z \mathrm{d}r\mathrm{d}z - \frac{c_s \bar{z}}{2\Delta \bar{r}}\int_\Delta r \mathrm{d}r\mathrm{d}z$$

由材料力学可知，上式中三项积分的数值为

第一项 $\int_\Delta (\bar{r} - r)\mathrm{d}r\mathrm{d}z$，是三角形单元对其面心之静矩（图3.4）；

第二项 $\int_\Delta z\mathrm{d}r\mathrm{d}z$，是三角形单元对 r 轴之静矩；

第三项 $\int_\Delta r\mathrm{d}r\mathrm{d}z$，是三角形单元对 z 轴之静矩。

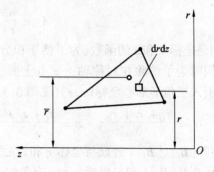

图 3.4 三角形单元对面心的静矩

于是上式可写成

$$\int_\Delta [B'_s]^\mathrm{T} r\mathrm{d}r\mathrm{d}z = \frac{c_s}{2\Delta}\bar{z}\Delta - \frac{c_s\bar{z}}{2\Delta \bar{r}}\bar{r}\Delta = 0$$

同理有

$$\int_\Delta [B'_t]^\mathrm{T} r\mathrm{d}r\mathrm{d}z = 0$$

这样，式(3.26)可简化成

$$[K_{st}] = 2\pi\int_\Delta [\bar{B}_s]^\mathrm{T}[D][\bar{B}_t]r\mathrm{d}r\mathrm{d}z + 2\pi\int_\Delta [B'_s]^\mathrm{T}[D][B'_t]r\mathrm{d}r\mathrm{d}z = [\bar{K}_{st}] + [K'_{st}] \quad (3.27)$$

即刚度子矩阵 $[K_{st}]$ 也可以分为常值部分（与坐标 r 和 z 无关）$[\bar{K}_{st}]$ 和变值部分（与 r 和 z 有关）$[K'_{st}]$。

将 $[\bar{B}_s]^\mathrm{T}$，$[D]$ 和 $[\bar{B}_t]$ 展开式代入常值部分 $[\bar{K}_{st}]$，可得

$$[\bar{K}_{st}] = 2\pi\int_\Delta [\bar{B}_s]^\mathrm{T}[D][\bar{B}_t]r\mathrm{d}r\mathrm{d}z = 2\pi[\bar{B}_s]^\mathrm{T}[D][\bar{B}_t]\int_\Delta r\mathrm{d}r\mathrm{d}z = 2\pi[\bar{B}_s]^\mathrm{T}[D][\bar{B}_t]\bar{r}\Delta =$$

$$2\pi\frac{1}{2\Delta}\begin{bmatrix} b_s & 0 & \bar{A}_s & c_s \\ 0 & c_s & 0 & b_s \end{bmatrix}\Delta_3 \begin{bmatrix} 1 & \Delta_1 & \Delta_1 & 0 \\ \Delta_1 & 1 & \Delta_1 & 0 \\ \Delta_1 & \Delta_1 & 1 & 0 \\ 0 & 0 & 0 & \Delta_2 \end{bmatrix}\frac{1}{2\Delta}\begin{bmatrix} b_t & 0 \\ 0 & c_t \\ \bar{A}_t & 0 \\ c_t & b_t \end{bmatrix} =$$

$$\frac{\pi\bar{r}\Delta_3}{2\Delta}\begin{bmatrix} b_s(b_t + \Delta_1\bar{A}_t) + \bar{A}_s(\Delta_1 b_t + \bar{A}_t) + \Delta_2 c_s c_t & \Delta_1 c_t(b_s + \bar{A}_s) + \Delta_2 c_s b_t \\ \Delta_1 c_s(b_t + \bar{A}_t) + \Delta_2 b_s c_t & c_s c_t + \Delta_2 b_s b_t \end{bmatrix}$$

$$(s, t = i, j, m) \quad (3.28)$$

式中

$$\Delta_1 = \frac{\mu}{1-\mu}, \quad \Delta_2 = \frac{1-2\mu}{2(1-\mu)}, \quad \Delta_3 = \frac{E(1-\mu)}{(1+\mu)(1-2\mu)}$$

变值部分可用式(3.27)中第二项计算，即

$$[K'_{st}] = 2\pi\int_\Delta [B'_s]^\mathrm{T}[D][B'_t]r\mathrm{d}r\mathrm{d}z = 2\pi\int_\Delta \frac{1}{2\Delta}\left(\frac{a_s + c_s z}{r} - \frac{a_s + c_s\bar{z}}{\bar{r}}\right)\begin{bmatrix} 0 & 0 & 1 & 0 \\ 0 & 0 & 0 & 0 \end{bmatrix}\Delta_3$$

$$\begin{bmatrix} 1 & \Delta_1 & \Delta_1 & 0 \\ \Delta_1 & 1 & \Delta_1 & 0 \\ \Delta_1 & \Delta_1 & 1 & 0 \\ 0 & 0 & 0 & \Delta_2 \end{bmatrix} \frac{1}{2\Delta}\left(\frac{a_t + c_t z}{r} - \frac{a_t + c_t \bar{z}}{\bar{r}}\right)\begin{bmatrix} 0 & 0 \\ 0 & 0 \\ 1 & 0 \\ 0 & 0 \end{bmatrix} r \mathrm{d}r \mathrm{d}z =$$

$$\frac{\pi \bar{r} \Delta_3}{2\Delta}\left[\int_\Delta \frac{1}{\Delta \bar{r}}\left(\frac{a_s + c_s z}{r} - \frac{a_s + c_s \bar{z}}{\bar{r}}\right)\left(\frac{a_t + c_t z}{r} - \frac{a_t + c_t \bar{z}}{\bar{r}}\right)\mathrm{d}r\mathrm{d}z\right]$$

$$\begin{bmatrix} 0 & 0 & 1 & 0 \\ 0 & 0 & 0 & 0 \end{bmatrix}\begin{bmatrix} 1 & \Delta_1 & \Delta_1 & 0 \\ \Delta_1 & 1 & \Delta_1 & 0 \\ \Delta_1 & \Delta_1 & 1 & 0 \\ 0 & 0 & 0 & \Delta_2 \end{bmatrix}\begin{bmatrix} 0 & 0 \\ 0 & 0 \\ 1 & 0 \\ 0 & 0 \end{bmatrix} =$$

$$\frac{\pi \bar{r} \Delta_3}{2\Delta}\Omega_{st}\begin{bmatrix} 1 & 0 \\ 0 & 0 \end{bmatrix} \quad (s,t = i,j,m) \tag{3.29}$$

式中

$$\Omega_{st} = \int_\Delta \frac{1}{\Delta \bar{r}}\left(\frac{a_s + c_s z}{r} - \frac{a_s + c_s \bar{z}}{\bar{r}}\right)\left(\frac{a_t + c_t z}{r} - \frac{a_t + c_t \bar{z}}{\bar{r}}\right) r\mathrm{d}r\mathrm{d}z =$$

$$\frac{1}{\Delta \bar{r}}\int_\Delta \frac{(a_s + c_s z)(a_t + c_t z)}{r}\mathrm{d}r\mathrm{d}z + \frac{1}{\Delta \bar{r}}\frac{(a_s + c_s \bar{z})(a_t + c_t \bar{z})}{\bar{r}^2}\int_\Delta r\mathrm{d}r\mathrm{d}z -$$

$$\frac{1}{\Delta \bar{r}}\frac{a_s + c_s \bar{z}}{\bar{r}}\int_\Delta (a_t + c_t z)\mathrm{d}r\mathrm{d}z - \frac{1}{\Delta \bar{r}}\frac{a_t + c_t \bar{z}}{\bar{r}}\int_\Delta (a_s + c_s z)\mathrm{d}r\mathrm{d}z =$$

$$\frac{1}{\bar{r}}\left[a_s a_t\left(I_1 - \frac{1}{\bar{r}}\right) + (a_s c_t + a_t c_s)\left(I_2 - \frac{\bar{z}}{\bar{r}}\right) + c_s c_t\left(I_3 - \frac{\bar{z}^2}{\bar{r}}\right)\right]$$

$$(s,t = i,j,m) \tag{3.30}$$

其中

$$I_1 = \frac{1}{\Delta}\int_\Delta \frac{1}{r}\mathrm{d}r\mathrm{d}z, \quad I_2 = \frac{1}{\Delta}\int_\Delta \frac{z}{r}\mathrm{d}r\mathrm{d}z, \quad I_3 = \frac{1}{\Delta}\int_\Delta \frac{z^2}{r}\mathrm{d}r\mathrm{d}z \tag{3.31}$$

若能计算出式(3.31)中的3个积分,问题就全部解决了。为了求上述3个积分,可以利用二维高斯(Guass)积分公式进行数值计算,即

$$\int_{-1}^{1} f(\xi,\eta)\mathrm{d}\xi\mathrm{d}\eta = \sum_{j=1}^{n}\sum_{k=1}^{n} f(\xi_k,\eta_j)H_k H_j$$

采用上式积分,在笛卡儿坐标系中较麻烦。为了方便起见,这里采用面积坐标,即

$$\int_\Delta f(r,z)\mathrm{d}r\mathrm{d}z = \int_\Delta F(L_i,L_j,L_m)2\Delta \mathrm{d}L_i\mathrm{d}L_j = \Delta\sum_{k=1}^{n}2H_k F(L_{ik}L_{jk},L_{mk})$$

式中,n 为积分点数;$2H_k$ 为加权系数;L_{ik},L_{jk},L_{mk} 为点 k 的3个面积坐标值,可参见表3.1。

表 3.1 三角形面积上数值积分表

图形	n	积分点的面积坐标	加权系数 $2H$
	1	$a\left(\dfrac{1}{3},\dfrac{1}{3},\dfrac{1}{3}\right)$	1
	3	$a\left(\dfrac{1}{2},\dfrac{1}{2},0\right)$ $b\left(0,\dfrac{1}{2},\dfrac{1}{2}\right)$ $c\left(\dfrac{1}{2},0,\dfrac{1}{2}\right)$	$\dfrac{1}{3}$
	7	$a\left(\dfrac{1}{3},\dfrac{1}{3},\dfrac{1}{3}\right)$	$\dfrac{27}{60}$
		$\begin{cases} b\left(\dfrac{1}{2},\dfrac{1}{2},0\right) \\ c\left(0,\dfrac{1}{2},\dfrac{1}{2}\right) \\ d\left(\dfrac{1}{2},0,\dfrac{1}{2}\right) \end{cases}$	$\dfrac{8}{60}$
		$\begin{cases} e(1,0,0) \\ f(0,1,0) \\ g(0,0,1) \end{cases}$	$\dfrac{3}{60}$
	7	$a\left(\dfrac{1}{3},\dfrac{1}{3},\dfrac{1}{3}\right)$	
		其中: $\begin{cases} b(\alpha_2,\beta_2,\beta_2) \\ c(\beta_2,\alpha_2,\beta_2) \\ d(\beta_2,\beta_2,\alpha_2) \end{cases}$	0.225
		$\begin{cases} e(\alpha_3,\beta_3,\beta_3) \\ f(\beta_3,\alpha_3,\beta_3) \\ g(\beta_3,\beta_3,\alpha_3) \end{cases}$	0.132 394 15
		$\alpha_2 = 0.059\ 615\ 87$ $\beta_2 = 0.470\ 192\ 06$ $\alpha_3 = 0.797\ 426\ 99$ $\beta_3 = 0.101\ 286\ 51$	0.125 939 18

利用圆柱坐标与面积坐标的关系,即

$$\begin{cases} r = L_i r_i + L_j r_j + L_m r_m \\ z = L_i z_i + L_j z_j + L_m z_m \end{cases}$$

将式(3.31)转化为面积坐标表达式,然后进行数值积分,得

$$I_1 = \frac{1}{\Delta} \int_\Delta \frac{1}{r} dr dz = \frac{1}{\Delta} \int_\Delta \frac{1}{L_i r_i + L_j r_j + L_m r_m} 2\Delta dL_i dL_j = \sum_{k=1}^n 2H_k \frac{1}{L_{ik} r_i + L_{jk} r_j + L_{mk} r_m}$$

$$I_2 = \frac{1}{\Delta} \int_\Delta \frac{z}{r} dr dz = \sum_{k=1}^n 2H_k \frac{L_{ik} z_i + L_{jk} z_j + L_{mk} z_m}{L_{ik} r_i + L_{jk} r_j + L_{mk} r_m}$$

$$I_3 = \frac{1}{\Delta} \int_\Delta \frac{z^2}{r} dr dz = \sum_{k=1}^n 2H_k \frac{(L_{ik} z_i + L_{jk} z_j + L_{mk} z_m)^2}{L_{ik} r_i + L_{jk} r_j + L_{mk} r_m}$$

3.1.6 结构的总体刚度矩阵

求出单元刚度矩阵以后,就可以利用 2.3 节所叙述的方法,通过考查各结点(圆)静力平衡,得出结构的总体载荷列阵 $[R]$ 与结点位移列阵 $[\delta]$ 之间的关系,即

$$[K]\{\delta\} = \{R\} \qquad (3.32)$$

式中,$[K]$ 为结构总体刚度矩阵。

式(3.32)称为结构刚度方程,由各单元刚度矩阵叠加而得到,其基本原则及方法在 2.3 节已进行了详细的叙述,这里不再重复。

3.1.7 等效结点载荷

对于轴对称问题,在结构离散化过程中,轴对称载荷通常不会作用在结点位置。对不在结点上的轴对称载荷,可以按照能量等效的原则移置到结点上,即转化为等效结点载荷,这些载荷仍然是轴对称载荷,是分布在结点圆上的线载荷。等效结点载荷的计算公式仍用第 2 章导出的载荷移置普遍公式(2.77)~式(2.80)。下面介绍几种常见载荷的等效结点载荷。

1. 集中力的等效结点载荷

在三角形环单元边界上作用有集中力 $P = [P_r \quad P_z]^T$,即轴对称分布的线载荷(分布在一个圆周上的轴对称载荷),按类似式(2.35)移置到 3 个结点上的等效结点载荷列阵为

$$\{R\}^e = \begin{Bmatrix} R_i \\ R_j \\ R_m \end{Bmatrix} = \begin{Bmatrix} R_{ir} \\ R_{iz} \\ R_{jr} \\ R_{jz} \\ R_{mr} \\ R_{mz} \end{Bmatrix} = 2\pi r [N]^T \{P\} \tag{3.33}$$

式中,r 为集中力作用点的半径。

值得注意的是等效结点载荷也是结点圆周上的分布力。

2. 体积力的等效结点载荷

设单元作用有体积力 $g = [g_r \quad g_z]^T$,按类似式(2.36)移置到结点上,其等效结点载荷列阵为

$$\{R\}^e = \begin{Bmatrix} R_i \\ R_j \\ R_m \end{Bmatrix} = \begin{Bmatrix} R_{ir} \\ R_{iz} \\ R_{jr} \\ R_{jz} \\ R_{mr} \\ R_{mz} \end{Bmatrix} = 2\pi \int_\Delta [N]^T \{g\} r \mathrm{d}r \mathrm{d}z \tag{3.34}$$

如果轴对称载荷为自重,材料密度为 ρ,旋转对称轴 z 垂直地面,此时重力只有 z 方向的分量,则体积力

$$\{g\} = \begin{Bmatrix} g_r \\ g_z \end{Bmatrix} = \begin{Bmatrix} 0 \\ -\rho \end{Bmatrix}$$

由式(3.34)可得

$$\{R\}^e = \begin{Bmatrix} R_i \\ R_j \\ R_m \end{Bmatrix} = 2\pi \int_\Delta [N]^T \begin{Bmatrix} 0 \\ -\rho \end{Bmatrix} r \mathrm{d}r \mathrm{d}z \tag{3.35}$$

对于结点 i,则有

$$\{R_i\}^e = \begin{Bmatrix} R_{ir} \\ R_{iz} \end{Bmatrix} = 2\pi \int_\Delta N_i \begin{Bmatrix} 0 \\ -\rho \end{Bmatrix} r \mathrm{d}r \mathrm{d}z \quad (i,j,m)$$

利用面积坐标,即

$$r = L_i r_i + L_j r_j + L_m r_m$$

于是有

$$\int_\Delta N_i r \mathrm{d}r\mathrm{d}z = \int_\Delta L_i(L_i r_i + L_j r_j + L_m r_m)\mathrm{d}r\mathrm{d}z$$

按面积坐标积分公式(2.15b),则上式积分为

$$\int_\Delta N_i r \mathrm{d}r\mathrm{d}z = \frac{\Delta}{12}(2r_i + r_j + r_m) = \frac{\Delta}{12}(3\bar{r} + r_i)$$

代入上式得

$$\{R_i\}^e = \begin{Bmatrix} R_{ir} \\ R_{iz} \end{Bmatrix} = \begin{Bmatrix} 0 \\ -\dfrac{\pi}{6}\Delta(3\bar{r} + r_i) \end{Bmatrix} \quad (i,j,m) \tag{3.36}$$

如果轴对称载荷力为离心力,设绕 z 轴转动的角速度为 ω,材料密度为 ρ,则

$$\{g\} = \begin{Bmatrix} g_r \\ g_z \end{Bmatrix} = \begin{Bmatrix} \rho\omega^2 r \\ 0 \end{Bmatrix}$$

等效结点载荷为

$$\{R\}^e = \begin{Bmatrix} R_i \\ R_j \\ R_m \end{Bmatrix} = 2\pi\int_\Delta [N]^\mathrm{T} \begin{Bmatrix} \rho\omega^2 r \\ 0 \end{Bmatrix} r\mathrm{d}r\mathrm{d}z$$

对于结点 i,并利用面积积分公式,得

$$\{R_i\}^e = \begin{Bmatrix} R_{ir} \\ R_{iz} \end{Bmatrix} = \begin{Bmatrix} \dfrac{\pi\rho\omega^2\Delta}{15}(9\bar{r}^2 + 2r_i^2 - r_j r_m) \\ 0 \end{Bmatrix} \quad (i,j,m) \tag{3.37}$$

3. 表面力的等效结点载荷

设三角形环单元的 $i - m$ 环形表面上作用有均布载荷 q(图 3.5),则表面力

$$\{q\} = \begin{Bmatrix} q_r \\ q_z \end{Bmatrix} = \begin{Bmatrix} q\sin\alpha \\ -q\cos\alpha \end{Bmatrix} = \begin{Bmatrix} q\dfrac{z_m - z_i}{l_{im}} \\ q\dfrac{r_i - r_m}{l_{im}} \end{Bmatrix}$$

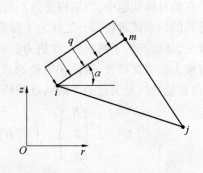

图 3.5

式中,l_{im} 为 im 边的边长。根据式(2.15c)有

$$\{R\}^e = \begin{Bmatrix} R_i \\ R_j \\ R_m \end{Bmatrix} = 2\pi\int_{l_{im}} [N]^\mathrm{T}\{q\} r\mathrm{d}s$$

对于结点 i 有

$$\{R\}^e = \begin{Bmatrix} R_{ir} \\ R_{iz} \end{Bmatrix} = 2\pi \int_{l_{im}} N_i \begin{Bmatrix} q \dfrac{z_m - z_i}{l_{im}} \\ q \dfrac{r_i - r_m}{l_{im}} \end{Bmatrix} r \mathrm{d}s \tag{3.38}$$

式中,积分

$$\int_{l_{im}} N_i r \mathrm{d}s = \int_{l_{im}} L_i (L_i r_i + L_j r_j + L_m r_m) \mathrm{d}s$$

注意到沿边界 $i - m$ 积分时,$L_j = 0$,则上式为

$$\int_{l_{im}} N_i r \mathrm{d}s = \frac{1}{6}(2r_i + r_m) l_{im}$$

代入式(3.38) 得

$$\{R_i\}^e = \begin{Bmatrix} R_{ir} \\ R_{iz} \end{Bmatrix} = \frac{\pi q}{3}(2r_i + r_m) \begin{Bmatrix} z_m - z_i \\ r_i - r_m \end{Bmatrix} \tag{3.39}$$

同理可得

$$\{R_m\}^e = \begin{Bmatrix} R_{mr} \\ R_{mz} \end{Bmatrix} = \frac{\pi q}{3}(r_i + 2r_m) \begin{Bmatrix} z_m - z_i \\ r_i - r_m \end{Bmatrix} \tag{3.40}$$

因为沿边界 $i - m$ 边 $L_j = 0$,所以

$$\{R_j\}^e = \begin{Bmatrix} R_{jr} \\ R_{jz} \end{Bmatrix} = \begin{Bmatrix} 0 \\ 0 \end{Bmatrix}$$

4. 温度改变的等效结点载荷

在轴对称问题中,当结构受热不均匀时,它的各部分将发生不同程度的膨胀,由于物体受到外界的约束或者各部分之间为了保持整个物体的连续性而相互约束,使这种膨胀不能自由地发生,从而产生了热应力。在热力机械中很多重要零部件,如燃气涡轮机械中的不少零件,都具有较大的温度梯度,因此在等效结点载荷计算中,必须考虑作用在单元上温度改变的热负荷。由初始热应变引起的等效结点载荷为

$$\{R_t\}^e = \begin{Bmatrix} R_{ti} \\ R_{tj} \\ R_{tm} \end{Bmatrix} = \int_{V^e} [B]^\mathrm{T} [D] \{\varepsilon_0\} \mathrm{d}V = 2\pi \int_{\Delta} [B]^\mathrm{T} [D] \{\varepsilon_0\} r \mathrm{d}r \mathrm{d}z \tag{3.41}$$

对于结点 i 有

$$\{R_{ti}\}^e = \begin{Bmatrix} R_{tir} \\ R_{tiz} \end{Bmatrix} = 2\pi \int_{\Delta} [B]^\mathrm{T} [D] \{\varepsilon_0\} r \mathrm{d}r \mathrm{d}z =$$

$$\frac{E\pi(1-\mu)}{\Delta(1+\mu)(1-2\mu)}\int_\Delta \begin{bmatrix} b_i & 0 & A_i & c_i \\ 0 & c_i & 0 & b_i \end{bmatrix} \begin{bmatrix} 1 & \Delta_1 & \Delta_1 & 0 \\ \Delta_1 & 1 & \Delta_1 & 0 \\ \Delta_1 & \Delta_1 & 1 & 0 \\ 0 & 0 & 0 & \Delta_2 \end{bmatrix} \begin{Bmatrix} \alpha T \\ \alpha T \\ \alpha T \\ 0 \end{Bmatrix} rdrdz =$$

$$\frac{E\pi(1-\mu)\alpha T}{\Delta(1+\mu)(1-2\mu)}\left(1+\frac{2\mu}{1-\mu}\right)\begin{Bmatrix} \int_\Delta (b_i+A_i)rdrdz \\ \int_\Delta c_i rdrdz \end{Bmatrix} =$$

$$\frac{E\pi\alpha T}{1-2\mu}\begin{Bmatrix} b_i\bar{r}+\dfrac{2\Delta}{3} \\ c_i\bar{r} \end{Bmatrix} \quad (i,j,m)$$

3.1.8 应力计算

引入几何边界条件，求解以结点位移列阵$\{\delta\}$为未知数的矩阵方程(3.32)，即

$$[K]\{\delta\} = \{R\}$$

可以得到各结点的位移值。由式(3.21)即可求出单元内任意一点的应力

$$\{\sigma\} = [D][B]\{\delta\}^e = [S]\{\delta\}^e = [S_i \quad S_j \quad S_m]\begin{Bmatrix} \delta_i \\ \delta_j \\ \delta_m \end{Bmatrix} =$$

$$[S_i][\delta_i] + [S_j][\delta_j] + [S_m][\delta_m] = \{\sigma_i\} + \{\sigma_j\} + \{\sigma_m\}$$

将式(3.22)的$[S_i]$及$\{\delta_i\}$代入上式可得

$$\{\sigma_i\} = [S_i]\{\delta_i\} = \frac{E(1-\mu)}{2\Delta(1+\mu)(1-2\mu)}\begin{bmatrix} b_i+\Delta_1 A_i & \Delta_1 c_i \\ \Delta_1(b_i+A_i) & c_i \\ \Delta_1 b_i+A_i & \Delta_1 c_i \\ \Delta_2 c_i & \Delta_2 b_i \end{bmatrix}\begin{Bmatrix} u_i \\ v_i \end{Bmatrix} =$$

$$\frac{E(1-\mu)}{2\Delta(1+\mu)(1-2\mu)}\begin{Bmatrix} b_i u_i + \Delta_1 A_i u_i + \Delta_1 c_i v_i \\ \Delta_1 b_i u_i + \Delta_1 A_i u_i + c_i v_i \\ \Delta_1 b_i u_i + A_i u_i + \Delta_1 c_i v_i \\ \Delta_2 c_i u_i + \Delta_2 b_i v_i \end{Bmatrix} \quad (i,j,m) \quad (3.42)$$

将$\{\sigma_i\}$，$\{\sigma_j\}$和$\{\sigma_m\}$叠加，即可得到所要求的应力列阵

$$\{\sigma\} = \{\sigma_i\} + \{\sigma_j\} + \{\sigma_m\} \quad (3.43)$$

为了便于计算，常用单元形心位置$(\bar{r},\bar{z})$的应力作为单元的平均应力，这时将形心坐标$\bar{r}$，

$\bar{z}$ 替换式(3.42)中的 r, z 即可。

若计算热应力,在计算等效结点载荷时,附加计算一个由温度改变引起的等效结点载荷,求出结点位移值后,再计算单元内任意一点的应变,其中应减去初始热应变,应力列阵由下式计算,即

$$\{\sigma\} = [D](\{\varepsilon\} - \{\varepsilon_0\}) \tag{3.44}$$

3.2 非轴对称载荷作用下轴对称体的有限元法

当轴对称体受到非轴对称载荷作用时,将产生非轴对称的位移、应变和应力,因此它是一个三维问题。利用轴对称结构的特点,应用有限元半解析法,可以把三维问题转化为一组二维问题求解。

对于三维问题,有限元半解析法,是将其中一些基本参数沿某一坐标方向展成级数,如把位移和载荷展成三角级数,这些参数是某个坐标的解析函数,而在其余两个坐标方向上可用有限元法分析。在本节中,将位移和载荷在坐标 θ 方向展成 Fourier 级数,而该级数的系数只是坐标 r 和 z 的函数,即在 r 和 z 域内采用与轴对称载荷作用时相类似的处理方法,进行有限元离散。

3.2.1 载荷和位移沿 θ 方向的傅里叶级数展开

轴对称的坐标和位移分量如图 3.6 所示,w 为沿 θ 方向的位移。将作用在轴对称体上的任意载荷 $P(r, z, \theta)$ 沿坐标 r、z 和 θ 方向分解为 3 个分量 $P_r(r, z, \theta)$、$P_z(r, z, \theta)$ 和 $P_\theta(r, z, \theta)$,并将它们沿 θ 方向展成傅里叶级数,即半解析函数

$$\begin{cases} P_r(r,z,\theta) = P_{r0}(r,z) + \sum_{k=1}^{n} P_{rk}(r,z)\cos k\theta + \sum_{k=1}^{n} P_{rk}(r,z)\sin k\theta \\ P_z(r,z,\theta) = P_{z0}(r,z) + \sum_{k=1}^{n} P_{zk}(r,z)\cos k\theta + \sum_{k=1}^{n} P_{zk}(r,z)\sin k\theta \\ P_\theta(r,z,\theta) = P_{\theta 0}(r,z) + \sum_{k=1}^{n} P_{\theta k}(r,z)\sin k\theta + \sum_{k=1}^{n} P_{\theta k}(r,z)\cos k\theta \end{cases} \tag{3.45}$$

式中,第一项 $P_{r0}(r,z)$,$P_{z0}(r,z)$ 和 $P_{\theta 0}(r,z)$ 是与 θ 无关的载荷部分,$P_{r0}(r,z)$ 和 $P_{z0}(r,z)$ 为轴对称载荷,$P_{\theta 0}(r,z)$ 是使轴对称体产生 θ 方向位移(即扭转变形)的扭转载荷;第二项 $\sum_{k=1}^{n} P_{rk}(r,z)\cos k\theta$,$\sum_{k=1}^{n} P_{zk}(r,z)\cos k\theta$,$\sum_{k=1}^{n} P_{\theta k}(r,z)\sin k\theta$ 与坐标 θ 有关,使结构产生对称于 $\theta = 0$ 平面的弯曲变形,这部分载荷称正对称载荷,如图 3.7 所示;第三项 $\sum_{k=1}^{n} P_{rk}(r,z)\sin k\theta$,

$\sum_{k=1}^{n} P_{zk}(r,z)\sin k\theta$，$\sum_{k=1}^{n} P_{\theta k}(r,z)\cos k\theta$ 也与坐标 θ 有关，使结构产生反对称于 $\theta=0$ 平面的弯曲变形,这部分载荷称反正对称载荷,如图 3.8 所示。如轴类零件承受扭矩时,属于反对称载荷情况,承受弯矩时,属于正对称载荷情况。

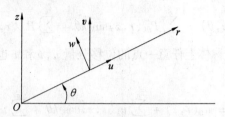

图 3.6 坐标和位移分量

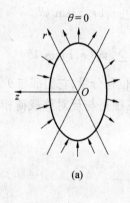
(a)

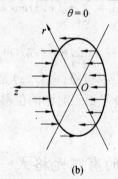
(b)

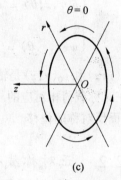
(c)

图 3.7 正对称载荷

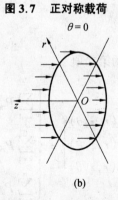
(a)

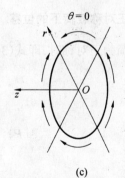
(c)

图 3.8 反对称载荷

式(3.45)也可以写成

$$\begin{cases} P_r(r,z,\theta) = \sum_{k=0}^{n} P_{rk}(r,z)\cos k\theta + \sum_{k=1}^{n} P_{rk}(r,z)\sin k\theta \\ P_z(r,z,\theta) = \sum_{k=0}^{n} P_{zk}(r,z)\cos k\theta + \sum_{k=1}^{n} P_{zk}(r,z)\sin k\theta \\ P_\theta(r,z,\theta) = \sum_{k=1}^{n} P_{\theta k}(r,z)\sin k\theta + \sum_{k=0}^{n} P_{\theta k}(r,z)\cos k\theta \end{cases} \quad (3.46)$$

与载荷相类似,在轴对称体上任意一点的位移分量 u,v 和 w 也可以按傅里叶级数展开,其半解析函数为

$$\begin{cases} u(r,z,\theta) = u_0(r,z) + \sum_{k=1}^{n} u_k(r,z)\cos k\theta + \sum_{k=1}^{n} u_k(r,z)\sin k\theta \\ v(r,z,\theta) = v_0(r,z) + \sum_{k=1}^{n} v_k(r,z)\cos k\theta + \sum_{k=1}^{n} v_k(r,z)\sin k\theta \\ w(r,z,\theta) = w_0(r,z) + \sum_{k=1}^{n} w_k(r,z)\sin k\theta + \sum_{k=1}^{n} w_k(r,z)\cos k\theta \end{cases} \quad (3.47)$$

式中,$u_0(r,z)$ 和 $v_0(r,z)$ 是轴对称位移分量;$w_0(r,z)$ 是周向位移分量,它们都与 θ 无关。第二项是与正对称载荷相对应的与 $\theta=0$ 平面正对称的位移,第三项是与反对称载荷相对应的与 $\theta=0$ 平面反对称的位移。

3.2.2 正对称载荷下的有限元格式

1. 正对称载荷下的位移

载荷为正对称时,即式(3.45)的第二项

$$\{P\} = \begin{Bmatrix} P_r(r,z,\theta) \\ P_z(r,z,\theta) \\ P_\theta(r,z,\theta) \end{Bmatrix} = \begin{Bmatrix} \sum_{k=1}^{n} P_{rk}(r,z)\cos k\theta \\ \sum_{k=1}^{n} P_{zk}(r,z)\cos k\theta \\ \sum_{k=1}^{n} P_{\theta k}(r,z)\sin k\theta \end{Bmatrix} \quad (3.48)$$

这是因为 $P_r(r,z,\theta)$,$P_z(r,z,\theta)$ 为偶函数,傅里叶级数展开式中不含 $\sin k\theta$ 项。$P_\theta(r,z,\theta)$ 为奇函数,在傅里叶展开式中不含 $\cos k\theta$ 项。如图3.9所示,若在一对称面(图中取 $\theta=0$ 为对称面)两侧相应的 $A(r,z,\theta)$ 和 $B(r,z,-\theta)$ 两点上,作用有单位周长的相等载荷值,并且方向对称,即

$$\begin{cases} P_r(r,z,\theta) = P_r(r,z,-\theta) \\ P_z(r,z,\theta) = P_z(r,z,-\theta) \\ P_\theta(r,z,\theta) = -P_\theta(r,z,-\theta) \end{cases}$$

从上式可以看出,在轴对称体的某一结点圆(r_i,z_i)上,作用的载荷$P_r(r,z,\theta)$和$P_z(r,z,\theta)$是θ的偶函数,而$P_\theta(r,z,\theta)$是θ的奇函数。

应当指出,在r和z相同的一个圆环上,θ值不同的各点,$P_r(r,z,\theta)$,$P_z(r,z,\theta)$和$P_\theta(r,z,\theta)$可以是不同的,这是与轴对称载荷不同之处。当

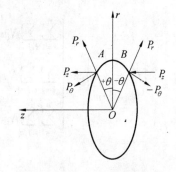

图 3.9 正对称载荷

$P_r(r,z,\theta)$,$P_z(r,z,\theta)$和$P_\theta(r,z,\theta)$在$\theta=0$到π之间的变化规律已知时,则在$\theta=\pi$到2π之间的载荷$P_r(r,z,\theta)$,$P_z(r,z,\theta)$和$P_\theta(r,z,\theta)$可以利用对称性由上式求得。

与正对称载荷相应的正对称位移表达式为

$$\{f\} = \begin{Bmatrix} u(r,z,\theta) \\ v(r,z,\theta) \\ w(r,z,\theta) \end{Bmatrix} = \begin{Bmatrix} \sum_{k=1}^{n} u_k(r,z)\cos k\theta \\ \sum_{k=1}^{n} v_k(r,z)\cos k\theta \\ \sum_{k=1}^{n} w_k(r,z)\sin k\theta \end{Bmatrix} \tag{3.49}$$

式中,位移幅值$u_k(r,z)$,$v_k(r,z)$和$w_k(r,z)$与θ无关,只是坐标r和z的函数,把问题简化成了rz平面的二维问题。在rz平面内仍按轴对称问题处理,用有限元法的三角形环单元进行离散,但与轴对称载荷作用下的轴对称问题不同,每个结点有3个位移分量。将$u_k(r,z)$,$v_k(r,z)$和$w_k(r,z)$表示成单元内结点位移值的插值函数,即

$$\begin{cases} u_k = N_i u_{ki} + N_j u_{kj} + N_m u_{km} = \sum_{i,j,m} N_i u_{ki} \\ v_k = N_i v_{ki} + N_j v_{kj} + N_m v_{km} = \sum_{i,j,m} N_i v_{ki} \\ w_k = N_i w_{ki} + N_j w_{kj} + N_m w_{km} = \sum_{i,j,m} N_i w_{ki} \end{cases}$$

式中,$N_i(i,j,m)$是rz平面内的单元形函数,与3.1.3节中定义的意义相同;u_{ki},v_{ki}和w_{ki}是结点i的位移分量u_i,v_i和w_i的第k项傅里叶级数展开的幅值,此时它们就是所求的基本未知量。

将上式代入式(3.49),可得

$$\{f\} = \begin{Bmatrix} u \\ v \\ w \end{Bmatrix} = \begin{Bmatrix} \sum_{k=1}^{n} \sum_{i,j,m} N_i u_{ki} \cos k\theta \\ \sum_{k=1}^{n} \sum_{i,j,m} N_i v_{ki} \cos k\theta \\ \sum_{k=1}^{n} \sum_{i,j,m} N_i w_{ki} \sin k\theta \end{Bmatrix} = \sum_{k=1}^{n} [N_i A_k \quad N_j A_k \quad N_m A_k] \{\delta_k\}^e \tag{3.50}$$

式中

$$[A_k] = \begin{bmatrix} \cos k\theta & 0 & 0 \\ 0 & \cos k\theta & 0 \\ 0 & 0 & \sin k\theta \end{bmatrix}$$

$$\{\delta_k\}^e = [u_{ki} \quad v_{ki} \quad w_{ki} \quad u_{kj} \quad v_{kj} \quad w_{kj} \quad u_{km} \quad v_{km} \quad w_{km}]^T$$

2. 正对称载荷下，应变、应力与结点位移幅值的关系

在非轴对称载荷情况下，弹性结构在圆柱坐标系中的几何方程，即应变分量与位移分量的关系式为

$$\{\varepsilon\} = \begin{Bmatrix} \varepsilon_r \\ \varepsilon_z \\ \varepsilon_\theta \\ \gamma_{rz} \\ \gamma_{r\theta} \\ \gamma_{z\theta} \end{Bmatrix} = \begin{Bmatrix} \dfrac{\partial u}{\partial r} \\ \dfrac{\partial v}{\partial z} \\ \dfrac{u}{r} + \dfrac{1}{r}\dfrac{\partial w}{\partial \theta} \\ \dfrac{\partial u}{\partial z} + \dfrac{\partial v}{\partial r} \\ \dfrac{1}{r}\dfrac{\partial u}{\partial \theta} + \dfrac{\partial w}{\partial r} - \dfrac{w}{r} \\ \dfrac{1}{r}\dfrac{\partial v}{\partial \theta} + \dfrac{\partial w}{\partial z} \end{Bmatrix} \tag{3.51}$$

按式(3.51)把位移 u,v 和 w 中的第 k 阶位移 u_k, v_k 和 w_k 进行微分，并利用式(3.50)得到轴对称体上任意一点 $P(r,z,\theta)$ 的第 k 阶应变

$$\{\varepsilon_k\} = [B_{ki} \quad B_{kj} \quad B_{km}]\{\delta_k\}^e$$

$$[B_{ki}] = \frac{1}{2\Delta} \begin{bmatrix} b_i\cos k\theta & 0 & 0 \\ 0 & c_i\cos k\theta & 0 \\ A_i\cos k\theta & 0 & kA_i\cos k\theta \\ c_i\cos k\theta & b_i\cos k\theta & 0 \\ -kA_i\sin k\theta & 0 & (b_i - A_i)\sin k\theta \\ 0 & -kA_i\sin k\theta & c_i\sin k\theta \end{bmatrix} \quad (i,j,m) \qquad (3.52)$$

式中

$$A_i = \frac{a_i}{r} + b_i + \frac{c_i z}{r} \quad (i,j,m)$$

利用弹性力学中圆柱坐标系中的应力与应变关系式,即物理方程,可求得轴对称体任意一点 $P(r,z,\theta)$ 的应力为

$$\{\sigma\} = [D]\{\varepsilon\}$$

或

$$\{\sigma\} = \begin{Bmatrix} \sigma_r \\ \sigma_z \\ \sigma_\theta \\ \tau_{rz} \\ \tau_{r\theta} \\ \tau_{z\theta} \end{Bmatrix} = \Delta_3 \begin{bmatrix} 1 & \Delta_1 & \Delta_1 & 0 & 0 & 0 \\ \Delta_1 & 1 & \Delta_1 & 0 & 0 & 0 \\ \Delta_1 & \Delta_1 & 1 & 0 & 0 & 0 \\ 0 & 0 & 0 & \Delta_2 & 0 & 0 \\ 0 & 0 & 0 & 0 & \Delta_2 & 0 \\ 0 & 0 & 0 & 0 & 0 & \Delta_2 \end{bmatrix} \begin{Bmatrix} \varepsilon_r \\ \varepsilon_z \\ \varepsilon_\theta \\ \gamma_{rz} \\ \gamma_{r\theta} \\ \gamma_{z\theta} \end{Bmatrix} \qquad (3.53)$$

式中

$$[D] = \Delta_3 \begin{bmatrix} 1 & \Delta_1 & \Delta_1 & 0 & 0 & 0 \\ \Delta_1 & 1 & \Delta_1 & 0 & 0 & 0 \\ \Delta_1 & \Delta_1 & 1 & 0 & 0 & 0 \\ 0 & 0 & 0 & \Delta_2 & 0 & 0 \\ 0 & 0 & 0 & 0 & \Delta_2 & 0 \\ 0 & 0 & 0 & 0 & 0 & \Delta_2 \end{bmatrix}$$

$$\Delta_1 = \frac{\mu}{1-\mu}, \quad \Delta_2 = \frac{1-2\mu}{2(1-\mu)}, \quad \Delta_3 = \frac{E(1-\mu)}{(1+\mu)(1-2\mu)}$$

如果将任意一点的应力公式用结点圆的第 k 阶位移幅值表示,则第 k 阶应力为

$$\{\sigma_k\} = [D]\{\varepsilon_k\} = [D][B_k]\{\delta_k\}^e \qquad (3.54)$$

总应力为

$$\{\sigma\} = [D]\sum_{k=1}^{n}\{\varepsilon_k\} = [D]\sum_{k=1}^{n}[B_k]\{\delta_k\}^e$$

3. 正对称载荷下的单元刚度矩阵

由虚功原理得到单元平衡方程中第 k 阶载荷的单元刚度矩阵为

$$[K_k]^e = \int_{V^e} [B_k]^T [D] [B_k] dV = \begin{bmatrix} K_{kii} & K_{kij} & K_{kim} \\ K_{kji} & K_{kjj} & K_{kjm} \\ K_{kmi} & K_{kmj} & K_{kmm} \end{bmatrix} \quad (3.55)$$

式中子矩阵表达式为

$$[K_{kst}] = \int_{V^e} [B_{ks}]^T [D] [B_{kt}] dV \quad (s,t = i,j,m)$$

与轴对称载荷的情况类同,可将 $[B_k]$ 分为两部分:常值部分和变值部分,即

$$[B_k] = [\bar{B}_k] + [B'_k]$$

式中子矩阵

$$[B_{ks}] = [\bar{B}_{ks}] + [B'_{ks}], \quad [B_{kt}] = [\bar{B}_{kt}] + [B'_{kt}] \quad (s,t = i,j,m)$$

类似地把单元刚度矩阵也分为常值部分和变值部分,即

$$\begin{aligned}{}[K_{kst}] &= \int_{V^e} [B_{ks}]^T [D] [B_{kt}] dV = \\ &\int_{V^e} [\bar{B}_{ks}]^T [D] [\bar{B}_{kt}] dV + \int_{V^e} [B'_{ks}]^T [D] [B'_{kt}] dV = \\ &[\bar{K}_{kst}] + [K'_{kst}] \quad (s,t = i,j,m) \end{aligned} \quad (3.56)$$

将 $[\bar{B}_{ks}]$, $[D]$ 和 $[\bar{B}_{kt}]$ 代入式(3.56)的第一项,并考虑当 $k \ne 0$ 时有

$$\int_0^{2\pi} \cos^2 k\theta d\theta = \pi, \quad \int_0^{2\pi} \sin^2 k\theta d\theta = \pi, \quad \int_\Delta r dr dz = \bar{r}\Delta$$

经过运算并整理后得

$$[\bar{K}_{kst}] = \frac{\pi \bar{r} \Delta_3}{4\Delta} \begin{bmatrix} b_t(b_s + \Delta_1 \bar{A}_s) + \bar{A}_t(\Delta_1 b_s + \bar{A}_s) + \Delta_2(c_s c_t + k^2 \bar{A}_s \bar{A}_t) \\ \Delta_1(c_s b_t + c_s \bar{A}_t) + \Delta_2 b_s c_t \\ \Delta_1 k \bar{A}_s b_t + k \bar{A}_s \bar{A}_t - \Delta_2 k \bar{A}_t(b_s - \bar{A}_s) \\ \Delta_1 c_t(b_s + \bar{A}_s) + \Delta_2 c_s b_t \quad k \bar{A}_t(\Delta_1 b_s + \bar{A}_s) - \Delta_2 k \bar{A}_s(b_t - \bar{A}_t) \\ c_s c_t + \Delta_2(b_s b_t + k^2 \bar{A}_s \bar{A}_t) \quad \Delta_1 k \bar{A}_t c_s - \Delta_2 k c_t \bar{A}_s \\ k(\Delta_1 c_t \bar{A}_s - \Delta_2 c_s \bar{A}_t) \quad k^2 \bar{A}_s \bar{A}_t + \Delta_2(b_s - \bar{A}_s)(b_t - \bar{A}_t) + \Delta_2 c_s c_t \end{bmatrix}$$
$$(s,t = i,j,m) \quad (3.57)$$

同样将 $[B'_{ks}]$, $[D]$ 和 $[B'_{kt}]$ 代入式(3.56)的第二项得

$$[K'_{kst}] = \frac{\pi \bar{r} \Delta_3}{4\Delta} \begin{bmatrix} 1 + k^2 \Delta_2 & 0 & k(1 + \Delta_2) \\ 0 & k^2 \Delta_2 & 0 \\ k(1 + \Delta_2) & 0 & k^2 + \Delta_2 \end{bmatrix} \Omega_{st} \quad (s,t = i,j,m) \quad (3.58)$$

式中

$$\Omega_{st} = \int_\Delta \frac{1}{\Delta r}\left(\frac{a_s + c_s z}{r} - \frac{a_s + c_s \bar{z}}{\bar{r}}\right)\left(\frac{a_t + c_t z}{r} - \frac{a_t + c_t \bar{z}}{\bar{r}}\right) r\mathrm{d}r\mathrm{d}z =$$

$$\frac{1}{\bar{r}}\left[a_s a_t\left(I_1 - \frac{1}{\bar{r}}\right) + (a_s c_t + a_t c_s)\left(I_2 - \frac{\bar{z}}{\bar{r}}\right) + c_s c_t\left(I_3 - \frac{\bar{z}^2}{\bar{r}}\right)\right]$$

$$(s,t = i,j,m) \quad (3.59)$$

以上诸式中 $\bar{A}_s, \bar{A}_t, I_1, I_2$ 和 I_3 的含义均同前所述。

4. 正对称载荷下的单元应力

与轴对称问题一样,在某阶单元的刚度矩阵求出后,便可以建立该阶的总刚度矩阵以及总体载荷列阵,以形成该阶的刚度方程,即

$$[K_k]\{\delta_k\} = \{R_k\}$$

引入几何边界条件,即可求出该阶的各结点圆位移幅值。由式(3.54)可计算出单元内任意一点的应力

$$\{\sigma_k\} = [D][B_k]\{\delta_k\}^e$$

可将$[B_k]$中的 r 和 z 变量代以三角形环单元剖面形心位置坐标$\bar{r}$和$\bar{z}$,就可得三角形剖面形心位置的应力,即平均应力

$$\{\sigma_k\} = [D][\bar{B}_{ki} \quad \bar{B}_{kj} \quad \bar{B}_{km}]\{\delta_k\}^e =$$
$$[D][\bar{B}_{ki}]\{\delta_{ki}\} + [D][\bar{B}_{kj}]\{\delta_{kj}\} + [D][\bar{B}_{km}]\{\delta_{km}\} =$$
$$\{\sigma_{ki}\} + \{\sigma_{kj}\} + \{\sigma_{km}\}$$

将$[D]$,$[\bar{B}_{ki}]$和$\{\delta_{ki}\}$代入上式中的第一项得

$$\{\sigma_{ki}\} = \begin{Bmatrix} \sigma_{rki} \\ \sigma_{zki} \\ \sigma_{\theta ki} \\ \tau_{rzki} \\ \tau_{r\theta ki} \\ \tau_{z\theta ki} \end{Bmatrix} = \Delta_3 \begin{bmatrix} 1 & \Delta_1 & \Delta_1 & 0 & 0 & 0 \\ \Delta_1 & 1 & \Delta_1 & 0 & 0 & 0 \\ \Delta_1 & \Delta_1 & 1 & 0 & 0 & 0 \\ 0 & 0 & 0 & \Delta_2 & 0 & 0 \\ 0 & 0 & 0 & 0 & \Delta_2 & 0 \\ 0 & 0 & 0 & 0 & 0 & \Delta_2 \end{bmatrix}$$

$$\begin{bmatrix} b_i \cos k\theta & 0 & 0 \\ 0 & c_i \cos k\theta & 0 \\ \bar{A}_i \cos k\theta & 0 & k\bar{A}_i \cos k\theta \\ c_i \cos k\theta & b_i \cos k\theta & 0 \\ -k\bar{A}_i \sin k\theta & 0 & (b_i - \bar{A}_i)\sin k\theta \\ 0 & k\bar{A}_i \sin k\theta & c_i \sin k\theta \end{bmatrix} \begin{Bmatrix} u_{ki} \\ v_{ki} \\ w_{ki} \end{Bmatrix} =$$

$$\frac{\Delta_3}{2\Delta}\begin{Bmatrix} [(b_i+\Delta_1\bar{A}_i)u_{ki}+\Delta_1 c_i v_{ki}+\Delta_1 k\bar{A}_i w_{ki}]\cos k\theta \\ [\Delta_1(b_i+\bar{A}_i)u_{ki}+c_i v_{ki}+\Delta_1 k\bar{A}_i w_{ki}]\cos k\theta \\ [(\Delta_1 b_i+\bar{A}_i)u_{ki}+\Delta_1 c_i v_{ki}+k\bar{A}_i w_{ki}]\cos k\theta \\ \Delta_2(c_i u_{ki}+b_i v_{ki})\cos k\theta \\ \Delta_2[-k\bar{A}_i u_{ki}+(b_i-\bar{A}_i)w_{ki}]\sin k\theta \\ \Delta_2(-k\bar{A}_i v_{ki}+c_i w_{ki})\sin k\theta \end{Bmatrix}(i,j,m) \qquad (3.60)$$

三角形剖面的总应力为各阶应力之和,如有 n 阶载荷,则

$$\{\sigma\}=\sum_{k=1}^{n}\{\sigma_k\}$$

在正对称载荷中,最常见的是旋转轴受弯矩负荷。当旋转轴某一截面承受弯矩 M 时,在此截面上沿周向分布有不相等的载荷,即

$$P_z(r,\theta)=\sigma_z=\frac{Mr\cos\theta}{J}=P'_z\cos\theta$$

载荷幅值

$$P'_z=\frac{Mr}{J}$$

而

$$P_r=0,\quad P_z=0$$

对照已介绍的正对称载荷表达式(3.48),可以看出,此时 P_z 只有一阶载荷,即 $k=1$。将其代入正对称载荷下各公式,即可得出在弯矩载荷下的位移、应变和应力。

3.2.3 反对称载荷下的有限元格式

反对称载荷的分布情况如图 3.10 所示。在对称面($\theta=0$)两侧相应的 $A(r,z,\theta)$ 和 $B(r,z,-\theta)$ 两点上,作用载荷值大小相等,且方向反对称,即

$$\begin{cases} P_{rA}(r,z,\theta)=-P_{rB}(r,z,-\theta) \\ P_{zA}(r,z,\theta)=-P_{zB}(r,z,-\theta) \\ P_{\theta A}(r,z,\theta)=P_{\theta B}(r,z,-\theta) \end{cases}$$

其对应的位移

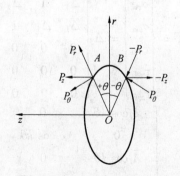

图 3.10 反对称载荷

第3章 轴对称体的有限元法

$$\begin{cases} u_A(r,z,\theta) = -u_B(r,z,-\theta) \\ v_A(r,z,\theta) = -v_B(r,z,-\theta) \\ w_A(r,z,\theta) = w_B(r,z,-\theta) \end{cases}$$

由上式可以看出,P_r,P_z 及 u,v 为奇函数,故展开成傅里叶级数时只有正弦项,而 P_θ 及 w 为偶函数,展开成傅里叶级数时只有余弦项,即式(3.45)和式(3.47)的第三项

$$\begin{cases} P_r(r,z,\theta) = \sum_{k=1}^{n} P_{rk}(r,z)\sin k\theta \\ P_z(r,z,\theta) = \sum_{k=1}^{n} P_{zk}(r,z)\sin k\theta \\ P_\theta(r,z,\theta) = \sum_{k=1}^{n} P_{\theta k}(r,z)\cos k\theta \end{cases} \quad \begin{cases} u(r,z,\theta) = \sum_{k=1}^{n} u_k(r,z)\sin k\theta \\ v(r,z,\theta) = \sum_{k=1}^{n} v_k(r,z)\sin k\theta \\ w(r,z,\theta) = \sum_{k=1}^{n} w_k(r,z)\cos k\theta \end{cases}$$

当 $n = 0$ 时,只存在 P_θ,且 $P_\theta(\theta) = P_\theta(-\theta)$,即为纯扭的情况。

在3.2.2节各式中,当 $k = 0$ 就得到一般轴对称载荷的情况,因为周向载荷 $P_\theta = 0$,所以周向位移 $w = 0$,全部结点位移和结点载荷列阵都分别只有4个分量。

如把3.2.2节中各式中的 $\cos k\theta$ 代之以 $\sin k\theta$,而 $\sin k\theta$ 代之以 $\cos k\theta$,就得到反对称载荷的情况,即反对称载荷下的有限元格式完全与正对称载荷下的有限元格式类同,现将有关结果列在下面。

对于 k 阶载荷,单元刚度矩阵中任意一个子矩阵为

$$[K_{kst}] = [\bar{K}_{kst}] + [K'_{kst}] \quad (s,t = i,j,m)$$

其常值部分

$$[\bar{K}_{kst}] = \frac{\pi \bar{r} \Delta_3}{4\Delta} \begin{bmatrix} b_t(b_s + \Delta_1\bar{A}_s) + \bar{A}_t(\Delta_1 b_s + \bar{A}_s) + \Delta_2(c_s c_t + k^2 \bar{A}_s \bar{A}_t) \\ \Delta_1(c_s b_t + c_t \bar{A}_t) + \Delta_2 b_s c_t \\ -\Delta_1 k \bar{A}_s b_t - k \bar{A}_s \bar{A}_t + \Delta_2 k \bar{A}_t (b_s - \bar{A}_s) \\ \\ \Delta_1 c_t(b_s + \bar{A}_s) + \Delta_2 c_s b_t \qquad -k\bar{A}_t(\Delta_1 b_s + \bar{A}_s) + \Delta_2 k \bar{A}_s(b_t - \bar{A}_t) \\ c_s c_t + \Delta_2(b_s b_t + k^2 \bar{A}_s \bar{A}_t) \qquad -\Delta_1 k \bar{A}_t c_s + \Delta_2 k c_t \bar{A}_s \\ k(-\Delta_1 c_t \bar{A}_s + \Delta_2 c_s \bar{A}_t) \qquad k^2 \bar{A}_s \bar{A}_t + \Delta_2(b_s - \bar{A}_s)(b_t - \bar{A}_t) + \Delta_2 c_s c_t \end{bmatrix}$$
$$(s,t = i,j,m) \tag{3.61}$$

其变值部分

$$[K'_{kst}] = \frac{\pi \bar{r} \Delta_3}{4\Delta} \begin{bmatrix} 1 + k^2 \Delta_2 & 0 & k(\Delta_2 - 1) \\ 0 & k^2 \Delta_2 & 0 \\ k(\Delta_2 - 1) & 0 & k^2 + \Delta_2 \end{bmatrix} \Omega_{st} \quad (s,t = i,j,m) \tag{3.62}$$

式中,$\Omega_{st},\bar{A}_s,\bar{A}_t$ 的定义均与3.2.2节中相应符号的含义及表达式相同。

此时,若令 $k=0$,就可以得到纯扭转载荷的情况,积分 $\int_0^{2\pi} \cos^2 k\theta\, d\theta$ 的值不再为 π 而是 2π,因此应用式(3.61)及式(3.62)求 $[\bar{K}_{kst}]$ 和 $[K'_{kst}]$ 时,应将上式先乘以2,然后再将 $k=0$ 代入,于是在纯扭情况下, $[K_{kst}]$ 子矩阵中只有一个元素,即

$$[K_{st}] = \frac{\pi \bar{r} \Delta_3}{2\Delta}[\Delta_2(b_s - \bar{A}_s)(b_t - \bar{A}_t) + \Delta_2 c_s c_t + \Delta_2 \Omega_{st}] \quad (s,t = i,j,m) \quad (3.63)$$

其应力公式也与正对称载荷情况的推导结果类似,对于 k 阶载荷产生的应力为

$$\{\sigma_k\} = \{\sigma_{ki}\} + \{\sigma_{kj}\} + \{\sigma_{km}\}$$

式中

$$\{\sigma_{ki}\} = \begin{Bmatrix} \sigma_{rki} \\ \sigma_{zki} \\ \sigma_{\theta ki} \\ \tau_{rzki} \\ \tau_{r\theta ki} \\ \tau_{z\theta ki} \end{Bmatrix} = \frac{\Delta_3}{2\Delta} \begin{Bmatrix} [(b_i + \Delta_1 \bar{A}_i)u_{ki} + \Delta_1 c_i v_{ki} - \Delta_1 k\bar{A}_i w_{ki}]\sin k\theta \\ [\Delta_1(b_i + \bar{A}_i)u_{ki} + c_i v_{ki} - \Delta_1 k\bar{A}_i w_{ki}]\sin k\theta \\ [(\Delta_1 b_i + \bar{A}_i)u_{ki} + \Delta_1 c_i v_{ki} - k\bar{A}_i w_{ki}]\sin k\theta \\ \Delta_2(c_i u_{ki} + b_i v_{ki})\sin k\theta \\ \Delta_2[k\bar{A}_i u_{ki} + (b_i - \bar{A}_i)w_{ki}]\cos k\theta \\ \Delta_2(k\bar{A}_i v_{ki} + c_i w_{ki})\cos k\theta \end{Bmatrix} \quad (i,j,m) \quad (3.64)$$

如果反对称载荷有 n 阶载荷作用于轴对称体,则其总的应力为

$$\{\sigma\} = \sum_{k=1}^{n}\{\sigma_k\}$$

在反对称载荷中,通常的情况是扭矩。此时沿截面的载荷分布为

$$P_r = 0, \quad P_z = 0, \quad P_\theta(\theta) = P_\theta(-\theta) = \frac{M_T r}{J_P}$$

由于载荷 $P_r = P_z = 0$,因此位移分量 $u = v = 0$,将 $n = 0$ 代入反对称载荷情况下的各公式,即可得出在扭转情况下的1个位移分量、2个应变和2个应力分量。这时方程的阶数比一般弯曲载荷情况降低,所以计算工作量可大大减小。

作用在轴对称体上的任意载荷均可以看做正对称和反对称载荷之和,因此可分别按正对称载荷和反对称载荷的有限元格式求出应力,在弹性范围内,可将上述应力进行叠加,即为任意载荷作用下的应力。

用半解析法求解实际工程问题时,对于通常的载荷情况,只需要傅里叶级数的少数几项就可以了,如旋转轴某一截面承受弯矩载荷(即正对称载荷情况),此时载荷 P_z 中只有一阶载荷,即 $R=1$,就足够准确了。如果载荷很复杂,必须取很多项才能逼近实际问题时,就不一定用半解析法,可以直接采用三维有限元来求解。

3.2.4 等效结点载荷

轴对称体在复杂载荷作用下,如载荷不是作用在结点上,仍按能量等效原则移置到结点

上,转化为等效结点载荷。

下面介绍两种常见的非轴对称载荷的等效结点载荷。

1. 弯矩(正对称载荷)

设有轴对称体(图 3.11),在其右端作用有弯矩 M,且沿周向按余弦规律分布,单元对 z 轴的抗弯惯性矩为 J_z,则在端面造成分布力

$$P'_z(r) = \sigma_z(r) = \frac{Mr\cos\theta}{J_z}$$

令其幅值为

$$P_z = \frac{Mr}{J_z}, \quad P_r = 0, \quad P_\theta = 0$$

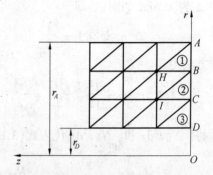

图 3.11 载荷移置

设某单元发生虚位移,则该单元各结点上的虚位移为 $\{\delta^*\}^e$,外载荷的幅值可写成

$$\{P\} = \begin{Bmatrix} P_r \\ P_z \\ P_\theta \end{Bmatrix} = \begin{Bmatrix} 0 \\ \dfrac{Mr}{J_z} \\ 0 \end{Bmatrix}.$$

位移也按 $\cos\theta$ 变化,单元内任意一点的虚位移为 $\{f^*\}\cos\theta$,根据能量等效的原则求等效结点载荷,即

$$\{\delta^*\}^{eT}\{R\}^e = \int_\Delta \{f^*\}^T \cos\theta \{P\} \cos\theta\, r\,dr\,d\theta = \int_\Delta \{\delta^*\}^{eT}[N]^T \cos\theta \{P\} \cos\theta\, r\,dr\,d\theta$$

$$\{R\}^e = \int_\Delta [N]^T \{P\} \cos^2\theta\, r\,dr\,d\theta$$

对于图 3.11 中的点 B,其等效结点载荷为

$$R_{zB} = \int_0^{2\pi}\!\!\int_A^B N_B^{①} \frac{Mr}{J_z} \cos^2\theta\, r\,dr\,d\theta + \int_0^{2\pi}\!\!\int_B^C N_B^{②} \frac{Mr}{J_z} \cos^2\theta\, r\,dr\,d\theta =$$

$$\frac{\pi M}{J_z}\left(\int_A^B N_B^{①} r^2\,dr + \int_B^C N_B^{②} r^2\,dr \right) \tag{3.65}$$

式中,$\int_A^B N_B^{①} r^2\,dr$ 和 $\int_B^C N_B^{②} r^2\,dr$ 分别为图 3.11 中的形函数对 z 轴的惯性矩。

在图 3.12 中,形函数图形 $\triangle SLK$ 对底边的惯性矩为

$$\frac{bh^3}{12} = \frac{1 \times l^3}{12}$$

先移至重心,再移至 z 轴,则

$$\int_A^B N_B^{①} r^2 \mathrm{d}r = \frac{1 \times l^3}{12} - \Delta\left(\frac{1}{3}l\right)^2 + \Delta\left(r_B + \frac{1}{3}l\right)^2 =$$
$$\frac{l^3}{12} + \frac{l^2 r_B}{3} + \frac{l r_B^2}{2}$$

其中 Δ 为 $\triangle SLK$ 的面积,即

$$\Delta = \frac{l}{2} \times 1 = \frac{l}{2}$$

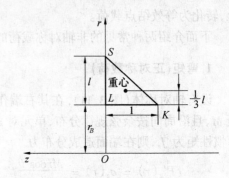

图 3.12 形函数图形对 z 轴的惯性矩

同样方法得

$$\int_B^C N_B^{②} r^2 \mathrm{d}r = \frac{l^3}{12} - \frac{l^2 r_B}{3} + \frac{l r_B^2}{2}$$

将 $\int_A^B N_B^{①} r^2 \mathrm{d}r$ 和 $\int_B^C N_B^{②} r^2 \mathrm{d}r$ 代入式(3.65)得

$$R_{zB} = \frac{\pi M}{J_z}\left(\frac{l^3}{6} + l r_B^2\right)$$

由于 $P_r = 0, P_\theta = 0$,所以 $R_{rB} = 0, R_{\theta B} = 0$,则点 B 的等效结点载荷为

$$\{R_B\}^e = \begin{Bmatrix} R_{rB} \\ R_{zB} \\ R_{\theta B} \end{Bmatrix} = \begin{Bmatrix} 0 \\ \frac{\pi M}{J_z}\left(\frac{l^3}{6} + l r_B^2\right) \\ 0 \end{Bmatrix} \tag{3.66}$$

同理,只与一个三角形单元相衔接的内、外两结点 A,D 的等效结点载荷分别为

$$\{R_A\}^e = \begin{Bmatrix} R_{rA} \\ R_{zA} \\ R_{\theta A} \end{Bmatrix} = \begin{Bmatrix} 0 \\ \frac{\pi M}{J_z}\left(\frac{l^3}{12} - \frac{l^2 r_A}{3} + \frac{l r_A^2}{2}\right) \\ 0 \end{Bmatrix} \tag{3.67}$$

$$\{R_D\}^e = \begin{Bmatrix} R_{rD} \\ R_{zD} \\ R_{\theta D} \end{Bmatrix} = \begin{Bmatrix} 0 \\ \frac{\pi M}{J_z}\left(\frac{l^3}{12} + \frac{l^2 r_D}{3} + \frac{l r_D^2}{2}\right) \\ 0 \end{Bmatrix} \tag{3.68}$$

2. 扭矩(反对称载荷)

令作用在轴对称体端面的扭矩为 M_T,对 z 轴截面的极惯性矩为 J_p,则作用在端面的分布力为

$$P_\theta = \tau_{z\theta} = \frac{M_T r}{J_p}$$

作用在图 3.11 中结点 B 处的等效结点载荷为

$$R_{\theta B} = \int_0^{2\pi}\int_A^B N_B^{①} P_\theta r\,\mathrm{d}r\,\mathrm{d}\theta + \int_0^{2\pi}\int_B^C N_B^{②} P_\theta r\,\mathrm{d}r\,\mathrm{d}\theta =$$
$$\frac{2\pi M_T}{J_\mathrm{p}}\left(\int_A^B N_B^{①} r^2\,\mathrm{d}r + \int_B^C N_B^{②} r^2\,\mathrm{d}r\right) = \frac{2\pi M_T}{J_\mathrm{p}}\left(\frac{l^3}{6} + l r_B^2\right)$$

因为 $P_r = 0, P_z = 0$, 则 $R_{rB} = 0, R_{zB} = 0$, 于是结点 B 处的等效结点载荷为

$$\{R_B\}^e = \begin{Bmatrix} R_{rB} \\ R_{zB} \\ R_{\theta B} \end{Bmatrix} = \begin{Bmatrix} 0 \\ 0 \\ \dfrac{2\pi M_T}{J_\mathrm{p}}\left(\dfrac{l^3}{6} + l r_B^2\right) \end{Bmatrix} \tag{3.69}$$

同理可得

$$\{R_A\}^e = \begin{Bmatrix} R_{rA} \\ R_{zA} \\ R_{\theta A} \end{Bmatrix} = \begin{Bmatrix} 0 \\ 0 \\ \dfrac{2\pi M_T}{J_\mathrm{p}}\left(\dfrac{l^3}{12} - \dfrac{l^2 r_A}{3} + \dfrac{l r_A^2}{2}\right) \end{Bmatrix} \tag{3.70}$$

$$\{R_D\}^e = \begin{Bmatrix} R_{rD} \\ R_{zD} \\ R_{\theta D} \end{Bmatrix} = \begin{Bmatrix} 0 \\ 0 \\ \dfrac{2\pi M_T}{J_\mathrm{p}}\left(\dfrac{l^3}{12} + \dfrac{l^2 r_D}{3} + \dfrac{l r_D^2}{2}\right) \end{Bmatrix} \tag{3.71}$$

习 题

3-1 试列出用三角形环单元求解轴对称问题中的等效结点载荷的平衡方程、总体结构刚度方程,如限制结构的刚体位移,最少应施加多少约束?

3-2 试按 $\{\sigma\} = [\sigma_r \quad \sigma_z \quad \sigma_\theta \quad \tau_{rz}]^\mathrm{T}$ 的列阵顺序,写出轴对称应力分析时的三角形环单元的矩阵 $[B]$、矩阵 $[D]$ 及矩阵 $[K]$ 的表达式。

3-3 试推导轴对称体当承受纯扭时的刚度元素公式。

3-4 外径为 10 cm,内径为 3 cm 的圆轴,子午剖面的三角形单元,底×高为 0.35 cm × 0.35 cm,当端面作用外载分别为弯矩 10 000 N·cm 及扭矩 10 000 N·cm 时,试求端面各结点的等效结点载荷。

3-5 试推导轴对称体在离心载荷作用下的等效结点载荷公式(3.37)。

思 考 题

3-1 试用虚功原理导出轴对称问题的单元刚度矩阵。
3-2 用有限元法分析轴对称问题和平面问题有什么相同与不同之处。
3-3 用有限元法分析非轴对称载荷情况与轴对称载荷情况有什么异同点。
3-4 何谓正对称载荷及反对称载荷。
3-5 试推导轴对称问题中由初应变引起的等效结点载荷公式(3.41)。

第4章 参数单元

4.1 引言

对于复杂形状的实际结构,为了降低计算量和计算时间,通常可以采用较高阶次位移函数和几何形状不规整的单元来逼近。采用较高阶次位移函数的单元,网格划分的单元数量比低阶次位移函数的单元数量少,总的未知数也相应地减少。采用几何形状不规整的单元,少量的单元就可以逼近复杂形状的结构边界。利用几何形状规整的单元来研究几何形状不规整的单元,就产生了参数单元在参数单元分析中,将几何形状不规整的实际单元与几何形状规整的母单元对应起来,既方便了单元力学特性的分析,又使参数单元满足了有限元的收敛条件。

按照单元位移参数与几何参数的数量关系,通常将参数单元分为等参数单元、超参数单元和次参数单元。

4.2 单元位移函数

在有限元分析中,恰当地选择位移函数是整个方法中最重要的部分。描述位移函数,一般采用两种方式。一是采用含有若干待定系数 α_i(也称广义坐标)的简单多项式,这些系数接着变换为相应的结点位移参数。二是采用形函数(插值函数)直接来描述,形函数通常用插值多项式来表示。对于二维位移场来说,可以写成

$$\begin{cases} u(x,y) = N_1(x,y)u_1 + N_2(x,y)u_2 + \cdots + N_n(x,y)u_n = \sum_{i=1}^{n} N_i(x,y)u_i \\ v(x,y) = N_1(x,y)v_1 + N_2(x,y)v_2 + \cdots + N_n(x,y)v_n = \sum_{i=1}^{n} N_i(x,y)v_i \end{cases} \quad (4.1)$$

式中,$N_i(x,y)$ 由具体单元和结点而定。位移函数用式(4.1)表达以后,形函数就描述了单元中任意一点的位移状态。

对于高阶插值单元来说,所选择的位移函数除了应满足完备和协调条件外,待定系数的数目还应和单元的结点自由度数目一致,以便由结点位移值唯一地确定全部系数。在高次多项式中,还应满足几何各向同性条件,即位移函数对于坐标的任何线性变换都能保持不变。一般说来,采用高阶单元能够得到较高的精度。但是,如果采用的函数次数过高,将导致计算复杂,计算量大为增加,故一般选用不高于三次的多项式函数。

多项式是位移函数的一种普遍形式,其原因是建立单元方程及进行数学处理(如微分、积

分等)较为容易。多项式可以近似地表示真实解,无限次的多项式可与正确解相对应。然而,为了实用,我们只采用有限阶次的多项式。

4.2.1 拉格朗日插值函数

对于一些常用的单元,可以利用某些经典的插值函数,直接写出其形函数。下面介绍常用的拉格朗日(Lagrange)插值函数。

根据结点位移值,可以用拉格朗日插值函数写出单元内任意一点的位移表达式。在一维情况下,拉格朗日插值函数的一般表达式为

$$L_i^n(x) = \frac{(x-x_0)(x-x_1)\cdots(x-x_{i-1})(x-x_{i+1})\cdots(x-x_n)}{(x_i-x_0)(x_i-x_1)\cdots(x_i-x_{i-1})(x_i-x_{i+1})\cdots(x_i-x_n)} = \prod_{\substack{m=0\\m\neq i}}^{n}\frac{x-x_m}{x_i-x_m} \quad (4.2)$$

式中,$x_0, x_1, \cdots, x_n$ 为 $n+1$ 个结点的 x 坐标值。

这是一个 n 次多项式,由 n 个因子组成。当 $x = x_i$ 时,分子分母恰好相等,多项式的值为1。当 $x = x_m (m \neq i)$ 时,多项式的值为零。利用这种插值函数,只要被插值函数 $\varphi(x)$ 在 $x_0, x_1, \cdots, x_n$ 处的值 $\varphi_0, \varphi_1, \cdots, \varphi_n$ 已知,就可以用下列 n 次多项式近似地表达 $\varphi(x)$

$$\varphi(x) = \sum_{i=0}^{n} L_i^n(x) \varphi_i \quad (4.3)$$

显而易见,$L_i^n(x)$ 具有如下性质:

$$L_i^n(x_k) = \begin{cases} 0, & k \neq i \\ 1, & k = i \end{cases} \quad (4.4)$$

这与形函数的定义是一致的。也可以将拉格朗日插值函数应用于二维或三维情况。二维问题函数可写成

$$\varphi(x,y) = \sum_{i=0}^{n}\sum_{j=0}^{m} L_i^n(x) L_j^m(y) \varphi_{ij} \quad (4.5)$$

式中,n 和 m 分别为在 x 和 y 方向的分段数。

二维拉格朗日插值如图 4.1 所示。

二维拉格朗日插值函数可写成

$$L_{ij}^{nm}(x,y) = L_i^n(x) L_j^m(y) \quad (4.6)$$

这种插值方法的优点是直接采用了一维拉格朗日插值函数的结果;缺点是出现了内结点,增加了计算工作量。同时,结点数目不一定和完备多项式的数目一致,不一定满足几何各向同性的要求,只有当 x 方向和 y 方向的结点数相同时,才能满足

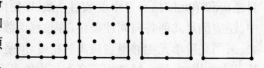

图 4.1 拉格朗日单元族

几何各向同性的要求。因此,在工程实践中,常采用没有内结点的单元。这种单元的结点都布置在单元的边界上,称为边点族。其插值函数也不太复杂。以后将推导这种插值函数所构成的形函数,以便在参数单元上使用。

4.2.2 四边形与六面体单元的形函数

本节着重介绍一些四边形单元族和六面体单元族的形函数表达式,以便在参数单元推导中应用。这里讨论的是只具有边界结点而无内部结点的单元。在推导各类单元的形函数时,采用局部坐标系或自然坐标系,它在单元内的变化范围是从 -1 到 $+1$。这对在有限元中推导形函数及进行数值积分都是方便的。表 4.1 为量纲一的拉格朗日插值多项式。

表 4.1 量纲一的拉格朗日插值多项式

结点图示	拉格朗日插值多项式
结点 0 — 1 $\xi = 1, \xi = 0, \xi = 1$ 一次	$L_0^1(\xi) = \frac{1}{2}(1-\xi)$ $L_1^1(\xi) = \frac{1}{2}(1+\xi)$
结点 0 — 1 — 2 $\xi = -1, \xi = 0, \xi = 1$ 二次	$L_0^2(\xi) = \frac{1}{2}\xi(\xi-1)$ $L_1^2(\xi) = 1-\xi^2$ $L_2^2(\xi) = \frac{1}{2}\xi(\xi+1)$
结点 0 — 1 — 2 — 3 $\xi = -1, \xi = -\frac{1}{3}, \xi = \frac{1}{3}, \xi = 1$ 三次	$L_0^3(\xi) = \frac{1}{16}(3\xi+1)(3\xi-1)(1-\xi)$ $L_1^3(\xi) = \frac{9}{16}(1-\xi^2)(1-3\xi)$ $L_2^3(\xi) = \frac{9}{16}(1-\xi^2)(1+3\xi)$ $L_3^3(\xi) = \frac{1}{16}(3\xi+1)(3\xi-1)(1+\xi)$

这里首先介绍四边形线性插值单元的形函数。这种单元如图 4.2(a) 所示。如果用总体坐标 (x, y) 表示位移函数时,则

$$\begin{cases} u(x,y) = \alpha_1 + \alpha_2 x + \alpha_3 y + \alpha_4 xy \\ v(x,y) = \alpha_5 + \alpha_6 x + \alpha_7 y + \alpha_8 xy \end{cases} \tag{4.7}$$

现在根据表 4.1 中线性拉格朗日插值多项式的乘积,用局部坐标来构造这种单元的形函数,即

$$N(\xi, \eta) = L^1(\xi) L^1(\eta) \tag{4.8}$$

由图 4.2(a) 可见,在结点 $i, \xi_i = -1, \eta_i = -1$,由表 4.1 可求出 $L_0^1(\xi)$ 和 $L_0^1(\eta)$,于是

$$N_i(\xi, \eta) = \frac{1}{4}(1-\xi)(1-\eta) \tag{4.9a}$$

在结点 j，$\xi_j = +1$，$\eta_j = -1$，则

$$N_j(\xi,\eta) = \frac{1}{4}(1+\xi)(1-\eta) \tag{4.9b}$$

在结点 k，$\xi_k = +1$，$\eta_k = +1$，则

$$N_k(\xi,\eta) = \frac{1}{4}(1+\xi)(1+\eta) \tag{4.9c}$$

在结点 l，$\xi_l = -1$，$\eta_l = +1$，则

$$N_l(\xi,\eta) = \frac{1}{4}(1-\xi)(1+\eta) \tag{4.9d}$$

把上述公式写成统一表达式，则为

$$N_m(\xi,\eta) = \frac{1}{4}(1+\xi_m\xi)(1+\eta_m\eta) \quad (m=i,j,k,l) \tag{4.10}$$

式中，ξ_i 和 η_i 是结点 i 的局部坐标。

图 4.2(c) 表示二次插值的单元。这种单元有 8 个结点，沿每条边有 3 个结点。位移函数在每条边上呈二次曲线变化。根据拉格朗日插值函数可写出其形函数。由图 4.3(a) 并利用表 4.1 的二次插值，写出结点 5 的形函数为

$$N_5(\xi,\eta) = L_1^2(\xi)L_0^1(\eta) = \frac{1}{2}(1-\xi^2)(1-\eta)$$

对于 $\xi_i = 0 (i=5,7)$ 的边中结点，其形函数的表达式为

$$N_i(\xi,\eta) = \frac{1}{2}(1-\xi^2)(1-\eta_i\eta) \tag{4.11}$$

对 $\eta_i = 0 (i=6,8)$ 的边中结点，其形函数的表达式为

$$N_i(\xi,\eta) = \frac{1}{2}(1+\xi_i\xi)(1-\eta^2) \tag{4.12}$$

这种单元 4 个角结点的形函数的构成要复杂一些。由图 4.3(c) 可以看出，如果把角结点（例如结点 1）的形函数 N_c 写成下式

$$N_c(\xi,\eta) = L_0^2(\xi)L_0^1(\eta)$$

时，则 $\xi = -1$ 在边上结点 8 处 N_c 的值不等于 0，而等于 $\frac{1}{2}$。因此，在这点上对 N_c 需要进行修正，使角结点的形函数在所有其他结点上(除角结点 1 外) 都等于 0。为此，取

$$N_1(\xi,\eta) = N_c(\xi,\eta) - \frac{1}{2}N_8(\xi,\eta) =$$

$$L_0^2(\xi)L_0^1(\eta) - \frac{1}{2}L_0^1(\xi)L_1^2(\eta) =$$

$$\frac{1}{4}\xi(\xi-1)(1-\eta) - \frac{1}{4}(1-\xi)(1-\eta^2) =$$

$$\frac{1}{4}(1-\xi)(1-\eta)(-\xi-\eta-1)$$

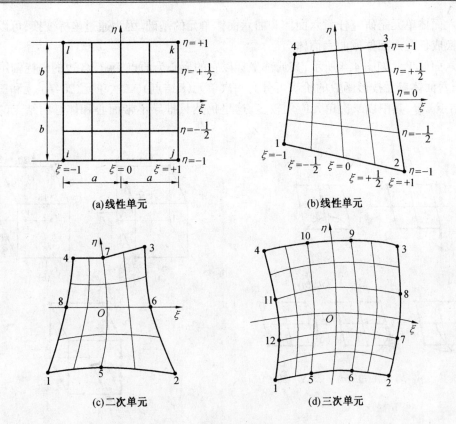

(a)线性单元　　(b)线性单元

(c)二次单元　　(d)三次单元

图4.2　线性单元及高次单元

对所有角结点上的形函数,写成统一表达式为

$$N_i(\xi,\eta) = \frac{1}{4}(1+\xi_i\xi)(1+\eta_i\eta)(\xi_i\xi+\eta_i\eta-1) \quad (i=1,2,3,4) \tag{4.13}$$

式中,ξ_i 和 η_i 是该结点的局部坐标。

这个单元的角结点形函数,也可用另一方法推导。如取

$$N_c(\xi,\eta) = L_0^1(\xi)L_0^1(\eta)$$

表示时,由

$$N_1(\xi,\eta) = N_c(\xi,\eta) - \frac{1}{2}N_5(\xi,\eta) - \frac{1}{2}N_8(\xi,\eta)$$

也可得到上述同样的结果。

立体单元由平面单元引申而来,形函数的求法与平面单元基本相同,只是稍复杂而已。四面体单元的形函数,在引入体积坐标(类似于平面三角形的面积坐标)以后,可以利用拉格朗日插值法直接写出,就像平面问题中的三角形单元那样,无需细述。这里仅对正六面体单元的形函数加以介绍。

正六面体单元是研究任意六面体和曲六面体单元的基础。因为通过坐标变换,可以把正六面体转换成任意六面体或曲六面体。

正六面体单元如图4.4所示,其局部坐标以它的形心为原点,平行各边的坐标轴用ξ,η,ζ表示。正六面体单元按形函数的阶次可分为一次单元(8结点),二次单元(20结点)和三次单元(32个结点)等,其中以二次单元应用较多。这里仍然只推导不带面心和体心内结点的三维单元族。

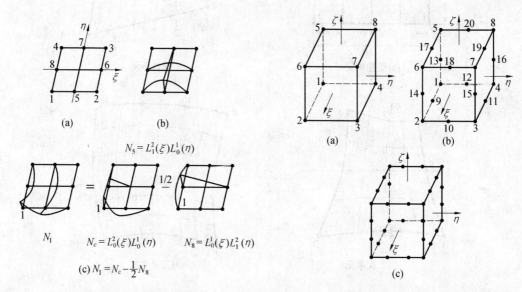

图4.3　二次形函数的构造　　　图4.4　六面体单元结点布置和局部坐标

先考虑8结点的三维单元。因为它有8个参数,其位移分量

$$u(\xi,\eta,\zeta) = \alpha_1 + \alpha_2\xi + \alpha_3\eta + \alpha_4\zeta + \alpha_5\xi\eta + \alpha_6\eta\zeta + \alpha_7\zeta\xi + \alpha_8\xi\eta\zeta \tag{4.14}$$

位移$v(\xi,\eta,\zeta)$和$w(\xi,\eta,\zeta)$也可类似地写出。可以看出,式(4.14)包括了常数项和完全的一次项,因而具备常应变和刚体位移状态,满足收敛条件。这种单元的形函数推导比较简单,像平面线性单元形函数推导一样,可以利用3个坐标线性拉格朗日插值多项式的乘积构成,即

$$N(\xi,\eta,\zeta) = L^1(\xi)L^1(\eta)L^1(\zeta) \tag{4.15}$$

如结点1的形函数,其坐标是$\xi = -1, \eta = -1, \zeta = -1$,利用表4.1,则

$$N_1(\xi,\eta,\zeta) = L_0^1(\xi)L_0^1(\eta)L_0^1(\zeta) = \frac{1}{8}(1-\xi)(1-\eta)(1-\zeta) \tag{4.16}$$

其他结点的形函数推导类似,故写成统一表达式,即

$$N_i(\xi,\eta,\zeta) = \frac{1}{8}(1+\xi_i\xi)(1+\eta_i\eta)(1+\zeta_i\zeta) \quad (i = 1,2,\cdots,8) \tag{4.17}$$

20个结点的边点族单元(即去掉面心和体心结点)常用做三维体单元。现在推导这种单元的形函数。首先,考虑各棱边中间结点的形函数。例如在图4.4(b)中,结点19的坐标为$\xi = 0$,

$\eta = 1, \zeta = 1$,由表 4.1,其形函数为

$$N_{19}(\xi, \eta, \zeta) = L_1^2(\xi) L_1^1(\eta) L_1^1(\zeta) = \frac{1}{4}(1 - \xi^2)(1 + \eta)(1 + \zeta)$$

同理可推得所有 $\xi = 0$ 的 4 个中间结点的形函数为

$$N_i(\xi, \eta, \zeta) = \frac{1}{4}(1 - \xi^2)(1 + \eta_i\eta)(1 + \zeta_i\zeta) \tag{4.18}$$

式中,η_i 和 ζ_i 为 $\xi = 0$ 的所考虑结点 i 的坐标。

同样,对 $\eta = 0$ 或 $\zeta = 0$ 的那些棱边的中间结点,形函数也有类似的表达式。对 $\eta = 0$ 的 4 个中间结点的形函数

$$N_i(\xi, \eta, \zeta) = \frac{1}{4}(1 - \eta^2)(1 + \zeta_i\zeta)(1 + \xi_i\xi) \tag{4.19}$$

式中,ζ_i 和 ξ_i 为 $\eta = 0$ 的所考虑结点 i 的坐标。

对 $\xi = 0$ 的 4 个中间结点的形函数为

$$N_i(\xi, \eta, \zeta) = \frac{1}{4}(1 - \zeta^2)(1 + \xi_i\xi)(1 + \eta_i\eta) \tag{4.20}$$

式中,ξ_i 和 η_i 为 $\zeta = 0$ 的所考虑结点 i 的坐标。

现在再来讨论该单元 8 个角结点的形函数。以结点 7 为例。若把结点 7 的形函数取成式 (4.17),则它在结点 15,18,19 处,其值不等于 0 而都等于 $\frac{1}{2}$。故像二维单元做法一样,要从式 (4.17) 中减去 $\frac{1}{2}(N_{15} + N_{18} + N_{19})$,于是

$$\begin{aligned}
N_7(\xi, \eta, \zeta) &= \frac{1}{8}(1 + \xi)(1 + \eta)(1 + \zeta) - \frac{1}{2}(N_{15} + N_{18} + N_{19}) = \\
&\quad \frac{1}{8}(1 + \xi)(1 + \eta)(1 + \zeta) - \frac{1}{8}(1 + \xi)(1 + \eta)(1 - \zeta^2) - \\
&\quad \frac{1}{8}(1 + \eta)(1 + \zeta)(1 - \xi^2) - \frac{1}{8}(1 + \zeta)(1 + \xi)(1 - \eta^2) = \\
&\quad \frac{1}{8}(1 + \xi)(1 + \eta)(1 + \zeta)(\xi + \eta + \zeta - 2)
\end{aligned}$$

同理可得其他 7 个角结点的形函数表达式。

把角结点形函数写成统一表达式,则为

$$N_i(\xi, \eta, \zeta) = \frac{1}{8}(1 + \xi_i\xi)(1 + \eta_i\eta)(1 + \zeta_i\zeta)(\xi_i\xi + \eta_i\eta + \zeta_i\zeta - 2) \tag{4.21}$$

式中,ξ_i, η_i, ζ_i 为角结点 i 的坐标。

4.3 等参数单元

本节介绍等参数单元(简称等参元)并推导有关计算公式。在第 2 章中,详细地介绍了三角

形常应变单元。这种单元的精度是受到限制的。为了提高精度,可以采用高阶插值函数,或采用矩形高阶插值的单元。在一些具有曲线(或曲面)边界的问题中,如果采用直线(或平面)边界的单元,就会产生用折线代替曲线(或平面代替曲面)所带来的误差,而这种误差又不能单纯地由提高单元的插值函数阶次来补偿。因此,希望构造出一些曲边的高精度单元,以便在给定的精度下,用数目较少的单元,解决工程实际的具体问题。

4.3.1 4结点四边形单元

在讨论曲边四边形单元以前,先来分析4结点斜四边形单元。

在总体坐标下,4结点矩形单元(图4.5)的位移函数可以写成

$$\begin{cases} u = \sum_{i=1}^{4} N_i(x,y) u_i \\ v = \sum_{i=1}^{4} N_i(x,y) v_i \end{cases} \quad (4.22)$$

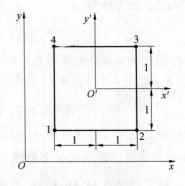

图 4.5 矩形单元

如果把坐标原点移到单元中心,考查一个边长为2的正方形单元时,把形函数写成统一的形式

$$N_i(\xi, \eta, \zeta) = \frac{1}{4}(1 + x_i x)(1 + y_i y) \quad (i = 1,2,3,4) \quad (4.23)$$

这是一个双线性的插值函数,在矩形的每一边($x = \pm 1$,或$y = \pm 1$)上,位移函数u或v分别是x或y的线性函数。它们完全可以由该边上两个结点的函数值唯一确定。因此,这样构造的位移函数在相邻两个矩形单元的公共边上能保证连续性的要求,即满足相容性条件。

这种双线性插值,对任何双线性函数都是精确成立的,把它用来描述几何位置的坐标变量也必然成立,即

$$\begin{cases} x = \sum_{i=1}^{4} N_i(x,y) x_i \\ y = \sum_{i=1}^{4} N_i(x,y) y_i \end{cases} \quad (4.24)$$

并且有

$$\sum_{i=1}^{4} N_i(x,y) = 1$$

式(4.24)称为"常应变准则",是保证有限元解收敛的准则。式(4.24)是用几何位置的结点值

(结点坐标值)来表示位置坐标变量的表达式。表达式中,结点坐标系数 $N_i(x,y)$ 就是描述位移函数的形函数。这种单元的位移函数(即其结点位移的插值公式)和几何位置的坐标变量(即其结点坐标的插值公式)具有完全相同的形式。它们都用同样数目的结点值作为参数,并且具有完全相同的形函数作为这些结点值的系数。当参数取结点的位移值时,就得到位移函数的插值公式;当参数取结点的坐标值时,就得到描述几何位置的坐标函数的表达式。

下面分析 4 结点斜四边形单元(如图 4.6 所示)。在 4 个顶点布置结点,分别为 1,2,3,4。其结点坐标是 (x_i, y_i), $i = 1,2,3,4$。由图 4.6 可以看出,如果形函数仍然取上述矩形单元的双线性函数,则在单元的边界上,一般不能满足相容性条件。因为在不平行于 x 轴(或 y 轴)的任一边(如 $\overline{43}$ 边)上,这条边的直线方程为

$$y = ax + b \,(a \neq 0)$$

把它代入到位移函数表达式(4.22)时,则位移为 x 的二次函数,即

$$u = Ax^2 + Bx + C$$

这表明 u 在这条边上不再是线性变化的了(v 亦如此)。因此,在这条边上的位移也就不能由两个结点值的插值函数唯一确定,从而在相邻两个单元的公共边上将不能保证位移是连续的,即相容性条件得不到满足。因此,4 结点斜四边形单元不能像矩形单元那样,直接采用原直角坐标 (x,y) 表示的双线性函数为形函数。必须把斜四边形单元变换到相应的矩形单元上去。这样,就需要引入一个局部坐标系,这是等参数单元的一个重要特点。

通过总体坐标 (x,y) 与局部坐标 (ξ,η) 之间的变换(或称为几何映射),使在总体坐标下的斜四边形单元变换为在局部坐标下,边长为 2,坐标原点位于单元中心的正方形单元,如图 4.7 所示。在 (x,y) 坐标下的结点 1,2,3,4 分别与 (ξ,η) 坐标下的结点 1,2,3,4 相对应。这一变换可以用如下方法直观地得到,如图 4.8 所示。对在总体坐标下的单元,将各对边的等分点用直线连接,并规定与局部坐标下单元各对边的等分点及连接直线相对应。这样就得到了一一对应关系,即确定了相应的坐标变换。这种坐标变换是否存在,一一对应关系需要满足什么条件,将在后面说明。

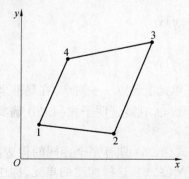

图 4.6　斜四边形单元

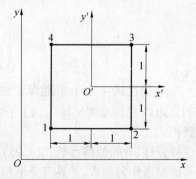

图 4.7　有局部坐标的矩形单元

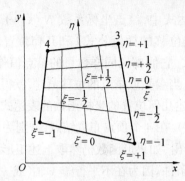 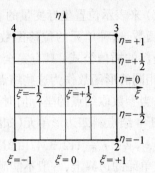

图 4.8 斜四边形单元与矩形单元之间的坐标变换

现在,先认为这种变换存在,再观察坐标变换后的位移函数在局部坐标(ξ,η)下的表达式。

由于在局部坐标(ξ,η)下的单元是一个正方形单元,不难看出其位移函数为

$$\begin{cases} u(\xi,\eta) = \sum_{i=1}^{4} N_i(\xi,\eta) u_i \\ v(\xi,\eta) = \sum_{i=1}^{4} N_i(\xi,\eta) v_i \end{cases} \tag{4.25}$$

而函数$N_i(\xi,\eta)$就是式(4.10)。并且下列等式是成立的,即

$$\xi = \sum_{i=1}^{4} N_i(\xi,\eta)\xi_i, \quad \eta = \sum_{i=1}^{4} N_i(\xi,\eta)\eta_i, \quad \sum_{i=1}^{4} N_i(\xi,\eta) = 1$$

这就证明局部坐标下的位移函数能满足常应变准则。

式(4.25)表示的位移函数为局部坐标(ξ,η)的表达式。在有限元分析时,需要计算位移u,v对于总体坐标(x,y)的偏导数(如$\frac{\partial u}{\partial x},\frac{\partial v}{\partial y}$等)。因此,必须写出总体坐标$(x,y)$对局部坐标$(\xi,\eta)$之间的变换式。如果用斜四边形单元在总体坐标下的4个结点值(x_i,y_i),$i=1,2,3,4$,采用式(4.25)同样的形式进行插值,即

$$\begin{cases} x = \sum_{i=1}^{4} N_i(\xi,\eta) x_i \\ y = \sum_{i=1}^{4} N_i(\xi,\eta) y_i \end{cases} \tag{4.26}$$

而$N_i(\xi,\eta)$仍用式(4.10),就能保证在两种坐标下,单元上各点一一对应。在局部坐标下平行于ξ的直边$\overline{43}$变到总体坐标(x,y)平面上正好是斜线$\overline{43}$。这就证明了式(4.26)确实是坐标变换的解析式。

这样,可以看到位移函数式(4.25)和坐标变换式(4.26)具有完全相同的构造。它们用同样数目的结点作为参数,并具有完全相同的形函数$N_i(\xi,\eta)$。这样构造的单元,称作等参数单元,简称等参元。上面讨论的是4结点斜四边形单元,称作4结点四边形等参元。这种单元能满

足保证有限元解收敛的"常应变准则"。

由式(4.25),位移函数在局部坐标下的相容性,可以推得坐标变换式(4.26)的相容性,即两个相邻的斜四边形单元在公共边上坐标变换是连续的。两单元公共边上的公共点在坐标变换后仍保持为公共点。它们既不重叠也不分离。由此,可以推得位移函数在总体坐标下也满足相容性条件。因此,由式(4.25)表达的位移在局部坐标下的相容性,保证了坐标变换式(4.26)的合理性以及位移函数在总体坐标下的相容性。

根据以上分析,对于这一类单元的讨论,可立足于局部坐标系(ξ,η)中,即将大部分运算放在局部坐标系下进行。这时单元的形状是正方形,位移函数简单,计算较为方便。

应当指出的是在式(4.25)中,形函数$N_i(\xi,\eta)$并不局限于是线性的,也可以是二次的或更高次的。如果$N_i(\xi,\eta)$是二次的或更高次的,则单元在局部坐标(ξ,η)的平面上的矩形直边变换到总体坐标(x,y)平面上则为曲边,正好适应曲边单元的要求。

另外,在某些情况下,描述单元位移的结点数n及其形函数$N_i(\xi,\eta)$的阶次,也可与坐标变换式的结点数n'及其插值函数$N'_i(\xi,\eta)$的阶次取得不等。若位移函数中的形函数$N_i(\xi,\eta)$的阶次低于坐标变换式中的插值函数$N'_i(\xi,\eta)$的阶次(即位移函数中的结点数n小于坐标变换式中的结点数n')时,这种单元称为超参元。反之,称为次参元。

4.3.2 坐标变换矩阵

在第2章平面问题的分析中,需要求出应变、应力以及单元刚度矩阵,而它们都依赖于位移函数u,v对总体坐标x,y的导数,现在位移函数式(4.25)只给出u,v关于局部坐标(ξ,η)的函数,因此,需要用坐标变换式(4.26)进行复合求导。

由复合求导数的法则,对于形函数$N_i(\xi,\eta)$求偏导数时有

$$\begin{cases} \dfrac{\partial N_i}{\partial \xi} = \dfrac{\partial N_i}{\partial x}\dfrac{\partial x}{\partial \xi} + \dfrac{\partial N_i}{\partial y}\dfrac{\partial y}{\partial \xi} \\ \dfrac{\partial N_i}{\partial \eta} = \dfrac{\partial N_i}{\partial x}\dfrac{\partial x}{\partial \eta} + \dfrac{\partial N_i}{\partial y}\dfrac{\partial y}{\partial \eta} \end{cases} \quad (4.27)$$

写成矩阵形式,则有

$$\begin{Bmatrix} \dfrac{\partial N_i}{\partial \xi} \\ \dfrac{\partial N_i}{\partial \eta} \end{Bmatrix} = \begin{bmatrix} \dfrac{\partial x}{\partial \xi} & \dfrac{\partial y}{\partial \xi} \\ \dfrac{\partial x}{\partial \eta} & \dfrac{\partial y}{\partial \eta} \end{bmatrix} \begin{Bmatrix} \dfrac{\partial N_i}{\partial x} \\ \dfrac{\partial N_i}{\partial y} \end{Bmatrix}$$

令

$$[J] = \begin{bmatrix} \dfrac{\partial x}{\partial \xi} & \dfrac{\partial y}{\partial \xi} \\ \dfrac{\partial x}{\partial \eta} & \dfrac{\partial y}{\partial \eta} \end{bmatrix}$$

则可以写成

$$\begin{Bmatrix} \dfrac{\partial N_i}{\partial \xi} \\ \dfrac{\partial N_i}{\partial \eta} \end{Bmatrix} = [J] \begin{Bmatrix} \dfrac{\partial N_i}{\partial x} \\ \dfrac{\partial N_i}{\partial y} \end{Bmatrix} \tag{4.28}$$

式中,$[J]$ 为坐标变换矩阵或雅可比(Jacobi)矩阵。由上式求逆,可得

$$\begin{Bmatrix} \dfrac{\partial N_i}{\partial x} \\ \dfrac{\partial N_i}{\partial y} \end{Bmatrix} = [J]^{-1} \begin{Bmatrix} \dfrac{\partial N_i}{\partial \xi} \\ \dfrac{\partial N_i}{\partial \eta} \end{Bmatrix} \tag{4.29}$$

式中,$[J]^{-1}$ 是坐标变换矩阵的逆矩阵。由于矩阵 $[J]$ 是 2×2 阶的,它的逆矩阵为

$$[J]^{-1} = \frac{1}{|J|}\begin{bmatrix} \dfrac{\partial y}{\partial \eta} & -\dfrac{\partial y}{\partial \xi} \\ -\dfrac{\partial x}{\partial \eta} & \dfrac{\partial x}{\partial \xi} \end{bmatrix} \tag{4.30}$$

式中

$$|J| = \frac{\partial x}{\partial \xi}\frac{\partial y}{\partial \eta} - \frac{\partial y}{\partial \xi}\frac{\partial x}{\partial \eta} \tag{4.31}$$

称作变换行列式或雅可比行列式。

将式(4.30)代入式(4.29),得

$$\begin{cases} \dfrac{\partial N_i}{\partial x} = \dfrac{1}{|J|}\left(\dfrac{\partial y}{\partial \eta}\dfrac{\partial N_i}{\partial \xi} - \dfrac{\partial y}{\partial \xi}\dfrac{\partial N_i}{\partial \eta}\right) \\ \dfrac{\partial N_i}{\partial y} = \dfrac{1}{|J|}\left(-\dfrac{\partial x}{\partial \eta}\dfrac{\partial N_i}{\partial \xi} + \dfrac{\partial x}{\partial \xi}\dfrac{\partial N_i}{\partial \eta}\right) \end{cases} \tag{4.32}$$

利用上式,可以把任意一个形函数从 $N_i(\xi,\eta)$ 对 x,y 求导的问题化为对 ξ,η 求导的问题。

为了计算单元刚度矩阵及等效结点载荷,还要把总体坐标下的微元面积 $\mathrm{d}A$ 转换到局部坐标上去。

如图 4.9 所示,设 ξ 和 η 是平面中的曲线坐标,$\mathrm{d}\xi$ 是与曲线 $\eta = k_1$ 相切的矢量;$\mathrm{d}\eta$ 是与曲线 $\xi = \overline{k}_1$ 相切的矢量。其中 k_1 和 $\overline{k}_1$ 均为常量。于是

$$\begin{cases} \mathrm{d}\boldsymbol{\xi} = \boldsymbol{i}\dfrac{\partial x}{\partial \xi}\mathrm{d}\xi + \boldsymbol{j}\dfrac{\partial y}{\partial \xi}\mathrm{d}\xi \\ \mathrm{d}\boldsymbol{\eta} = \boldsymbol{i}\dfrac{\partial x}{\partial \eta}\mathrm{d}\eta + \boldsymbol{j}\dfrac{\partial y}{\partial \eta}\mathrm{d}\eta \end{cases}$$

令

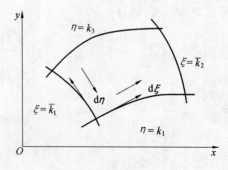

图 4.9 平面曲线坐标

第4章 参数单元

$$C = \mathrm{d}\boldsymbol{\xi} \times \mathrm{d}\boldsymbol{\eta}$$

则

$$C = \mathrm{d}\boldsymbol{\xi} \times \mathrm{d}\boldsymbol{\eta} = \begin{vmatrix} \boldsymbol{i} & \boldsymbol{j} & \boldsymbol{k} \\ \frac{\partial x}{\partial \xi}\mathrm{d}\xi & \frac{\partial y}{\partial \xi}\mathrm{d}\xi & 0 \\ \frac{\partial x}{\partial \eta}\mathrm{d}\eta & \frac{\partial y}{\partial \eta}\mathrm{d}\eta & 0 \end{vmatrix} = \boldsymbol{k} \begin{vmatrix} \frac{\partial x}{\partial \xi} & \frac{\partial y}{\partial \xi} \\ \frac{\partial x}{\partial \eta} & \frac{\partial y}{\partial \eta} \end{vmatrix} \mathrm{d}\xi \mathrm{d}\eta$$

由矢量运算可知,以 $\mathrm{d}\xi$ 和 $\mathrm{d}\eta$ 为边的平行四边形的微面积等于向量 C 的模。所以

$$\mathrm{d}A = |C| = \begin{vmatrix} \frac{\partial x}{\partial \xi} & \frac{\partial y}{\partial \xi} \\ \frac{\partial x}{\partial \eta} & \frac{\partial y}{\partial \eta} \end{vmatrix} \mathrm{d}\xi \mathrm{d}\eta = |J| \mathrm{d}\xi \mathrm{d}\eta \tag{4.33}$$

从式(4.25)起直到式(4.33)为止,并未涉及形函数 $N_i(\xi, \eta)$ 的具体表达式。所以上述公式是具有普遍意义的。

下面结合 4 结点四边形等参元分析一下能够进行等参变换的条件是什么?也就是说等参变换受什么限制。

把式(4.26)和式(4.10)代入雅可比矩阵 $[J]$ 中,得

$$[J] = \begin{bmatrix} \frac{\partial x}{\partial \xi} & \frac{\partial y}{\partial \xi} \\ \frac{\partial x}{\partial \eta} & \frac{\partial y}{\partial \eta} \end{bmatrix} = \begin{bmatrix} \sum_{i=1}^{4} \frac{\partial N_i(\xi,\eta)}{\partial \xi} x_i & \sum_{i=1}^{4} \frac{\partial N_i(\xi,\eta)}{\partial \xi} y_i \\ \sum_{i=1}^{4} \frac{\partial N_i(\xi,\eta)}{\partial \eta} x_i & \sum_{i=1}^{4} \frac{\partial N_i(\xi,\eta)}{\partial \eta} y_i \end{bmatrix} =$$

$$\begin{bmatrix} \sum_{i=1}^{4} \frac{\xi_i}{4}(1+\eta_i\eta) x_i & \sum_{i=1}^{4} \frac{\xi_i}{4}(1+\eta_i\eta) y_i \\ \sum_{i=1}^{4} \frac{\eta_i}{4}(1+\xi_i\xi) x_i & \sum_{i=1}^{4} \frac{\eta_i}{4}(1+\xi_i\xi) y_i \end{bmatrix} \tag{4.34}$$

上式写成矩阵乘积形式为

$$[J] = \frac{1}{4} \begin{bmatrix} \xi_1(1+\eta_1\eta) & \xi_2(1+\eta_2\eta) & \xi_3(1+\eta_3\eta) & \xi_4(1+\eta_4\eta) \\ \eta_1(1+\xi_1\xi) & \eta_2(1+\xi_2\xi) & \eta_3(1+\xi_3\xi) & \eta_4(1+\xi_4\xi) \end{bmatrix} \begin{bmatrix} x_1 & y_1 \\ x_2 & y_2 \\ x_3 & y_3 \\ x_4 & y_4 \end{bmatrix}$$

由此可以看出,只要总体坐标 $(x_i, y_i)(i = 1,2,3,4)$ 给出,则 $[J]$ 就可以完全决定,而且它只是 ξ, η 的线性函数。为了简化起见,令

$$A = \sum_{i=1}^{4} \xi_i \eta_i x_i, \quad B = \sum_{i=1}^{4} \xi_i \eta_i y_i$$

$$a_1 = \sum_{i=1}^{4} \xi_i x_i, \quad a_2 = \sum_{i=1}^{4} \xi_i y_i, \quad a_3 = \sum_{i=1}^{4} \eta_i x_i, \quad a_4 = \sum_{i=1}^{4} \eta_i y_i$$

把它们代入式(4.34),则可写成

$$[J] = \frac{1}{4} \begin{bmatrix} a_1 + A\eta & a_2 + B\eta \\ a_3 + A\xi & a_4 + B\xi \end{bmatrix}$$

由此可得变换行列式

$$|J| = \frac{1}{16}[(a_1 + A\eta)(a_4 + B\xi) - (a_2 + B\eta)(a_3 + A\xi)] =$$
$$\frac{1}{16}[(a_1 a_4 - a_2 a_3) + (Ba_1 - Aa_2)\xi + (Aa_4 - Ba_3)\eta] \tag{4.35}$$

它是 ξ,η 的线性函数,因 ξ,η 前面的系数均为已知值。于是坐标变换矩阵的逆矩阵为

$$[J]^{-1} = \frac{1}{4|J|} \begin{bmatrix} a_4 + B\xi & -(a_2 + B\eta) \\ -(a_3 + A\xi) & a_1 + A\eta \end{bmatrix}$$

由上面讨论可见,为了求得雅可比变换矩阵的逆阵 $[J]^{-1}$ 以及单元刚度矩阵积分式中的微元面积 dA,要求变换行列式在整个单元上均不等于零,即

$$|J| \neq 0 \tag{4.36}$$

这就是确保等参变换(总体坐标与局部坐标一一对应)的必要条件。

为了确保能进行等参变换,在总体坐标下所划分的斜四边形单元必须是凸四边形,而不能有一内角大于或等于 π 的四边形,即四边形不能太歪斜,不能有如图 4.10 所示的单元图形。否则,不能保证总体坐标与局部坐标的一一对应关系。这个条件也可以这样来表达,即四边形任意两条边延伸时不能在单元上出现交点,如图 4.10 所示。上述限制虽然是由 4 结点斜四边形单元分析得到的,但其结论可推广到一般等参元。

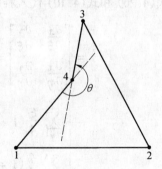

图 4.10 不恰当的单元划分

4.3.3 8 结点四边形单元

如前所述,为了减少边界几何逼近误差以及提高单元内部插值的精度,通常采用 8 结点曲边四边形等参数单元。这种单元几何映射到局部坐标 (ξ,η) 的平面上为 8 结点正方形单元,如图 4.11 所示。其位移函数可以用不完全的三次多项式来描述,也可以用结点的位移和形函数来表示,即

$$\begin{cases} u(\xi,\eta) = \sum_{i=1}^{8} N_i(\xi,\eta) u_i \\ v(\xi,\eta) = \sum_{i=1}^{8} N_i(\xi,\eta) v_i \end{cases} \quad (4.37)$$

形函数 $N_i(\xi,\eta)$ 分别由式(4.11)~式(4.13)来表示。

与4结点四边形等参元一样,根据等参数的思想,当给出 8 个结点的相应的总体坐标值 (x_i,y_i) 时,可以写出局部坐标 (ξ,η) 与总体坐标 (x,y) 的坐标变换式,即

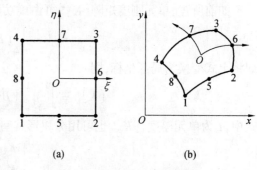

图 4.11 8 结点曲四边形单元

$$\begin{cases} x = \sum_{i=1}^{8} N_i(\xi,\eta) x_i \\ y = \sum_{i=1}^{8} N_i(\xi,\eta) y_i \end{cases} \quad (4.38)$$

这里 $N_i(\xi,\eta)$ 仍由式(4.11)~式(4.13)给出。

由位移函数的相容性就保证了这种坐标变换的相容性。

1. 单元刚度矩阵

首先将位移分量表达式(4.37)代入几何方程,便得到应变分量的计算公式如下:

$$\{\varepsilon\} = \begin{Bmatrix} \dfrac{\partial u}{\partial x} \\ \dfrac{\partial v}{\partial y} \\ \dfrac{\partial u}{\partial y} + \dfrac{\partial v}{\partial x} \end{Bmatrix} = [B]\{\delta\}^e = [B_1 \ B_2 \ \cdots \ B_8]\{\delta\}^e \quad (4.39)$$

式中

$$\{\delta\}^e = [\delta_1 \ \delta_2 \ \cdots \ \delta_8]^T, \quad \{\delta_i\} = [u_i \ v_i]^T \ (i = 1,2,\cdots,8)$$

$$[B_i] = \begin{bmatrix} \dfrac{\partial N_i}{\partial x} & 0 \\ 0 & \dfrac{\partial N_i}{\partial y} \\ \dfrac{\partial N_i}{\partial y} & \dfrac{\partial N_i}{\partial x} \end{bmatrix} \quad (i = 1,2,\cdots,8) \quad (4.40)$$

式中, $\dfrac{\partial N_i}{\partial x}, \dfrac{\partial N_i}{\partial y}$ 由式(4.32)计算。其中 $|J|$ 由式(4.31)确定。

如前所述，单元刚度矩阵$[K]^e$可由虚功原理推得，即

$$[K]^e = \int_\Delta [B]^T[D][B] t \mathrm{d}x\mathrm{d}y$$

如将上式变换为局部坐标，则

$$[K]^e = \int_{-1}^{1}\int_{-1}^{1} [B]^T[D][B] t |J| \mathrm{d}\xi\mathrm{d}\eta$$

式中，t为单元厚度，$[K]^e$也可用分块形式写出

$$[K]^e = \begin{bmatrix} K_{11} & K_{12} & \cdots & K_{18} \\ K_{21} & K_{22} & \cdots & K_{28} \\ \vdots & \vdots & & \vdots \\ K_{81} & K_{82} & \cdots & K_{88} \end{bmatrix}$$

式中，子矩阵$[K_{ij}]$的阶数为2×2，其计算式为

$$[K_{ij}] = \int_{-1}^{1}\int_{-1}^{1} [B_i]^T[D][B_j] t |J| \mathrm{d}\xi\mathrm{d}\eta \quad (i,j = 1,2,\cdots,8) \tag{4.41}$$

式(4.41)积分比较复杂，很难用解析法计算，一般采用数值积分来计算。

2. 等效结点载荷

8结点等参元的等效结点载荷计算和三角形单元不同，它不能直观地或按静力学方法直接分配给结点，而必须按有关的等效结点载荷公式计算。

先讨论集中力的等效结点载荷。设单元内任意一点c受集中载荷$\boldsymbol{F} = [F_x \quad F_y]^T$作用，将它移置到单元各结点上时，按下式计算

$$\{F_i\}^e = \begin{Bmatrix} F_{ix} \\ F_{iy} \end{Bmatrix} = (N_i)_c \boldsymbol{F} \quad (i = 1,2,\cdots,8) \tag{4.42}$$

式中，$(N_i)_c$是形函数N_i在载荷作用点c上的值。

必须指出，只有外载$\{F\}$作用边上的3个结点才有等效结点载荷，其他结点处的形函数值为零，故相应的等效结点载荷亦为零。

一般说来，集中力应放在结点上而不放在单元边界任意点上。这样就不必进行载荷移置，直接把集中力加到该结点上即可。

现在讨论离心力所形成的等效结点载荷。假定旋转中心与x,y轴的原点重合，如图4.12所示。

作用在单位体积上的离心力

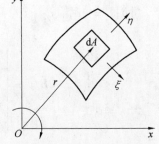

图 4.12　离心力示意图

$$W = \begin{Bmatrix} W_x \\ W_y \end{Bmatrix} = \frac{\gamma}{g}\omega^2 \begin{Bmatrix} x \\ y \end{Bmatrix}$$

式中,γ 为材料比重;ω 为旋转角速度;g 为重力加速度;x,y 相应于单元面积的形心坐标。根据体积力等效结点载荷公式,则有

$$\{F_W\}^e = t\iint_\Delta \frac{\gamma}{g}\omega^2 [N]^\mathrm{T} \begin{Bmatrix} x \\ y \end{Bmatrix} \mathrm{d}x\mathrm{d}y = t\int_{-1}^1 \int_{-1}^1 \frac{\gamma}{g}\omega^2 [N]^\mathrm{T} \begin{Bmatrix} \sum_{i=1}^8 N_i x_i \\ \sum_{i=1}^8 N_i y_i \end{Bmatrix} |J| \mathrm{d}\xi\mathrm{d}\eta$$

式中

$$[N] = \begin{bmatrix} N_1 & 0 & N_2 & 0 & \cdots & N_8 & 0 \\ 0 & N_1 & 0 & N_2 & \cdots & 0 & N_8 \end{bmatrix}$$

或

$$\{F_j\} = t\int_{-1}^1 \int_{-1}^1 \frac{\gamma}{g}\omega^2 N_j \begin{Bmatrix} \sum_{i=1}^8 N_i x_i \\ \sum_{i=1}^8 N_i y_i \end{Bmatrix} |J| \mathrm{d}\xi\mathrm{d}\eta \quad (j = 1,2,\cdots,8) \tag{4.43}$$

上式也要用数值积分求解。

至于一般体积力如重力等,其求法与离心力的等效结点载荷公式相同。

下面介绍分布力的等效结点载荷。在单元某一边界上(如 $\eta = \pm 1$ 边上)的单位厚度($t=1$)上受到法向和切向的分布载荷分别为 q_n 和 q_t,如图 4.13 所示,这些力可以是均匀分布,也可以按抛物线分布。为方便起见,取单元受载边 3 个结点编号按逆时针次序排列,如图 4.13 中结点 3,7,4,且当作用力方向指向单元时,与表面垂直的压力定为正,切向以沿单元边界逆时针作用的力为正,反之为负。

作用在受载边微段 ds 上的力 $\mathrm{d}F$ 在 x 和 y 方向上的分量为(令 $q_n = p_n, q_t = p_t$)

$$\mathrm{d}F_x = (p_n \sin \alpha \mathrm{d}s - p_t \cos \alpha \mathrm{d}s), \quad \mathrm{d}F_y = (-p_n \cos \alpha \mathrm{d}s - p_t \sin \alpha \mathrm{d}s)$$

由图 4.13 可知

$$\sin \alpha = \frac{\mathrm{d}y}{\mathrm{d}s}, \quad \cos \alpha = \frac{\mathrm{d}x}{\mathrm{d}s}$$

于是得

$$\mathrm{d}F_x = (p_n \mathrm{d}y - p_t \mathrm{d}x), \quad \mathrm{d}F_y = (-p_n \mathrm{d}x - p_t \mathrm{d}y)$$

转化为局部坐标时,则在 $\eta = \pm 1$ 的边上,有

$$\mathrm{d}x = \frac{\partial x}{\partial \xi}\mathrm{d}\xi, \quad \mathrm{d}y = \frac{\partial y}{\partial \xi}\mathrm{d}\xi$$

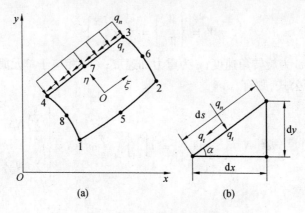

图 4.13 表面载荷示意图

于是

$$dF_x = \left(p_n \frac{\partial y}{\partial \xi} - p_t \frac{\partial x}{\partial \xi}\right)d\xi, \quad dF_y = \left(-p_n \frac{\partial x}{\partial \xi} - p_t \frac{\partial y}{\partial \xi}\right)d\xi$$

因而,对结点 i,当单元厚度为 t 时,单元的等效结点载荷为

$$\{F_{ip}\}^e = t\int_{-1}^{1} N_i \begin{Bmatrix} p_n \dfrac{\partial y}{\partial \xi} - p_t \dfrac{\partial x}{\partial \xi} \\ -p_n \dfrac{\partial x}{\partial \xi} - p_t \dfrac{\partial y}{\partial \xi} \end{Bmatrix} d\xi \tag{4.44}$$

在本例中,$i = 3,7,4$。式(4.44)中积分是在沿单元承受载荷的边界上进行的。同样,在具体计算时,要采用数值积分。如果载荷作用在其他边界上,求法类似。在实际问题中,经常遇到的是均布载荷,且切向分量 $p_t = 0$,于是式(4.44)便大为简化。根据均布载荷作用在单元不同的边界上,分别按下列四种情况计算。

当载荷作用在 $\eta = +1$ 的边界上,则

$$\{F_{ip}\}^e = pt\int_{-1}^{1} N_i \begin{Bmatrix} \dfrac{\partial y}{\partial \xi} \\ -\dfrac{\partial x}{\partial \xi} \end{Bmatrix} d\xi \quad (i = 3,7,4) \tag{4.45}$$

当载荷作用在 $\eta = -1$ 的边界上,则

$$\{F_{ip}\}^e = pt\int_{-1}^{1} N_i \begin{Bmatrix} -\dfrac{\partial y}{\partial \xi} \\ \dfrac{\partial x}{\partial \xi} \end{Bmatrix} d\xi \quad (i = 1,5,2) \tag{4.46}$$

当载荷作用在 $\xi = +1$ 的边界上,则

$$\{F_{ip}\}^e = pt\int_{-1}^{1} N_i \left\{ \begin{array}{c} -\dfrac{\partial y}{\partial \eta} \\ \dfrac{\partial x}{\partial \eta} \end{array} \right\} \mathrm{d}\eta \quad (i = 2,6,3) \tag{4.47}$$

当载荷作用在 $\xi = -1$ 的边界上,则

$$\{F_{ip}\}^e = pt\int_{-1}^{1} N_i \left\{ \begin{array}{c} \dfrac{\partial y}{\partial \eta} \\ -\dfrac{\partial x}{\partial \eta} \end{array} \right\} \mathrm{d}\eta \quad (i = 4,8,1) \tag{4.48}$$

式(4.45)~(4.48)中,p 为每单位面积上作用的均布载荷;而 x,y 要用坐标变换式 $\sum\limits_{i=1}^{8} N_i x_i$ 和 $\sum\limits_{i=1}^{8} N_i y_i$ 代入。

现在再来推导单元内有温度改变时的等效结点载荷。根据虚功等效原则,单元的温度改变等效结点载荷公式为

$$\{F_{\varepsilon_0}\}^e = \iint_\Delta [B]^\mathrm{T}[D]\{\varepsilon_0\} t \mathrm{d}x\mathrm{d}y$$

式中

$$\{\varepsilon_0\} = \alpha T [1 \quad 1 \quad 0]^\mathrm{T}, \quad T = \sum_{i=1}^{8} N_i T_i$$

由于

$$[B] = [B_1 \quad B_2 \quad \cdots \quad B_8]$$

所以,对于单元中结点 i 上的等效结点载荷为

$$\{F_{i\varepsilon_0}\}^e = \iint_\Delta [B_i]^\mathrm{T}[D]\alpha T[1 \quad 1 \quad 0]^\mathrm{T} t \mathrm{d}x\mathrm{d}y =$$

$$\frac{E\alpha t}{1-\mu}\int_{-1}^{1}\int_{-1}^{1} \left\{ \begin{array}{c} \dfrac{\partial N_i}{\partial x} \\ \dfrac{\partial N_i}{\partial y} \end{array} \right\} T \mid J \mid \mathrm{d}\xi\mathrm{d}\eta \quad (i = 1,2,\cdots,8) \tag{4.49}$$

式中,$\dfrac{\partial N_i}{\partial x}, \dfrac{\partial N_i}{\partial y}$ 由式(4.32)求得;而结点温度改变 T_i 由温度场计算求得。式(4.49)可由数值积分求出。

均布表面力和体积力在单元结点的分配情况用图 4.14 表示。图 4.14 中第一列图表示矩形单元由于均布体积力而产生的等效结点载荷,图 4.14 中第二列和第三列图分别表示作用于平面单元和空间单元顶部均布表面力产生的等效结点载荷。

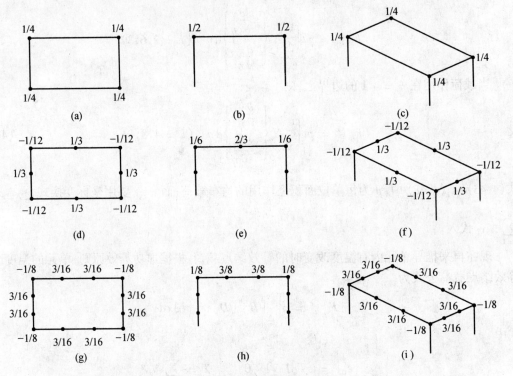

图 4.14 等效结点载荷的分配

3.8 结点等参元的应力计算

求出结点位移后,便可由应力表达式求出应力,其表达式为

$$\begin{Bmatrix}\sigma_x\\\sigma_y\\\tau_{xy}\end{Bmatrix}=\begin{bmatrix}D_1 & D_2 & 0\\D_2 & D_1 & 0\\0 & 0 & D_3\end{bmatrix}\begin{bmatrix}\dfrac{\partial N_1}{\partial x} & 0 & \dfrac{\partial N_2}{\partial x} & 0 & \cdots & \dfrac{\partial N_8}{\partial x} & 0\\0 & \dfrac{\partial N_1}{\partial y} & 0 & \dfrac{\partial N_2}{\partial y} & \cdots & 0 & \dfrac{\partial N_8}{\partial y}\\\dfrac{\partial N_1}{\partial y} & \dfrac{\partial N_1}{\partial x} & \dfrac{\partial N_2}{\partial y} & \dfrac{\partial N_2}{\partial x} & \cdots & \dfrac{\partial N_8}{\partial y} & \dfrac{\partial N_8}{\partial x}\end{bmatrix}\begin{Bmatrix}u_1\\u_1\\u_2\\\vdots\\u_8\end{Bmatrix} \quad (4.50)$$

式中

$$D_1=\frac{E}{1-\mu^2},\quad D_2=\frac{E\mu}{1-\mu^2},\quad D_3=\frac{E}{2(1+\mu)}$$

式(4.50)展开后,应力分量表达式为

$$\begin{cases} \sigma_x = D_1 \sum_{i=1}^{8} \frac{\partial N_i}{\partial x} u_i + D_2 \sum_{i=1}^{8} \frac{\partial N_i}{\partial y} v_i \\ \sigma_y = D_2 \sum_{i=1}^{8} \frac{\partial N_i}{\partial x} u_i + D_1 \sum_{i=1}^{8} \frac{\partial N_i}{\partial y} v_i \\ \tau_{xy} = D_3 \sum_{i=1}^{8} \left(\frac{\partial N_i}{\partial y} u_i + \frac{\partial N_i}{\partial x} v_i \right) \end{cases} \quad (4.51)$$

如果要计算热应力,则用下列公式

$$\{\sigma\} = [D][B]\{\delta\}^e - [D]\{\varepsilon_0\} \quad (4.52)$$

式中

$$[D]\{\varepsilon_0\} = \frac{E\alpha T}{1-\mu}[1 \quad 1 \quad 0]^T, \quad T = \sum_{i=1}^{8} N_i T_i$$

其中,T_i 为结点温度值,由温度场计算决定。

在不少程序中,应力是由结点处确定的。因为结点位置易于安排,且在结点处输出位移及应力颇为方便。但是,计算表明二次等参元结点处应力的计算值不够准确,即使对围绕结点的各单元的应力值进行平均,也只能得到较近似的解答。所以,计算应力时,最好是求出单元高斯积分点(即计算单元刚度矩阵等采用数值积分时所取的积分点)处的应力,因为单元高斯积分点处的应力值比较准确。

4.3.4 4-8可变结点参数单元

在结构分析问题中,有时需要结点数介于4和8之间的单元,以便适应复杂的问题。以等参元为基础的4-8可变结点单元的推导过程与上面8结点等参元的推导类似。下面仅介绍4-8可变结点单元的位移形函数的构造过程。

4-8可变结点单元以4结点等参元为基础。当需要增加边中结点时,边中结点的形函数可由式(4.11)和式(4.12)得到。而角结点的形函数需要在式(4.10)的基础上进行修正。例如增加边中结点5,角结点1和2的形函数为

$$N_1 = \frac{1}{4}(1-\xi)(1-\eta) - \frac{1}{2}N_5, \quad N_2 = \frac{1}{4}(1+\xi)(1-\eta) - \frac{1}{2}N_5$$

如继续增加边中结点8,则角结点1和4的形函数为

$$N_1 = \frac{1}{4}(1-\xi)(1-\eta) - \frac{1}{2}N_5 - \frac{1}{2}N_8, \quad N_4 = \frac{1}{4}(1-\xi)(1+\eta) - \frac{1}{2}N_8$$

按这种角结点形函数构造规则,就可得到4-8可变结点单元。角结点的形函数为

$$\begin{cases} N_1 = \dfrac{1}{4}(1-\xi)(1-\eta) - \dfrac{1}{2}N_5 - \dfrac{1}{2}N_8 \\ N_2 = \dfrac{1}{4}(1+\xi)(1-\eta) - \dfrac{1}{2}N_5 - \dfrac{1}{2}N_6 \\ N_3 = \dfrac{1}{4}(1+\xi)(1+\eta) - \dfrac{1}{2}N_6 - \dfrac{1}{2}N_7 \\ N_4 = \dfrac{1}{4}(1-\xi)(1+\eta) - \dfrac{1}{2}N_7 - \dfrac{1}{2}N_8 \end{cases} \tag{4.53}$$

式中右端各边中结点形函数项只有相应结点存在时才包括。

4.3.5 数值积分

有限元法中,在计算单元刚度矩阵和等效结点载荷时,经常会遇到复杂函数的积分问题。这种复杂函数很难直接积分,通常用数值积分非常有效。数值积分的精确度与采用的数值积分公式及所取的积分点数有关,对同一种数值积分,积分点数越多,则所产生的误差越小,但所需的计算工作量也就越大。故在计算时需要权衡,以求得计算时间和精度的统一。高斯积分是有限元法中应用最多的一种数值积分。

对一维积分,高斯积分公式为

$$\int_{-1}^{1} f(\xi)\mathrm{d}\xi = \sum_{k=1}^{n} f(\xi_k) H_k \tag{4.54}$$

式中,ξ_k 是积分点;H_k 是加权系数;n 是积分点的数目。

高斯积分对任何次数不超过 $2n-1$ 次的多项式函数 $f(\xi)$ 均能精确成立。与其他数值积分比较,高斯积分可以用同样数目的积分点获得较高的精度。例如,若用 6 个积分点由一般插值的数值积分求积,其代数精确度为 $n-1=5$,即不超过 5 次式的函数是准确的。若用高斯积分,同样逼近 5 次多项式的函数,则由于代数精确度为 $2n-1=5$,故只取 3 个积分点就够了。

高斯积分公式中的积分点 ξ_k 和加权系数 H_k,是根据勒让德多项式的 n 个不同的实根求得的。通常在应用时,根据积分点的数目 n 查表 4.2 即可。

表 4.2 高斯积分点和加权系数

n	ξ_k	H_k
2	0.577 350 269 2	1.000 000 000 0
3	0.774 596 669 2	0.555 555 555 6
	0.000 000 000 0	0.888 888 888 9
4	0.861 136 311 6	0.347 854 845 1
	0.339 981 043 6	0.652 145 154 9
5	0.906 179 845 9	0.236 926 885 1
	0.538 469 310 1	0.478 628 670 5
	0.000 000 000 0	0.568 888 888 9

在有限元法的计算中,如何确定积分点数目 n(即在单元内取几个积分点),与要求的精度、被积函数多项式次数以及计算工作量有关。

利用一维高斯积分公式,不难推导出二维和三维高斯积分公式。

$$\int_{-1}^{1}\int_{-1}^{1} f(\xi,\eta)\mathrm{d}\xi\mathrm{d}\eta = \sum_{k=1}^{n}\sum_{j=1}^{n} f(\xi_k,\eta_j)H_jH_k \tag{4.55}$$

式(4.55)是二维高斯积分公式。其中 ξ_k 或 η_j 均为表4.2中所列的高斯积分点,而 H_k 或 H_j 为相应的加权系数。此时在二维问题中,单元内的积分点总数为 n^2 个。依此类推,可以得到三维高斯积分公式

$$\int_{-1}^{1}\int_{-1}^{1}\int_{-1}^{1} f(\xi,\eta,\zeta)\mathrm{d}\xi\mathrm{d}\eta\mathrm{d}\zeta = \sum_{m=1}^{n}\sum_{k=1}^{n}\sum_{j=1}^{n} f(\xi_k,\eta_j,\zeta_m)H_jH_kH_m \tag{4.56}$$

式中符号意义同前。此时三维空间单元内积分点总数为 n^3 个。

在单元某一方向(即一维高斯积分)积分点的数目 n 如何确定呢?据分析,等效结点载荷和单元刚度矩阵的计算是不同的,前者被积函数的次数高于后者,因而前者计算中选取积分点数要高于后者。在实际计算中,为了保证计算的精度而又不过分增加计算的工作量,通常高斯积分中积分点的数目 n 可根据等参元中的结点个数,按表4.3选取。若有需要,在不同坐标方向上也可选用不同的积分点数目。

表 4.3　高斯积分点数目的选取

维　数	结点数	积分点数
二　维	4	2
	8	3
三　维	8	2
	20	3

需要指出的是,在有限元位移法求解中,求出的刚度矩阵值往往偏高,即所谓"过刚",因此求出的位移值偏小。如果采用较少的积分点数,其数值积分求出的刚度矩阵值会低一些,因而上述两方面因素引起的误差会相互抵消。还必须指出,如果把一维积分的积分点数目从3变为4,则在三维问题中,刚度矩阵的积分点总数将从27增加到64。这样计算机容量不仅要增大,计算时间也将大大增加。在用三维等参元计算实际工程问题时,刚度矩阵占用计算机内存和计算时间均较多。因此,在不降低计算精度的条件下,减少积分点的数目是很重要的。

4.4　三维 8 - 21 可变结点参数单元

在复杂结构(如航空发动机涡轮叶片)的应力分析中,采用三维的曲边单元比较适合。对于三维弹性体的应力分析,其原理与平面问题相似,但计算工作更复杂,要求计算机的内存容量更大。为提高精度且能节省机器内存,适应复杂结构分析,用 8 - 21 可变结点的三维参数单元是恰当的。

可变结点单元的位移形函数构造按 4.3.4 节的规则进行,角结点的形函数将随着相邻棱边上的边中结点是否存在而进行适当的修正。

类似于平面 4 - 8 可变结点参数单元,三维 8 - 20 可变结点参数单元是以三维 8 结点等参元为基础的。图 4.4(a) 和图 4.4(b) 分别表示三维 8 结点和 20 结点等参元的母单元。图 4.15 表示 8 - 21 结点可变参数单元。

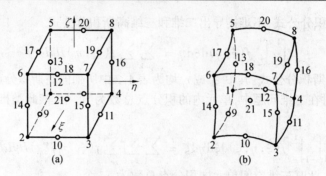

图 4.15 8-21 结点可变参数单元

4.4.1 位移形函数

为了方便起见,将三维 8 结点单元角结点和 20 结点单元边中结点的形函数记做

$$g_i(\xi,\eta,\zeta)$$

按 8 结点单元的位移形函数式(4.17)和 20 结点单元的边中结点的位移形函数式(4.18)~(4.20),可以写出 8-20 可变结点参数单元的位移形函数为

$$\begin{cases} N_1(\xi,\eta,\zeta) = g_1 - \frac{1}{2}(g_9 + g_{12} + g_{13}) \\ N_2(\xi,\eta,\zeta) = g_2 - \frac{1}{2}(g_9 + g_{10} + g_{14}) \\ N_3(\xi,\eta,\zeta) = g_3 - \frac{1}{2}(g_{10} + g_{11} + g_{15}) \\ N_4(\xi,\eta,\zeta) = g_4 - \frac{1}{2}(g_{11} + g_{12} + g_{16}) \\ N_5(\xi,\eta,\zeta) = g_5 - \frac{1}{2}(g_{13} + g_{17} + g_{20}) \\ N_6(\xi,\eta,\zeta) = g_6 - \frac{1}{2}(g_{14} + g_{17} + g_{18}) \\ N_7(\xi,\eta,\zeta) = g_7 - \frac{1}{2}(g_{15} + g_{18} + g_{19}) \\ N_8(\xi,\eta,\zeta) = g_8 - \frac{1}{2}(g_{16} + g_{19} + g_{20}) \end{cases} \quad (4.57)$$

式中右端各边中结点形函数项只有相应结点存在时才包括。

$$N_i(\xi,\eta,\zeta) = g_i(\xi,\eta,\zeta) \quad (i=9,10,\cdots,20) \tag{4.58}$$

为了提高单元的精度,可以在单元内部增设一些自由度,使上面 8-20 可变结点单元成为 8-21 可变结点单元。即在单元内部中心处(局部坐标原点)设置一个结点,为 21 结点。根据拉

格朗日插值函数,该结点的形函数为

$$N_{21}(\xi,\eta,\zeta) = (1-\xi^2)(1-\eta^2)(1-\zeta^2) \tag{4.59}$$

对其他结点的形函数需要进行适当修正。8-21可变结点参数单元1~20结点的形函数为

$$\begin{cases} N_1(\xi,\eta,\zeta) = g_1 - \frac{1}{2}(g_9 + g_{12} + g_{13}) + \frac{1}{4}N_{21} \\ N_2(\xi,\eta,\zeta) = g_2 - \frac{1}{2}(g_9 + g_{10} + g_{14}) + \frac{1}{4}N_{21} \\ N_3(\xi,\eta,\zeta) = g_3 - \frac{1}{2}(g_{10} + g_{11} + g_{15}) + \frac{1}{4}N_{21} \\ N_4(\xi,\eta,\zeta) = g_4 - \frac{1}{2}(g_{11} + g_{12} + g_{16}) + \frac{1}{4}N_{21} \\ N_5(\xi,\eta,\zeta) = g_5 - \frac{1}{2}(g_{13} + g_{17} + g_{20}) + \frac{1}{4}N_{21} \\ N_6(\xi,\eta,\zeta) = g_6 - \frac{1}{2}(g_{14} + g_{17} + g_{18}) + \frac{1}{4}N_{21} \\ N_7(\xi,\eta,\zeta) = g_7 - \frac{1}{2}(g_{15} + g_{18} + g_{19}) + \frac{1}{4}N_{21} \\ N_8(\xi,\eta,\zeta) = g_8 - \frac{1}{2}(g_{16} + g_{19} + g_{20}) + \frac{1}{4}N_{21} \\ N_i(\xi,\eta,\zeta) = g_i(\xi,\eta,\zeta) - \frac{1}{4}N_{21} \quad (i = 9,10,\cdots,20) \end{cases} \tag{4.60}$$

4.4.2 几何形函数与坐标变换

若物体形状比较规则,或者物体内部划分的单元比较规则,几何结点数可以用得少一些,同样能保证计算精度。当单元边界为直边时,只用角结点的形函数进行坐标变换就可以了。例如三维20结点直边单元,就可以只用8个几何结点,这就是次参单元。8-21可变结点参数单元既可以作为等参数单元使用,又可以作为次参数单元使用。

下面讨论可变结点参数单元的坐标变换。假设位移形函数的数量为 nd,几何形函数的数量为 ng,则位移函数和坐标变换式分别为

$$\begin{cases} u = \sum_{i=1}^{nd} N_i(\xi,\eta,\zeta) u_i \\ v = \sum_{i=1}^{nd} N_i(\xi,\eta,\zeta) v_i \\ w = \sum_{i=1}^{nd} N_i(\xi,\eta,\zeta) w_i \end{cases} \tag{4.61}$$

$$\begin{cases} x = \sum_{i=1}^{ng} N_i(\xi,\eta,\zeta) x_i \\ y = \sum_{i=1}^{ng} N_i(\xi,\eta,\zeta) y_i \\ z = \sum_{i=1}^{ng} N_i(\xi,\eta,\zeta) z_i \end{cases} \tag{4.62}$$

式中,u_i, v_i, w_i 及 x_i, y_i, z_i 分别是结点 i 的位移和坐标。

在单元中,三维问题的几何方程(1.17)可以写成应变与结点位移的关系

$$\{\varepsilon\} = [B]\{\delta\}^e \tag{4.63}$$

式中

$$\{\delta\}^e = [u_1 \quad v_1 \quad w_1 \quad u_2 \quad v_2 \quad w_2 \quad \cdots \quad u_{nd} \quad v_{nd} \quad w_{nd}]^T$$

表示单元的结点位移值。而几何矩阵 $[B]$ 为

$$[B] = [B_1 \quad B_2 \quad \cdots \quad B_{nd}]$$

式中

$$[B_i] = \begin{bmatrix} \frac{\partial N_i}{\partial x} & 0 & 0 & \frac{\partial N_i}{\partial y} & 0 & \frac{\partial N_i}{\partial z} \\ 0 & \frac{\partial N_i}{\partial y} & 0 & \frac{\partial N_i}{\partial x} & \frac{\partial N_i}{\partial z} & 0 \\ 0 & 0 & \frac{\partial N_i}{\partial z} & 0 & \frac{\partial N_i}{\partial y} & \frac{\partial N_i}{\partial x} \end{bmatrix}^T \quad (i=1,2,\cdots,nd)$$

形函数 $N_i(\xi,\eta,\zeta)$ 是局部坐标的函数,而上式要求它对总体坐标求导,所以必须找出两种坐标之间的变换关系。如同二维问题一样,根据复合函数求导规则,有

$$\begin{cases} \frac{\partial N_i}{\partial \xi} = \frac{\partial N_i}{\partial x}\frac{\partial x}{\partial \xi} + \frac{\partial N_i}{\partial y}\frac{\partial y}{\partial \xi} + \frac{\partial N_i}{\partial z}\frac{\partial z}{\partial \xi} \\ \frac{\partial N_i}{\partial \eta} = \frac{\partial N_i}{\partial x}\frac{\partial x}{\partial \eta} + \frac{\partial N_i}{\partial y}\frac{\partial y}{\partial \eta} + \frac{\partial N_i}{\partial z}\frac{\partial z}{\partial \eta} \\ \frac{\partial N_i}{\partial \zeta} = \frac{\partial N_i}{\partial x}\frac{\partial x}{\partial \zeta} + \frac{\partial N_i}{\partial y}\frac{\partial y}{\partial \zeta} + \frac{\partial N_i}{\partial z}\frac{\partial z}{\partial \zeta} \end{cases}$$

写成矩阵形式,则为

$$\begin{Bmatrix} \frac{\partial N_i}{\partial \xi} \\ \frac{\partial N_i}{\partial \eta} \\ \frac{\partial N_i}{\partial \zeta} \end{Bmatrix} = [J] \begin{Bmatrix} \frac{\partial N_i}{\partial x} \\ \frac{\partial N_i}{\partial y} \\ \frac{\partial N_i}{\partial z} \end{Bmatrix} \tag{4.64}$$

式中,$[J]$称为三维的雅可比矩阵,它表示总体坐标与局部坐标之间的关系。其表达式为

$$[J] = \begin{bmatrix} \frac{\partial x}{\partial \xi} & \frac{\partial y}{\partial \xi} & \frac{\partial z}{\partial \xi} \\ \frac{\partial x}{\partial \eta} & \frac{\partial y}{\partial \eta} & \frac{\partial z}{\partial \eta} \\ \frac{\partial x}{\partial \zeta} & \frac{\partial y}{\partial \zeta} & \frac{\partial z}{\partial \zeta} \end{bmatrix} = \begin{bmatrix} \sum_{i=1}^{ng} \frac{\partial N_i}{\partial \xi} x_i & \sum_{i=1}^{ng} \frac{\partial N_i}{\partial \xi} y_i & \sum_{i=1}^{ng} \frac{\partial N_i}{\partial \xi} z_i \\ \sum_{i=1}^{ng} \frac{\partial N_i}{\partial \eta} x_i & \sum_{i=1}^{ng} \frac{\partial N_i}{\partial \eta} y_i & \sum_{i=1}^{ng} \frac{\partial N_i}{\partial \eta} z_i \\ \sum_{i=1}^{ng} \frac{\partial N_i}{\partial \zeta} x_i & \sum_{i=1}^{ng} \frac{\partial N_i}{\partial \zeta} y_i & \sum_{i=1}^{ng} \frac{\partial N_i}{\partial \zeta} z_i \end{bmatrix} \tag{4.65}$$

由于雅可比矩阵$[J]$的阶次为3×3,其逆阵$[J]^{-1}$也就不难求得。由式(4.64)变换可得

$$\begin{Bmatrix} \frac{\partial N_i}{\partial x} \\ \frac{\partial N_i}{\partial y} \\ \frac{\partial N_i}{\partial z} \end{Bmatrix} = [J]^{-1} \begin{Bmatrix} \frac{\partial N_i}{\partial \xi} \\ \frac{\partial N_i}{\partial \eta} \\ \frac{\partial N_i}{\partial \zeta} \end{Bmatrix} \tag{4.66}$$

与二维等参元问题一样,在计算单元刚度矩阵时,还需要微元体积dV的总体坐标与局部坐标的变换关系,即

$$\mathrm{d}x\mathrm{d}y\mathrm{d}z = \begin{vmatrix} \frac{\partial x}{\partial \xi} & \frac{\partial y}{\partial \xi} & \frac{\partial z}{\partial \xi} \\ \frac{\partial x}{\partial \eta} & \frac{\partial y}{\partial \eta} & \frac{\partial z}{\partial \eta} \\ \frac{\partial x}{\partial \zeta} & \frac{\partial y}{\partial \zeta} & \frac{\partial z}{\partial \zeta} \end{vmatrix} \mathrm{d}\xi\mathrm{d}\eta\mathrm{d}\zeta = |J|\mathrm{d}\xi\mathrm{d}\eta\mathrm{d}\zeta \tag{4.67}$$

式中,$|J|$是三维雅可比矩阵的行列式。

三维问题中,应力与应变之间的关系式为

$$\sigma_x = (\lambda + 2G)\varepsilon_x + \lambda\varepsilon_y + \lambda\varepsilon_z - (3\lambda + 2G)\alpha T$$
$$\sigma_y = \lambda\varepsilon_x + (\lambda + 2G)\varepsilon_y + \lambda\varepsilon_z - (3\lambda + 2G)\alpha T$$
$$\sigma_z = \lambda\varepsilon_x + \lambda\varepsilon_y + (\lambda + 2G)\varepsilon_z - (3\lambda + 2G)\alpha T$$
$$\tau_{xy} = G\gamma_{xy}, \quad \tau_{yz} = G\gamma_{yz}, \quad \tau_{zx} = G\gamma_{zx}$$

式中

$$\lambda = \frac{E\mu}{(1+\mu)(1-2\mu)}, \quad G = \frac{E}{2(1+\mu)}$$

简写成

$$\{\sigma\} = [D](\{\varepsilon\} - \{\varepsilon_0\})$$

式中,E为材料的弹性模量;μ为泊松比。初应变列阵$\{\varepsilon_0\}$及弹性矩阵$[D]$表示如下:

$$\{\varepsilon_0\} = \alpha T[1 \quad 1 \quad 1 \quad 0 \quad 0 \quad 0]^\mathrm{T}$$

$$[D] = \begin{bmatrix} D_1 & 0 \\ 0 & D_2 \end{bmatrix}$$

$$[D_1] = \begin{bmatrix} \lambda + 2G & \lambda & \lambda \\ \lambda & \lambda + 2G & \lambda \\ \lambda & \lambda & \lambda + 2G \end{bmatrix}, \quad [D_2] = \begin{bmatrix} G & 0 & 0 \\ 0 & G & 0 \\ 0 & 0 & G \end{bmatrix}$$

4.4.3 三维参数单元刚度矩阵

单元刚度矩阵的表达式为

$$[K]^e = \int_{V^e} [B]^T [D] [B] dV$$

将前述分块的矩阵 $[B]$ 代入上式,展开后得

$$[K]^e = \begin{bmatrix} K_{11} & K_{12} & \cdots & K_{1nd} \\ K_{21} & K_{22} & \cdots & K_{2nd} \\ \vdots & \vdots & & \vdots \\ K_{nd1} & K_{nd2} & \cdots & K_{ndnd} \end{bmatrix} \tag{4.68}$$

式中的子矩阵为

$$[K_{ij}] = \int_{V^e} [B_i]^T [D] [B_j] dV \quad (i,j = 1,2,\cdots,nd)$$

在实际中通常采用数值积分来计算单元刚度矩阵

$$[K_{ij}] = \int_{V^e} [B_i]^T [D] [B_j] dV = \int_{-1}^{1} \int_{-1}^{1} \int_{-1}^{1} [B_i]^T [D] [B_j] \mid J \mid d\xi d\eta d\zeta$$

$$(i,j = 1,2,\cdots,nd) \tag{4.69}$$

4.4.4 等效结点载荷

首先讨论离心力的等效结点载荷。由于单元体积力的等效结点载荷公式为

$$\{F_W\}^e = \int_{V^e} [N]^T \{W\} dV \tag{4.70}$$

对任意一个结点 i 而言,有

$$\{F_{iW}\}^e = \iiint_{V^e} N_i \{W\} dx dy dz$$

对于转子叶片,当叶片的几何尺寸如图 4.16 所示时,离心力为

$$\{W\} = \begin{Bmatrix} W_x \\ W_y \\ W_z \end{Bmatrix} = \rho\omega^2 \begin{Bmatrix} 0 \\ y \\ R_0 + z \end{Bmatrix}$$

式中，ω 为叶片绕 x 轴旋转角速度；ρ 为叶片材料密度；N_i，y 和 z 均为 ξ，η，ζ 的函数。N_i 由式 (4.57) ~ 式 (4.60) 确定；y，z 由式 (4.62) 求出。

下面讨论表面力的等效结点载荷。如空心冷却叶片的表面力，一般包括叶型外表面的气动力和内冷却孔中的气体压力。若分布的气体力密度为

$$\{p\} = \begin{Bmatrix} p_x \\ p_y \\ p_z \end{Bmatrix}$$

它在叶片高度方向上和沿弦弧长上都是变化的。因此，将弧长分为若干分段，由气动计算结果提供叶片各基本切面上沿弧长的压力分布。在分段的点上给出气体力密度。于是，整个叶片上的气体力密度可由插值函数表达式给出，即

$$\{F_p\}^e = \iint_S [N]^T \{p\} dS$$

表面力只对某几个单元的表面起作用，其余为单元之间的分割面。受载的外表面一般为曲面。在曲面上建立局部坐标系 ξ，η，如图 4.17 所示。则 dS 是由两矢量 $\frac{\partial \mathbf{r}}{\partial \xi}d\xi$ 和 $\frac{\partial \mathbf{r}}{\partial \eta}d\eta$ 所构成的平行四边形的面积，这里 $\mathbf{r}$ 是曲面上的点矢量。此时，在 $\zeta = 1$ 的表面上，dS 可用两矢量的叉积求出，即

$$dS = \left| \frac{\partial \mathbf{r}}{\partial \xi}d\xi \times \frac{\partial \mathbf{r}}{\partial \eta}d\eta \right| = \left| \frac{\partial \mathbf{r}}{\partial \xi} \times \frac{\partial \mathbf{r}}{\partial \eta} \right| d\xi d\eta = $$
$$| R_x \mathbf{i} + R_y \mathbf{j} + R_z \mathbf{k} | d\xi d\eta = \sqrt{R_x^2 + R_y^2 + R_z^2} d\xi d\eta \tag{4.71}$$

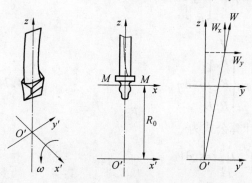

图 4.16 旋转叶片的离心力

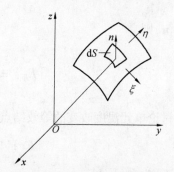

图 4.17 曲面局部坐标

式中

$$R_x = \begin{vmatrix} \frac{\partial y}{\partial \xi} & \frac{\partial z}{\partial \xi} \\ \frac{\partial y}{\partial \eta} & \frac{\partial z}{\partial \eta} \end{vmatrix}, \quad R_y = \begin{vmatrix} \frac{\partial z}{\partial \xi} & \frac{\partial x}{\partial \xi} \\ \frac{\partial z}{\partial \eta} & \frac{\partial x}{\partial \eta} \end{vmatrix}, \quad R_z = \begin{vmatrix} \frac{\partial x}{\partial \xi} & \frac{\partial y}{\partial \xi} \\ \frac{\partial x}{\partial \eta} & \frac{\partial y}{\partial \eta} \end{vmatrix}$$

i, j, k 为整体坐标轴的单位矢量。

若将 R_x, R_y, R_z 展开后代入式(4.71),则

$$\mathrm{d}S = \sqrt{EG - F^2}\,\mathrm{d}\xi\mathrm{d}\eta$$

式中

$$\begin{cases} E = \left(\frac{\partial x}{\partial \xi}\right)^2 + \left(\frac{\partial y}{\partial \xi}\right)^2 + \left(\frac{\partial z}{\partial \xi}\right)^2 \\ F = \frac{\partial x}{\partial \xi}\frac{\partial x}{\partial \eta} + \frac{\partial y}{\partial \xi}\frac{\partial y}{\partial \eta} + \frac{\partial z}{\partial \xi}\frac{\partial z}{\partial \eta} \\ G = \left(\frac{\partial x}{\partial \eta}\right)^2 + \left(\frac{\partial y}{\partial \eta}\right)^2 + \left(\frac{\partial z}{\partial \eta}\right)^2 \end{cases} \tag{4.72}$$

因此,在 $\xi =$ 常数的表面上有分布力作用时,对结点 i 而言,有

$$\{F_{ip}\} = \begin{bmatrix} F_{ix} & F_{iy} & F_{iz} \end{bmatrix}^\mathrm{T} =$$

$$\int_{-1}^{1}\int_{-1}^{1} N_i \{p\} \sqrt{EG - F^2}\,\mathrm{d}\xi\mathrm{d}\eta = \int_{-1}^{1}\int_{-1}^{1} N_i \begin{Bmatrix} p_x \\ p_y \\ p_z \end{Bmatrix} \sqrt{EG - F^2}\,\mathrm{d}\xi\mathrm{d}\eta \tag{4.73}$$

若在 $\xi =$ 常数(或 $\eta =$ 常数)的表面有均布力作用时,计算公式类似。

如果气体力垂直于表面且其载荷密度为 p_0 时,那么计算可以简化。设 n 为表面单位法向矢量,则

$$n\mathrm{d}S = \left(\frac{\partial \boldsymbol{r}}{\partial \xi} \times \frac{\partial \boldsymbol{r}}{\partial \eta}\right)\mathrm{d}\xi\mathrm{d}\eta = \begin{Bmatrix} R_x \\ R_y \\ R_z \end{Bmatrix}\mathrm{d}\xi\mathrm{d}\eta$$

若 $\boldsymbol{p} = p_0\boldsymbol{n}$,则

$$\{F_{ip}\} = \int_{-1}^{1}\int_{-1}^{1} N_i p_0 \begin{Bmatrix} R_x \\ R_y \\ R_z \end{Bmatrix}\mathrm{d}\xi\mathrm{d}\eta \tag{4.74}$$

下面讨论单元温度改变的等效结点载荷,其计算公式为

$$\{F_{\varepsilon_0}\}^e = \int_{V^e} [B]^\mathrm{T}[D]\{\varepsilon_0\}\mathrm{d}V$$

对结点 i 而言,有

$$\{F_{i\varepsilon_0}\}^e = \int_{V^e} [B_i]^\mathrm{T}[D]\{\varepsilon_0\}\mathrm{d}V$$

式中

$$\{\varepsilon_0\} = \alpha T[1\ 1\ 1\ 0\ 0\ 0]^{\mathrm{T}}$$

推导后,可得

$$\{F_{\varepsilon_0}\}^e = \int_{-1}^{1}\int_{-1}^{1}\int_{-1}^{1}(3\lambda+2G)\alpha T\begin{Bmatrix}\dfrac{\partial N_i}{\partial x}\\ \dfrac{\partial N_i}{\partial y}\\ \dfrac{\partial N_i}{\partial z}\end{Bmatrix}|J|\mathrm{d}\xi\mathrm{d}\eta\mathrm{d}\zeta =$$

$$\int_{-1}^{1}\int_{-1}^{1}\int_{-1}^{1}(3\lambda+2G)\alpha T[J]^{-1}\begin{Bmatrix}\dfrac{\partial N_i}{\partial \xi}\\ \dfrac{\partial N_i}{\partial \eta}\\ \dfrac{\partial N_i}{\partial \zeta}\end{Bmatrix}|J|\mathrm{d}\xi\mathrm{d}\eta\mathrm{d}\zeta \quad (4.75)$$

式中,α 为线膨胀系数;T 为单元的温度改变,计算时取 $T = \sum_{i=1}^{nd} N_i(\xi,\eta,\zeta)T_i$。结点温度改变 T_i 由三维温度场计算确定。

4.4.5 三维参数单元的应力计算

三维参数单元的应力计算与二维问题类似。当有温度引起的初始应变时,其应力计算公式为

$$\{\sigma\} = [D](\{\varepsilon\} - \{\varepsilon_0\}) = [D][B]\{\delta\}^e - [D]\{\varepsilon_0\} \quad (4.76)$$

式中,$\{\varepsilon_0\} = \alpha T[1\ 1\ 1\ 0\ 0\ 0]^{\mathrm{T}}$。

求出单元结点位移后,应力不难求得。

由于积分点的应力分量比较准确,因此,最好是先求积分点的应力分量,然后再进行修匀。

4.5 超参数单元

在工程实际中,往往会遇到一些特殊的空间问题,它们具有部分壳体的特点,但厚度较大或相对曲率(局部厚度与曲率半径之比)变化较大。它们既不具有薄壳的特点,又不完全属于一般空间问题,通常把它们归于厚壳问题,如涡轮叶片等。对这种厚壳问题使用普通的空间单元求解,结果不能令人满意。因为普通的空间单元不能描述弯曲变形,而且应变的误差引起单元的刚度过大,以及在厚度方向上具有较大的刚度系数等。本节的超参数单元就是针对这种厚

壳问题而提出的。超参数单元是厚壳理论和空间等参数单元相结合的产物。

厚壳理论有两个基本假设:① 壳体变形后,中面法线仍为直线,但不再垂直于变形后的中面。即允许壳体在厚度方向有均匀的剪切变形。这是厚壳与薄壳在基本假设上的主要区别。② 壳体变形后,壳体层面之间没有挤压应力。这是一般空间问题与壳体问题的基本不同点。

4.5.1　坐标函数

空间等参数单元是由正六面体母单元变换而来的曲边单元,具有 3 个局部曲线坐标,各个边界具有相同阶次的变化规律。而厚壳单元的几何形状则需要具有厚壳的特点,为此将单元厚度方向的曲线坐标改为直线坐标,这样单元的几何形状就可以看做上下两个曲面和周边 4 个以壳体中面法线为母线的曲面所构成的立方体(图 4.18)。

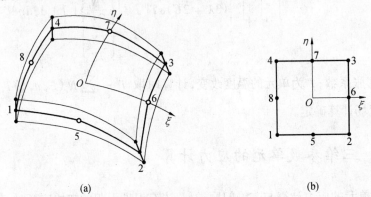

图 4.18　超参数厚壳单元

与空间等参单元相同,在厚壳单元中引入自然坐标系 $\xi\eta\zeta$。ξ 和 η 为厚壳中面上的曲线坐标,ζ 是中面法线方向的坐标。对应于 $\zeta = \pm 1$ 的厚壳表面分别为上曲面和下曲面。单元的 8 个结点位于单元的中面上,各结点 $i(i = 1, 2, \cdots, 8)$ 处中面法线交上下曲面的点为结点的对应点。于是,中面上结点 i 的整体坐标为

$$\begin{Bmatrix} x_i \\ y_i \\ z_i \end{Bmatrix} = \frac{1}{2} \left(\begin{Bmatrix} x_i \\ y_i \\ z_i \end{Bmatrix}_t + \begin{Bmatrix} x_i \\ y_i \\ z_i \end{Bmatrix}_b \right) \tag{4.77}$$

而结点 i 处的中面法线方向单位向量为

$$\boldsymbol{V}_{3i} = \begin{Bmatrix} l_{3i} \\ m_{3i} \\ n_{3i} \end{Bmatrix} = \frac{1}{h_i} \left(\begin{Bmatrix} x_i \\ y_i \\ z_i \end{Bmatrix}_t - \begin{Bmatrix} x_i \\ y_i \\ z_i \end{Bmatrix}_b \right) \tag{4.78}$$

式中,l_{3i}, m_{3i}, n_{3i} 是结点 i 处中面法线对于整体坐标的方向余弦;h_i 是结点 i 处的壳体厚度,即

$$h_i = [(x_{it} - x_{ib})^2 + (y_{it} - y_{ib})^2 + (z_{it} - z_{ib})^2]^{\frac{1}{2}} \tag{4.79}$$

单元内任意一点的坐标为

$$\begin{Bmatrix} x \\ y \\ z \end{Bmatrix} = \sum_{i=1}^{8} N_i(\xi, \eta) \left(\begin{Bmatrix} x_i \\ y_i \\ z_i \end{Bmatrix} + \frac{h_i}{2} \zeta V_{3i} \right) \tag{4.80}$$

式中,形函数 $N_i(\xi, \eta)$ 由式(4.11)～(4.13)得到。

4.5.2 位移函数

以中面法线方向为一坐标轴,建立局部坐标系,3个坐标轴的单位向量为 V_1, V_2, V_3。在结点上则为 V_{1i}, V_{2i}, V_{3i},可以定义为

$$V_{1i} = \begin{Bmatrix} l_{1i} \\ m_{1i} \\ n_{1i} \end{Bmatrix} = \frac{i \times V_{3i}}{|i \times V_{3i}|}, \quad V_{2i} = V_{3i} \times V_{1i} \tag{4.81}$$

下面计算结点 i 处中面法线上任意一点的位移。根据基本假设,可以近似地认为中面法线方向的应变为零,在中面法线方向的自由度为零。再根据中面法线变形后仍为直线的假设,中面法线上任意一点的位移可以由结点位移和法线绕 i 点转动相加得到。设结点 i 处的中面法线 V_{3i} 绕 V_{1i} 和 V_{2i} 两轴的转角分别为 β_i 和 α_i(图4.19),则结点 i 处法线上任意一点在整体坐标中的位移为

$$\{f_i\} = \begin{Bmatrix} u_i \\ v_i \\ w_i \end{Bmatrix} + \frac{h_i}{2} \zeta [V_{1i} \quad -V_{2i}] \begin{Bmatrix} \alpha_i \\ \beta_i \end{Bmatrix} \tag{4.82}$$

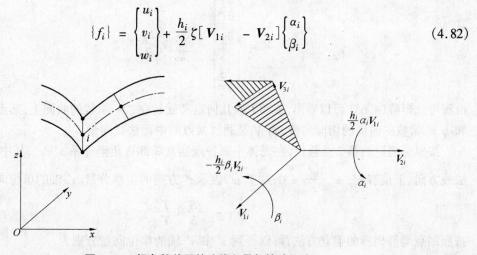

图 4.19　超参数单元的法线向量与转动位移

利用插值方法就可以得到单元内任意一点的位移为

$$\{f\} = \begin{Bmatrix} u \\ v \\ w \end{Bmatrix} = \sum_{i=1}^{8} N_i(\xi, \eta) \left(\begin{Bmatrix} u_i \\ v_i \\ w_i \end{Bmatrix} + \frac{h_i}{2} \zeta [\boldsymbol{V}_{1i} \quad -\boldsymbol{V}_{2i}] \begin{Bmatrix} \alpha_i \\ \beta_i \end{Bmatrix} \right) \tag{4.83}$$

4.5.3 局部坐标系与坐标变换

4.5.2节已经提到在单元中任意一点建立以中面法线为一坐标轴的局部坐标系,称此坐标系为局部直角坐标系 $x'y'z'$(单位向量为 $\boldsymbol{V}_1, \boldsymbol{V}_2, \boldsymbol{V}_3$);此外,还需要建立与参数坐标 $\xi\eta\zeta$ 有关的局部坐标系 STV。而 STV 为坐标变换矩阵的第一、二和三行,由式(4.65) 和式(4.80),得到

$$\boldsymbol{S} = \begin{Bmatrix} \frac{\partial x}{\partial \xi} \\ \frac{\partial y}{\partial \xi} \\ \frac{\partial z}{\partial \xi} \end{Bmatrix} = \sum_{i=1}^{8} \frac{\partial N_i}{\partial \xi} \left(\begin{Bmatrix} x_i \\ y_i \\ z_i \end{Bmatrix} + \frac{h_i}{2} \zeta \boldsymbol{V}_{3i} \right) \tag{4.84a}$$

$$\boldsymbol{T} = \begin{Bmatrix} \frac{\partial x}{\partial \eta} \\ \frac{\partial y}{\partial \eta} \\ \frac{\partial z}{\partial \eta} \end{Bmatrix} = \sum_{i=1}^{8} \frac{\partial N_i}{\partial \eta} \left(\begin{Bmatrix} x_i \\ y_i \\ z_i \end{Bmatrix} + \frac{h_i}{2} \zeta \boldsymbol{V}_{3i} \right) \tag{4.84b}$$

$$\boldsymbol{V} = \begin{Bmatrix} \frac{\partial x}{\partial \zeta} \\ \frac{\partial y}{\partial \zeta} \\ \frac{\partial z}{\partial \zeta} \end{Bmatrix} = \sum_{i=1}^{8} N_i \frac{h_i}{2} \boldsymbol{V}_{3i} \tag{4.84c}$$

由雅可比矩阵(4.65)可以看出,$\boldsymbol{S}$ 和 $\boldsymbol{T}$ 的几何意义就是在 ζ = 常数的曲面上,某点沿 ξ = 常数和 η = 常数的曲线的切向向量,而 $\boldsymbol{V}$ 是通过某点的中面法线向量。

按厚壳理论的第2条假设,在壳体中面各点建立局部直角坐标系 $x'y'z'$,其中 z' 轴沿中面法线方向,于是有 $\varepsilon'_z = \frac{\partial w'}{\partial z'} = 0$;这里 w' 表示 z' 方向的位移分量。z' 轴的单位向量为

$$\boldsymbol{V}_3 = \frac{\boldsymbol{S} \times \boldsymbol{T}}{|\boldsymbol{S} \times \boldsymbol{T}|} \tag{4.85a}$$

按照结点局部坐标的建立方法,可以得到 x' 和 y' 轴的单位向量分别为

$$\boldsymbol{V}_1 = \frac{\boldsymbol{i} \times \boldsymbol{V}_3}{|\boldsymbol{i} \times \boldsymbol{V}_3|}, \quad \boldsymbol{V}_2 = \boldsymbol{V}_3 \times \boldsymbol{V}_1 \tag{4.85b,c}$$

于是，在 $x'y'z'$ 坐标系中的向量都可以通过下面变换矩阵

$$[\theta] = \begin{bmatrix} V_1 & V_2 & V_3 \end{bmatrix} \tag{4.86}$$

变换为整体坐标系 xyz 中的向量。

4.5.4 应变与应力

在局部坐标系 $x'y'z'$ 中，根据厚壳理论基本假设，$\varepsilon'_z = 0$，应变分量只有5个，即

$$\{\varepsilon'\} = \begin{Bmatrix} \varepsilon_{x'} \\ \varepsilon_{y'} \\ \gamma_{x'y'} \\ \gamma_{y'z'} \\ \gamma_{z'x'} \end{Bmatrix} = \begin{Bmatrix} \dfrac{\partial u'}{\partial x'} \\ \dfrac{\partial v'}{\partial y'} \\ \dfrac{\partial u'}{\partial y'} + \dfrac{\partial v'}{\partial x'} \\ \dfrac{\partial v'}{\partial z'} + \dfrac{\partial w'}{\partial y'} \\ \dfrac{\partial w'}{\partial x'} + \dfrac{\partial u'}{\partial z'} \end{Bmatrix} \tag{4.87}$$

根据应变张量的定义，局部坐标系下的应变与整体坐标系下的应变之间的变换关系为

$$\{\varepsilon'\} = [T]\{\varepsilon\} \tag{4.88}$$

式中，变换矩阵 $[T]$ 可由局部坐标系 $x'y'z'$ 的单位基向量得到。

设变换矩阵(4.86)为

$$[\theta] = \begin{bmatrix} V_1 & V_2 & V_3 \end{bmatrix} = \begin{bmatrix} l_1 & l_2 & l_3 \\ m_1 & m_2 & m_3 \\ n_1 & n_2 & n_3 \end{bmatrix} \tag{4.89}$$

则可得到

$$[T] = \begin{bmatrix} l_1^2 & m_1^2 & n_1^2 & l_1 m_1 & m_1 n_1 & n_1 l_1 \\ l_2^2 & m_2^2 & n_2^2 & l_2 m_2 & m_2 n_2 & n_2 l_2 \\ 2l_1 l_2 & 2m_1 m_2 & 2n_1 n_2 & l_1 m_2 + l_2 m_1 & m_1 n_2 + m_2 n_1 & n_1 l_2 + n_2 l_1 \\ 2l_2 l_3 & 2m_2 m_3 & 2n_2 n_3 & l_2 m_3 + l_3 m_2 & m_2 n_3 + m_3 n_2 & n_2 l_3 + n_3 l_2 \\ 2l_3 l_1 & 2m_3 m_1 & 2n_3 n_1 & l_3 m_1 + l_1 m_3 & m_3 n_1 + m_1 n_3 & n_3 l_1 + n_1 l_3 \end{bmatrix} \tag{4.90}$$

整体坐标系下的应变为

$$\{\varepsilon\} = \begin{Bmatrix} \varepsilon_x \\ \varepsilon_y \\ \varepsilon_z \\ \gamma_{xy} \\ \gamma_{yz} \\ \gamma_{zx} \end{Bmatrix} = \begin{Bmatrix} \dfrac{\partial u}{\partial x} \\ \dfrac{\partial v}{\partial y} \\ \dfrac{\partial w}{\partial z} \\ \dfrac{\partial u}{\partial y} + \dfrac{\partial v}{\partial x} \\ \dfrac{\partial v}{\partial z} + \dfrac{\partial w}{\partial y} \\ \dfrac{\partial w}{\partial x} + \dfrac{\partial u}{\partial z} \end{Bmatrix} = \sum_{i=1}^{8} [B_i]\{\delta_i\} \tag{4.91}$$

式中，$[B_i]$ 可将式(4.83)代入得到。

按厚壳理论假设，$\sigma'_z = 0$，于是，在局部坐标系下有

$$\{\sigma'\} = [D']\{\varepsilon'\} \tag{4.92}$$

式中

$$\{\sigma'\} = [\sigma_{x'} \quad \sigma_{y'} \quad \tau_{x'y'} \quad \tau_{y'z'} \quad \tau_{z'x'}]^T \tag{4.93}$$

$$[D'] = \begin{bmatrix} D_1 & D_2 & 0 & 0 & 0 \\ D_2 & D_1 & 0 & 0 & 0 \\ 0 & 0 & D_3 & 0 & 0 \\ 0 & 0 & 0 & D_3 & 0 \\ 0 & 0 & 0 & 0 & D_3 \end{bmatrix} \tag{4.94}$$

式中

$$D_1 = \frac{E}{1-\mu^2}, \quad D_2 = \frac{E\mu}{1-\mu^2}, \quad D_3 = \frac{E}{2(1+\mu)}$$

在整体坐标系下，仍有

$$\{\sigma\} = [D]\{\varepsilon\} \tag{4.95}$$

式中

$$\{\sigma\} = [\sigma_x \quad \sigma_y \quad \sigma_z \quad \tau_{xy} \quad \tau_{yz} \quad \tau_{zx}]^T$$

但弹性矩阵$[D]$不像空间问题那样具有简单的形式，这里需要用坐标变换将$[D']$变换为$[D]$。

$$[D] = [T]^T[D'][T] \tag{4.96}$$

4.5.5 单元刚度矩阵

超参数厚壳单元刚度矩阵的计算与等参数单元刚度矩阵计算类似,可以按下式计算

$$[K]^e = \int_{V^e} [B]^T [D] [B] dV$$

将分块的矩阵$[B]$代入上式,展开后得

$$[K]^e = \begin{bmatrix} K_{11} & K_{12} & \cdots & K_{18} \\ K_{21} & K_{22} & \cdots & K_{28} \\ \vdots & \vdots & & \vdots \\ K_{81} & K_{82} & \cdots & K_{88} \end{bmatrix} \tag{4.97}$$

式中的子矩阵为

$$[K_{ij}] = \int_{V^e} [B_i]^T [D] [B_j] dV \quad (i, j = 1, 2, \cdots, 8)$$

利用式(4.91)、式(4.87)、式(4.88)和式(4.96),则可以在参数坐标下利用数值积分计算单元刚度子矩阵

$$[K_{ij}] = \int_{-1}^{1} \int_{-1}^{1} \int_{-1}^{1} [B'_i]^T [D'] [B'_j] |J| d\xi d\eta d\zeta \quad (i, j = 1, 2, \cdots, 8) \tag{4.98}$$

等效结点载荷同样可以按等参元的方法计算得到。

4.6 非协调单元

在有限元位移法中,为了保证收敛性,选择位移函数时必须满足刚体位移、常应变、单元内部连续和单元之间位移协调等条件。满足前三个条件的单元是完备的,满足第四个条件的单元是协调的。从有限元法发展的实际结果来看,只满足前三个条件的非协调单元,已经获得了成功的应用。

等参元有很好的适应性,表达形式简单明了,得到了广泛的应用。但等参元的精度和效率还有一定的缺陷。由于单元的位移选择需要遵循一定的规则,按照完备多项式函数的形式,4 结点四边形等参元的位移函数只是线性完备,而多出的一个二次项对于收敛性并没有贡献;8 结点四边形等参元的位移函数只是二次完备,而多出的两个三次项对于收敛性也并没有贡献;空间等参元也有类似的情况。有限元位移法在变形计算时显得较为刚硬,为了满足单元之间的协调和边界条件,最后得到的结构刚度也偏高。

完备非协调单元在协调单元的基础上,增加一些内部自由度,一方面使单元本身变得柔软些;另一方面使得单元之间出现不连续的"过软"连接。因此由这种非协调单元得到的结构刚

度的精确度就能够进一步提高。

等参数单元的"母单元"是没有内部结点的边点族单元,单元内点的参数由边界结点参数来确定。因此,对于低阶的等参单元,如果在结构的某些区域不采用网格加密的话,是无法描述某些简单应力梯度的。下面讨论 4 结点矩形单元描述纯弯曲状态时的情形。

图 4.20 表示在纯弯曲作用下的矩形单元,精确的位移解如图 4.20(b) 所示,可以表示为

$$\begin{cases} u = \alpha_1 xy \\ v = \frac{1}{2}\alpha_1(a^2 - x^2) + \alpha_2(b^2 - y^2) \end{cases} \quad (4.99)$$

式(4.99) 表示的位移满足纯弯曲条件,根据平面问题的几何方程和物理方程,可以得到

$$\sigma_x = \alpha_1 Ey, \quad \sigma_y = \tau_{xy} = 0 \quad (4.100)$$

用 4 结点矩形单元模拟纯弯曲状态,由式(4.22) 得到(图 4.20(c))

$$\begin{cases} u = \beta_1 xy \\ v = 0 \end{cases} \quad (4.101)$$

比较式(4.99) 与式(4.101),式(4.99) 中第二式表示矩形单元描述纯弯曲状态时的误差。图 4.20(d) 表示根据式(4.101) 得到的切应力,图 4.20(e) 表示根据式(4.99) 得到的正应力 σ_y。这种误差的来源一是剪应变的影响,二是没有考虑平截面假设。导致误差的原因在于位移函数中二次项不完备,即缺少 x^2 和 y^2 项。

4.6.1 非协调形函数

为了改善 4 结点四边形单元的特性,根据位移函数完备性的要求,可以增加一些多项式项。威尔逊(Wilson)给 4 结点四边形单元增加了附加内部形函数(没有对应结点)

$$N_5 = (1 - \xi^2), \quad N_6 = (1 - \eta^2) \quad (4.102)$$

于是单元的位移函数为

$$\begin{cases} u = \sum_{i=1}^{4} N_i u_i + N_5 \alpha_1 + N_6 \alpha_2 \\ v = \sum_{i=1}^{4} N_i v_i + N_5 \alpha_3 + N_6 \alpha_4 \end{cases} \quad (4.103)$$

式中,形函数 $N_1 \sim N_4$ 仍为式(4.10);$\alpha_1 \sim \alpha_4$ 为附加内部自由度,但并不对应单元的某一内部点。

图 4.21 表示附加内部自由度对应形函数引起的位移,这些位移沿单元边界呈抛物线变化,在单元 4 个结点处的值为零。这些附加位移除结点外,在单元之间是不协调的,所以称做非协调形函数。因而,非协调单元不满足位移型单元收敛条件。

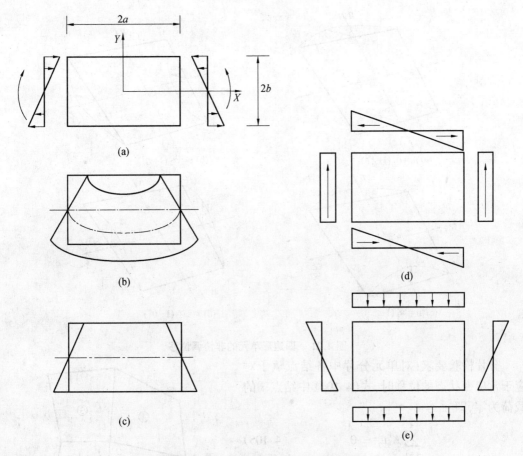

图 4.20 描述纯弯曲时矩形单元的误差

4.6.2 分片检验

对于在单元之间具有 0 阶导数的 C_0 型单元,在单元网格不断加密的情况下,应变趋于常应变,位移将保持连续,非协调单元的解仍然趋于精确解。

为了检验非协调单元能否趋于精确解,可以通过分片检验来验证单元能否满足常应变要求;如果通过分片检验,则在单元网格不断加密时,有限元解收敛于精确解。

在分片检验中,单元分片中通常至少一个结点被单元完全包围,如图 4.22 所示。图中结点 i 的平衡方程为

$$\sum_{e=1}^{n}(K_{ij}^e u_j - R_i^e) = 0 \tag{4.104}$$

式中,n 为分片中的单元数;结点 j 表示分片中除结点 i 外的其他结点。

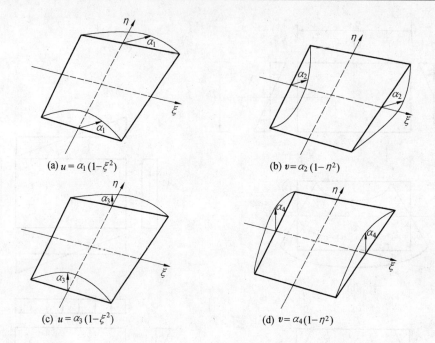

图 4.21 四边形单元的非协调位移

分片检验要求:对单元分片中各结点赋予对应于常应变状态的位移时,式(4.104)中结点 i 的载荷为零,即

$$\sum_{e=1}^{n} K_{ij}^e u_j = 0 \qquad (4.105)$$

若式(4.105)不成立,则结点 i 的平衡不满足。说明在单元交界面处存在由于位移不协调而引起的附加应变能。

分片检验的另一种表达为:对单元分片中的各边界结点赋予对应于常应变状态的位移,求解

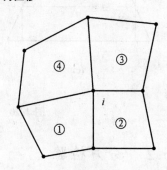

图 4.22 分片检验的单元分片

式(4.105),得到单元分片中内部结点 i 的位移 u_i;如果 u_i 与常应变状态的位移相同,则认为通过分片检验。

这种4结点平面非协调单元的概念还可推广到三维8结点、20结点以及退化壳单元之中。

4.7 过渡单元

飞机机身和航空发动机结构中,一些零部件的结构和几何形状比较复杂,用有限元法进行

结构分析时,往往需要两种或两种以上不同类型的单元来离散实际结构。例如航空发动机的叶片,叶身部分一般用板壳单元来离散,而叶根部分或叶片的伸根部分比较厚,需要用三维实体单元来离散比较合适。再如有些涡轮叶片的叶身中部较厚,可以用三维实体单元来离散,但前后缘部分比较薄,就不宜再用实体单元来离散。不同类型的单元,其结点自由度是不同的。因此,不同类型的单元直接联结往往是困难的。解决不同类型单元之间的联结问题(即单元之间的变形协调问题),可以用结点之间附加约束的方法,也可以用过渡单元的方法。一般说来,采用过渡单元方法比较简单有效。

过渡单元的一部分面(或线)上的结点自由度与某种单元(如三维实体单元)的结点自由度相同;而另一部分面(或线)上的结点自由度与另一种单元(如超参数厚壳单元)的结点自由度相同。因此,这种过渡单元能方便有效地将三维实体单元和超参数厚壳单元联结起来。这样便可以对较复杂的结构进行有限元分析。

根据联结的对象,有各种不同的过渡单元。如二维过渡单元,联结等参数平面单元和平面梁单元;轴对称过渡单元,联结轴对称等参单元和轴对称壳单元;三维过渡单元,联结三维实体单元和超参数厚壳单元;下面介绍几种典型的过渡单元。

4.7.1 轴对称和平面过渡单元

轴对称过渡单元和平面过渡单元都属于二维问题。平面过渡单元可以看做轴对称单元的退化,因此这里只讨论轴对称过渡单元。

图 4.23 表示 6 结点轴对称过渡单元。单元内任意一点的坐标和位移为

$$\begin{Bmatrix} r \\ z \end{Bmatrix} = N_1(\eta) \begin{Bmatrix} r_1 \\ z_1 \end{Bmatrix} + N_1(\eta) \xi \frac{h_1}{2} \begin{Bmatrix} \cos \varphi_1 \\ \sin \varphi_1 \end{Bmatrix} + \sum_{i=2}^{6} N_i(\xi, \eta) \begin{Bmatrix} r_i \\ z_i \end{Bmatrix} \quad (4.106)$$

$$\begin{Bmatrix} u \\ v \end{Bmatrix} = N_1(\eta) \begin{Bmatrix} u_1 \\ v_1 \end{Bmatrix} + N_1(\eta) \xi \frac{h_1}{2} \begin{Bmatrix} -\sin \varphi_1 \\ \cos \varphi_1 \end{Bmatrix} \alpha_1 + \sum_{i=2}^{6} N_i(\xi, \eta) \begin{Bmatrix} u_i \\ v_i \end{Bmatrix} \quad (4.107)$$

式中 r_1, z_1, r_i, z_i 分别为结点 1 和 i 的坐标分量;u_1, v_1, u_i, v_i 分别为结点 1 和 i 的位移分量;α_1 为结点 1 绕 θ 轴的转角;h_1 为结点 1 处的厚度;φ_1 为 r 轴与结点 1 处的厚度方向之间的夹角。式(4.106) 和式(4.107) 中的形函数为

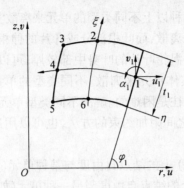

图 4.23 6 结点轴对称过渡单元

$$\begin{cases} N_1 = \frac{1}{2}\eta(\eta-1) \\ N_2 = \frac{1}{2}(1-\eta^2)(1+\xi) \\ N_3 = \frac{1}{4}(1+\xi)(1+\eta)(\xi+\eta+1) \\ N_4 = \frac{1}{2}(1-\xi^2)(1+\eta) \\ N_5 = \frac{1}{4}(1-\xi)(1+\eta)(-\xi+\eta-1) \\ N_6 = \frac{1}{2}(1-\eta^2)(1-\xi) \end{cases} \quad (4.108)$$

轴对称问题的应力矩阵和应变矩阵仍可以用式(3.1)和式(3.2)表达,单元的结点位移为

$$\{\delta\}^e = [u_1 \ v_1 \ \alpha_1 \ u_2 \ v_2 \ \cdots \ u_6 \ v_6]^T \quad (4.109)$$

根据几何方程,单元中任意一点的应变为

$$\{\varepsilon\} = \begin{Bmatrix} \varepsilon_r \\ \varepsilon_z \\ \varepsilon_\theta \\ \gamma_{rz} \end{Bmatrix} = \begin{bmatrix} \frac{\partial}{\partial r} & 0 \\ 0 & \frac{\partial}{\partial z} \\ \frac{1}{r} & 0 \\ \frac{\partial}{\partial z} & \frac{\partial}{\partial r} \end{bmatrix} \begin{Bmatrix} u \\ v \end{Bmatrix} = \begin{bmatrix} \frac{\partial}{\partial r} & 0 \\ 0 & \frac{\partial}{\partial z} \\ \frac{1}{r} & 0 \\ \frac{\partial}{\partial z} & \frac{\partial}{\partial r} \end{bmatrix} \begin{bmatrix} N_1 & 0 & -N_1\xi\frac{h_1}{2}\sin\varphi_1 \\ 0 & N_1 & N_1\xi\frac{h_1}{2}\cos\varphi_1 \end{bmatrix} \begin{Bmatrix} u_1 \\ v_1 \\ \alpha_1 \end{Bmatrix} +$$

$$\sum_{i=2}^{6} \begin{bmatrix} N_i & 0 \\ 0 & N_i \end{bmatrix} \begin{Bmatrix} u_i \\ v_i \end{Bmatrix} \quad (4.110)$$

单元的几何矩阵为

$$[B] = [B_1 \quad B_2 \quad \cdots \quad B_6] \tag{4.111}$$

其中

$$[B_1] = \begin{bmatrix} \dfrac{\partial N_1}{\partial r} & 0 & -\left(\dfrac{\partial N_1}{\partial r}\xi + \dfrac{\partial \xi}{\partial r}N_1\right)\dfrac{h_1}{2}\sin\varphi_1 \\ 0 & \dfrac{\partial N_1}{\partial z} & \left(\dfrac{\partial N_1}{\partial z}\xi + \dfrac{\partial \xi}{\partial z}N_1\right)\dfrac{h_1}{2}\cos\varphi_1 \\ \dfrac{N_1}{r} & 0 & -\dfrac{N_1}{r}\xi\dfrac{h_1}{2}\sin\varphi_1 \\ \dfrac{\partial N_1}{\partial z} & \dfrac{\partial N_1}{\partial r} & -\left(\dfrac{\partial N_1}{\partial z}\xi + \dfrac{\partial \xi}{\partial z}N_1\right)\dfrac{h_1}{2}\sin\varphi_1 + \left(\dfrac{\partial N_1}{\partial r}\xi + \dfrac{\partial \xi}{\partial r}N_1\right)\dfrac{h_1}{2}\cos\varphi_1 \end{bmatrix}$$

$$\tag{4.112a}$$

$$[B_i] = \begin{bmatrix} \dfrac{\partial N_i}{\partial r} & 0 \\ 0 & \dfrac{\partial N_i}{\partial z} \\ \dfrac{N_i}{r} & 0 \\ \dfrac{\partial N_i}{\partial z} & \dfrac{\partial N_i}{\partial r} \end{bmatrix} \quad (i = 2, 3, \cdots, 6) \tag{4.112b}$$

坐标变换矩阵为

$$[J] = \begin{bmatrix} J_{11} & J_{12} \\ J_{21} & J_{22} \end{bmatrix} = \begin{bmatrix} \dfrac{\partial r}{\partial \xi} & \dfrac{\partial z}{\partial \xi} \\ \dfrac{\partial r}{\partial \eta} & \dfrac{\partial z}{\partial \eta} \end{bmatrix} \tag{4.113}$$

式中

$$J_{11} = N_1 \dfrac{h_1}{2}\cos\varphi_1 + \sum_{i=2}^{6} \dfrac{\partial N_i}{\partial \xi} r_i$$

$$J_{12} = N_1 \dfrac{h_1}{2}\sin\varphi_1 + \sum_{i=2}^{6} \dfrac{\partial N_i}{\partial \xi} z_i$$

$$J_{21} = \dfrac{\partial N_1}{\partial \eta}\left(r_1 + \xi\dfrac{h_1}{2}\cos\varphi_1\right) + \sum_{i=2}^{6} \dfrac{\partial N_i}{\partial \eta} r_i$$

$$J_{22} = \dfrac{\partial N_1}{\partial \eta}\left(z_1 + \xi\dfrac{h_1}{2}\sin\varphi_1\right) + \sum_{i=2}^{6} \dfrac{\partial N_i}{\partial \eta} z_i$$

根据虚功原理,可以得到轴对称过渡单元刚度矩阵为

$$[K]^e = \int_{V^e} [B]^T [D] [B] \mathrm{d}V$$

这里$[K]^e$的阶次为13×13。

在过渡单元中,单元是处于平面应力还是平面应变状态需要根据具体情况而定。这里,单元是实体型的,故可按平面应变处理。弹性矩阵为

$$[D] = \frac{E(1-\mu)}{(1+\mu)(1-2\mu)} \begin{bmatrix} 1 & \Delta_1 & \Delta_1 & 0 \\ \Delta_1 & 1 & \Delta_1 & 0 \\ \Delta_1 & \Delta_1 & 1 & 0 \\ 0 & 0 & 0 & \Delta_2 \end{bmatrix}$$

式中

$$\Delta_1 = \frac{\mu}{1-\mu}, \quad \Delta_2 = \frac{1-2\mu}{2(1-\mu)}$$

轴对称过渡单元的子刚度矩阵为

$$[K_{11}]_{3 \times 3} = \int_{V^e} [B_1]^T [D] [B_1] \mathrm{d}V = 2\pi \int_{-1}^{1} \int_{-1}^{1} [B_1]^T [D] [B_1] |J| r \mathrm{d}\xi \mathrm{d}\eta \quad (4.114\mathrm{a})$$

$$[K_{i1}]_{2 \times 3} = \int_{V^e} [B_i]^T [D] [B_1] \mathrm{d}V = 2\pi \int_{-1}^{1} \int_{-1}^{1} [B_i]^T [D] [B_1] |J| r \mathrm{d}\xi \mathrm{d}\eta \quad (i = 2, 3, \cdots, 6)$$
(4.114b)

$$[K_{ij}]_{2 \times 2} = \int_{V^e} [B_i]^T [D] [B_j] \mathrm{d}V = 2\pi \int_{-1}^{1} \int_{-1}^{1} [B_i]^T [D] [B_j] |J| r \mathrm{d}\xi \mathrm{d}\eta \quad (i, j = 2, 3, \cdots, 6)$$
(4.114c)

关于二维过渡单元的公式,只需将轴对称过渡单元中周向应变所对应的项划去,并将弹性矩阵改为平面应力问题或平面应变问题的即可。

【例 4.1】 周边固支的圆板如图 4.24 所示。在圆板中心承受集中载荷 $P = 10^5$ N,圆板厚度为 0.5 cm,直径为 20 cm,材料弹性模量 $E = 3 \times 10^{11}$ N·m^{-2},计算圆板横向挠度。

解 现采用四种计算模型:(1)8 结点轴对称单元,如图 4.25(a) 所示;(2)3 结点轴对称板单元,如图 4.25(b) 所示;(3)5 结点轴对称过渡单元,如图 4.25(c) 所示;(4)8 结点轴对称单元、6 结点轴对称过渡单元和 3 结点轴对称板单元的组合,如图 4.25(d) 所示。计算结果见表 4.4。

用板壳理论的解析法求得中心挠度为 0.637 cm,从表 4.4 可见有限元解答比较令人满意。

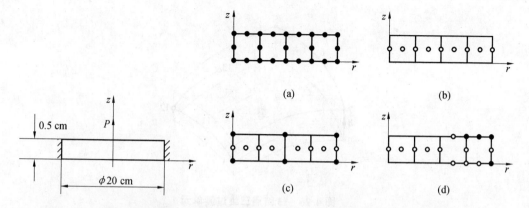

图 4.24 周边固支的圆板   图 4.25 周边固支圆板计算模型

表 4.4 周边固支圆板中心受集中力时的横向挠度　　　　cm

r 坐标	计算模型(a)	计算模型(b)	计算模型(c)	计算模型(d)
0.00	0.641	0.643	0.642	0.643
1.25	0.591	0.592	0.591	0.592
2.50	0.489	0.490	0.489	0.490
3.75	0.374	0.374	0.374	0.374
5.00	0.258	0.259	0.258	0.258
6.25	0.155	0.155	0.155	0.155
7.50	0.073	0.073	0.073	0.073
8.75	0.019	0.019	0.019	0.019
10.00	0.000	0.000	0.000	0.000

4.7.2 三维过渡单元

图 4.26 给出了 13 结点三维过渡单元。13 结点三维过渡单元联结 20 结点实体单元和 8 结点超参厚壳单元。这种单元同时具有实体单元和厚壳单元的某些特性,即有些面上的结点自由度与实体单元一致,而另一些面上的结点自由度与厚壳单元一致。

单元中任意一点的坐标为

$$\begin{Bmatrix} x \\ y \\ z \end{Bmatrix} = \sum_{i=1}^{8} N_i(\xi,\eta,\zeta) \begin{Bmatrix} x_i \\ y_i \\ z_i \end{Bmatrix} + \sum_{i=9}^{13} N_i(\xi,\eta) \left(\begin{Bmatrix} x_i \\ y_i \\ z_i \end{Bmatrix} + \frac{h_i}{2}\zeta \boldsymbol{V}_{3i} \right) \quad (4.115)$$

式中,x_i, y_i, z_i 为结点 i 的坐标分量;$\boldsymbol{V}_{3i}$ 为结点 i 处厚度方向的单位向量。

形函数为

$$N_1 = \frac{1}{8}(1-\xi)(1-\eta)\left[(1-\zeta)(-\xi-\eta-\zeta-2)+(1+\xi)\right]$$

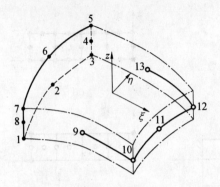

图 4.26　13 结点三维过渡单元

$$N_2 = \frac{1}{4}(1-\xi)(1-\eta^2)(1-\zeta)$$

$$N_3 = \frac{1}{8}(1-\xi)(1+\eta)[(1-\zeta)(-\xi+\eta-\zeta-2)+(1+\xi)]$$

$$N_4 = \frac{1}{8}(1-\xi)(1+\eta)[(1-\zeta^2)-(1+\xi)]$$

$$N_5 = \frac{1}{8}(1-\xi)(1+\eta)[(1+\zeta)(-\xi+\eta+\zeta-2)+(1+\xi)]$$

$$N_6 = \frac{1}{4}(1-\xi)(1-\eta^2)(1+\zeta)$$

$$N_7 = \frac{1}{8}(1-\xi)(1-\eta)[(1+\zeta)(-\xi-\eta+\zeta-2)+(1+\xi)]$$

$$N_8 = \frac{1}{8}(1-\xi)(1-\eta)[(1-\zeta^2)-(1+\xi)]$$

$$N_9 = \frac{1}{2}(1-\xi^2)(1-\eta)$$

$$N_{10} = \frac{1}{4}(1+\xi)(1-\eta)(\xi-\eta-1)$$

$$N_{11} = \frac{1}{2}(1+\xi)(1-\eta^2)$$

$$N_{12} = \frac{1}{4}(1+\xi)(1+\eta)(\xi+\eta-1)$$

$$N_{13} = \frac{1}{2}(1-\xi^2)(1+\eta)$$

单元内任意一点的位移为

$$\begin{Bmatrix} u \\ v \\ w \end{Bmatrix} = \sum_{i=1}^{8} N_i(\xi,\eta,\zeta)\begin{Bmatrix} u_i \\ v_i \\ w_i \end{Bmatrix} + \sum_{i=9}^{13} N_i(\xi,\eta)\left(\begin{Bmatrix} u_i \\ v_i \\ w_i \end{Bmatrix} + \frac{h_i}{2}\zeta[\boldsymbol{V}_{1i} \quad \boldsymbol{V}_{2i}]\begin{Bmatrix} \alpha_i \\ \beta_i \end{Bmatrix}\right) \quad (4.116)$$

式中，u_i, v_i, w_i 为结点 i 沿总体坐标 x, y, z 的位移分量；$\boldsymbol{V}_{1i}, \boldsymbol{V}_{2i}$ 是与 $\boldsymbol{V}_{3i}$ 构成局部坐标系的两

个单位向量,参见厚壳单元的定义,α_i 和 β_i 分别为绕 $\boldsymbol{V}_{2i}$ 和 $\boldsymbol{V}_{1i}$ 的转角。

式(4.116)也可简写为

$$\begin{Bmatrix} u \\ v \\ w \end{Bmatrix} = [N]\{\delta\}^e \tag{4.117}$$

式中

$$[N] = [N_1 \quad N_2 \quad \cdots \quad N_8 \quad N_9 \quad \cdots \quad N_{13}] \tag{4.118}$$

$$\{\delta\}^e = [\delta_1 \quad \delta_2 \quad \cdots \quad \delta_8 \quad \delta_9 \quad \cdots \quad \delta_{13}]^T \tag{4.119}$$

对结点 $i = 1, 2, \cdots, 8$

$$[N_i] = \begin{bmatrix} N_i & 0 & 0 \\ 0 & N_i & 0 \\ 0 & 0 & N_i \end{bmatrix}, \quad \{\delta_i\} = \begin{Bmatrix} u_i \\ v_i \\ w_i \end{Bmatrix}$$

对结点 $i = 9, 10, \cdots, 13$

$$[N_i] = \begin{bmatrix} N_i & 0 & 0 & N_i \dfrac{h_i\zeta \boldsymbol{V}_{1ix}}{2} & -N_i \dfrac{h_i\zeta \boldsymbol{V}_{2ix}}{2} \\ 0 & N_i & 0 & N_i \dfrac{h_i\zeta \boldsymbol{V}_{1iy}}{2} & -N_i \dfrac{h_i\zeta \boldsymbol{V}_{2iy}}{2} \\ 0 & 0 & N_i & N_i \dfrac{h_i\zeta \boldsymbol{V}_{1iz}}{2} & -N_i \dfrac{h_i\zeta \boldsymbol{V}_{2iz}}{2} \end{bmatrix}, \quad \{\delta_i\} = \begin{Bmatrix} u_i \\ v_i \\ w_i \\ \alpha_i \\ \beta_i \end{Bmatrix}$$

对每一结点,建立局部坐标系 $x'y'z'$,令 z' 垂直于 $\zeta = $ 常数的曲面,x' 和 y' 相切于 $\zeta = $ 常数的曲面。因此有

$$\begin{Bmatrix} x \\ y \\ z \end{Bmatrix} = [\theta] \begin{Bmatrix} x' \\ y' \\ z' \end{Bmatrix} \tag{4.120}$$

式中,$[\theta]$ 为局部坐标系的方向余弦矩阵,即

$$[\theta] = [\boldsymbol{S}_1 \quad \boldsymbol{S}_2 \quad \boldsymbol{S}_3] = \begin{bmatrix} \theta_{11} & \theta_{12} & \theta_{13} \\ \theta_{21} & \theta_{22} & \theta_{23} \\ \theta_{31} & \theta_{32} & \theta_{33} \end{bmatrix} \tag{4.121}$$

其中

$$\boldsymbol{S}_3 = \frac{\boldsymbol{S}'_3}{|\boldsymbol{S}'_3|}, \quad \boldsymbol{S}'_3 = \begin{Bmatrix} \dfrac{\partial x}{\partial \xi} \\ \dfrac{\partial y}{\partial \xi} \\ \dfrac{\partial z}{\partial \xi} \end{Bmatrix} \times \begin{Bmatrix} \dfrac{\partial x}{\partial \eta} \\ \dfrac{\partial y}{\partial \eta} \\ \dfrac{\partial z}{\partial \eta} \end{Bmatrix} \tag{4.122a}$$

$$S_1 = \frac{S'_1}{|S'_1|}, \quad S'_1 = i \times S'_3 \tag{4.122b}$$

$$S_2 = \frac{S'_2}{|S'_2|}, \quad S'_2 = S'_3 \times S'_1 \tag{4.122c}$$

为了计算单元刚度矩阵,需要将位移对坐标的导数进行两次坐标变换。

(1) 从曲线坐标系变到总体坐标系,即

$$\begin{bmatrix} \frac{\partial u}{\partial x} & \frac{\partial v}{\partial x} & \frac{\partial w}{\partial x} \\ \frac{\partial u}{\partial y} & \frac{\partial v}{\partial y} & \frac{\partial w}{\partial y} \\ \frac{\partial u}{\partial z} & \frac{\partial v}{\partial z} & \frac{\partial w}{\partial z} \end{bmatrix} = [J]^{-1} \begin{bmatrix} \frac{\partial u}{\partial \xi} & \frac{\partial v}{\partial \xi} & \frac{\partial w}{\partial \xi} \\ \frac{\partial u}{\partial \eta} & \frac{\partial v}{\partial \eta} & \frac{\partial w}{\partial \eta} \\ \frac{\partial u}{\partial \zeta} & \frac{\partial v}{\partial \zeta} & \frac{\partial w}{\partial \zeta} \end{bmatrix} \tag{4.123}$$

其中坐标变换(雅可比)矩阵为

$$[J] = \begin{bmatrix} \frac{\partial x}{\partial \xi} & \frac{\partial y}{\partial \xi} & \frac{\partial z}{\partial \xi} \\ \frac{\partial x}{\partial \eta} & \frac{\partial y}{\partial \eta} & \frac{\partial z}{\partial \eta} \\ \frac{\partial x}{\partial \zeta} & \frac{\partial y}{\partial \zeta} & \frac{\partial z}{\partial \zeta} \end{bmatrix} \tag{4.124}$$

$[J]^{-1}$ 为雅可比矩阵的逆矩阵。雅可比矩阵中的各行为

$$\begin{Bmatrix} \frac{\partial x}{\partial \xi} \\ \frac{\partial y}{\partial \xi} \\ \frac{\partial z}{\partial \xi} \end{Bmatrix} = \sum_{i=1}^{8} \frac{\partial N_i}{\partial \xi} \begin{Bmatrix} x_i \\ y_i \\ z_i \end{Bmatrix} + \sum_{i=9}^{13} \frac{\partial N_i}{\partial \xi} \left(\begin{Bmatrix} x_i \\ y_i \\ z_i \end{Bmatrix} + \frac{h_i}{2} \zeta V_{3i} \right)$$

$$\begin{Bmatrix} \frac{\partial x}{\partial \eta} \\ \frac{\partial y}{\partial \eta} \\ \frac{\partial z}{\partial \eta} \end{Bmatrix} = \sum_{i=1}^{8} \frac{\partial N_i}{\partial \eta} \begin{Bmatrix} x_i \\ y_i \\ z_i \end{Bmatrix} + \sum_{i=9}^{13} \frac{\partial N_i}{\partial \eta} \left(\begin{Bmatrix} x_i \\ y_i \\ z_i \end{Bmatrix} + \frac{h_i}{2} \zeta V_{3i} \right)$$

$$\begin{Bmatrix} \frac{\partial x}{\partial \zeta} \\ \frac{\partial y}{\partial \zeta} \\ \frac{\partial z}{\partial \zeta} \end{Bmatrix} = \sum_{i=1}^{8} \frac{\partial N_i}{\partial \zeta} \begin{Bmatrix} x_i \\ y_i \\ z_i \end{Bmatrix} + \sum_{i=9}^{13} \frac{h_i}{2} N_i \zeta V_{3i}$$

(2) 从总体坐标系变到局部坐标系,即

$$\begin{bmatrix} \dfrac{\partial u'}{\partial x'} & \dfrac{\partial v'}{\partial x'} & \dfrac{\partial w'}{\partial x'} \\ \dfrac{\partial u'}{\partial y'} & \dfrac{\partial v'}{\partial y'} & \dfrac{\partial w'}{\partial y'} \\ \dfrac{\partial u'}{\partial z'} & \dfrac{\partial v'}{\partial z'} & \dfrac{\partial w'}{\partial z'} \end{bmatrix} = [\theta]^{\mathrm{T}} \begin{bmatrix} \dfrac{\partial u}{\partial x} & \dfrac{\partial v}{\partial x} & \dfrac{\partial w}{\partial x} \\ \dfrac{\partial u}{\partial y} & \dfrac{\partial v}{\partial y} & \dfrac{\partial w}{\partial y} \\ \dfrac{\partial u}{\partial z} & \dfrac{\partial v}{\partial z} & \dfrac{\partial w}{\partial z} \end{bmatrix} [\theta] \quad (4.125)$$

将式(4.123)代入式(4.125),得到

$$\begin{bmatrix} \dfrac{\partial u'}{\partial x'} & \dfrac{\partial v'}{\partial x'} & \dfrac{\partial w'}{\partial x'} \\ \dfrac{\partial u'}{\partial y'} & \dfrac{\partial v'}{\partial y'} & \dfrac{\partial w'}{\partial y'} \\ \dfrac{\partial u'}{\partial z'} & \dfrac{\partial v'}{\partial z'} & \dfrac{\partial w'}{\partial z'} \end{bmatrix} = [\theta]^{\mathrm{T}} [J]^{-1} \begin{bmatrix} \dfrac{\partial u}{\partial \xi} & \dfrac{\partial v}{\partial \xi} & \dfrac{\partial w}{\partial \xi} \\ \dfrac{\partial u}{\partial \eta} & \dfrac{\partial v}{\partial \eta} & \dfrac{\partial w}{\partial \eta} \\ \dfrac{\partial u}{\partial \zeta} & \dfrac{\partial v}{\partial \zeta} & \dfrac{\partial w}{\partial \zeta} \end{bmatrix} [\theta] \quad (4.126)$$

令

$$[A] = [\theta][J]^{-1} \begin{bmatrix} A_{11} & A_{12} & A_{13} \\ A_{21} & A_{22} & A_{23} \\ A_{31} & A_{32} & A_{33} \end{bmatrix} \quad (4.127)$$

可以证明,矩阵$[A]$中的元素$A_{13} = A_{23} = A_{31} = A_{32} = 0$。

局部坐标系下单元中任意一点的应变为

$$\{\varepsilon'\} = \left[\dfrac{\partial u'}{\partial x'} \quad \dfrac{\partial v'}{\partial y'} \quad \dfrac{\partial w'}{\partial z'} \quad \dfrac{\partial u'}{\partial y'} + \dfrac{\partial v'}{\partial x'} \quad \dfrac{\partial w'}{\partial x'} + \dfrac{\partial u'}{\partial z'} \quad \dfrac{\partial v'}{\partial z'} + \dfrac{\partial w'}{\partial y'} \right]^{\mathrm{T}} =$$

$$\sum_{i=1}^{8} [B'_i]\{\delta'_i\} + \sum_{i=9}^{13} [B''_i]\{\delta''_i\} =$$

$$\sum_{i=1}^{8} [B'_i]\{\delta'_i\} + \sum_{i=9}^{13} [B_i] \begin{Bmatrix} u_i \\ v_i \\ w_i \end{Bmatrix} + \sum_{i=9}^{13} \dfrac{h_i}{2} [\zeta B_i + C_i] [V_{1i} \quad V_{2i}] \begin{Bmatrix} \alpha_i \\ \beta_i \end{Bmatrix}$$

$$(4.128)$$

式中

$$[B'_i] = \begin{bmatrix} a'_i & 0 & 0 \\ 0 & b'_i & 0 \\ 0 & 0 & c'_i \\ b'_i & a'_i & 0 \\ c'_i & 0 & a'_i \\ 0 & c'_i & b'_i \end{bmatrix} [\theta]^{\mathrm{T}} \quad (4.129)$$

其中

$$\begin{cases} a'_i = A_{11}\dfrac{\partial N_i}{\partial \xi} + A_{12}\dfrac{\partial N_i}{\partial \eta} \\ b'_i = A_{21}\dfrac{\partial N_i}{\partial \xi} + A_{22}\dfrac{\partial N_i}{\partial \eta} \quad (i=1,2,\cdots,8) \\ c'_i = A_{33}\dfrac{\partial N_i}{\partial \zeta} \end{cases} \tag{4.130}$$

$$[B_i] = \begin{bmatrix} a_i & 0 & 0 \\ 0 & b_i & 0 \\ 0 & 0 & 0 \\ b_i & a_i & 0 \\ 0 & 0 & a_i \\ 0 & 0 & b_i \end{bmatrix} [\theta]^{\mathrm T} \tag{4.131}$$

其中

$$\begin{cases} a_i = A_{11}\dfrac{\partial N_i}{\partial \xi} + A_{12}\dfrac{\partial N_i}{\partial \eta} \\ b_i = A_{21}\dfrac{\partial N_i}{\partial \xi} + A_{22}\dfrac{\partial N_i}{\partial \eta} \end{cases} \quad (i=9,10,\cdots,13) \tag{4.132}$$

$$[C_i] = \begin{bmatrix} 0 & 0 & 0 \\ 0 & 0 & 0 \\ 0 & 0 & A_{33}N_i \\ A_{33}N_i & 0 & 0 \\ 0 & 0 & 0 \\ 0 & A_{33}N_i & 0 \end{bmatrix} [\theta]^{\mathrm T} \tag{4.133}$$

根据虚功原理,单元刚度矩阵为

$$[K]^e = \int_{V^e} [B]^{\mathrm T}[D][B]\mathrm dV = \int_{-1}^{1}\int_{-1}^{1}\int_{-1}^{1} [B]^{\mathrm T}[D][B] \,|J|\, \mathrm d\xi\mathrm d\eta\mathrm d\zeta \tag{4.134}$$

式中,$[B]$为单元的几何矩阵,按平面应力计算,弹性矩阵为

$$[D] = \begin{bmatrix} D_1 & D_2 & D_2 & 0 & 0 & 0 \\ D_2 & D_1 & D_2 & 0 & 0 & 0 \\ D_2 & D_2 & D_1 & 0 & 0 & 0 \\ 0 & 0 & 0 & D_3 & 0 & 0 \\ 0 & 0 & 0 & 0 & D_4 & 0 \\ 0 & 0 & 0 & 0 & 0 & D_4 \end{bmatrix} \tag{4.135}$$

$$D_1 = \frac{E}{1-\mu}, \quad D_2 = \frac{E\mu}{1-\mu}, \quad D_3 = \frac{E}{2}, \quad D_4 = \frac{E}{2K}$$

式中,E 为材料的弹性模量;μ 为泊松比;K 为考虑剪切变形与旋转惯性的系数,$K = 1.215\,854\,2$。

13 结点三维过渡单元的子刚度矩阵为

$$[K_{ij}]_{3\times 3} = \int_{-1}^{1}\int_{-1}^{1}\int_{-1}^{1} [B'_i]^{\mathrm{T}}[D][B'_j] |J| \mathrm{d}\xi\mathrm{d}\eta\mathrm{d}\zeta \quad (i,j = 1,2,\cdots,8) \quad (4.136\mathrm{a})$$

$$[K_{ij}]_{3\times 5} = \int_{-1}^{1}\int_{-1}^{1}\int_{-1}^{1} [B'_i]^{\mathrm{T}}[D][B''_j] |J| \mathrm{d}\xi\mathrm{d}\eta\mathrm{d}\zeta \quad (i = 1,2,\cdots,8; j = 9,10,\cdots,13)$$
(4.136b)

$$[K_{ij}]_{5\times 5} = \int_{-1}^{1}\int_{-1}^{1}\int_{-1}^{1} [B''_i]^{\mathrm{T}}[D][B''_j] |J| \mathrm{d}\xi\mathrm{d}\eta\mathrm{d}\zeta \quad (i,j = 9,10,\cdots,13) \quad (4.136\mathrm{c})$$

式(4.136)可采用 $3\times 3\times 3$ 高斯数值积分得到。在实际应用中,采用 $2\times 2\times 2$ 高斯数值积分,也能得到较好的结果。

【例 4.2】 计算某实际压气机叶片的固有频率。采用两种计算模型:(1)24 个厚壳单元,如图 4.27(a)所示;(2)18 个厚壳单元、3 个三维过渡单元和 3 个实体单元的组合,如图 4.27(b)所示。

解 两种模型的计算结果和试验结果均列于表 4.5 中。从表中可以看出,采用过渡单元后,结果有所改善。

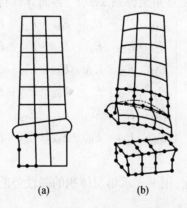

图 4.27 实际压气机叶片的计算模型

表 4.5 实际压气机叶片的固有频率　　　　　　　　　　　　　　Hz

模态	计算模型(a)	计算模型(b)	试验
1	81	76	75
2	188	180	233
3	371	350	—
4	460	440	450
5	558	514	549

4.8 参数单元在正交异性材料中的应用

随着航空事业的迅速发展,各种复合材料已经逐渐得到广泛的应用。如飞机机身、航空发动机整流罩和风扇叶片等都已经成功地采用了复合材料结构。复合材料的性质比较复杂,但从宏观力学观点看来,工程上常用的复合材料以均质正交异性居多。与均质各向同性材料相比,均质正交异性材料的性能(如弹性模量、泊松比、刚度、热膨胀系数等)具有很强的方向性。也就是说,均质正交异性材料的物理方程与均质各向同性材料是不同的,但平衡方程和几何方程仍是相同的。三维参数单元的局部坐标系 $O\xi\eta\zeta$ 可以与描绘正交异性材料的三维坐标系相对应,这就为正交异性材料的数值分析提供了方便。在有限元分析中,描述物理方程的是弹性矩阵$[D]$。在线弹性状态下,弹性矩阵除了与材料的性质有关外,还与结构的应力状态有关。对于各向异性材料,应力状态与材料的方向性密切相关。本节仅讨论各向异性材料的弹性矩阵。

4.8.1 正交各向异性材料的弹性矩阵

对于各向异性材料,只要满足弹性理论的均质、连续、弹性和小变形等基本假设,线性胡克(Hooke)定律同样可以适用。在直角坐标系 xyz 下,各向异性材料的应力应变关系为

$$\begin{Bmatrix} \sigma_x \\ \sigma_y \\ \sigma_z \\ \tau_{xy} \\ \tau_{yz} \\ \tau_{zx} \end{Bmatrix} = \begin{bmatrix} E_{11} & E_{12} & E_{13} & E_{14} & E_{15} & E_{16} \\ E_{21} & E_{22} & E_{23} & E_{24} & E_{25} & E_{26} \\ E_{31} & E_{32} & E_{33} & E_{34} & E_{35} & E_{36} \\ E_{41} & E_{42} & E_{43} & E_{44} & E_{45} & E_{46} \\ E_{51} & E_{52} & E_{53} & E_{54} & E_{55} & E_{56} \\ E_{61} & E_{62} & E_{63} & E_{64} & E_{65} & E_{66} \end{bmatrix} \begin{Bmatrix} \varepsilon_x \\ \varepsilon_y \\ \varepsilon_z \\ \gamma_{xy} \\ \gamma_{yz} \\ \gamma_{zx} \end{Bmatrix} \quad (4.137)$$

式中, E_{ij} 为弹性系数。

如果弹性变形是等温变化,用 V 表示单位体积的弹性势能(弹性应变能的函数),则有下列关系

$$\sigma_x = \frac{\partial V}{\partial \varepsilon_x}, \quad \sigma_y = \frac{\partial V}{\partial \varepsilon_y}, \quad \cdots, \quad \tau_{zx} = \frac{\partial V}{\partial \gamma_{zx}}$$

由此可得

$$\frac{\partial \sigma_x}{\partial \varepsilon_y} = \frac{\partial \sigma_y}{\partial \varepsilon_x}, \quad \frac{\partial \sigma_x}{\partial \varepsilon_z} = \frac{\partial \sigma_z}{\partial \varepsilon_x}, \quad \cdots$$

因此,弹性系数 E_{ij} 之间的关系为

$$E_{ij} = E_{ji} \quad (i,j = 1,2,\cdots,6) \quad (4.138\mathrm{a})$$

第4章 参数单元

由于对称,各向异性弹性体具有的独立特性系数从36个减少为21个。

此外,由于弹性特性的对称性,因此具有三个对称轴 x, y, z。若坐标系 xyz 绕 y 轴旋转 $180°$,弹性性质不变。设旋转后的坐标系为 $x'y'z'$,则仅 x 和 z 坐标发生变化,即

$$\gamma_{yz} = -\gamma_{y'z'}, \quad \gamma_{xy} = -\gamma_{x'y'}, \quad \tau_{yz} = -\tau_{y'z'}, \quad \tau_{xy} = -\tau_{x'y'}$$

将它们代入式(4.137),可以得到

$$E_{14} = E_{15} = E_{24} = E_{25} = E_{34} = E_{35} = E_{46} = E_{56} = 0 \tag{4.138b}$$

这样独立的弹性系数减少为13个。

再将坐标系 xyz 绕 x 轴旋转 $180°$,弹性性质也不变。旋转后的坐标系为 $x'y'z'$,则仅 y 和 z 坐标发生变化,即

$$\gamma_{xy} = -\gamma_{x'y'}, \quad \gamma_{zx} = -\gamma_{z'x'}, \quad \tau_{xy} = -\tau_{x'y'}, \quad \tau_{zx} = -\tau_{z'x'}$$

将它们代入式(4.137),可以得到

$$E_{16} = E_{26} = E_{36} = E_{45} = 0 \tag{4.138c}$$

现在不必再将坐标系 xyz 绕 z 旋转 $180°$,因为对 yOz 平面对称,对 xOz 平面对称,必然对 xOy 平面对称。因此,对于正交异性弹性体,独立的弹性系数最后减少为9个。这样式(4.137)成为

$$\begin{Bmatrix} \sigma_x \\ \sigma_y \\ \sigma_z \\ \tau_{xy} \\ \tau_{yz} \\ \tau_{zx} \end{Bmatrix} = \begin{bmatrix} E_{11} & E_{12} & E_{13} & 0 & 0 & 0 \\ E_{21} & E_{22} & E_{23} & 0 & 0 & 0 \\ E_{31} & E_{32} & E_{33} & 0 & 0 & 0 \\ 0 & 0 & 0 & E_{44} & 0 & 0 \\ 0 & 0 & 0 & 0 & E_{55} & 0 \\ 0 & 0 & 0 & 0 & 0 & E_{66} \end{bmatrix} \begin{Bmatrix} \varepsilon_x \\ \varepsilon_y \\ \varepsilon_z \\ \gamma_{xy} \\ \gamma_{yz} \\ \gamma_{zx} \end{Bmatrix} = [D]\{\varepsilon\} \tag{4.139}$$

式中,矩阵 $[D]$ 就是正交异性材料的弹性矩阵。其中的弹性系数 $E_{11}, E_{12}, \cdots$ 可以由各向异性材料的应力应变分量之间的关系得到

$$\begin{cases} \varepsilon_x = \dfrac{\sigma_x}{E_1} - \mu_{12}\dfrac{\sigma_y}{E_2} - \mu_{13}\dfrac{\sigma_z}{E_3}, & \gamma_{xy} = \dfrac{\tau_{xy}}{G_{12}} \\ \varepsilon_y = \dfrac{\sigma_y}{E_2} - \mu_{23}\dfrac{\sigma_z}{E_3} - \mu_{21}\dfrac{\sigma_x}{E_1}, & \gamma_{yz} = \dfrac{\tau_{yz}}{G_{23}} \\ \varepsilon_z = \dfrac{\sigma_z}{E_3} - \mu_{31}\dfrac{\sigma_x}{E_1} - \mu_{32}\dfrac{\sigma_y}{E_2}, & \gamma_{zx} = \dfrac{\tau_{zx}}{G_{31}} \end{cases} \tag{4.140}$$

从式(4.140)可以看出,$E_{44} = G_{12}, E_{55} = G_{23}, E_{66} = G_{31}$,其他系数可通过求逆运算得到。式中 $E_1, E_2, E_3, G_{12}, G_{23}, G_{31}$ 和 $\mu_{12}, \mu_{23}, \mu_{31}$ 分别表示三个坐标轴方向的弹性模量、剪切弹性模量和泊松比。

将式(4.140)表示为矩阵形式

$$\begin{Bmatrix} \varepsilon_x \\ \varepsilon_y \\ \varepsilon_z \\ \gamma_{xy} \\ \gamma_{yz} \\ \gamma_{zx} \end{Bmatrix} = \begin{bmatrix} \dfrac{1}{E_1} & -\dfrac{\mu_{12}}{E_2} & -\dfrac{\mu_{13}}{E_3} & 0 & 0 & 0 \\ -\dfrac{\mu_{21}}{E_1} & \dfrac{1}{E_2} & -\dfrac{\mu_{23}}{E_3} & 0 & 0 & 0 \\ -\dfrac{\mu_{31}}{E_1} & -\dfrac{\mu_{32}}{E_2} & \dfrac{1}{E_3} & 0 & 0 & 0 \\ 0 & 0 & 0 & \dfrac{1}{G_{12}} & 0 & 0 \\ 0 & 0 & 0 & 0 & \dfrac{1}{G_{23}} & 0 \\ 0 & 0 & 0 & 0 & 0 & \dfrac{1}{G_{31}} \end{bmatrix} \begin{Bmatrix} \sigma_x \\ \sigma_y \\ \sigma_z \\ \tau_{xy} \\ \tau_{yz} \\ \tau_{zx} \end{Bmatrix} \quad (4.141)$$

由此可以得到弹性矩阵为

$$[D] = \begin{bmatrix} [E] & 0 \\ 0 & [G] \end{bmatrix} \quad (4.142)$$

$$[E]^{-1} = \begin{bmatrix} \dfrac{1}{E_1} & -\dfrac{\mu_{12}}{E_2} & -\dfrac{\mu_{13}}{E_3} \\ -\dfrac{\mu_{21}}{E_1} & \dfrac{1}{E_2} & -\dfrac{\mu_{23}}{E_3} \\ -\dfrac{\mu_{31}}{E_1} & -\dfrac{\mu_{32}}{E_2} & \dfrac{1}{E_3} \end{bmatrix}, \quad [G] = \begin{bmatrix} G_{12} & 0 & 0 \\ 0 & G_{23} & 0 \\ 0 & 0 & G_{31} \end{bmatrix}$$

从式(4.142)中的$[E]^{-1}$可以得到弹性模量$E_{11},E_{12},\cdots$与$E_1,E_2,\cdots,\mu_{12},\mu_{23},\cdots$之间的关系。

4.8.2 正交各向异性材料弹性矩阵的方向性

弹性矩阵$[D]$中的弹性系数取决于材料不同方向上的特性,式(4.142)是材料处于特性主轴方向的弹性矩阵,它的各个弹性系数是在材料特性主轴方向上测得的。在实际结构中,通常正交异性材料的特性主轴与结构的应力方向不一致,因此无法直接应用式(4.142),需要进行变换。下面以二维正交异性板为例,讨论正交异性材料弹性矩阵的变换。

图 4.28 为正交异性二维板。设 x_M 和 y_M 轴为正交异性板主轴,x_G 和 y_G 方向为结构的应力坐标方向,它们之间的夹角为 θ。用 (l_1,m_1) 和 (l_2,m_2) 分别表示 x_G 和 y_G 轴相对于 x_M 和 y_M 轴的方向余弦,因此,x_G 和 y_G 方向的应力向量$\{\sigma\}_G$与主轴方向的应力向量$\{\sigma\}_M$之间的关系为

$$\left\{\begin{array}{c}\sigma_x\\ \sigma_y\\ \tau_{xy}\end{array}\right\}_G = \begin{bmatrix} l_1^2 & m_1^2 & 2l_1m_1 \\ l_2^2 & m_2^2 & 2l_2m_2 \\ l_1l_2 & m_1m_2 & l_1m_2+l_2m_1 \end{bmatrix} \left\{\begin{array}{c}\sigma_x\\ \sigma_y\\ \tau_{xy}\end{array}\right\}_M \tag{4.143}$$

式中

$$l_1 = m_2 = l = \cos\theta, \quad m_1 = -l_2 = m = \sin\theta \tag{4.144}$$

则

$$\left\{\begin{array}{c}\sigma_x\\ \sigma_y\\ \tau_{xy}\end{array}\right\}_G = \begin{bmatrix} l^2 & m^2 & 2lm \\ m^2 & l^2 & -2lm \\ -lm & lm & l^2-m^2 \end{bmatrix} \left\{\begin{array}{c}\sigma_x\\ \sigma_y\\ \tau_{xy}\end{array}\right\}_M \tag{4.145}$$

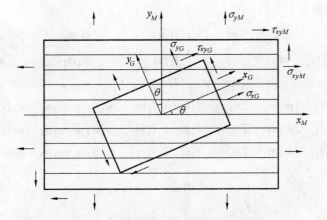

图 4.28　正交异性二维板的应力分量变换

同理可得应变向量之间的关系为

$$\left\{\begin{array}{c}\varepsilon_x\\ \varepsilon_y\\ \gamma_{xy}\end{array}\right\}_G = \begin{bmatrix} l_1^2 & m_1^2 & l_1m_1 \\ l_2^2 & m_2^2 & l_2m_2 \\ 2l_1l_2 & 2m_1m_2 & l_1m_2+l_2m_1 \end{bmatrix} \left\{\begin{array}{c}\varepsilon_x\\ \varepsilon_y\\ \gamma_{xy}\end{array}\right\}_M \tag{4.146}$$

将式(4.144)代入式(4.146)得到

$$\left\{\begin{array}{c}\varepsilon_x\\ \varepsilon_y\\ \gamma_{xy}\end{array}\right\}_G = \begin{bmatrix} l^2 & m^2 & lm \\ m^2 & l^2 & -lm \\ -2lm & 2lm & l^2-m^2 \end{bmatrix} \left\{\begin{array}{c}\varepsilon_x\\ \varepsilon_y\\ \gamma_{xy}\end{array}\right\}_M \tag{4.147}$$

类似可以得到三维应力向量的转换关系为

$$\begin{Bmatrix} \sigma_x \\ \sigma_y \\ \sigma_z \\ \tau_{xy} \\ \tau_{yz} \\ \tau_{zx} \end{Bmatrix}_G = \begin{bmatrix} l_1^2 & m_1^2 & n_1^2 & 2l_1m_1 & 2m_1n_1 & 2n_1l_1 \\ l_2^2 & m_2^2 & n_2^2 & 2l_2m_2 & 2m_2n_2 & 2n_2l_2 \\ l_3^2 & m_3^2 & n_3^2 & 2l_3m_3 & 2m_3n_3 & 2n_3l_3 \\ l_1l_2 & m_1m_2 & n_1n_2 & l_1m_2+l_2m_1 & m_1n_2+m_2n_1 & n_1l_2+n_2l_1 \\ l_2l_3 & m_2m_3 & n_2n_3 & l_2m_3+l_3m_2 & m_2n_3+m_3n_2 & n_2l_3+n_3l_2 \\ l_3l_1 & m_3m_1 & n_3n_1 & l_3m_1+l_1m_3 & m_3n_1+m_1n_3 & n_3l_1+n_1l_3 \end{bmatrix} \begin{Bmatrix} \sigma_x \\ \sigma_y \\ \sigma_z \\ \tau_{xy} \\ \tau_{yz} \\ \tau_{zx} \end{Bmatrix}_M$$

(4.148a)

可简写为

$$\{\sigma\}_G = [T_\sigma]\{\sigma\}_M \tag{4.148b}$$

三维应变向量的转换关系为

$$\begin{Bmatrix} \varepsilon_x \\ \varepsilon_y \\ \varepsilon_z \\ \gamma_{xy} \\ \gamma_{yz} \\ \gamma_{zx} \end{Bmatrix}_G = \begin{bmatrix} l_1^2 & m_1^2 & n_1^2 & l_1m_1 & m_1n_1 & n_1l_1 \\ l_2^2 & m_2^2 & n_2^2 & l_2m_2 & m_2n_2 & n_2l_2 \\ l_3^2 & m_3^2 & n_3^2 & l_3m_3 & m_3n_3 & n_3l_3 \\ 2l_1l_2 & 2m_1m_2 & 2n_1n_2 & l_1m_2+l_2m_1 & m_1n_2+m_2n_1 & n_1l_2+n_2l_1 \\ 2l_2l_3 & 2m_2m_3 & 2n_2n_3 & l_2m_3+l_3m_2 & m_2n_3+m_3n_2 & n_2l_3+n_3l_2 \\ 2l_3l_1 & 2m_3m_1 & 2n_3n_1 & l_3m_1+l_1m_3 & m_3n_1+m_1n_3 & n_3l_1+n_1l_3 \end{bmatrix} \begin{Bmatrix} \varepsilon_x \\ \varepsilon_y \\ \varepsilon_z \\ \gamma_{xy} \\ \gamma_{yz} \\ \gamma_{zx} \end{Bmatrix}_M$$

(4.149a)

可简写为

$$\{\varepsilon\}_G = [T_\varepsilon]\{\varepsilon\}_M \tag{4.149b}$$

由式(4.141)、式(4.148)和式(4.149)可以得到

$$\{\sigma\}_G = [T_\sigma]^{-1}[D][T_\varepsilon]\{\varepsilon\}_G \tag{4.150}$$

因此结构弹性矩阵为

$$[D]_G = [T_\sigma]^{-1}[D][T_\varepsilon] \tag{4.151}$$

用 $[D]_G$ 来计算单元刚度矩阵,就可以进行正交异性材料结构的分析。

习 题

4-1 已知结点函数值 $\varphi_i(i=1,2,3,4)$ 如图4.29所示,结点自由度为1。试推导一维2结点、3结点及4结点单元的形函数。

4-2 结点矩形单元如图4.30所示,试问选用什么样的插值模型才能满足对场函数所提出的要求。

4-3 试构造如图4.31所示的两种过渡单元在 $\overline{23}$ 边上诸结点的形函数。

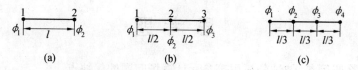

图 4.29

4-4 等参元的位移分量和坐标变换式为

$$u = \sum N_i u_i, \quad v = \sum N_i v_i$$
$$x = \sum N_i x_i, \quad y = \sum N_i y_i$$

试证明单元能产生刚体位移所满足的条件为

$$\sum N_i = 1$$

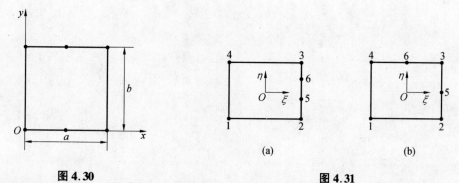

图 4.30　　　　　图 4.31

4-5 假定场变量 ϕ 是由二次插值模型逼近,计算如图 4.32 所示的 8 结点等参元在 $\xi = 1/2, \eta = 1/2$ 处的偏导数 $\partial N_i / \partial x$ 和 $\partial N_i / \partial y$ 的值。

4-6 8 结点环形等参元如图 4.33 所示,在 $R = R_0$ 处表面受线性分布的载荷作用,试求结点 1,2,3 处的等效结点载荷。

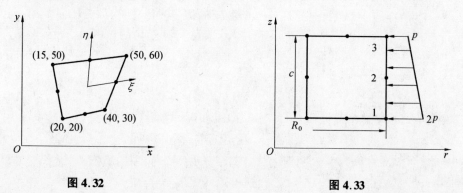

图 4.32　　　　　图 4.33

思 考 题

4-1 什么叫等参元?试分析用等参元计算场问题的优缺点。
4-2 为什么等参元能满足有限元解收敛于真实解的基本条件?
4-3 如何考虑结构在不均匀温度下的热载荷和热应力?
4-4 高斯数值积分中,选取高斯点数目的原则是什么?其对计算结果有何影响?
4-5 实现等参变换的基本条件是什么?

第5章 有限元方程的解法

5.1 引 言

用有限元法进行结构应力分析时,其解题的一般步骤是首先将计算对象的结构形状进行简化,并根据承载状况、边界条件转化为力学模型。然后将结构理想化成有限个单元的组合体(即结构离散化),因而确定了单元的各种信息(如结点的坐标及编号等)。经过计算单元刚度矩阵,形成结构总体刚度矩阵和总体载荷列阵,引入几何边界条件,解线性代数方程组

$$[K]\{\delta\} = \{R\}$$

求出结点位移$\{\delta\}$,最后计算应力,在计算机上的流程图如图 5.1 所示。

有限元分析的效率很大程度上取决于求解这个庞大的线性代数方程组,解方程组的时间在整个解题时间中占有很大比重。若采用不适当的解题方法,不仅计算时间增多,计算费用加大,更严重的有可能导致求解过程的不稳定或求解失败。

求解线性代数方程组的方法大致可以分为直接法和迭代法两类。

1. 直接法

通过有限次算术运算求出方程组的解,以高斯消去法为基础,求解效率高。在方程组的阶数不太高时(如不超过 10 000 阶),通常采用直接法。直接法包括高斯消去法、三角分解法以及以这两种方法为基础,适用于更大型方程组求解的波前法、块追赶法和子结构法等。当方程组的阶数过高时,由于计算机有效位数的限制,直接法中的舍入误差,消元中有效位数的损失等都将会影响方程求解的精度,这时可采用迭代法。

2. 迭代法

迭代法是用某一极限过程逐步逼近真实解,当然不能进行无穷多次的反复计算,而只能用有限次运算达到某一预定的精度,如赛德尔(Seidel)法和超松弛法等。

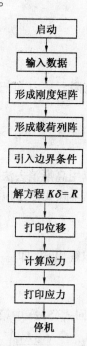

图 5.1 程序流程图

5.2 高斯消去法

高斯消去法是一种古老而又比较成熟的解线性代数方程组的方法。在计算机问世以后,它仍然是解线性代数方程组最常用和最有效的方法之一。它的基本思想是逐行逐次消去一个未知数,最后将原方程变成一个等价的三角形方程,再经逐个回代,就能解出全部的未知数。下面以结构刚度方程为例来说明高斯消去法的计算步骤。

设有刚度方程

$$\begin{bmatrix} K_{11} & K_{12} & \cdots & K_{1n} \\ K_{21} & K_{22} & \cdots & K_{2n} \\ \vdots & \vdots & & \vdots \\ K_{n1} & K_{n2} & \cdots & K_{nn} \end{bmatrix} \begin{Bmatrix} \delta_1 \\ \delta_2 \\ \vdots \\ \delta_n \end{Bmatrix} = \begin{Bmatrix} R_1 \\ R_2 \\ \vdots \\ R_n \end{Bmatrix} \tag{5.1}$$

将式(5.1)改写成

$$\begin{cases} K_{11}\delta_1 + K_{12}\delta_2 + \cdots + K_{1n}\delta_n = R_1 \\ K_{21}\delta_1 + K_{22}\delta_2 + \cdots + K_{2n}\delta_n = R_2 \\ \vdots \\ K_{n1}\delta_1 + K_{n2}\delta_2 + \cdots + K_{nn}\delta_n = R_n \end{cases} \tag{5.2}$$

在有限元法中,由于消除结构刚体位移后的刚度矩阵为正定矩阵,即矩阵各主子阵

$$K_{11} > 0, \quad \begin{vmatrix} K_{11} & K_{12} \\ K_{21} & K_{22} \end{vmatrix} > 0, \quad \begin{vmatrix} K_{11} & K_{12} & K_{13} \\ K_{21} & K_{22} & K_{23} \\ K_{31} & K_{32} & K_{33} \end{vmatrix} > 0, \quad \cdots$$

因此可以用高斯消去法求解。

用 K_{11} 除式(5.2)中的第一个方程,可得

$$\delta_1 + \frac{K_{12}}{K_{11}}\delta_2 + \cdots + \frac{K_{1n}}{K_{11}}\delta_n = \frac{R_1}{K_{11}}$$

由此可以解出 δ_1,即

$$\delta_1 = -\frac{K_{12}}{K_{11}}\delta_2 - \cdots - \frac{K_{1n}}{K_{11}}\delta_n + \frac{R_1}{K_{11}}$$

将 δ_1 代回式(5.2)中第 2 至第 n 个方程,经整理后得

$$\left(K_{22} - \frac{K_{21}K_{12}}{K_{11}}\right)\delta_2 + \left(K_{23} - \frac{K_{21}K_{13}}{K_{11}}\right)\delta_3 + \cdots + \left(K_{2n} - \frac{K_{21}K_{1n}}{K_{11}}\right)\delta_n = R_2 - \frac{K_{21}}{K_{11}}R_1$$

$$\vdots$$

$$\left(K_{n2} - \frac{K_{n1}K_{12}}{K_{11}}\right)\delta_2 + \left(K_{n3} - \frac{K_{n1}K_{13}}{K_{11}}\right)\delta_3 + \cdots + \left(K_{nn} - \frac{K_{n1}K_{1n}}{K_{11}}\right)\delta_n = R_n - \frac{K_{n1}}{K_{11}}R_1$$

原方程变为

$$\delta_1 + \frac{K_{12}}{K_{11}}\delta_2 + \cdots + \frac{K_{1n}}{K_{11}}\delta_n = \frac{R_1}{K_{11}}$$

$$\left(K_{22} - \frac{K_{21}K_{12}}{K_{11}}\right)\delta_2 + \left(K_{23} - \frac{K_{21}K_{13}}{K_{11}}\right)\delta_3 + \cdots + \left(K_{2n} - \frac{K_{21}K_{1n}}{K_{11}}\right)\delta_n = R_2 - \frac{K_{21}}{K_{11}}R_1$$

$$\vdots$$

$$\left(K_{n2} - \frac{K_{n1}K_{12}}{K_{11}}\right)\delta_2 + \left(K_{n3} - \frac{K_{n1}K_{13}}{K_{11}}\right)\delta_3 + \cdots + \left(K_{nn} - \frac{K_{n1}K_{1n}}{K_{11}}\right)\delta_n = R_n - \frac{K_{n1}}{K_{11}}R_1$$

写成矩阵形式

$$\begin{bmatrix} 1 & \frac{K_{12}}{K_{11}} & \cdots & \frac{K_{1n}}{K_{11}} \\ 0 & K_{22} - \frac{K_{21}K_{12}}{K_{11}} & \cdots & K_{2n} - \frac{K_{21}K_{1n}}{K_{11}} \\ \vdots & \vdots & & \vdots \\ 0 & K_{n2} - \frac{K_{n1}K_{12}}{K_{11}} & \cdots & K_{nn} - \frac{K_{n1}K_{1n}}{K_{11}} \end{bmatrix} \begin{Bmatrix} \delta_1 \\ \delta_2 \\ \vdots \\ \delta_n \end{Bmatrix} = \begin{Bmatrix} \frac{R_1}{K_{11}} \\ R_2 - \frac{K_{21}}{K_{11}}R_1 \\ \vdots \\ R_n - \frac{K_{n1}}{K_{11}}R_1 \end{Bmatrix}$$

可以将上式改写为

$$\begin{bmatrix} 1 & K_{12}^{(1)} & K_{13}^{(1)} & \cdots & K_{1n}^{(1)} \\ 0 & K_{22}^{(1)} & K_{23}^{(1)} & \cdots & K_{2n}^{(1)} \\ \vdots & \vdots & \vdots & & \vdots \\ 0 & K_{n2}^{(1)} & K_{n3}^{(1)} & \cdots & K_{nn}^{(1)} \end{bmatrix} \begin{Bmatrix} \delta_1 \\ \delta_2 \\ \vdots \\ \delta_n \end{Bmatrix} = \begin{Bmatrix} R_1^{(1)} \\ R_2^{(1)} \\ \vdots \\ R_n^{(1)} \end{Bmatrix}$$

式中的右上标(1)表示第一次消元。这样可将矩阵$[K]$的第一列元素,除对角线元素为1外,其余均化为零。

第二次消元时,是对降一阶的矩阵进行同样化约。这时第二行各元素要除以$K_{22} - \frac{K_{21}K_{12}}{K_{11}}$。由于是正定阵,即$K_{22} - \frac{K_{21}K_{12}}{K_{11}} > 0$,故可以进行化约。这样做$n$次后,就可以使矩阵$[K]$成为对角线元素均为1的上三角阵。这个过程称为消元过程,其具体步骤可用下列公式表达。

第一次消元时,第一行各元素为

$$K_{1j}^{(1)} = \frac{K_{1i}}{K_{11}}(j = 1,2,\cdots,n), \quad R_1^{(1)} = \frac{R_1}{K_{11}}$$

其他各行元素为

$$\begin{cases} K_{ij}^{(1)} = K_{ij} - K_{i1}\dfrac{K_{1j}}{K_{11}} \\ R_i^{(1)} = R_i - K_{i1}\dfrac{R_1}{K_{11}} \end{cases} \quad (i=2,3,\cdots,n;j=1,2,\cdots,n)$$

第二次消元时,第二行各元素为

$$K_{2j}^{(2)} = \frac{K_{2j}^{(1)}}{K_{22}^{(1)}}(j=2,3,\cdots,n), \quad R_2^{(2)} = \frac{R_2^{(1)}}{K_{22}^{(1)}}$$

其他各行元素为

$$\begin{cases} K_{ij}^{(2)} = K_{ij}^{(1)} - K_{i2}^{(1)}\dfrac{K_{2j}^{(1)}}{K_{22}^{(1)}} \\ R_i^{(2)} = R_i^{(1)} - K_{i2}^{(1)}\dfrac{R_2^{(1)}}{K_{22}^{(1)}} \end{cases} \quad (i=3,4,\cdots,n;j=2,3,\cdots,n)$$

第 l 次消元时,第 l 行各元素为

$$K_{lj}^{(l)} = \frac{K_{2j}^{(l-1)}}{K_{ll}^{(l-1)}}(j=l,l+1,\cdots,n), \quad R_l^{(l)} = \frac{R_l^{(l-1)}}{K_{ll}^{(l-1)}}$$

其他各行元素为

$$\begin{cases} K_{ij}^{(l)} = K_{ij}^{(l-1)} - K_{il}^{(l-1)}\dfrac{K_{lj}^{(l-1)}}{K_{ll}^{(l-1)}} \\ R_i^{(l)} = R_i^{(l-1)} - K_{il}^{(l-1)}\dfrac{R_l^{(l-1)}}{K_{ll}^{(l-1)}} \end{cases} \quad (i=l+1,l+2,\cdots,n;j=l,l+1,\cdots,n)$$

第 n 次消元时,第 n 行各元素为

$$K_{nn}^{(n)} = \frac{K_{nn}^{(n-1)}}{K_{nn}^{(n-1)}} = 1, \quad R_n^{(n)} = \frac{R_n^{(n-1)}}{K_{nn}^{(n-1)}}$$

至此,消元过程全部结束,得

$$\begin{bmatrix} 1 & \tilde{K}_{12} & \tilde{K}_{13} & \cdots & \tilde{K}_{1,n-1} & \tilde{K}_{1n} \\ 0 & 1 & \tilde{K}_{23} & \cdots & \tilde{K}_{2,n-1} & \tilde{K}_{2n} \\ 0 & 0 & 1 & \cdots & \vdots & \vdots \\ 0 & 0 & 0 & \cdots & 1 & \tilde{K}_{n-1,n} \\ 0 & 0 & 0 & \cdots & 0 & 1 \end{bmatrix} \begin{Bmatrix} \delta_1 \\ \delta_2 \\ \vdots \\ \delta_{n-1} \\ \delta_n \end{Bmatrix} = \begin{Bmatrix} \tilde{R}_1 \\ \tilde{R}_2 \\ \vdots \\ \tilde{R}_{n-1} \\ \tilde{R}_n \end{Bmatrix} \quad (5.3)$$

将上式展开得

第5章 有限元方程的解法

$$\begin{cases} \delta_1 + \tilde{K}_{12}\delta_2 + \tilde{K}_{13}\delta_3 + \cdots + \tilde{K}_{1n}\delta_n = \tilde{R}_1 \\ \delta_2 + \tilde{K}_{23}\delta_3 + \cdots + \tilde{K}_{2n}\delta_n = \tilde{R}_2 \\ \vdots \\ \delta_{n-1} + \tilde{K}_{n-1\,n}\delta_n = \tilde{R}_{n-1} \\ \delta_n = \tilde{R}_n \end{cases}$$

将上式中最后一行 $\delta_n = \tilde{R}_n$ 代入上一行中,就可以解出 δ_{n-1},再以 δ_n,δ_{n-1} 代入更上一行,又可以得出 δ_{n-2},依此类推,便可以自下而上地求出全部结点未知量。归纳为如下公式

$$\delta_i = \tilde{R}_i - \sum_{k=i+1}^{n} \tilde{K}_{in}\delta_k \quad (i = n-1, n-2, \cdots, 1) \tag{5.4}$$

因此,用高斯消去法解方程组时,分为两大步骤:第一步将系数矩阵化为对角元为 1 的上三角阵,称为消元过程;第二步将方程式(5.4)中的结点未知量逐个求出,称为回代过程。

5.3 波前法

采用高斯消去法时,方程一般都按结点自然编号的次序排列,因而在有些情况下,如复连体问题,按自然次序的带宽很大,而且中间夹有大量的零元素,占据计算机的内存。为了减少在计算机中的存贮量,提高求解效率,以解决求解大型线性代数方程组时计算机容量的不足,在高斯消去法的基础上发展了一种求解方法——波前法。

波前法最早是 B. M. Irons 提出的,并给出了求解对称方程组的程序。以后由 P. Hood 发展到求解非对称方程组。本节只介绍对称正定方程组的波前法。

设用有限元法形成了一个 n 阶对称正定的平衡方程

$$[K]\{\delta\} = \{R\} \tag{5.5}$$

式中,$[K]$ 为刚度矩阵;$\{\delta\}$ 为未知结点位移列阵;$\{R\}$ 为载荷列阵。波前法利用式(5.5)中的系数矩阵 $[K]$ 和载荷列阵 $\{R\}$ 是由单元刚度矩阵和单元等效结点载荷逐步叠加而集成的这种特点,不要求把全部 n 个结点的系数矩阵和载荷列阵叠加完毕再求解方程式(5.5),而是对于第 s 个未知量,只要与 δ_s 有关的单元刚度矩阵元素叠加完毕,接着就可以用高斯消去法对 δ_s 进行消元运算,可先解出

$$\delta_s = -\sum_{\substack{j=1 \\ j \neq s}}^{n} \frac{K_{sj}}{K_{ss}}\delta_j + \frac{R_s}{K_{ss}}$$

再从式(5.5)消去未知量 δ_s,就得到 $n-1$ 阶方程组

$$-\sum_{\substack{j=1 \\ j \neq s}}^{n} \bar{K}_{ij}\delta_j = \bar{R}_i \quad (i = 1, 2, \cdots, s-1, s+1, \cdots, n) \tag{5.6}$$

式中

$$\begin{cases} \bar{K}_{ij} = K_{ij} - K_{is}\dfrac{K_{sj}}{K_{ss}}(i,j \neq s) \\ \bar{R}_i = R_i - R_s\dfrac{K_{is}}{K_{ss}} \end{cases} \quad (5.7)$$

如果将单元刚度矩阵系数和等效结点载荷的叠加集成与消元运算两个计算过程结合在一起,就构成了波前法的消元过程。

下面以图 5.2 为例说明波前法的原理与步骤。为简单起见,假设结点的自由度为 1(如温度场计算),相应的单元和结点编号见表 5.1。单元系数叠加次序按单元编码顺序进行。

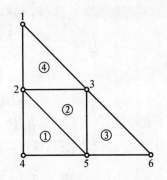

图 5.2 波前法集成示意图

表 5.1 单元结点信息

结点号 单元号	i	j	m
1	2	4	5
2	2	5	3
3	5	6	3
4	2	3	1

设单元 i 的单元系数形成后,每个系数应按单元结点号的排列次序进入计算机内存指定的区域 A,而不按它们所对应的结点号数值确定叠加位置。从 $i = 1$ 开始,叠加时首先进入单元①中对应 2 号结点的元素,存放在区域 A 的第一列,对应于 4 号结点的元素存放在第二列,对应于 5 号结点的元素存放在第三列,如图 5.3(a) 所示。在 $[K]$ 和 $\{R\}$ 中叠加尚未完毕的自由度称为活动变量,叠加完毕的自由度称为不活动变量。不活动变量可以作为主元行对其他非主元行的元素进行消元。叠加到内存中的活动变量构成波前,波前中变量数称为波前宽,记作 w。

从图 5.3(a) 可以看出,自由度 4 已经叠加运算完毕,是不活动变量,可作为主元,用 ④ 表示,这些主元行列的元素记作 $\otimes$,而其他行列为被消元修正的元素。对这些集成完毕的行列可立即按式 (5.7),取 $s = 4$ 进行消元,在消元进行完成后,主元行列的元素 K_{ij}, R_i 立即调离内存,存入缓冲区或外存,共有 $w + 1$ 个数,等待回代时再调入内存。

从式 (5.7) 可知,对未知量 $P_s\delta_s$ 的消元并不需要等式 (5.5) 全部叠加完毕后再进行,只要主元行的 $K_{si}(= K_{is})$ 及右端项 P_sR_s,集成完毕就可以进行。

送入外存的元素是代数方程组中的一个方程的系数和自由项,即

$$K_{i1}\delta_1 + K_{i2}\delta_2 + \cdots + K_{ii}\delta_i + \cdots = R_i$$

方程内由哪些自由度 $(\delta_1, \delta_2, \cdots \delta_i, \cdots)$ 组成,由主元 i 未送出内存时的波前决定,因此在将主元行的元素送入外存前需记录有关信息:主元号 B,主元在波前中的位置 I,以及波前宽 w。以

后需要这些信息恢复波前。

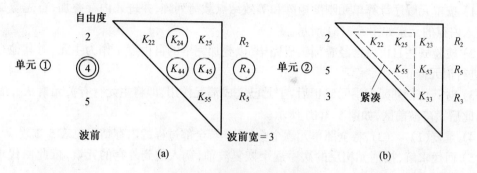

图 5.3 波前法解题示意图

此后,紧凑波前,将自由度 5 前移,并叠加单元 ②,如图 5.3(b) 所示。

在波前中各个叠加完毕或成熟了的行都消去以后,继续按单元序号形成单元系数,并进行叠加,叠加完毕一行消去一行,如此反复直至所有的单元叠加完毕。图 5.3 的波前推移及消元过程见表 5.2。初始波前由 2,4,5 构成,消元过程中发展为 2,5,3 以及 2,5,3,6 等,这个发展过程像波的传播一样一层层地向前扩展,直至消元过程结束,这就是波前法这个名称的由来。而回代过程所需的波前,可按相反次序递推产生,详见表 5.3。

表 5.2 波前推移及消元过程

消元序号	叠加单元	波前结点号	波前信息		
			B	I	w
1	1	2,4,5	4	2	3
2	2	2,5,3	5	2	4
	3	2,5,3,6			
3		2,3,6	6	2	4
4	4	2,3,1	2	1	3
5		3,1	3	1	2
6		1	1	1	1

表 5.3 回代过程所需的波前

回代序号	波前结点号	波前信息		
		B	I	w
6	1	1	1	1
5	3,1	3	1	2
4	2,3,1	2	1	3
3	2,3,6	6	3	3
2	2,5,3,6	5	2	4
1	2,4,5	4	2	5

综上所述,对一般有限元问题波前法的计算步骤总结如下:

(1) 按单元顺序计算单元刚度矩阵和等效结点载荷列阵,并进入内存叠加,首先叠加单元①,进入内存的元素如图 5.3(a) 所示。

(2) 检验哪些自由度已经叠加集成完毕,以叠加完毕的自由度 i 作为主元,对其他行列的元素进行消元修正。

(3) 对其他行列元素消元修正后,主元已完成消元作用,即将主元行有关元素 K_{ij}, R_i 送入外存。此后紧凑波前区,如图 5.3(b) 所示。

(4) 重复(1) ~ (3),将全部单元逐个叠加完毕,全部过程的内存情况见表 5.2。

(5) 回代求解,按消元相反的次序逐个恢复波前,调入送到外存的元素,依此回代求解出全部未知量 $\boldsymbol{\delta}_i$。

由上述解题步骤可见,保留在内存中的波前区(包括波前区域 A 和自由项列阵)其大小与结点编号无关,而与单元叠加顺序有关。

波前法实质上是高斯消去法应用于有限元法分析中求解线性代数方程组的一种计算技巧,由于采取了单元的叠加与方程的消元在紧凑的波前区内交替进行,因而具有如下优点:对计算机内存容量的要求较少;减少了总体刚度矩阵中零元素的运算;单元结点编号可以任意。因此,波前法是一种适宜于配有大容量外存设备的通用计算机和微型计算机的数值解法。

5.4 子结构法

用有限元法求解大型复杂结构时,其方程组的规模十分庞大,结构总体刚度矩阵阶数高、带宽大,因而要求内存量很大,甚至超出计算机的容量,此时可采用子结构法。子结构法分为单重子结构法和多重子结构法,本节主要介绍单重子结构法。

将大型结构划分为几个较小的互不重叠的区域,每个区域称为子结构。这些子结构在它们的公共边界上互相连接,如图 5.4 所示。划分子结构时,应选择结点较少的面作为分界面。把结构离散成有限元网格后,所有结点分为两类:一类称做内部结点,另一类称做边界结点。图 5.4 划分了 3 个子结构。记作 1,2,3;4 和 5 为子结构边界。内部结点先编号,边界结点后编号。于是有限元的结构刚度方程

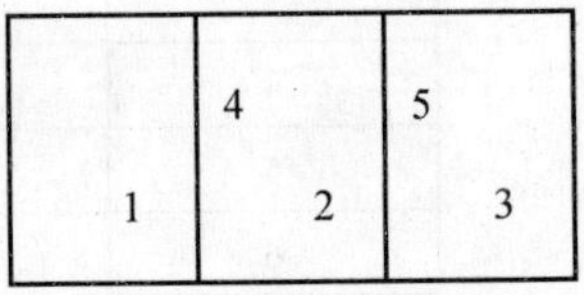

$$[K]\{\delta\} = \{R\}$$

图 5.4 子结构划分

就被分割成分块矩阵形式

$$\begin{bmatrix} K_{ii} & K_{ib} \\ K_{bi} & K_{bb} \end{bmatrix} \begin{Bmatrix} \delta_i \\ \delta_b \end{Bmatrix} = \begin{Bmatrix} R_i \\ R_b \end{Bmatrix} \tag{5.8}$$

式中，$\{\delta_i\}$ 为所有内部结点的位移列阵；$\{R_i\}$ 为对应的内部结点的右端项；$\{\delta_b\}$ 为所有边界结点的位移列阵；$\{R_b\}$ 为对应的边界结点的右端项。

分析各子结构的主要困难在于子结构的公共边界面的边界条件未知，如能求出上述的边界值，那么子结构内部结点的分析较为容易进行。因此，在子结构中最关键的问题是求公共边界面上的边界值。为了求得边界值，首先固定全部边界，求出边界反力，然后再放松全部边界，求得边界位移。

为此，把内部结点位移列阵及其右端项与边界结点位移列阵及其右端项分成两部分，即

$$\begin{Bmatrix} \delta_i \\ \delta_b \end{Bmatrix} = \begin{Bmatrix} \delta_i^{(\alpha)} \\ \delta_b^{(\alpha)} \end{Bmatrix} + \begin{Bmatrix} \delta_i^{(\beta)} \\ \delta_b^{(\beta)} \end{Bmatrix}$$

及

$$\begin{Bmatrix} R_i \\ R_b \end{Bmatrix} = \begin{Bmatrix} R_i^{(\alpha)} \\ R_b^{(\alpha)} \end{Bmatrix} + \begin{Bmatrix} R_i^{(\beta)} \\ R_b^{(\beta)} \end{Bmatrix} \tag{5.9}$$

首先固定全部边界，即令

$$\{\delta_i^{(\alpha)}\} = 0, \quad \{R_i^{(\beta)}\} = 0$$

于是有

$$\{R_i\} = \{R_b^{(\alpha)}\}$$

则式(5.8)可写成

$$\begin{bmatrix} K_{ii} & K_{ib} \\ K_{bi} & K_{bb} \end{bmatrix} \begin{Bmatrix} \delta_i^{(\alpha)} \\ 0 \end{Bmatrix} = \begin{Bmatrix} R_i^{(\alpha)} \\ R_b^{(\alpha)} \end{Bmatrix} \tag{5.10}$$

由式(5.10)可以解出

$$\{\delta_i^{(\alpha)}\} = [K_{ii}]^{-1}\{R_i^{(\alpha)}\} = [K_{ii}]^{-1}\{R_i\} \tag{5.11}$$

$$\{R_b^{(\alpha)}\} = [K_{bi}][K_{ii}]^{-1}\{R_i\} \tag{5.12}$$

式中，$\{R_b^{(\alpha)}\}$ 表示当子结构边界全部固定时作用在子结构边界上的力。

然后将这些边界全部放松，力和位移的关系式用下式表示，即

$$\begin{bmatrix} K_{ii} & K_{ib} \\ K_{bi} & K_{bb} \end{bmatrix} \begin{Bmatrix} \delta_i^{(\beta)} \\ \delta_b^{(\beta)} \end{Bmatrix} = \begin{Bmatrix} 0 \\ R_b^{(\beta)} \end{Bmatrix} \tag{5.13}$$

由式(5.13)可解出

$$\{\delta_i^{(\beta)}\} = -[K_{ii}]^{-1}[K_{ib}]\{\delta_b^{(\beta)}\} \tag{5.14}$$

$$\{\delta_b^{(\beta)}\} = [\bar{K}_{bb}]^{-1}\{R_b^{(\beta)}\} \tag{5.15}$$

式中

$$[\bar{K}_{bb}] = [K_{bb}] - [K_{bi}][K_{ii}]^{-1}[K_{ib}] \tag{5.16}$$

于是

$$\{R_b^{(\beta)}\} = \{R_b\} - \{R_b^{(\alpha)}\} = \{R_b\} - [K_{bi}][K_{ii}]^{-1}\{R_i\} = \{\bar{R}_b\} \tag{5.17}$$

式中，$\{\bar{K}_{bb}\}$ 称为等效边界刚度矩阵；$\{\bar{R}_b\}$ 表示等效边界载荷列阵。

由式(5.15)可改写成

$$[\bar{K}_{bb}]\{\delta_b^{(\beta)}\} = \{R_b^{(\beta)}\}$$

注意到 $\{\delta_b^{(\alpha)}\} = 0$ 及式(5.17)，则上式可写成

$$[\bar{K}_{bb}]\{\delta_b\} = \{\bar{R}_b\} \tag{5.18}$$

式(5.18)为等效边界刚度方程，求解该方程可得边界位移 $\{\delta_b\}$。

这种消去方程组内部结点未知数，从而得到求解等效边界刚度方程组的方法也称为静凝聚法。

式(5.8)中的 $[K_{ii}]$ 一般是一个块对角阵，即

$$[K_{ii}] = \begin{bmatrix} K_{i1,i1} & & & 0 \\ & K_{i2,i2} & & \\ & & \ddots & \\ 0 & & & K_{im,im} \end{bmatrix} \tag{5.19}$$

式中每一个对角块阵对应着一个内部子结构，于是式(5.8)可以写成

$$\begin{bmatrix} K_{i1,i1} & 0 & \cdots & 0 & K_{i1,b} \\ 0 & K_{i2,i2} & \cdots & 0 & K_{i2,b} \\ \vdots & \vdots & & \vdots & \vdots \\ 0 & 0 & \cdots & K_{im,im} & K_{im,b} \\ K_{bi1} & K_{bi2} & \cdots & K_{b,im} & K_{bb} \end{bmatrix} \begin{Bmatrix} \delta_{i1} \\ \delta_{i2} \\ \vdots \\ \delta_{im} \\ \delta_b \end{Bmatrix} = \begin{Bmatrix} R_{i1} \\ R_{i2} \\ \vdots \\ R_{im} \\ R_b \end{Bmatrix} \tag{5.20}$$

图5.4 的结构方程的具体形式为

$$\begin{bmatrix} K_{11} & 0 & 0 & K_{14} & 0 \\ 0 & K_{22} & 0 & K_{24} & K_{25} \\ 0 & 0 & K_{33} & 0 & K_{35} \\ K_{41} & K_{42} & 0 & K_{44} & 0 \\ 0 & K_{52} & K_{53} & 0 & K_{55} \end{bmatrix} \begin{Bmatrix} \delta_1 \\ \delta_2 \\ \delta_3 \\ \delta_4 \\ \delta_5 \end{Bmatrix} = \begin{Bmatrix} R_1 \\ R_2 \\ R_3 \\ R_4 \\ R_5 \end{Bmatrix}$$

于是式(5.16)及式(5.17)可写成

$$[\bar{K}_{bb}] = [K_{bb}] - \sum_{s=1}^{m}[K_{b,is}][K_{is,is}]^{-1}[K_{is,b}] \tag{5.21}$$

及

$$\{\bar{R}_b\} = \{R_b\} - \sum_{s=1}^{m}[K_{b,is}][K_{is,is}]^{-1}\{R_{is}\} \tag{5.22}$$

这两个公式相当于对式(5.20)第 b 行左 i_m 个块阵进行消元。

将式(5.11)及式(5.14)加起来得到

$$\{\delta_{is}^{(\alpha)}\} + \{\delta_{is}^{(\beta)}\} = [K_{is,is}]^{-1}\{R_{is}\} - [K_{is,is}]^{-1}[K_{is,b}]\{\delta_b^{(\beta)}\}$$

注意到 $\{\delta_b^{(\beta)}\} = \{\delta_b\}$，上式经整理成为

$$[K_{is,is}]\{\delta_{is}\} + \{\delta_{is}^{(\beta)}\} = \{R_{is}\} - [K_{is,b}]\{\delta_b\} \tag{5.23}$$

综上所述，子结构的计算过程如下：

① 形成第 $s(s = 1,2,\cdots,m)$ 个子结构的 $[K_{is,is}]$，$[K_{is,b}]$ 及 $\{R_{is}\}$。

② 求出 $[K_{is,is}]^{-1}$，计算 $[K_{is,is}]^{-1}[K_{is,b}]$ 及 $[K_{is,is}]^{-1}\{R_{is}\}$，并送入外存。

③ 形成 $[K_{bb}]$ 及 $\{R_b\}$，由式(5.21)、式(5.22)计算出 $[\bar{K}_{bb}]$ 及 $\{\bar{R}_b\}$。

④ 解式(5.18)得边界位移 $\{\delta_b\}$。

⑤ 将已求得的边界值代入式(5.23)，逐个回代即可求出各子结构的内部结点位移 $\{\delta_i\}$，回代时 $[K_{is,is}]^{-1}[K_{is,b}]$ 及 $[K_{is,is}]^{-1}\{R_{is}\}$ 可以相应地从外存调入。

⑥ 最后求出各单元的应变和应力。

上面叙述的子结构法即称为单重子结构法。

由以上计算过程可以看出，单重子结构法可以解决计算机容量小，计算的结构结点多的问题，是属于"小机算大题"的方法，但这种方法可能增加计算时间，如果计算机容量很大，一般就没有必要采用单重子结构法。另一方面对于结构结点数目及带宽很大时，采用单重子结构法必须划分较多的子结构，才能使 $[K_{is,is}]$ 大小适当，这样会导致 $[K_{bb}]$ 太大而难以求解，这时可采用多重子结构法，基本思路：把结构划分为许多一级子结构，称为第一重子结构，边界结点全体称为第一重边界；然后对每一个第一重子结构进一步分割成几个二级子结构，称为第二重子结构，其边界称为第二重边界；如果划分 l 次，将内部结点的影响逐级凝聚到边界结点上去，直至到第 l 重边界的未知量能够在内存中一次解出，则这种求解方法称为第 l 重子结构法。

习　题

用高斯消去法求解方程组

$$\begin{cases} 2x_1 + 3x_2 + 11x_3 + 5x_4 = 2 \\ x_1 + x_2 + 5x_3 + 2x_4 = 1 \\ 2x_1 + x_2 + 3x_3 + 2x_4 = -3 \\ x_1 + x_2 + 3x_3 + 4x_4 = -3 \end{cases}$$

思 考 题

5-1 结构总体刚度矩阵具有哪些性质，用直接法求解线性代数方程组时用到其中什么性质？

5-2 叙述波前法的基本思路及特点。

5-3 叙述子结构法的基本思路及特点。

第6章 变分原理与有限元法

6.1 微分方程的变分解法

连续介质的场问题,如应力场、温度场、电磁场等,在数学上可用偏微分方程或微分方程组及其相应的边界条件和初始条件来描述。其定态问题常常称为边值问题。它们的解是在由已知边界条件所定义的区域中寻求的。但是,许多问题由于边界条件比较复杂,直接从微分方程求精确解比较困难,甚至不可能。因此,有限元法在求解场问题上得到了广泛的应用。

本书将有限元法解释为求解改进的变分问题和加权余量问题的一种近似方法,以便把有限元分析广泛地应用到求解场问题的领域中。

由于求解微分方程的边值问题和变分法(泛函求极值方法)具有等价性,故对复杂的微分方程连同它的边界条件(自然边界条件),首先转化为求泛函的极值问题,然后采用有限元的离散方法求泛函的极值,从而建立有限元方程求解。很多工程物理问题,它们的变量之间的关系,既可以用微分形式表达,也能找到它们的积分形式(泛函形式),其共同规律就是能量积分。特别是这些问题在定常和平衡状态下,它们的势能最小,只是形式不同而已。因此,求定常和平衡状态下的场量分布都可以利用变分法求解。

利用经典的变分直接法求解偏微分方程,对于复杂的边界条件在选择近似函数时遇到困难,于是将整个求解域进行剖分(分片插值),使变分解法又前进一步,这就是根据变分原理发展而来的有限元法。它在求解椭圆型微分方程方面得到了广泛的应用。这里,我们首先简要地介绍一下变分法的基本原理。

6.1.1 泛函极值求解与欧拉方程

如图 6.1 所示,求点 A 到点 B 之间距离最短的一条曲线,这就是一个简单的变分问题。设连接 A,B 两点之间的曲线为 $y(x)$,曲线上微元段长度为

$$dL^2 = dx^2 + dy^2 \tag{6.1}$$

则 A,B 两点之间的曲线长度 L 为

$$L[y(x)] = \int_{x_0}^{x_1} \sqrt{1 + y'^2} dx \tag{6.2}$$

由式(6.2)可以看出,$y(x)$ 不同,则 $L[y(x)]$ 也不同,即 $L[y(x)]$ 依赖于 $y(x)$ 而变化,把 $L[y(x)]$ 叫做泛函数,简称泛函。它是一个定积分表达式。许多物理和工程问题的泛函能够从

能量原理得出。

又如图 6.2 所示,有一物体从点 $A(x_0,y_0)$ 下滑到点 $B(x_1,y_1)$,问它沿怎样一条曲线下滑时所需时间最短。这也是一个泛函极值的变分问题,其泛函表达式很容易推得为

$$T[y(x)] = \int_{x_0}^{x_1} \frac{\sqrt{1+y'^2}}{\sqrt{2gy}} dx \tag{6.3}$$

上面两例都是要求出使泛函达到最小值的 $y(x)$,也就是要确定一条极值曲线。

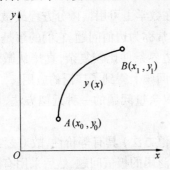

图 6.1　AB 曲线　　　　　　　图 6.2　物体下滑曲线

下面对泛函的变分和泛函的极值进行简要的说明。

在讨论泛函的变分以前,回顾一下函数微分的定义。若自变量 x 有一个增量 Δx,则函数 $y(x)$ 也有一增量 $\Delta y(x)$,且

$$\Delta y(x) = y(x+\Delta x) - y(x)$$

而函数的微分为

$$dy(x) = y'(x)dx$$

按拉格朗日定义 $y(x)$ 的微分为

$$dy(x) = \frac{\partial}{\partial \alpha} y(x+\alpha\Delta x)\big|_{\alpha=0}$$

与上述函数微分定义作对比,泛函变分的含义是在泛函 $\pi[y(x)]$ 中,自变量是一个函数,称做自变函数。自变函数有一个增量 $\delta y(x)$(相当于上述 Δx),称做自变函数的变分。它是指两个自变函数 $y(x)$ 与 $y_1(x)$ 之差,即 $\delta y(x) = y_1(x) - y(x)$,如图 6.3 所示。把泛函的变分记做 $\delta\pi[y(x)]$,那么类似于拉格朗日求导数的定义,可得

$$\delta\pi[y(x)] = \frac{\partial}{\partial \alpha} \pi[y(x)+\alpha\delta y(x)]\big|_{\alpha=0}$$

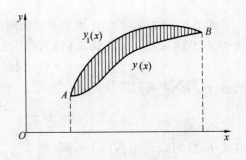

图 6.3　自变函数的变分

现在把函数的极值和泛函的极值加以对比。如果函数 $y(x)$ 在点 x_0 的函数值 $y(x_0)$ 比在 x_0 的适当小的邻域内的其他各点的值都要小(或都要大),即 $y(x_0) < y(x)$(或 $y(x_0) > y(x)$),则称 $y(x_0)$ 为 $y(x)$ 的极小值(或极大值)。实现极值的必要条件是,$y(x)$ 在点 x_0 处有

$$\mathrm{d}y(x) = 0$$

按拉格朗日定义,函数极值的条件为

$$\frac{\partial}{\partial \alpha} y(x + \alpha \Delta x)\Big|_{\alpha=0} = 0$$

如果泛函 $\pi[y(x)]$ 相应于某一条曲线 $y_0(x)$ 的值 $\pi[y_0(x_0)]$ 比相应于与 $y_0(x)$ 接近的任一曲线的值 $\pi[y(x)]$ 都要小(或都要大),即 $\pi[y(x_0)] < \pi[y(x)]$(或 $\pi[y(x_0)] > \pi[y(x)]$),则称 $\pi[y_0(x)]$ 为 $\pi[y(x)]$ 的极小值(或极大值),或统称极值。同样,按拉格朗日定义,泛函极值的必要条件是

$$\frac{\partial}{\partial \alpha} \pi[y(x) + \alpha \delta y(x)]\Big|_{\alpha=0} = 0 \tag{6.4}$$

应该指出的是,与函数极值条件一样,式(6.4)只是泛函取极值的必要条件,若要判别泛函 $\pi[y(x)]$ 是否有极值,是极大值还是极小值,还要根据二阶变分的数值而定。

现在,把前述两例写成一般公式,求在满足 $y(x_1) = y_1$ 和 $y(x_2) = y_2$ 时,泛函

$$\pi[y(x)] = \int_{x_1}^{x_2} F[x, y(x), y'(x)] \mathrm{d}x \tag{6.5}$$

的极值。也可以写成求

$$\pi[y(x) + \alpha \delta y(x)] = \int_{x_1}^{x_2} F[x, y(x) + \alpha \delta y(x), y'(x) + \alpha \delta y'(x)] \mathrm{d}x \tag{6.6}$$

的极值。

上式含义是设 $y(x)$ 是极值曲线,且二阶可微,$\bar{y}_1(x)$ 是邻近的任一条允许曲线,把 $y(x)$ 和 $\bar{y}_1(x)$ 两曲线包括在含有一个参数 α 的曲线族 $y(x,\alpha) = y(x) + \alpha[\bar{y}_1(x) - y(x)]$ 内。当 $\alpha = 0$ 时,即得曲线为 $y(x)$;当 $\alpha = 1$ 时,即得曲线为 $\bar{y}_1(x)$。式中,函数的变分为 $\delta y(x) = \bar{y}_1(x) - y(x)$,函数导数的变分为 $\delta y'(x) = \bar{y}'_1(x) - y'(x)$,于是 $y(x,\alpha)$ 可写成 $y(x) + \alpha \delta y(x)$。现在,在曲线族上考虑泛函

$$\pi[y(x)] = \int_{x_1}^{x_2} F[x, y(x), y'(x)] \mathrm{d}x$$

的值,则式(6.6)就转变为单变量 α 的函数了。因为由 α 就可以唯一确定曲线族中的曲线,也就确定了泛函值。故式(6.6)又可以写成

$$\pi[y(x,\alpha)] = \varphi(\alpha) \tag{6.7}$$

由于 $\alpha = 0$ 时,$y(x)$ 正好是极值曲线,因而函数 $\varphi(\alpha)$ 在 $\alpha = 0$ 时取得极值。$\varphi(\alpha)$ 在 $\alpha = 0$ 取得极值的必要条件是

$$\varphi'(\alpha)|_{\alpha=0} = 0 \tag{6.8}$$

亦即
$$\delta\pi[y(x)] = \varphi'(0) = 0$$

由于
$$\varphi(\alpha) = \int_{x_1}^{x_2} F[x, y(x,\alpha), y'(x,\alpha)] dx$$

$$\varphi'(\alpha) = \int_{x_1}^{x_2} F\left[\frac{\partial F}{\partial y}\frac{\partial y(x,\alpha)}{\partial \alpha} + \frac{\partial F}{\partial y'}\frac{\partial y'(x,\alpha)}{\partial \alpha}\right] dx$$

$$\frac{\partial y(x,\alpha)}{\partial \alpha} = \delta y(x), \quad \frac{\partial y'(x,\alpha)}{\partial \alpha} = \delta y'(x)$$

于是
$$\varphi'(\alpha) = \int_{x_1}^{x_2} [F_y \delta y(x) + F_{y'} \delta y'(x)] dx \tag{6.9}$$

式中
$$F_y = \frac{\partial}{\partial y} F[x, y(x,\alpha), y'(x,\alpha)]$$

$$F_{y'} = \frac{\partial}{\partial y'} F[x, y(x,\alpha), y'(x,\alpha)]$$

所以,将 $\alpha = 0$ 代入式(6.9),得到
$$\varphi'(0) = \int_{x_1}^{x_2} \{F_y[x, y(x), y'(x)]\delta y(x) + F_{y'}[x, y(x), y'(x)]\delta y'(x)\} dx$$

根据泛函极值的必要条件,即式(6.8),得
$$\int_{x_1}^{x_2} [F_y \delta y(x) + F_{y'} \delta y'(x)] dx = 0 \tag{6.10}$$

由于
$$\int_{x_1}^{x_2} F_{y'} \delta y'(x) dx = \int_{x_1}^{x_2} \frac{\partial F}{\partial y'} d(\delta y)$$

利用分部积分
$$\int_{x_1}^{x_2} \frac{\partial F}{\partial y'} d(\delta y) = \left(\frac{\partial F}{\partial y'} \delta y\right)\bigg|_{x_1}^{x_2} - \int_{x_1}^{x_2} \delta y \, d\left(\frac{\partial F}{\partial y'}\right)$$

在固定边界上,$\delta y(x_1) = \delta y(x_2) = 0$,即自变函数端点变分为零。所以
$$\left(\frac{\partial F}{\partial y'} \delta y\right)\bigg|_{x_1}^{x_2} = 0$$

同时

$$d\left(\frac{\partial F}{\partial y'}\right) = \frac{dF_{y'}}{dx}dx$$

于是

$$\int_{x_1}^{x_2} F_{y'}\delta y'(x)dx = -\int_{x_1}^{x_2} \frac{dF_{y'}}{dx}dx\delta y$$

代入式(6.10),最后得

$$\int_{x_1}^{x_2}\left[F_y\delta y(x) - \frac{dF_{y'}}{dx}\delta y(x)\right]dx = 0$$

所以

$$\delta\pi[y(x)] = \int_{x_1}^{x_2}\left[F_y - \frac{dF_{y'}}{dx}\right]\delta y dx = 0$$

由于 δy 是任意函数,所以得

$$F_y - \frac{dF_{y'}}{dx} = 0 \tag{6.11}$$

这是一个二阶微分方程,是欧拉(Euler)在 1744 年由泛函极值得到的,故称为欧拉方程或欧拉 – 拉格朗日方程。它的积分曲线 $y = y(x,c_1,c_2)$ 称为极值曲线。只有在极值曲线上,泛函 $\pi[y(x)]$ 才达到极值。c_1,c_2 两个常数可由 $y(x_1) = y_1$ 和 $y(x_2) = y_2$ 确定。由此可见,式(6.5)所示的泛函求极值的问题等价于欧拉方程的边值问题。反过来,如果有一个类似于式(6.11)的微分方程求解问题,也可以利用泛函求极值的方法(即变分法)求解。

应当注意,式(6.11)左边第二项是 $F_{y'}$ 对 x 的全微分,即

$$\frac{dF_{y'}}{dx} = \frac{\partial F_{y'}}{\partial x}\frac{dx}{dx} + \frac{\partial F_{y'}}{\partial y}\frac{dy}{dx} + \frac{\partial F_{y'}}{\partial y'}\frac{dy'}{dx} = F_{y'x} + F_{y'y}y' + F_{y'y'}y''$$

于是式(6.11)可写为

$$F_y - F_{y'x} - F_{y'y}y' - F_{y'y'}y'' = 0 \tag{6.12}$$

下面推导含两个自变量 (x,y) 的欧拉方程,也就是经常遇到的二维问题。

设两个自变量的泛函数 $\pi[u(x,y)]$ 为

$$\pi[u(x,y)] = \iint_D F\left[x,y,u(x,y),\frac{\partial u}{\partial x},\frac{\partial u}{\partial y}\right]dxdy \tag{6.13}$$

要求它的极值,即要找出它的欧拉方程的解。若 $u(x,y)$ 在区域 D 的边界 C 上的值已给定,也就是空间围域 $\overline{C}$ 已给定(固定边界的变分问题),所有容许曲面 $u(x,y)$ 都要通过它,如图 6.4 所示。

为书写方便,令

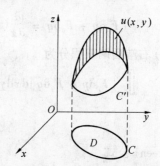

图 6.4 曲面函数图形

$$p = \frac{\partial u}{\partial x}, \quad q = \frac{\partial u}{\partial y}$$

假定 F 为三阶可微函数，其极值曲面 $u(x,y)$ 为二阶可微。和前面的推导一样，用含一个参数 α 的曲面族来考虑极值曲面 $u(x,y)$。其曲面族可写成

$$u = u(x,y,\alpha) = u(x,y) + \alpha \delta u(x,y)$$
$$\delta u(x,y) = \overline{u}(x,y) - u(x,y)$$

式中，$u(x,y)$ 为极值曲面；$\overline{u}(x,y)$ 为比较曲面。当 $\alpha = 0$ 时，$u(x,y)$ 为极值曲面；当 $\alpha = 1$ 时，$u(x,y)$ 为比较曲面。实现极值的必要条件为

$$\delta \pi[u(x,y)] = \frac{\partial}{\partial \alpha} \pi[u(x,y,\alpha)] \bigg|_{\alpha=0} = 0 \tag{6.14}$$

对式(6.13)进行变分，得到

$$\delta \pi = \left\{ \frac{\partial}{\partial \alpha} \iint_D F[x,y,u(x,y,\alpha),p(x,y,\alpha),q(x,y,\alpha)] dxdy \right\} \bigg|_{\alpha=0} =$$
$$\iint_D [F_u \delta u + F_p \delta p + F_q \delta q] dxdy \tag{6.15}$$

式中

$$p(x,y,\alpha) = \frac{\partial u(x,y,\alpha)}{\partial x} = p(x,y) + \alpha \delta p(x,y)$$
$$q(x,y,\alpha) = \frac{\partial u(x,y,\alpha)}{\partial y} = q(x,y) + \alpha \delta q(x,y)$$

因为

$$\frac{\partial}{\partial x}(F_p \delta u) = \frac{\partial F_p}{\partial x} \delta u + F_p \delta p$$
$$\frac{\partial}{\partial y}(F_q \delta u) = \frac{\partial F_q}{\partial x} \delta u + F_q \delta q$$

所以

$$F_p \delta p + F_q \delta q = \frac{\partial}{\partial x}(F_p \delta u) + \frac{\partial}{\partial y}(F_q \delta u) - \frac{\partial F_p}{\partial x} \delta u - \frac{\partial F_q}{\partial y} \delta u$$

则式(6.15)右端后两项积分为

$$\iint_D [F_p \delta p + F_q \delta q] dxdy = \iint_D \left[\frac{\partial}{\partial x}(F_p \delta u) + \frac{\partial}{\partial y}(F_q \delta u) \right] dxdy -$$
$$\iint_D \left[\frac{\partial F_p}{\partial x} \delta u + \frac{\partial F_q}{\partial y} \delta u \right] dxdy \tag{6.16}$$

由格林(Green)公式

$$\iint_D \left[\frac{\partial}{\partial x}(F_p \delta u) + \frac{\partial}{\partial y}(F_q \delta u) \right] dxdy = \int_C [(F_p \delta u) dy - (F_q \delta u) dx] = \int_C (F_p dy - F_q dx) \delta u$$

因为在边界 C 上,$\delta u = 0$,所以上式为零,故

$$\iint_D [F_p \delta p + F_q \delta q] dx dy = -\iint_D \left[\frac{\partial F_p}{\partial x} \delta u + \frac{\partial F_q}{\partial y} \delta u \right] dx dy$$

于是得

$$\delta \pi = \iint_D [F_u \delta u + F_p \delta p + F_q \delta q] dx dy =$$

$$\iint_D \left[F_u - \frac{\partial F_p}{\partial x} - \frac{\partial F_q}{\partial y} \right] \delta u \, dx dy$$

根据泛函极值条件 $\delta \pi = 0$,由 δu 在域 D 内的任意性,则有

$$F_u - \frac{\partial F_p}{\partial x} - \frac{\partial F_q}{\partial y} = 0 \qquad (6.17)$$

式中

$$\frac{\partial F_p}{\partial x} = F_{px} + F_{pu} \frac{\partial u}{\partial x} + F_{pp} \frac{\partial p}{\partial x} + F_{pq} \frac{\partial q}{\partial x}$$

$$\frac{\partial F_q}{\partial y} = F_{qy} + F_{qu} \frac{\partial u}{\partial y} + F_{qp} \frac{\partial p}{\partial y} + F_{qq} \frac{\partial q}{\partial y}$$

式(6.17) 是一个二阶偏微分方程。求解这个方程得到的曲面函数 $u(x,y)$,就是泛函式(6.13) 的极值曲面。式(6.17) 是二维问题的欧拉方程,也叫奥氏方程。由此看来,求解式(6.17) 与求解式(6.13) 的极值函数是等价的。现举两例说明。

【例 6.1】 若有一泛函为

$$\pi[u(x,y)] = \iint_D \left[\left(\frac{\partial u}{\partial x}\right)^2 + \left(\frac{\partial u}{\partial y}\right)^2 \right] dx dy$$

设在区域 D 的边界 C 上的函数已知,则从式(6.17) 求得上述泛函的欧拉方程为

$$\frac{\partial^2 u}{\partial x^2} + \frac{\partial^2 u}{\partial y^2} = 0$$

这个方程称为拉普拉斯(Laplace)方程。在物理学、力学、传热学、电磁学等领域中,当边界值已知的条件下,均可由这个方程求解,因此这个问题是数理方程中最基本的问题之一。

【例 6.2】 若有泛函

$$\pi[u(x,y)] = \iint_D \left[\left(\frac{\partial u}{\partial x}\right)^2 + \left(\frac{\partial u}{\partial y}\right)^2 + 2uf \right] dx dy$$

设在区域 D 的边界 C 上,$u(x,y)$ 是给定的,则从式(6.17) 求得上述泛函的欧拉方程为

$$\frac{\partial^2 u}{\partial x^2} + \frac{\partial^2 u}{\partial y^2} = f(x,y)$$

这个方程称为泊松方程也是数学物理领域中常见的基本方程,如电磁场问题、非圆等截面柱的扭转问题、薄膜在外力作用下的张力平衡问题、管内黏性流问题等。

但上述拉普拉斯方程和泊松方程,一般是无法求出解析解的,特别是复杂边界问题。因此,

寻求这些方程的等价泛函,用变分的直接法求近似解就显得更为重要。下面首先介绍经典的变分直接法——瑞利-里茨(Rayleigh Ritz)法。

6.1.2 瑞利-里茨法

瑞利-里茨法是首先假设一个试函数,这个函数是由一个完备的线性独立的基本函数组所组成,$\varphi_i(x,y)(i=1,2,\cdots,n)$,即用一个函数序列去逼近问题的正确解。这个试函数带有若干待定系数 C_i,即

$$\varphi_n(x,y) = \sum_{i=1}^n C_i \varphi_i(x,y) \tag{6.18}$$

对所选择的试函数,使泛函取得极值,方法是将 $\varphi_n(x,y)$ 代入泛函中,然后将泛函对每个系数 C_i 进行求导,并令所得方程等于零。如果有 n 个未知数 $C_i(i=1,2,\cdots,n)$,就有求解这些系数的 n 个联立方程。这些系数求得后,近似解也就得到了。

这个方法只是从一族假定解中给我们提供"最好的"解。很明显,近似解的精确度和试函数的选取有关。我们要求试函数应定义在整个求解区域上,而且它们要满足边界条件。如果知道所需解的一般性质,那么就可以通过选择反映其特性的试函数来改进近似值。若精确度恰巧包含在试探解的序列中,那么里茨法将给出精确解。一般的说,当试函数序列的范围及可调系数的数目增加时,近似解将得到改善。若试函数是无限个函数集合的一部分,该函数集合能表示达到任何精度的未知函数。通常试函数序列是由次数连续增大的多项式构成的。下面举例说明里茨法的求解过程。

【例 6.3】 考虑泊松方程

$$\frac{\partial^2 \varphi}{\partial x^2} + \frac{\partial^2 \varphi}{\partial y^2} = -f(x,y)$$

的里兹法解(边界条件给定)。

泛函为

$$\pi[\varphi] = \iint_D \left[\left(\frac{\partial \varphi}{\partial x}\right)^2 + \left(\frac{\partial \varphi}{\partial y}\right)^2 - 2\varphi f \right] dxdy$$

设解为式(6.18),代入泛函后得到

$$\pi[C_1, C_2, \cdots, C_n] = \iint_D \left[\left(\sum C_i \frac{\partial \varphi_i}{\partial x}\right)^2 + \left(\sum C_i \frac{\partial \varphi_i}{\partial y}\right)^2 - 2\sum C_i f \right] dxdy =$$

$$\sum_i C_i^2 \iint_D \left[\left(\frac{\partial \varphi_i}{\partial x}\right)^2 + \left(\frac{\partial \varphi_i}{\partial y}\right)^2 \right] dxdy +$$

$$2\sum_{j\neq i} C_i C_j \iint_D \left(\frac{\partial \varphi_i}{\partial x}\frac{\partial \varphi_j}{\partial x} + \frac{\partial \varphi_i}{\partial y}\frac{\partial \varphi_j}{\partial y} \right) dxdy -$$

$$2\sum_i C_i \iint_D \varphi_i f \mathrm{d}x\mathrm{d}y + R$$

式中，R 为与 C_i 无关的项。

于是

$$\frac{\partial \pi}{\partial C_i} = 2A_{ii}C_i + 2\sum_{j \neq i} A_{ij}C_j - 2h_i$$

式中

$$A_{ij} = \iint_D \left(\frac{\partial \varphi_i}{\partial x}\frac{\partial \varphi_j}{\partial x} + \frac{\partial \varphi_i}{\partial y}\frac{\partial \varphi_j}{\partial y}\right)\mathrm{d}x\mathrm{d}y$$

$$h_i = \iint_D \varphi_i f \mathrm{d}x\mathrm{d}y$$

将泛函 $\pi[C_1, C_2, \cdots, C_n]$ 分别对 C_i 取极值，即可求出待定系数。根据多元函数的极值条件得

$$\frac{\partial \pi}{\partial C_i} = 0 \quad (i = 1, 2, \cdots, n)$$

即

$$\sum_{j=1}^n A_{ij}C_j = h_i \quad (i = 1, 2, \cdots, n)$$

写成矩阵形式为

$$[A]\{C\} = \{h\}$$

此式是求解未知系数 C_i 的线性代数方程组。当系数矩阵 A 为非奇异矩阵时，该方程组有唯一解。

【例 6.4】 考虑以下两点边值问题的里茨法解，方程为

$$\varphi''(x) = -x^2, \quad 0 \leq x \leq 1$$

边界条件：

$$\varphi(0) = \varphi(1) = 0$$

试函数取三次多项式，即

$$\varphi_3(x) = C_0 + C_1 x + C_2 x^2 + C_3 x^3$$

把 $\varphi_3(x)$ 代入边界条件，得

$$C_0 = 0, \quad C_1 = -C_2 - C_3$$

对试函数的系数稍作调整后得

$$\varphi_3(x) = \alpha_1 x(1-x) + \alpha_2 x^2(1-x)$$

把例 6.3 中方程组系数 A_{ij} 应用于本例一维问题中，得

$$A_{11} = \int_0^1 (1-2x)^2 \mathrm{d}x = \frac{1}{3}$$

$$A_{22} = \int_0^1 (2x - 3x^2)^2 dx = \frac{5}{12}$$

$$A_{12} = A_{21} = \int_0^1 (1 - 2x)(2x - 3x^2) dx = \frac{1}{6}$$

$$h_1 = \int_0^1 (x - x^2) x^2 dx = \frac{1}{20}$$

$$h_2 = \int_0^1 (x^2 - x^3) x^2 dx = \frac{1}{30}$$

于是线性代数方程组为

$$\begin{bmatrix} \frac{1}{3} & \frac{1}{6} \\ \frac{1}{6} & \frac{2}{15} \end{bmatrix} \begin{Bmatrix} \alpha_1 \\ \alpha_2 \end{Bmatrix} = \begin{Bmatrix} \frac{1}{20} \\ \frac{1}{30} \end{Bmatrix}$$

解之,得

$$\alpha_1 = \frac{1}{15}, \quad \alpha_2 = \frac{1}{6}$$

于是里茨法所得的近似解是三次多项式,即

$$\varphi_3(x) = \frac{x}{30}(1 - x)(2 + 5x)$$

该问题的精确解为

$$\varphi(x) = \frac{x}{12}(1 - x^3)$$

$\varphi_3(x)$ 和 $\varphi(x)$ 之间的比较如图 6.5 所示。

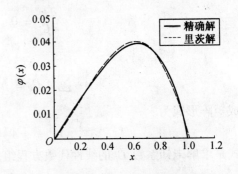

图 6.5　近似解和精确解比较

在这个特殊的例子中,里茨法仅用两个系数给出的近似解就能与精确解很好地吻合。这是由于该问题的精确解是四次多项式,因此,三次多项式当然会得到合理的结果。假如采用四次多项式的试函数,用里茨法求解时就得到精确解。

6.2　基于变分原理场问题的有限元法

由 6.1 节论述可知,求解场问题的微分方程可用等价的泛函极值问题求解,即可用变分的直接法(瑞利 – 里茨法)求近似解。然而,经典的变分法虽然可以应用在许多物理和工程领域中,但遇到许多困难。首先就是试函数的选择困难。对于不规则的边界,很难找到一个函数或函数序列来满足自然边界条件。故经典的变分的直接法只能适应简单的几何形状区域。其次,试函数的选择要求高阶的多项式,才能逼近整个域的未知函数的精确解,因而运算复杂。同时,当求解域的材料性质不连续时,经典的里茨法也引起困难。最后,这种解法对整个求解域近似程度都一样,而不能对求解域的某些局部重要区域给予过分的注意。由于上述困难,使里茨法对许多实际场问题的应用受到限制。

有限元法克服了上述困难,已成为求解场问题的一种有效的、普遍的方法。有限元法和里茨法实质上是一致的,是以变分原理为基础的广义的里茨法。为了获得近似解,两种方法都是利用一组试函数作为起点:两种方法都取这些试函数的线性组合,都是寻求试探函数的线性组合以使给出的泛函取极值。它们的主要差别在于选取试函数有区别。里茨法是选取总体光滑的试函数适于整个求解域,同时要满足自然边界条件。这在实际工程应用中,特别是对复杂形状的求解域很难满足,应用受到限制。有限元法经离散处理后,所选择的场函数只需在单元内是光滑的,因为离散后的单元形状简单,容易满足其边界条件和连续性条件。由于有限元法是以分块的方式应用里茨法,故选用低阶多项式试函数可以获得整体域的适当的精确度。而且,可以在不同区域采用不同粗细的有限元网格,以适应不同精度的要求。里茨法和有限元法虽然都归结为求解线性代数方法组,然而由于所选函数适用范围不同,故得出的代数方程组也有差异。里茨法所得到的线性代数方程组的系数矩阵是满阵,而有限元法的场函数只适用于单元、结点场变量的变化,只影响与该结点有关的几个单元,因而建立的方程组的系数矩阵是稀疏的和带状的,这种稀疏带状的系数矩阵在方程组求解时更有其方便之处。

6.2.1 泛函极值求解与微分方程求解等价

在用变分原理的有限元法求解位移场时,首先需要找到泛函的表达式。弹性力学中的泛函就是弹性体的能量,求泛函极值的原理就是能量变分原理。经常使用的有最小势能原理和最小余能原理。前者可推导出以结点位移为基本未知量的有限元法,后者可推导出以结点力为基本未知量的有限元法。现在以平面应力问题为例,说明根据变分原理建立位移场的有限元求解方程。

弹性体在外力(体力、表面力)作用下总势能(能量泛函)表达式为

$$\pi[u(x,y),v(x,y)] = \iint_D \frac{1}{2}\{\varepsilon\}^T\{\sigma\} t\mathrm{d}x\mathrm{d}y - \iint_D (W_x u + W_y v) t\mathrm{d}x\mathrm{d}y - \int_{C_\sigma} (p_x u + p_y v) t\mathrm{d}s \tag{6.19}$$

式中,右端第一项为弹性体的应变能;第二项为体积力的势能,W_x,W_y 为体积力分量;第三项为表面力的势能,p_x,p_y 为表面力分量;C_σ 表示力边界,C_u 表示位移边界,整个边界为 $C(C = C_\sigma + C_u)$。由于物体变形后弹性体的势能是减少的,故后两项取负号。

根据最小势能原理来证明求解满足力边界条件的二维弹性力学问题的平衡微分方程与上述泛函求极值问题是等价的。

最小势能原理认为:在给定外力作用下,满足位移边界条件的一切允许的位移函数 $u(x,y)$ 和 $v(x,y)$ 中,实际存在着一组位移函数,应使弹性体的总势能取极值。如考虑二阶变

分,对于稳定的平衡状态,这个极值是极小值,用数学式表达就是
$$\delta\pi[u(x,y),v(x,y)] = 0 \tag{6.20}$$
由此得出的 $u(x,y),v(x,y)$ 就是式(6.19)的极值曲线,也是满足力边界条件的平衡方程的解。证明如下。

令 U_0 表示单位体积的变形能,即
$$U_0 = \frac{1}{2}\{\varepsilon\}^T\{\sigma\}$$

根据物理方程得
$$U_0 = \frac{E}{2(1-\mu^2)}(\varepsilon_x^2 + \varepsilon_y^2 + 2\mu\varepsilon_x\varepsilon_y) + \frac{E}{4(1+\mu)}\gamma_{xy}^2$$

将式(6.19)对位移变分得
$$\delta\pi = \iint_D \delta U_0 t \mathrm{d}x\mathrm{d}y - \iint_D (W_x \delta u + W_y \delta v) t \mathrm{d}x\mathrm{d}y - \int_{C_\sigma}(p_x \delta u + p_y \delta v) t \mathrm{d}s \tag{6.21}$$

因为
$$\delta U_0 = \frac{\partial U_0}{\partial \varepsilon_x}\delta\varepsilon_x + \frac{\partial U_0}{\partial \varepsilon_y}\delta\varepsilon_y + \frac{\partial U_0}{\partial \gamma_{xy}}\delta\gamma_{xy}$$

$$\frac{\partial U_0}{\partial \varepsilon_x} = -\frac{E}{1-\mu^2}(\varepsilon_x + \mu\varepsilon_y) = \sigma_x, \quad \frac{\partial U_0}{\partial \varepsilon_y} = \sigma_y, \quad \frac{\partial U_0}{\partial \gamma_{xy}} = \tau_{xy}$$

所以
$$\delta U_0 = \sigma_x \delta\varepsilon_x + \sigma_y \delta\varepsilon_y + \tau_{xy}\delta\gamma_{xy} =$$
$$\sigma_x \delta\left(\frac{\partial u}{\partial x}\right) + \sigma_y \delta\left(\frac{\partial v}{\partial y}\right) + \tau_{xy}\delta\left(\frac{\partial u}{\partial y} + \frac{\partial v}{\partial x}\right) =$$
$$\sigma_x \frac{\partial \delta u}{\partial x} + \sigma_y \frac{\partial \delta v}{\partial y} + \tau_{xy}\left(\frac{\partial \delta u}{\partial y} + \frac{\partial \delta v}{\partial x}\right)$$

由于
$$\frac{\partial}{\partial x}(\sigma_x \delta u) = \sigma_x \frac{\partial \delta u}{\partial x} + \delta u \frac{\partial \sigma_x}{\partial x}$$

$$\frac{\partial}{\partial y}(\sigma_y \delta v) = \sigma_y \frac{\partial \delta v}{\partial y} + \delta v \frac{\partial \sigma_y}{\partial y}$$

所以
$$\sigma_x \frac{\partial \delta u}{\partial x} = \frac{\partial}{\partial x}(\sigma_x \delta u) - \delta u \frac{\partial \sigma_x}{\partial x}$$

$$\sigma_y \frac{\partial \delta v}{\partial y} = \frac{\partial}{\partial y}(\sigma_y \delta v) - \delta v \frac{\partial \sigma_y}{\partial y}$$

同理

$$\tau_{xy}\left(\frac{\partial \delta u}{\partial y}+\frac{\partial \delta v}{\partial x}\right)=\frac{\partial}{\partial y}(\tau_{xy}\delta u)-\delta u\frac{\partial \tau_{xy}}{\partial y}+\frac{\partial}{\partial x}(\tau_{xy}\delta v)-\delta v\frac{\partial \tau_{xy}}{\partial x}$$

于是

$$\delta U_0 = \frac{\partial}{\partial x}(\sigma_x\delta u+\tau_{xy}\delta v)+\frac{\partial}{\partial y}(\tau_{xy}\delta u+\sigma_y\delta v)=$$
$$-\left(\frac{\partial \sigma_x}{\partial x}+\frac{\partial \tau_{xy}}{\partial y}\right)\delta u-\left(\frac{\partial \tau_{xy}}{\partial x}+\frac{\partial \sigma_y}{\partial y}\right)\delta v$$

将上式代入式(6.21)中,便得到

$$\delta \pi = \iint_D \frac{\partial}{\partial x}(\sigma_x\delta u+\tau_{xy}\delta v)t\mathrm{d}x\mathrm{d}y + \iint_D \frac{\partial}{\partial y}(\tau_{xy}\delta u+\sigma_y\delta v)t\mathrm{d}x\mathrm{d}y -$$
$$\iint_D\left(\frac{\partial \sigma_x}{\partial x}+\frac{\partial \tau_{xy}}{\partial y}+W_x\right)\delta ut\mathrm{d}x\mathrm{d}y - \iint_D\left(\frac{\partial \tau_{xy}}{\partial x}+\frac{\partial \sigma_y}{\partial y}+W_y\right)\delta vt\mathrm{d}x\mathrm{d}y -$$
$$\int_{C_\sigma}(p_x\delta u+p_y\delta v)t\mathrm{d}s \qquad (6.22)$$

将式(6.22)右端前两项应用格林公式写成线积分形式,同时,由于 $C=C_\sigma+C_u$,且在给定的位移边界条件 C_u 上有 $\delta u=0,\delta v=0$,故在格林公式的边界线积分中只剩下 C_σ。因此,式(6.22)右端前两项分别为

$$\iint_D \frac{\partial}{\partial x}(\sigma_x\delta u+\tau_{xy}\delta v)t\mathrm{d}x\mathrm{d}y = \int_{C_\sigma}(\sigma_x\delta u+\tau_{xy}\delta v)lt\mathrm{d}s$$
$$\iint_D \frac{\partial}{\partial y}(\tau_{xy}\delta u+\sigma_y\delta v)t\mathrm{d}x\mathrm{d}y = \int_{C_\sigma}(\tau_{xy}\delta u+\sigma_y\delta v)mt\mathrm{d}s$$

式中,l,m 为边界上法线的方向余弦。

将上式代入式(6.22),经整理后,得

$$\delta \pi = \int_{C_\sigma}(\sigma_x l+\tau_{xy}m-p_x)\delta ut\mathrm{d}s + \int_{C_\sigma}(\tau_{xy}l+\sigma_y m-p_y)\delta vt\mathrm{d}s -$$
$$\iint_D\left(\frac{\partial \sigma_x}{\partial x}+\frac{\partial \tau_{xy}}{\partial y}+W_x\right)\delta ut\mathrm{d}x\mathrm{d}y - \iint_D\left(\frac{\partial \tau_{xy}}{\partial x}+\frac{\partial \sigma_y}{\partial y}+W_y\right)\delta vt\mathrm{d}x\mathrm{d}y$$

根据泛函极值条件 $\delta\pi=0$,同时由于 δu 和 δv 的任意性得

$$\frac{\partial \sigma_x}{\partial x}+\frac{\partial \tau_{xy}}{\partial y}+W_x=0, \quad \frac{\partial \tau_{xy}}{\partial x}+\frac{\partial \sigma_y}{\partial y}+W_y=0$$
$$\sigma_x l+\tau_{xy}m-p_x=0, \quad \tau_{xy}l+\sigma_y m-p_y=0$$

前两式为弹性力学的平衡方程,后两式为力边界条件。由此说明,泛函求极值与求满足位移及力边界条件的平衡方程的解是完全等价的。因此,在理论上为求解弹性力学的场问题提供了另一个途径,即从能量泛函求极值的方法,这就是有限元法求解位移场问题的理论依据。同时利用变分求解只需要满足位移边界条件,而力边界条件是在求解泛函的极值中自动满足的,放松

了对边界条件的要求。这种边界条件也称为自然边界条件。并且,求二阶导数通过泛函变成了二次的一阶导数的积分,给求解带来了方便。下面讨论如何利用变分原理进行分片插值来建立有限元的基本方程。

6.2.2 位移场的有限元法求解

利用变分原理的有限元求解时,首先要对整个求解区域进行剖分,也就是将求解域分割成有限个规则的单元,然后在每个单元内定义试函数,并且建立泛函表达式。我们以 π^e 表示单元区域内的泛函,即

$$\pi^e[u(x,y),v(x,y)] = \iint_e \frac{1}{2}\{\varepsilon\}^T\{\sigma\}t\mathrm{d}x\mathrm{d}y - \iint_e \{f\}^T\{W\}t\mathrm{d}x\mathrm{d}y - \int_{C_\sigma}\{f\}^T\{p\}t\mathrm{d}s \tag{6.23}$$

式中

$$\{\varepsilon\} = [B]\{\delta\}^e$$

$$\{f\} = \begin{Bmatrix} u(x,y) \\ v(x,y) \end{Bmatrix} = [N]\{\delta\}^e$$

$$\{\sigma\} = [D][B]\{\delta\}^e$$

$$\{W\} = \begin{Bmatrix} W_x \\ W_y \end{Bmatrix}, \quad \{P\} = \begin{Bmatrix} p_x \\ p_y \end{Bmatrix}$$

将上面各式代入式(6.23)中,得

$$\pi^e = \frac{1}{2}\{\delta\}^{eT}\left(\iint_e [B]^T[D][B]t\mathrm{d}x\mathrm{d}y\right)\{\delta\}^e - \{\delta\}^{eT}\iint_e [N]^T\{W\}t\mathrm{d}x\mathrm{d}y - \{\delta\}^{eT}\int_{C_\sigma}[N]^T\{p\}t\mathrm{d}s \tag{6.24}$$

单元刚度矩阵为

$$[K]^e = \iint_e [B]^T[D][B]t\mathrm{d}x\mathrm{d}y$$

体积力等效结点载荷为

$$\{F_W\}^e = \iint_e [N]^T\{W\}t\mathrm{d}x\mathrm{d}y$$

表面力等效结点载荷为

$$\{F_p\}^e = \int_{C_\sigma}[N]^T\{p\}t\mathrm{d}s$$

单元结点位移列阵为

$$\{\delta\}^e$$

式(6.24)中边界积分项只有边界单元才具有。将以上4式代入式(6.24)中,于是单元子域的泛函表达式为

$$\pi^e = \frac{1}{2}\{\delta\}^{eT}[K]^e\{\delta\}^e - \{\delta\}^{eT}(\{F_W\}^e + \{F_p\}^e) =$$

$$\frac{1}{2}\{\delta\}^{eT}[K]^e\{\delta\}^e - \{\delta\}^{eT}\{F\}^e$$

式中,$\{F\}^e = \{F_W\}^e + \{F_p\}^e$ 为单元总结点载荷列阵。

把各单元势能泛函进行叠加,就得到弹性体的总势能。于是,总势能为

$$\pi = \sum_{e=1}^{n}\pi^e = \frac{1}{2}\{\delta\}^T\left(\sum_{e=1}^{n}[K]^e\right)\{\delta\} - \{\delta\}^T\sum_{e=1}^{n}\{F\}^e$$

式中,$\{\delta\}$为弹性体总的结点位移列阵;n为弹性体总的单元数。

令

$$[K] = \sum_{e=1}^{n}[K]^e, \quad \{F\} = \sum_{e=1}^{n}\{F\}^e$$

于是

$$\pi = \frac{1}{2}\{\delta\}^T[K]\{\delta\} - \{\delta\}^T\{F\}$$

式中,K为弹性体总刚度矩阵;F为弹性体总载荷列阵。

加入位移边界条件以后,$\frac{1}{2}\{\delta\}^T[K]\{\delta\}$是一个正定二次型,即只有$\{\delta\} = 0$时才为零,否则恒大于零。而$[K]$是正定矩阵,根据泛函极值的必要条件为

$$\frac{\partial \pi}{\partial u_i} = 0, \quad \frac{\partial \pi}{\partial v_i} = 0 \quad (i = 1, 2, \cdots, n) \tag{6.25}$$

根据二次型微商公式

$$\frac{\partial}{\partial \{\delta\}}\left(\frac{1}{2}\{\delta\}^T[K]\{\delta\}\right) = [K]\{\delta\}$$

$$\frac{\partial}{\partial \{\delta\}}(\{\delta\}^T\{F\}) = \{F\}$$

所以,由式(6.25)得

$$[K]\{\delta\} = \{F\}$$

这是一个$2n$阶的线性代数方程组,可求得n个结点的全部位移分量,即弹性体泛函极值的数值解,亦即二维弹性问题位移的数值解。

6.2.3 用有限元法求解椭圆型微分方程

工程实际中许多定态问题的数学描述可归结为解椭圆型微分方程的边值问题。对椭圆型

方程,应用有限元法求解最为广泛。椭圆型微分方程的一般形式为

$$-\frac{\partial}{\partial x}\left[p(x,y)\frac{\partial \varphi}{\partial x}\right] - \frac{\partial}{\partial y}\left[p(x,y)\frac{\partial \varphi}{\partial y}\right] + q(x,y)\varphi = f(x,y) \tag{6.26}$$

这是一个二阶变系数线性非齐次的微分方程。

令

$$\nabla^2(\varphi) = -\frac{\partial}{\partial x}\left[p(x,y)\frac{\partial \varphi}{\partial x}\right] - \frac{\partial}{\partial y}\left[p(x,y)\frac{\partial \varphi}{\partial y}\right] + q(x,y)\varphi$$

于是,椭圆型方程可以看成是算子 $\nabla^2(\phi)$ 作用在函数 $\varphi(x,y)$ 上,其结果得到另一个函数,即

$$\nabla^2(\varphi) = f(x,y)$$

求解椭圆型方程常遇到下列边界条件。

第一类边界条件,或称狄立克雷(Dirichlet)问题:

齐次边界条件

$$\varphi|_c = 0$$

非齐次边界条件

$$\varphi|_c = h$$

第二类边界条件,或称诺依曼(Neumann)问题:

齐次边界条件

$$\left.\frac{\partial \varphi}{\partial n}\right|_c = 0$$

非齐次边界条件

$$\left.\frac{\partial \varphi}{\partial n}\right|_c = h$$

第三类边界条件,或称混合边界条件,也称柯西(Cauchy)问题:

齐次边界条件

$$\left.\left(\frac{\partial \varphi}{\partial n} + \sigma\varphi\right)\right|_c = 0$$

非齐次边界条件

$$\left.\left(\frac{\partial \varphi}{\partial n} + \sigma\varphi\right)\right|_c = h$$

如 $\sigma(x,y) = 0$,则第三类边界条件就是第二类边界条件问题,所以诺依曼问题就是柯西问题的特殊情形。

求解实际问题时,三类边界条件不一定同时存在。在利用变分原理的有限元法求解时,只需加入第一类边界条件(强加边界条件),而第三类边界条件(也即自然边界条件)是自动满足的,如前面例子中的力边界条件一样。

利用变分原理的有限元法求解问题时,首先要寻求相应的泛函表达式。如前所述,很多问

题都可以根据其物理意义来建立泛函表达式,如力学中的能量原理等。为了建立椭圆型微分方程及其边界条件的泛函表达式,先引入一个内积$(\nabla^2(\varphi),\varphi)$的符号,定义为

$$(\nabla^2(\varphi),\varphi) = \iint_D \varphi \nabla^2(\varphi) \mathrm{d}x \mathrm{d}y$$

$$(\varphi,f) = \iint_D f\varphi \mathrm{d}x \mathrm{d}y$$

【定理】 如果 $\nabla^2(\varphi)$ 是正算子,即 $(\nabla^2(\varphi),\varphi) \geq 0$,并且如果方程 $\nabla^2(\varphi) - f = 0$ 有一个满足齐次边界条件的解,那么这个解是唯一的,并且使泛函

$$\pi[\varphi] = (\nabla^2(\varphi),\varphi) - 2(\varphi,f) \tag{6.27}$$

取极小值。如给出的是其他边界条件时,则泛函表达式中应加上其他有关项。

椭圆型方程边界条件为齐次时泛函的表达式,由下面公式分别导出。首先,导出内积表达式

$$(\nabla^2(\varphi),\varphi) = \iint_D \varphi \nabla^2(\varphi) \mathrm{d}x \mathrm{d}y =$$
$$-\iint_D \varphi \left[\frac{\partial}{\partial x}\left(p\frac{\partial \varphi}{\partial x}\right) + \frac{\partial}{\partial y}\left(p\frac{\partial \varphi}{\partial y}\right) \right] \mathrm{d}x \mathrm{d}y + \iint_D q(x,y)\varphi^2 \mathrm{d}x \mathrm{d}y$$

因为

$$\frac{\partial}{\partial x}\left(\varphi p \frac{\partial \varphi}{\partial x}\right) = \varphi \frac{\partial}{\partial x}\left(p \frac{\partial \varphi}{\partial x}\right) + p\frac{\partial \varphi}{\partial x}\frac{\partial \varphi}{\partial x}$$

所以

$$-\varphi \frac{\partial}{\partial x}\left(p \frac{\partial \varphi}{\partial x}\right) = -\frac{\partial}{\partial x}\left(\varphi p \frac{\partial \varphi}{\partial x}\right) + p\left(\frac{\partial \varphi}{\partial x}\right)^2$$

同理

$$-\varphi \frac{\partial}{\partial y}\left(p \frac{\partial \varphi}{\partial y}\right) = -\frac{\partial}{\partial y}\left(\varphi p \frac{\partial \varphi}{\partial y}\right) + p\left(\frac{\partial \varphi}{\partial y}\right)^2$$

于是

$$(\nabla^2(\varphi),\varphi) = \iint_D p\left[\left(\frac{\partial \varphi}{\partial x}\right)^2 + \left(\frac{\partial \varphi}{\partial y}\right)^2\right] \mathrm{d}x \mathrm{d}y -$$
$$\iint_D \varphi \left[\frac{\partial}{\partial x}\left(\varphi p \frac{\partial \varphi}{\partial x}\right) + \frac{\partial}{\partial y}\left(\varphi p \frac{\partial \varphi}{\partial y}\right) \right] \mathrm{d}x \mathrm{d}y + \iint_D q(x,y)\varphi^2 \mathrm{d}x \mathrm{d}y$$

根据格林公式,有

$$\iint_D \varphi \left[\frac{\partial}{\partial x}\left(\varphi p \frac{\partial \varphi}{\partial x}\right) + \frac{\partial}{\partial y}\left(\varphi p \frac{\partial \varphi}{\partial y}\right) \right] \mathrm{d}x \mathrm{d}y =$$
$$\int_C \left[\varphi p \frac{\partial \varphi}{\partial x} \cos(n,x) + \varphi p \frac{\partial \varphi}{\partial y} \cos(n,y) \right] \mathrm{d}s = \int_C \varphi p \frac{\partial \varphi}{\partial n} \mathrm{d}s$$

所以

$$(\nabla^2(\varphi),\varphi) = \iint_D \varphi \nabla^2(\varphi) \mathrm{d}x\mathrm{d}y =$$
$$\iint_D \left\{ p\left[\left(\frac{\partial \varphi}{\partial x}\right)^2 + \left(\frac{\partial \varphi}{\partial y}\right)^2 \right] + q\varphi^2 \right\} \mathrm{d}x\mathrm{d}y - \int_C p\varphi \frac{\partial \varphi}{\partial n} \mathrm{d}s \tag{6.28}$$

当边界条件为第一类齐次边界条件时,即 $\varphi|_c = 0$ 时,由上式可以看出$(\nabla^2(\varphi),\varphi) \geq 0$,只有当 $\varphi \equiv 0$ 时才为零,否则恒大于零。即 $\nabla^2(\ )$ 为正算子。故第一类齐次边界条件的泛函表达式为

$$\pi[\varphi] = (\nabla^2(\varphi),\varphi) - 2(\varphi,f) =$$
$$\iint_D \left(p\left[\left(\frac{\partial \varphi}{\partial x}\right)^2 + \left(\frac{\partial \varphi}{\partial y}\right)^2 \right] + q\varphi^2 - 2f\varphi \right) \mathrm{d}x\mathrm{d}y \tag{6.29}$$

① 当边界条件为第二类齐次边界条件时,即 $\frac{\partial \varphi}{\partial n}\big|_c = 0$。分两种情况进行讨论。

当 $q \neq 0$ 时,则由式(6.28)得

$$(\nabla^2(\varphi),\varphi) = \iint_D \left\{ p\left[\left(\frac{\partial \varphi}{\partial x}\right)^2 + \left(\frac{\partial \varphi}{\partial y}\right)^2 \right] + q\varphi^2 \right\} \mathrm{d}x\mathrm{d}y \geq 0$$

仅当

$$\iint_D p\left[\left(\frac{\partial \varphi}{\partial x}\right)^2 + \left(\frac{\partial \varphi}{\partial y}\right)^2 \right] \mathrm{d}x\mathrm{d}y = 0$$
$$\iint_D q\varphi^2 \mathrm{d}x\mathrm{d}y = 0$$

时,$(\nabla^2(\varphi),\varphi)$ 才为零。因此,当 $q \neq 0$ 时,算子 $\nabla^2(\ )$ 是正的。其第二类齐次边界条件的泛函表达式为

$$\pi[\varphi] = \iint_D \left\{ p\left[\left(\frac{\partial \varphi}{\partial x}\right)^2 + \left(\frac{\partial \varphi}{\partial y}\right)^2 \right] + q\varphi^2 - 2f\varphi \right\} \mathrm{d}x\mathrm{d}y \tag{6.30}$$

② 当 $q \equiv 0$ 时,此时式(6.28)为

$$(\nabla^2(\varphi),\varphi) = \iint_D p\left[\left(\frac{\partial \varphi}{\partial x}\right)^2 + \left(\frac{\partial \varphi}{\partial y}\right)^2 \right] \mathrm{d}x\mathrm{d}y$$

对于任意一个恒等于常数的函数 φ,都有 $(\nabla^2(\varphi),\varphi)$,而函数 φ 又不恒等于零,所以算子 $\nabla^2(\ )$ 在这种情况下不是正的。此时边值问题

$$\nabla^2 \varphi = -\frac{\partial}{\partial x}\left(p\frac{\partial \varphi}{\partial x} \right) - \frac{\partial}{\partial y}\left(p\frac{\partial \varphi}{\partial y} \right) = f(x,y)$$
$$\frac{\partial \varphi}{\partial n}\bigg|_c = 0$$

不是对一切函数 $f(x,y)$ 都有解。由于在上述方程中,两边对域 D 进行积分,则左端等于 $-\int_C p\frac{\partial \varphi}{\partial n}\mathrm{d}s$,因为 $\frac{\partial \varphi}{\partial n}\big|_c = 0$,所以

$$\iint_D f(x,y)\mathrm{d}x\mathrm{d}y = 0$$

即上述边值问题的右端函数 $f(x,y)$ 必须满足上式才有解。

当边界条件为第三类齐次边界条件时,即 $\left(\dfrac{\partial\varphi}{\partial n} + \sigma\varphi\right)\Big|_C = 0$ 时,由此得 $\dfrac{\partial\varphi}{\partial n} = -\sigma\varphi$,把它代入到式(6.28)中的边界 $-\int_C p\dfrac{\partial\varphi}{\partial n}\mathrm{d}s$ 项中去,得

$$(\nabla^2(\varphi),\varphi) = \iint_D \left\{p\left[\left(\dfrac{\partial\varphi}{\partial x}\right)^2 + \left(\dfrac{\partial\varphi}{\partial y}\right)^2\right] + q\varphi^2\right\}\mathrm{d}x\mathrm{d}y + \int_C p\sigma\varphi^2\mathrm{d}s$$

因为 $p > 0, q \geq 0, \sigma \geq 0$,故有 $(\nabla^2(\varphi),\varphi) \geq 0$,只有当 $\varphi = 0, (\nabla^2(\varphi),\varphi)$ 才为零,在这种情况下算子 $\nabla^2(\ )$ 是正的。于是第三类齐次边界条件的泛函表达式为

$$\pi[\varphi] = (\nabla^2(\varphi),\varphi) - 2(\varphi,f) =$$
$$\iint_D \left\{p\left[\left(\dfrac{\partial\varphi}{\partial x}\right)^2 + \left(\dfrac{\partial\varphi}{\partial y}\right)^2\right] + q\varphi^2 - 2f\varphi\right\}\mathrm{d}x\mathrm{d}y + \int_C p\sigma\varphi^2\mathrm{d}s \tag{6.31}$$

许多工程问题包含非齐次边界条件。下面直接写出三类非齐次边界条件的泛函表达式。

第一类非齐次边界条件的泛函表达式为

$$\pi[\varphi] = \iint_D \left\{p\left[\left(\dfrac{\partial\varphi}{\partial x}\right)^2 + \left(\dfrac{\partial\varphi}{\partial y}\right)^2\right] + q\varphi^2 - 2f\varphi\right\}\mathrm{d}x\mathrm{d}y \tag{6.32}$$

第二类非齐次边界条件的泛函表达式为

$$\pi[\varphi] = \iint_D \left\{p\left[\left(\dfrac{\partial\varphi}{\partial x}\right)^2 + \left(\dfrac{\partial\varphi}{\partial y}\right)^2\right] + q\varphi^2 - 2f\varphi\right\}\mathrm{d}x\mathrm{d}y - \int_C p\varphi h\mathrm{d}s \tag{6.33}$$

第三类非齐次边界条件的泛函表达式为

$$\pi[\varphi] = \iint_D \left\{p\left[\left(\dfrac{\partial\varphi}{\partial x}\right)^2 + \left(\dfrac{\partial\varphi}{\partial y}\right)^2\right] + q\varphi^2 - 2f\varphi\right\}\mathrm{d}x\mathrm{d}y + \int_C p(\sigma\varphi^2 - 2\varphi h)\mathrm{d}s \tag{6.34}$$

至此,椭圆型微分方程的泛函表达式已经全部得出,可用于场问题的有限元法求解。

现在举一个三维问题的场变量 $\varphi(x,y,z)$ 作为例子来阐述有限元法的求解过程。对于定态(与时间无关)问题来说,待求解的场微分方程为

$$\dfrac{\partial}{\partial x}\left(p_x \dfrac{\partial\varphi}{\partial x}\right) + \dfrac{\partial}{\partial y}\left(p_y \dfrac{\partial\varphi}{\partial y}\right) + \dfrac{\partial}{\partial z}\left(p_z \dfrac{\partial\varphi}{\partial z}\right) = f(x,y,z) \tag{6.35}$$

式中,p_x, p_y, p_z 和 $f(x,y,z)$ 是已知函数或常数。

式(6.35)中的参数的物理意义由求解的具体问题而定。表6.1列出若干典型的场问题,并且指明各问题中的 φ 以及其他参数的物理意义。

表 6.1　典型场问题的物理参数

问题	φ	p_x, p_y, p_z	$f(x,y,z)$	h	σ
多孔介质中的扩散流动	水头	水力传导系数	内部源流	边界流动	—
电传导	电压	导电系数	内电源	外部作用边界电流	—
静电场	电场强度	电容率	内电源	—	—
润滑问题	压力	膜厚度和黏度的函数	各种不同作用的净流动	边界流动	—
热传导	温度	导热系数	内热源	边界热源	对流换热系数
无旋流动	速度势或流函数	—	0	边界速度	0
扭转	应力函数	剪切模量的倒数	单位长度的扭转角	—	—
渗流	压力	渗透率	内流源	—	—
磁静力学	磁动力	磁导率	内磁场源	外作用磁场强度	—

求解上述方程的边界条件如下：

在 C_1 上

$$\varphi = \varphi(x,y,z)$$

在 C_2 上

$$p_x \frac{\partial \varphi}{\partial x} l + p_y \frac{\partial \varphi}{\partial y} m + p_z \frac{\partial \varphi}{\partial z} n + h(x,y,z) + \sigma(x,y,z)\varphi = 0$$

式中，h 和 σ 为已知函数或常数；l, m, n 为表面外法线的方向余弦；$C = C_1 + C_2$。

如果在方程(6.35)中，$p_x = p_y = p_z = p =$ 常数时，变为泊松方程，即

$$\nabla^2 \varphi = \frac{f(x,y,z)}{p}$$

如果 $f = 0$，就是拉普拉斯方程，即

$$\nabla^2 \varphi = 0$$

式(6.35)及在求解边界条件下的泛函表达式为

$$\pi[\varphi] = \frac{1}{2} \iiint_\Omega \left[p_x \left(\frac{\partial \varphi}{\partial x}\right)^2 + p_y \left(\frac{\partial \varphi}{\partial y}\right)^2 + p_z \left(\frac{\partial \varphi}{\partial z}\right)^2 + 2f\varphi \right] \mathrm{d}x\mathrm{d}y\mathrm{d}z +$$
$$\iint_{C_2} \left(h\varphi + \frac{1}{2}\sigma\varphi^2 \right) \mathrm{d}S \tag{6.36}$$

按通常的作法，把整个求解域 Ω 划分成单元，并以场变量(单元的结点值)φ^e 和形函数 $N(x,y,z)$ 来表示单元内的近似函数 $\varphi(x,y,z)$，即

$$\varphi(x,y,z) = \sum_{i=1}^{n} N_i(x,y,z)\varphi_i \tag{6.37}$$

式中，n 为单元的结点数；$\varphi(x,y,z)$ 为单元内任意一点的函数。

将式(6.36)的 $\pi[\varphi]$ 变为单元 $\pi^e[\varphi]$ 之和,即

$$\pi[\varphi] = \sum_{e=1}^{n} \pi^e[\varphi]$$

根据泛函求极值的必要条件 $\delta\pi[\varphi] = 0$,于是得到

$$\frac{\partial \pi^e[\varphi]}{\partial \varphi_i} = 0 \quad (i = 1,2,\cdots,n)$$

对于单元泛函为

$$\pi[\varphi] = \frac{1}{2} \iiint_{\Omega^e} \left[p_x \left(\frac{\partial \varphi}{\partial x}\right)^2 + p_y \left(\frac{\partial \varphi}{\partial y}\right)^2 + p_z \left(\frac{\partial \varphi}{\partial z}\right)^2 + 2f\varphi \right] dxdydz + \iint_{C_2^e} \left(h\varphi + \frac{1}{2}\sigma\varphi^2 \right) dS$$

式中,Ω^e 和 C_2^e 为单元的子域和相应的单元边界。
于是

$$\frac{\partial \pi^e[\varphi]}{\partial \varphi_i} = \iiint_{\Omega^e} \left[p_x \frac{\partial \varphi}{\partial x} \frac{\partial}{\partial \varphi_i}\left(\frac{\partial \varphi}{\partial x}\right) + p_y \frac{\partial \varphi}{\partial y} \frac{\partial}{\partial \varphi_i}\left(\frac{\partial \varphi}{\partial y}\right) + p_z \frac{\partial \varphi}{\partial z} \frac{\partial}{\partial \varphi_i}\left(\frac{\partial \varphi}{\partial z}\right) + f\frac{\partial \varphi}{\partial \varphi_i} \right] dxdydz + \iint_{C_2^e} \left(h \frac{\partial \varphi}{\partial \varphi_i} + \sigma\varphi \frac{\partial \varphi}{\partial \varphi_i} \right) dS$$

如果结点 i 不在 C_2 边界面上,则第二项积分不会出现。下面分别求上述公式内的有关导数项。

$$\frac{\partial \varphi}{\partial x} = \sum_{i=1}^{n} \frac{\partial N_i}{\partial x} \varphi_i = \frac{\partial [N]}{\partial x}\{\varphi\}^e, \quad \frac{\partial}{\partial \varphi_i}\left(\frac{\partial \varphi}{\partial x}\right) = \frac{\partial N_i}{\partial x}, \quad \frac{\partial \varphi}{\partial \varphi_i} = N_i$$

于是

$$\frac{\partial \pi^e[\varphi]}{\partial \varphi_i} = \iiint_{\Omega^e} \left[p_x \frac{\partial}{\partial x}([N]\{\varphi\}^e) \frac{\partial N_i}{\partial x} + p_y \frac{\partial}{\partial y}([N]\{\varphi\}^e) \frac{\partial N_i}{\partial y} + p_z \frac{\partial}{\partial z}([N]\{\varphi\}^e) \frac{\partial N_i}{\partial z} + fN_i \right] dxdydz + \iint_{C_2^e} (hN_i + \sigma[N]\{\varphi\}^e N_i) dS \tag{6.38}$$

对单元所有结点均写出如式(6.38)所示的公式,便得

$$\left[\frac{\partial \pi^e[\varphi]}{\partial \{\varphi\}^e}\right] = \left[\frac{\partial \pi^e[\varphi]}{\partial \varphi_1} \quad \frac{\partial \pi^e[\varphi]}{\partial \varphi_2} \quad \cdots \quad \frac{\partial \pi^e[\varphi]}{\partial \varphi_n} \right]^T =$$
$$[K]^e\{\varphi\}^e + \{R_1\}^e + [\bar{K}]^e\{\varphi\}^e$$

式中,$[K]^e$ 为单元刚度矩阵;$\{R_1\}^e$ 为右端项;$[\bar{K}]^e$ 为在 C_2 边界上的单元刚度项,只有边界处于 C_2 时才有值。它们的每个元素分别表示如下:

$$K_{ij} = \iiint_{\Omega^e} \left(p_x \frac{\partial N_i}{\partial x} \frac{\partial N_j}{\partial x} + p_y \frac{\partial N_i}{\partial y} \frac{\partial N_j}{\partial y} + p_z \frac{\partial N_i}{\partial z} \frac{\partial N_j}{\partial z} \right) dxdydz$$

$$\bar{K}_{ij} = \iint_{C_2^e} \sigma N_i N_j dS$$

$$R_{1i} = \iiint_{\Omega^e} fN_i dxdydz + \iint_{C_2^e} hN_i dS$$

根据泛函极值条件,得单元表达式为

$$[K + \bar{K}]^e \{\varphi\}^e + \{R_1\}^e = 0$$

把上述各项组集后，得场变量结点值的线性代数方程组，即

$$\sum_{e=1}^{m} ([K + \bar{K}]^e \{\varphi\}^e + \{R_1\}^e) = 0$$

或

$$[K + \bar{K}]\{\varphi\} + \{R_1\} = 0$$

习 题

6 – 1 写出泛函

$$\pi[u(x,y,z)] = \iint_D \left[\left(\frac{\partial u}{\partial x}\right)^2 + \left(\frac{\partial u}{\partial y}\right)^2 + \left(\frac{\partial u}{\partial z}\right)^2 + 2uf \right] dxdydz$$

的欧拉方程。

6 – 2 用瑞利 – 里茨法求解下列方程的两点边值问题，试函数选用

$$\varphi(x) = x(1-x)(a + bx + cx^2)$$
$$-\varphi''(x) = x^2 \quad (0 < x < 1)$$

边界条件为

$$x = 0, \quad \varphi(0) = 0; \quad x = 1, \quad \varphi(1) = 0$$

并与精确解进行比较。

6 – 3 用有限元法求解两点边值问题，其方程为

$$-\varphi''(x) = 2 \quad (0 < x < 1)$$

边界条件为

$$x = 0, \quad \varphi(0) = 0; \quad x = 1, \quad \varphi'(1) = 0$$

考虑在 $[0,1]$ 区间内离散化为 2 个单元和 4 个单元，分别求解，并与精确解（$\varphi_0 = 2x - x^2$）进行比较。

思 考 题

6 – 1 当求解工程问题时，经典的里茨法与有限元法有何异同？

6 – 2 什么是泛函？什么是变分法？试举出工程物理问题中的两个例子说明泛函和变分法的含义。

6 – 3 用变分法求解问题时，为什么只需考虑几何边界条件？

6 – 4 为什么说微分方程求解问题与变分法求解问题具有等价性？请举例说明。

6 – 5 工程物理问题中三类边界条件的含义是什么？如何由微分方程找到其相应的泛函？

第7章 非线性有限元法

7.1 引　言

有限元法是计算力学中的一种数值分析方法,前面几章已经介绍了线性有限元法,这一章将介绍有限元法的另一重要组成部分——非线性有限元法。

严格说来,在固体力学中所遇到的场问题都是非线性问题。其中一些问题可以简化为线性问题进行分析,能够满足工程的要求;但另一些问题却不能简化为线性问题,必须简化为非线性问题来分析。

非线性固体力学问题大致可以分为材料非线性、几何非线性和边界(或载荷)非线性三类。材料非线性中,本构关系是非线性的;几何非线性中,结构中产生的变形很大;而在边界(或载荷)非线性中,边界条件(或载荷与位移的关系)是非线性的。在同一非线性固体力学问题中,可以包含一类、两类或三类非线性。

根据本构关系形式的差别,材料非线性问题又可以分为两种。一种是非线性弹性问题,这类材料中最典型的是橡胶材料;另一种是弹塑性问题,这类材料中最典型的是金属材料。在7.2节中,将讨论弹塑性问题有限元法。

根据结构的变形,几何非线性问题也可以分为两种。一种是大位移或大转动问题,位移或转动很大,但应变很小;另一种是大应变或有限应变问题。在7.3节中,将讨论有限变形问题有限元法。

非线性固体力学问题,无论是材料非线性、几何非线性或边界(或载荷)非线性问题,经过有限元建模得到的都是非线性有限元方程组。在非线性有限元法发展历程中,产生了许多有效的非线性有限元方程组的解法。选择适当的解法,是求解非线性问题的重要环节。在7.4节中,将介绍非线性有限元方程组的解法。

在7.5节中,将介绍结构屈曲、接触、黏弹塑性和蠕变等非线性问题的有限元法。

7.2　弹塑性问题有限元法

在材料非线性问题中,材料的本构关系是非线性的,即应力与应变之间的关系呈现非线性。大多数金属材料的非线性行为由弹塑性本构关系引起。材料超过屈服极限后,呈现塑性性质。弹塑性有限元就是针对材料的本构关系对弹塑性的结构进行分析、建立在塑性力学基础理论(屈服准则、硬化定律和流动法则等)和线性有限元基础上的数值方法。

7.2.1 材料的弹塑性理论

经典塑性理论主要有两种,一种是形变理论,另一种是增量理论。形变理论是弹塑性小变形理论的简称,这种理论直接建立全量应力应变关系,在数学上形变理论处理简单,仅适用于简单加载情况。目前在结构数值分析中形变理论已较少使用。

增量理论又称流动理论,这种理论建立材料在塑性变形过程中应力与应变率或应变增量之间的关系,在实际应用中需要按加载过程进行积分,计算比较复杂。但随着计算机的发展和计算方法的改进,增量理论在结构数值分析中得到了越来越广泛的应用。

1. 屈服准则

由大多数金属材料简单拉伸和薄壁圆筒扭转试验可知,当应力超过屈服极限以后,材料从初始弹性阶段进入强化和塑性阶段。在简单应力状态下,通过应力应变曲线,可以直接判别材料是否屈服。但在复杂应力状态下,需要建立相应的屈服准则(或条件)来判别材料是否屈服。屈服准则通常与应力状态有关,在数学上可以表示为

$$f(\sigma_{ij}) = 0 \tag{7.1}$$

若以应力 σ_{ij} 为坐标轴建立多维坐标空间(应力空间),则式(7.1)在几何上表示应力空间中的超曲面,称为屈服曲面。应力空间中的任意一点表示一个应力状态,当此点位于屈服面内时,即 $f(\sigma_{ij}) < 0$,材料在弹性范围内;当此点位于屈服面上时,即 $f(\sigma_{ij}) = 0$,材料开始进入塑性范围。

对于各向同性材料,屈服条件与坐标变换无关。因此,式(7.1)可以用主应力表示

$$f(\sigma_1, \sigma_2, \sigma_3) = 0 \tag{7.2}$$

也可以用应力张量不变量表示

$$f(I_1, I_2, I_3) = 0 \tag{7.3}$$

式中

$$I_1 = \sigma_x + \sigma_y + \sigma_z$$
$$I_2 = \sigma_x\sigma_y + \sigma_y\sigma_z + \sigma_z\sigma_x - \tau_{xy}^2 - \tau_{yz}^2 - \tau_{zx}^2$$
$$I_3 = \sigma_x\sigma_y\sigma_z + 2\tau_{xy}\tau_{yz}\tau_{zx} - \sigma_x\tau_{yz}^2 - \sigma_y\tau_{zx}^2 - \sigma_z\tau_{xy}^2$$

由于静水压力(或球应力)不影响材料的屈服,屈服条件又可以用应力偏量或应力偏量不变量 J_2, J_3 表示

$$f(J_2, J_3) = 0 \tag{7.4}$$

式中

$$J_2 = -\frac{1}{6}\left[(\sigma_1-\sigma_2)^2 + (\sigma_2-\sigma_3)^2 + (\sigma_3-\sigma_1)^2\right]$$

$$J_3 = S_1 S_2 S_3$$

$$S_1 = \sigma_1 - \frac{1}{3}(\sigma_1+\sigma_2+\sigma_3)$$

$$S_2 = \sigma_2 - \frac{1}{3}(\sigma_1+\sigma_2+\sigma_3)$$

$$S_3 = \sigma_3 - \frac{1}{3}(\sigma_1+\sigma_2+\sigma_3)$$

2. 硬化定律

从材料的简单拉伸试验可知,当应力超过初始屈服应力时,卸载是弹性的。卸载后再重新加载,会使屈服应力提高,即超过初始屈服应力。这种屈服应力提高的现象,称做硬化(或强化)现象。新的屈服应力与卸载前的塑性应变有关。

推广到复杂应力状态,则有所谓硬化(或强化)定律。当应力状态到达屈服面时,材料开始进入塑性状态;继续加载(或卸载后继续加载),屈服面将发生变化,这就是硬化。硬化后的新屈服面称做加载面(或后继屈服面)。加载面与应力、塑性应变 ε_{ij}^p 和反映塑性应变历史的硬化参数 κ 有关,可以用加载函数表示为

$$f(\sigma_{ij}, \varepsilon_{ij}^p, \kappa) = 0 \tag{7.5}$$

根据实验资料,人们已经建立了多种硬化模型。在非线性有限元法中,常用以下两种硬化模型。

一种最简单的硬化模型是等向硬化。等向硬化定律假设屈服面中心不动,后继屈服面在初始屈服面的基础上均匀扩大。加载函数为

$$f(\sigma_{ij}, \kappa) = 0 \tag{7.6}$$

这时参数 κ 通常取为塑性功

$$W^p = \int \sigma_{ij} d\varepsilon_{ij}^p \tag{7.7}$$

式中,$d\varepsilon_{ij}^p$ 是塑性应变分量 ε_{ij}^p 的增量。

另一种经常用到的硬化模型是运动硬化。运动硬化定律假设,在塑性状态变化时,后继屈服面的大小和形状不变,但位置在应力空间中做平动运动。加载面的表达式为

$$f(\sigma_{ij}^\alpha) = 0 \tag{7.8}$$

$$\sigma_{ij}^\alpha = \sigma_{ij} - \alpha_{ij} \tag{7.9}$$

式中,α_{ij} 表示初始屈服面中心在应力空间中的移动张量,随着塑性状态的变化而改变。通常采用线性运动硬化模型,这时移动张量是塑性应变张量的线性函数,即

$$\alpha_{ij} = C\varepsilon_{ij}^p \tag{7.10}$$

其中，C 是比例系数，可以由简单拉伸试验确定。

对于大多数材料，硬化定律处于等向硬化与运动硬化之间。因而，又有一种混合硬化模型。混合硬化模型假设为一个运动硬化模型叠加一个初始等向硬化模型。

3. 流动法则

流动法则又称正交定律，描述了应力与塑性应变增量之间的相互关系，是确定塑性应变增量向量方向的规定。

从德鲁克（Drucker）公设可以得到流动法则。塑性应变增量的向量方向与屈服面（或加载面）的外法线方向一致；对理想塑性材料，塑性应变增量的向量方向与对应的应力增量的向量方向正交；对硬化塑性材料，塑性应变增量的向量方向与对应的应力增量的向量方向的夹角为锐角。用数学表达式表示为

$$\begin{cases} d\varepsilon_{ij}^p = d\lambda \dfrac{\partial f}{\partial \sigma_{ij}} \\ d\lambda \geq 0 \end{cases} \tag{7.11}$$

4. 加载和卸载准则

当材料处于不同状态时，其本构关系的形式也不同。为了建立和应用材料的本构关系，还需要有判别材料状态的准则，即加载和卸载准则。

对理想塑性材料，加载面在塑性状态变化过程中保持不变。对于应力增量 $d\sigma_{ij}$，若材料有新的塑性应变增量 $d\varepsilon_{ij}^p$ 出现，则为加载过程；若没有新的塑性应变增量 $d\varepsilon_{ij}^p$ 出现，即 $d\varepsilon_{ij}^p = 0$，则为卸载过程。

对理想塑性材料，加载和卸载准则的表达式为

$$f(\sigma_{ij}) < 0 \quad \text{弹性状态} \tag{7.12}$$

$$f(\sigma_{ij}) = 0, \quad df = 0 \quad \text{加载} \tag{7.13}$$

$$f(\sigma_{ij}) = 0, \quad df < 0 \quad \text{卸载} \tag{7.14}$$

对硬化材料，加载和卸载准则的表达式为

$$f(\sigma_{ij}) < 0 \quad \text{弹性状态} \tag{7.15}$$

$$f(\sigma_{ij}) = 0, \quad df > 0 \quad \text{加载} \tag{7.16}$$

$$f(\sigma_{ij}) = 0, \quad df = 0 \quad \text{中性变载} \tag{7.17}$$

$$f(\sigma_{ij}) = 0, \quad df < 0 \quad \text{卸载} \tag{7.18}$$

硬化材料在加载和卸载之间存在一个中性变载状态，在中性变载期间没有新的塑性变形发生，但应力点保持在屈服面上。

从应力增量的向量与加载面之间的关系看来，加载和卸载的过程为：应力增量的向量从加

载面出发指向加载面外法线方向,材料从一个加载面过渡到另一个加载面(或从一个塑性状态过渡到另一个塑性状态),为加载过程;应力增量的向量相切于加载面,为中性变载过程;应力增量的向量从加载面出发指向加载面内法线方向,为卸载过程。

5. 弹塑性本构方程

假设无限小应变增量可以分解为弹性应变增量和塑性应变增量之和,即

$$d\varepsilon_{ij} = d\varepsilon_{ij}^e + d\varepsilon_{ij}^p \tag{7.19}$$

其中弹性应变增量服从胡克定律

$$d\sigma_{ij} = D_{ijkl}^e d\varepsilon_{kl}^e \tag{7.20}$$

式中,D_{ijkl}^e 为弹性张量。

塑性应变增量服从流动法则

$$d\varepsilon_{ij}^p = d\lambda \frac{\partial f}{\partial \sigma_{ij}} \tag{7.21}$$

将式(7.19)代入式(7.20)得到

$$d\sigma_{ij} = D_{ijkl}^e (d\varepsilon_{kl} - d\varepsilon_{kl}^p) \tag{7.22}$$

从加载函数(7.5)可以得到一致性条件

$$\frac{\partial f}{\partial \sigma_{ij}} d\sigma_{ij} + \frac{\partial f}{\partial \varepsilon_{ij}^p} d\varepsilon_{ij}^p + \frac{\partial f}{\partial \kappa} d\kappa = 0 \tag{7.23}$$

若 κ 为塑性应变 ε_{ij}^p 的函数,那么一致性条件(7.23)可以改写为

$$\frac{\partial f}{\partial \sigma_{ij}} d\sigma_{ij} + \left(\frac{\partial f}{\partial \varepsilon_{ij}^p} + \frac{\partial f}{\partial \kappa} \frac{\partial \kappa}{\partial \varepsilon_{ij}^p} \right) d\varepsilon_{ij}^p = 0 \tag{7.24}$$

将式(7.22)和流动法则(7.21)代入一致性条件(7.24),可以确定系数 $d\lambda$ 为

$$d\lambda = \frac{1}{A} \frac{\partial f}{\partial \sigma_{ij}} D_{ijkl}^e d\varepsilon_{kl} \tag{7.25}$$

式中

$$A = \frac{\partial f}{\partial \sigma_{ij}} D_{ijkl}^e \frac{\partial f}{\partial \sigma_{kl}} + B \tag{7.26}$$

$$B = -\left(\frac{\partial f}{\partial \varepsilon_{ij}^p} + \frac{\partial f}{\partial \kappa} \frac{\partial \kappa}{\partial \varepsilon_{ij}^p} \right) \frac{\partial f}{\partial \sigma_{ij}} \tag{7.27}$$

再把式(7.25)代入流动法则(7.21),得到塑性应变增量 $d\varepsilon_{ij}^p$,代回式(7.22),得到弹塑性增量本构方程

$$d\sigma_{ij} = D_{ijkl}^{ep} d\varepsilon_{kl} \tag{7.28}$$

式中,切线弹塑性张量

$$D_{ijkl}^{ep} = D_{ijkl}^e - D_{ijkl}^p \tag{7.29}$$

切线塑性张量

$$D_{ijkl}^{p} = \frac{1}{A} D_{ijmn}^{e} \frac{\partial f}{\partial \sigma_{mn}} \frac{\partial f}{\partial \sigma_{st}} D_{stkl}^{e} \tag{7.30}$$

对等向硬化材料，若将硬化参数 κ 取为塑性功 W^p，则由式(7.6)和式(7.7)有

$$\frac{\partial f}{\partial \varepsilon_{ij}^{p}} = 0 \tag{7.31}$$

$$\frac{\partial f}{\partial \kappa} \frac{\partial \kappa}{\partial \varepsilon_{ij}^{p}} = \frac{\partial f}{\partial W^p} \sigma_{ij} \tag{7.32}$$

将式(7.31)和式(7.32)代入式(7.27)得到

$$B = -\frac{\partial f}{\partial W^p} \sigma_{ij} \frac{\partial f}{\partial \sigma_{ij}} \tag{7.33}$$

对线性运动硬化材料，加载函数为式(7.8)。因而

$$\frac{\partial f}{\partial \kappa} = 0 \tag{7.34}$$

$$\frac{\partial f}{\partial \varepsilon_{ij}^{p}} = \frac{\partial f}{\partial \sigma_{ij}^{\alpha}} \frac{\partial \sigma_{ij}^{\alpha}}{\partial \varepsilon_{kl}^{p}} = -C \frac{\partial f}{\partial \sigma_{ij}^{\alpha}} \tag{7.35}$$

将式(7.34)和式(7.35)代入式(7.27)，得到

$$B = C \frac{\partial f}{\partial \sigma_{ij}^{\alpha}} \frac{\partial f}{\partial \sigma_{ij}} \tag{7.36}$$

弹塑性增量本构方程(7.28)虽然是按硬化材料得到的，但也可用于理想塑性材料。

6. 几种常用的弹塑性材料模型

(1) 等向硬化米泽斯(Mises)材料

米泽斯材料的加载函数为

$$f = \sqrt{J_2} - k = 0 \tag{7.37}$$

式中，J_2 是应力偏量张量 S_{ij} 的第二不变量

$$J_2 = \frac{1}{2} S_{ij} S_{ij} \tag{7.38}$$

$$S_{ij} = \sigma_{ij} - \frac{1}{3} \sigma_{kk} \delta_{ij} \tag{7.39}$$

k 是根据简单应力状态下的试验数据给出的屈服参数。纯剪切时，$k = \tau_s$，τ_s 是剪切屈服应力；单向拉伸时，$k = \sigma_s/\sqrt{3}$。因此

$$k = \tau_s = \sigma_s/\sqrt{3} \tag{7.40}$$

在主应力空间中，屈服条件(7.37)是一个圆柱面，如图7.1所示。

设屈服参数 k 是塑性功 W^p 的函数，将加载函数 f 对 W^p 求导数，得

第7章 非线性有限元法

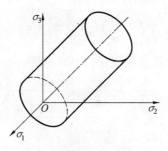

图 7.1 米泽斯屈服面

$$\frac{\partial f}{\partial W^{\mathrm{p}}} = -\frac{\mathrm{d}k(W^{\mathrm{p}})}{\mathrm{d}W^{\mathrm{p}}} \tag{7.41}$$

将应力偏量张量的第二不变量和加载函数分别对应力分量求导

$$\frac{\partial J_2}{\partial \sigma_{ij}} = S_{ij} \tag{7.42}$$

$$\frac{\partial f}{\partial \sigma_{ij}} = \frac{1}{2\sqrt{J_2}} \frac{\partial J_2}{\partial \sigma_{ij}} = \frac{1}{2k} S_{ij} \tag{7.43}$$

进一步计算,得到

$$\frac{\partial f}{\partial \sigma_{ij}} D^{\mathrm{e}}_{ijkl} \frac{\partial f}{\partial \sigma_{kl}} = \frac{1}{2k} S_{ij} D^{\mathrm{e}}_{ijkl} \frac{1}{2k} S_{kl} = \frac{J_2}{k^2} G = G \tag{7.44}$$

根据式(7.33)、式(7.40) 和式(7.43) 可以得到

$$B = -\frac{\partial f}{\partial W^{\mathrm{p}}} \sigma_{ij} \frac{\partial f}{\partial \sigma_{ij}} = \frac{\partial \tau_s}{\partial W^{\mathrm{p}}} \sigma_{ij} \frac{1}{2\tau_s} S_{ij} = H_\tau = \frac{H_\sigma}{3} \tag{7.45}$$

式中,H_τ 和 H_σ 分别是 $\tau - \gamma^{\mathrm{p}}$ 和 $\sigma - \varepsilon^{\mathrm{p}}$ 曲线的切线斜率,如图 7.2 所示。

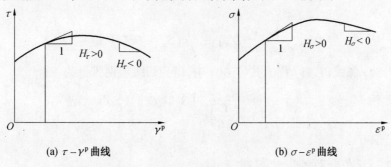

(a) $\tau - \gamma^{\mathrm{p}}$ 曲线   (b) $\sigma - \varepsilon^{\mathrm{p}}$ 曲线

图 7.2 应力 – 塑性应变曲线

将式(7.44) 和式(7.45) 代入式(7.26),得到

$$A = G + H_\tau \tag{7.46}$$

式(7.30) 中

$$D^e_{ijmn}\frac{\partial f}{\partial \sigma_{mn}}\frac{\partial f}{\partial \sigma_{st}}D^e_{stkl} = \frac{G^2}{k^2}S_{ij}S_{kl} = \frac{G^2}{\tau_s^2}S_{ij}S_{kl} \tag{7.47}$$

将式(7.46) 和式(7.47) 代入切线塑性张量(7.30),得到

$$D^p_{ijkl} = \frac{1}{G + H_\tau}\frac{G^2}{\tau_s^2}S_{ij}S_{kl} = \frac{G}{\left(1 + \frac{H_\tau}{G}\right)\tau_s^2}S_{ij}S_{kl} \tag{7.48}$$

(2) 线性运动硬化米泽斯材料

这种材料的加载函数是

$$f = \sqrt{\frac{1}{2}(S_{ij} - C\varepsilon^p_{ij})(S_{ij} - C\varepsilon^p_{ij})} - k_0 = 0 \tag{7.49}$$

式中,k_0 是常数,表示加载面的大小不变。

由式(7.8),可以计算

$$\frac{\partial f}{\partial \sigma_{ij}} = \frac{\partial f}{\partial \sigma^\alpha_{ij}} = \frac{1}{2k_0}(S_{ij} - C\varepsilon^p_{ij}) \tag{7.50}$$

$$\frac{\partial f}{\partial \sigma_{ij}}D^e_{ijkl}\frac{\partial f}{\partial \sigma_{kl}} = G \tag{7.51}$$

$$\frac{\partial f}{\partial \sigma^\alpha_{ij}}\frac{\partial f}{\partial \sigma_{ij}} = \frac{1}{2k_0}(S_{ij} - C\varepsilon^p_{ij})\frac{1}{2k_0}(S_{ij} - C\varepsilon^p_{ij}) = \frac{1}{2} \tag{7.52}$$

因此

$$B = \frac{1}{2}C \tag{7.53}$$

$$A = G + \frac{1}{2}C \tag{7.54}$$

式(7.30) 中

$$D^e_{ijmn}\frac{\partial f}{\partial \sigma_{mn}}\frac{\partial f}{\partial \sigma_{st}}D^e_{stkl} = \frac{G^2}{k_0^2}(S_{ij} - C\varepsilon^p_{ij})(S_{kl} - C\varepsilon^p_{kl}) \tag{7.55}$$

将式(7.54) 和式(7.55) 代入式(7.30) 中,得到切线塑性张量为

$$D^p_{ijkl} = \frac{G}{\left(1 + \frac{C}{2G}\right)k_0^2}(S_{ij} - C\varepsilon^p_{ij})(S_{kl} - C\varepsilon^p_{kl}) \tag{7.56}$$

7.2.2 增量弹塑性有限元法

塑性理论有形变理论和增量理论,分别建立全量本构关系和增量本构关系。相应地,弹塑性有限元法亦有建立在形变理论基础上的全量方法和建立在流动理论基础上的增量方法。弹

塑性有限元增量方法在实际工程问题中得到了广泛的应用,因此,本节将只介绍增量形式的弹塑性有限元法。

1. 增量弹塑性有限元基本公式

在弹塑性问题中,应力取决于整个变形的历史,不能表示为应变的单值函数。应力应变关系必须以增量形式表示。因此,分析弹塑性问题时,需要将实际作用载荷分成小的载荷增量逐步计算求解。

考虑一当前增量步 k,在此增量步之前累积的应力、应变、位移、体积力和面积力为

$$\boldsymbol{\sigma}_{k-1}, \boldsymbol{\varepsilon}_{k-1}, \boldsymbol{u}_{k-1}, \boldsymbol{F}_{k-1}, \boldsymbol{T}_{k-1}$$

当前增量步考虑的应力增量、应变增量、位移增量、体积力增量和面积力增量为

$$\Delta\boldsymbol{\sigma}, \Delta\boldsymbol{\varepsilon}, \Delta\boldsymbol{u}, \Delta\boldsymbol{F}, \Delta\boldsymbol{T}$$

当前增量步计算后,累积的应力、应变、位移、体积力和面积力为

$$\boldsymbol{\sigma}_k = \boldsymbol{\sigma}_{k-1} + \Delta\boldsymbol{\sigma}$$

$$\boldsymbol{\varepsilon}_k = \boldsymbol{\varepsilon}_{k-1} + \Delta\boldsymbol{\varepsilon}$$

$$\boldsymbol{u}_k = \boldsymbol{u}_{k-1} + \Delta\boldsymbol{u}$$

$$\boldsymbol{F}_k = \boldsymbol{F}_{k-1} + \Delta\boldsymbol{F}$$

$$\boldsymbol{T}_k = \boldsymbol{T}_{k-1} + \Delta\boldsymbol{T}$$

当前增量步考虑的虚功方程为

$$\int_V (\boldsymbol{\sigma}_{k-1} + \Delta\boldsymbol{\sigma})^{\mathrm{T}} \delta\Delta\boldsymbol{\varepsilon}\,\mathrm{d}V = \int_V (\boldsymbol{F}_{k-1} + \Delta\boldsymbol{F})^{\mathrm{T}} \delta\Delta\boldsymbol{u}\,\mathrm{d}V + \int_S (\boldsymbol{T}_{k-1} + \Delta\boldsymbol{T})^{\mathrm{T}} \delta\Delta\boldsymbol{u}\,\mathrm{d}S \quad (7.57)$$

在弹塑性问题中,由于考虑的是小变形,因而有

$$\Delta\boldsymbol{\varepsilon} = \boldsymbol{B}\Delta\boldsymbol{u} \quad (7.58)$$

增量弹塑性本构关系为

$$\Delta\boldsymbol{\sigma} = \boldsymbol{D}(\Delta\boldsymbol{\varepsilon} - \Delta\boldsymbol{\varepsilon}_0) + \boldsymbol{\sigma}_0 \quad (7.59)$$

式中,$\Delta\boldsymbol{\varepsilon}_0$ 是增量初应变向量;$\boldsymbol{\sigma}_0$ 是初应力向量。

将式(7.58)和式(7.59)代入虚功方程(7.57),可以得到当前增量步的平衡方程为

$$\boldsymbol{K}\Delta\boldsymbol{u} = \Delta\boldsymbol{R} \quad (7.60)$$

式中

$$\boldsymbol{K} = \int_V \boldsymbol{B}^{\mathrm{T}} \boldsymbol{D} \boldsymbol{B}\,\mathrm{d}V \quad (7.61)$$

$$\Delta\boldsymbol{R} = \Delta\boldsymbol{R}_0 + \Delta\boldsymbol{R}_\varepsilon + \Delta\boldsymbol{R}_\sigma \quad (7.62)$$

$$\Delta\boldsymbol{R}_0 = \int_V \boldsymbol{N}^{\mathrm{T}}(\boldsymbol{F}_{k-1} + \Delta\boldsymbol{F})\,\mathrm{d}V + \int_S \boldsymbol{N}^{\mathrm{T}}(\boldsymbol{T}_{k-1} + \Delta\boldsymbol{T})\,\mathrm{d}S - \int_V \boldsymbol{B}^{\mathrm{T}}\boldsymbol{\sigma}\,\mathrm{d}V \quad (7.63)$$

$$\Delta\boldsymbol{R}_\varepsilon = \int_V \boldsymbol{B}^{\mathrm{T}} \boldsymbol{D} \Delta\boldsymbol{\varepsilon}_0\,\mathrm{d}V \quad (7.64)$$

$$\Delta \boldsymbol{R}_\sigma = -\int_V \boldsymbol{B}^\mathrm{T} \boldsymbol{\sigma}_0 \mathrm{d}V \tag{7.65}$$

其中,N是形函数矩阵。

可以看到,在载荷计算上,增量弹塑性有限元公式与线弹性有限元公式有很大的差别。

在求解非线性方程组(7.60)时,根据计入材料塑性影响的不同方式,有3种不同的迭代方法。

(1) 切线刚度法

在材料的本构关系(7.59)中,令

$$\boldsymbol{D} = \boldsymbol{D}^\mathrm{ep} \tag{7.66}$$

式中,$\boldsymbol{D}^\mathrm{ep}$为应力应变曲线的切线斜率,故此种迭代方法称做切线刚度法。

(2) 初应变法

在初应变法中 $\boldsymbol{D} = \boldsymbol{D}^\mathrm{e}$,材料的塑性影响通过式(7.64)计入。

(3) 初应力法

在初应力法中 $\boldsymbol{D} = \boldsymbol{D}^\mathrm{e}$,材料的塑性影响通过式(7.65)计入。

2. 增量弹塑性有限元的求解过程

下面以增量切线刚度法为例,叙述增量弹塑性有限元的求解过程。

开始计算时,按线弹性理论进行,得到初始位移、应变和应力。如果有单元开始进入屈服,就需要按增量加载的方式计算。

当某一增量步载荷增量 $\Delta \boldsymbol{R}$ 作用时,进入计算的单元中的材料既可能处于弹性状态,也可能处于塑性状态。需要根据单元中材料所处的状态,采用相应的公式进行计算。确定单元所处的状态,必须按照加载和卸载准则进行。

对于第 i 增量步,计算按下列步骤进行:

① 根据第 $i-1$ 增量步得到的位移计算应变增量 $\Delta \boldsymbol{\varepsilon}$。
② 按弹性关系计算应力增量 $\Delta \boldsymbol{\sigma}^\mathrm{e} = \boldsymbol{D}^\mathrm{e} \Delta \boldsymbol{\varepsilon}$。
③ 计算试探应力 $\boldsymbol{\sigma}^\mathrm{t} = \boldsymbol{\sigma}_{i-1} + \Delta \boldsymbol{\sigma}^\mathrm{e}$。
④ 根据试探应力计算加载函数值 $f_i = f(\boldsymbol{\sigma}^\mathrm{t}, \kappa_{i-1})$。
⑤ 如果 $f_i \leqslant 0$,则单元的状态为弹性加载、卸载或中性变载;第二步计算的应力增量和第三步计算的试探应力就是第 i 增量步得到的应力增量和应力,即

$$\Delta \boldsymbol{\sigma} = \Delta \boldsymbol{\sigma}^\mathrm{e}, \quad \boldsymbol{\sigma}_i = \boldsymbol{\sigma}^\mathrm{t}$$

接着进入第 $i+1$ 增量步的计算。

⑥ 如果 $f_i > 0$,则单元的状态为塑性加载,这时应力增量由弹性部分和塑性部分构成,将弹性部分表示为 $r\Delta \boldsymbol{\sigma}^\mathrm{e} = r\boldsymbol{D}^\mathrm{e}\Delta \boldsymbol{\varepsilon}$,根据加载函数 $f(\boldsymbol{\sigma}_{i-1} + r\Delta \boldsymbol{\sigma}^\mathrm{e}, \kappa_{i-1}) = 0$ 计算确定弹性部分和塑性部分的比例因子 r。

⑦ 计算当前应力 $\boldsymbol{\sigma}^c = \boldsymbol{\sigma}_{i-1} + r\Delta\boldsymbol{\sigma}^e$ 和应变增量的塑性部分 $\Delta\boldsymbol{\varepsilon}^p = (1-r)\Delta\boldsymbol{\varepsilon}$。

⑧ 计算应变增量的塑性部分 $\Delta\boldsymbol{\varepsilon}^p$ 引起的应力;将 $\Delta\boldsymbol{\varepsilon}^p$ 细分为 M 段,即 $\Delta(\Delta\boldsymbol{\varepsilon}) = \Delta\boldsymbol{\varepsilon}^p/M$;计算

$$\boldsymbol{\sigma}_i = \boldsymbol{\sigma}^c + \sum_{k=1}^{M} \boldsymbol{D}_k^{ep}\Delta(\Delta\boldsymbol{\varepsilon})_k, \quad \kappa_i = \kappa_{i-1} + \sum_{k=1}^{M} \Delta(\Delta\kappa)_k$$

接着进入第 $i+1$ 增量步的计算。

在每一增量步计算过程中,根据单元中的材料处于弹性状态、弹塑性状态和塑性状态,用相应的本构关系矩阵 $\boldsymbol{D}^e$、$\overline{\boldsymbol{D}}^{ep}$ 和 $\boldsymbol{D}^{ep}$ 来形成单元刚度矩阵,其中加权平均本构关系矩阵 $\overline{\boldsymbol{D}}^{ep} = r\boldsymbol{D}^e + (1-r)\boldsymbol{D}^{ep}$。

7.3 有限变形问题有限元法

在有限变形问题中,物体的几何方程是非线性的,所以又称为几何非线性问题或大变形问题。与线弹性问题不同,有限变形的应变和应力需要重新定义,而几何方程、平衡方程和本构关系都需要重新表示。因此,几何非线性问题比材料非线性问题更加复杂。

7.3.1 有限变形基本方程

1. 物体的运动和变形

任何物体都是由无数质点构成的,这些质点称之为物质点。物体在空间的位置可以通过该物体所有质点的空间坐标表示。物体在空间的位置称之为构形。为了描述物体的运动和变形,需要选取某一时刻物体的构形为参考构形。通常选取 $t=0$ 时刻物体的初始构形为参考构形,用 Ω_0 来表示(图7.3)。在多数情况下,需要一个未变形构形。一般说来,认为未变形构形与初始构形是相同的。物体的当前构形称做变形构形,用 Ω 来表示(图7.3)。

在参考构形中,物体中物质点的位置用坐标 $X_i(i=1,2,3)$ 表示,同时用 X_i 来标注物质点。变量 X_i 称为物质坐标或拉格朗日坐标。对于给定的物质点,变量 X_i 不随时间变化。在当前构形中,物体中物质点的位置用坐标 $x_i(i=1,2,3)$ 表示。坐标 x_i 称为空间坐标或欧拉坐标。

物体的运动和变形可以由物体中物质点的位置随时间的变化来描述,即

$$x_i = f_i(X_j, t) \tag{7.67}$$

公式(7.67)将物体的参考构形映射到 t 时刻的当前构形,称做从初始构形到当前构形的映射。

在描述连续物体变形和响应时,以物质坐标 X_i 和时间 t 为独立变量的方法称为物质描述或拉格朗日描述;以空间坐标 x_i 和时间 t 为独立变量的方法称为空间描述或欧拉描述。

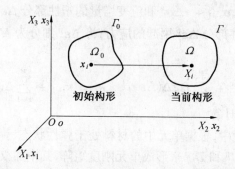

图 7.3 物体的运动和变形

在流体力学中通常采用欧拉描述,而在固体力学中通常采用拉格朗日描述。

物质点的位移定义为物质点的当前位置与初始位置之差,即

$$u_i = f_i(X_j, t) - X_i = x_i - X_i \tag{7.68}$$

物质点的速度定义为物质点位移的变化率。速度的形式为

$$v_i(X_j, t) = \frac{\partial f_i(X_j, t)}{\partial t} = \frac{\partial u_i(X_j, t)}{\partial t} = \dot{u}_i \tag{7.69}$$

式(7.69)中对时间求导是在 X_j 保持不变时进行的。X_j 保持不变的时间导数称为物质时间导数,或简称为物质导数,物质时间导数又称为全导数。变量上的点表示物质导数。

物质点的加速度定义为物质点速度的变化率。加速度的物质形式为

$$a_i(X_j, t) = \frac{\partial v_i(X_j, t)}{\partial t} = \frac{\partial^2 u_i(X_j, t)}{\partial t^2} = \dot{v}_i \tag{7.70}$$

如果函数用空间坐标 x_i 和时间 t 表示,其物质导数可通过连锁规则得到。对于标量函数 $h(\boldsymbol{x}, t)$、张量函数 $v_i(\boldsymbol{x}, t)$ 和 $\sigma_{ij}(\boldsymbol{x}, t)$,它们的物质导数为

$$\dot{h} = \frac{\mathrm{D}h}{\mathrm{D}t} = \frac{\partial h}{\partial t} + v_i \frac{\partial h}{\partial x_i} \tag{7.71}$$

$$\dot{v}_i = \frac{\mathrm{D}v_i}{\mathrm{D}t} = \frac{\partial v_i}{\partial t} + v_j \frac{\partial v_i}{\partial x_j} \tag{7.72}$$

$$\dot{\sigma}_{ij} = \frac{\mathrm{D}\sigma_{ij}}{\mathrm{D}t} = \frac{\partial \sigma_{ij}}{\partial t} + v_k \frac{\partial \sigma_{ij}}{\partial x_k} \tag{7.73}$$

上面 3 式中右端第一项称为空间时间导数,第二项称为迁移项。

变形梯度是有限变形分析中关于变形特征的重要变量。变形梯度定义为物体的当前坐标对物质坐标的偏导数的集合,即

$$F_{ij} = \frac{\partial f_i}{\partial X_j} = \frac{\partial x_i}{\partial X_j} \tag{7.74}$$

变形梯度是一个非对称的二阶张量。在数学上,变形梯度 F_{ij} 是物质点的运动 $f_i(X_j, t)$ 的雅可

比矩阵。

考虑参考构形中的微线段 dX_i,由公式(7.74),在当前构形中对应的微线段 dx_i 表示为
$$dx_i = F_{ij}dX_j \tag{7.75}$$
显然,变形梯度表示了一个变换,把参考构形中的微线段 dX_i 变换到当前构形中的微线段 dx_i。

变形梯度 F_{ij} 的行列式用 J 表示,称做雅可比行列式
$$J = \det(F_{ij}) \tag{7.76}$$
雅可比行列式表示物体变形前后微体积的变化。

考虑物体变形前后微面积的变化。设变形前的微面积为 $d\Gamma_0$,单位外法线为 n_i^0,变形后的微面积为 $d\Gamma$,单位外法线为 n_i,变形前后微面积的转换公式为
$$n_i d\Gamma = J n_j^0 F_{ji}^{-1} d\Gamma_0 \tag{7.77}$$

在连续介质力学中,假设物体、物体的运动和变形是连续的。即要求映射 $f_i(X_j,t)$ 满足:① 连续可微;② 一一对应;③ 雅可比行列式 $J > 0$。第一个条件反映了物体中既无缝隙又无重叠;第二个条件要求在参考构形中的每一点,在当前构形中有一对应点,反之亦然,这一条件也反映了雅可比行列式不等于零;第三个条件进一步要求雅可比行列式大于零,则是质量守恒的要求。

2. 应变度量

在几何大变形问题中,对于物体的刚体运动,应变度量必须为零。因此,线弹性理论中的小应变定义,即柯西应变度量不再成立,必须给出新的应变度量。

(1) 格林应变

格林应变张量 E_{ij} 定义为变形构形和未变形构形中微线段长度的平方差
$$dx_i dx_i - dX_i dX_i = 2dX_i E_{ij} dX_j \tag{7.78}$$
将式(7.75)代入,得到
$$F_{ki}dX_i F_{kj}dX_j - dX_i dX_i = (F_{ki}F_{kj} - \delta_{ij})dX_i dX_j = 2dX_i E_{ij}dX_j$$
因而,用变形梯度张量表示的格林应变张量为
$$E_{ij} = \frac{1}{2}(F_{kl}F_{kj} - \delta_{ij}) \tag{7.79}$$
由式(7.68)和式(7.74),可以得到用位移梯度表示的格林应变张量为
$$E_{ij} = \frac{1}{2}\left(\frac{\partial u_i}{\partial X_j} + \frac{\partial u_j}{\partial X_i} + \frac{\partial u_k}{\partial X_i}\frac{\partial u_k}{\partial X_j}\right) \tag{7.80}$$

(2) 阿尔曼西(Almansis)应变

格林应变定义的参考构形是初始构形。若以当前构形为参考构形,则有阿尔曼西应变张量定义

$$e_{ij} = \frac{1}{2}(\delta_{ij} - F_{ki}^{-1}F_{kj}^{-1}) \tag{7.81}$$

式中变形梯度的逆张量为

$$F_{ij}^{-1} = \frac{\partial X_i}{\partial x_j} \tag{7.82}$$

类似地用相对于当前构形度量的位移梯度表示阿尔曼西应变张量为

$$e_{ij} = \frac{1}{2}\left(\frac{\partial u_i}{\partial x_j} + \frac{\partial u_j}{\partial x_i} - \frac{\partial u_k}{\partial x_i}\frac{\partial u_k}{\partial x_j}\right) \tag{7.83}$$

格林应变张量和阿尔曼西应变张量都是二阶对称张量。在小应变条件下,格林应变和阿尔曼西应变都退化为柯西应变。

(3) 变形率

变形率 D,又称为速度应变,是变形的率度量。

为了建立变形率的表达式,需要定义速度梯度为

$$L_{ij} = \frac{\partial v_i}{\partial x_j} \tag{7.84}$$

$$\mathrm{d}v_i = L_{ij}\mathrm{d}x_j \tag{7.85}$$

速度梯度张量可以分解为对称部分和偏对称部分,即

$$L_{ij} = \frac{1}{2}(L_{ij} + L_{ji}) + \frac{1}{2}(L_{ij} - L_{ji}) \tag{7.86}$$

变形率定义为速度梯度的对称部分,转动定义为速度梯度的偏对称部分,即

$$D_{ij} = \frac{1}{2}(L_{ij} + L_{ji}) \quad 或 \quad D_{ij} = \frac{1}{2}\left(\frac{\partial v_i}{\partial x_j} + \frac{\partial v_j}{\partial x_i}\right) \tag{7.87}$$

$$W_{ij} = \frac{1}{2}(L_{ij} - L_{ji}) \quad 或 \quad W_{ij} = \frac{1}{2}\left(\frac{\partial v_i}{\partial x_j} - \frac{\partial v_j}{\partial x_i}\right) \tag{7.88}$$

而变形率又可写做

$$L_{ij} = v_{i,j} = D_{ij} + W_{ij} \tag{7.89}$$

变形率是微小物质线段长度平方的变形率的度量。

【例 7.1】 一正方形单元绕坐标原点做刚体转动,计算单元的柯西应变。

解 设单元逆时针转过了 θ 角度,到达当前构形

$$x_i = C_{ij}X_j$$

用矩阵形式表示为

$$\begin{Bmatrix} x_1 \\ x_2 \end{Bmatrix} = \begin{bmatrix} \cos\theta & -\sin\theta \\ \sin\theta & \cos\theta \end{bmatrix} \begin{Bmatrix} X_1 \\ X_2 \end{Bmatrix}$$

按式(7.68)计算单元的位移为

$$\begin{Bmatrix} u_1 \\ u_2 \end{Bmatrix} = \begin{bmatrix} \cos\theta - 1 & -\sin\theta \\ \sin\theta & \cos\theta - 1 \end{bmatrix} \begin{Bmatrix} X_1 \\ X_2 \end{Bmatrix}$$

计算单元的柯西应变

$$\varepsilon_1 = \frac{\partial u_1}{\partial X_1} = \cos\theta - 1, \quad \varepsilon_2 = \frac{\partial u_2}{\partial X_2} = \cos\theta - 1, \quad 2\varepsilon_{12} = \frac{\partial u_1}{\partial X_2} + \frac{\partial u_2}{\partial X_1} = 0$$

显然,若 θ 较大,拉伸应变不为零。因此,柯西应变张量不能用于几何大变形问题。

3. 应力度量

应力的度量必须与应变的度量相适应。在小变形问题中,与柯西应变对应的是常用的工程应力。在大变形问题中,同样需要定义与格林应变和阿尔曼西应变对应的应力。

(1) 柯西应力

考虑在当前构形中一微面积 $\mathrm{d}\Gamma$,作用在 $\mathrm{d}\Gamma$ 上的应力为 σ_{ij},面力为 q_i,作用在 $\mathrm{d}\Gamma$ 上的微力则为

$$\mathrm{d}\boldsymbol{f} = \boldsymbol{q}\mathrm{d}\Gamma \tag{7.90}$$

$\mathrm{d}\Gamma$ 的单位外法线为 n_i,通过柯西定理

$$n_i \sigma_{ij} \mathrm{d}\Gamma = q_i \mathrm{d}\Gamma \tag{7.91}$$

定义柯西应力张量。σ_{ij} 称为柯西应力张量,又称为欧拉应力张量。柯西应力表示了结构在当前构形中的真实应力。

(2) 名义应力

柯西应力是参照当前构形定义的,是一种空间描述。在问题求解之前,当前构形并不能确定。因此,需要参照未变形构形定义应力。考虑在参考构形中一微面积 $\mathrm{d}\Gamma_0$,单位外法线为 n_i^0,q_i^0 为面力,作用在 $\mathrm{d}\Gamma_0$ 上的微力则为

$$\mathrm{d}\boldsymbol{f} = \boldsymbol{q}^0 \mathrm{d}\Gamma_0 \tag{7.92}$$

类似于柯西应力的定义

$$n_i^0 P_{ij} \mathrm{d}\Gamma_0 = q_j^0 \mathrm{d}\Gamma_0 \tag{7.93}$$

式中,P_{ij} 称为名义应力张量,它的转置称为第一皮奥勒－基尔霍夫(Piola – Kirchhoff)应力,第一皮奥勒－基尔霍夫应力又称做拉格朗日应力。P_{ij} 是非对称应力张量。

(3) 第二皮奥勒－基尔霍夫应力

为了得到参照未变形构形定义的对称应力张量,在名义应力定义的基础上,定义

$$n_i^0 S_{ij} \mathrm{d}\Gamma_0 = F_{ji}^{-1} q_i^0 \mathrm{d}\Gamma_0 \tag{7.94}$$

式中,S_{ij} 称为第二皮奥勒－基尔霍夫应力张量。第二皮奥勒－基尔霍夫应力与格林应变在功率上是耦合的。

(4) 应力之间的转换

将式(7.91)与式(7.93)比较,并应用式(7.77)、式(7.90)和式(7.92),得到名义应力 P_{ij} 和柯西应力的关系为

$$P_{ij} = JF_{ik}^{-1}\sigma_{kj} \quad \text{或} \quad P_{ij} = J\frac{\partial X_i}{\partial x_k}\sigma_{kj} \tag{7.95}$$

$$\sigma_{ij} = J^{-1}F_{ik}P_{kj} \tag{7.96}$$

从式(7.95)可以看到,名义应力张量是非对称的。

用变形梯度 F_{ij} 乘以式(7.94)的两端,并应用式(7.92)和式(7.93),得到名义应力 P_{ij} 和第二皮奥勒 – 基尔霍夫应力的关系为

$$P_{ij} = S_{ik}F_{kj}^{\mathrm{T}} = S_{ik}F_{jk} \tag{7.97}$$

将式(7.95)代入式(7.97),得到柯西应力和第二皮奥勒 – 基尔霍夫应力的关系为

$$\sigma_{ij} = J^{-1}F_{ik}S_{kl}F_{lj}^{\mathrm{T}} \tag{7.98a}$$

从式(7.98a)又可以得到用柯西应力表示的第二皮奥勒 – 基尔霍夫应力

$$S_{ij} = JF_{ik}^{-1}\sigma_{kl}F_{lj}^{-\mathrm{T}} \tag{7.98b}$$

(5) 应力率

物体做刚体运动时,不存在变形,应变和变形率应为零。然而,具有初应力的物体在做刚体运动时,柯西应力的变化率应该是非零的。例如,在初始构形中承受单向应力 σ_x 的杆(轴向沿 x 轴),绕 z 轴转动到 y 轴(轴向沿 y 轴),这时,杆中的应力为 σ_y。经过刚体转动后,杆中的柯西应力分量发生了变化。因此,必须采用应力率(也称做应力张量客观率或框架不变率)来正确描述这种现象。下面介绍两种应力率。

① 焦曼(Jaumann)应力率。柯西应力的焦曼应力率为

$$\sigma_{ij}^{\nabla J} = \frac{D\sigma_{ij}}{Dt} - W_{ik}\sigma_{kj} - \sigma_{ik}W_{kj}^{\mathrm{T}} \tag{7.99}$$

式中,W_{ij} 是由式(7.88)定义的转动张量;上角标 ∇ 表示客观率;接着的 J 表示焦曼率,焦曼应力率是不受刚体转动影响的客观张量。

② 特罗斯代尔(Truesdell)应力率。特罗斯代尔应力率是另一种经常使用的应力率,其表达式为

$$\sigma_{ij}^{\nabla T} = \frac{D\sigma_{ij}}{Dt} + \frac{\partial v_k}{\partial x_k}\sigma_{ij} - \frac{\partial v_i}{\partial x_k}\sigma_{kj} - \frac{\partial v_j}{\partial x_k}\sigma_{ik} \tag{7.100a}$$

将速度梯度分解为对称部分和偏对称部分,如式(7.89)所示,特罗斯代尔应力率又可以表示为

$$\sigma_{ij}^{\nabla T} = \frac{D\sigma_{ij}}{Dt} + \frac{\partial v_k}{\partial x_k}\sigma_{ij} - (D_{ik} + W_{ik})\sigma_{kj} - \sigma_{ik}(D_{kj} + W_{kj})^{\mathrm{T}} \tag{7.100b}$$

比较式(7.99)与式(7.100b),可以看到特罗斯代尔应力率除了具有焦曼应力率的转动相关项外,还有与变形率相关的其他项。

考虑物体的刚体转动，这时 $D_{ij} = 0$，特罗斯代尔应力率等价于无变形的焦曼应力率。显然，当物体变形存在时，特罗斯代尔应力率与焦曼应力率不同。

下面计算第二皮奥勒－基尔霍夫应力的物质时间导数。根据式(7.73)，由第二皮奥勒－基尔霍夫应力表达式(7.98b)得到

$$\dot{S}_{ij} = \frac{DS_{ij}}{Dt} = \frac{D}{Dt}\left(J\frac{\partial X_i}{\partial x_k}\sigma_{kl}\frac{\partial X_j}{\partial x_l}\right) =$$
$$\dot{J}\frac{\partial X_i}{\partial x_k}\sigma_{kl}\frac{\partial X_j}{\partial x_l} + J\frac{D}{Dt}\left(\frac{\partial X_i}{\partial x_k}\sigma_{kl}\frac{\partial X_j}{\partial x_l}\right) \quad (7.101)$$

其中雅可比行列式 J 的物质导数为

$$\dot{J} = \frac{D}{Dt}\left(\frac{\rho_0}{\rho}\right) = -\frac{\rho_0}{\rho^2}\dot{\rho} \quad (7.102)$$

利用质量守恒方程

$$\dot{\rho} + \rho v_{i,i} = 0 \quad (7.103)$$

得到

$$\dot{J} = \frac{\rho_0}{\rho}v_{i,i} = J\frac{\partial v_i}{\partial x_i} \quad (7.104)$$

当运动质点在空间的位置 x_i 变化时，其标注 X_i 保持不变；即 X_i 的物质导数为零。因此

$$\frac{DX_i}{Dt} = \frac{\partial X_i}{\partial t} + v_k\frac{\partial X_i}{\partial x_k} = 0 \quad (7.105)$$

$$\frac{\partial}{\partial x_l}\left(\frac{\partial X_i}{\partial t} + v_k\frac{\partial X_i}{\partial x_k}\right) = \frac{\partial}{\partial t}\left(\frac{\partial X_i}{\partial x_l}\right) + v_k\frac{\partial^2 X_i}{\partial x_l \partial x_k} + \frac{\partial v_k}{\partial x_l}\frac{\partial X_i}{\partial x_k} = 0 \quad (7.106)$$

于是得到

$$\frac{D}{Dt}\left(\frac{\partial X_i}{\partial x_l}\right) = -\frac{\partial v_k}{\partial x_l}\frac{\partial X_i}{\partial x_k} \quad (7.107)$$

将式(7.104)和式(7.107)代入式(7.101)，使用适当的指标，得到

$$\dot{S}_{ij} = J\frac{\partial X_i}{\partial x_l}\frac{\partial X_j}{\partial x_m}\left(\dot{\sigma}_{lm} + \sigma_{lm}\frac{\partial v_k}{\partial x_k} - \sigma_{km}\frac{\partial v_l}{\partial x_k} - \sigma_{lk}\frac{\partial v_m}{\partial x_k}\right) \quad (7.108)$$

式(7.108)右端括号中是特罗斯代尔应力率，因此，第二皮奥勒－基尔霍夫应力的物质时间导数是不受刚体转动影响的客观张量。

4. 动量方程与平衡方程

考虑一物体在时刻 t 占据的空间为 Ω，边界为 Γ，密度为 ρ，单位质量上的体积力为 b，单位面积力为 q，物体中质点的速度为 v。物体在当前构形下的线动量为

$$p(t) = \int_\Omega \rho v(x, t)\mathrm{d}\Omega \quad (7.109)$$

式中,ρv 是单位体积的线动量。

作用在物体上的全部外力为

$$f(t) = \int_\Omega \rho b(x,t)\mathrm{d}\Omega + \int_\Gamma q(x,t)\mathrm{d}\Gamma \tag{7.110}$$

根据牛顿(Newton)第二运动定律,线动量的物质导数等于总外力。有

$$\frac{\mathrm{D}p}{\mathrm{D}t} = f \tag{7.111a}$$

即

$$\frac{\mathrm{D}}{\mathrm{D}t}\int_\Omega \rho v\,\mathrm{d}\Omega = \int_\Omega \rho b\,\mathrm{d}\Omega + \int_\Gamma q\,\mathrm{d}\Gamma \tag{7.111b}$$

利用柯西定理(7.91)和高斯定理,上式右端第二项可以改写为

$$\int_\Gamma q_j\mathrm{d}\Gamma = \int_\Gamma n_i\sigma_{ij}\mathrm{d}\Gamma = \int_\Omega \frac{\partial \sigma_{ij}}{\partial x_i}\mathrm{d}\Omega \tag{7.112}$$

将雷诺(Reynold)转换定理

$$\frac{\mathrm{D}}{\mathrm{D}t}\int_\Omega f\,\mathrm{d}\Omega = \int_\Omega \left(\frac{\mathrm{D}f}{\mathrm{D}t} + f\frac{\partial v_i}{\partial x_i}\right)\mathrm{d}\Omega \tag{7.113}$$

应用于式(7.111b)左端,得到

$$\frac{\mathrm{D}}{\mathrm{D}t}\int_\Omega \rho v_i\,\mathrm{d}\Omega = \int_\Omega \left[\frac{\mathrm{D}(\rho v_i)}{\mathrm{D}t} + \rho v_i\frac{\partial v_j}{\partial x_j}\right]\mathrm{d}\Omega = \int_\Omega \left[\rho\frac{\mathrm{D}v_i}{\mathrm{D}t} + v_i\left(\frac{\mathrm{D}\rho}{\mathrm{D}t} + \rho\frac{\partial v_j}{\partial x_j}\right)\right]\mathrm{d}\Omega \tag{7.114}$$

根据质量守恒方程,可以得到

$$\frac{\mathrm{D}}{\mathrm{D}t}\int_\Omega \rho v_i\,\mathrm{d}\Omega = \int_\Omega \rho \frac{\mathrm{D}v_i}{\mathrm{D}t}\mathrm{d}\Omega \tag{7.115}$$

将式(7.115)和式(7.112)代入式(7.111b),得到

$$\int_\Omega \left(\rho\frac{\mathrm{D}v_i}{\mathrm{D}t} - \rho b_i - \frac{\partial \sigma_{ij}}{\partial x_j}\right)\mathrm{d}\Omega = 0 \tag{7.116}$$

若被积函数是 C^{-1} 的,则有

$$\rho\frac{\mathrm{D}v_i}{\mathrm{D}t} = \frac{\partial \sigma_{ij}}{\partial x_j} + \rho b_i \tag{7.117}$$

这就是动量方程,又称为线动量平衡方程。

如果所考虑的问题中惯性力非常小或者可以忽略不计,那么式(7.117)中的加速度项可以略去,有

$$\frac{\partial \sigma_{ij}}{\partial x_j} + \rho b_i = 0 \tag{7.118}$$

式(7.118)称为平衡方程。平衡方程适用于静态问题。动量方程则适用于动态问题。

5. 有限变形本构方程

(1) 非线性弹性材料

大变形弹性本构方程可以由线弹性本构方程推广得到。线弹性本构方程中采用工程应变和工程应力；而在大变形弹性本构方程中需要考虑当前构形，需要采用前面定义的应变度量和相应的应力度量。

对于基尔霍夫(Kirchhoff)材料，用第二皮奥勒 - 基尔霍夫应力和格林应变代替线弹性本构方程中的应力和应变，则基尔霍夫材料的本构模型为

$$S_{ij} = C_{ijkl}E_{kl} \tag{7.119}$$

式中，C_{ijkl} 为弹性模量的四阶张量。对于各向同性材料，可以用两个独立常数来表示

$$C_{ijkl} = \lambda\delta_{ij}\delta_{kl} + G(\delta_{ik}\delta_{jl} + \delta_{il}\delta_{jk}) \tag{7.120}$$

两个独立常数 λ 和 G 称为 Lamé(拉梅)常数。可以用体积模量 K、杨氏模量 E 和泊松比 μ 来表示拉梅常数

$$G = \frac{E}{2(1+\mu)}, \quad \lambda = \frac{E\mu}{(1+\mu)(1-2\mu)}, \quad K = \lambda + \frac{2G}{3} \tag{7.121}$$

超弹性材料是载荷功独立于载荷路径的弹性材料，又称为格林弹性材料。超弹性材料的特征是存在一个能量函数，可以写成格林应变的函数 $w(E_{ij})$，它是应力的势能

$$S_{ij} = \frac{\partial w}{\partial E_{ij}} \tag{7.122}$$

次弹性材料是柯西应力率与变形率相关的材料。在一维时，可以表示为

$$\dot{\sigma}_x = f(\sigma_x, D_x) \tag{7.123}$$

式中，变量上的点表示物质的时间导数；D_x 是变形率。

一般说来，这一关系是非线性的。对于多维情形，次弹性关系的一般形式为

$$\boldsymbol{\sigma}^{\triangledown} = f(\boldsymbol{\sigma}, \boldsymbol{D}) \tag{7.124}$$

式中，$\boldsymbol{\sigma}^{\triangledown}$ 表示柯西应力的任意客观率，上角标 $\triangledown$ 表示客观率；$\boldsymbol{D}$ 是客观变形率；函数 f 是应力和变形率的客观函数。

大量的次弹性本构关系可以写成应力率和变形率客观度量之间的线性关系形式，即

$$\boldsymbol{\sigma}^{\triangledown} = \boldsymbol{C}:\boldsymbol{D} \quad \text{或} \quad \sigma_{ij}^{\triangledown} = C_{ijkl}D_{kl} \tag{7.125}$$

弹性模量 $\boldsymbol{C}$ 的四阶张量可能与应力有关，必须是应力状态的客观函数。次弹性规律主要用来表示弹 - 塑性现象中的弹性反应，这里弹性变形小，而且耗能效果也小。

(2) 次弹 - 塑性材料

当弹性应变小于塑性应变时，一般应用次弹 - 塑性本构模型。在这一模型中，假设将变形率张量分解为弹性部分和塑性部分之和：

$$\boldsymbol{D} = \boldsymbol{D}^e + \boldsymbol{D}^p \tag{7.126}$$

弹性响应是次弹性，即客观应力率与变形率张量的弹性部分有关。

应用焦曼率和变形率，次弹－塑性材料的弹性部分的本构模型为

$$\sigma_{ij}^{\triangledown J} = C_{ijkl}^{\sigma Je} D_{kl}^e = C_{ijkl}^{\sigma Je}(D_{kl} - D_{kl}^p) \tag{7.127}$$

采用与 7.2 节类似的过程，可以导出大变形次弹－塑性材料的本构方程为

$$\sigma_{ij}^{\triangledown J} = C_{ijkl}^{\sigma J} D_{kl} \tag{7.128}$$

7.3.2 大变形问题有限元法

在固体力学中，大变形问题通常使用拉格朗日网格描述方法。拉格朗日网格描述方法能够容易地处理复杂的边界条件、跟踪物质点和精确地描述依赖于历史的材料。拉格朗日网格描述方法分为更新的拉格朗日格式（记做 U.L.）和完全的拉格朗日格式（记做 T.L.）。

欧拉网格描述方法在流体力学中使用较多。但在黏性和塑性流动问题中，也可采用欧拉网格描述方法。在欧拉网格中，单元不随物质变形而改变，因而不会出现由于物质变形导致精度下降。

1. 更新的拉格朗日格式

（1）虚功原理

虚功原理是动量方程、力边界条件和内力连续性条件的弱形式。

考虑一变分函数 δu_i，称之为虚位移，在域 Ω 内单值连续，满足 Γ_u 上的位移边界条件，即

$$\delta u_i = 0, \quad 在 \Gamma_u 上 \tag{7.129}$$

外部力的虚功为

$$\delta W^{\text{ext}} = \int_\Omega \rho b_i \delta u_i \mathrm{d}\Omega + \int_{\Gamma_u} \bar{q}_i \delta u_i \mathrm{d}\Gamma \tag{7.130}$$

利用式(7.129)和高斯定理，并考虑到力边界条件

$$n_j \sigma_{ij} = \bar{q}_i, \quad 在 \Gamma_q 上 \tag{7.131}$$

式(7.130)右端第二项积分成为

$$\int_{\Gamma_u} \bar{q}_i \delta u_i \mathrm{d}\Gamma = \int_\Gamma n_j \sigma_{ij} \delta u_i \mathrm{d}\Gamma = \int_\Omega \frac{\partial (\sigma_{ij} \delta u_i)}{\partial x_j} \mathrm{d}\Omega =$$

$$\int_\Omega \frac{\partial \sigma_{ij}}{\partial x_j} \delta u_i \mathrm{d}\Omega + \int_\Omega \sigma_{ij} \frac{\partial (\delta u_i)}{\partial x_j} \mathrm{d}\Omega$$

将上式代入式(7.130)，并利用式(7.118)，得到

$$\delta W^{\text{ext}} = \int_\Omega \sigma_{ij} \frac{\partial (\delta u_i)}{\partial x_j} \mathrm{d}\Omega \tag{7.132}$$

由式(7.130) 和式(7.132)，得到静态问题的虚功原理

$$\int_\Omega \sigma_{ij} \frac{\partial(\delta u_i)}{\partial x_j} \mathrm{d}\Omega = \int_\Omega \rho b_i \delta u_i \mathrm{d}\Omega + \int_{\Gamma_q} \bar{q}_i \delta u_i \mathrm{d}\Gamma \tag{7.133}$$

对于动力问题,还需要在式(7.133)中加入惯性(或动力)虚功

$$\delta W^{\mathrm{kin}} = \int_\Omega \rho \dot{v}_i \delta u_i \mathrm{d}\Omega \tag{7.134}$$

得到

$$\int_\Omega \sigma_{ij} \frac{\partial(\delta u_i)}{\partial x_j} \mathrm{d}\Omega + \int_\Omega \rho \dot{v}_i \delta u_i \mathrm{d}\Omega = \int_\Omega \rho b_i \delta u_i \mathrm{d}\Omega + \int_{\Gamma_q} \bar{q}_i \delta u_i \mathrm{d}\Gamma \tag{7.135}$$

式(7.133)左端和式(7.135)左端第一项称做内部虚功,写做

$$\delta W^{\mathrm{int}} = \int_\Omega \sigma_{ij} \frac{\partial(\delta u_i)}{\partial x_j} \mathrm{d}\Omega \tag{7.136}$$

这样,可以将虚功原理写做

$$\delta W = \delta W^{\mathrm{int}} - \delta W^{\mathrm{ext}} + \delta W^{\mathrm{kin}} = 0 \tag{7.137}$$

式(7.137)是动量方程的弱形式,对任意容许的虚位移 δu_i 成立。

(2) 有限元近似函数

将当前(变形前或未变形)构形取做参考构形,变形后的构形是待确定的。将当前区域 Ω 划分为 n_e 个单元域,所有单元域的和构成了整个域 $\Omega = \bigcup_e \Omega_e$。域 Ω 中任意一点的运动可由单元结点坐标插值得到

$$x_i(\boldsymbol{X}, t) = \sum_{I=1}^{n_N} N_I(\boldsymbol{X}) x_{iI}(t) \tag{7.138}$$

式中,$N_I(\boldsymbol{X})$ 是插值(形)函数;$x_{iI}(t)$ 是当前构形中的结点坐标,$I = 1, 2, \cdots, n_N$。

位移插值为

$$u_i(\boldsymbol{X}, t) = \sum_{I=1}^{n_N} N_I(\boldsymbol{X}) u_{iI}(t) \tag{7.139}$$

速度可通过位移的物质时间导数得到

$$v_i(\boldsymbol{X}, t) = \frac{\partial u_i(\boldsymbol{X}, t)}{\partial t} = \dot{u}_{iI}(t) N_I(\boldsymbol{X}) = v_{iI}(t) N_I(\boldsymbol{X}) \tag{7.140}$$

类似地,加速度是速度的物质时间导数

$$\ddot{u}_i(\boldsymbol{X}, t) = \ddot{u}_{iI}(t) N_I(\boldsymbol{X}) = \dot{v}_{iI}(t) N_I(\boldsymbol{X}) \tag{7.141}$$

将式(7.140)代入式(7.84),得到速度梯度为

$$L_{ij} = \frac{\partial v_i}{\partial x_j} = v_{iI} \frac{\partial N_I}{\partial x_j} = v_{iI} N_{I,j} \tag{7.142}$$

变形率为

$$D_{ij} = \frac{1}{2}(L_{ij} + L_{ji}) = \frac{1}{2}(v_{iI} N_{I,j} + v_{jI} N_{I,i}) \tag{7.143}$$

因为变分函数不是时间的函数,因此变分函数可以近似为

$$\delta u_i(\boldsymbol{X}) = \sum_{I=1}^{n_N} N_I(\boldsymbol{X})\delta u_{iI} \tag{7.144}$$

(3) 离散方程

将变分函数近似式(7.144)代入虚功原理(7.137)中,得到

$$(f_{iI}^{\text{int}} - f_{iI}^{\text{ext}} + f_{iI}^{\text{kin}})\delta u_{iI} = 0 \tag{7.145}$$

式中,括号内各项分别称做内部、外部和惯性结点力,定义为

$$f_{iI}^{\text{int}} = \int_\Omega \frac{\partial N_I}{\partial x_j}\sigma_{ji}\mathrm{d}\Omega \tag{7.146}$$

$$f_{iI}^{\text{ext}} = \int_\Omega N_I\rho b_i\mathrm{d}\Omega + \int_{\Gamma_q} N_I\bar{q}_i\mathrm{d}\Gamma \tag{7.147}$$

$$f_{iI}^{\text{int}} = M_{ijIJ}\dot{v}_{jJ} \tag{7.148}$$

其中

$$M_{ijIJ} = \delta_{ij}\int_\Omega \rho N_I N_J\mathrm{d}\Omega \tag{7.149}$$

是质量矩阵。由于虚位移的任意性,由式(7.145)和式(7.148)得到

$$M_{ijIJ}\dot{v}_{jJ} + f_{iI}^{\text{int}} = f_{iI}^{\text{ext}} \tag{7.150}$$

这就是空间离散动量方程,或称为运动方程。

对于平衡问题,加速度为零,式(7.150)成为

$$f_{iI}^{\text{int}} = f_{iI}^{\text{ext}} \tag{7.151}$$

此式称做离散平衡方程。如果本构方程是率无关的,离散平衡方程成为关于应力和结点位移的非线性代数方程组。对于率相关的本构方程,需要在时间上离散,才能得到非线性代数方程组。

【例7.2】 建立四边形二维等参元的变形梯度、变形率、结点力和质量矩阵的表达式。给出4结点四边形单元的详细表达式。

解 单元的空间坐标为

$$\begin{Bmatrix} x(\xi,\eta,t) \\ y(\xi,\eta,t) \end{Bmatrix} = N_I(\xi,\eta)\begin{Bmatrix} x_I(t) \\ y_I(t) \end{Bmatrix}$$

4结点四边形单元的形函数为

$$N_I(\xi,\eta) = \frac{1}{4}(1+\xi_I\xi)(1+\eta_I\eta)$$

式中,(ξ_I,η_I)是母单元的结点坐标。在$t=0$时,有坐标变换式

$$\begin{Bmatrix} X(\xi,\eta) \\ Y(\xi,\eta) \end{Bmatrix} = N_I(\xi,\eta)\begin{Bmatrix} X_I \\ Y_I \end{Bmatrix}$$

式中,(X_I,Y_I)是未变形构形中的结点坐标。单元中任意一点的位移为

第7章 非线性有限元法

$$\begin{Bmatrix} u_x(\xi,\eta,t) \\ u_y(\xi,\eta,t) \end{Bmatrix} = N_I(\xi,\eta) \begin{Bmatrix} u_{xI}(t) \\ u_{yI}(t) \end{Bmatrix}$$

形函数对空间坐标的导数为

$$\begin{bmatrix} N_{I,x} & N_{I,y} \end{bmatrix} = \begin{bmatrix} N_{I,\xi} & N_{I,\eta} \end{bmatrix} \boldsymbol{J}^{-1}$$

式中,当前构形相对于单元坐标的雅可比矩阵为

$$J = \begin{bmatrix} x_{,\xi} & x_{,\eta} \\ y_{,\xi} & y_{,\eta} \end{bmatrix} = \begin{bmatrix} x_I N_{I,\xi} & x_I N_{I,\eta} \\ y_I N_{I,\xi} & y_I N_{I,\eta} \end{bmatrix}$$

对于4结点四边形单元,则有

$$J = \frac{1}{4}\sum_{I=1}^{4} \begin{bmatrix} x_I(t)\xi_I(1+\eta_I\eta) & x_I(t)\eta_I(1+\xi_I\xi) \\ y_I(t)\xi_I(1+\eta_I\eta) & y_I(t)\eta_I(1+\xi_I\xi) \end{bmatrix}$$

雅可比矩阵的逆矩阵为

$$J^{-1} = \frac{1}{|J|}\begin{bmatrix} y_{,\eta} & -x_{,\eta} \\ -y_{,\xi} & x_{,\xi} \end{bmatrix}, \quad |J| = x_{,\xi}y_{,\eta} - x_{,\eta}y_{,\xi}$$

4结点四边形单元形函数对单元坐标的梯度为

$$\begin{bmatrix} \dfrac{\partial N_1}{\partial \xi} & \dfrac{\partial N_1}{\partial \eta} \\ \dfrac{\partial N_2}{\partial \xi} & \dfrac{\partial N_2}{\partial \eta} \\ \dfrac{\partial N_3}{\partial \xi} & \dfrac{\partial N_3}{\partial \eta} \\ \dfrac{\partial N_4}{\partial \xi} & \dfrac{\partial N_4}{\partial \eta} \end{bmatrix} = \frac{1}{4}\begin{bmatrix} \xi_1(1+\eta_1\eta) & \eta_1(1+\xi_1\xi) \\ \xi_2(1+\eta_2\eta) & \eta_2(1+\xi_2\xi) \\ \xi_3(1+\eta_3\eta) & \eta_3(1+\xi_3\xi) \\ \xi_4(1+\eta_4\eta) & \eta_4(1+\xi_4\xi) \end{bmatrix}$$

对空间坐标的梯度则可以由下面公式计算

$$B_I = \begin{bmatrix} \dfrac{\partial N_1}{\partial x} & \dfrac{\partial N_1}{\partial y} \\ \dfrac{\partial N_2}{\partial x} & \dfrac{\partial N_2}{\partial y} \\ \dfrac{\partial N_3}{\partial x} & \dfrac{\partial N_3}{\partial y} \\ \dfrac{\partial N_4}{\partial x} & \dfrac{\partial N_4}{\partial y} \end{bmatrix} = \frac{1}{4}\begin{bmatrix} \xi_1(1+\eta_1\eta) & \eta_1(1+\xi_1\xi) \\ \xi_2(1+\eta_2\eta) & \eta_2(1+\xi_2\xi) \\ \xi_3(1+\eta_3\eta) & \eta_3(1+\xi_3\xi) \\ \xi_4(1+\eta_4\eta) & \eta_4(1+\xi_4\xi) \end{bmatrix}\frac{1}{|J|}\begin{bmatrix} y_{,\eta} & -x_{,\eta} \\ -y_{,\xi} & x_{,\xi} \end{bmatrix}$$

根据式(7.142),速度梯度为

$$L = v_I B_I^{\mathrm{T}} = \begin{Bmatrix} v_{xI} \\ v_{yI} \end{Bmatrix}\begin{bmatrix} N_{I,x} & N_{I,y} \end{bmatrix} = \begin{bmatrix} v_{xI}N_{I,x} & v_{xI}N_{I,y} \\ v_{yI}N_{I,x} & v_{yI}N_{I,y} \end{bmatrix}$$

由式(7.143)可以得到变形率。

根据式(7.146),可以得到内部结点力为

$$(f_I^{\text{int}})^{\text{T}} = \begin{bmatrix} f_{xI}^{\text{int}} & f_{yI}^{\text{int}} \end{bmatrix} = \int_\Omega \boldsymbol{B}_I^{\text{T}} \boldsymbol{\sigma} \mathrm{d}\Omega = \int_\Omega \begin{bmatrix} N_{I,x} & N_{I,y} \end{bmatrix} \begin{bmatrix} \sigma_{xx} & \sigma_{xy} \\ \sigma_{xy} & \sigma_{yy} \end{bmatrix} \mathrm{d}\Omega$$

通过变换公式

$$\mathrm{d}\Omega = |\boldsymbol{J}| t \mathrm{d}\xi \mathrm{d}\eta$$

使积分在母单元上进行

$$(f_I^{\text{int}})^{\text{T}} = \begin{bmatrix} f_{xI}^{\text{int}} & f_{yI}^{\text{int}} \end{bmatrix} = \int_{-1}^{1} \int_{-1}^{1} \begin{bmatrix} N_{I,x} & N_{I,y} \end{bmatrix} \begin{bmatrix} \sigma_{xx} & \sigma_{xy} \\ \sigma_{xy} & \sigma_{yy} \end{bmatrix} |\boldsymbol{J}| t \mathrm{d}\xi \mathrm{d}\eta$$

式中,t 是单元厚度。

外部结点力包括体积力和指定面力两部分。对于体积力部分,首先需要用形函数插值,将体积力近似表示为

$$\begin{Bmatrix} b_x \\ b_y \end{Bmatrix} = \sum_{I=1}^{4} N_I \begin{Bmatrix} b_{xI} \\ b_{yI} \end{Bmatrix}$$

根据式(7.147),外部结点力的体积力部分为

$$\int_\Omega N_I \rho b_i \mathrm{d}\Omega = \int_\Omega N_I \rho \sum_{J=1}^{4} N_J b_{iJ} \mathrm{d}\Omega$$

对于外部结点力的指定面力部分,考虑在结点 1 和 2 之间的指定面力分量 i,若通过线性插值来近似面力,那么

$$\overline{q}_i = \overline{q}_{i1} N_1 + \overline{q}_{i2} N_2$$

代入式(7.147),可以得到外部结点力的指定面力部分。

可以证明,质量矩阵不随时间变化。因此,可以将式(7.149)中密度和微元体积改换为初始构形的量进行计算。即

$$M_{ijIJ} = \delta_{ij} \int_{\Omega_0} \rho_0 N_I N_J \mathrm{d}\Omega_0$$

2. 完全的拉格朗日格式

完全的拉格朗日格式的有限元方程可以通过转换更新的拉格朗日格式的有限元方程得到。这时需要将积分转换到参考(未变形的)构形上进行,同时需要转换应力和应变的度量。

应用质量守恒方程 $\rho J = \rho_0$、微元 $\mathrm{d}\Omega = J \mathrm{d}\Omega_0$ 和应力转换关系

$$J \sigma_{ji} = F_{jk} P_{ki} = \frac{\partial x_j}{\partial X_k} P_{ki}$$

内部结点力(7.146) 转换为

$$f_{iI}^{\text{int}} = \int_\Omega \frac{\partial N_I}{\partial x_j}\sigma_{ji}\mathrm{d}\Omega = \int_\Omega \frac{\partial N_I}{\partial x_j}\frac{\partial x_j}{\partial X_k}P_{ki}J^{-1}\mathrm{d}\Omega = \int_{\Omega_0}\frac{\partial N_I}{\partial X_k}P_{ki}\mathrm{d}\Omega_0 = \int_{\Omega_0}B^0_{kI}P_{ki}\mathrm{d}\Omega_0$$

即

$$f_{iI}^{\text{int}} = \int_{\Omega_0} B^0_{kI} P_{ki} \mathrm{d}\Omega_0 \tag{7.152}$$

式中

$$B^0_{kI} = \frac{\partial N_I}{\partial X_k} \tag{7.153}$$

应用体积力守恒公式 $\rho\boldsymbol{b}\mathrm{d}\Omega = \rho_0\boldsymbol{b}\mathrm{d}\Omega_0$ 和边界力公式 $\bar{\boldsymbol{q}}\mathrm{d}\Gamma = \bar{\boldsymbol{q}}_0\mathrm{d}\Gamma_0$，更新的拉格朗日格式的外部结点力公式(7.147)转换为

$$f_{iI}^{\text{ext}} = \int_{\Omega_0} N_I \rho_0 b_i \mathrm{d}\Omega_0 + \int_{\Gamma_{qi}^0} N_I \bar{q}_i^0 \mathrm{d}\Gamma_0 \tag{7.154}$$

根据质量守恒，有 $\rho J = \rho_0$，代入质量矩阵公式(7.149)，得到

$$M_{ijIJ} = \delta_{ij}\int_{\Omega_0}\rho_0 N_I N_J \mathrm{d}\Omega_0 \tag{7.155}$$

从质量矩阵公式(7.149)和(7.155)可以看到，质量矩阵不随时间变化。

对于完全的拉格朗日格式，离散动量方程和平衡方程同样具有式(7.150)和式(7.151)的形式，只是内部结点力、外部结点力和质量矩阵需要使用式(7.152)、式(7.154)和式(7.155)。

3. 结点力的线性化

前面得到的更新的和完全的拉格朗日格式的离散平衡方程都是非线性的。为了求解平衡方程，需要预先对非线性的离散平衡方程进行线性化处理。

(1) 本构方程的线性化

对于完全的拉格朗日格式，用率形式表示的本构方程为

$$\dot{S}_{ij} = C_{ijkl}\dot{E}_{kl} \tag{7.156}$$

(2) 内部结点力的线性化

完全的拉格朗日格式的内部结点力为

$$f_{iI}^{\text{int}} = \int_{\Omega_0} \frac{\partial N_I}{\partial X_j} P_{ji} \mathrm{d}\Omega_0 = \int_{\Omega_0} B^0_{jI} P_{ji} \mathrm{d}\Omega_0 \tag{7.157}$$

为了应用本构方程(7.156)，需要通过变换将名义应力率用第二皮奥勒–基尔霍夫应力率来表示

$$\dot{P}_{ij} = \dot{S}_{ik}F^{\text{T}}_{kj} + S_{ik}\dot{F}^{\text{T}}_{kj} \tag{7.158}$$

将式(7.158)代入式(7.157)，得到

$$f_{iI}^{\text{int}} = \int_{\Omega_0} \frac{\partial N_I}{\partial X_j}(\dot{S}_{jk}F_{ik} + S_{jk}\dot{F}_{ik})\mathrm{d}\Omega_0 \tag{7.159}$$

将式(7.159)右端积分的两部分分别表示为

$$f_{iI}^{\text{mat}} = \int_{\Omega_0} \frac{\partial N_I}{\partial X_j}F_{ik}\dot{S}_{jk}\mathrm{d}\Omega_0 \tag{7.160}$$

$$f_{iI}^{\text{geo}} = \int_{\Omega_0} \frac{\partial N_I}{\partial X_j}S_{jk}\dot{F}_{ik}\mathrm{d}\Omega_0 \tag{7.161}$$

分别称为材料内部结点力的率和几何内部结点力的率。

将材料内部结点力的率(7.160)改写为

$$\dot{f}^{\text{mat}} = K^{\text{mat}}\dot{d} \tag{7.162}$$

式中,K^{mat} 为材料切向刚度矩阵

$$K_{IJ}^{\text{mat}} = \int_{\Omega_0} B_{0I}^{\mathrm{T}}CB_{0J}\mathrm{d}\Omega_0 \tag{7.163}$$

此处可以看到,材料切向刚度矩阵反映了本构方程的线性化。

变形梯度率可以写为

$$\dot{F} = B_0\dot{u} \tag{7.164}$$

代入式(7.161),则可以得到几何内部结点力的率为

$$\dot{f}^{\text{geo}} = K^{\text{geo}}\dot{u} \tag{7.165}$$

式中,K^{geo} 为几何刚度矩阵

$$K^{\text{geo}} = \int_{\Omega_0} B_0^{\mathrm{T}}SB_0\mathrm{d}\Omega_0 \tag{7.166}$$

(3) 外载荷刚度

在几何非线性问题中,一些作用在物体上的载荷随物体构形的变化而变化,这类载荷称做从属载荷。联系外部结点力的变化率与结点速度的刚度 K^{ext} 称做载荷刚度。

考虑压力场 $p(x,t)$,指定的面力为 $\bar{q} = pn$,那么单元 e 表面的外部结点力为

$$f_I^{\text{ext}} = -\int_{\Gamma} N_I p n \mathrm{d}\Gamma \tag{7.167}$$

将表面 Γ 表示为 ξ 和 η 的函数。对于四边形单元,ξ 和 η 就是母单元坐标。由于 $n\mathrm{d}\Gamma = x_{,\xi} \times x_{,\eta}\mathrm{d}\xi\mathrm{d}\eta$,式(7.167)可以写为

$$f_I^{\text{ext}} = -\int_{-1}^{1}\int_{-1}^{1} p(\xi,\eta)N_I(\xi,\eta)x_{,\xi} \times x_{,\eta}\mathrm{d}\xi\mathrm{d}\eta \tag{7.168}$$

求时间导数,得到

$$\dot{f}_I^{\text{ext}} = -\int_{-1}^{1}\int_{-1}^{1} N_I(\dot{p}x_{,\xi} \times x_{,\eta} + pv_{,\xi} \times x_{,\eta} + px_{,\xi} \times v_{,\eta})\mathrm{d}\xi\mathrm{d}\eta \tag{7.169}$$

式中右端括号中第一项是由于应力变化引起的外力变化率。在许多问题中,必须考虑压力改变的影响。例如在流体 – 固体耦合问题中,压力可能引起几何的改变。这些影响必须线性化并附加到载荷刚度中。在下面的讨论中,将忽略这一项。

式(7.169)中右端括号中后面两项表示由于表面的方向和面积的变化而引起的外部结点力的改变,引入外载荷刚度,式(7.169)可以表示为

$$K^{\text{ext}}_{IK} v_K = -\int_{-1}^{1}\int_{-1}^{1} p N_I (\bm{v}_{,\xi} \times \bm{x}_{,\eta} + \bm{x}_{,\xi} \times \bm{v}_{,\eta}) \mathrm{d}\xi \mathrm{d}\eta \tag{7.170}$$

用单位向量与式(7.170)两端进行点积,将速度表示为形函数形式,可以得到

$$K^{\text{ext}}_{IJ} = -\int_{-1}^{1}\int_{-1}^{1} p N_I (N_{J,\xi} \bm{H}^{\eta} - N_{J,\eta} \bm{H}^{\xi}) \mathrm{d}\xi \mathrm{d}\eta \tag{7.171}$$

式中

$$\bm{H}^{\eta} = \begin{bmatrix} 0 & z_{,\eta} & -y_{,\eta} \\ -z_{,\eta} & 0 & x_{,\eta} \\ y_{,\eta} & -x_{,\eta} & 0 \end{bmatrix} \tag{7.172a}$$

$$\bm{H}^{\xi} = \begin{bmatrix} 0 & z_{,\xi} & -y_{,\xi} \\ -z_{,\xi} & 0 & x_{,\xi} \\ y_{,\xi} & -x_{,\xi} & 0 \end{bmatrix} \tag{7.172b}$$

方程(7.171)适用于作用压力 p 的四边形单元表面。

7.4 非线性有限元方程的解法

前面两节分别讨论了弹塑性问题有限元法和有限变形问题有限元法。无论哪一种非线性问题,经过有限元建模离散后都得到了非线性代数方程组。

本节针对弹塑性问题有限元法和有限变形问题有限元法,介绍几种常用的非线性代数方程组的求解方法。

在非线性代数方程组的求解过程中,根据载荷的处理方式,可以分为迭代法和增量法两类求解方法。在实际应用中广泛使用的是增量法,这类方法假设在离散时刻 t 方程的解答已知,在增加一时间增量 Δt 后,要求在离散时刻 $t + \Delta t$ 方程的解答。在 $t + \Delta t$ 时刻,非线性有限元平衡方程可以写为

$$^{t+\Delta t}\bm{f}^{\text{int}} - {}^{t+\Delta t}\bm{f}^{\text{ext}} = {}^{t+\Delta t}\bm{r} \tag{7.173}$$

式中,右端项称为残数。这一方程是结点位移 $^{t+\Delta t}\bm{d}$ 的非线性代数方程。

7.4.1 牛顿－拉夫森方法

牛顿－拉夫森(Newton－Raphson)方法又称做牛顿法。开始迭代时,必须选择未知量的初始值。通常选择上一步的计算结果 d^n。下面省略时间步 $t+\Delta t$,对结点位移 d 的残数在 d^n 处作泰勒(Taylor)展开,并设残数等于零,得到

$$r(d) = r(d^n) + \frac{\partial r(d^n)}{\partial d}\Delta d + O(\Delta d^2) = 0 \quad (7.174)$$

式中

$$\Delta d = d - d^n \quad (7.175)$$

略去关于 Δd 的高阶项,则式(7.174)成为关于 Δd 的线性方程组

$$r(d^n) + K^{eq}(d^n)\Delta d = 0 \quad (7.176)$$

式中,$K^{eq} = \frac{\partial r}{\partial d}$ 称为雅可比矩阵。

求解式(7.176),可以得到增量结点位移为

$$\Delta d = -(K^{eq}(d^n))^{-1} r(d^n) \quad (7.177)$$

将得到的增量结点位移和前一步的结点位移叠加

$$d^{n+1} = d^n + \Delta d \quad (7.178)$$

得到的这一新的位移仍是近似解,需要检验其收敛性。如果没有满足收敛准则,将再构造式(7.176),求解增量结点位移,继续迭代,直到满足收敛准则为止。

对于只有一个未知量 d 的非线性问题,用牛顿法求解的过程如图 7.4 所示。

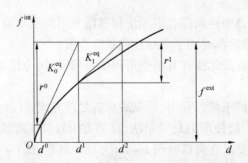

图 7.4　非线性方程的线性化

雅可比矩阵又称等效切向刚度矩阵,由内部结点力和外部结点力对结点位移的导数构成。即

$$K^{eq} = \frac{\partial r}{\partial d} = \frac{\partial f^{int}}{\partial d} + \frac{\partial f^{ext}}{\partial d} \quad (7.179)$$

式中,右端第一项称做切向刚度矩阵,用 K^{int} 表示

$$K^{\text{int}} = \frac{\partial f^{\text{int}}}{\partial d} \tag{7.180}$$

式(7.179)右端第二项称做载荷刚度矩阵,用 K^{ext} 表示

$$K^{\text{ext}} = \frac{\partial f^{\text{ext}}}{\partial d} \tag{7.181}$$

牛顿法计算过程中,每一步迭代开始前,都需要计算等效切向刚度矩阵和求逆矩阵。如果在每一增量步内,只在迭代开始时计算等效切向刚度矩阵并求逆矩阵,即用 $K^{\text{eq}}(d^0)$ 代替 $K^{\text{eq}}(d^n)$。这种方法称做修正的牛顿法。用修正的牛顿法解非线性方程组,虽然每一步迭代花费的计算时间比牛顿法减少了,但迭代的收敛速度降低了。

7.4.2 拟牛顿 – 拉夫森方法

拟牛顿 – 拉夫森(Quasi Newton – Raphson)方法又称做拟牛顿法,是一种介于牛顿法和修正的牛顿法之间的方法。拟牛顿法在每次迭代后修改等效切向刚度矩阵,但不像牛顿法那样重新计算等效切向刚度矩阵。

拟牛顿法的基本思想是以差分代替导数,即将 $\frac{\partial r}{\partial d}$ 用下面近似表达式表示

$$K^{\text{eq}}(d^{n+1}) = \frac{r(d^{n+1}) - r(d^n)}{d^{n+1} - d^n} \tag{7.182}$$

上式称做拟牛顿方程。

类似位移表达式(7.178),把等效切向刚度矩阵表示为

$$K^{\text{eq}}(d^{n+1}) = K^{\text{eq}}(d^n) + \Delta K^{\text{eq}} \tag{7.183}$$

那么,拟牛顿法的迭代公式可以表示为

$$\Delta d = - (K^{\text{eq}}(d^n))^{-1} r(d^n) \tag{7.184a}$$

$$d^{n+1} = d^n + \Delta d \tag{7.184b}$$

$$(K^{\text{eq}}(d^{n+1}))^{-1} (r(d^{n+1}) - r(d^n)) = d^{n+1} - d^n \tag{7.184c}$$

$$(K^{\text{eq}}(d^{n+1}))^{-1} = (K^{\text{eq}}(d^n))^{-1} + (\Delta K^{\text{eq}})^{-1} \tag{7.184d}$$

每次迭代后,只要确定了 $(\Delta K^{\text{eq}})^{-1}$,根据式(7.184d),就可以计算下一步的 $(K^{\text{eq}}(d^{n+1}))^{-1}$。$(\Delta K^{\text{eq}})^{-1}$ 的秩为 $m(m \geq 1)$。通常取 $m = 1$ 或 2,构造修正矩阵 $(\Delta K^{\text{eq}})^{-1}$ 相应有秩 1 和秩 2 两种算法。此处介绍用秩 2 算法构造修正矩阵 $(\Delta K^{\text{eq}})^{-1}$。

秩 2 的矩阵可以分解为两个秩 1 的矩阵之和。因此,$(\Delta K^{\text{eq}})^{-1}$ 可以表示为

$$(\Delta K^{\text{eq}})^{-1} = a_1 b_1^{\text{T}} + a_2 b_2^{\text{T}} \tag{7.185}$$

式中,a_1, a_2, b_1 和 b_2 都是 n 维向量。

将式(7.185)代入式(7.184d),然后再将式(7.184d)代入拟牛顿方程(7.184c),得到

$$(a_1 b_1^T + a_2 b_2^T)\Delta r = \Delta d - (K^{eq}(d^n))^{-1}\Delta r \tag{7.186}$$

式中

$$\Delta r = r(d^{n+1}) - r(d^n) \tag{7.187}$$

如果 $b_1^T \Delta r \neq 0, b_2^T \Delta r \neq 0$，那么为了满足拟牛顿方程(7.184c)，可以取

$$a_1 = \frac{\Delta d}{b_1^T \Delta r}, \quad a_2 = \frac{(K^{eq}(d^n))^{-1}\Delta r}{b_2^T \Delta r} \tag{7.188a,b}$$

再代回式(7.185)，得到

$$(\Delta K^{eq})^{-1} = \Delta d \frac{b_1^T}{b_1^T \Delta r} - (K^{eq}(d^n))^{-1}\Delta r \frac{b_2^T}{b_2^T \Delta r} \tag{7.189}$$

进一步将式(7.189)表示为

$$(\Delta K^{eq})^{-1} = \Delta d c_1^T - (K^{eq}(d^n))^{-1}\Delta r c_2^T \tag{7.190}$$

选择向量 c_1 和 c_2 为

$$c_1^T = (1 + \beta \Delta r^T (K^{eq}(d^n))^{-1}\Delta r) \frac{\Delta d^T}{\Delta d^T \Delta r} - \beta \Delta r^T (K^{eq}(d^n))^{-1} \tag{7.191a}$$

$$c_2^T = (1 - \beta \Delta d^T \Delta r) \frac{\Delta r^T (K^{eq}(d^n))^{-1}}{\Delta r^T (K^{eq}(d^n))^{-1}\Delta r} + \beta \Delta d^T \tag{7.191b}$$

式中，β 是参数。

将式(7.191)代入式(7.190)，再根据式(7.184d)，得到

$$(K^{eq}(d^{n+1}))^{-1} = (K^{eq}(d^n))^{-1} + \frac{\Delta d \Delta d^T}{\Delta d^T \Delta r} - \frac{(K^{eq}(d^n))^{-1}\Delta r \Delta r^T (K^{eq}(d^n))^{-1}}{\Delta r^T (K^{eq}(d^n))^{-1}\Delta r} +$$

$$\beta \Big(\frac{(K^{eq}(d^n))^{-1}\Delta r \Delta r^T (K^{eq}(d^n))^{-1}}{\Delta r^T (K^{eq}(d^n))^{-1}\Delta r} \Delta d^T \Delta r -$$

$$(K^{eq}(d^n))^{-1}\Delta r \Delta d^T - \Delta d \Delta r^T (K^{eq}(d^n))^{-1} +$$

$$\frac{\Delta d \Delta d^T}{\Delta d^T \Delta r} \Delta r^T (K^{eq}(d^n))^{-1}\Delta r \Big) \tag{7.192}$$

选择不同的 β 参数值，可以得到不同的秩2算法。下面给出 BFGS(Broyden-Flecher-Goldfarb-Shanno) 方法，这是拟牛顿法中一种非常有效的方法。在式(7.192)中取

$$\beta = \frac{1}{\Delta d^T \Delta r} \tag{7.193}$$

那么 BFGS 方法的公式为

$$(K^{eq}(d^{n+1}))^{-1} = (K^{eq}(d^n))^{-1} + \Big(1 + \frac{\Delta r^T (K^{eq}(d^n))^{-1}\Delta r}{\Delta d^T \Delta r}\Big) \frac{\Delta d \Delta d^T}{\Delta d^T \Delta r} -$$

$$\frac{(K^{eq}(d^n))^{-1}\Delta r \Delta d^T + \Delta d \Delta r^T (K^{eq}(d^n))^{-1}}{\Delta d^T \Delta r} \tag{7.194}$$

在每一次迭代中，牛顿法计算量最大，拟牛顿法次之，修正的牛顿法最小。

7.4.3 收敛准则

迭代求解过程中,每次迭代结束后,需要判断迭代是否收敛,以便确定是否中止迭代。因此,需要用收敛准则来决定。常用的收敛准则有以下三种。

1. 残数准则

残数准则,又称做不平衡力准则。这一准则要求残数的范数与预定近似残数的范数之比在预定容限 ε_r 范围内,即

$$\| r(d^{n+1}) \|_2 = \Big(\sum_{i=1}^{n} r_i^2 \Big)^{1/2} \leqslant \varepsilon_r \| f^{\text{int}}(d^n) - f^{\text{ext}}(d^{n+1}) \|_2 \tag{7.195}$$

2. 位移准则

位移准则要求位移增量的范数与求解的结点位移的范数之比在预定容限 ε_d 范围内,即

$$\| \Delta d \|_2 = \Big(\sum_{i=1}^{n} \Delta d_i^2 \Big)^{1/2} \leqslant \varepsilon_d \| d \|_2 \tag{7.196}$$

3. 能量准则

能量准则要求内能增量(残数在位移增量上所做的功)与初始内能增量之比在预定容限 ε_e 范围内,即

$$| \Delta d^{\text{T}} r | = \Big| \sum_{i=1}^{n} \Delta d_i r_i \Big| \leqslant \varepsilon_e | \Delta d^{\text{T}} (f^{\text{int}}(d^n) - f^{\text{ext}}(d^{n+1})) | \tag{7.197}$$

7.4.4 增量法

前面介绍了 3 种迭代法。本小节介绍增量法。在增量法中,通常假设外部结点力为零时,结点位移 d^0 是已知的。现在将外部结点力表示为

$$f^{\text{ext}} = \lambda f \tag{7.198}$$

式中,λ 是描述外部结点力变化的参数;f 是常量参考结点力。

非线性方程组(7.173)可以改写为

$$r(d, \lambda) = f^{\text{int}} - \lambda f \tag{7.199}$$

为方便起见,省略了上角标 $t + \Delta t$。

参数 λ 增加一增量 $\Delta \lambda$,相应地结点位移 d 增加了一增量 Δd,这时应该有

$$r(d + \Delta d, \lambda + \Delta \lambda) = 0 \tag{7.200}$$

将残数(7.200)在 d 和 λ 处作泰勒级数展开,得到

$$r(d+\Delta d, \lambda+\Delta \lambda) = r(d,\lambda) + \frac{\partial r}{\partial d}\Delta d + \frac{\partial r}{\partial \lambda}\Delta \lambda + o(\Delta d^2, \Delta \lambda^2) \tag{7.201}$$

忽略式(7.201)右端的高阶项,考虑到式(7.200),则有

$$\Delta d = (K^{eq}(d,\lambda))^{-1}(f\Delta\lambda - r(d,\lambda)) \tag{7.202}$$

式中

$$K^{eq}(d,\lambda) = \frac{\partial r}{\partial d} \tag{7.203}$$

$$\frac{\partial r}{\partial \lambda} = -f^0 \tag{7.204}$$

根据式(7.202),可以写出增量算法为

$$\Delta f_n^{ext} = \Delta \lambda^n f \tag{7.205a}$$

$$\Delta d^n = (K^{eq}(d^n, \lambda^n))^{-1}(f\Delta\lambda^n - r(d^n, \lambda^n)) \tag{7.205b}$$

$$d^{n+1} = d^n + \Delta d^n \tag{7.205c}$$

这种方法称做自修正的欧拉法。如果认为 $r(d^n, \lambda^n) = 0$,那么自修正的欧拉法简化为欧拉法。即式(7.205b)成为

$$\Delta d^n = (K^{eq}(d^n, \lambda^n))^{-1} f \Delta \lambda^n \tag{7.206}$$

在增量算法中,参数 λ 是按增量顺序递增的,最小值为 0,最大值为 1。在使用增量算法的求解过程中,一般说来,求得的位移 d^n 是近似解,残数(不平衡力)不等于零。随着增量步的增加,解答会偏离真实解答。自修正的欧拉法在每一增量步对解答进行了一次修正,使解答更接近真实解答。

还有一种修正的欧拉法,将用欧拉法计算得到的位移 d^{n+1} 作为中间结果,用 d_M^{n+1} 来表示,与前一步的位移 d^n 进行的加权平均,即

$$d^{n+\theta} = (1-\theta)d^n + \theta d_M^{n+1}, \quad 0 < \theta < 1 \tag{7.207}$$

用此加权平均位移值计算等效切向刚度矩阵

$$K^{eq}(d,\lambda) = K^{eq}(d^{n+\theta}, \lambda^{n+\theta}) \tag{7.208}$$

将此式代入式(7.206)计算增量位移,再根据式(7.205c)计算位移 d^{n+1}。

修正的欧拉法相当于龙格 – 库塔(Runge-Kutta)方法。

增量法在每一增量步的求解过程中,除了上面介绍的自修正的欧拉法和修正的欧拉法的做法外,还经常和迭代法结合起来。在每一增量步内可以分别使用牛顿法、修正的牛顿法或者拟牛顿法,以便改进求解的精度。

7.5 其他非线性问题有限元法

7.5.1 结构屈曲

结构屈曲(又称失稳或稳定性)分析是结构分析的一项重要内容。结构屈曲分析确定结构的极限承载能力,研究结构总体或局部的失稳状态,求解失稳形态和失稳路径。在工程中,结构屈曲分析通常对以下几类问题进行:① 梁、板和壳等结构的屈曲和后屈曲;② 蠕变屈曲;③ 结构的局部失稳;④ 材料成形过程中的起皱和表面重叠。

在结构屈曲过程中,结构从稳定的平衡状态过渡到非稳定的状态或另一稳定的平衡状态。这种过渡要通过所谓的分叉点或极值点,对应分叉点或极值点则有分叉点屈曲形式和极值点屈曲形式,如图 7.5 和图 7.6 所示。

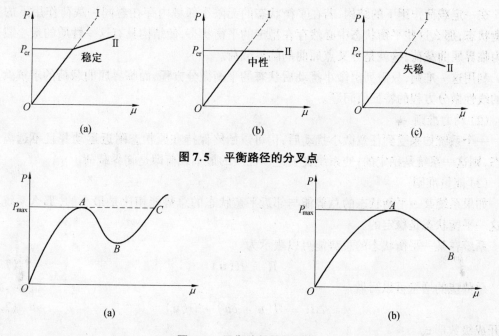

图 7.5　平衡路径的分叉点

图 7.6　平衡路径的极值点

分叉点是两段平衡路径的交点。几何无缺陷和载荷无偏心的完整结构通常会出现分叉点屈曲形态。当外载荷小于临界载荷 P_{cr} 时,结构处于平衡路径 Ⅰ,是稳定的平衡状态。当外载荷到达临界载荷 P_{cr} 时,如果结构或载荷有一微小扰动,结构将处于沿分叉点的平衡路径。在分叉点处,屈曲前的平衡方程是奇异的。

极值点是极值点屈曲形式中平衡路径上的点,是平衡路径上的极值点或拐点。一般说来,结构存在缺陷,屈曲的形态就是极值点屈曲形式。当外载荷到达极值点时,如果外载荷或位移有微小的变化,结构将从一个平衡位置跳跃到另一平衡位置(也称为后屈曲)或载荷快速下降。

根据失稳前结构所处的状态,结构屈曲分析可以分为线性屈曲分析和非线性屈曲分析。

1. 线性屈曲分析

如果是分叉点屈曲形式,即结构在失稳前处于小变形状态,则可以对结构进行线性屈曲分析,以便得到在分叉点处的临界载荷。线性屈曲分析通过线性系统刚度矩阵奇异的特征值分析,从而得到结构的临界失稳载荷和失稳模态。

设结构是完整的,即结构没有初始几何缺陷,也不存在载荷的偏心。判定结构是否产生分叉点屈曲,通常使用静力、动力或能量三个准则。

(1) 静力准则

在一定载荷作用下的结构,若在平衡状态的无限小邻域内存在着同一载荷作用下的其他平衡状态,那么这些平衡状态中必然存在稳定的平衡状态,使结构具有这一性质的最小载荷即称为临界屈曲载荷,这就是分叉点屈曲的临界载荷。

利用这一准则,只需列出微小扰动后状态的平衡微分方程,而临界屈曲载荷的求解就是相应的线性微分方程的特征值问题。

(2) 动力准则

一个系统如果受到任意微小扰动后,仍可以始终保持在原状态附近运动并且不远离这一状态,则这一系统是稳定的;使系统丧失这一性质的最小载荷即是临界载荷。

(3) 能量准则

如果系统某一平衡状态的总势能与邻近平衡状态的总势能相比是最小的,那么系统所处的这一平衡状态是稳定的。

系统在某一平衡状态的总势能可以表示为

$$\Pi = \Pi(u) \tag{7.209}$$

总势能的增量可以写做

$$\Delta\Pi = \Pi(u + \delta u) - \Pi(u) \tag{7.210}$$

展开成级数形式

$$\Delta\Pi = \delta\Pi + \frac{1}{2}\delta^2\Pi + \frac{1}{6}\delta^3\Pi + \cdots \tag{7.211}$$

由此可以得出如下结论。

① $\delta\Pi = 0, \delta^2\Pi > 0$,总势能取最小值,系统的状态是稳定的;

② $\delta\Pi = 0, \delta^2\Pi < 0$,总势能取最大值,系统的状态是不稳定的;

③ $\delta\Pi = 0, \delta^2\Pi = 0$,系统处于临界平衡状态。

在7.3节中,结构内部结点力经过线性化后,完全的拉格朗日格式的平衡方程可以表示为

$$(K^{mat} + K^{geo})d = f^{ext} \tag{7.212}$$

式中,材料切向刚度矩阵 K^{mat} 和几何刚度矩阵 K^{geo} 分别如式(7.163)和式(7.166)所示。

对于线性屈曲分析,结构失稳前处于小变形状态,材料切向刚度矩阵中的非线性项可以忽略,直接使用线弹性分析的刚度矩阵。这样,用于线性屈曲分析的刚度奇异方程为

$$(K^e + pK^g)d = 0 \tag{7.213}$$

求此方程的特征值 $p_1, p_2, \cdots$,其中最小的特征值 p_1 就是结构线性屈曲分析的临界载荷,相应的位移 d_1 就是结构失稳的屈曲模态。

2. 非线性屈曲分析

如果是极值点屈曲形式,即结构在失稳前处于大变形状态,则需要对结构进行非线性屈曲分析,一般得到在极值点处的临界载荷。

在增量加载过程中,非线性屈曲分析同样要进行特征值分析,但需要把某个增量步开始时的切线刚度矩阵加入特征值分析的刚度矩阵中,从而得到在当前载荷后发生失稳时的临界失稳载荷和失稳模态。

在第 i 增量步迭代收敛后,用于非线性屈曲分析的刚度奇异方程为

$$(K + \lambda \Delta K^g)\Delta d = 0 \tag{7.214}$$

式中,K 是第 i 增量步开始时的切线刚度矩阵,包括了第 i 增量步之前所有增量步加载累计的非线性影响;ΔK^g 是从第 i 增量步开始算起的几何刚度矩阵。

由方程(7.214)求得最小的特征值 λ,则可得到第 i 增量步的结构失稳载荷为

$$P_{cr} = P_{i-1} + \lambda \Delta P_{i-1} \tag{7.215}$$

式中,P_{i-1} 是第 i 增量步开始时的载荷,ΔP_{i-1} 是第 i 增量步的载荷增量。

7.5.2 接触问题

接触是工程中常见的物理现象。例如机械零部件的装配配合,航空发动机叶片榫头与轮盘榫槽接触,动力传递中的齿轮啮合,滚珠轴承与棍棒轴承中的接触,车辆轮胎与地面的接触,汽车碰撞,鸟撞飞机风挡和发动机叶片,航空发动机机匣包容叶片和金属塑性加工成型过程等。

接触问题是除材料非线性和几何非线性外的第三类非线性问题,即边界非线性问题。在接触问题中,由于接触物体的变形,接触物体之间产生接触、滑移和分离,这些现象随着加载过程而发生变化。接触物体在边界之间产生接触、滑移和分离,表现出强烈的非线性性质;而滑移过程必然伴随着摩擦力的出现,这又使得滑移过程是不可逆的。

早在19世纪末,赫兹(Hertz)就提出了经典弹性接触理论,求解了一些简单的接触问题。由

于接触问题的高度非线性性质,这一领域的研究和工程应用一直难以深入。有限元法的出现,为求解复杂的工程问题开辟了新的途径。同样,对接触问题,有限元法也显现出其强大的求解能力。

在接触问题中,物体的控制方程和前面介绍的是一致的;但在物体的接触面,需要增加动力学和运动学条件。接触的两个物体必须满足不可贯穿条件,即两个物体不能互相侵入的条件。处理接触面约束条件通常用拉格朗日乘子法、罚函数法和直接约束法。

1. 接触面约束条件

为简单起见,下面考虑两个物体的接触问题,如图 7.7 所示。它们的当前构形分别为 V^A 和 V^B,两个物体的整体用 V 表示;两个物体的边界分别为 S^A 和 S^B。两个物体接触时,接触面表示为

$$S^C = S^A \cap S^B \tag{7.216}$$

在建立接触面约束条件时,采用局部坐标系比较方便。两个物体分别称为主物体和从物体,将局部坐标系建立在主物体的接触表面上(图 7.8)。在每一点,构造相切于主物体表面的单位向量 e_1^A 和 e_2^A,物体 A 表面的法线为

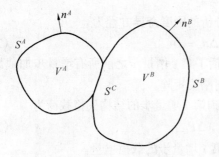 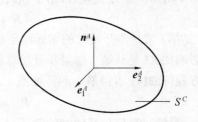

图 7.7 两个物体的接触　　　　图 7.8 接触面上的局部坐标系

$$n^A = e_1^A \times e_2^A \tag{7.217}$$

在接触面上

$$n^A = - n^B \tag{7.218}$$

如图 7.9 所示,位移和面力都可以用局部分量的形式表示为

$$u^A = u_N^A n^A + u_\alpha^A e_\alpha^A = u_N^A n^A + u_T^A \tag{7.219}$$

$$u^B = u_N^B n^A + u_\alpha^B e_\alpha^A = - u_N^B n^B + u_T^B \tag{7.220}$$

$$q^A = q_N^A n^A + q_\alpha^A e_\alpha^A = q_N^A n^A + q_T^A \tag{7.221}$$

$$q^B = q_N^B n^A + q_\alpha^B e_\alpha^A = - q_N^B n^B + q_T^B \tag{7.222}$$

其中,在三维和二维问题中,希腊字母下角标的取值范围分别为 2 和 1。

接触问题的控制方程、应变和应力度量和本构方程,采用 7.3 节给出的更新的拉格朗日格式的形式。同时,在接触面上增加运动学条件和动力学条件。

(1) 运动学条件

在接触问题中,物体必须满足不可贯穿条件。对于两个接触物体,这一条件可以表示为

$$V^A \cap V^B = 0 \tag{7.223}$$

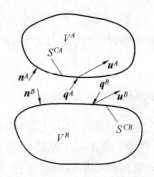

图 7.9 接触面上的位移和面力

在物体的运动过程中,很难预知两个物体的哪些点将发生接触。对于大位移问题,不可贯穿条件是高度非线性的,用位移将不可贯穿条件的一般形式(7.223)表示为代数方程或微分方程通常是做不到的。但是,可以用率形式或增量形式来表示不可贯穿条件。对于将成为接触面 S^C 上的点,不可贯穿条件可以写成

$$\gamma_N = v^A \cdot n^A + v^B \cdot n^B \leqslant 0 \tag{7.224a}$$

式中,γ_N 表示两个物体表面的相对法向速度,主物体和从物体表面的法向速度分别为

$$v_N^A = v^A \cdot n^A, \quad v_N^B = v^B \cdot n^B \tag{7.225}$$

将式(7.218)和式(7.225)代入式(7.224a),得用法向速度表示的不可贯穿条件为

$$\gamma_N = v_N^A - v_N^B \leqslant 0 \tag{7.224b}$$

式(7.224a)或(7.224b)表示,当两个物体接触时,它们必须保持接触($\gamma_N = 0$),或者分离($\gamma_N < 0$)。

而相对切向速度表示为

$$\gamma_T = \gamma_{T\alpha} e_\alpha = v_T^A - v_T^B \tag{7.226}$$

(2) 动力学条件

接触面上的面力条件为

$$q^A + q^B = 0 \tag{7.227}$$

即要求两个物体接触面的合力为零。式(7.227)与法线向量 n^A 进行点积,得到法向的动量平衡公式

$$q_N^A + q_N^B = 0 \tag{7.228}$$

在法线方向上,不考虑接触面之间的黏性,因此,法向面力是压力。这一条件表示为

$$q_N \equiv q_N^A = -q_N^B \leqslant 0 \tag{7.229}$$

切向的动量平衡公式为

$$q_T^A + q_T^B = 0 \tag{7.230}$$

式中切向面力定义为

$$\boldsymbol{q}_T^A = \boldsymbol{q}^A - \boldsymbol{q}_N^A \boldsymbol{n}^A, \quad \boldsymbol{q}_T^B = \boldsymbol{q}^B - \boldsymbol{q}_N^B \boldsymbol{n}^A \tag{7.231}$$

当不考虑摩擦时,切向面力为零,即

$$\boldsymbol{q}_T^A = \boldsymbol{q}_T^B = 0 \tag{7.232}$$

2. 摩擦模型

当接触面的摩擦力不为零时,根据接触面切向面力的描述方式,介绍以下两种摩擦模型。

(1) 库仑(Coulomb)摩擦模型

库仑摩擦模型是以经典摩擦理论为基础的模型。对于物体接触面上的任一接触点,切向面力和相对切向速度需要满足

$$\| \boldsymbol{q}_T(\boldsymbol{x},t) \| < -\mu q_N(\boldsymbol{x},t), \quad \boldsymbol{\gamma}_T(\boldsymbol{x},t) = 0 \tag{7.233a}$$

$$\| \boldsymbol{q}_T(\boldsymbol{x},t) \| = -\mu q_N(\boldsymbol{x},t), \quad \boldsymbol{\gamma}_T(\boldsymbol{x},t) = -k(\boldsymbol{x},t) \boldsymbol{q}_T(\boldsymbol{x},t) \quad k \geq 0 \tag{7.233b}$$

式中,μ 为摩擦系数;k 通过解动量方程确定。

两个物体在一点接触时,法向面力必须是压力,如式(7.229)所示。当接触点的切向面力小于临界值时,两个物体无切向相互运动,相对速度为零,表示两个物体是黏接接触。当接触点的切向面力等于临界值时,式(7.233b) 表示相对切向速度的方向与切向面力的方向相反。

当接触点从黏接状态变为滑移状态时,相对切向速度产生阶跃变化,这种不连续性在数学处理上将产生困难。在 Marc 软件中,采用了一个修正的库仑摩擦模型,其公式为

$$\| \boldsymbol{q}_T(\boldsymbol{x},t) \| \leq -\mu q_N(\boldsymbol{x},t) \frac{2}{\pi} \arctan\left(\frac{\boldsymbol{\gamma}_T(\boldsymbol{x},t)}{\gamma_{Tcont}}\right) \tag{7.234}$$

式中,γ_{Tcont} 为发生滑动时两个接触物体之间的临界相对切向速度。

(2) 接触面本构方程

库仑摩擦类似于塑性力学中的刚塑性材料。若将相对切向速度看做应变,切向面力看做应力,则式(7.233a) 中第一式可以认为是屈服函数。当不满足屈服准则时,相对切向速度为零;当满足屈服准则时,相对切向速度的方向沿着式(7.233b) 中第二式确定的方向。

考虑库仑摩擦和弹塑性之间的相似性,在接触面本构方程中,将变形分为可逆分量和不可逆分量,分别对应屈服函数和流动法则。将相对切向速度分解为黏接部分和滑移部分,分别对应弹性变形和塑性变形,表示为

$$\boldsymbol{\gamma}_T = \boldsymbol{\gamma}_T^{adh} + \boldsymbol{\gamma}_T^{slip} \tag{7.235}$$

磨损函数定义为

$$D^C = \int_0^t (\boldsymbol{\gamma}_T^{slip} \cdot \boldsymbol{\gamma}_T^{slip})^{\frac{1}{2}} dt \tag{7.236}$$

下面定义屈服函数 $f(\boldsymbol{q})$ 和流动法则的势函数 $h(\boldsymbol{q})$,它们都是面力 $\boldsymbol{q}$ 的函数。对应库仑摩擦条件的屈服函数为

$$f(\boldsymbol{q}_N, \boldsymbol{q}_T) = \| \boldsymbol{q}_T \| + \mu q_N = 0 \tag{7.237}$$

二维和三维的库仑屈服分别如图 7.10(a) 和图 7.10(b) 所示。

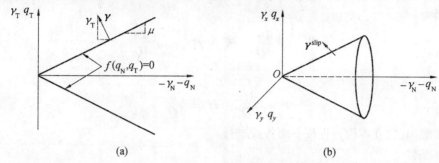

(a)   (b)

图 7.10 库仑屈服函数

滑移的势函数为

$$h(\boldsymbol{q}_N, \boldsymbol{q}_T) = \|\boldsymbol{q}_T\| - \beta = 0 \tag{7.238}$$

式中,β 是常数。

势函数如图 7.11 所示。

定义相对切向速度向量和接触面向量为

$$\text{二维} \ \boldsymbol{\gamma} = \begin{Bmatrix} \gamma_N \\ \gamma_T \end{Bmatrix}, \quad \text{三维} \ \boldsymbol{\gamma} = \begin{Bmatrix} \gamma_N \\ \boldsymbol{\gamma}_T \end{Bmatrix} = \begin{Bmatrix} \gamma_N \\ \gamma_x \\ \gamma_y \end{Bmatrix} \tag{7.239}$$

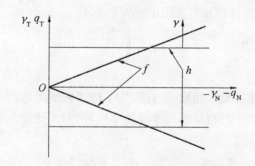

图 7.11 二维屈服函数和势函数

$$\text{二维} \ \boldsymbol{Q} = \begin{Bmatrix} q_N \\ q_T \end{Bmatrix}, \quad \text{三维} \ \boldsymbol{Q} = \begin{Bmatrix} q_N \\ \boldsymbol{q}_T \end{Bmatrix} = \begin{Bmatrix} q_N \\ q_x \\ q_y \end{Bmatrix} \tag{7.240}$$

那么黏接应力应变关系为

$$\boldsymbol{Q}^{\triangledown} = \boldsymbol{C}^Q \boldsymbol{\gamma}^{\text{adh}} \quad \text{或} \quad Q_i^{\triangledown} = C_{ij}^Q \gamma_j^{\text{adh}} \tag{7.241}$$

式中,$\boldsymbol{C}^Q$ 是对角矩阵。

再由流动法则给出相对切向速度的滑移部分。考虑理想的塑性滑移,随着滑移的积累,不增加切向面力

$$\gamma^{\text{slip}} = \alpha \frac{\partial h}{\partial \boldsymbol{Q}} \quad \text{或} \quad \gamma_i^{\text{slip}} = \alpha \frac{\partial h}{\partial Q_i} \tag{7.242}$$

定义

$$\boldsymbol{F} = \frac{\partial f}{\partial \boldsymbol{Q}}, \quad \boldsymbol{H} = \frac{\partial h}{\partial \boldsymbol{Q}} \tag{7.243}$$

对于摩擦接触面,建立本构方程按下面各式进行。

一致性条件

$$\boldsymbol{F}^{\text{T}}\dot{\boldsymbol{Q}} = 0 \tag{7.244}$$

$$\boldsymbol{Q}^{\triangledown} = \boldsymbol{C}^{Q}(\boldsymbol{\gamma} - \boldsymbol{\gamma}^{\text{slip}}) \tag{7.245}$$

$$\boldsymbol{F}^{T}\boldsymbol{C}^{Q}(\boldsymbol{\gamma} - \alpha\boldsymbol{H}) = 0 \tag{7.246}$$

$$\alpha = \frac{\boldsymbol{F}^{T}\boldsymbol{C}^{Q}\boldsymbol{\gamma}}{\boldsymbol{F}^{T}\boldsymbol{C}^{Q}\boldsymbol{H}} \tag{7.247}$$

$$\boldsymbol{Q}^{\triangledown} = \boldsymbol{C}^{Q}\left(\boldsymbol{\gamma} - \frac{\boldsymbol{F}^{T}\boldsymbol{C}^{Q}\boldsymbol{\gamma}}{\boldsymbol{F}^{T}\boldsymbol{C}^{Q}\boldsymbol{H}}\boldsymbol{H}\right) \tag{7.248}$$

其中客观率和物质率之间的关系为

$$\frac{\partial \boldsymbol{Q}}{\partial t} = \boldsymbol{Q}^{\triangledown} + \boldsymbol{Q} \cdot \boldsymbol{W} \tag{7.249}$$

式中,$\boldsymbol{W}$ 为式(7.88)定义的速度梯度张量的偏对称部分。

3. 接触问题虚功率原理

(1) 虚功率原理

求解接触问题时,通常需要采用增量方法。为了描述方便起见,下面给出虚功率原理。所谓虚功率原理,是将虚功原理中的位移场用速度场来代替。对于更新的拉格朗日格式,虚功率原理为(类似式(7.137))

$$\delta p = \delta p^{\text{int}} - \delta p^{\text{ext}} + \delta p^{\text{kin}} = 0 \tag{7.250}$$

式中各项分别称为内部虚功率、外部虚功率和惯性虚功率,可以表示为

$$\delta p^{\text{int}} = \int_V \delta D_{ij} \sigma_{ij} \mathrm{d}V = \int_V \delta v_{i,j} \sigma_{ij} \mathrm{d}V \tag{7.251}$$

$$\delta p^{\text{ext}} = \int_V \delta v_i \rho b_i \mathrm{d}V + \int_{S_q} \delta v_j q_j \mathrm{d}S \tag{7.252}$$

$$\delta p^{\text{kin}} = \int_V \delta v_i \rho \dot{v}_i \mathrm{d}V \tag{7.253}$$

(2) 接触面约束的处理

① 拉格朗日乘子法。接触面约束可以用拉格朗日乘子引入虚功率原理,这时接触面约束表示为

$$\delta G_{\mathrm{L}} = \int_{S^C} \delta(\lambda_{\mathrm{N}} \gamma_{\mathrm{N}} + \lambda_{\mathrm{T}} \gamma_{\mathrm{T}}) \mathrm{d}S \tag{7.254}$$

式中,λ_{N} 和 λ_{T} 是拉格朗日乘子。拉格朗日乘子只要求 C^{-1} 连续且不小于零,而拉格朗日乘子的变分要求不大于零。

接触问题控制方程的弱形式为

$$\delta p_{\mathrm{L}} = \delta p + \delta G_{\mathrm{L}} \geqslant 0 \tag{7.255}$$

对式(7.255)进行变分运算,可以得到接触问题强形式的控制方程和边界条件。对于无摩擦接触状态,拉格朗日乘子 $\lambda_{\mathrm{T}} = 0$;对于黏接接触状态,拉格朗日乘子 λ_{T} 等于接触面切向面力;对于滑动接触状态,拉格朗日乘子 λ_{T} 与接触面正压力成正比,可以表示为拉格朗日乘子 λ_{N} 的函数。

② 罚函数法。接触面约束也可以用罚函数法引入虚功率原理,相应罚函数法的弱形式接触面约束为

$$\delta G_{\mathrm{P}} = \int_{S^C} \left[\frac{\beta_{\mathrm{N}}}{2} \delta(\gamma_{\mathrm{N}}^2) + \frac{\beta_{\mathrm{T}\alpha}}{2} \delta(\gamma_{\mathrm{T}\alpha}^2) \right] \mathrm{d}S \tag{7.256}$$

式中,β_{N} 和 $\beta_{\mathrm{T}\alpha}$(α 取 1 和 2)是罚参数;$\gamma_{\mathrm{T}\alpha}$ 是相对切向速度。

接触问题控制方程的弱形式为

$$\delta p_{\mathrm{P}} = \delta p + \delta G_{\mathrm{P}} = 0 \tag{7.257}$$

对式(7.257)变分,同样可以得到接触问题强形式的控制方程和边界条件。

4. 有限元离散

采用拉格朗日格式进行网格划分和有限元离散。如果采用完全拉格朗日格式,必须在当前构形下施加接触面约束条件。在接触物体中,速度场可以近似为

$$v_i^A(\boldsymbol{X}, t) = \sum_{I \in V^A} N_I(\boldsymbol{X}) v_{iI}^A(t) \tag{7.258}$$

$$v_i^B(\boldsymbol{X}, t) = \sum_{I \in V^B} N_I(\boldsymbol{X}) v_{iI}^B(t) \tag{7.259}$$

两个接触物体也可以统一离散,速度场则可以表示为

$$v_i(\boldsymbol{X}, t) = \sum_{I \in V^A \cup V^B} N_I(\boldsymbol{X}) v_{iI}(t) \tag{7.260}$$

(1) 拉格朗日乘子法

接触面处的拉格朗日乘子近似表示为

$$\lambda_i(\boldsymbol{x}, t) = \sum N_{\lambda I}(\boldsymbol{x}) \lambda_{iI}(t) \tag{7.261}$$

式中,λ_i 分别为接触面切向和法向的拉格朗日乘子函数。

对式(7.260)和式(7.261)变分,得到

$$\delta v_i(\boldsymbol{X}) = N_I(\boldsymbol{X})\delta v_{iI} \tag{7.262}$$

$$\delta \lambda_i(\boldsymbol{x}) = N_{\lambda I}(\boldsymbol{x})\delta \lambda_{iI} \tag{7.263}$$

将式(7.262)和式(7.263)代入式(7.255),经过推导,对于无摩擦接触状态得到矩阵形式表达的运动方程和不可贯穿条件如下:

$$\boldsymbol{M}\ddot{\boldsymbol{d}} + \boldsymbol{f}^{\text{int}} - \boldsymbol{f}^{\text{ext}} + \boldsymbol{G}^T \lambda_N = 0 \tag{7.264}$$

$$\boldsymbol{G}\boldsymbol{v} \leq 0 \tag{7.265}$$

式中,$\boldsymbol{G}$ 由式(7.254)右端积分中第一项得到。

对于黏接接触和滑动接触状态,可以得到相应的运动方程和接触面条件。

(2) 罚函数法

在罚函数法中,只需要速度场的近似。两个物体之间的连续性是由罚函数法强制引入的。对于无摩擦接触状态,罚函数法的离散形式运动方程为

$$\boldsymbol{M}\ddot{\boldsymbol{d}} + \boldsymbol{f}^{\text{int}} - \boldsymbol{f}^{\text{ext}} + \boldsymbol{f}^P = 0 \tag{7.266}$$

式中,$\boldsymbol{f}^P$ 由式(7.256)右端积分中第一项得到。

对于黏接接触和滑动接触状态,可以得到相应的运动方程。

拉格朗日乘子法中没有人为设定的参数,当结点相邻时,接触约束几乎可以精确地满足;当结点不相邻时,可能会违背不可贯穿条件,但不像罚函数法那样明显。对于高速碰撞,拉格朗日乘子法常常会导致不稳定的结果,因此,拉格朗日乘子法只适用于静态和低速问题。

罚函数法中不可贯穿条件是人为近似的,取决于罚参数的选择。如果罚参数太小,就会发生过量的相互贯穿。在碰撞问题中,小的罚参数会减小最大的计算应力。因此,适当地选择罚参数的大小是非常重要的。

5. 接触问题求解算法

(1) 显式解法

显式解法采用显式时间积分处理接触问题,通常用中心差分法进行计算。在中心差分法中,加速度和速度都用位移来表示

$$\boldsymbol{a}^n = \ddot{\boldsymbol{d}}^n = \frac{1}{(\Delta t^n)^2}(\boldsymbol{d}^{n-1} - 2\boldsymbol{d}^n + \boldsymbol{d}^{n+1}) \tag{7.267}$$

$$\boldsymbol{v}^n = \dot{\boldsymbol{d}}^n = \frac{1}{2\Delta t^n}(-\boldsymbol{d}^{n-1} + \boldsymbol{d}^{n+1}) \tag{7.268}$$

将式(7.267)和(7.268)代入运动微分方程(例如式(7.264)或式(7.266))中,若已经求得第 $n-1$ 步和第 n 步的位移,则可以进一步解出第 $n+1$ 步的位移。

为了保持计算的稳定性,显式解法的时间步长必须小于有限元网格的最小固有周期:

$$\Delta t \leq \frac{2}{\omega_{\max}} \tag{7.269}$$

式中,ω_{max} 为有限元网格的最大自然角频率。以一维单元为例,最小时间步长为

$$\Delta t_{min} = \frac{l_{min}}{\sqrt{\dfrac{E}{\rho}}} \tag{7.270}$$

式中,l_{min} 为网格中最小单元的边长;E 为材料的弹性模量;ρ 为材料的密度。

式(7.270)表示时间步长必须小于应力波跨越网格中最小单元的时间。

由于显式解法的时间步长由最小单元决定,所以有限元网格中需要尽量采用非常小的单元。由于计算机硬件日趋强大和软件技术的不断发展,显式解法已经被应用到一些以前只能采用隐式解法的较长持续时间现象的仿真中。在时间域内采用较小的时间步长,允许抛弃许多隐式解法中的工程假设,从而显式地模拟大位移、大变形和材料非线性的长持续时间的现象。

显式解法求解接触问题和非接触问题的差别在于:在第 n 时间步计算结束和第 $n+1$ 时间步计算开始前,需要检测两个接触物体的接触状态,包括:从不接触到发生接触,黏接接触还是滑移接触,以及从接触到分离等状态。

(2) 隐式解法

隐式解法采用隐式时间积分处理接触问题,通常用纽马克(Newmark)法进行计算。纽马克法的基本公式为

$$d^{n+1} = d^n + v^n \Delta t + \left[\left(\frac{1}{2} - \beta\right) a^n + \beta a^{n+1}\right] \Delta t^2 \tag{7.271}$$

$$v^{n+1} = v^n + [(1-\gamma) a^n + \gamma a^{n+1}] \Delta t \tag{7.272}$$

$$a^{n+1} = \frac{1}{\beta \Delta t^2}(d^{n+1} - d^n) - \frac{1}{\beta \Delta t} v^n - \left(\frac{1}{2\beta} - 1\right) a^n \tag{7.273}$$

将式(7.271)~(7.273)代入动量方程(例如式(7.264)或式(7.266))中,可以求得第 $n+1$ 步的位移。

隐式解法无条件地稳定,时间步长取决于需要的精度。对于非线性问题,为保证解答收敛,在每个增量步内要进行多次迭代。收敛的速度根据问题的不同而不同。有时可能由于不收敛而导致求解失败。

7.5.3 黏弹塑性与蠕变

黏弹性、黏塑性与蠕变是材料非线性中的特殊问题,它们的共同特点是变形和应力随时间变化。

蠕变是高温条件下材料的一种力学行为。材料的蠕变是依赖于时间的,若载荷不变,材料的变形随时间而增大;若变形不变,则结构中的应力随时间而减小,这是蠕变的另一种表现形式,又称做应力松弛。

黏弹性是蠕变依赖应力应变历史的一种材料特性。

黏塑性是材料的屈服应力与作用载荷的速率有关的一种材料特性。

1. 蠕变

金属、高分子材料和岩石等在一定条件下都具有蠕变性质。航空发动机的燃烧室和涡轮零部件处于 1 000 ~ 2 000℃ 的高温,蠕变是一种常见的现象。蠕变材料的瞬时应力状态不仅与瞬时变形有关,而且与该瞬时以前的变形过程有关。瞬时响应后随时间发展的蠕变一般可分成三个阶段:第一阶段是衰减蠕变,应变率随时间增加而逐渐减小;第二阶段是定常蠕变,应变率近似为常值;第三阶段是加速蠕变,应变率随时间逐渐增加,最后导致蠕变断裂。同一材料在不同的应力水平或不同温度下,可处在不同的蠕变阶段。通常温度升高或应力增大会使蠕变加快。不同材料的蠕变微观机制不同。引起多晶体材料蠕变的原因是原子晶间位错引起的点阵滑移以及晶界扩散等;而聚合物的蠕变机理则是高聚物分子在外力长时间作用下发生的构形和位移变化。研究材料的蠕变性质对安全而经济地设计结构和机械零件具有重要意义。

在等温和应力不变条件下,通常采用的蠕变表达式为

$$\varepsilon_c = B\sigma^m t^n \tag{7.274}$$

式中,t 表示时间;B,m 和 n 都是依赖温度的常数,通过材料试验来确定。

将式(7.274)的蠕变应变对时间求导数,得到

$$\dot{\varepsilon}_c = \frac{d\varepsilon_c}{dt} = nB\sigma^m t^{n-1} \tag{7.275}$$

从式(7.275)可以知道,蠕变应变率是时间的 $n-1$ 次幂函数;一般说来 $n < 1$,因此蠕变应变率随时间增长而降低,材料发生硬化。所以式(7.275)称做时间硬化规律。

应用式(7.274)消去式(7.275)中的时间 t,可以得到

$$\dot{\varepsilon}_c = nB^{\frac{1}{n}}\sigma^{\frac{m}{n}}\varepsilon_c^{1-\frac{1}{n}} \tag{7.276}$$

式(7.276)表示随着蠕变应变的增加,蠕变应变率将降低,称做应变硬化规律。

典型的蠕变曲线如图 7.12 所示。

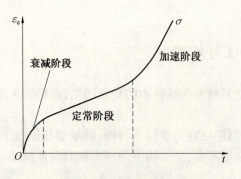

图 7.12 典型的蠕变曲线

上面时间硬化规律和应变硬化规律都是在应力不变条件下得到的。对于实际变应力情形,应变硬化规律与实验结果吻合得较好,因此在实际问题分析中得到较多的应用。

对于复杂应力状态的蠕变问题,类似于塑性变形的做法,可以将单向应力状态的蠕变规律推广到复杂应力状态,建立复杂应力状态蠕变问题的本构方程。

2. 黏弹性

材料既有弹性性质又有黏性性质称为黏弹性。黏弹性材料具有一定的刚度和弹性,同时又具有像流体流动时由内摩擦而产生的能量损耗。金属在高温下的蠕变和应力松弛现象,混凝土和高分子材料在常温下的蠕变和应力松弛现象以及由于内部阻尼弹性体自由振动的停止现象等,都是黏弹性问题。黏弹性体的变形不仅与所作用外力的大小有关,还与温度的改变、力的作用时间以及加载历史有关。

(1) 简单黏弹性模型

黏弹性体的力学模型可以用弹性元件和黏性元件的组合来表示。

在简单拉伸情况下,弹性元件(图 7.13(a))的应力应变关系为

$$\sigma = E\varepsilon \tag{7.277}$$

而黏性元件(图 7.13(b))的应力应变率关系为

$$\sigma = \eta\dot{\varepsilon} = \eta\frac{d\varepsilon}{dt} \tag{7.278}$$

式中,η 为材料常数。

(a) 弹性元件　　　　　　　　　　(b) 黏性元件

图 7.13　弹性和黏性元件

① 麦克斯韦(Maxwell)模型。将弹性元件和黏性元件串联,得到的模型称为麦克斯韦模型(图 7.14(a))。麦克斯韦模型的本构关系为

$$\sigma + p_1\dot{\sigma} = q_1\dot{\varepsilon} \tag{7.279}$$

式中,$p_1 = \eta/E$,$q_1 = \eta$,为材料常数。

若材料中应力不变,则应变随时间的变化率,即蠕变特性为常数,这与黏性流体的性质相似。

若材料中应变不变,则应力随时间的变化规律(图 7.14(b)),即应力松弛特性为

$$\sigma = \sigma_0 e^{-t/p_1} = E\varepsilon_0 e^{-t/p_1} \tag{7.280}$$

由于麦克斯韦模型能够描述材料的松弛特性,不能确切地描述蠕变特性,因此麦克斯韦模型又称做松弛模型。

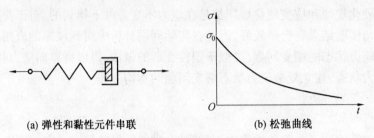

(a) 弹性和黏性元件串联　　　　　(b) 松弛曲线

图 7.14　麦克斯韦模型

② 开尔文(Kelvin)模型。将弹性元件和黏性元件并联,得到的模型称为开尔文模型(图 7.15(a))。开尔文模型的本构关系为

$$\sigma = q_0\varepsilon + q_1\dot\varepsilon \tag{7.281}$$

式中,$q_0 = E$,$q_1 = \eta$。

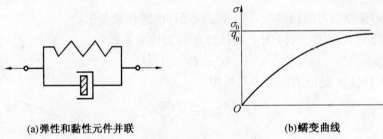

(a) 弹性和黏性元件并联　　　　　(b) 蠕变曲线

图 7.15　开尔文模型

若材料中应力不变,则蠕变特性(图 7.15(b))为

$$\varepsilon = \frac{\sigma_0}{q_0}(1 - e^{-\lambda t}) = \frac{\sigma_0}{q_0}(1 - e^{-t/\tau}) \tag{7.282}$$

式中,$\lambda = q_0/q_1 = 1/\tau$,其中,$\lambda$ 称为衰减系数,τ 称为滞后时间。

若材料中应变不变,则应力松弛特性为

$$\sigma = q_0\varepsilon_0 \tag{7.283}$$

开尔文模型能够描述材料的蠕变特性,但不能描述松弛特性,所以开尔文模型又称做蠕变模型。

(2) 复杂模型

实际材料的黏弹性特性通常不符合麦克斯韦模型或开尔文模型,因此,通过增加模型的参数,可以得到更复杂的模型。复杂模型本构关系的一般形式为

$$P\sigma = Q\varepsilon \tag{7.284}$$

式中,P,Q 是线性微分运算算子,引入算子符号 $D = \partial/\partial t$,则有

$$P = \sum_{i=0}^{m} p_i \frac{\partial^i}{\partial t^i} \tag{7.285a}$$

$$Q = \sum_{i=0}^{m} q_i \frac{\partial^i}{\partial t^i} \tag{7.285b}$$

(3) 蠕变函数和松弛函数

除了用微分形式的本构方程(7.284)来描述黏弹性体的流变性质外,还可以用蠕变函数和松弛函数来表示黏弹性体在常应力下的蠕变特性和在常应变下的松弛特性。

在常应力 $\sigma = \sigma_0 \chi(t)$ 作用下($\chi(t)$ 为单位阶跃函数,当 $t < 0$ 时,$\chi(t) = 0$;当 $t \geq 0$ 时,$\chi(t) = 1$),应变随时间的变化关系为

$$\varepsilon(t) = \Psi(t)\sigma_0 \tag{7.286}$$

式中,函数 $\Psi(t)$ 称做蠕变函数。

在常应变 $\varepsilon = \varepsilon_0 \chi(t)$ 作用下,应力随时间的变化关系为

$$\sigma(t) = \Phi(t)\varepsilon_0 \tag{7.287}$$

式中,函数 $\Phi(t)$ 称做松弛函数。

根据不同的黏弹性模型,可以求得相应的蠕变函数和松弛函数。

(4) 记忆积分

对于线黏弹性体,当计算多个载荷共同作用下的应变时,可以应用叠加原理。响应具有滞后现象是黏弹性材料的一个重要特性。因此,为了描述这种特性,必须考虑材料的记忆性。

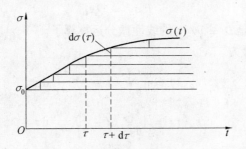

图 7.16 连续变化的应力函数

若材料的蠕变函数 $\Psi(t)$ 已知,对于如图 7.16 所示的应力历史为连续变化的函数 $\sigma(t)$,可以看做由无限小的应力阶梯 $d\sigma$ 构成,于是相应的应变历史可以用下列积分计算

$$\varepsilon(t) = \int_{-\infty}^{t} \Psi(t-\tau)\frac{d\sigma(\tau)}{d\tau}d\tau \tag{7.288}$$

若以无应力和应变的自然状态作为时间的起点,则式(7.288)可以改写为

$$\varepsilon(t) = \int_{0}^{t} \Psi(t-\tau)\frac{d\sigma(\tau)}{d\tau}d\tau \tag{7.289}$$

对于 $t = 0$ 时的间断性加载 σ_0,积分形式的本构关系为

$$\varepsilon(t) = \sigma_0 \Psi(t) + \int_0^t \Psi(t-\tau) \frac{d\sigma(\tau)}{d\tau} d\tau \tag{7.290}$$

式(7.288)中的积分称为记忆积分或遗传积分。

类似地,对于应力松弛有相应的积分

$$\sigma(t) = \int_0^t \Phi(t-\tau) \frac{d\varepsilon(\tau)}{d\tau} d\tau \tag{7.291}$$

和

$$\sigma(t) = \varepsilon_0 \Phi(t) + \int_0^t \phi(t-\tau) \frac{d\varepsilon(\tau)}{d\tau} d\tau \tag{7.292}$$

式中,ε_0 为起始时刻间断性应变。

(5) 三维黏弹性理论

有了上面一维应力和应变关系的基础,可以建立三维黏弹性理论。设材料是各向同性的,将材料的黏弹性分为形状变化和体积变化两部分。应力和应变可以表示为

$$\sigma_{ij} = S_{ij} + \sigma_m \delta_{ij} \tag{7.293}$$

$$\varepsilon_{ij} = e_{ij} + \varepsilon_m \delta_{ij} \tag{7.294}$$

根据式(7.284),有

$$P_s S_{ij} = Q_e e_{ij} \tag{7.295a}$$

$$P_\sigma \sigma_{ii} = Q_\varepsilon \varepsilon_{ii} \tag{7.295b}$$

式中,P_s,Q_e,P_σ 和 Q_ε 都是 $D = \partial/\partial t$ 的线性微分运算算子。

三维理论的蠕变积分为

$$e_{ij}(t) = \int_0^t \Psi_s(t-\tau) \frac{\partial S_{ij}}{\partial \tau} d\tau \tag{7.296a}$$

$$\varepsilon_{ii}(t) = \int_0^t \Psi_v(t-\tau) \frac{\partial \sigma_{ii}}{\partial \tau} d\tau \tag{7.296b}$$

类似地松弛积分为

$$S_{ij}(t) = \int_0^t \Phi_s(t-\tau) \frac{\partial e_{ij}}{\partial \tau} d\tau \tag{7.297a}$$

$$\sigma_{ii}(t) = \int_0^t \Phi_v(t-\tau) \frac{\partial \varepsilon_{ii}}{\partial \tau} d\tau \tag{7.297b}$$

3. 黏塑性

材料在进入塑性变形阶段后同时具有明显的黏性性质,这种材料称做黏塑性材料。高分子材料、土壤和非金属材料,当弹性变形很小而在塑性变形阶段有明显的黏性变形时,就是黏塑性问题。而许多金属材料在高应变率下也具有明显的黏性性质。

(1) 简单黏塑性模型

① 宾厄姆(Bingham)模型。将黏性元件和塑性元件并联(图7.17(a)),得到宾厄姆介质。当应力达到材料的屈服极限时,宾厄姆物体开始变形。一维本构关系为

$$\sigma = \sigma_s + \eta \dot{\varepsilon} \tag{7.298}$$

在应力小于屈服极限时,变形为零;材料屈服后,呈现出黏塑性性质。

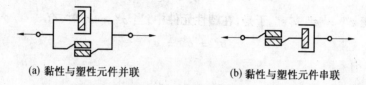

(a) 黏性与塑性元件并联　　(b) 黏性与塑性元件串联

图 7.17　简单黏塑性模型

② 蠕变–塑性模型。将黏性元件和塑性元件串联(图7.17(b)),则得到蠕变–塑性介质。当应力小于屈服极限时,材料中只有黏性流动,遵循黏性流体的规律。当应力达到屈服极限时,材料的变形与理想塑性材料相同,此时总应变率为塑性应变率与黏性应变率之和。

$$\dot{\varepsilon} = \begin{cases} \dfrac{\sigma}{\eta}, & \sigma < \sigma_s \\ \dfrac{\sigma}{\eta} + \dfrac{d\lambda}{dt}, & \sigma = \sigma_s \end{cases} \tag{7.299}$$

(2) 弹黏塑性模型

如果材料的弹性变形不容忽略,可以将弹性元件、黏性元件和塑性元件组合在一起,构造出更复杂的材料模型。将弹性元件与宾厄姆模型串联连接(图7.18),就得到弹黏塑性介质。这种模型在应力达到屈服极限后,黏性元件才起作用。金属材料在高应变率下的性能通常用弹黏塑性模型来描述。

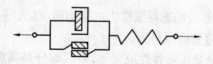

图 7.18　弹黏塑性模型

在弹黏塑性模型中,材料的总应变为

$$\varepsilon = \varepsilon^e + \varepsilon^{vp} \tag{7.300}$$

式中,ε^e 为弹性应变分量;ε^{vp} 为黏塑性应变分量。

弹性元件中的应力与总应力相等,即

$$\sigma = \sigma^e = E\varepsilon^e \tag{7.301}$$

而塑性元件中的应力 σ^p 取决于是否达到材料的屈服应力 σ_s,使材料的黏塑性流动继续进行的应力则与材料的强化特性有关。现在设材料的黏塑性性质是线性强化的,强化参数定义为

$$B = \frac{\mathrm{d}\sigma}{\mathrm{d}\varepsilon^{\mathrm{p}}} = \frac{\mathrm{d}\sigma}{\mathrm{d}\varepsilon - \mathrm{d}\varepsilon^{\mathrm{e}}} = \frac{E_{\mathrm{T}}}{1 - \dfrac{E_{\mathrm{T}}}{E}} \tag{7.302}$$

其中，E_{T} 为切线模量。在材料后继屈服时，塑性元件的应力为

$$\sigma^{\mathrm{p}} = \sigma_{\mathrm{s}} + B\varepsilon^{\mathrm{vp}} \tag{7.303}$$

式中，黏塑性应变 $\varepsilon^{\mathrm{vp}} = \varepsilon^{\mathrm{p}} = \varepsilon^{\mathrm{v}}$。于是，在塑性元件中，当 $\sigma^{\mathrm{p}} < \sigma_{\mathrm{s}}$ 时，有

$$\sigma^{\mathrm{p}} = \sigma^{\mathrm{e}} = \sigma \tag{7.304}$$

而当 $\sigma^{\mathrm{p}} \geq \sigma_{\mathrm{s}}$ 时，有

$$\sigma^{\mathrm{p}} = \sigma - \sigma^{\mathrm{v}} \tag{7.305a}$$

$$\sigma^{\mathrm{v}} = \eta \frac{\partial \varepsilon^{\mathrm{vp}}}{\partial t} \tag{7.305b}$$

再由式(7.303)和式(7.305)，可以得到

$$\sigma = \sigma_{\mathrm{s}} + B\varepsilon^{\mathrm{vp}} + \eta \frac{\partial \varepsilon^{\mathrm{vp}}}{\partial t} \tag{7.306}$$

考虑到式(7.300)和式(7.301)，可以将式(7.306)写为

$$BE\varepsilon + \eta E \frac{\partial \varepsilon}{\partial t} = B\sigma + E(\sigma - \sigma_{\mathrm{s}}) + \eta \frac{\partial \sigma}{\partial t} \tag{7.307}$$

再改写为

$$\dot{\varepsilon} = \frac{\dot{\sigma}}{E} + \frac{1}{\eta}[\sigma - (\sigma_{\mathrm{s}} + B\varepsilon^{\mathrm{vp}})] \tag{7.308}$$

由式中右端第二项，有

$$\dot{\varepsilon}^{\mathrm{vp}} = \frac{1}{\eta}[\sigma - (\sigma_{\mathrm{s}} + B\varepsilon^{\mathrm{vp}})] \tag{7.309}$$

此式表明黏塑性应变率是由超过稳态屈服应力的应力值（称为"过应力"）所决定；而稳态屈服应力值，则可由稳态应力 – 应变曲线得到。

式(7.308)右端第一部分是实际弹性应变率，第二部分是黏塑性应变率，且由过应力所决定，这种理论称为过应力理论。

当常应力 σ_0 作用于弹黏塑性介质上时，则有

$$\frac{B\varepsilon}{\eta} + \frac{\partial \varepsilon}{\partial t} = \frac{B\sigma_0}{\eta E} + \frac{\sigma_0 - \sigma_{\mathrm{s}}}{\eta} \tag{7.310}$$

此式的解为

$$\varepsilon = \frac{\sigma_0}{E} + \frac{\sigma_0 - \sigma_{\mathrm{s}}}{B}\left[1 - \exp\left(-\frac{Bt}{\eta}\right)\right] \tag{7.311}$$

式(7.311)表示在常应力 σ_0 作用于弹黏塑性介质上时，介质的变形随时间 t 的变化规律。如图 7.19(a) 所示，在初始瞬时弹性变形后，介质的应变将以黏性指数形式趋于稳态值。

对于理想弹黏塑性材料，$B = 0$，式(7.310)成为

$$\frac{\partial \varepsilon}{\partial t} = \frac{\sigma_0 - \sigma_s}{\eta} \tag{7.312}$$

其解为

$$\varepsilon = \frac{\sigma_0}{E} + \frac{1}{\eta}(\sigma_0 - \sigma_s)t \tag{7.313}$$

此式的响应曲线如图 7.19(b) 所示，弹黏塑性介质以常速率不断地增长而不能趋于稳定值。

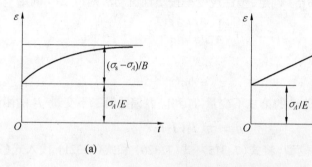

图 7.19　弹黏塑性介质的变形

如果将弹性元件与蠕变 – 塑性模型串联(图 7.20)，就得到弹性蠕变塑性介质。

图 7.20　弹性蠕变塑性模型

(3) 弹黏塑性介质的本构关系

麦尔文(Malvern) 曾建立了考虑材料的弹性和应变率的本构关系。假设材料的总应变由弹性应变和黏塑性应变构成，写成应变率形式，即

$$\dot{\varepsilon} = \dot{\varepsilon}^e + \dot{\varepsilon}^{vp} \tag{7.314}$$

式中弹性应变率按照胡克定律确定

$$\dot{\varepsilon}^e = D^{-1}\dot{\sigma} \tag{7.315}$$

而黏塑性应变率由过应力确定，即黏塑性流动法则

$$\dot{\varepsilon}^{vp} = \gamma \left\langle \Phi\left(\frac{\sigma}{\sigma_s} - 1\right) \right\rangle \tag{7.316}$$

式中，γ 是与材料的黏性有关的参数，Φ 是一正的单调增函数，$\langle \rangle$ 的定义为

$$\langle \Phi \rangle = \begin{cases} \Phi, & \sigma \geqslant \sigma_s \\ 0, & \sigma < \sigma_s \end{cases} \tag{7.317}$$

随着材料的不同，Φ 具有不同的形式。

由式(7.314)、式(7.315) 和式(7.316)，可以得到弹黏塑性介质的本构关系为

$$\dot{\varepsilon} = D^{-1}\dot{\sigma} + \gamma \left\langle \Phi\left(\frac{\sigma}{\sigma_s} - 1\right) \right\rangle \tag{7.318}$$

(4) 弹塑性蠕变模型

在上面弹黏塑性模型中,蠕变变形与塑性变形是耦合在一起考虑的,因此,这种模型称做耦合模型。下面将讨论弹塑性蠕变模型。假设材料的总应变由三部分构成,即弹性应变、塑性应变和蠕变应变,可以写作

$$\dot{\varepsilon} = \dot{\varepsilon}^e + \dot{\varepsilon}^p + \dot{\varepsilon}^c \tag{7.319}$$

式中,弹性应变率仍按式(7.315)确定,塑性应变率按塑性流动法则(7.21)确定

$$\dot{\varepsilon}^p = \frac{1}{A}\frac{\partial f}{\partial \sigma}\left(\frac{\partial f}{\partial \sigma}\right)^T \dot{\sigma} \tag{7.320}$$

而蠕变应变率为

$$\dot{\varepsilon}^c = \eta \varphi \tag{7.321}$$

式中,黏性参数 η 是蠕变应变 ε^c 的第二不变量 J_2^c 和应力偏量第二不变量 J_2 的函数,即

$$\eta = \eta(J_2^c, J_2) \tag{7.322}$$

这种模型就称为弹塑性蠕变模型。将式(7.315)、式(7.320)和式(7.321)代入式(7.319),则弹塑性蠕变模型的本构方程为

$$\dot{\varepsilon} = D^{-1}\dot{\sigma} + \frac{1}{A}\frac{\partial f}{\partial \sigma}\left(\frac{\partial f}{\partial \sigma}\right)^T \dot{\sigma} + \eta \varphi \tag{7.323}$$

4. 黏弹塑性与蠕变问题的有限元法

在黏弹性、黏塑性和蠕变问题中,变形和应力随时间变化。因此,在有限元分析中,需要对时间变量进行离散。考虑一典型的时间步长 $\Delta t_k = t_{k+1} - t_k$,在此时间步载荷从 R_k 变到 R_{k+1},载荷增量为 $\Delta R_k = R_{k+1} - R_k$。在时间步长的开始 t_k 时,累积的位移 u_k、应变 ε_k、应力 σ_k 以及蠕变应变 ε_k^c、黏性应变 ε_k^v 或黏塑性应变 ε_k^{vp} 等是已知的,现在需要求时间步长结束 t_{k+1} 时的各个量。

(1) 弹塑性蠕变问题的计算

在蠕变问题中,总应变增量一般可以表示为

$$\Delta \varepsilon_k = \Delta \varepsilon_k^e + \Delta \varepsilon_k^p + \Delta \varepsilon_k^T + \Delta \varepsilon_k^c \tag{7.324}$$

式中,$\Delta \varepsilon_k^e$ 为弹性应变增量,按式(7.315)确定;$\Delta \varepsilon_k^p$ 为塑性应变增量,按式(7.320)确定;$\Delta \varepsilon_k^c$ 为蠕变应变增量,按式(7.321)确定;$\Delta \varepsilon_k^T$ 为温度应变增量

$$\Delta \varepsilon_k^T = \alpha \Delta T [1 \ 1 \ 1 \ 0 \ 0 \ 0]^T \tag{7.325}$$

应力增量可以表示为

$$\Delta \sigma_k = D_k \Delta \varepsilon_k^e = D_k (\Delta \varepsilon_k - \Delta \varepsilon_k^p - \Delta \varepsilon_k^T - \Delta \varepsilon_k^c) \tag{7.326}$$

式中,D_k 为弹性矩阵。

考虑 t_{k+1} 时刻的平衡方程

$$\Psi_{k+1} = \int_V B^T \sigma_{k+1} dV - R_{k+1} = 0 \tag{7.327}$$

按 7.4 节介绍的牛顿-拉夫森方法就可以求得增量位移 Δu_k。

计算时间步长 t_{k+1} 时的位移 u_{k+1}、应变 ε_{k+1}、应力 σ_{k+1} 以及蠕变应变 ε_{k+1}^c 等。

蠕变问题的有限元计算与弹塑性问题相似。不同之处在于：弹塑性问题与时间无关，弹塑性问题中提到的时间是虚拟的；而在蠕变中，时间是真实的，蠕变应变增量是与时间相关的。

(2) 黏弹性问题的计算

与处理高温蠕变问题时类似，可以认为材料的黏弹性变形只是应力偏量与应变偏量之间的关系。考虑时间增量步 t_k 和 $t_{k+1} = t_k + \Delta t$，由式(7.297a)，有

$$S_{ij}(t_{k+1}) = \int_0^{t_{k+1}} \Phi_s(t_{k+1} - \tau) \frac{\partial e_{ij}}{\partial \tau} d\tau =$$
$$\int_0^{t_k} \Phi_s(t_{k+1} - \tau) \frac{\partial e_{ij}}{\partial \tau} d\tau + \int_{t_k}^{t_{k+1}} \Phi_s(t_{k+1} - \tau) \frac{\partial e_{ij}}{\partial \tau} d\tau \tag{7.328a}$$

$$S_{ij}(t_k) = \int_0^{t_k} \Phi_s(t_k - \tau) \frac{\partial e_{ij}}{\partial \tau} d\tau \tag{7.328b}$$

在此增量步 Δt 内，可以认为

$$\frac{\partial e_{ij}}{\partial t} = \frac{(e_{ij})_{k+1} - (e_{ij})_k}{\Delta t} = \frac{\Delta e_{ij}}{\Delta t} = 常数 \tag{7.329}$$

代入式(7.328a)右端第二项，得到

$$\int_{t_k}^{t_{k+1}} \Phi_s(t_{k+1} - \tau) \frac{\partial e_{ij}}{\partial \tau} d\tau = E_{ij}(t) \Delta t \tag{7.330}$$

于是得到

$$\Delta S_{ij} = S_{ij}(t_{k+1}) - S_{ij}(t_k) = E_{ij}(t) \Delta e_{ij} - S_{ij}^0(t_k) \tag{7.331a}$$

$$S_{ij}^0 = \int_0^{t_k} [\Phi_s(t_k - \tau) - \Phi_s(t_{k+1} - \tau)] \frac{\partial e_{ij}}{\partial \tau} d\tau \tag{7.331b}$$

类似地，由式(7.297b)，可以得到

$$\Delta \sigma_{ii} = \sigma_{ii}(t_{k+1}) - \sigma_{ii}(t_k) = E_{ii}(t) \Delta \varepsilon_{ii} - \sigma_{ii}^0(t_k) \tag{7.331c}$$

$$\sigma_{ii}^0(t_k) = \int_0^{t_k} [\Phi_v(t_k - \tau) - \Phi_v(t_{k+1} - \tau)] \frac{\partial \varepsilon_{ii}}{\partial \tau} d\tau \tag{7.331d}$$

式(7.331a)和式(7.331c)就是增量应力应变关系，其中 $S_{ij}^0(t_k)$ 和 $\sigma_{ii}^0(t_k)$ 相当于初应力。用初应力法，就可以计算黏弹性问题了。

(3) 黏塑性问题的计算

此处建立弹黏塑性材料的本构方程。假设将材料的总应变率分解为

$$\dot{\varepsilon} = \dot{\varepsilon}^e + \dot{\varepsilon}^{vp} \tag{7.332}$$

式中，$\dot{\varepsilon}^e$ 为材料的弹性应变率；$\dot{\varepsilon}^{vp}$ 为材料的黏塑性应变率。

再假设总应力率与弹性应变率之间满足胡克定律,即

$$\dot{\sigma} = D\dot{\varepsilon}^e \quad \text{或} \quad \dot{\varepsilon}^e = D^{-1}\dot{\sigma} \tag{7.333a, b}$$

类似于塑性力学,假设材料具有黏塑性屈服函数,等向硬化时的屈服条件为

$$f(\sigma, k) = 0 \tag{7.334}$$

黏塑性应变满足流动法则

$$\dot{\varepsilon}^{vp} = \gamma \left\langle \Phi\left(\frac{f}{f_0}\right) \right\rangle \frac{\partial f}{\partial \sigma} \tag{7.335}$$

式中,γ 是黏塑性流动速率的控制参数,是时间 t 和黏塑性应变张量 ε_{ij}^{vp} 的不变量的函数。f_0 是关于屈服函数的一个正参考值,作用是使表达式量纲一化。式中符号 $\langle \rangle$ 的含意为

$$\langle \Phi(x) \rangle = \begin{cases} \Phi(x), & x \geq 0 \\ 0, & x < 0 \end{cases} \tag{7.336}$$

$\Phi(x)$ 是正的单调增函数,由材料试验数据确定。

由式(7.332)、式(7.333)和式(7.335),得到弹黏塑性材料的本构方程为

$$\dot{\varepsilon} = D^{-1}\dot{\sigma} + \gamma \left\langle \Phi\left(\frac{f}{f_0}\right) \right\rangle \frac{\partial f}{\partial \sigma} \tag{7.337}$$

弹黏塑性问题的有限元解法可以采用求解弹塑性问题的切向刚度法,建立应力率与黏塑性应变率之间的切线刚度矩阵,用数值方法进行求解,也可以用初应变(初应力)法进行求解。

思 考 题

7-1 试举例说明三类非线性问题。

7-2 弹塑性有限元法的非线性体现在何处?

7-3 常用的硬化定律有哪几种?它们各适用于什么材料?

7-4 全量和增量弹塑性有限元法各适用于哪些问题,试举例说明。

7-5 增量弹塑性有限元法求解需要哪几个步骤?

7-6 几何非线性问题有何特点?

7-7 试列举几例工程中的几何非线性问题。

7-8 按载荷处理方式,非线性方程组有哪几种求解方法?

7-9 牛顿法和拟牛顿法各有何特点?

7-10 工程中有哪些问题是结构屈曲问题?

7-11 如何定义分叉点屈曲和极值点屈曲?

7-12 什么是线性屈曲?什么是非线性屈曲?它们有何区别?

7-13 什么情况下对结构进行线性屈曲分析?

7-14 如何判定结构是否出现极值点屈曲?

7-15 如何进行非线性屈曲分析?
7-16 接触问题有何特点?
7-17 接触面有哪些约束条件?
7-18 库仑摩擦和弹塑性流动有何相似性?
7-19 在虚功率原理中,用什么方法处理接触面约束?
7-20 接触问题有限元解法有哪几种?它们各有何特点?
7-21 黏弹性、黏塑性和蠕变各有何特点?
7-22 有限元离散后,黏弹性、黏塑性和蠕变问题用何数值方法进行求解?

第 8 章 有限元法的程序设计与使用

8.1 引 言

经典的固体力学理论工作中,尽管人们已经进行了几百年的努力研究,但所能解决的实际问题为数不多。1960 年,克劳夫(Clough)首次引用了"有限元法"这一名词,并发表了平面应力问题的有限元法论文,即在虚功原理基础上把结构划分为有限个单元后,在单元内构造位移模式,是一种近似的数学分析方法。1960~1970 年间,基于各种变分原理的有限元法得到了迅速发展,奠定了有限元法牢固的理论基础。在各种结构问题上的应用,证明有限元法是一种强有力的工具,能够成功地解决多种多样的固体力学问题。有限元法解决实际问题的能力远远超过了经典方法,因而受到了普遍重视。

随着有限元法的进一步发展与应用,分析许多复杂固体力学问题时,难免要进行大量的数据计算、绘图等,单靠人力是很难解决的。所以用程序设计语言编写有限元法程序在所难免。

近年的结构力学和有限元法的教学与研究,曾用 FORTRAN 和 BASIC 语言编写过有关程序。FORTRAN 语言的结构层次清晰,进行科学分析能力较强,适用于编制大型结构计算程序,但对于前后处理功能来说,FORTRAN 语言的图形功能、数据结构类型、语句格式等方面还存在很多不足与不方便之处。BASIC 语言具有学习容易、使用方便、图形处理能力强,在编写过程中可自动编译的特点,但对于编制大型结构有限元分析系统来说,其灵活方面较之 C 语言还有很大差距。

针对 FORTRAN 语言和 BASIC 语言的缺陷与不足,现尝试用 C 语言编制有限元法程序,C 语言在目前国际上非常流行,它的升级版本也已问世。C 语言是在 BASIC 语言基础上设计出的一种语言,保持了 BASIC 语言的优点,克服了它的缺点,它相对于 FORTRAN 语言具有明显的优点。C 语言比 FORTRAN 语言的运算速度、程序效率有了很大程度的提高,同时在调用函数时变量改变了的值能够为主函数使用。其次,就是目前升级版本中的面向对象程序设计,它支持一种全新的概念,即旨在使得计算机求解更接近于人的思维活动,人们能够利用它充分发挥硬件中的潜力,在减少开支的前提下,提供更强有力的软件开发工具,使软件开发的设计阶段更加紧密地与实际阶段相联系。另外 C 语言设计的图形功能也很强,也促成了 C 语言与有限元法的结合。

8.2 有限元程序系统的设计原则与特点

8.2.1 程序设计的原则

在编制计算机程序时,一般应遵循以下原则:
(1)正确性:没有算法错误、没有语法错误。
(2)易读性:便于阅读、理解和使用。
(3)有效性:节省计算机存储量和机时,精度高。
(4)模块化:程序各部分相对独立,便于移植、修改和扩充。

评价一个结构分析程序需要综合考虑以上几个方面。其中,程序的正确性是基本要求。验证所编制程序的正确性应按照下述步骤进行。

首先,利用被考核的程序计算几个有精确解或者已经表明其计算结果是正确的考题,通过对比计算结果来判定此程序是否可靠;其次,可利用计算结果是否满足平衡条件来考核,不管是整体、某个分离体或某个结点,结点力、外载荷、支反力之和应为零;另外,也可以利用对称性或者位移、应力分布趋势和规律性等加以判断。若有电测应力或光弹性试验结果,亦可进行比较,加以考核。

程序设计首先要进行框图设计。按照计算步骤计算流程图,应用结构化程序设计的方法建立程序的模块方案,根据主、子程序(函数)结合及接口要求,画出程序主框图;确定各个模块之间的逻辑关系;建立数据结构及信息系统;设计输入/输出系统及程序诊断、查错、检查系统;建立程序模块、子程序、数组、变量名表。

结构化程序设计方法主要是采用从顶向下、逐步求精的设计方法。其核心是按照先全局后局部、先整体后细节、先抽象后具体的原则去组织抽象的编制工作,通常把整个程序抽象分为若干个相对独立的功能模块,每个模块可以由若干个子程序构成,每个子程序用若干个只有一个入口和一个出口控制的结构编写。这种分析思路清晰、逻辑关系简单、完全模块化了的程序结构,具有良好的可读性,便于修改、维护、增删和移植。

8.2.2 有限元程序系统的特点

有限元程序是把有限元法理论和方法用计算机实施计算过程的载体。为便于分析计算和软件的使用,通常将有限元程序分为前处理、分析计算、后处理三大功能模块。每一模块根据功能逐一细化,各模块间通过数据文件或数组进行联系,组成一个逻辑上完整的程序,再通过菜单技术进行程序集成。

(1) 前处理(数据输入阶段)

前处理阶段主要是读入数据和生成数据,以便形成有限元网格,为有限元分析计算做好准备。主要内容有:

① 程序控制信息,包括结点总数、单元批数或总数、问题类型、材料数组、结构与载荷情况等。控制信息用来控制数组的规模、循环语句的终止或控制转移等。

② 网格自动生成。

③ 结点坐标和约束信息。

④ 单元信息,由单元类型、单元结点组成。

⑤ 材料信息。

⑥ 载荷信息。

⑦ 计算简图生成,便于检查原始数据是否有错,以便及时加以修改。

(2) 分析计算

这个阶段主要是有限元矩阵的计算、组装和求解。主要内容有:

① 计算单元的刚度矩阵,简单的单元可直接利用显式,"对号入座",组装成总体刚度矩阵。

② 计算单元非结点载荷的等效结点载荷向量,"对号入座",组装总载荷向量。

③ 根据已知的位移边界条件,进行约束处理,消除总刚度方程的奇异性。

④ 利用线性代数方程组的解法,对总刚度方程进行求解,得出结构结点位移向量。

(3) 后处理(数据输出阶段)

后处理阶段是对每个单元建立单元结点位移向量,再计算单元内指定截面的内力或指定点的应力。目前,后处理主要是增加图形输出,如变形图、弯矩图、剪力图、轴力图、主应力分布图、等应力线等,便于用户了解结构的特点以及检验程序计算的正确性。

8.3 弹性平面问题三角形单元有限元程序

本节给出了一个以 C 语言编写的平面问题有限元计算程序(PLATRI),该程序采用常应力 3 结点三角形单元求解弹性力学平面问题(程序具有一定的前处理功能,可自动划分网格)。

8.3.1 程序结构及主调函数

1. 程序的结构

平面问题有限元程序由两个模块组成。

① prep.c 前处理模块;

②body.c 结构计算模块。

本节主要介绍结构计算模块 body.c。内容包括总刚度矩阵的组装、总载荷向量的组装、约束条件的处理、方程求解及内力计算。平面问题有限元程序总框图如图 8.1 所示。

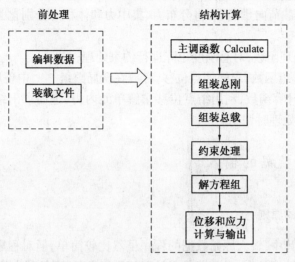

图 8.1 程序结构总框图

2. 主调函数

在主菜单上选取结构计算项时，即调用计算部分的主调函数 calculate（ ），按次序调用计算函数。调用函数次序框图如图 8.2 所示。

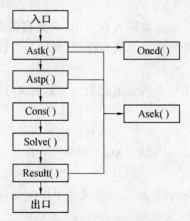

图 8.2 调用函数次序框图

调用函数次序框图 8.2 说明：

①主调函数开头是数组和变量定义；

②Astk():组装总刚度矩阵函数,组装后的总刚度矩阵存储在全局数组 TK[ ]中;

③Oned():一维变带宽存储子函数;

④Asek():单元刚度矩阵函数;

⑤Astp():组装总载荷向量函数,将分布力、集中力和体积力分别化为等效结点力,组装成总载荷向量 P[ ];

⑥Cons():约束处理函数,对总刚度矩阵进行约束处理;

⑦Solve():解方程组函数,求解结点位移,存放在全局数组 P[ ]中备用;

⑧Result():内力计算函数,利用结点位移求解单元内力,进而求出结点应力,存放在全局数组 ST[ ]中,以备后处理时调用。

8.3.2 原始数据的输入

1.输入原始数据的原则

在有限元程序设计中,输入原始数据的程序虽然比较简单,但对程序用户来讲,却十分重要。这不仅因为原始数据较多,需花费较多的时间进行准备,而且其中的任何差错都有可能导致运算中断或得出错误的结果。因此,一个好的有限元程序系统,往往只要求用户给出很少的数据,而由程序本身自动生成和计算出大批的数据,并可作进一步的后处理,以便于改进结构的分析效率。

2.输入文件的数据结构

有限元程序中用到的大量数据需要输入和输出,并要在各程序段之间互相传递。程序设计时,应仔细安排数据的结构,使其既能方便地存取、又能节约计算机的内存和外存,且不应使数据产生差错。

程序中原始数据的输入是由以下内容组成的一个数据文件(文件名可以自定义,如:Input.txtt)。

(1)程序的控制信息

PTYPE NJ NE NAJ NAE NCB NCJ NPB NPJ

其中:

PTYPE 为平面问题类型(1 表示平面应力;2 表示平面应变);

NJ 为结构的结点总数;

NE 为 3 结点三角形单元总数;

NAJ 为离散输入结点数;

NAE 为离散输入单元数;

NCB 为有约束的直线边数(包括网格自动划分时可自动分点的边);
NCJ 为其分散约束点数;
NPB 为有分布载荷的直线边数(包括网格自动划分时可自动分点的边);
NPJ 为其他分散集中力作用点数。

(2) 网格自动划分信息(若 NB = 0,则无须输入该信息)

NX NY N1 M1 DX DY

其中:

NX 为自动分格区的横向分段数;
NY 为自动分格区的纵向分段数;
N1 为该自动分格区块的第一结点总码(面对纵向前进方向该分格区左下角的角点的总编码);
M1 为该自动分格区块的第一单元总码(面对纵向前进方向该分格区左下角的角单元的总编码);
DX 为该区块末单元的横向尺寸;
DY 为该区块末单元的纵向尺寸(若等分,则均为 0);
X,Y 为该区块八特征点坐标。

(3) 离散角点信息(若 NAJ = 0,则无须输入该信息)

AJXY[ ][ ]

AJXY[ ][ ] 为离散(或需修改坐标或不宜自动划分网格结构)的结点信息数组,依次输入结点码及其 x,y 坐标。

(4) 离散单元信息(若 NAE = 0,则无须输入该信息)

AEIJM[ ][ ]

AEIJM[ ][ ] 为离散(或需修改 3 结点码或不宜自动划分网格结构)的单元信息数组,依次输入单元码及其 3 结点码(逆时针方向)。

(5) 自动分点约束边信息

NCBIN[ ][ ]

NCBIN[ ][ ] 为自动分点约束边信息数组,依次输入该边的起终点坐标$(x_1,y_1),(x_2,y_2)$ 及该边的 x,y 方向约束信息(-1: x 方向有约束;0: x,y 方向均有约束;1: y 方向有约束)。

(6) 其他分散约束点信息(若 NCJ = 0,则无须输入该信息)

NCJIN[ ][ ]

NCJIN[ ][ ] 为其他分散约束点数组,输入该结点码及 x,y 方向约束信息和支座图形方位信息。输入方式见表 8.1。

表 8.1 支座位置及约束信息

支座								
x	1	1	1	0	1	1	1	0
y	1	0	1	1	1	0	1	1
位置	1	1	2	2	3	3	4	4

(7) 分布载荷直线边信息(若 NPB = 0,则无须输入该信息)

NPBIN[ ][ ]

NPBIN[ ][ ]为有分布载荷作用的直线边数组,需输入该边的起终点坐标(x_1,y_1),(x_2,y_2),起终点载荷集度(q_1,q_2)。以外法线定正负号,即 x 轴按右手法则转至该荷载外作用线所经过的角度。

(8) 集中力作用点信息(若 NPJ = 0,则无须输入该信息)

NPJIN[ ][ ]

NPJIN[ ][ ]为有集中力作用点数组,依次输入该点结点码及其在 x,y 方向的受载分量(正负号以结构坐标系为准,若某方向无载荷作用,则输入 0)。

(9) 材料信息

E0　P0　GM　TH

其中:E0 为结构材料的弹性模量 E;

P0 为泊松比;

GM 为材料的密度(不计自重时取 0);

TH 为板厚 t。

全部数据信息至此输入完毕。

调入前处理图形功能,装载输入数据文件,则可以显示结构的计算简图,以校核输入的原始数据是否正确。若无误,即可调入主调函数进行结构计算。

3. 输入原始数据函数 Input( )

Input( )的功能为读入原始数据文件中的信息,为前处理及结构计算做准备。其框图如图 8.3 所示。程序见 8.3.9 节。

第 8 章 有限元法的程序设计与使用

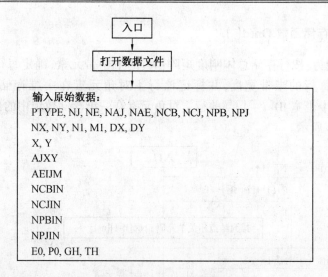

图 8.3 Input( ) 函数框图

8.3.3 结构刚度矩阵的组装

1. 结构刚度矩阵的一维变带宽存储

采用变带宽一维存储,是将总体刚度矩阵$[K]$的下三角或上三角部分,按每行或每列实际半带宽内的元素(包括带内零元素)存储在一个一维数组中。这样就无需对结点的编码进行优化,以减小总体刚度矩阵的最大半带宽度,来达到减少占用计算机存储空间的目的。这时只要确定原矩阵元素在一维存储数组中的位置,就可以采用高斯消元法求解总体刚度方程。

首先,可以用一个数组 ID[ ] 来存储主对角元素在一维数组中的位置代码,设某元素 a_{ij} 在原矩阵中的位置是 i 行 j 列,在一维变带宽存储中是第 ij 个元素,i 行的主对角元素所在位置以 ID[i] 表示,则 a_{ij} 在一维变带宽存储中的位置为

$$ij = \mathrm{ID}[i] - i + j$$

必须注意,按行循环是从第 1 行到第 n 行,但按列循环只要从第一个非零元素进行到主对角元素即可。第一个非零元素位置在第一行即为 1,其余各行第一个非零元素的位置为

$$N1 = \mathrm{ID}[i-1] + 1$$

主对角元素位置显然为

$$N2 = \mathrm{ID}[i]$$

则,列循环即是从 N1 到 N2。

2. 一维变带宽存储函数 Oned( )

Oned( )的功能为：按行存储总体刚度矩阵[K]的下半带元素，确定每行的第一个非零元素的结点码，计算每行的半带宽，并标记该行主对角元素在一维存储数组中的位置码 ID[$i-1$]等于本行半带宽 ID[$i-1$]与前行主对角元素在一维存储数组中的位置码 ID[$i-2$]之和，其框图如图 8.4 所示。

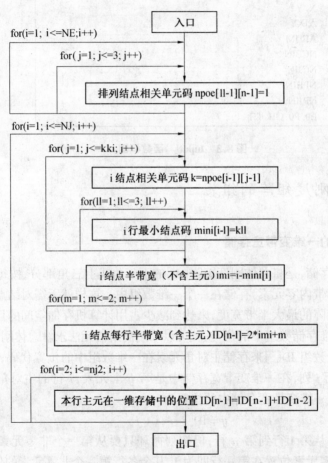

图 8.4 一维变带宽存储函数 Oned( )框图

3. 组装总刚度矩阵函数 Astk( )

Astk( )的功能为：判断平面应力问题或平面应变问题，生成弹性矩阵[D]，调用单元刚度矩阵函数 Asek( )，生成单刚矩阵 EK[ ][ ]，并按一维存储函数 Oned( )标记的位置，按单元循环形成一维存储的总刚度矩阵 TK[ ]，其框图如图 8.5 所示。

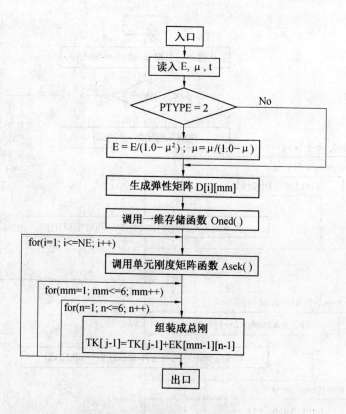

图 8.5 组装总体刚度矩阵函数框图

4. 单元刚度矩阵函数 Asek( )

Asek( )的功能为:计算单元的面积 ae,生成几何矩阵[B]和应力矩阵[S],形成单元刚度矩阵 EK[ ][ ],并计算单元结点的自由度总码,以便在组装总刚矩阵和总载荷向量以及结果输出调用时对号入座。其框图如图 8.6 所示。

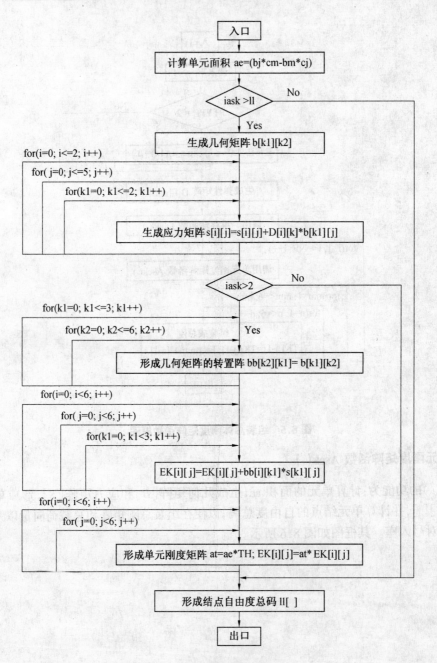

图 8.6 单元刚度矩阵函数框图

8.3.4 总载荷向量的组装

组装总载荷向量函数 Astp() 的功能为:计算结点集中力在 x,y 的方向的分量,并将分布载荷和体积力转化为相应的结点力分量,按结点编码位置组装到总载荷向量 P[ ] 中,函数框图如图 8.7 所示。

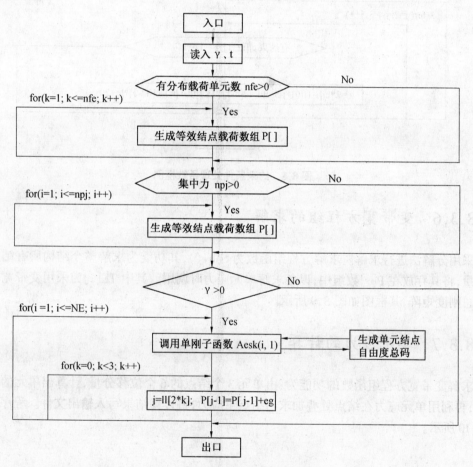

图 8.7 组装总载荷向量函数框图

8.3.5 约束支承条件的处理

本程序中采用对刚度矩阵主对角元素乘以大数的方法,来处理平面问题的刚性支承。大数的大小对计算结果有一定的影响。大数太小,引起较大误差;相反求解过程中有可能发生"溢出"现象。本程序中该大数取为1E20。

这种处理约束条件的方法对刚度矩阵的改变较少,因而工作量不大,且比较方便有效,在本程序中是以函数 Cons( )来完成约束处理功能的。其框图如图 8.8 所示。

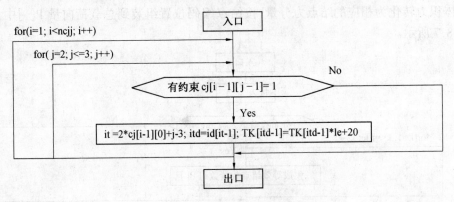

图 8.8　约束条件处理函数框图

8.3.6　变带宽方程组的求解

采用分解法进行求解。求解方程组函数为 Solve( ),其功能为求解整个结构所有结点的位移分量,将其存放在 P[ ]数组中,以备求解单元应力时调用。其中 TK[ ]为采用变带宽一维存储的总刚度矩阵,其框图如图 8.9 所示。

8.3.7　单元应力的计算

求解变带宽方程组函数的功能为:由单元 3 个结点的 6 个位移分量,计算出单元的平均主应力;再利用单元应力在结点处叠加求出结点主应力,将计算结果写入输出文件。程序框图如图 8.10 所示。

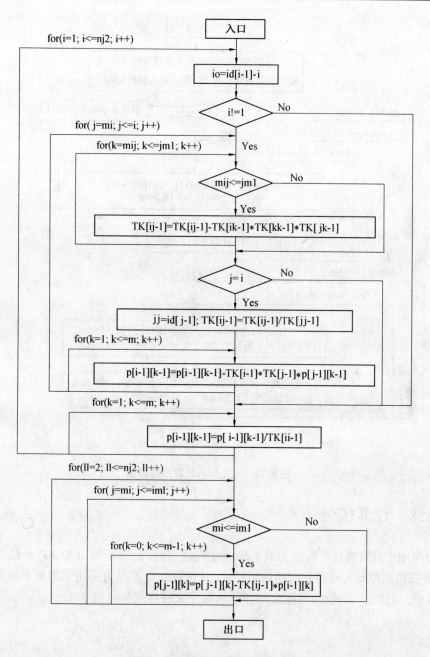

图 8.9 求解变带宽方程组函数框图

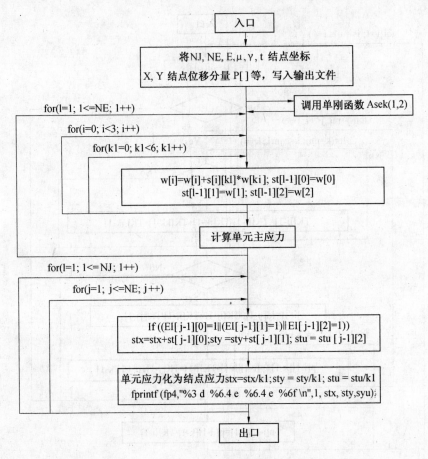

图 8.10　单元应力计算函数框图

8.3.8　计算实例

本程序用于计算弹性平面应力或平面应变问题,程序的解题规模为 300 个结点,500 个单元(3 结点三角形单元),适当修改后尚可扩大,并可进一步扩展为采用矩形单元或四边形等参元。运算前,需建立一个原始数据文件。输入数据文件格式参见表 8.2。

第8章 有限元法的程序设计与使用

表 8.2 输入数据格式

输入顺序与格式	标 识 符 含 义
PTYPE,NJ,NE,NAJ, NAE,NCB,NCJ,NPB,NPJ （该组数据为整形）	PTYPE:问题类型 ;NJ:结点总数;NE:单元总数; NAJ:离散结点数 ;NAE:离散单元数; NCB:有约束直线边数;NCJ:分散约束点数; NPB:有分布载荷直线边数;NPJ:分布集中力作用点数
AJXY（NAJ = 0 无此项）	离散结点信息:依次输入结点码及 x,y 坐标
AEIJM（NAE = 0 无此项）	离散单元信息:依次输入单元码及3结点码(逆时针)
NCBIN（NCB = 0 无此项）	约束边信息:依次输入边的起终点坐标及约束信息
NCJIN（NCJ = 0 无此项）	分散约束点信息:输入结点码及 x,y 方向约束信息
NPBIN（NPB = 0 无此项）	分布载荷边信息:输入边的起终点坐标及载荷集度和载荷方向角
NPJIN（NPJ = 0 无此项）	集中力作用点信息:输入该点结点码集中力大小方向
E0 P0 GM TH	E0:弹性模量;P0:泊松比;GM:密度;TH:板厚

【例 8.1】 计算如图 8.11(a)所示的受集中力作用的三角形平板。集中力 $P = 10$ N,取弹性模量 $E = 1$ Pa,泊松比 $\mu = 0.25$,密度 $\rho = 0$,厚度 $t = 1$ m。

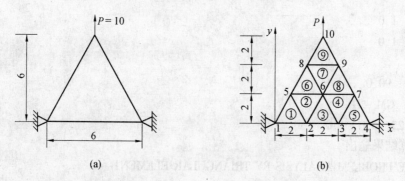

图 8.11 集中力作用的三角形平板

解 因结构形状为三角形,不宜自动划分网格,单元结点坐标及编码均应离散输入,单元划分及单元和结点编号如图 8.11(b)所示。

(1) 输入数据文件

PTYPE	NJ	NE	NAJ	NAE	NCB	NCJ	NPB	NPJ
1	10	9	10	9	0	2	0	1

AJXY
1 0.0 0.0 2 2.0 0.0
3 4.0 0.0 4 6.0 0.0
5 1.0 2.0 6 3.0 2.0
7 5.0 2.0 8 2.0 4.0
9 4.0 4.0 10 3.0 6.0
AEIJM
1. 1. 2. 5.
2. 2. 3. 6.
3. 3. 4. 7.
4. 3. 7. 6.
5. 2. 6. 5.
6. 5. 6. 8.
7. 6. 7. 9.
8. 6. 9. 8.
9. 8. 9. 10.
NCJIN
1. 1. 1.0
4. 1. 1.0
NPJIN
9 10.0 90.0
E0 P0 GM TH
1.0 0.25 0.0 1.0

(2) 计算结果输出

---PLANE PROBLEM ANALYSIS BY TRIANGULAR ELEMENT---

NUMBER OF NODES = 10   NUMBER OF ELEMENTS = 9
PLANE STRESS PROBLEM   PTYPE = 1
ELASTICITY MODULUS = 1.00   POISSON MODULUS = 0.2500
SPECIFIC GRAVITY = 0.0000   PLATE THICKNESS = 1.0000

NODAL COORDINATES & DISPLACEMENTS:

NODE:	X	Y	U	V
1	0.000	0.000	0.000e+00	0.000e+00
2	2.000	0.000	1.094e+00	1.776e+01

3	4.000	0.000	−1.094e+00	1.776e+01
4	6.000	0.000	0.000e+00	0.000e+00
5	1.000	2.000	−1.641e+00	1.568e+01
6	3.000	2.000	7.354e−07	2.096e+01
7	5.000	2.000	1.641e+00	1.568e+01
8	2.000	4.000	8.206e−01	2.531e+01
9	4.000	4.000	−8.206e−01	2.531e+01
10	3.000	6.000	1.384e−05	4.447e+01

STRESSES OF NODES:

NODE	SIGMAx	SIGMy	TAUxy
1	1.4902e+00	3.7727e+00	3.113652
2	5.6687e−01	1.9028e+00	1.262328
3	5.6687e−01	1.9028e+00	−1.262328
4	1.4902e+00	3.7727e+00	−3.113651
5	1.4161e+00	2.7468e+00	1.723829
6	7.4688e−01	2.0758e+00	−0.000000
7	1.4161e+00	2.7468e+00	−1.723829
8	1.0640e+00	5.3504e+00	0.461501
9	1.0641e+00	5.3504e+00	−0.461501
10	1.6794e+00	1.0000e+01	0.000000

8.3.9 平面问题的源程序

(1) prep.c 前处理模块

```c
# include "string.h"
# include "conio.h"
# include "process.h"
# include "stdio.h"
# include "stdlib.h"
# include "math.h"
# include "ctype.h"
# include "bios.h"
# include "dos.h"
# define PI 3.1415926536
```

```c
int Input( );

float X[300], Y[300];
float FE[30][5], FJ[30][3], WK[4], SH[8];
int EI[500][3], CJ[50][3], NJ, NE, NCJJ, NPJ, NFE, NJ2, PTYPE;
int NAJ, NAE, NCJ, NPB, NCB;
extern int ID[600];

/* * * * * * * 数据输入函数 * * * * * * * * * * * * * * * * * * * * * * */
int Input( )
{
    int ib, i, j, nd, k1, k2, j1, n, nx, ny, n1, m1, ss = 0, sp = 0;
    float x1, y1, x2, y2, nr, dx1, dy1, dk, dx, dy, q1, q2, aL;
    float a1, a2, a3, a4, w1[200], xa[8], ya[8];
    int w2[20];
    char in[30];
    FILE * fp_in;
    puts("Tpye the input file name: \n");
    scanf("%s", in);
    if((fp_in = fopen(in, "r")) = = NULL) return 2;
    if(ferror(fp_in)) return 2;
    fscanf(fp_in, "%d %d %d %d %d %d %d %d", &PTYPE, &NJ, &NE, &NAJ,
        &NAE, &NCB, &NCJ, &NPB, &NPJ);
    for(i = 0; i < 200; i + + ) w1[i] = 0.0;
    do {    fscanf(fp_in, "%f", &w1[ss]);     ss + + ;      }
    while(! feof(fp_in));
    fclose(fp_in);
    if(NAJ > 0)
    {    for(i = 1; i < = NAJ; i + + )
        {    nd = w1[sp + 3 * i - 2 - 1];
            X[nd - 1] = w1[sp + 3 * i - 1 - 1];
            Y[nd - 1] = w1[sp + 3 * i - 1];
        }
    }
    sp = sp + 3 * NAJ;
```

```
    }
    if(NAE > 0)
    {    for(i = 1; i < = NAE; i + +)
         {    nd = w1[sp + 4 * i - 3 - 1];
              EI[nd - 1][0] = w1[sp + 4 * i - 2 - 1];
              EI[nd - 1][1] = w1[sp + 4 * i - 1 - 1];
              EI[nd - 1][2] = w1[sp + 4 * i - 1];
         }
         sp = sp + 4 * NAE;
    }
NCJJ = 0;
if(NCB > 0)
{    for(i = 1; i < = NCB; i + +)
     {    x1 = w1[sp + 5 * i - 5]; y1 = w1[sp + 5 * i - 4];
          x2 = w1[sp + 5 * i - 3]; y2 = w1[sp + 5 * i - 2];
          nr = w1[sp + 5 * i - 1];
          k1 = 0; k2 = 0;
          if(nr < 0.1) k1 = 1;
          if(nr > - 0.1) k2 = 1;
          dx = x2 - x1;
          if(fabs(dx) < 0.0001)
          {    for(j = 1; j < = NJ; j + +)
               {    dx1 = X[j - 1] - x1;
                    if(fabs(dx1) < 0.0001)
                    {    NCJJ + +;
                         CJ[NCJJ - 1][0] = j;
                         CJ[NCJJ - 1][1] = k1;
                         CJ[NCJJ - 1][2] = k2;
                    }
               }
          }
          else{ dk = (y2 - y1)/dx;
               for(j = 1; j < = NJ; j + +)
               {    dy1 = Y[j - 1] - y1 - dk * (X[j - 1] - x1);
                    if(fabs(dy1) < 0.0001)
```

```
                    {   NCJJ + + ;
                        CJ[ NCJJ - 1 ][ 0 ] = j;
                        CJ[ NCJJ - 1 ][ 1 ] = k1;
                        CJ[ NCJJ - 1 ][ 2 ] = k2;
                    }
                }
            }
        }
        sp = sp + 5 * NCB;
}
if( NCJ > 0 )
{       for( i = 1; i < = NCJ; i + + )
        {   NCJJ + + ;
            CJ[ NCJJ - 1 ][ 0 ] = w1[ sp + 3 * i - 2 - 1 ];
            CJ[ NCJJ - 1 ][ 1 ] = w1[ sp + 3 * i - 1 - 1 ];
            CJ[ NCJJ - 1 ][ 2 ] = w1[ sp + 3 * i - 1 ];
        }
        sp = sp + 3 * NCJ;
}
if( NPB > 0 )
{       for( i = 1; i < = NPB; i + + )
        {   j1 = 0;
            x1 = w1[ sp + 7 * i - 6 - 1 ]; y1 = w1[ sp + 7 * i - 5 - 1 ];
            x2 = w1[ sp + 7 * i - 4 - 1 ]; y2 = w1[ sp + 7 * i - 3 - 1 ];
            q1 = w1[ sp + 7 * i - 2 - 1 ]; q2 = w1[ sp + 7 * i - 1 - 1 ];
            aL = w1[ sp + 7 * i - 1 ];
            dx = x2 - x1;
            if( fabs( dx ) < 0.0001 )
            {   for( j = 1; j < = NJ; j + + )
                {   dx1 = X[ j - 1 ] - x1;
                    if( fabs( dx1 ) < 0.0001 )
                    {   j1 + + ;
                        w2[ j1 - 1 ] = j;
                    }
                }
```

第 8 章 有限元法的程序设计与使用

```c
            }
            else
            {   dk = (y2 - y1)/dx;
                for(j = 1;j < = NJ;j + +)
                {   dy1 = Y[j - 1] - y1 - dk * (X[j - 1] - x1);
                    if(fabs(dy1) < 0.0001)
                    {   j1 + +;
                        w2[j1 - 1] = j;
                    }
                }
            }
            a1 = sqrt((x2 - x1) * (x2 - x1) + (y2 - y1) * (y2 - y1));
            a2 = (q2 - q1)/a1;
            for(n = 1;n < = j1 - 1;n + +)
            {   NFE + +;
                k1 = w2[n - 1];
                k2 = w2[n];
                a3 = sqrt((X[k1 - 1] - x1) * (X[k1 - 1] - x1) + (Y[k1 - 1] - y1) * (Y
                    [k1 - 1] - y1));
                a4 = sqrt((X[k2 - 1] - x1) * (X[k2 - 1] - x1) + (Y[k2 - 1] - y1) * (Y
                    [k2 - 1] - y1));
                FE[NFE - 1][0] = k1;
                FE[NFE - 1][1] = k2;
                FE[NFE - 1][2] = q1 + a3 * a2;
                FE[NFE - 1][3] = q1 + a4 * a2;
                FE[NFE - 1][4] = aL;
            }
        }
        sp = sp + 7 * NPB;
    }
    if(NPJ > 0)
    {   for(i = 1;i < = NPJ;i + +)
        {   FJ[i - 1][0] = w1[sp + 3 * i - 2 - 1];
            FJ[i - 1][1] = w1[sp + 3 * i - 1 - 1];
            FJ[i - 1][2] = w1[sp + 3 * i - 1];
```

```
            }
        sp = sp + 3 * NPJ;
    }
    for(i = 0; i < 4; i + + ) WK[i] = w1[sp + i];
    return 1;
}
```

/* */
(2) body.c 结构计算程序模块
/* */

```c
# include "string.h"
# include "conio.h"
# include "process.h"
# include "stdio.h"
# include "stdlib.h"
# include "math.h"
# include "ctype.h"
# include "bios.h"
# include "dos.h"
# define PI 3.1415926536

float Asek(int, int);
void Astk();
void Astp();
void Cons();
void Result();
void Oned();
void Solve();

extern float X[300], Y[300], FE[30][5], FJ[30][3], WK[4], SH[8];
extern int EI[500][3], CJ[50][3], NJ, NE, NCJJ, NPJ, NFE, NJ2, PTYPE;
float far TK[16350];
float P[600], D[3][3], EK[6][6], S[3][6];
int LL[6], ID[600];
```

第8章 有限元法的程序设计与使用

```c
/********计算单元刚度矩阵函数*********************/
float Asek(int n, int iask)
{    float bi,ci,cm,bm,cj,bj,b[3][6],bb[6][3];
     int i,j,m,k1 = 0,k2 = 0,k3,k4;
     float ae,a2,at;
     float x1,x2,x3,y1,y2,y3;
     float eo,po,go,th,c,ec1,ec2,ec12;
     i = EI[n-1][0];        j = EI[n-1][1];        m = EI[n-1][2];
     cm = X[j-1] - X[i-1];       bm = Y[i-1] - Y[j-1];
     cj = X[i-1] - X[m-1];       bj = Y[m-1] - Y[i-1];
     ae = (bj * cm - bm * cj)/2.0;
     th = WK[3];
     if(iask > 1)
     {    for(k1 = 0;k1 < 3;k1 + + )
          {    for(k2 = 0;k2 < 6;k2 + + )
               {    b[k1][k2] = 0.0;           bb[k2][k1] = 0.0; }
          }
          b[0][0] = - bj - bm;
          b[2][1] = b[0][0];
          b[0][2] = bj;            b[2][3] = bj;
          b[0][4] = bm;            b[2][5] = bm;
          b[1][1] = - cj - cm;     b[2][0] = b[1][1];
          b[1][3] = cj;            b[2][2] = cj;
          b[1][5] = cm;            b[2][4] = cm;
          a2 = 0.5/ae;
          for(k3 = 0;k3 < 3;k3 + + )
          {    for(k4 = 0;k4 < 6;k4 + + )
                    b[k3][k4] = a2 * b[k3][k4];
          }
          for(k3 = 0;k3 < = 2;k3 + + )
          {    for(k4 = 0;k4 < = 5;k4 + + )
               {    S[k3][k4] = 0.0;
                    for(k1 = 0;k1 < = 2;k1 + + )
                         S[k3][k4] = S[k3][k4] + D[k3][k1] * b[k1][k4];
               }
```

```
            }
        }
        if(iask > 2)
        {    for(k1 = 0;k1 < 3;k1 + + )
            {    for(k2 = 0;k2 < 6;k2 + + ) bb[k2][k1] = b[k1][k2];
            }
            for(k3 = 0;k3 < 6;k3 + + )
            {    for(k4 = 0;k4 < 6;k4 + + )
                {    EK[k3][k4] = 0.0;
                    for(k1 = 0;k1 < 3;k1 + + )EK[k3][k4] = EK[k3][k4] + bb[k3][k1] * S
                    [k1][k4];
                }
            }
            at = ae * th;
            for(k1 = 0;k1 < 6;k1 + + )
            {    for(k4 = 0;k4 < 6;k4 + + )EK[k1][k4] = at * EK[k1][k4];
            }
        }
        LL[0] = i + i - 1;      LL[1] = i + i;       LL[2] = j + j - 1;
        LL[3] = j + j;          LL[4] = m + m - 1;   LL[5] = m + m;
        return ae;
}
/* * * * * * * * * * * 组装总体刚度矩阵函数 * * * * * * * * * * * * * */
void Astk()
{
    float eo,po,th,c;
    int i,mm,idn,n,j,tll,tc;
    eo = WK[0];      po = WK[1];
    for(i = 0;i < 3;i + + )
    {    for(mm = 0;mm < 3;mm + + )D[i][mm] = 0.0;
    }
    if(PTYPE = = 2)
    {    eo = eo/(1.0 - po * po);           po = po/(1.0 - po);
    }
    D[0][0] = eo/(1.0 - po * po);
```

```
D[1][1] = D[0][0];
D[0][1] = D[0][0] * po;
D[1][0] = D[0][1];
D[2][2] = eo/2/(1.0 + po);
NJ2 = NJ * 2;
Oned();
idn = ID[NJ2 - 1];
if(idn > 16350)
    {    printf("总体刚度矩阵溢出 \n");            exit(1);
    }
for(i = 0;i < idn;i + + )TK[i] = 0;
for(i = 1;i < = NE;i + + )
{    Asek(i,3);
    for(mm = 1;mm < = 6;mm + + )
    {    tll = LL[mm - 1];
        for(n = 1;n < = 6;n + + )
        {    tc = LL[n - 1];
            if(tll > = tc)
            {    j = ID[tll - 1] - tll + tc;
                TK[j - 1] = TK[j - 1] + EK[mm - 1][n - 1];
            }
        }
    }
}
/* * * * * * * * * * 组装总体载荷向量函数 * * * * * * * * * * * * * * * * */
void Astp()
{
    float pe[4],gm,th,b,eg,ae,rij,qi,qj,bb;
    int i,k,j;
    gm = WK[2];       th = WK[3];
    for(i = 0;i < NJ2;i + + ) P[i] = 0.0;
    if(NFE > 0)
    {    for(k = 1;k < = NFE;k + + )
        {
```

```
            i = FE[k-1][0];
            j = FE[k-1][1];
            rij = sqrt((X[j-1] - X[i-1]) * (X[j-1] - X[i-1]) + (Y[j-1] - Y[i-1]) *
                  (Y[j-1] - Y[i-1]));
            qi = (2.0 * FE[k-1][2] + FE[k-1][3]) * rij/6.0;
            qj = (2.0 * FE[k-1][3] + FE[k-1][2]) * rij/6.0;
            bb = FE[k-1][4];
            pe[0] = qi * cos(bb * PI/180);      pe[1] = qi * sin(bb * PI/180);
            pe[2] = qj * cos(bb * PI/180);      pe[3] = qj * sin(bb * PI/180);
            P[2*i-1-1] = P[2*i-1-1] + pe[0];
            P[2*i-1] = P[2*i-1] + pe[1];
            P[2*j-1-1] = P[2*j-1-1] + pe[2];
            P[2*j-1] = P[2*j-1] + pe[3];
        }
    }
    if(NPJ > 0)
    {   for(i = 1; i <= NPJ; i++)
        {   j = FJ[i-1][0]; b = FJ[i-1][2];
            P[2*j-1-1] = P[2*j-1-1] + FJ[i-1][1] * cos(b * PI/180);
            P[2*j-1] = P[2*j-1] + FJ[i-1][1] * sin(b * PI/180);
        }
    }
    if(gm > 0)
    {   for(i = 1; i <= NE; i++)
        {   ae = Asek(i,1);
            eg = -gm * ae * th/3.0;
            for(k = 0; k < 3; k++)
            {   j = LL[2*k]; P[j-1] = P[j-1] = eg; }
        }
    }
}
/ * * * * * * * * * * * * * 约束处理函数 * * * * * * * * * * * * * * * * * /
void Cons()
{
    int i, j, it, itd;
```

```c
        for(i = 1;i < = NCJJ;i + +)
        {    for(j = 2;j < = 3;j + +)
             {    if(CJ[i - 1][j - 1] = = 1)
                  {    it = 2 * CJ[i - 1][0] + j - 3;
                       itd = ID[it - 1];
                       TK[itd - 1] = TK[itd - 1] * 1.0e + 20;
                  }
             }
        }
}
/* * * * * * * * * *计算结果输出函数* * * * * * * * * * * * * * * * * * */
void Result()
{
    float w[3],w1[6],st[500][3],th,stx,sty,stu;
    int i,l,j,k1;
    char ot[30];
    FILE *fp4;
    puts("Type the output file name: \n");
    scanf("%s",ot);
    if((fp4 = fopen(ot,"w")) = = NULL)return;
    fprintf(fp4,"\n");
    fprintf(fp4,"   ---PLANE PROBLEM ANALYSIS BY TRIANGULAR ELEMENT---\n");
    fprintf(fp4,"NUMBER OF NODES = %-9d   NUMBER OF ELEMENTS = %-3d",NJ,NE);
    if(PTYPE = = 1)
        fprintf(fp4,"\nPLANE STRESS PROBLEM");
    else
        if(PTYPE = = 2)
            fprintf(fp4,"\nPLANE STRAIN PROBLEM");
    fprintf(fp4,"    PTYPE = %1d",PTYPE);
    fprintf(fp4,"\nELASTICITY MODULUS = %-10.2f   POISSON MODULUS = %-8.4f",
        WK[0],WK[1]);
    fprintf(fp4,"\nSPECIFIC GRAVITY = %-8.4f   PLATE THICKNESS = %-8.4f",
        WK[2],WK[3]);
    fprintf(fp4,"\n\nNODAL COORDINATES & DISPLAYMENTS:");
```

```
fprintf(fp4," \ n \ nNODE:      X        Y        U        V");
for(i = 1;i < = NJ;i + + )
{   fprintf(fp4," \ n%3d ",i);
    fprintf(fp4,"      %8.3f",X[i - 1]);
    fprintf(fp4,"      %8.3f",Y[i - 1]);
    fprintf(fp4,"      %5.3e",P[2 * i - 1 - 1]);
    fprintf(fp4,"      %5.3e",P[2 * i - 1]);
}
fprintf(fp4," \ n \ n");
fprintf(fp4," \ nSTRESSES OF NODES: \ n");
fprintf(fp4,"NODE      SIGMAx      SIGMAy      TAUxy \ n");
for(l = 1;l < = NE;l + + )
{   Asek(l,2);
    for(i = 1;i < = 6;i + + ) w1[i - 1] = P[LL[i - 1] - 1];
    for(i = 0;i < 3;i + + )
    {   w[i] = 0.0;
        for(k1 = 0;k1 < 6;k1 + + ) w[i] = w[i] + S[i][k1] * w1[k1];
    }
    st[l - 1][0] = w[0];
    st[l - 1][1] = w[1];
    st[l - 1][2] = w[2];
}
for(l = 1;l < = NJ;l + + )
{   k1 = 0;stx = 0.0;sty = 0.0;stu = 0.0;
    for(j = 1;j < = NE;j + + )
    {   if((EI[j - 1][0] = = l)||(EI[j - 1][1] = = l)||(EI[j - 1][2] = = l))
        {   stx = stx + st[j - 1][0]; sty = sty + st[j - 1][1]; stu = stu + st[j - 1][2];
            k1 + + ;
        }
    }
    stx = stx/k1;     sty = sty/k1;     stu = stu/k1;
    fprintf(fp4," %3d     %6.4e     %6.4e     %6f \ n",l,stx,sty,stu);
}
fclose(fp4);
}
```

/ * * * * * * * * * * * 一维存储函数 * * * * * * * * * * * * * * * * * * * /
```c
void Oned( )
{
    int npoe[300][8],mini[300],kk[300],i,j,l,m,n,kki,kll,imi,k;
    for(i=0;i<300;i++)
    {    kk[i]=0; mini[i]=0;
    }
    for(i=0;i<8;i++)
    {    for(j=0;j<300;j++)npoe[j][i]=0;
    }
    for(i=1;i<=NE;i++)
    {    for(j=1;j<=3;j++)
        {    l=EI[i-1][j-1];
            kk[l-1]=kk[l-1]+1;
            n=kk[l-1];
            npoe[l-1][n-1]=i;
        }
    }
    for(i=1;i<=NJ;i++)
    {    mini[i-1]=i;
        kki=kk[i-1];
        for(j=1;j<=kki;j++)
        {    k=npoe[i-1][j-1];
            for(l=1;l<=3;l++)
            {    kll=EI[k-1][l-1];
                if(kll<mini[i-1]) mini[i-1]=kll;
            }
        }
        imi=i-mini[i-1];
        for(m=1;m<=2;m++)
        {    n=2*(i-1)+m;
            ID[n-1]=2*imi+m;
        }
    }
    for(i=2;i<=NJ2;i++)ID[i-1]=ID[i-1]+ID[i-2];
```

```c
}
/* * * * * * * * * *方程组求解函数* * * * * * * * * * * * * * * * * * */
void Solve()
{
    int i,j,mi,mj,mij,ik,ii,kk,jj,ij,jk,im1,jm1,k,io,jo,l;
    for(i = 1;i < = NJ2;i + +)
    {   io = ID[i - 1] - i;
        if(i! = 1)
        {   mi = ID[i - 1 - 1] - io + 1;
            for(j = mi;j < = i;j + +)
            {   jo = ID[j - 1] - j;
                mj = 1;
                if(j > 1) mj = ID[j - 1 - 1] - jo + 1;
                mij = mi;
                if(mj > mi) mij = mj;
                ij = io + j;
                jm1 = j - 1;
                for(k = mij;k < = jm1;k + +)
                {   if(mij < = jm1)
                    {   ik = io + k;
                        kk = ID[k - 1];
                        jk = jo + k;
                        TK[ij - 1] = TK[ij - 1] - TK[ik - 1] * TK[kk - 1] * TK[jk - 1];
                    }
                }
                if(j = = i) continue;
                jj = ID[j - 1];
                TK[ij - 1] = TK[ij - 1]/TK[jj - 1];
                P[i - 1] = P[i - 1] - TK[ij - 1] * TK[jj - 1] * P[j - 1];
            }
        }
        ii = io + i;
        if(TK[ii - 1] = = 0) printf("总体刚度奇异 \n");
        P[i - 1] = P[i - 1]/TK[ii - 1];
```

```
            }
        for(l = 2;l < = NJ2;l + + )
        {   i = NJ2 - l + 2;
            io = ID[i - 1] - i;
            mi = ID[i - 1 - 1] - io + 1;
            im1 = i - 1;
            for(j = mi;j < = im1;j + + )
            {       if(mi < = im1)
                        ij = io + j;
                        P[j - 1] = P[j - 1] - TK[ij - 1] * P[i - 1];
                }
            }
        }
        for(i = 0;i < NJ2;i + + )
            if(fabs(P[i]) < 1.0e - 9) P[i] = 0.0;
}

/************************************/
(3) 主程序
void main(void)
{
    int i;
    i = Input();
    Astk();     Astp();     Cons();     Solve();     Result();
}
/************************************/
```

8.4 弹塑性平面问题等参数单元有限元程序

本节介绍的弹塑性平面问题等参数单元有限元程序(PLAQUA)是基于 FORTRAN 语言编写的,方程组的求解采用波前法,不需要总体刚度阵的信息。

8.4.1 程序的主要变量

NPOIN：结点总数；
NELEM：单元总数；
NDOFN：结点自由度数，等于 2；
NMATS：材料的总数，不大于 10；
NVFIX：被约束的结点总数；
NDISPL：指定位移的结点数；
NTYPE：问题类型代码：=1 为平面应力问题，=2 为平面应变问题，=3 为平面轴对称问题；
NNODE：单元的结点数，可以为 4,8,9 结点；
NPROP：材料性能数组 PROPS 中材料数据的个数，=7；
NGAUS：每个方向 Gauss 点的数目，一般采用 2，也可用 3；
NDIME：坐标的维数，等于 2；
NSTRE：应力向量的分量个数，平面应力 =3，平面应变和轴对称问题 =4，所有的应力分量都是在 Gauss 点处计算的；
NEQNS：处理约束以后，剩余的方程个数，即要求解的方程总数；
NALGO：控制非线性算法的参数：
 =1 初始刚度法（每次迭代都用初始刚度）；
 =2 切线刚度法（每次迭代都重新计算刚度）；
 =3 联合算法（仅对每次载荷增量的第二次迭代计算刚度阵）。
NCRIT：选择屈服准则的控制参数；
 =1 Tresca；
 =2 Mises；
 =3 Mohr – Coulomb；
 =4 Drucker – Prager。
NINCS：施加载荷的总增量步数；
FACTO：载荷增量因子，每步的载荷增量为 RLOAD * FACTO 或者 FRESC * FACTO；
TOLER：收敛精度；
MITER：许可的最大迭代次数；
NOUTP(1)：输出第一次迭代后的结果的控制参数；
 =1 打印位移；
 =2 打印位移和结点反力；
 =3 打印位移、反力和应力。

NOUTP(2):输出最终结果的控制参数;
　　= 1 打印位移;
　　= 2 打印位移和结点反力;
　　= 3 打印位移、反力和应力。
IFPRE:结点自由度的约束特性,x 方向自由、y 方向约束 = 01;x 方向约束、y 方向自由 = 10;x 和 y 方向都约束 = 11。

8.4.2 程序的主要数组

下列数组的大小是根据 NPOIN = 200, NELEM = 50, NDOFN = 2, NMATS = 10, NVFIX = 50, NPROP = 7, NDIME = 2, NGAUS = 2 设置的。各数组的大小均可重新设置。
COORD(200,2):结点坐标;
POSGP(4):Gauss 点的坐标;
LNODS(50,9):单元联系,即每个单元对应的结点编号;
RLOAD(50,18):单元的等效载荷向量,包括集中力、重力、面力和温度载荷;
DISPL(400):位移向量;
WEIGP(4):Gauss 积分的权系数;
PROPS(10,7):材料性能:
PROPS(NMATS,1):弹性模量;
PROPS(NMATS,2):泊松比;
PROPS(NMATS,3):单元的厚度(仅用于平面应力问题);
PROPS(NMATS,4):质量密度;
PROPS(NMATS,5):对 Tresca 和 Mises 材料为单轴屈服应力,对 Mohr – Coulomb 和 Drucker – Prager 材料为内聚强度 C;
PROPS(NMATS,6):线性应变硬化的硬化参数,$H' = E_p/(1 - E_p/E)$;
PROPS(NMATS,7):对 Mohr – Coulomb 和 Drucker – Pager 材料的内摩擦角 Φ。
LEQNS(18,50):单元的方程编号;
MATNO(50):单元的材料号;
FORCE(400):总体载荷向量;
STRSG(4,450):Gauss 点的主应力。

8.4.3 程序框图

程序框图如图 8.12 所示。

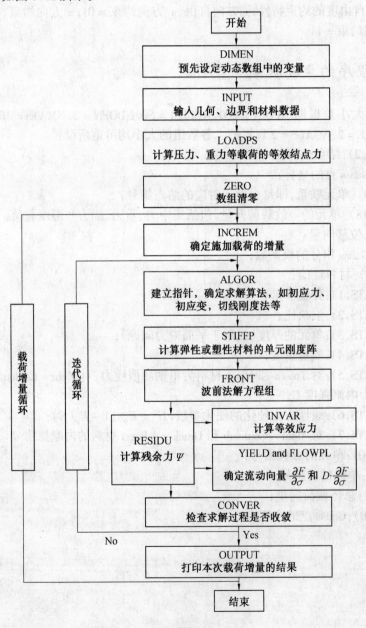

图 8.12

8.4.4 弹塑性平面问题有限元源程序

```
C      Program PLAQUA
C * * * * * * * * * * * * * * * * * * * * * * * * * * * * * * * *
C      Program for the Elasto-Plastic Analysis of Plane Stress,
C      Plane Strain and Axisymmetric Solids
C * * * * * * * * * * * * * * * * * * * * * * * * * * * * * * * *
       Dimension ASDIS(400), COORD(200,2), ELOAD(40,18), ESTIF(18,18),
      .          EQRHS(10), EQUAT(80,10), FIXED(400), GLOAD(8 ),
      .          GSTIF( 3240 ), IFFIX( 400 ), LNODS(40, 9), LOCEL(18),
      .          MATNO(40), SACRA(80), NAMEV(10), NDEST (18),NDFRO(40),
      .          NOFIX(30), NOUTP(2), NPIVO(10), POSGP(4), PRESC(30,2),
      .          PROPS(5,7), RLOAD(40,18 ), STFOR(400), TREAC( 30,2),
      .          VECRV(80), WEIGP(4), STRSG(4,360), TDISP(400),
      .          TOFOR(400), EPSTN(360), EFFST(360),TLOAD(40,18)
       Open( 1, FILE = 'DA1', STATUS = 'NEW',FORM = 'UNFORMATTED')
       Open( 2, FILE = 'DA2', STATUS = 'NEW',FORM = 'UNFORMATTED')
       Open( 3, FILE = 'DA3', STATUS = 'NEW',FORM = 'UNFORMATTED')
       Open( 4, FILE = 'DA4', STATUS = 'NEW',FORM = 'UNFORMATTED')
       Open( 8, FILE = 'DA8', STATUS = 'NEW',FORM = 'UNFORMATTED')
       Open( 6, FILE = 'DA6', STATUS = 'NEW')
C * * *  Preset Variables Associated with Dynamic Dimensioning
       Call DIMEN(MBUFA,MELEM,MEVAB,MFRON,MMATS,MPOIN,MSTIF,MTOTG,
      .          MTOTV,MVIFX,NDOFN,NPROP,NSTRE)
C * * *  Call the Subroutine Which Reads Most of Problem Data
       Call INPUT(COORD, IFFIX, LNODS, MATNO, MELEM,MEVAB, MFRON,
      .          MMATS, MPOIN, MTOTV, MVFIX, NALGO, NCRIT, NDFRO, NDOFN,
      .          NELEM, NEVAB, NGAUS, NGAU2, NINCS, NMATS, NNODE, NOFIX,
      .          NPOIN, NPROP, NSTRE, NSTR1, NTOTG, NTOTV, NTYPE,NVFIX,
      .          POSGP, PRESC,PROPS, WEIGP)
C * * *  Call the Subroutine Which Computes the Consistent Load Vectors
C        for Each Element after Reading the Relevant Input Data
       Call LOADPS( COORD, LNODS, MAINO, MELEM, MMATS, MPOIN, NELEM,
```

```
              NEVAB, NGAUS, NNODE, NPOIN, NSTRE, NTYPE, POSGP,
              PROPS, RLOAD, WEIGP, NDOFN)
C * * * Call Initialize Certain Arrays
      Call ZERO(ELOAD, MELEM, MEVAB, MPOIN, MTOTG, MTOTV, NOOFN, NELEM,
     .          NEVAB, NGAUS, NSTR1, NTOTG, EPSTN, EFFST, NTOTV, NVFIX,
     .          STRSG, TDISP, TFACT, TLOAD, TREAC, MVFIX)
C * * * Loop over Each Increment
      Do 100 IINCS = 1, NINCS
C * * * Read Data for Current Increment
      Call INCREM(ELOAD, FIXED, IINCS, MELEM, MEVAB, MITER, MTOTV,
     .           MVFIX, NDOFN, NELEM, NEVAB, NOUTP, NOFIX, NTOTV,
     .           NVFIX, PRESC, RLOAD, TFACT, TLOAD, TOLER)
C * * * Loop over Each Iteration
      Do 50 IITER = 1, MITER
C * * * Call Routine Which Selects Solution Alorithm Variable KRESL
      Call ALGOR(FIXED, IINCS, IITER, KRESL, MTOTV, NALGO, NTOTV)
C * * * Check Whether a New Evaluation of the Stiffness Matrix is Required
      If (KRESL.Eq.1) CALL STIFFP(COORD, EPSTN, IINCS, LNODS, MATNO,
     .           NEVAB, MMATS, MPOIN, MTOTV, NELEM, NEVAB, NGAUS, NNODE,
     .           NSTRE, NSTR1, POSGP, PROPS, WEIGP, MELEM, MTOTG,
     .           STRSG, NTYPE, NCRIT)
C * * * Solve Equations
      Call FRONT(ASDIS, ELOAD, EQRHS, EQUAT, ESTIF, FIXED, IFFIX, IINCS,
     .           IITER, GLOAD, GSTIF, LOCEL, LNODS, KRESL, MBUFA, MELEM,
     .           MEVAB, MFRON, MSTIF, MTOTV, MVFIX, NACVA, NAMEV, NDEST,
     .           NDOFN, NELEM, NEVAB, NNODE, NOFIX, NPIVO, NPOIN, NTOTV,
     .           TDISP, TLOAD, TREAC, VECRV)
C * * * Calculate Residual Forces
      Call RESIDU(ASDIS, COORD, EFFST, ELOAD, FACTO, IITER, LNODS,
     .      LPROP, MATNO, MELEM, MMATS, MPOIN, MTOTG, MTOTV, NDOFN,
     .      NELEM, NEVAB, NGAUS, NNODE, NSTR1, NTYPE, POSGP, PROPS,
     .      NSTRE, NCRIT, STRSG, WEIGP, TDISP, EPSTN)
C * * * Check for Convergence
      Call CONVER(ELOAD, IITER, LNODS, MELEM, MEVAB, MTOTV, NCHEK, NDOFN,
```

```
     .          NELEM, NEVAB, NNODE, NTOTV, PVALU, STFOR, TLOAD,
     .          TOFOR, TOLER)
C * * * Output Results if Required
      If ( IITER. Eq. 1. And. NOUTP( 1 ). Gt. 0)
     .  Call OUTPUT(IITER,MTOTG,MTOTV,MVFIX,NELEM,NGAUS,NOFIX,NOUTP,
     .          NPOIN, NVFIX, STRSG, TDISP, TREAC, EPSTN, NTYPE, NCHEK)
C * * * If Solution has Converged Stop Iterating and Output Results
      If (NCHEK. Eq. 0) Go To 75
   50 Continue
      If (NALGO. Eq. 2) Go To 75
      Stop
   75 Call OUTPUT(IITER,MTOTG,MTOTV,MVFIX,NELEM,NGAUS,NOFIX,NOUTP,
     .          NPOIN, NVFIX, STRSG, TDISP, TREAC, EPSTN, NTYPE, NCHEK)
  100 Continue
      Stop
      End
C
      Subroutine NODEXY(COORD, LNODS, MELEM, MPOIN, NELEM, NNODE)
C * * * * * * * * * * * * * * * * * * * * * * * * * * * * * * *
C * * * This Subroutine Interpolates the Mide Side Modes of Straight
C       Sides of Elements and General Node of 9 Nodes Elements
C * * * * * * * * * * * * * * * * * * * * * * * * * * * * * * *
      Dimension COORD(MPOIN, 2), LNODS(MELEM, 9 )
      If (NNODE. Eq. 4) Return
C * * * Loop over Each Element
      Do 30 IELEM = 1, NELEM
C * * * Loop over Each Element Edge
      NNOD1 = 9
      If (NNODE. Eq. 8) NNOD1 = 7
      Do 20 INODE = 1, NNOD1, 2
      If (INODE. Eq. 9) Go To 50
C * * * Compute the Node Number of the First Node
      NODST = LNODS( IELEM, INODE)
      IGASH = INODE + 2
```

```
      If (IGASH. Gt. 8) IGASH = 1
C * * * Compute the Node Number of the Last Node
      NODFN = LNODS( IELEM, IGASH)
      MIDPT = INODE + 1
C * * * Compute the Node Number of the Intermediate Node
      NODMD = LNODS( IELEM, MIDPT)
      TOTAL = ABS( COORD( NODMD, 1 ) ) + ABS(COORD( NODMD, 2 ) )
C * * * If the Coordinates of the Intermediate Node Are Both Zero
C       Interpolate by a Straight Line
      If (TOTAL. Gt.0.0) Go To 20
      KOUNT = 1
   10 COORD(NODMD,KOUNT) = (COORD(NODST,
     .  KOUNT) + COORD(NODFN,KOUNT))/2.0
      KOUNT = KOUNT + 1
      If (KOUNT. Eq.2) Go To 10
   20 Continue
      Go To 30
   50 LNODE = LNODS( IELEM, INODE)
      TOTAL = ABS(COORD(LNODE, 1 ) ) + ABS(COORD(LNODE, 2) )
      If(TOTAL. Gt. 0.0) Go To 30
      LNOD1 = LNODS( IELEM, 1)
      LNOD3 = LNODS( IELEM, 3)
      LNOD5 = LNODS( IELEM, 5)
      LNOD7 = LNODS( IELEM, 7)
      KOUNT = 1
   40 COORD(LNODE, KOUNT) = (COORD(LNOD1, KOUNT) + COORD(LNOD3,
     .  KOUNT) + COORD( LNOD5, KOUNT ) + COORD(LNOD7, KOUNT) )/4.0
      KOUNT = KOUNT + 1
      If (KOUNT. Eq.2) Go To 40
   30 Continue
      Return
      End
C
      Subroutine GAUSSQ(NGAUS, POSGP, WEIGP)
```

```
C * * * * * * * * * * * * * * * * * * * * * * * * * * * * * * * * *
C * * * This Subroutine Sets up the Gauss – Legendre Integration Constants
C * * * * * * * * * * * * * * * * * * * * * * * * * * * * * * * * *
      Dimension POSGP(4), WEIGP(4)
      If(NGAUS. Gt. 2) Go To 4
    2 POSGP(1) = - 0.577350269189626
      WEIGP(1) = 1.0
      Go To 6
    4 POSGP(1) = - 0.774596669241483
      POSGP(2) = 0.0
      WEIGP(1) = 0.555555555556
      WEIGP(2) = 0.888888888889
    6 KGAUS = NGAUS/2
      Do 8 IGASH = 1, KGAUS
      JGASH = NGAUS + 1 - IGASH
      POSGP(JGASH) = - POSGP(IGASH)
      WEIGP(JGASH) = WEIGP(IGASH)
    8 Continue
      Return
      End
C
      Subroutine SFR2 (DERIV, ETASP, EXISP, NNODE, SHAPE)
C * * * * * * * * * * * * * * * * * * * * * * * * * * * * * * * * *
C * * * Evaluates Shape Functions and Their Derivatives for Linear
C      Qudratic Lagrangian and Serendipity Isoparametric 2 – D Elements
C * * * * * * * * * * * * * * * * * * * * * * * * * * * * * * * * *
      Dimension DERIV(2, 9), SHAPE(9)
      S = EXISP
      T = ETASP
      If (NNODE. Gt. 4) Go To 10
      ST = S * T
C * * * Shape Function for 4 Node Element
      SHAPE(1) = (1 - T - S + ST) * 0.25
      SHAPE(2) = (1 - T + S - ST) * 0.25
```

```
          SHAPE(3) = (1 + S + T + ST) * 0.25
          SHAPE(4) = (1 + T - S - ST) * 0.25
C * * * Shape Function Derivatives
          DERIV(1,1) = ( - 1 + T) * 0.25
          DERIV(1,2) = ( 1 - T) * 0.25
          DERIV(1,3) = ( 1 + T) * 0.25
          DERIV(1,4) = ( - 1 - T) * 0.25
          DERIV(2,1) = ( - 1 + S) * 0.25
          DERIV(2,2) = ( - 1 - S) * 0.25
          DERIV(2,3) = ( 1 + S) * 0.25
          DERIV(2,4) = ( 1 - S) * 0.25
          RETURN
   10     If (NNODE. Gt. 8) Go To 30
          S2 = S * 2.0
          T2 = T * 2.0
          SS = S * S
          TT = T * T
          ST = S * T
          SST = S * S * T
          STT = S * T * T
          ST2 = S * T * 2.0
C * * * Shape Function for 8 Node Element
          SHAPE(1) = ( -1.0 + ST + SS + TT - SST - STT)/4.0
          SHAPE(2) = ( 1.0 - T - SS + SST)/2.0
          SHAPE(3) = ( -1.0 - ST + SS + TT - SST + STT)/4.0
          SHAPE(4) = (1.0 + S - TT - STT)/2.0
          SHAPE(5) = ( -1.0 + ST + SS + TT + SST + STT)/4.0
          SHAPE(6) = (1.0 + T - SS - SST)/2.0
          SHAPE(7) = ( -1.0 - ST + SS + TT + SST - STT)/4.0
          SHAPE(8) = (1.0 - S - TT + STT)/2.0
C * * * Shape Function Derivatives
          DERIV(1, 1) = (T + S2 - ST2 - TT)/4.0
          DERIV(1, 2) = - S + ST
          DERIV(1, 3) = ( - T + S2 - ST2 + TT)/4.0
```

```
            DERIV(1, 4) = (1.0 - TT)/2.0
            DERIV(1, 5) = (T + S2 + ST2 + TT)/4.0
            DERIV(1, 6) = - S - ST
            DERIV(1, 7) = ( - T + S2 + ST2 - TT)/4.0
            DERIV(1, 8) = ( - 1.0 + TT)/2.0
            DERIV(2, 1) = (S + T2 - SS - ST2)/4.0
            DERIV(2, 2) = ( - 1.0 + SS)/2.0
            DERIV(2, 3) = ( - S + T2 - SS + ST2)/4.0
            DERIV(2, 4) = - T - ST
            DERIV(2, 5) = (S + T2 + SS + ST2)/4.0
            DERIV(2, 6) = ( 1.0 - SS)/2.0
            DERIV(2, 7) = ( - S + T2 + SS - ST2)/4.0
            DERIV(2, 8) = - T + ST
            Return
   30       Continue
            SS = S * S
            ST = S * T
            TT = T * T
            S1 = S + 1.0
            T1 = T + 1.0
            S2 = S * 2.0
            T2 = T * 2.0
            S9 = S - 1.0
            T9 = T - 1.0
C * * *     Shape Function for 9 Node Element
            SHAPE(1) = 0.25 * S9 * ST * T9
            SHAPE(2) = 0.5 * (1.0 - SS) * T * T9
            SHAPE(3) = 0.25 * S1 * ST * T9
            SHAPE(4) = 0.5 * S * S1 * (1.0 - TT)
            SHAPE(5) = 0.25 * S1 * ST * T1
            SHAPE(6) = 0.5 * (1.0 - SS) * T * T1
            SHAPE(7) = 0.25 * S9 * ST * T1
            SHAPE(8) = 0.5 * S * S9 * (1.0 - TT)
            SHAPE(9) = (1.0 - SS) * (1.0 - TT)
```

```
C * * * Shape Function Derivatives
      DERIV(1, 1) = 0.25 * T * T9 * ( -1.0 + S2)
      DERIV(1, 2) = - ST * T9
      DERIV(1, 3) = 0.25 * (1.0 + S2) * T * T9
      DERIV(1, 4) = 0.5 * (1.0 + S2) * (1.0 - TT)
      DERIV(1, 5) = 0.25 * (1.0 + S2) * T * T1
      DERIV(1, 6) = - ST * T1
      DERIV(1, 7) = 0.25 * ( - 1.0 + S2) * T * T1
      DERIV(1, 8) = 0.5 * ( - 1.0 + S2) * (1.0 - TT)
      DERIV(1, 9) = - S2 * (1.0 - TT)
      DERIV(2, 1) = 0.25 * ( - 1.0 + T2) * S * S9
      DERIV(2, 2) = 0.5 * (1.0 - SS) * ( - 1.0 + T2)
      DERIV(2, 3) = 0.25 * S * S1 * ( - 1.0 + T2)
      DERIV(2, 4) = - ST * S1
      DERIV(2, 5) = 0.25 * S * S1 * (1.0 + T2)
      DERIV(2, 6) = 0.5 * (1.0 - SS) * (1.0 + T2)
      DERIV(2, 7) = 0.25 * S * S9 * (1.0 + T2)
      DERIV(2, 8) = - ST * S9
      DERIV(2, 9) = - T2 * (1.0 - SS)
   20 Continue
      Return
      End
C
      Subroutine JACOB2( CARTD, DERIV, DJACB, ELCOD, GPCOD, IELEM, KGASP,
     . NNODE, SHAPE)
C * * * * * * * * * * * * * * * * * * * * * * * * * * * * * * * * *
C * * * This Subroutine Evaluates the Jacobian Matrix and the Cartesian
C       Shape Function Derivatives
C * * * * * * * * * * * * * * * * * * * * * * * * * * * * * * * * *
      Dimension CARTD(2,9), DERIV(2,9), ELCOD(2,9), GPCOD(2,9), SHAPE(9),
     .          XJACI(2, 2), XJACM(2, 2)
C * * * Calculate Coordinates of Sampling Point
      Do 2 IDIME = 1, 2
      GPCOD(IDIME, KGASP) = 0.0
```

```
            Do 2 INODE = 1, NNODE
            GPCOD( IDIME, KGASP) = GPCOD(IDIME, KGASP) +
                             ELCOD(IDIME, INODE) * SHAPE(INODE)
    2     Continue
C * * * Create Jacobian Matrix XJACM
            Do 4 IDIME = 1,2
            Do 4 JDIME = 1,2
            XJACM( IDIME, JDIME) = 0.0
            Do 4 INODE = 1, NNODE
            XJACM( IDIME, JDIME) = XJACM( IDIME, JDIME) +
                             DERIV(IDIME, INODE) * ELCOD(JDIME, INODE )
    4     Continue
C * * * Calculate Determinant and Invers of Jacobian Matrix
            DJACB = XJACM(1, 1) * XJACM(2, 2) - XJACM(1, 2) * XJACM(2,1)
            If (DJACB) 6, 6, 8
    6     Write (6,600) IELEM
            Stop
    8     Continue
            XJACI(1, 1 ) = XJACM(2, 2)/DJACB
            XJACI(2, 2) = XJACM(1, 1)/DJACB
            XJACI(1, 2) = - XJACM( 1, 2)/DJACB
            XJACI(2, 1 ) = - XJACM(2, 1 )/DJACB
C * * * Calculate Cartesian Derivatives
            Do 10 IDIME = 1, 2
            Do 10 INODE = 1, NNODE
            CARTD( IDIME, INODE) = 0.0
            Do 10 JDIME = 1,2
            CARTD(IDIME, INODE) = CARTD(IDIME, INODE) + XJACI(IDIME,JDIME) *
                DERIV(JDIME, INODE)
   10    Continue
   600  Format(//, 36H PROGRAM HALTED IN SUBROUTINE JACOB2,/, 11X,
            22H ZERO OR NEGATIVE AREA,/, 10X, 16H ELEMENT NUMBER, I5)
            Return
            End
```

```
      C
              Subroutine LOADPS(COORD, LNODS, MATNO, MELEM, MMATS, MPOIN,
     .                          NELEM, NEVAB, NGAUS, NNODE, NPOIN, NSTRE,
     .                          NTYPE, POSGP, PROPS, RLOAD, WEIGP, NDOFN)
      C * * * * * * * * * * * * * * * * * * * * * * * * * * * * * * *
      C * * * This Subroutine Evaluates the Consistent Nodal Forces for Each Element
      C * * * * * * * * * * * * * * * * * * * * * * * * * * * * * * *
              Dimension CARTD(2, 9), COORD(MPOIN, 2), DERIV(2, 9), DGASH(2),
     .                  DMATX(4,4), ELCOD(2,9), LNODS(MELEM,9), MATNO(MELEM),
     .                  NOPRS(4), PGASH(2), POINT(2), POSGP(4), PRESS(4, 2),
     .                  PROPS(MMATS,7), RLOAD(MELEM,18), SHAPE(9), STRAN(4),
     .                  STRES(4), TITLE(12), WEIGP(4), GPCOD(2, 9)
              TWOPI = 6.283185308
              Do 10 EELEM = 1, NELEM
              Do 10 IEVAB = 1, NEVAB
        10    RLOAD( IELEM, IEVAB) = 0.0
              Read (5,901) TITLE
       901    Format (80A1)
              Write (6,903) TITLE
              Write ( * , 903) TITLE
       903    Format ( 1X, 80A1 )
      C * * * Read Data Controlling Loading Types to be Inputted
              Read (5, * ) IPLOD, IGRAV, IEDGE
              Write (6,919) IPLOD, IGRAV, IEDGE
              Write ( * , 919) IPLOD, IGRAV, IEDGE
       919    Format (1X, 'IPLOD = ', I5, 5X, 'IGRAV = ', I5, 5X, 'IEDGE = ', I5)
      C * * * Read Nodal Point Loads
              If (IPLOD. Eq. 0) Go To 500
        20    Read (5, * ) LODPT, (POINT(IDOFN), IDOFN = 1,2)
              Write (6, 931 ) LODPT, ( POINT( IDOFN ), IDOFN = 1, 2 )
              Write ( * , 931) LODPT, (POINT(IDOFN), IDOFN = 1, 2)
       931    Format (I5, 2F10.3)
      C * * * Associate the Nodal Point Loads with an Element
              Do 30 IELEM = 1, NELEM
```

```
            Do 30 INODE = 1, NNODE
            NLOCA = IABS(LNODS( EELEM, INODE))
    30      IF(LODPT. EQ. NLOCA) GO TO 40
    40      Do 50 IDOFN = 1,2
            NGASH = ( INODE - 1) * 2 + IDOFN
    50      RLOAD( IELEM, NGASH) = POINT(IDOFN)
            If (LODPT. Lt. NPOIN) Go To 20
    500     Continue
            If (IGRAV. Eq. 0) Go To 600
C * * * Gravity Loading Section
C * * * Read Gravity Angle and Gravitational Constant
            Read (5, * ) THETA, GRAVY
            Write (6,911) THETA, GRAVY
            Write ( * ,911) THETA, GRAVY
    911     Format (1H0,15HGRAVITY ANGLE = ,F10.3,19H GRAVITY CONSTANT = , F10.3)
            THETA = THETA/57.295779514
C * * * Loop over Each Element
            Do 90 IELEM = 1, NELEM
C * * * Set up Preliminary Contents
            LPROP = MATNO(IELEM)
            THICK = PROPS(LPROP, 3)
            DENSE = PROPS(LPROP, 4 )
            If (DENSE. Eq.0.0) Go To 90
            GXCOM = DENSE * GRAVY * SIN(THETA)
            GYCOM = - DENSE * GRAVY * COS(THETA)
C * * * Compute Coordinates of the Element Nodal Points
            Do 60 INODE = 1, NNODE
            LNODE = IABS(LNODS( IELEM, INODE) )
            Do 60 IDIME = 1, 2
    60      ELCOD(IDIME, INODE) = COORD(LNODE, IDIME)
C * * * Enter Loops for Area Numerical Integration
            KGASP = 0
            Do 80 IGAUS = 1, NGAUS
```

```
              Do 80 JGAUS = 1, NGAUS
              EXISP = POSGP(IGAUS)
              ETASP = POSGP(JGAUS)
C * * * Compute the Shape Functions at the Sampling Points and Elemental Volume
              Call SFR2(DERIV, ETASP, EXISP, NNODE, SHAPE)
              KGASP = KGASP + 1
              Call JACOB2(CARTD, DERIV, DJACB, ELCOD, GPCOD, IELEM, KGASP,
                          NNODE, SHAPE)
              DVOLU = DJACB * WEIGP(IGAUS) * WEIGP(JGAUS)
              If (THICK. Ne. 0.0) DVOLU = DVOLU * THICK
              If (NTYPE. Eq. 3) DVOLU = DVOLU * TWOPI * GPCOD( 1, KGASP)
C * * * Calculate Loads and Associate with Element Nodal Points
              Do 70 INODE = 1, NNODE
              NGASH = ( INODE - 1 ) * 2 + 1
              MGASH = ( INODE - 1 ) * 2 + 2
              RLOAD(IELEM, NGASH) = RLOAD(IELEM, NGASH) +
                          GXCOM * SHAPE(INODE) * DVOLU
     70       RLOAD(IELEM, MGASH) = RLOAD(IELEM, MGASH) +
                          GYCOM * SHAPE(INODE) * DVOLU
     80       Continue
     90       Continue
    600       Continue
              If (IEDGE. Eq. 0) Go To 700
C * * * Distributed Edge Loads Section
              Read (5, * ) NEDGE
              Write (6,912) NEDGE
              Write ( * , 912) NEDGE
    912       Format (1H0, 5X, 21HNO. OF LOADED EDGES = , I5)
              Write (6,915)
              Write ( * , 915)
    915       Format ( 1H0, 5X, 38HLIST OF LOADED EDGES AND APPLIED LOADS)
              NODEG = 3
              NCODE = NNODE
              If (NNODE. Eq. 4) NODEG = 2
```

```
            If (NNODE. Eq. 9) NCODE = 8
C * * * Loop over Each Loaded Edge
            Do 160 IEDGE = 1, NEDGE
C * * * Read Data Locating The Loaded Edge and Applied Load
            Read ( 5, * ) NEASS, (NOPRS(IODEG), IODEG = 1, NODEG)
            Write (6,913) NEASS, (NOPRS( IODEG), IODEG = 1, NODEG)
            Write ( * , 913) NEASS, (NOPRS(IODEG), IODEG = 1, NODEG)
   913    Format (I10, 5X, 3I5)
            Read ( 5, * ) ((PRESS(IODEG,IDOFN),IDOFN = 1,2),IODEG = 1,NODEG)
            Write (6,914) ((PRESS(IODEG,IDOFN),IDOFN = 1,2),IODEG = 1,NODEG)
            Write ( * ,914) ((PRESS(IODEG,IDOFN),IDOFN = 1,2),IODEG = 1,NODEG)
   914    Format (6F10.3)
            ETASP = -1.0
C * * * Calculate the Coordinates of the Nodes of the Element Edge
            Do 100 IODEG = 1, NODEG
            LNODE = NOPRS(IODEG)
            Do 100 IDIME = 1,2
   100      ELCOD( IDIME, IODEG) = COORD(LNODE, IDIME)
C * * * Enter Loop for Linear Numerical Integration
            Do 150 IGAUS = 1, NGAUS
            EXISP = POSGP(IGAUS)
C * * * Evaluate the Shape Functions at the Sampling Points
            Call SFR2 (DERIV, ETASP, EXISP, NNODE, SHAPE)
C * * * Calculate Components of the Equivalent Nodal Loads
            Do 110 IDOFN = 1, 2
            PGASH(IDOFN) = 0.0
            DGASH(IDOFN) = 0.0
            Do 110 IODEG = 1, NODEG
            PGASH(IDOFN) = PGASH(IDOFN) + PRESS(IODEG,IDOFN) * SHAPE(IODEG)
   110    DGASH(IDOFN) = DGASH(IDOFN) + ELCOD(IDOFN,IODEG) * DERIV(1,
            IODEG)
            DVOLU = WEIGP(IGAUS)
            PXCOM = DGASH( 1 ) * PGASH(2) - DGASH(2) * PGASH(1)
            PYCOM = DGASH( 1 ) * PGASH(1) + DGASH(2) * PGASH(2)
```

```
            If (NTYPE. Ne. 3) Go To 115
            RADUS = 0.0
            Do 125   IODEG = 1, NODEG
    125     RADUS = RADUS + SHAPE(IODEG) * ELCOD( 1, IODEG)
            DVOLU = DVOLU * TWOPI * RADUS
    115     Continue
C * * * Associate the Equivalent Nodal Edge Loads with an Element
            Do 120 INODE = 1, NNODE
            NLOCA = IABS(LNODS(NEASS, INODE) )
    120     If (NLOCA. Eq. NOPRS(1) ) Go To 130
    130     JNODE = INODE + NODEG – 1
            KOUNT = 0
            DO 140 KNODE = INODE, JNODE
            KOUNT = KOUNT + 1
            NGASH = (KNODE – 1 ) * NDOFN + 1
            MGASH = ( KNODE – 1 ) * NDOFN + 2
            If ( KNODE. Gt. NCODE) NGASH = 1
            If ( KNODE. Gt. NCODE) MGASH = 2
            RLOAD(NEASS, NGASH) = RLOAD(NEASS, NGASH) +
                        SHAPE(KOUNT) * PXCOM * DVOLU
    140     RLOAD(NEASS, MGASH) = RLOAD(NEASS, MGASH) +
                        SHAPE(KOUNT) * PYCOM * DVOLU
    150     Continue
    160     Continue
    700     Continue
            Write (6, 907)
            Write ( * , 907)
    907     Format (1H0, 5X, 36H TOTAL NODAL FORCES FOR EACH ELEMENT)
            Do 290 IELEM = 1, NELEM
            Write (6, 905) IELEM, (RLOAD( IELEM, IEVAB), IEVAB = 1, NEVAB)
    290     Write ( * , 905) IELEM, (RLOAD(IELEM, IEVAB), IEVAB = 1, NEVAB)
    905     Format ( 1X, I3, 2X, 8F9.2/(5X, 8F9.2) )
            Return
            End
```

```
      C
              Subroutine BMATPS(BMATX, CARTD, NNODE, SHAPE, GPCOD, NTYPE, KGASP)
      C * * * * * * * * * * * * * * * * * * * * * * * * * * * * * * * *
      C   * * * *   This Subroutine Evaluates the Strain - Displacement Matrix
      C * * * * * * * * * * * * * * * * * * * * * * * * * * * * * * * *
              Dimension BMATX(4, 18), CARTD(2, 9), SHAPE(9), GPCOD(2, 9)
              NGASH = 0
              Do 10 INODE = 1, NNODE
              MGASH = NGASH + 1
              NGASH = MGASH + 1
              BMATX( 1, MGASH) = CARTD( 1, INODE)
              BMATX( 1, NGASH) = 0.0
              BMATX( 2, MGASH) = 0.0
              BMATX( 2, NGASH) = CARTD( 2, INODE)
              BMATX( 3, MGASH) = CARTD( 2, INODE)
              BMATX( 3, NGASH) = CARTD( 1, INODE)
              IF(NTYPE. NE. 3) GO TO 10
              BMATX(4, MGASH) = SHAPE(INODE)/GPCOD( 1, KGASP)
              BMATX( 4, NGASH) = 0.0
         10   Continue
              Return
              End
      C
              Subroutine MODPS(DMATX, LPROP, MMATS, NTYPE, PROPS)
      C * * * * * * * * * * * * * * * * * * * * * * * * * * * * * * * *
      C * * *   This Subroutine Evaluates the D - Matrix
      C * * * * * * * * * * * * * * * * * * * * * * * * * * * * * * * *
              Dimension DMATX(4, 4), PROPS(MMATS, 7)
              YOUNG = PROPS(LPROP, 1)
              POISS = PROPS(LPROP, 2)
              Do 10 ISTR1 = 1,4
              Do 10 JSTR1 = 1,4
         10   DMATX( ISTR1, JSTR1 ) = 0.0
              If (NTYPE. Ne. 1) Go To 4
```

```
C * * * D Matrix for Plane Stress Case
        CONST = YOUNG/(1.0 - POISS * POISS)
        DMATX(1, 1) = CONST
        DMATX(2, 2) = CONST
        DMATX(1, 2) = CONST * POISS
        DMATX(2, 1) = CONST * POISS
        DMATX(3, 3) = (1.0 - POISS) * CONST/2.0
        Return
    4   If (NTYPE. Ne. 2) Go To 6
C * * * D Matrix for Plane Strain Case
        CONST = YOUNG * (1.0 - POISS)/((1.0 + POISS) * (1.0 - 2.0 * POISS))
        DMATX(1, 1) = CONST
        DMATX(2, 2) = CONST
        DMATX(1, 2) = CONST * POISS/( 1.0 - POISS)
        DMATX(2, 1) = CONST * POISS/( 1.0 - POISS)
        DMATX(3, 3) = (1.0 - 2.0 * POISS) * CONST/(2.0 * (1.0 - POISS))
        Return
    6   If (NTYPE. Ne. 3) Go To 8
C * * *   D Matrix for Plane Axisymmetric Case
        CONST = YOUNG * (1.0 - POISS)/((1.0 + POISS) * (1.0 - 2.0 * POISS))
        CONSS = POISS/( 1.0 - POISS)
        DMATX(1, 1) = CONST
        DMATX(2, 2) = CONST
        DMATX(3, 3) = CONST * (1.0 - 2.0 * POISS)/(2.0 * (1.0 - POISS))
        DMATX(1, 2) = CONST * CONSS
        DMATX(1, 4) = CONST * CONSS
        DMATX(2, 1 ) = CONST * CONSS
        DMATX(2, 4) = CONST * CONSS
        DMATX(4, 1 ) = CONST * CONSS
        DMATX(4, 2) = CONST * CONSS
        DMATX(4, 4 ) = CONST
    8   Continue
        Return
        End
```

第 8 章 有限元法的程序设计与使用

```
C
        Subroutine DBE(BMATX, DBMAT, DMATX, MEVAB, NEVAB, NSTRE, NSTR1 )
C * * * * * * * * * * * * * * * * * * * * * * * * * * * * * * *
C  * * * * *   This Subroutine Multiplies the D - Matrix by the B - Matrix
C * * * * * * * * * * * * * * * * * * * * * * * * * * * * * * *
        Dimension BMATX( NSTR1, MEVAB), DBMAT(NSTR1, MEVAB),
      .            DMATX(NSTR1, NSTR1 )
        Do 2 ISTRE = 1, NSTRE
        Do 2 IEVAB = 1, NEVAB
        DBMAT( ISTRE, IEVAB) = 0.0
        Do 2 JSTRE = 1, NSTRE
        DBMAT( ISTRE, IEVAB) = DBMAT( ISTRE, IEVAB) +
      .            DMATX( ISTRE, JSTRE) * BMATX(JSTRE, IEVAB)
    2   Continue
        Return
        End
C
        Subroutine FRONT(ASDIS, ELOAD, EQRHS, EQUAT, ESTIF, FIXED, IFFIX, IINCS,
      .      IITER, GLOAD, GSTIF, LOCEL, LNODS, KRESL, MBUFA, MELEM,
      .      MEVAB, MFRON, MSTIF, MTOTV, MVFIX, NACVA, NAMEV, NDEST,
      .      NDOFN, NELEM, NEVAB, NNODE, NOFIX, NPIVO, NPOIN,
      .      NTOTV, TDISP, TLOAD, TREAC, VECRV)
C * * * * * * * * * * * * * * * * * * * * * * * * * * * * * * *
C * * *  This Subroutine Undertakes Equation Solution by the Frontal Method
C * * * * * * * * * * * * * * * * * * * * * * * * * * * * * * *
        Dimension ASDIS( MTOTV), ELOAD( MELEM, MEVAB), EQRHS( MBUFA),
      .      EQUAT( MFRON, MBUFA), ESTIF(MEVAB, MEVAB), FIXED(MTOTV),
      .      IFFIX( MTOTV), NPIVO(MBUFA), VECRV(MFRON), GLOAD(MFRON),
      .      GSTIF( MSTIF), LNODS(MELEM, 9), LOCEL( MEVAB), NACVA(MFRON),
      .      NAMEV( MBUFA), NDEST(MEVAB), NOFIX(MVFIX), NOUTP(2),
      .      TDISP( MTOTV), TLOAD(MELEM, MEVAB), TREAC(MVFIX, NDOFN)
        NFUNC(I, J) = I + (J * J - J)/2
C * * *  Change the Sign of the Last Appearance of Each Node * *
        If (IINCS. Gt. 1. Or. IITER. Gt. 1) Go To 455
```

```
             Do 140 IPOIN = 1, NPOIN
             KLAST = 0
             Do 130 IELEM = 1, MELEM
             Do 120 INODE = 1, NNODE
             If (LNODS( IELEM, INODE). Ne. IPOIN) Go To 120
             KLAST = IELEM
             NLAST = INODE
120          Continue
130          Continue
             If (KLAST. Ne. 0) LNODS(KLAST, NLAST) = - IPOIN
140          Continue
455          Continue
C * * * Start by Initializing Everything that Matrixes to Zero * *
             Do 450 IBUFA = 1, MBUFA
450          EQRHS(IBUFA) = 0.0
             Do 150 ISTIF = 1, MSTIF
150          GSTIF(ISTIF) = 0.0
             Do 160 IFRON = 1, MFRON
             GLOAD(IFRON) = 0.0
             VECRV(IFRON) = 0.0
             NACVA(IFRON) = 0
             Do 160 IBUFA = 1, MBUFA
160          EQUAT( IFRON, IBUFA) = 0.0
C * * * And Prepare for Disc Reading and Writing Operations * *
             NBUFA = 0
             IF(KRESL. GT. 1) NBUFA = MBUFA
             Rewind 1
             Rewind 2
             Rewind 3
             Rewind 4
             Rewind 8
C * * * Enter Main Element Assembly - Reduction Loop * * *
             NFRON = 0
             KELVA = 0
```

```
          Do 320 IELEM = 1, NELEM
          If (KRESL. Gt. 1) Go To 400
          KEVAB = 0
          Read ( 1 ) ESTIF
          Do 170 INODE = 1, NNODE
          Do 170 IDOFN = 1, NDOFN
          NPOSI = ( INODE – 1 ) * NDOFN + IDOFN
          LOCNO = LNODS( IELEM, INODE)
          If (LOCNO. Gt. 0) LOCEL(NPOSI) = (LOCNO – 1) * NDOFN + IDOFN
          If (LOCNO. Lt. 0) LOCEL(NPOSI) = (LOCNO + 1) * NDOFN – IDOFN
   170    Continue
C * * *   Start by Looking for Existing Destinations * * * * * * *
          Do 210 IEVAB = 1, NEVAB
          NIKNO = IABS(LOCEL(IEVAB) )
          KEXIS = 0
          Do 180 IFRON = 1, NFRON
          If (NIKNO. Ne. NACVA(IFRON) ) Go To 180
          KEVAB = KEVAB + 1
          KEXIS = 1
          NDEST(KEVAB) = IFRON
   180    Continue
          If (KEXIS. Ne. 0) Go To 210
C         We Now Seek New Empty Places for Destination Vector * * *
          Do 190 IERON = 1, MFRON
          If (NACVA(IFRON). Ne. 0) Go To 190
          NACVA(IFRON) = NIKNO
          KEVAB = KEVAB + 1
          NDEST(KEVAB) = IFRON
          Go To 200
   190    Continue
C         The New Places May Demand an Increase in Current Frontwidth * *
   200    If (NDEST(KEVAB). Gt. NFRON) NFRON = NDEST(KEVAB)
   210    Continue
          Write (8) LOCEL, NDEST, NACVA, NFRON
```

```
      400   If (KRESL. Gt.1) Read (8) LOCEL, NDEST, NACVA, NFRON
C * * * Assemblement Loads * * * * * * * * * * * *
            Do 220 IEVAB = 1, NEVAB
            IDEST = NDEST(IEVAB)
            GLOAD(IDEST) = GLOAD(IDEST) + ELOAD(IELEM, IEVAB)
C * * * Assemble the Element Stiffnesses but not in Resolution * * * *
            If (KRESL. Gt. 1) Go To 402
            Do 222 JEVAB = 1, IEVAB
            JDEST = NDEST(JEVAB)
            NGASH = NFUNC(IDEST, JDEST)
            NGISH = NFUNC(JDEST, IDEST)
            If (JDEST. Ge. IDEST) GSTIF(NGASH) = GSTIF(NGASH) + ESTIF(IEVAB, JEVAB)
            If (JDEST. Lt. IDEST) GSTIF(NGISH) = GSTIF(NGISH) + ESTIF(IEVAB, JEVAB)
      222   Continue
      402   Continue
      220   Continue
C * * * * * * Re-Examine Each Element Node, to Enquire Which can be Eliminated
            Do 310 IEVAB = 1, NEVAB
            NIENO = - LOCEL(IEVAB)
            If (NIKNO. Le. 0) Go To 310
C * * * Find Positions of Variables Ready for Elimination * * *
            Do 300 IFRON = 1, NFRON
            If (NACVA(IFRON). Ne. NIENO) Go To 300
            NBUFA = NBUFA + 1
C * * * Write Equations to Disc or to Tape
            If (NBUFA. Le. MBUFA) Go To 406
            NBUFA = 1
            If (KRESL. Gt. 1) Go To 408
            Write (2) EQUAT, EQRHS, NPIVO, NAMEV
            Go To 406
      408   Write (4) EQRHS
            Read (2) EQUAT, EQRHS, NPIVO, NAMEV
      406   Continue
```

```
C * * * * * Extract the Coefficients of the New Equation for Elimination
            If (KRESL. Gt. 1) Go To 404
            Do 230 JFRON = 1, MFRON
            If ( IFRON. Lt. JFRON) NLOCA = NFUNC( IFRON, JFRON)
            If ( IFRON. Ge. JFRON) NLOCA = NFUNC( JFRON, IFRON)
            EQUAT ( JFRON, NBUFA ) = GSTIF ( NLOCA )
     230    GSTIF(NLOCA) = 0.0
     404    Continue
C * * * * * And Extract the Corresponding Right Hand Sides *
            EQRHS(NBUFA) = GLOAD(IFRON)
            GLOAD(IFRON) = 0.0
            KELVA = KELVA + 1
            NAMEV(NBUFA) = NIKNO
            NPIVO(NBUFA) = IFRON
C * * * Deal with Pivot * * * * * * * * * * * * * * * * * *
            PIVOT = EQUAT( IFRON, NBUFA)
            If (PIVOT. Gt. 0.0) Go To 235
            Write (6,900) NIKNO, PIVOT
     900    Format ( 1H0,3X,52HNEGATIVE OR ZERO PIVOT ENCOUNTERED FOR
       .            VARIABLE  0, I4, 10H OF VALUE, E17.6)
            Stop
     235    Continue
            EQUAT( IFRON, NBUFA) = 0.0
C * * * * * Enquire Whether Present Variable is Free or Prescribed
            If (IFFIX(NIKNO). Eq. 0) Go To 250
C * * * * * Deal with a Prescribed Deflection * * * * * * *
            Do 240 JFRON = 1, NFRON
     240    GLOAD(JFRON) = GLOAD(JFRON) - FIXED(NIKNO) * EQUAT(JFRON, NBU-
                           FA)
            Go To 280
C * * * Eliminate a Free Variable - Deal with the Right Hand Side First
     250    Do 270 JFRON = 1, NFRON
            GLOAD(JFRON) = GLOAD(JFRON) -
       .            EQUAT(JFRON,NBUFA) * EQRHS(NBUFA)/PIVOT
```

```
C * * * Now Deal with the Coefficients in Core * * * * * * * * * * * * * *
        If (KRESL. Gt. 1) Go To 418
        If (EQUAT(JFRON, NBUFA). Eq. 0.0) Go To 270
        NLOCA = NFUNC(0, JFRON)
        CUREQ = EQUAT(JFRON, NBUFA)
        Do 260 LFRON = 1, JFRON
        NGASH = LFRON + NLOCA
  260   GSTIF(NGASH) = GSTIF(NGASH) -
                CUREQ * EQUAT(LFRON, NBUFA)/PIVOT
  418   Continue
  270   Continue
  280   EQUAT( IFRON, NBUFA) = PIVOT
C * * * RECORD THE NEW VACANT SPACE, AND REDUCE FRONTWIDTH IF POSSIBL
        NACVA(IFRON) = 0
        Go To 290
C * * * Complete the Element Loop in the Forward Elimination * * * *
  300   Continue
  290   If (NACVA(NFRON). Ne. 0) Go To 310
        NFRON = NFRON - 1
        If (NFRON. Gt.0) Go To 290
  310   Continue
  320   Continue
        If (KRESL. Eq.1) Write (2) EQUAT, EQRHS, NPIVO, NAMEV
        Backspace 2
C * * * Enter Hack - Subroutine Phase, Loop Backwards through Variables
        Do 340 IELVA = 1, KELVA
C * * * Read a New Equation * * * * * * * * * * * *
        If (NBUFA. Ne.0) Go To 412
        Backspace 2
        Read (2) EQUAT, EQRHS, NPIVO, NAMEV
        Backspace 2
        NBUFA = MBUFA
        If (KRESL. Eq. 1) Go To 412
        Backspace 4
```

第 8 章 有限元法的程序设计与使用

```
              Read (4) EQRHS
              Backspace 4
      412     Continue
C * * * Prepare to Back - Subroutine from the Current Equation
              IFRON = NPIVO(NBUFA)
              NIKNO = NAMEV(NBUFA)
              PIVOT = EQUAT( IFRON, NBUFA)
              If (IFFIX(NIKNO). Ne. 0) VECRV(IFRON) = FIXED(NIKNO)
              If ( IFFIX(NIKNO). Eq. 0 ) EQUAT( IFRON, NBUFA) = 0.0
C * * * Back - Subroutine in the Current Equation * * *
              Do 330 JFRON = 1, MFRON
      330     EQRHS(NBUFA) = EQRHS(NBUFA) - VECRV(JFRON) * EQUAT(JFRON, NBUFA)
C * * * Put the Final Values Where They Belong * * *
              If ( IFFIX(NIKNO). Eq. 0 ) VECRV(IFRON) = EQRHS (NBUFA)/PIVOT
              If (IFFIX(NIKNO). Ne. 0) FIXED(NIKNO) = - EQRHS(NBUFA)
              NBUFA = NBUFA - 1
              ASDIS(NIKNO) = VECRV(IFRON)
      340     Continue
C * * * Add Displacements to Previous Total Values
              Do 345 ITOTV = 1, NTOTV
      345     TDISP(ITOTV) = TDISP(ITOTV) + ASDIS(ITOTV)
C * * * Store Reactions for Printing Later
              KBOUN = 1
              Do 370 IPOIN = 1, NPOIN
              NLOCA = (IPOIN - 1 ) * NDOFN
              Do 350 IDOFN = 1, NDOFN
              NGUSH = NLOCA + IDOFN
              If (IFFIX(NGUSH). Gt.0) Go To 360
      350     Continue
              Go To 370
      360     Do 510 IDOFN = 1, NDOFN
              NGASH = NLOCA + IDOFN
      510     TREAC(KBOUN, IDOFN) = TREAC(KBOUN, IDOFN) + FIXED(NGASH)
              KBOUN = KBOUN + 1
```

```
      370     Continue
C * * * Add Reactions into the Total Load Array
              Do 700 IPOIN = 1, NPOIN
              Do 710 IELEM = 1, NELEM
              Do 710 INODE = 1, NNODE
              NLOCA = IABS(LNODS( IELEM, INODE ) )
      710     If (IPOIN. Eq. NLOCA) Go To 720
      720     Do 730 IDOFN = 1, NDOFN
              NGASH = (INODE − 1) * NDOFN + IDOFN
              MGASH = (IPOIN − 1) * NDOFN + IDOFN
      730     TLOAD( IELEM, NGASH ) = TLOAD( IELEM, NGASH ) + FIXED(MGASH)
      700     Continue
              Return
              End
C
              Subroutine CHECK1 (NDOFN, NELEM, NGAUS, NMATS, NNODE, NPOIN,
                                 NSTRE, NTYPE, NVFIX, NCRIT, NALGO, NINCS)
C * * * * * * * * * * * * * * * * * * * * * * * * * * * * * * * * *
C * * * This Subroutine Checks the Main Control Data
C * * * * * * * * * * * * * * * * * * * * * * * * * * * * * * * * *
              Dimension NEROR(24 )
              Do 10 IEROR = 1,12
       10     NEROR(IEROR) = 0
C * * * Create the Diagnostic Messages
              If (NPOIN. Le. 0) NEROR(1) = 1
              If (NELEM * NNODE. Lt. NPOIN) NEROR(2) = 1
              If (NVFIX. Lt. 2. Or. NVFIX. Gt. NPOIN) NEROR(3) = 1
              If (NINCS. Lt. 1) NEROR(4) = 1
              If (NTYPE. Lt. 1. Or. NTYPE. Gt. 3) NEROR(5) = 1
              If (NNODE. Lt. 4. Or. NNODE. Gt. 9) NEROR( 6 ) = 1
              If (NDOFN. Lt. 2. Or. NDOFN. Gt. 5) NEROR(7) = 1
              If (NMATS. Lt. 1. Or. NMATS. Gt. NELEM) NEROR(8) = 1
              If (NCRIT. Lt. 1. Or. NCRIT. Gt. 4) NEROR(9) = 1
              If (NGAUS. Lt. 2. Or. NGAUS. Gt. 3) NEROR(10) = 1
```

```
          If (NALGO. Lt. 1. Or. NALGO. Gt. 4) NEROR(11) = 1
          If (NSTRE. Lt. 3. Or. NSTRE. Gt. 5) NEROR(12) = 1
C * * * Either Return, or else Print the Errors Diagnosed
          KEROR = 0
          Do 20 IEROR = 1, 12
          If (NEROR(IEROR). Eq. 0) GO TO 20
          KEROR = 1
          Write (6,900) IEROR
          Write ( * , 900) IEROR
   900    Format (//31H * * * DIAGNOSIS BY CHECK1, ERROR, I3)
    20    Continue
          If (KEROR. Eq. 0) Return
C * * * Otherwise Echo All the Remaining Data without Further Commen
          Call ECHO
          End
C
          Subroutine ECHO
C * * * * * * * * * * * * * * * * * * * * * * * * * * * * * * * *
C * * * If Data Errors have been Detected by Subroutines Check1 or Check2,
C       This Subroutine Reads and Write the Remaining Data Cards
C * * * * * * * * * * * * * * * * * * * * * * * * * * * * * * * *
          Dimension NTITL(80)
          Write (6,900)
          Write ( * , 900)
   900    Format (//50H NOW FOLLOWS A LISTING OF POST - DISASTER DATA CARDS/)
    10    Read (5,905) NTITL
   905    Format (80A1)
          Write (6,910) NTITL
          Write ( * , 910) NTITL
   910    Format (20X, 80A1)
          Go To 10
          End
C
          Subroutine CHECK2(COORD, IFFIX, LNODS, MATNO, MELEM, MFRON,
```

```
                  MPOIN, MTOTV, MVFIX, NDFRO, NDOFN, NELEM, NMATS,
                  NNODE, NOFIX, NPOIN, NVFIX)
C * * * * * * * * * * * * * * * * * * * * * * * * * * * * * *
C * * * This Subroutine Checks the Remainder of the Input Data
C * * * * * * * * * * * * * * * * * * * * * * * * * * * * * *
            Dimension COORD(MPOIN,2), IFFIX(MTOTV), LNODS(MELEM,9),
                  MATNO(MELEM), NDFRO(MELEM), NEROR(24), NOFIX(MVFIX)
C * * * Check Against Two Identical Nonzero Nodal Coordinates
            Do 5 IEROR = 13, 24
      5     NEROR(IEROR) = 0
            Do 10 IELEM = 1, NELEM
     10     NDFRO(IELEM) = 0
            Do 50 IPOIN = 2, NPOIN
            KPOIN = IPOIN - 1
            Do 30 JPOIN = 1, KPOIN
            Do 20 IDIME = 1,2
            If (COORD(IPOIN, IDIME). Ne. COORD(JPOIN, IDIME)) Go To 30
     20     Continue
            NEROR(13) = NEROR(13) + 1
     30     Continue
     40     Continue
C * * * Check the List of Element Property Numbers
            Do 50 IELEM = 1, NELEM
     50     If (MATNO(IELEM). Le. 0. Or. MATNO(IELEM). Gt. NMATS) NEROR(14) =
                  NEROR( 14 ) + 1
C * * * Check for Impossible Node Numbers
            Do 70 IELEM = 1, NELEM
            Do 60 INODE = 1, NNODE
            If (LNODS( IELEM, INODE). Eq. 0) NEROR( 15 ) = NEROR( 15 ) + 1
     60     If (LNODS( IELEM, INODE). Lt. 0. OR. LNODS(IELEM, INODE). GT. NPOIN)
                  NEROR(16) = NEROR(16) + 1
     70     Continue
C * * * Check for any Repetition of a Node Number within an Element
            Do 140 IPOIN = 1, NPOIN
```

第 8 章 有限元法的程序设计与使用

```
            KSTAR = 0
            Do 100 IELEM = 1, NELEM
            KZERO = 0
            Do 90 INODE = 1, NNODE
            If (LNODS(IELEM, INODE). Ne. IPOIN) Go To 90
            KZERO = KZERO + 1
            If (KZERO. Gt. 1) NEROR(17) = NEROR(17) + 1
C * * * Seek First, Last and Intermediate Appearances of Node IPOIN
            If (KSTAR. Ne.0) Go To 80
            KSTAR = IELEM
C * * * Calculate Increase or Decrease in Frontwidth at Each Element
C           STAGE
            NDFRO(IELEM) = NDFRO(IELEM) + NDOFN
     80     Continue
C * * * And Change the Sign of the Last Appearance of Each Node
            KLAST = IELEM
            NLAST = INODE
     90     Continue
    100     Continue
            If (KSTAR. Eq.0) Go To 110
            If (KLAST. Lt. NELEM) NDFRO(KLAST + 1) = NDFRO(KLAST + 1) - NDOFN
            LNODS(KLAST, NLAST) = - IPOIN
            Go To 140
C * * * Check that Coordinates for an Unused Node have not been Specified
    110     Write (6,900) IPOIN
    900     Format (/15H CHECK WHY NODE, I4, 14H NEVER APPEARS)
            NEROR(18) = NEROR(18) + 1
            SIGMA = 0.0
            Do 120 IDIME = 1, 2
    120     SIGMA = SIGMA + ABS(COORD(IPOIN, IDIME))
            If (SIGMA. Ne. 0.0) NEROR(19) = NEROR(19) + 1
C * * * Check that an Unused Node Number is not a Restrained Node
            Do 130 IVEIX = 1, NVFIX
    130     If (NOFIX(IVFIX). Eq. IPOIN) NEROR(20) = NEROR(20) + 1
```

```
        140 Continue
C * * * Calculate the Largest Frontwidth
            NFRON = 0
            KFRON = 0
            Do 150 IELEM = 1, NELEM
            NFRON = NFRON + NDFRO(IELEM)
        150 If (NFRON. Gt. KFRON)KFRON = NFRON
            Write (6,905) KFRON
            Write ( * , 905) KFRON
        905 Format (//33H MAXIMUM FRONTWIDTH ENCOUNTERED = , I5)
            If (KFRON. Gt. MFRON) NEROR(21 ) = 1
C * * * Continue Checking the Data for the Fixed Values
            Do 170 IVFIX = 1, NVFIX
            If (NOFIX(IVFIX). Le. 0. Or. NOFIX(IVFIX). Gt. NPOIN) NEROR(22) =
       .                NEROR(22) + 1
            KOUNT = 0
            NLOCA = (NOFIX(IVFIX) - 1) * NDOFN
            Do 160 IDOFN = 1, NDOFN
            NLOCA = NLOCA + 1
        160 If (IFFIX(NLOCA). Gt.0) KOUNT = 1
            If (KOUNT. Eq. 0) NEROR(23) = NEROR(23) + 1
            KVFIX = IVFIX - 1
            Do 170 JVFIX = 1, KVFIX
        170 If (IVFIX. Ne. 1.And. NOFIX(IVFIX).Eq. NOFIX(JVFIX)) NEROR(24) =
       .                NEROR(24) + 1
            KEROR = 0
            Do 180 IEROR = 13, 24
            If (NEROR(IEROR). Eq. 0) Go To 180
            KEROR = 1
            Write (6,910) IEROR, NEROR(IEROR)
            Write ( * , 910) IEROR, NEROR(IEROR)
        910 Format (//31H * * * DIAGNOSIS BY CHECK2, ERROR, I3,6X,
       .            18H ASSOCIATED NUMBER, I5)
        180 Continue
```

```
      If (KEROR. Ne. 0) Go To 200
C * * * Return All Nodal Connection Numbers to Positive Values
      Do 190 IELEM = 1, NELEM
      Do 190 INODE = 1, NNODE
  190 LNODS( IELEM, INODE) = IABS(LNODS( IELEM, INODE) )
      Return
  200 Call ECHO
      End
C
      Subroutine INPUT( COORD, IFFIX, LNODS, MATNO, MELEM, MEVAB, MFRON,
     .          MMATS, MPOIN, MTOTV, MVFIX, NALGO, NCRIT, NDFRO, NDOFN,
     .          NELEM, NEVAB, NGAUS, NGAU2, NINCS, NMATS, NNODE, NOFIX,
     .          NPOIN, NPROP, NSTRE, NSTR1, NTOTG, NTOTV, NTYPE, NVFIX,
     .          POSGP, PRESC, PROPS, WEIGP)
C * * * * * * * * * * * * * * * * * * * * * * * * * * * * * *
C * * * * This Subroutine Accepts Most of the Input Data
C * * * * * * * * * * * * * * * * * * * * * * * * * * * * * *
      Dimension COORD(MPOIN,2), IFFIX(MTOTV), LNODS(MELEM,9),
     .          MATNO(MELEM), NDFRO(MELEM), NOFIX(MVFIX), POSGP(4),
     .          PRESC(MVFIX,NDOFN), PROPS(MMATS,NPROP), TITLE(12), WEIGP(4)
      Rewind 1
      Rewind 2
      Rewind 3
      Rewind 4
      Rewind 6
      Rewind 8
      Read (5, 920) TITLE
      Write(6,920) TITLE
      Write ( * , 920) TITLE
  920 Format (80A1 )
C * * * * * Read the First Data Card, and Echo It Immediately.
      Read (5, * ) NPOIN, NELEM, NVFIX, NTYPE, NNODE, NMATS, NGAUS,
     .          NALGO, NCRIT, NINCS, NSTRE
      NEVAB = NDOFN * NNODE
```

```
          NSTR1 = NSTRE + 1
          If (NTYPE. Eq. 3) NSTR1 = NSTRE
          NTOTV = NPOIN * NDOFN
          NGAU2 = NGAUS * NGAUS
          NTOTG = NELEM * NGAU2
          Write (6,901) NPOIN,NELEM,NVFIX,NTYPE,NNODE,NMATS,NGAUS,NEVAB,
                 NALGO,NCRIT,NINCS,NSTRE
          Write ( * ,901) NPOIN,NELEM,NVFIX,NTYPE,NNODE,NMATS,NGAUS,
                 NEVAB,NALGO,NCRIT,NINCS,NSTRE
      901 Format (//8H NPOIN = , I4, 4X, 8H NELEM = ,I4,4X,8H NVFIX = ,I4,4X,
                 8H NTYPE = , I4, 4X, 8H NNODE = , I4,//
                 8H NMATS = , I4, 4X, 8H NGAUS = , I4,
                 4X, 8H NEVAB = , I4, 4X, 8H NALGO = , I4//
                 8H NCRIT = , I4, 4X, 8H NINCS = , I4 ,4X,8H NSTRE = , I4)
          Call CHECK1 (NDOFN, NELEM, NGAUS, NMATS, NNODE, NPOIN,
                 NSTRE, NTYPE, NVFIX, NCRIT, NALGO, NINCS)
C * * * Read The Element Nodal Connections, and the Property Numbers.
          Write (6,902)
          Write ( * , 902)
      902 Format (//8H ELEMENT, 3X, 8HPROPERTY, 6X, 12HNODE NUMBERS)
          Do 2 IELEM = 1, NELEM
          Read (5, * ) NUMEL,MATNO(NUMEL),
                 (LNODS(NUMEL, INODE), INODE = 1, NNODE)
          Write (6,903) NUMEL,MATNO(NUMEL),
                 (LNODS(NUMEL, INODE), INODE = 1, NNODE)
        2 Write ( * ,903) NUMEL,MATNO(NUMEL),
                 (LNODS(NUMEL, INODE), INODE = 1, NNODE)
      903 Format (1X, I5, I9, 6X, 8I5)
C * * * Zero All the Nodal Coordinates, Prior to Reading Some of Them.
          Do 4 IPOIN = 1, NPOIN
          Do 4 IDIME = 1, 2
        4 COORD( IPOIN, IDIME) = 0.0
C * * * Read Some Nodal Coordinates, Finishing with the Node of All.
          Write (6,904)
```

```
              Write ( * , 904)
   904   Format (//5H NODE, 10X, 1HX, 10X, 1HY)
     6   Read (5, * ) IPOIN, (COORD(IPOIN, IDIME), IDIME = 1,2)
   905   Format (I5, 6F10.5)
         If ( IPOIN. Ne. NPOIN) Go To 6
C * * * Interpolate Coordinates of Mid - Side Nodes
         Call NODEXY(COORD, LNODS, MELEM, MPOIN, NELEM, NNODE)
         Do 10 IPOIN = 1, NPOIN
         Write (6,906 ) IPOIN, (COORD( IPOIN, IDIME), IDIME = 1, 2)
    10   Write ( * ,906) IPOIN, (COORD(IPOIN, IDIME), IDIME = 1,2)
   906   Format (1X, I5,3F10.3)
C * * * Read the Fixed Values
         Write (6,907)
         Write ( * , 907)
   907   Format (//5H NODE, 6X, 4HCODE, 6X, 12HFIXED VALUES)
         Do 8 IVFIX = 1, NVFIX
         Read (5, * ) NOFIX(IVFIX),IFPRE,(PRESC(IVFIX,IDOFN),IDOFN = 1,
       . NDOFN)
         Write (6,908) NOFIX(IVFIX),IFPRE,(PRESC(IVFIX,IDOFN),IDOFN = 1,
       . NDOFN)
         Write ( * ,908) NOFIX(IVFIX),IFPRE,(PRESC(IVFIX,IDOFN),IDOFN = 1,
       . NDOFN)
         NLOCA = (NOFIX(IVFIX) - 1) * NDOFN
         IFDOF = 10 * * (NDOFN - 1)
         Do 8 IDOFN = 1, NDOFN
         NGASH = NLOCA + IDOFN
         If ( IFPRE. Lt. IFDOF) Go To 8
         IFFIX(NGASH) = 1
         IFPRE = IFPRE - IFDOF
     8   IFDOF = IFDOF/10
   908   Format (1X, I4, 5X, I5, 5X, 5F10.6)
C * * * * * Read the Available Selection of Element Properties.
         Write (6,910)
    16   Write ( * ,910)
```

```
  910 Format (//7H NUMBER, 6X, 18HELEMENT PROPERTIES)
      Do 18 IMATS = 1, NMATS
      Read (5, * ) NUMAT
      Read (5, * ) (PROPS(NUMAT, IPROP), IPROP = 1, NPROP)
  930 Format (7F10.2)
      Write (6,911) NUMAT, (PROPS(NUMAT, IPROP), IPROP = 1, NPROP)
   18 Write ( * , 911) NUMAT, (PROPS(NUMAT, IPROP), IPROP = 1, NPROP)
  911 Format (1X, I4,/, 3X, 4E14.6,/, 3X, 3E14.6)
C * * * * * Set up Gaussian Integration Constants
      Call GAUSSQ(NGAUS, POSGP, WEIGP)
      Call CHECK2(COORD, IFFIX, LNODS, MATNO, MELEM, MFRON,
     .            MPOIN, MTOTV, MVFIX, NDFRO, NDOFN, NELEM, NMATS,
     .            NNODE, NOFIX, NPOIN, NVFIX)
      Return
      End
C
      Subroutine ALGOR(FIXED, IINCS, IITER, KRESL, MTOTV, NALGO, NTOTV)
C * * * * * * * * * * * * * * * * * * * * * * * * * * * * * * * * *
C * * * * * This Subroutine Sets Equation Resolution Index, KRESL
C * * * * * * * * * * * * * * * * * * * * * * * * * * * * * * * * *
      Dimension FIXED(MTOTV)
      KRESL = 2
      If (NALGO. Eq. 1. And. IINCS. Eq. 1. And. IITER. Eq. 1) KRESL = 1
      If (NALGO. Eq. 2) KRESL = 1
      If (NALGO. Eq. 3. And. IITER. Eq. 1) KRESL = 1
      If (NALGO. Eq. 4. And. IINCS. Eq. 1. And. IITER. Eq. 1) KRESL = 1
      If (NALGO. Eq. 4. And. IITER. Eq. 2) KRESL = 1
      If (IITER. Eq. 1) Return
      Do 100 ITOTV = 1, NTOTV
      FIXED(ITOTV) = 0.0
  100 Continue
      Return
      End
C
```

```
      Subroutine INCREM(ELOAD, FIXED, IINCS, MELEM, MEVAB, MITER,
     .                  MTOTV, MVFIX, NDOFN, NELEM, NEVAB, NOUTP, NOFIX, NTOTV,
     .                  NVFIX, PRESC, RLOAD, TFACT, TLOAD, TOLER)
C * * * * * * * * * * * * * * * * * * * * * * * * * * * * * * * *
C * * * This Subroutine Increments the Applied Loading
C * * * * * * * * * * * * * * * * * * * * * * * * * * * * * * * *
      Dimension ELOAD(MELEM, MEVAB), FIXED(MTOTV), NOUTP(2),
     .          NOFIX(MVFIX), PRESC(MVFIX, NDOFN),
     .          RLOAD(MELEM, MEVAB), TLOAD(MELEM, MEVAB)
      Write (6, 900) IINCS
      Write ( * , 900) IINCS
  900 Format ( 1H0, 5X, 17HINCREMENT NUMBER, I5)
      Read (5, 950) FACTO, TOLER, MITER, NOUTP( 1 ), NOUTP(2)
  950 Format (2F10.5, 3I5)
      TEACT = TFACT + FACTO
      Write (6, 960) TFACT, TOLER, MITER, NOUTP( 1 ), NOUTP(2)
      Write ( * , 960) TFACT, TOLER, MITER, NOUTP( 1 ), NOUTP(2)
  960 Format ( 1H0, 5X, 13HLOAD FACTOR = , F10.5, 5X,
     .         22HCONVERGENCE TOLERANCE = , F10.5, //, 5X, 24HMAX. NO. OF ITERA-
     .TIONS = ,
     .         I5, //27H INITIAL OUTPUT PARAMETER = , I5, 5X, 24HFINAL OUTPUT
     .         PARAMETER = , I5)
      Do 80 IELEM = 1, NELEM
      Do 80 IEVAB = 1, NEVAB
      ELOAD(IELEM, IEVAB) = ELOAD(IELEM, IEVAB) + RLOAD(IELEM, IEVAB) *
     .         FACTO
   80 TLOAD(IELEM, IEVAB) = TLOAD(IELEM, IEVAB) + RLOAD(IELEM, IEVAB) *
     .         FACTO
C * * * * Interpret Fixity Data in Vector Form
      Do 100 ITOTV = 1, NTOTV
  100 FIXED(ITOTV) = 0.0
      Do 110 IVFIX = 1, NVFIX
      NLOCA = (NOFIX(IVFIX) - 1 ) * NDOFN
      Do 110 IDOFN = 1, NDOFN
```

```
              NGASH = NLOCA + IDOFN
              FIXED(NGASH) = PRESC( IVFIX, IDOFN) * FACTO
      110     Continue
              Return
              End
C
              Subroutine CONVER(ELOAD, IITER, LNODS, MELEM, MEVAB, MTOTV,
     .             NCHEK, NDOFN, NELEM, NEVAB, NNODE, NTOTV,
     .             PVALU, STFOR, TLOAD, TOFOR, TOLER)
C * * * * * * * * * * * * * * * * * * * * * * * * * * * * * *
C * * * * This Subroutine Checks for Convergence of the Iteration Process
C * * * * * * * * * * * * * * * * * * * * * * * * * * * * * *
              Dimension ELOAD(MELEM, MEVAB), LNODS(MELEM, 9), STFOR(MTOTV),
     .             TOFOR(MTOTV), TLOAD(MELEM, MEVAB)
              NCHEK = 0
              RESID = 0.0
              RETOT = 0.0
              REMAX = 0.0
              Do 5 ITOTV = 1, NTOTV
              STFOR(ITOTV) = 0.0
              TOFOR(ITOTV) = 0.0
      5       Continue
              Do 40 IELEM = 1, NELEM
              KEVAB = 0
              Do 40 INODE = 1, NNODE
              LOCNO = IABS(LNODS( IELEM, INODE))
              Do 40 IDOFN = 1, NDOFN
              KEVAB = KEVAB + 1
              NPOSI = (LOCNO - 1) * NDOFN + IDOFN
              STFOR(NPOSI) = STFOR(NPOSI) + ELOAD( IELEM, KEVAB)
      40      TOFOR(NPOSI) = TOFOR(NPOSI) + TLOAD( IELEM, KEVAB)
              Do 50 ITOTV = 1, NTOTV
              REFOR = TOFOR(ITOTV) - STFOR(ITOTV)
              RESID = RESID + REFOR * REFOR
```

```
              RETOT = RETOT + TOFOR(ITOTV) * TOFOR(ITOTV)
              AGASH = ABS(REFOR)
    50        If(AGASH. Gt. REMAX) REMAX = AGASH
              Do 10 IELEM = 1, NELEM
              Do 10 IEVAB = 1, NEVAB
    10        ELOAD(IELEM, IEVAB) = TLOAD(IELEM, IEVAB) - ELOAD(IELEM, IEVAB)
              RESID = SQRT(RESID)
              RETOT = SQRT(RETOT)
              RATIO = 100.0 * RESID/RETOT
              If (RATIO. Gt. TOLER) NCHEK = 1
              If ( IITER. Eq. 1 ) Go To 20
              If (RATIO. Gt. PVALU) NCHEK = 999
    20        PVALU = RATIO
              Write (6, 30) NCHEK, RATIO, REMAX
              Write ( * , 30) NCHEK, RATIO, REMAX
    30        Format (1H0, 3X, 18HCONVERGENCE CODE = , I4, 3X, 28HNORM OF RESIDUAL
             .    SUM RATIO = , E14.6, 3X, 18HMAXIMUM RESIDUAL = , E14.6)
              Return
              End
C
              Subroutine DIMEN(MBUFA, MELEM, MEVAB, MFRON, MMATS, MPOIN,
             .             MSTIF, MTOTG, MTOTV, MVFIX, NDOFN, NPROP, NSTRE)
C * * * * * * * * * * * * * * * * * * * * * * * * * * * * * * * *
C * * * This Subroutine Presets Variables Associated with Dynamic Dimensioning
C * * * * * * * * * * * * * * * * * * * * * * * * * * * * * * * *
              MBUFA = 10
              MELEM = 40
              MFRON = 80
              MMATS = 5
              MPOIN = 200
              MSTIF = (MFRON * MFRON - MFRON)/2.0 + MFRON
              MTOTG = MELEM * 9
              NDOFN = 2
              MTOTV = MPOIN * NDOFN
```

```
              MVFIX = 30
              NPROP = 7
              MEVAB = NDOFN * 9
              Return
              End
C
              Subroutine ZERO(ELOAD, MELEM, MEVAB, MPOIN, MTOTG, MTOTV,
             .       NDOFN, NELEM, NEVAB, NGAUS, NSTR1, NTOTG, EPSTN, EFFST,
             .       NTOTV, NVFIX, STRSG, TDISP, TFACT, TLOAD, TREAC, MVFIX)
C * * * * * * * * * * * * * * * * * * * * * * * * * * * * * * *
C * * * This Subroutine Initializes Various Arrays to Zero
C * * * * * * * * * * * * * * * * * * * * * * * * * * * * * * *
              Dimension ELOAD(MELEM, MEVAB), STRSG(4, MTOTG), TDISP(MTOTV),
             .       TLOAD(MELEM, MEVAB), TREAC(MVFIX, 2), EPSTN(MTOTG),
             .       EFFST(MTOTG)
              TFACT = 0.0
              Do 30 IELEM = 1, NELEM
              Do 30 IEVAB = 1, NEVAB
              ELOAD(IELEM, IEVAB) = 0.0
   30         TLOAD(IELEM, IEVAB) = 0.0
              Do 40 ITOTV = 1, NTOTV
   40         TDISP(ITOTV) = 0.0
              Do 50 IVFIX = 1, NVFIX
              Do 50 IDOFN = 1, NDOFN
   50         TREAC( IVFIX, IDOFN) = 0.0
              Do 60 ITOTG = 1, NTOTG
              EPSTN(ITOTG) = 0.0
              EFFST(ITOTG) = 0.0
              Do 60 ISTR1 = 1, NSTR1
   60         STRSG(ISTR1, ITOTG) = 0.0
              Return
              End
C
              Subroutine INVAR(DEVIA, LPROP, MMATS, NCRIT, PROPS, SINT3, STEFF,
```

```
                  STEMP, THETA, VARJ2, YIELD)
C * * * * * * * * * * * * * * * * * * * * * * * * * * * * * * * * *
C * * * * *  This Subroutine Evaluates the Stress Invariants
C            and the Current Value of the Yield Function
C * * * * * * * * * * * * * * * * * * * * * * * * * * * * * * * * *
         Dimension DEVIA(4), PROPS(MMATS, 7), STEMP(4)
         ROOT3 = 1.73205080757
         SMEAN = (STEMP(1) + STEMP(2) + STEMP(4))/3.0
         DEVIA(1) = STEMP(1) − SMEAN
         DEVIA(2) = STEMP(2) − SMEAN
         DEVIA(3) = STEMP(3 )
         DEVIA(4) = STEMP(4) − SMEAN
         VARJ2 = DEVIA(3) * DEVIA(3) + 0.5 * (DEVIA(1) * DEVIA(1) +
                 DEVIA(2) * DEVIA(2) + DEVIA(4) * DEVIA(4))
         VARJ3 = DEVIA(4) * (DEVIA(4) * DEVIA(4) − VARJ2)
         STEFF = SQRT(VARJ2)
         If(STEFF. Eq.0.0) GO TO 10
         SINT3 = −3.0 * ROOT3 * VARJ3/(2.0 * VARJ2 * STEFF)
         If(SINT3. Gt. 1.0) SINT3 = 1.0
         Go To 20
    10   SINT3 = 0.0
    20   Continue
         If(SINT3. Lt. −1.0)SINT3 = −1.0
         If(SINT3. Gt. 1.0) SINT3 = 1.0
         THETA = ASIN(SINT3)/3.0
         Go To (1,2,3,4) NCRIT
C * * *  Tresca
     1   YIELD = 2.0 * COS(THETA) * STEFF
         Return
C * * *  Von Mises
     2   YIELD = ROOT3 * STEFF
         Return
C * * *  Mohr − Coulomb
     3   PHIRA = PROPS(LPROP, 7) * 0.017453292
```

```
          SNPHI = SIN(PHIRA)
          YIELD = SMEAN * SNPHI + STEFF * (COS(THETA) - SIN(THETA) * SNPHI/
         .   ROOT3)
          Return
C * * * Drucker - Prager
    4     PHIRA = PROPS(LPROP, 7) * 0.017453292
          SNPHI = SIN(PHIRA)
          YIELD = 6.0 * SMEAN * SNPHI/(ROOT3 * (3.0 - SNPHI)) + STEFF
          Return
          End
C
          Subroutine YIELDF(AVECT, DEVIA, LPROP, MMATS, NCRIT, NSTR1,
         .   PROPS, SINT3, STEFF, THETA, VARJ2)
C * * * * * * * * * * * * * * * * * * * * * * * * * * * * * * * * *
C * * * * * This Subroutine Evaluates the Flow Vector
C * * * * * * * * * * * * * * * * * * * * * * * * * * * * * * * * *
          Dimension AVECT(4), DEVIA(4), PROPS(MMATS, 7),
         .   VECA1(4), VECA2(4), VECA3(4)
          If(STEFF. EQ. 0.0) Return
          FRICT = PROPS( LPROP, 7)
          TANTH = TAN(THETA)
          TANT3 = TAN( 3.0 * THETA)
          SINTH = SIN(THETA)
          COSTH = COS(THETA)
          COST3 = COS(3.0 * THETA)
          ROOT3 = 1.73205080757
C * * * Calculate Vector A1
          VECA1(1) = 1.0
          VECA1(2) = 1.0
          VECA1(3) = 0.0
          VECA1(4) = 1.0
C * * * Calculate Vector A2
          Do 10 ISTR1 = 1, NSTR1
    10    VECA2( ISTR1 ) = DEVIA( ISTR1 ) / (2.0 * STEFF )
```

```
          VECA2 ( 3 ) = DEVIA( 3 ) / STEFF
C * * * Calculate Vector A3
          VECA3(1) = DEVIA(2) * DEVIA(4) + VARJ2/3.0
          VECA3(2) = DEVIA(1) * DEVIA(4) + VARJ2/3.0
          VECA3(3) = - 2.0 * DEVIA(3) * DEVIA(4)
          VECA3(4) = DEVIA(1) * DEVIA(2) - DEVIA(3) * DEVIA(3) + VARJ2/3.0
          Go To (1,2,3,4) NCRIT
C * * * Tresca
       1  CONS1 = 0.0
          ABTHE = ABS(THETA * 57.29577951308)
          If(ABTHE. Lt. 29.0) Go To 20
          CONS2 = ROOT3
          CONS3 = 0.0
          Go To 40
      20  CONS2 = 2.0 * (COSTH + SINTH * TANT3)
          CONS3 = ROOT3 * SINTH/(VARJ2 * COST3)
          Go To 40
C * * * Von Mises
       2  CONS1 = 0.0
          CONS2 = ROOT3
          CONS3 = 0.0
          Go To 40
C * * * Mohr – Coulomb
       3  CONS1 = SIN( FRICT * 0.017453292)/3.0
          ABTHE = ABS( THETA * 57.29577951308)
          If(ABTHE. Lt.29.0) Go To 30
          CONS3 = 0.0
          PLUMI = 1.0
          IF(THETA. GT. 0.0) PLUMI = - 1.0
          CONS2 = 0.5 * (ROOT3 + PLUMI * CONS1 * ROOT3)
          Go To 40
      30  CONS2 = COSTH * ((1.0 + TANTH * TANT3) + CONS1 * (TANT3 – TANTH) *
             ROOT3)
          CONS3 = (ROOT3 * SINTH + 3.0 * CONS1 * COSTH)/(2.0 * VARJ2 * COST3)
```

```
              Go To 40
C * * * Drucker – Prager
     4    SNPHI = SIN(FRICT * 0.017453292)
          CONS1 = 2.0 * SNPHI/(ROOT3 * (3.0 – SNPHI))
          CONS2 = 1.0
          CONS3 = 0.0
    40    Continue
          Do 50 ISTR1 = 1, NSTR1
    50    AVECT(ISTR1) = CONS1 * VECA1(ISTR1) + CONS2 * VECA2(ISTR1) +
                CONS3 * VECA3(ISTR1)
          Return
          End
C
          Subroutine FLOWPL(AVECT, ABETA, DVECT, NTYPE, PROPS, LPROP,
                NSTR1, MMATS)
C * * * * * * * * * * * * * * * * * * * * * * * * * * * * * * *
C * * * This Subroutine Evaluates the Plastic D Vector
C * * * * * * * * * * * * * * * * * * * * * * * * * * * * * * *
          Dimension AVECT(4), DVECT(4), PROPS(MMATS, 7)
          YOUNG = PROPS(LPROP, 1)
          POISS = PROPS(LPROP, 2)
          HARDS = PROPS(LPROP, 6)
          FMUL1 = YOUNG/(1.0 + POISS)
          IF(NTYPE. EQ. 1) GO TO 60
          FMUL2 = YOUNG * POISS * (AVECT(1) + AVECT(2) +
              AVECT(4))/((1.0 + POISS) * (1.0 – 2.0 * POISS))
          DVECT(1) = FMUL1 * AVECT(1) + FMUL2
          DVECT(2) = FMUL1 * AVECT(2) + FMUL2
          DVECT(3) = 0.5 * AVECT(3) * YOUNG/(1.0 + POISS)
          DVECT(4) = FMUL1 * AVECT(4) + FMUL2
          Go To 70
    60    FMUL3 = YOUNG * POISS * (AVECT(1) + AVECT(2))/(1.0 – POISS *
              POISS)
          DVECT(1) = FMUL1 * AVECT(1) + FMUL3
```

```
              DVECT(2) = FMUL1 * AVECT(2) + FMUL3
              DVECT(3) = 0.5 * AVECT(3) * YOUNG/( 1.0 + POISS)
              DVECT(4) = FMUL1 * AVECT(4) + FMUL3
       70     DENOM = HARDS
              Do 80 ISTR1 = 1, NSTR1
       80     DENOM = DENOM + AVECT( ISTR1 ) * DVECT( ISTR1 )
              ABETA = 1.0/DENOM
              Return
              End
C
              Subroutine STIFFP( COORD, EPSTN, IINCS, LNODS, MATNO, MEVAB, MMATS,
             .       MPOIN, MTOTV, NELEM, NEVAB, NGAUS, NNODE, NSTRE, NSTR1,
             .       POSGP, PROPS, WEIGP, MELEM, MTOTG, STRSG, NTYPE, NCRIT)
C * * * * * * * * * * * * * * * * * * * * * * * * * * * * * *
C * * * * * * * This Subroutine Evaluate the Stiffness Matrix for Each Element in turn
C * * * * * * * * * * * * * * * * * * * * * * * * * * * * * *
              Dimension BMATX(4,18), CARTD(2,9), COORD(MPOIN,2), DBMAT(4,18),
             .    DERIV(2, 9), DEVIA(4), DMATX(4, 4),
             .    ELCOD(2, 9), EPSTN(MTOTG), ESTIF(18, 18), LNODS(MELEM, 9),
             .    MATNO(MELEM), POSGP( 4 ), PROPS( MMATS,7), SHAPE(9),
             .    WEIGP(4), STRES(4), STRSG(4, MTOTG),
             .    DVECT(4), AVECT(4), GPCOD(2, 9)
              TWOPI = 6.283185308
              Rewind 1
              KGAUS = 0
C
C         * * * Loop over Each Element
C
              Do 70 IELEM = 1, NELEM
              LPROP = MATNO(IELEM)
C
C * * * Evaluate the Coordinates of the Element Nodal Points
C
              Do 10 INODE = 1, NNODE
```

```
              LNODE = IABS(LNODS( IELEM, INODE) )
              IPOSN = (LNODE - 1) * 2
              Do 10 IDIME = 1, 2
              IPOSN = IPOSN + 1
       10     ELCOD(IDIME, INODE) = COORD(LNODE, IDIME)
              THICK = PROPS(LPROP, 3)
C
C       * * * Initialize the Element Stiffness Matrix
C
              Do 20 IEVAB = 1, NEVAB
              Do 20 JEVAB = 1, NEVAB
       20     ESTIF(IEVAB, JEVAB) = 0.0
              KGASP = 0
C
C   * * * Enter Loops for Area Numerical Integration
C
              Do 50 IGAUS = 1, NGAUS
              EXISP = POSGP(IGAUS)
              DO 50 JGAUS = 1, NGAUS
              ETASP = POSGP (JGAUS)
              KGASP = KGASP + 1
              KGAUS = KGAUS + 1
C
C * * * Evaluate the D Matrix
C
              Call MODPS(DMATX, LPROP, MMATS, NTYPE, PROPS)
C
C * * * Evaluate the Shape Functions, Element Volume, etc.
C
              Call SFR2( DERIV, ETASP, EXISP, NNODE, SHAPE)
              Call JACOB2 (CARTD, DERIV, DJACB, ELCOD, GPCOD, IELEM, KGASP,
                       NNODE, SHAPE )
              DVOLU = DJACB * WEIGP(IGAUS) * WEIGP(JGAUS)
              If (NTYPE. Eq. 3 ) DVOLU = DVOLU * TWOPI * GPCOD( 1, KGASP)
```

第8章 有限元法的程序设计与使用

```
            If (THICK. Ne. 0.0) DVOLU = DVOLU * THICK
C * * * Evaluate the B and DB Matrices
            Call BMATPS(BMATX, CARTD, NNODE, SHAPE, GPCOD, NTYPE, KGASP)
            If(IINCS. EQ. 1) Go To 80
            If(EPSTN(KGAUS). Eq. 0.0) Go To 80
            Do 90 ISTR1 = 1, NSTR1
      90    STRES( ISTR1 ) = STRSG( ISTR1, KGAUS)
            Call INVAR(DEVIA, LPROP, MMATS, NCRIT, PROPS, SINT3, STEFF, STRES,
           .             THETA, VARJ2, YIELD)
            Call YIELDF(AVECT, DEVIA, LPROP, MMATS, NCRIT, NSTR1,
           .             PROPS, SINT3, STEFF, THETA, VARJ2)
            Call FLOWPL(AVECT, ABETA, DVECT, NTYPE, PROPS, LPROP, NSTR1, MMATS)
            Do 100 ISTRE = 1, NSTRE
            Do 100 JSTRE = 1, NSTRE
    100     DMATX( ISTRE, JSTRE) = DMATX(ISTRE, JSTRE) -
           .             ABETA * DVECT(ISTRE) * DVECT(JSTRE )
      80    Continue
            Call DBE(BMATX, DBMAT, DMATX, MEVAB, NEVAB, NSTRE, NSTR1 )
C * * * Calculate the Element Stiffness es
            Do 30 IEVAB = 1, NEVAB
            Do 30 JEVAB = IEVAB, NEVAB
            Do 30 ISTRE = 1, NSTRE
      30    ESTIF( IEVAB, JEVAB) = ESTIF(IEVAB, JEVAB) +
           .             BMATX(ISTRE, IEVAB) * DBMAT( ISTRE, JEVAB) * DVOLU
      50    Continue
C * * * Construct the Lower Triangle of the Stiffness Matrix
            Do 60 IEVAB = 1, NEVAB
            Do 60 JEVAB = 1, NEVAB
      60    ESTIF(JEVAB, IEVAB) = ESTIF( IEVAB, JEVAB)
C * *  * Store the Stiffness Matrix, Stress Matrix and Sampling Point
C           Coordinates for Each Element on Disc File
            If (IELEM. EQ. 1) Then
            Write ( * , 119)IELEM, ESTIF
     119    Format ( 1x, i2,/, 32(/8E9.3) )
```

```
              Endif
              Write ( * , 111)IELEM
       111    Format (1x, 'IELEM = ', i2)
              Write ( 1 ) ESTIF
       70     Continue
              Return
              End
C
              Subroutine LINEAR(CARTD, DMATX, ELDIS, LPROP, MMATS, NDOFN,
             .   NNODE, NSTRE, NTYPE, PROPS, STRAN, STRES, KGASP, GPCOD, SHAPE)
C * * * * * * * * * * * * * * * * * * * * * * * * * * * * * * * *
C * * * This Subroutine Evaluates Stresses and Strains Assuming Linear Elastic Behaviour
C * * * * * * * * * * * * * * * * * * * * * * * * * * * * * * * *
              Dimension AGASH(2, 2), CARTD(2, 9), DMATX(4, 4), ELDIS(2, 9),
             .   PROPS(MMATS, 7), STRAN(4), STRES(4),
             .   GPCOD(2, 9), SHAPE(9)
              POISS = PROPS(LPROP, 2)
              Do 20 IDOFN = 1, NDOFN
              Do 20 JDOFN = 1, NDOFN
              BGASH = 0.0
              Do 10 INODE = 1, NNODE
       10     BGASH = BGASH + CARTD(JDOFN, INODE) * ELDIS(IDOFN, INODE)
       20     AGASH( IDOFN, JDOFN) = BGASH
C * * * * Calculate the Strains
              STRAN(1) = AGASH(1, 1)
              STRAN(2) = AGASH(2, 2)
              STRAN(3) = AGASH(1, 2) + AGASH(2, 1)
              STRAN(4) = 0.0
              Do 30 INODE = 1, NNODE
       30     STRAN(4) = STRAN(4) + ELDIS(1, INODE) * SHAPE(INODE)/GPCOD(1, KGASP)
C * * * * AND THE CORRESPONDING STRESSES
              Do 40 ISTRE = 1, NSTRE
              STRES(ISTRE) = 0.0
              Do 40 JSTRE = 1, NSTRE
```

```
40      STRES(ISTRE) = STRES(ISTRE) + DMATX(ISTRE, JSTRE) * STRAN(JSTRE)
        If (NTYPE. EQ. 1) STRES(4) = 0.0
        If (NTYPE. EQ. 2) STRES(4) = POISS * (STRES(1) + STRES(2))
        Return
        End
C
        Subroutine RESIDU(ASDIS, COORD, EFFST, ELOAD, FACTO, IITER, LNODS,
       .         LPROP, MATNO, MELEM, MMATS, MPOIN, MTOTG, MTOTV, NDOFN,
       .         NELEM, NEVAB, NGAUS, NNODE, NSTR1, NTYPE, POSGP, PROPS,
       .         NSTRE, NCRIT, STRSG, WEIGP, TDISP, EPSTN)
C * * * * * * * * * * * * * * * * * * * * * * * * * * * * * * * * * * *
C * * * * * This Subroutine Reduces the Stresses to the Yield Surface and
C            Evaluates the Equivalent Nodal Forces
C * * * * * * * * * * * * * * * * * * * * * * * * * * * * * * * * * * *
        Dimension ASDIS(MTOTV), AVECT(4), CARTD(2,9), COORD(MPOIN,2),
       .         DEVIA(4), DVECT(4), EFFST(MTOTG), ELCOD(2, 9), ELDIS(2, 9),
       .         ELOAD( MELEM, 18), LNODS(MELEM,9), POSGP(4), PROPS(MMATS,7),
       .         STRAN(4), STRES(4), STRSG(4, MTOTG), WEIGP(4), DLCOD(2, 9),
       .         DESIG(4), SIGMA(4), SGTOT(4), DMATX(4, 4), DERIV(2, 9),
       .         SHAPE(9), GPCOD(2, 9), EPSTN(MTOTG), TDISP(MTOTV),
       .         MATNO(MELEM), BMATX(4, 18)
        ROOT3 = 1.73205080757
        TWOPI = 6.283185308
        Do 10 IELEM = 1, NELEM
        Do 10 IEVAB = 1, NEVAB
10      ELOAD( IELEM, IEVAB) = 0.0
        KGAUS = 0
        Do 20 IELEM = 1, NELEM
        LPROP = MATNO(IELEM)
        UNIAX = PROPS(LPROP, 5 )
        HARDS = PROPS(LPROP, 6 )
        FRICT = PROPS(LPROP, 7 )
        If( NCRIT. EQ. 3)UNIAX = PROPS(LPROP,5) * COS(FRICT * 0.017453292)
        If( NCRIT. EQ. 4)UNIAX = 6.0 * PROPS(LPROP,5) * COS(FRICT * 0.017453292)/
```

```
                  (ROOT3 * (3.0 - SIN(FRICT * 0.017453292)))
      C * * * Compute Coordinate and Incremental Displacements of the Element Nodal Points
              Do 30 INODE = 1, NNODE
              LNODE = IABS(LNODS(IELEM, INODE))
              NPOSN = (LNODE - 1) * NDOFN
              Do 30 IDOFN = 1, NDOFN
              NPOSN = NPOSN + 1
              ELCOD(IDOFN, INODE) = COORD(LNODE, IDOFN)
       30     ELDIS(IDOFN, INODE) = ASDIS(NPOSN)
              Call MODPS(DMATX, LPROP, MMATS, NTYPE, PROPS)
              THICK = PROPS(LPROP, 3)
              KGASP = 0
              Do 40 IGAUS = 1, NGAUS
              Do 40 JGAUS = 1, NGAUS
              EXISP = POSGP(IGAUS)
              ETASP = POSGP(JGAUS)
              KGAUS = KGAUS + 1
              KGASP = KGASP + 1
              Call SFR2(DERIV, ETASP, EXISP, NNODE, SHAPE)
              Call JACOB2(CARTD, DERIV, DJACB, ELCOD, GPCOD, IELEM, KGASP,
                          NNODE, SHAPE)
              DVOLU = DJACB * WEIGP(IGAUS) * WEIGP(JGAUS)
              If (NTYPE. EQ. 3) DVOLU = DVOLU * TWOPI * GPCOD(1, KGASP)
              If (THICK. NE. 0.0) DVOLU = DVOLU * THICK
              Call BMATPS(BMATX, CARTD, NNODE, SHAPE, GPCOD, NTYPE, KGASP)
              Call LINEAR(CARTD, DMATX, ELDIS, LPROP, MMATS, NDOFN, NNODE, NSTRE,
                          NTYPE, PROPS, STRAN, STRES, KGASP, GPCOD, SHAPE)
              PREYS = UNIAX + EPSTN(KGAUS) * HARDS
              Do 150 ISTH1 = 1, NSTR1
              DESIG(ISTH1) = STRES(ISTR1)
      150     SIGMA(ISTR1) = STRSG(ISTR1, KGAUS) + STRES(ISTR1)
              Call INVAR(DEVIA, LPROP, MMATS, NCRIT, PROPS, SINT3, STEFF, SIGMA,
                         THETA, VARJ2, YIELD)
              ESPRE = EFFST(KGAUS) - PREYS
```

第8章 有限元法的程序设计与使用

```
        IF(ESPRE. GE. 0.0) GO TO 50
        ESCUR = YIELD - PREYS
        If(ESCUR. LE.0.0) GO TO 60
        RFACT = ESCUR/(YIELD - EFFST(KGAUS))
        Go To 70
 50     ESCUR = YIELD - EFFST(KGAUS)
        If (ESCUR. LE. 0.0) Go To 60
        RFACT = 1.0
 70     MSTEP = ESCUR * 8.0/UNIAX + 1.0
        ASTEP = MSTEP
        REDUC = 1.0 - RFACT
        Do 80 ISTR1 = 1, NSTR1
        SGTOT(ISTR1) = STRSG(ISTR1, KGAUS) + REDUC * STRES(ISTR1)
 80     STRES( ISTR1 ) = RFACT * STRES( ISTR1 )/ASTEP
        Do 90 ISTEP = 1, MSTEP
        Call INVAR(DEVIA, LPROP, MMATS, NCRIT, PROPS, SINT3, STEFF, SGTOT,
                   THETA, VARJ2, YIELD)
        Call YIELDF( AVECT, DEVIA, LPROP, MMATS, NCRIT, NSTR1,
                   PROPS, SINT3, STEFF, THETA, VARJ2)
        Call FLOWPL(AVECT, ABETA, DVECT, NTYPE, PROPS, LPROP, NSTR1, MMATS)
        AGASH = 0.0
        Do 100 ISTR1 = 1, NSTR1
 100    AGASH = AGASH + AVECT(ISTR1) * STRES(ISTR1)
        DLAMD = AGASH * ABETA
        If (DLAMD. LT. 0.0) DLAMD = 0.0
        BGASH = 0.0
        Do 110 ISTR1 = 1, NSTR1
        BGASH = BGASH + AVECT(ISTR1) * SGTOT( ISTR1 )
 110    SGTOT(ISTR1) = SGTOT(ISTR1) + STRES(ISTR1) - DLAMD * DVECT(ISTR1)
        EPSTN(KGAUS) = EPSTN(KGAUS) + DLAMD * BGASH/YIELD
 90     Continue
        Call INVAR(DEVIA, LPROP, MMATS, NCRIT, PROPS, SINT3, STEFF, SGTOT,
                   THETA, VARJ2, YIELD)
        CURYS = UNIAX + EPSTN(KGAUS) * HARDS
```

```
              BRING = 1.0
              If (YIELD. GT. CURYS) BRING = CURYS/YIELD
              Do 130 ISTR1 = 1, NSTR1
       130    STRSG( ISTR1, KGAUS) = BRING * SGTOT(ISTR1)
              EFFST(KGAUS) = BRING * YIELD
C * * * Alternative Location of Stress Reduction Loop Termination Card
              Go To 190
       60     Do 180 ISTR1 = 1, NSTR1
       180    STRSG( ISTR1, KGAUS) = STRSG( ISTR1, KGAUS) + DESIG( ISTR1 )
              EFFST(KGAUS) = YIELD
C * * * Calculate the Equivalent Nodal Forces and Associate with the Element Nodes
       190    MGASH = 0
              Do 140 INODE = 1, NNODE
              Do 140 IDOFN = 1, NDOFN
              MGASH = MGASH + 1
              Do 140 ISTRE = 1, NSTRE
       140    ELOAD(IELEM, MGASH) = ELOAD(IELEM, MGASH) +
          .             BMATX( ISTRE, MGASH) * STRSG( ISTRE, KGAUS) * DVOLU
       40     Continue
       20     Continue
              Return
              End
C
              Subroutine OUTPUT( IITER, MTOTG, MTOTV, MVFIX, NELEM, NGAUS, NOFIX,
          .       NOUTP, NPOIN, NVFIX, STRSG, TDISP, TREAC, EPSTN, NTYPE, NCHEK)
C * * * * * * * * * * * * * * * * * * * * * * * * * * * * * * * * *
C * * * This Subroutine Output Displacements. Reaction and Stresses
C * * * * * * * * * * * * * * * * * * * * * * * * * * * * * * * * *
              Dimension NOFIX(MVFIX), NOUTP(2), STRSG(4, MTOTG), STRSP(3),
          .       TDISP(MTOTV), TREAC(MVFIX, 2), EPSTN(MTOTG)
              KOUTP = NOUTP(1)
              If (IITER. GT. 1) KOUTP = NOUTP(2)
              If ( IITER. EQ. 1. AND. NCHEK. EQ. 0) KOUTP = NOUTP(2)
C * * * Output Displacements
```

```
          If(KOUTP. LT. 1) GO TO 10
          Write (6,900)
          Write ( * , 900)
      900 Format ( 1H0, 6X, 13HDISPLACEMENTS)
          If (NTYPE. NE. 3) Write(6,950)
          If (NTYPE. NE. 3) Write( * , 950)
      950 Format ( 1H0, 6X, 4HNODE, 6X, 7HX - DISP., 7X, 7HY - DISP. )
          If(NTYPE. EQ. 3) Write(6,955)
      955 Format ( 1H0, 6X, 4HNODE, 6X, 7HR - DISP., 7X, 7HZ - DISP. )
          Do 20 IPOIN = 1, NPOIN
          NGASH = IPOIN * 2
          NGISH = NGASH - 2 + 1
          Write (6,910) IPOIN, (TDISP( IGASH), IGASH = NGISH, NGASH)
       20 Write ( * , 910) IPOIN, (TDISP(IGASH), IGASH = NGISH, NGASH)
      910 Format (I10, 3E14.6)
       10 Continue
C * * Output Reactions
          If (KOUTP. LT. 2) Go To 30
          Write (6,920 )
          Write ( * , 920)
      920 Format (1H0, 5X, 9HREACTIONS)
          If (NTYPE. NE. 3) Write(6,960)
      960 Format ( 1H0, 6X, 4HNODE, 6X, 7HX - REAC., 7X, 7HY - REAC. )
          If (NTYPE. EQ. 3) Write(6,965)
      965 Format ( 1H0, 6X, 4HNODE, 6X, 7HR - REAC., 7X, 7HZ - REAC. )
          Do 40 IVFIX = 1, NVFIX
       40 Write (6,910) NOFIX(IVFIX), (TREAC(IVFIX, IDOFN), IDOFN = 1,2)
       30 Continue
C * * * Output
          If (KOUTP. LT. 3) Go To 50
          If (NTYPE. NE. 3) Write(6,970)
          If (NTYPE. NE. 3) Write( * , 970)
      970 Format ( 1H0, 1X, 4HG.P., 6X,9HXX - STRESS,5X,9HYY - STRESS, 5X,
         .         9HXY - STRESS,5X,9HZZ - STRESS,6X, 8HMAXP.S.,6X, 8HMINP.S.,3X,
```

```
           5HANGLE,3X,6HE.P.S.)
         If(NTYPE.Eq.3)Write(6,975)
         If(NTYPE.EQ.3)Write(*,975)
   975   Format(1H0,1X,4HG.P.,6X,9HRR-STRESS,5X,9HZZ-STRESS,5X,
        .        9HRZ-STRESS,5X,9HTT-STRESS,6X,8HMAXP.S.,6X,8HMIN P.S.,
        .        3X,5HANGLE,3X,6HE.P.S.)
         KGAUS = 0
         Do 60 IELEM = 1, NELEM
         KELGS = 0
         Write(6,930) IELEM
         Write(*,930) IELEM
   930   Format(1H0,5X,13HELEMENT NO. = ,I5)
         Do 60 IGAUS = 1, NGAUS
         Do 60 JGAUS = 1, NGAUS
         KGAUS = KGAUS + 1
         KELGS = KELGS + 1
         XGASH = ( STRSG( 1, KGAUS) + STRSG(2, KGAUS) ) * 0.5
         XGISH = ( STRSG( 1, KGAUS) - STRSG(2, KGAUS) ) * 0.5
         XGESH = STRSG(3, KGAUS)
         XGOSH = SQRT(XGISH * XGISH + XGESH * XGESH)
         STRSP(1) = XGASH + XGOSH
         STRSP(2) = XGASH - XGOSH
         If(XGISH.EQ.0.0) XGISH = 0.1E-20
         STRSP(3) = ATAN(XGESH/XGISH) * 28.647889757
         Write(6,940) KELGS,(STRSG( ISTR1, KGAUS), ISTR1 = 1, 4),
        .       (STRSP( ISTRE), ISTRE = 1, 3 ), EPSTN(KGAUS)
   60    Write(*,940) KELGS,(STRSG( ISTR1, KGAUS), ISTR1 = 1, 4),
        .       (STRSP( ISTRE), ISTRE = 1, 3 ), EPSTN(KGAUS)
   940   Format( I5, 2X, 6E14.6, F8.3, E14.6)
   50    Continue
         Return
         End
```

8.5 大型通用有限元分析软件 ANSYS 简介

ANSYS 是 John Swanson 于 20 世纪 60 年代末为核能应用开发的大型线性和非线性有限元程序。因其率先开发出微机版本,所以用户众多。ANSYS 是美国 SASI(Swanson Analysis Systems Inc.)公司开发的世界最著名的大型通用有限元分析软件之一,广泛应用于航空航天、汽车、船舶、铁道、电子、机械制造、地矿、水利、核能、生物、医学、土木工程及轻工等领域,它极强的分析功能几乎覆盖了所有的工程问题。1992 年 5 月,SASI 公司在美国匹兹堡总部发布了 ANSYS5.0 版本,从而在有限元分析领域带来了一场新的变革。该软件技术先进,功能完善,实用性强,目前已经推出了 ANSYS12.0 版本。

ANSYS 软件特点如下:

①该程序最为显著的特点是加入交互式操作方式,即能在分析前用交互式图形验证模型的几何形状、材料及边界条件。分析之后又能立即用图形交互检查分析结果。

②该程序提供一个循序渐进的能力表,包括高级结构非线性、电磁场、计算流体力学、设计优化、一般接触面、自适应网格划分、大应变、有限转动动能和参数化建模。

③软件的设计分析和优化功能也可很方便地应用到 CAD 系统生成的模型上。新增强的功能,使程序更灵活更好用,计算速度更快。

此外,ANSYS 软件还提供了一个不断改进的功能清单,包括以下几个方面。

(1) 结构高度非线性仿真

ANSYS 采用了牛顿-拉普森迭代求解,并为了增强问题的收敛性,提供了自适应下降、线性搜索、自动载荷步、二分法及弧长法等一系列命令。可以计算由大的位移、应变及有限转动引起的结构几何非线性问题、与时间有关的材料非线性问题以及接触引起的状态非线性问题。

(2) 热分析

ANSYS 热分析基于能量守恒原理的热平衡方程,用有限元法计算各结点的温度,并导出其他热物理参数。包括热传导、热对流及热辐射三种传导方式。此外,还可以分析相变、有内热源、接触热阻等问题。热分析用于计算一个系统或部件的温度分布,如热量获取或损失、热梯度、热流密度等。

(3) 电磁分析

ANSYS 可分析电磁场的多方面问题,如电感、电容、磁通量密度、涡流、电场分布、磁力线、力、运动效应、电路和能量损失等。可用于有效地分析下面所列的各类设备:电力发电机、变压器、螺线管传动器、电动机、磁成像系统、图像显示设备传感器、磁悬浮装置、波导、开关等。

(4) 设计优化

ANSYS 提供了两种优化方法,它们可以处理大多数的优化问题。零阶方法是一个很完美的处理方法,可以很有效地处理大多数的工程问题。一阶方法基于目标函数对设计变量的敏感程度,更适合于精确的优化分析。优化中 ANSYS 采用一系列的分析—评估—修正的循环过程,这个过程重复进行直到所有设计变量满足要求为止。

(5)计算流体动力学分析

ANSYS 程序中的 FLOTRAN CFD 分析功能是一个用于分析二维及三维流体流动场的先进的工具,可解决如下的问题:

① 作用于气动翼型上的升力和阻力;
② 超音速喷管中的流场;
③ 弯管中流体的复杂的三维流动;
④ 计算发动机排气系统中气体压力及温度分布;
⑤ 研究管路系统中热的层化及分离;
⑥ 使用混合流研究来估计热冲击的可能性;
⑦ 用自然对流分析估计电子封装芯片的热性能;
⑧ 对含有多种流体的热交换器进行研究。

(6)利用 ANSYS 参数设计语言(APDL)的扩展宏命令功能

APDL 有参数、数组参数、表达式和函数、分支和循环、重复和缩写、宏以及用户程序等功能。

目前发布的 ANSYS 版本包括如下分析模块或工具:

①Multiphics:多物理场仿真分析工具,融结构、热、流体、电磁、声学于一体,模拟求解复杂、规模巨大的工程问题。

②LS-DYNA:显式瞬态动力分析工具,算法适用于求解碰撞、爆炸、金属成型等高速高度非线性问题。

③Design Space:专门为设计人员定制的设计前期 CAE 工具,可集成于各类主流的 CAD 系统。

④FE-SAFE:结构疲劳耐久性分析专用软件,提供了丰富的材料疲劳特性数据库,强大的载荷历史和序列载荷组合功能且可处理复杂的载荷模块,具有高温蠕变疲劳分析功能和高精度的多轴疲劳算法。

8.5.1 ANSYS 程序概述

ANSYS 程序由两个平台组成:开始平台和处理器平台。进入 ANSYS 程序后,首先停留在开始平台,从开始平台可进入各处理器。若想在某个处理器中退出 ANSYS 或转到其他处理器,必须首先回到开始平台。大部分的分析工作都是在处理器中完成,典型的分析工作可分成以下三个阶段:

(1)前处理阶段

用于建立几何模型,输入材料特性和单元类型等。
(2)求解阶段
用于定义分析类型及选项、加载和求解。
(3)后处理阶段
通过图形显示和列表输出评价分析结果。

ANSYS 的菜单是按主题相关的逻辑进行组织的,共有 3 个主逻辑组:主命令、实用命令和参考。由于每个逻辑组均为树形结构,其中树顶为标题,因此称为菜单树。

用 ANSYS 程序对结构进行分析时,主命令树提供了详细的分析步骤。在前处理阶段,主要定义所用的单元类型、材料特性,并建模和划分网格。求解阶段则包括对结构施加约束以及载荷,然后进行求解。后处理阶段主要用来显示结构的变形,绘制应力等值线,观察计算的误差等。实用命令树在具体的分析工作中起辅助作用,是分析工作中不可缺少的一部分。它主要包括对图形的大小、颜色以及样式等的控制、坐标系统及工作平面的定义、对 ANSYS 程序生成的文件的管理和编辑等。参考树类似于一本用户手册,它从 ANSYS 程序的解题步骤到每一个命令及其所包含的参数的意义等各个部分进行了详细的说明。对结构进行分析时,可随时从参考树中获得相关信息,为用户提供了极大的方便。

8.5.2 结构分析例题

一个直角支架结构如图 8.13 所示,受静载荷作用。支架上面左方的孔是被沿圆周完全固定的,一个成锥形的压力施加在下面右端孔的下半圆处大小为由 50psi(磅/平方英寸)到 150psi。

已知:支架两端的半圆直径均为 2 mm,支架厚度为 0.5 mm,小孔半径为 1 mm,支架拐角是半径为 0.4 mm 的小圆弧,支架材料的弹性模量为 2×10^{11}Pa,泊松比为 0.27。

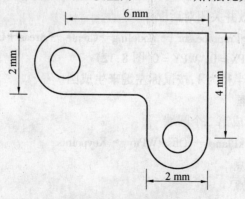

图 8.13 直角支架结构图

解 由于支架在 z 方向的厚度远小于在 x,y 方向的尺寸,而且压力只作用在 $x-y$ 平面上,所以可以把它假设为平面应力问题来分析。

以下运用固体模型来产生一个二维模型,并利用自适应划分网格方法来确定结点和划分网格。具体步骤如下:

(1) 生成矩形
① 执行:MainMenu:Preprocessor→Modeling→Create→Areas→Rectangle By Dimensions
② 输入 X1 = 0, X2 = 6, Y1 = −1, Y2 = 1
③ 按 Apply 生成第一个矩形
④ 输入 X1 = 4, X2 = 6, Y1 = −1, Y2 = −3
⑤ 按 OK 生成第二个矩形,并关闭对话框

(2) 改变绘图控制重绘矩形
① 执行:UtilityMenu→Plot Ctrls→Numbering
② 打开面域颜色区分功能
③ 按 OK 改变控制参数,关闭对话框,用 replot 重绘

(3) 将工作面转化成极坐标形式来生成第一个圆端
① 执行:UtilityMenu→PlotCtrls → Pan, Zoom, Rotate
② 点击小圆点一次来放大
③ 关闭对话框
④ 执行:UtilityMenu→WorkPlane → DisplayWorkingPlane(toggleon)
⑤ 执行:UtilityMenu→WorkPlane → WPSettings
⑥ 点击 Polar
⑦ 点击 GridandTriad
⑧ 输入 0.1 作为跳格尺寸
⑨ 按 OK 使设置生效并关闭对话框
⑩ 执行:MainMenu→Preprocessor →Modeling→Create →Areas→Circle → SolidCircle
⑪ 选取中心点在 WPX = 0, WPY = 0(图 8.12)
⑫ 移动鼠标来控制半径为 1,按鼠标左键来生成圆
⑬ 按 OK 关闭对话框

(4) 移动工作面来生成第二个圆端
① 执行:Menu→WorkPlane → OffsetWPto → Keypoints
② 拾取矩形左下角点
③ 拾取矩形右下角点
④ 按 OK 关闭拾取菜单
⑤ 执行:MainMenu→Preprocessor→ Modeling→Create →Areas→Circle→ SolidCircle

⑥ 拾取中心点(X=0, Y=0)
⑦ 移动鼠标使半径为1,按左键生成圆
⑧ 按 OK 关闭拾取菜单

(5)面域合并

① 执行:MainMenu→Preprocessor→Modeling→Operate→Booleans→Add→Areas
② 选取所有的面域相加

(6)生成圆角线

① 执行:UtilityMenu→PlotCtrls→Numbering
② 打开直线颜色区分功能
③ 按 OK 保存修改并关闭对话框,自动重绘
④ 用 UtilityMenu→WorkPlane→DisplayWorkingPlane(toggleoff)来关闭坐标显示
⑤ 执行:MainMenu→Preprocessor→Modeling→Create→Lines→LineFillet
⑥ 拾取直线17和8
⑦ 按 OK 结束拾取
⑧ 输入0.4作为半径大小
⑨ 按 OK 生成一段圆弧,关闭对话框
⑩ 重绘曲线 UtilityMenu→Plot→Lines

(7)生成圆角面

① 利用 UtilityMenu→PlotCtrls→Pan,Zoom,Rotate 来调整图像大小、位置和角度
② 按一下 Zoom 钮
③ 移动鼠标到圆弧处,按左键,把鼠标移走,再按一下
④ 执行:MainMenu→Preprocessor→Create→Areas→Arbitrary→ByLines
⑤ 选中直线4,5和1
⑥ 按 OK 生成面域,关闭拾取对话框
⑦ 按 Fit 按钮
⑧ 关闭 the Pan,Zoom,Rotate 图像调节对话框
⑨ 重绘面域,执行:UtilityMenu→Plot→Areas

(8)面域合并

① 执行:Mainmenu→Preprocessor→Modeling→Operate→Booleans→Add→Areas
② 选取全部面域相加

(9)生成第一个小孔

① 用 UtilityMenu→WorkPlane→DisplayWorkingPlane(toggleon)打开坐标显示
② 执行:MainMenu→Preprocessor→Modeling→Create→Areas→Circle→SolidCircle
③ 选取中心点(X=0, Y=0)

④ 移动鼠标使半径为 0.4,在左边生成小圆
　　⑤ 按 OK 关闭拾取对话框
(10)移动工作面来生成第二个小孔
　　① 用 UtilityMenu→WorkPlane→OffsetWPto→GlobalOrigin 由极坐标转换成标准坐标
　　② 执行:MainMenu→Preprocessor→Modeling→Create→Areas→Circle→SolidCircle
　　③ 选取中心点(0,0)
　　④ 生成半径为 0.4 的小圆
　　⑤ 用 UtilityMenu→WorkPlane→DisplayWorkingPlane(toggleoff)关闭坐标显示
　　⑥ 重绘线 Plot→Lines
(11)减出支架上的小孔
　　① 执行:MainMenu→Preprocessor→Modeling→Operate→Booleans→Subtract→Areas,布尔操作,面域相减
　　② 选取支架作为被减面域
　　③ 按菜单中 Apply 钮
　　④ 拾取两个小孔作为减去面域
　　⑤ 按 OK 来减孔并关闭对话框
　　⑥ 存盘 Toolbar→SAVE_DB
(12)保存数据在 model.db 里
　　① 执行:UtilityMenu→File→SaveAs
　　② 输入 model.db 作为数据文件名
　　③ 按 OK 保存数据并关闭对话框
(13)定义材料属性
　　① 根据已知输入材料属性:E 和泊松比。
　　② 利用 MainMenu→Preprocessor→MaterialProps→Constant→Isotropic
　　③ 当定义一种材料之后按 OK
　　④ 输入 2e11 为 E
　　⑤ 输入 0.27 在 NUXY 栏中
　　⑥ 按 OK 使修改生效并关闭对话框
(14)菜单优化
　　① 执行:MainMenu→Preferences
　　② 点击 structural 选项
　　③ 按 OK 使修改生效并关闭对话框
(15)定义单元类型和选项
　　① 执行:MainMenu→Preprocessor→Element Type→Add/Edit/Delete

② 添加一种单元类型

③ 选择 8 - nodedquad(PLANE82)单元按 OK

④ 在 PLANE82 单元的 Options 选项中定义参数

⑤ 选择薄板平面应力作为单元特征，按 OK

⑥ 关闭单元对话框

(16) 定义实常数

① 执行：MainMenu→Preprocessor→RealConstants

② 添加一类实常数

③ 选 PLANE82 按 OK

④ 在厚度项上填入 0.5

⑤ 按 OK 使修改生效并关闭对话框

⑥ 关闭实常数对话框

(17) 平面网格划分

① 执行：MainMenu→Preprocessor→MeshTool，打开网格划分对话框

② 设置网格尺寸，键入 0.5，按 OK

③ 选择 Area 网格选项

④ 按 Mesh 按钮

⑤ 选取整个区域进行网格划分

⑥ 关闭网格划分对话框

(18) 保存数据在 mesh.db 里

① 执行：UtilityMenu→File→SaveAs

② 输入 mesh.db 作为数据文件名

③ 按 OK 保存数据并关闭对话框

(19) 施加固定约束

① 执行：MainMenu→Solution→Loads→Apply→Structural→Displacement→OnLines

② 选取 4 条左边孔上的弧线（L 分别是线 10, 9, 11, 12）

③ 按 OK

④ 点 All DOF 选项

⑤ 输入 0 作为完全固定铰支

⑥ 按 OK 施加固定铰支

⑦ 重绘线 UtilityMenu→Plot→Lines

⑧ 存盘 Toolbar→SAVE_DB

(20) 施加压力载荷

① 执行：MainMenu→Solution→Loads→Apply→Pressure→OnLines

② 选取线6
③ 在 Apply value 中输入 50
④ 在 Optional value 中输入 500
⑤ 按 Apply
⑥ 选线 7
⑦ 在 Apply value 中输入 500
⑧ 在 Optional value 中输入 50
⑨ 按 OK
⑩ 存盘 Toolbar→SAVE_DB

(21) 求解
① 执行：MainMenu→Solution→Solve→CurrentLS
② 查看状态窗，选择 File→Close 来关闭状态窗
③ 按 OK 开始计算求解
④ 计算结束，关闭数据窗

(22) 利用常用后处理器来查看结果
执行：MainMenu→General Postproc→Read Results→FirstSet

(23) 绘制变形图
① 执行：MainMenu→General Postproc→Plot Results→Deformed Shape
② 选择 Def+undeformed 项
③ 按 OK
④ 产生变形动画图：
  a. UtilityMenu→PlotCtrls→Animate→Deformed Shape
  b. 选择 Def+undeformed 选项
  c. 按 OK

(24) 绘制 vonMises 等效应力图
① 执行：MainMenu→General Postproc→Plot Results→Contour Plot→NodalSolu
② 选择应力项显示 von-mises 等效应力图
③ 将菜单条向下滑，选中 vonMises(SEQV) 项
④ 按 OK
⑤ UtilityMenu→Plot Ctrls→Animate→Deformed Results
⑥ 选择应力项作 von-Mises 等效应力动画模拟
⑦ 将菜单条向下滑，选中 von Mises(SEQV) 项
⑧ 按 OK

(25) 列出结果数据

① 执行 MainMenu→General Postproc→List Results→Reaction Solu
② 按 OK 列出所有项数据,并关闭对话框
③ 拖动滚动条找到 total vertical force, FY 一项
④ 关闭 File→Close

(26) 退出 ANSYS 程序
① 退出 Toolbar→Quit
② 选择 Quit - NoSave! 不保存
③ 按 OK

习 题

8 – 1 矩形平面深梁尺寸如图8.14所示,厚度 $t = 1$ cm,两端受力偶矩 M 的作用,M 的面力按直线分布,$q = 50$ kg·cm^{-2},已知材料的 $E = 2.0 \times 10^5$ MPa,$\mu = 0.3$,$\gamma = 7.8$ g·cm^{-3}。求:

(1) 当简支时,试用3种疏密不同的网格进行计算,比较 A, B 两点的位移及应力,从而说明有限元法的收敛性;

(2) 按最佳结果,给出梁内 CD 截面的应力分布以及沿 x 轴的挠度分布;

(3) 当一端固支时,以最佳网格计算 A, B 两点的位移及应力,并给出梁内 CD 截面的应力分布以及沿 x 轴的挠度分布。

说明:(a) 上述3问均需要与弹性理论解进行比较;

(b) 上述计算均不考虑自重。

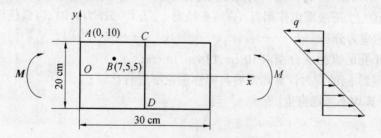

图 8.14 矩形平面深梁

8 – 2 一矩形截面的简支梁,尺寸如图8.15所示,厚度 $t = 1$ cm,上端受有均布压力 $q = 100$ kg·cm^{-2},已知材料的 $E = 2.0 \times 10^5$ MPa,$\mu = 0.3$,$\gamma = 7.8$ g·cm^{-3}。求:

(1) 试用3种疏密不同的网格进行计算,比较 $A(20,10)$,$B(10,5)$ 两点的位移及应力,从而说明有限元法的收敛性;

(2) 按最佳结果,给出梁内 $C(0,10)$,$D(0,-10)$ 形成的 CD 截面的应力分布以及沿 x 轴的挠度分布;

(3) 当只考虑梁的自重时,以最佳网格计算 A,B 两点的位移及应力;

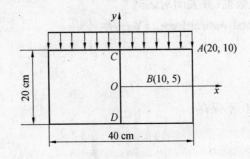

图 8.15 矩形截面梁

(4) 当同时考虑均布压力及自重时,以最佳网格计算 A,B 两点的位移及应力,并与(3)进行比较。

说明:(a) 以上的第(1)、(2) 问不考虑自重;

(b) 第(1)、(2) 问的应力计算均需要与弹性理论解进行比较。

8 – 3 一矩形薄板,中心处有一圆孔,尺寸如图 8.16 所示,长度 $a = 200$ cm,宽度 $b = 100$ cm,厚度 $t = 1$ cm。在板的两端作用有均布拉力 $q = 100$ kg·cm^{-2}。已知材料的 $E = 2.0 \times 10^5$ MPa,$\mu = 0.3$,$\gamma = 7.8$ g·cm^{-3}。求:

(1) 试用3种疏密不同的网格进行计算,比较 $A(\phi/2,0)$,$B(0,\phi/2)$,$C(0,2\phi)$ 三点的应力,从而说明有限元法的收敛性;

(2) 按最佳结果,给出沿 x 轴和 y 轴的应力分布;

(3) 若在板的上、下表面也作用有:① 均布拉力 q,② 均布压力 q 时,以最佳网格分别计算沿 x 轴和 y 轴的应力分布。

说明:(a) 小孔的直径 ϕ 分别取 10 cm、12 cm、14 cm;

(b) 第(1)、(2) 问的应力计算均需要与弹性理论解进行比较;

(c) 上述计算均不考虑自重。

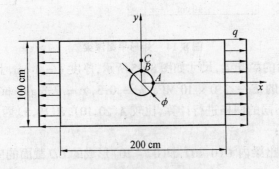

图 8.16 带圆孔的矩形薄板

第9章 有限元法在其他领域中的应用

在航空工程和结构工程应用中发展起来的有限元法,初期主要处理结构的静力问题。由于有限元法理论和计算机技术的发展,有限元法在更广泛的领域得到了拓展和应用。从分析领域来说,有限元法已从静力学扩展到结构动力学、传热学、流体力学、电磁学和声学等领域。航空航天设备的许多结构在使用中受到不同性质的载荷作用,本章就对有限元法在这些领域中应用的基本原理作简单的介绍。

9.1 结构动力学分析中的有限元法

机械设备尤其是运动机械,由于振动问题引起的机械故障率高达60%~70%,航空航天设备更是普遍存在由于振动引起的重大事故,航空发动机的转子、飞机的机翼等部件都是振动故障多发的结构。此外,航空发动机、飞机、火箭等结构的固有频率、颤振、稳定性以及这些结构对非周期性载荷的动态响应都是结构设计及故障分析中关注的问题,结构动力学有限元法为这类问题的解决提供了一种重要手段。本节对结构动力学有限元法的基本方程及其解法作简要介绍。

9.1.1 结构动力学基本方程

静力分析中的平衡方程为

$$[K]\{\delta\} = \{F\} \tag{9.1}$$

在结构动力学中,由于载荷是随时间 t 变化的,它是时间 t 的函数,记做 $\{F(t)\}$。因为位移随时间 t 变化,所以就有速度、加速度存在。将相应的位移、速度和加速度分别记做 $\{\delta(t)\}$、$\{\dot{\delta}(t)\}$ 和 $\{\ddot{\delta}(t)\}$。根据达朗贝尔原理,引入相应的惯性力,就可以将弹性体的动力问题转化为相应的静力问题,亦即转化为弹性体的平衡问题来处理,运动方程为

$$[M]\{\ddot{\delta}\} + [K]\{\delta\} = \{F\} \tag{9.2}$$

若系统具有瑞利黏性阻尼,即阻尼力与速度成正比,则运动方程为

$$[M]\{\ddot{\delta}\} + [C]\{\dot{\delta}\} + [K]\{\delta\} = \{F\} \tag{9.3}$$

式中,$[M]$ 为质量矩阵;$[C]$ 为阻尼矩阵;$[K]$ 为刚度矩阵。

9.1.2 单元质量矩阵

有限元法求解结构动力学问题中,采用两种方式建立单元质量矩阵$[M]$。

1. 集中质量矩阵

集中质量矩阵是将单元分布质量换算集中到单元的结点上,它是一个对角线矩阵,其形式为

$$[M] = \begin{bmatrix} m_1 & 0 & \cdots & 0 \\ 0 & m_2 & \cdots & 0 \\ \vdots & \vdots & & \vdots \\ 0 & 0 & \cdots & m_n \end{bmatrix}$$

有多种方法可以把分布质量换算成集中质量。当质量均匀分布时,最简单的办法是将质量平均分配给单元结点。如果质量分布不均匀时(如图9.1所示),较简便的方法是先规定各结点所分组的区域,然后再把各区域的质量分配给各结点。

对于三角形3结点单元的集中质量矩阵,只要将单元的质量一分为三,集中在三个结点上,即

$$[M_e] = \frac{W}{3} \begin{pmatrix} 1 & 0 & 0 & 0 & 0 & 0 \\ & 1 & 0 & 0 & 0 & 0 \\ & & 1 & 0 & 0 & 0 \\ & 对 & & 1 & 0 & 0 \\ & & & & 1 & 0 \\ & 称 & & & & 1 \end{pmatrix} \quad (9.4)$$

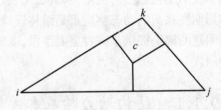

图9.1 三角形单元的质量分配

2. 一致质量矩阵

单元质量矩阵为

$$[M] = \iiint_V \rho [N]^T [N] dV \tag{9.5}$$

由式(9.5)计算得出的矩阵,由于建立刚度矩阵和建立质量矩阵所使用的位移函数是相同的,因而称做一致质量矩阵。把所有单元质量矩阵叠加起来就得到整个结构的总体质量矩阵。

对于3结点三角形常应变单元,厚度t不变,质量密度为ρ,三角形单元面积为A,则利用一致质量矩阵式(9.5),得

$$[M_e] = \rho t \iint_S [N]^T [N] \mathrm{d}x\mathrm{d}y \tag{9.6}$$

其形状函数矩阵$[N]$为

$$\begin{cases} [N] = [IN_i \quad IN_j \quad IN_k] \\ N_i = (a_i + b_i x + c_i y)/2\Delta \\ [I] = \begin{bmatrix} 1 & 0 \\ 0 & 1 \end{bmatrix} \end{cases} \tag{9.7}$$

则有

$$[M_{rs}] = \rho t [I] \iint_S N_r N_s \mathrm{d}x\mathrm{d}y \tag{9.8}$$

$$\iint_S N_r N_s \mathrm{d}x\mathrm{d}y = \begin{cases} \dfrac{1}{12}\Delta & (r \neq s) \\ \dfrac{1}{6}\Delta & (r = s) \end{cases} \quad (r,s = 1,2,3) \tag{9.9}$$

于是由式(9.6)得到一致质量矩阵为

$$[M_e] = \frac{W}{12} \begin{pmatrix} 2 & 0 & 1 & 0 & 1 & 0 \\ & 2 & 0 & 1 & 0 & 1 \\ & & 2 & 0 & 1 & 0 \\ & 对 & & 2 & 0 & 1 \\ & & & & 2 & 0 \\ & & 称 & & & 2 \end{pmatrix} \tag{9.10}$$

式中,$W = \rho t \Delta$ 是单元的质量。

有关其他类型单元的质量矩阵,可按上述过程类推得到。

9.1.3 单元阻尼矩阵

阻尼的机理很复杂,要考虑各种因素,作详细的研究是很困难的。作用在实际结构和机械上的阻尼,通常可按照以下三种方法表示:① 固体之间的摩擦引起的阻尼,根据库仑法则是常值。② 材料的内部阻尼(滞后)与位移成正比。③ 黏性阻尼与速度成正比。其中材料的滞后阻尼一般很小,而固体摩擦往往在阻尼中起主要作用。但是,由于固体摩擦的分析处理很困难,因此为简单起见,通常将所有的阻尼作用表示为黏性阻尼的形式。

即使是黏性阻尼,要完全用数学形式表示也是极为困难的。阻尼力一般用一次式

$$\{f\} = c\{\dot{\delta}\} \tag{9.11}$$

来近似表示。它包括以下两部分。

① 黏性阻尼与各点速度成比例,即

$$\{f_{e1}\} = a\rho\{\dot{\delta}\} \tag{9.12}$$

式中,a 为比例常数,此时

$$[C_e] = a[M_e] \tag{9.13}$$

② 结构阻尼与各点应变速度成正比,它表示材料内部分布阻尼应力$\{\delta_d\}$的大小,即

$$\{\delta_d\} = b[D]\{\dot{\varepsilon}\} \tag{9.14}$$

于是

$$[C_e] = b[K_e] \tag{9.15}$$

式中,b 为比例常数。

由式(9.11)的黏性阻尼模型,由式

$$[C_e] = \iiint_V c[N]^T[N]dV \tag{9.16}$$

就可以计算出单元阻尼矩阵。将各单元阻尼矩阵组集起来就得到整体结构阻尼矩阵$[C]$。然而,实际工程结构中,c 的分布是确定不出来的。因此,式(9.16)给出的阻尼阵实际上只是一种形式上的阻尼阵。为了求出作用于机械和结构上的阻尼大小,最好用实物和适当的模型在各种频率下激振,研究相应波形的振幅衰减,求出对应各固有模态的模态阻尼系数。但是,对所需要的全部固有频率进行激振是困难的。通常在工程中,黏性阻尼矩阵用式(9.13)和式(9.15)之和

$$[C] = a[M] + b[K] \tag{9.17}$$

来表示。这种阻尼矩阵称为比例阻尼矩阵。其中 a 和 b 是比例常数,可通过实验来确定。

9.1.4 特征值问题

自振频率与振型的计算是振动分析中的基本计算。它可以归结为求解特征方程

$$([K] - \omega^2[M])[\delta_0] = 0 \tag{9.18}$$

的特征值和特征向量。特征值的解法近年来有迅速的发展,方法繁多,这里仅介绍几个基本的解法。

1. 化广义特征值问题为对称矩阵的普通特征值问题

首先将方程(9.18)的广义特征值问题化为对称矩阵的普通特征值问题,即化为

$$([H] - \lambda[I])[X] = [0]$$

式中,λ 为特征值;而非零向量$[X]$为特征向量;$[H]$为对称矩阵;$[I]$为单位阵。

然后,用求解对称矩阵普通特征值问题的程序来求解。

(1) 当集中质量矩阵$[M]$为对角阵时的解法

作变换

$$[\delta_0] = [M]^{-\frac{1}{2}}[X] \tag{9.19}$$

代入式(9.18)得

$$[K][M]^{-\frac{1}{2}}[X] - \omega^2[M][X] = [0]$$

上式两端左乘$[M]^{-\frac{1}{2}}$后,得

$$[M]^{-\frac{1}{2}}[K][M]^{-\frac{1}{2}}[X] - \omega^2[I][X] = [0]$$

令

$$[H] = [M]^{-\frac{1}{2}}[K][M]^{-\frac{1}{2}}, \quad \lambda = \omega^2 \tag{9.20}$$

则很容易证明$[H]$为对称矩阵,从而式(9.18)则化为

$$([H] - \lambda[I])[X] = [0] \tag{9.21}$$

(2) 当质量矩阵$[M]$为非对角阵时的解法

现分两种情况讨论:

① 对质量$[M]$进行三角分解。因为$[M]$阵是对称正定阵,所以可作如下三角分解

$$[M] = [L][L]^T \tag{9.22}$$

式中,$[L]$是非奇异的下三角阵。

又因为$\lambda = \omega^2$,所以式(9.18)可写成

$$([K] - \lambda[L][L]^T)[\delta_0] = [0]$$

上式左乘$[L]^{-1}$,可得

$$([L]^{-1}[K] - \lambda[L]^T)[\delta_0] = [0]$$

注意到$([L]^T)^{-1} = ([L]^{-1})^T$,故上式又可写成

$$[L]^{-1}[K]([L]^{-1})^T[L]^T[\delta_0] - \lambda[L]^T[\delta_0] = [0]$$

令

$$H = [L]^{-1}[K]([L]^{-1})^T \tag{9.23}$$

$$[X] = [L]^T[\delta_0] \tag{9.24}$$

则很容易证明$[H]$为对称矩阵,而式(9.18)可变换成下式

$$([H] - \lambda[I])[X] = [0] \tag{9.25}$$

表示的对称矩阵的普通特征值问题。

② 对刚度矩阵$[K]$进行三角分解。对于划分列处理后的刚度矩阵$[K]$,亦属于对称正定矩阵,因此也可以进行三角分解,即

$$[K] = [L][L]^T \tag{9.26}$$

式中,$[L]$为奇异下三角阵。

令 $\lambda = \dfrac{1}{\omega^2}$，并代入方程式(9.18)，得

$$\lambda[L][L]^T[\delta_0] - [M][\delta_0] = [0]$$

将上式两端左乘 $[L]^{-1}$，可得

$$\lambda[L]^T[\delta_0] - [L]^{-1}[M]([L]^{-1})^T[L]^T[\delta_0] = [0]$$

令

$$[H] = [L]^{-1}[M]([L]^{-1})^T$$
$$[X] = [L]^T[\delta_0] \tag{9.27}$$

于是，式(9.18)亦可变换成对称矩阵的普通特征方程

$$([H] - \lambda[I])[X] = [0] \tag{9.28}$$

2. 自由度的缩减

理论与实践均指出，当结构在动载荷激励下产生共振时，往往只是对少数几个低阶振型才会产生危险。因此在振动分析时，常常只需要知道前几个固有频率和振型，而不必求出全部固有频率和振型。这种采用减少自由度的办法来降低所要求解的特征值问题阶数的方法称为降阶处理。

为此，在动力方程 $[M]\{\ddot{\delta}\} + [K]\{\delta\} = \{0\}$ 中，人为地将结点位移列向量 $\{\delta\}$ 中的全部参数分为两类：一类叫做"主自由度"，另一类叫做"副自由度"，并且近似地将质量项的影响集中在"主自由度"的结点上。这样就可以认为惯性力项对于"副自由度"的这部分结点没有影响。又因为，在无阻尼自由振动中，惯性力是唯一的外力项，所以这些"副自由度"的结点参数应能满足无外载荷情况下的总势能为最小的要求。由此就可以得到"副自由度"依赖"主自由度"的表达式，最后消去所有的"副自由度"而只保留"主自由度"，从而就可使所要求解的特征值问题具有较小的阶数。这样，既解决了计算上的困难，又得到比较满意的结果，这是在动力计算时常用的一种处理方法，其具体步骤如下。

首先将原来的结点位移列向量分为两大类，具体记做

$$\{\delta\} = \begin{Bmatrix} \delta_A \\ \delta_B \end{Bmatrix} \tag{9.29}$$

式中，$\{\delta_A\}$ 是"主自由度"；$\{\delta_B\}$ 是"副自由度"，它们都是时间 t 的函数。

整个系统的变形能为

$$U = \{\delta\}^T[K]\{\delta\} = \frac{1}{2}\begin{bmatrix} \delta_A^T & \delta_B^T \end{bmatrix}\begin{bmatrix} K_{AA} & K_{AB} \\ K_{BA} & K_{BB} \end{bmatrix}\begin{Bmatrix} \delta_A \\ \delta_B \end{Bmatrix} =$$
$$\frac{1}{2}(\{\delta_A\}^T[K_{AA}]\{\delta_A\} + \{\delta_B\}^T[K_{AB}]\{\delta_A\} + \{\delta_B\}^T[K_{BB}]\{\delta_B\}) \tag{9.30}$$

按照"副自由度"使变形能达到最小值的假设，则有

第9章 有限元法在其他领域中的应用

$$\frac{\partial U}{\partial \{\delta_B\}} = 0$$

从而得到

$$[K_{AB}]\{\delta_A\} + [K_{BB}]\{\delta_B\} = 0$$

由上式可以解得用"主自由度"表示"副自由度"的关系式，即

$$\{\delta_B\} = -[K_{BB}]^{-1}[K_{AB}]\{\delta_A\} \tag{9.31}$$

将上式代入式(9.29)，消去$\{\delta_B\}$后得到

$$\{\delta\} = [\widetilde{B}]\{\delta_A\} \tag{9.32}$$

并有

$$\{\dot{\delta}\} = [\widetilde{B}]\{\dot{\delta}_A\} \tag{9.33}$$

其中关系矩阵

$$[\widetilde{B}] = \begin{bmatrix} I \\ A \end{bmatrix} \tag{9.34}$$

式中，$[I]$为单位阵，其阶数由"主自由度"的阶数决定。

$$[A] = -[K_{BB}]^{-1}[K_{AB}] \tag{9.35}$$

根据式

$$\Phi = \sum_{e=1}^{m} \Phi^e = \frac{1}{2}\{\delta\}^T[K]\{\delta\} - \{\delta\}^T[F]_S$$

$$T = \sum_{e=1}^{m} T^e = \frac{1}{2}\{\dot{\delta}\}^T[M]\{\dot{\delta}\}$$

可得自由振动的拉格朗日函数

$$L = T - \Phi = \frac{1}{2}\{\dot{\delta}\}^T[M]\{\dot{\delta}\} - \frac{1}{2}\{\delta\}^T[K]\{\delta\}$$

将式(9.32)和式(9.33)代入上式，可得

$$L = \frac{1}{2}\{\dot{\delta}_A\}^T[\widetilde{B}]^T[M][\widetilde{B}]\{\dot{\delta}_A\} - \frac{1}{2}\{\delta_A\}^T[\widetilde{B}]^T[K][\widetilde{B}]\{\delta_A\} \tag{9.36}$$

根据拉格朗日方程

$$\frac{d}{dt}\left(\frac{\partial L}{\partial \{\dot{\delta}\}}\right) - \frac{\partial L}{\partial \{\delta\}} + \frac{\partial F_c}{\partial \{\dot{\delta}\}} = 0$$

可得新的动力方程

$$[\widetilde{M}]^*\{\ddot{\delta}_A\} + [\widetilde{K}]^*\{\delta_A\} = \{0\} \tag{9.37}$$

其中广义刚度矩阵

$$[\widetilde{K}]^* = [\widetilde{B}]^T[K][\widetilde{B}] \tag{9.38}$$

广义质量矩阵

$$[\widetilde{M}]^* = [\widetilde{B}]^\mathrm{T}[M][\widetilde{B}] \tag{9.39}$$

显然，$[\widetilde{K}]^*$ 与 $[\widetilde{M}]^*$ 的阶数等于"主自由度"的阶数，矩阵的阶数比原来的矩阵 $[K]$ 与 $[M]$ 的低，且不改变原矩阵的对称正定性。这样就得到了一个阶数较低的特征值问题。

3. 雅可比法

基本的雅可比法是为求解标准特征问题(即 M 是单位矩阵)而发展起来的。现在介绍这一方法。该方法是在一个多世纪前提出的并且已经得到了广泛的应用。其计算过程的主要优点是既简单又稳定，由于特征向量性质可使用于所有的对称矩阵 K 而对特征值又没有限制，所以，雅可比法可以用来计算负的、零或正的特征值。

对标准特征问题 $K\Phi = \lambda\Phi$ 来说，由下式：

$$\begin{cases} K_2 = P_1^\mathrm{T} K_1 P_1 \\ K_3 = P_2^\mathrm{T} K_2 P_2 \\ \vdots \\ K_{k+1} = P_k^\mathrm{T} K_k P_k \\ \vdots \end{cases}$$

所定义的第 k 步迭代可化为

$$K_{k+1} = P_k^\mathrm{T} K_k P_k \tag{9.40}$$

式中，P_k 是一个正交矩阵，由下式

$$\begin{cases} M_2 = P_1^\mathrm{T} M_1 P_1 \\ M_3 = P_2^\mathrm{T} M_2 P_2 \\ \vdots \\ M_{k+1} = P_k^\mathrm{T} M_k P_k \\ \vdots \end{cases}$$

得

$$P_k^\mathrm{T} P_k = 1 \tag{9.41}$$

在雅可比法中，矩阵 P_k 是一个旋转矩阵，它是按照 K_k 的一个非对角线元素化为零的条件选取的，如果元素 (i,j) 已化为零，则对应的正交矩阵 P_k 为

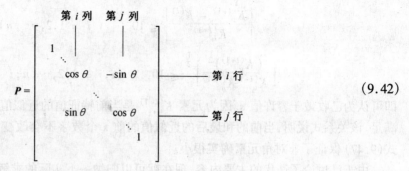

$$P = \begin{bmatrix} 1 & & & & & \\ & \ddots & & & & \\ & & \cos\theta & & -\sin\theta & \\ & & & \ddots & & \\ & & \sin\theta & & \cos\theta & \\ & & & & & \ddots \\ & & & & & & 1 \end{bmatrix} \begin{matrix} \\ \\ \text{第}i\text{行} \\ \\ \text{第}j\text{行} \\ \\ \end{matrix} \quad (9.42)$$

式中，θ 按 K_{k+1} 中元素 (i,j) 为零的条件确定。

如用 $K_{ij}^{(k)}$ 表示元素 (i,j)，则可用

$$\tan 2\theta = \frac{2K_{ij}^{(k)}}{K_{ii}^{(k)} - K_{jj}^{(k)}}, \quad K_{ii}^{(k)} \neq K_{jj}^{(k)} \quad (9.43)$$

和

$$\theta = \frac{\pi}{4}, \quad K_{ii}^{(k)} = K_{jj}^{(k)} \quad (9.44)$$

应当指出，式(9.40)中的 K_{k+1} 的数值计算只需用两行和两列的线性组合。另外，还应当利用 K_k 是对称的这一特点，即只用矩阵的上(或下)三角部分(包括对角线元素)。

需要强调指出的一点是，即使式(9.40)的变换已把 K_k 的一个非对角元素化为零，但这个元素在随后的变换过程中又会变为非零。因此，为了拟定一个实用算法，必须决定哪一个元素要化为零。一种选择就是式中把 K_k 中的最大非对角元素化为零。但寻求最大元素很费时间，而系统地逐行逐列之间进行雅可比变换也许是可取的，这就是所谓的雅可比循环过程。对所有非对角元素进行一遍运算，就是一次扫描。这个过程的缺点是，不管非对角元素的大小都得化为零，即使元素可能已经接近于零，但仍要进行旋转变换。

一个已被有效使用的过程是雅可比"过关"法，采用这个方法时，需要对非对角元素逐个(逐行或逐列)进行检查，只有当元素大于上次检查的"关口"时才能使用旋转变换。为了规定一个合适的"关口"，要注意到对 K 进行对角化时需要减小自由度 i 与 j 之间的耦合程度。这种耦合程度是用 $\left(\frac{K_{ij}^2}{K_{ii}K_{jj}}\right)^{\frac{1}{2}}$ 来量度的，这正是可以有效地用来决定是否要应用旋转变换的一个因子。除了要有一个实际的"关口"容许值外，还需要度量收敛性。如上所述，当 $k \to \infty$ 时，$K_{k+1} \to \Lambda$，但在数值计算中，只需找一个与特征值和相应特征向量很接近的近似值。令 l 是最后一次迭代，即对所要求的精度，应有

$$K_{l+1} = \Lambda \quad (9.45)$$

因此，只要

$$\left|\frac{K_{ii}^{(l+1)} - K_{ii}^{(l)}}{K_{ii}^{(l+1)}}\right| \leq 10^{-s} \quad (i = 1, 2, \cdots, n) \tag{9.46}$$

$$\left[\frac{(K_{ij}^{(l+1)})^2}{K_{ii}^{(l+1)} K_{jj}^{(l+1)}}\right]^{\frac{1}{2}} \leq 10^{-s} \quad (i, j = 1, 2, \cdots, n; i < j) \tag{9.47}$$

即可认为已收敛于容许值 s。因为元素 $K_{ii}^{(l+1)}$ 是当前特征值的近似值,所以关系式(9.46)已被满足。该关系式说明,当前的和最后的近似值的前 s 个数字不会改变。这个收敛性的度量关系式(9.47)保证了非对角元素确实很小。

由于已讨论了迭代的主要内容,现在就可以归纳一下实际的求解过程。雅可比过关迭代法所用的计算步骤是:

① 为扫描预置关口值。一般地说,第 m 次扫描的关口值可取为 10^{-2m}。

② 计算所有 $i < j$ 的元素 (i, j) 的耦合因子 $\left[\frac{(K_{ij}^{(k)})^2}{K_{ii}^{(k)} K_{jj}^{(k)}}\right]^{\frac{1}{2}}$,当因子大于当前关口值时,就使用一次旋转变换。

③ 利用式(9.46)检验收敛性。如果不满足式(9.46),就继续进行一次扫描,亦即回到步骤①。满足式(9.46),就检验是否也满足式(9.47),如已满足,则迭代收敛;如不满足,则继续进行下一次扫描。

4. 子空间迭代法

n 个自由度体的振动方程

$$[K]\{Y\}_i = \omega_i^2 [M]\{Y\}_i \quad (i = 1, 2, \cdots, n)$$

或

$$[\delta][M]\{Y\}_i = \lambda_i \{Y\}_i \tag{9.48}$$

式中, $\lambda_i = \frac{1}{\omega_i}$。

如果把 $[\delta][M]$ 看做一个算子,那么向量 $\{Y\}_i$ 经此算子作用后就等于该向量放大了 λ_i 倍。这就是线性代数中的特征值问题,式(9.48)是 $n \times n$ 阶的特征值,$\{Y\}_i$ 为特征向量,λ_i 为特征值,特征值和相应的特征向量合称特征对。

先选取 $s(s \ll n)$ 个 n 维向量,为了使数字计算能保持适当的大小,令各个向量的最大模为 1,这 s 个 n 维向量记为 $\{\varphi_{10}\}, \{\varphi_{20}\}, \cdots, \{\varphi_{s0}\}$,它们组成一个 $s \times n$ 阶的矩阵

$$[\varphi_0] = [\{\varphi_{10}\} \quad \{\varphi_{20}\} \quad \cdots \quad \{\varphi_{s0}\}]$$

把它作为系统前 s 阶主振型矩阵 $[Y]$ 的零次近似,即设

$$[Y_0] = [\varphi_0]$$

对上式前乘以 $[\delta][M]$,这相当于对 $[\varphi_0]$ 作用算子,记为

$$[\tilde{\varphi}_I] = [\delta][M][\varphi_0] \tag{9.49}$$

或者

$$[K][\tilde{\varphi}_I] = [M][\varphi_0]$$

这就是子空间迭代,与普通的迭代法不同之处是同时迭代 s 个 n 维向量。

对 $[\tilde{\varphi}_I]$ 中各振型位移的最大模为 1 进行标准化,结果表示为 $[\varphi_I]$。

如前所述,对于 $\{\varphi_{10}\}$ 不管如何选取,经过反复迭代,它一定收敛于第一阶主振型。对于 $\{\varphi_{20}\}$ 如选取时使它不包含第一阶主振型分量,则反复迭代后,它一定收敛于第二阶主振型。同理,如果选取 $\{\varphi_{j0}\}$ 时使它不包含前面 $(j-1)$ 阶的主振型分量,经过反复迭代后,它一定收敛于第 j 阶主振型。对于已选取的 $[\varphi_0]$ 而言,不可能一开始就做到这一点。但是,可以在迭代过程中逐步达到这个目标。为此,迭代求得 $[\tilde{\varphi}_I]$ 后,并不直接用它去迭代,而是在迭代之前,先对它进行处理。首先,对式(9.49) 得出的 $[\tilde{\varphi}_I]$ 进行正交化,这样可以使它的各列经迭代后分别趋于各个不同阶的主振型,而不是都趋于第一阶主振型。另外,为了使得在数字计算中能保持适当的大小,取标准化振型时,令各振型位移的最大模等于1,这种处理可以采用里茨法。

把系统前 s 阶主振型矩阵的一次近似表示为

$$[\tilde{Y}_I]_{n\times s} = [\tilde{\varphi}_I]_{n\times s}[\tilde{a}_I]_{s\times s} \tag{9.50}$$

式中,$[\tilde{a}_I]$ 为待定系数矩阵。

作相应的广义刚度矩阵和广义质量矩阵

$$[K_I^*]_{s\times s} = [\varphi_I]^T[K][\varphi_I]$$
$$[M_I^*]_{s\times s} = [\varphi_I]^T[M][\varphi_I]$$

然后把问题归结为 $s \times s$ 阶的特征值问题

$$[K_I^*]_{s\times s}\{a\}_{s\times 1} = \frac{1}{\lambda}[M_I^*]_{s\times s}\{a\}_{s\times 1}$$

或写成

$$([K_I^*]_{s\times s} - \omega^2[M_I^*]_{s\times s})\{a\} = \{0\} \tag{9.51}$$

式中,$\{a\}$ 为待定系数列阵;λ 为待定特征值;ω 为待定频率。

因为通常 $s \ll n$,对于 $s \times s$ 阶的特征值问题是比较容易求解的,可解得特征值 $\lambda_{jl}(j = 1, 2, \cdots, n)$ 及相应的特征向量系数列阵 $\{a_{jl}\}$。由此可以组成系统的第一次近似特征值矩阵 $[\lambda] = \text{diag}[\lambda_{jl}]$ 以及待定系数矩阵 $[a_I]_{s\times s}$。再由式(9.50) 得

$$[Y_I] = [\varphi_I][a_I] \quad (\text{标准化后为}[Y_I])$$

需要指出,这里的 $\{a_{jl}\}$ 已对广义矩阵 $[M_I^*]$ 正交化,即 $k \neq j$ 时,有

$$\{a_{jl}\}^T[M_I^*]\{a_{jl}\} = 0$$

所以,$[Y_I]$ 也已对系统的质量矩阵正交化,即 $k \neq j$ 时,有

$$\{Y_{jl}\}^T[M]\{Y_{jl}\} = \{a_{jl}\}^T[\varphi_I]^T[M][\varphi_I]\{a_{jl}\} = \{a_{jl}\}^T[M_I^*]\{a_{jl}\} = 0$$

这样处理后的$[Y_I]$和$[Y_0]$有所改善。再用$[\varphi_{jI}]$进行第二次迭代,即对$[\varphi_{jI}]$作用算子$[\delta][M]$,经标准化后,得$[\varphi_{II}]$;再次归结为里茨特征值问题,并解得$[\lambda_{II}]$和$[a_{II}]$,从而得到第二次近似值$\{Y_{II}\} = [\lambda_{II}][a_{II}]$,标准化后,得$\{Y_{II}\}$。继续重复上述迭代计算,可以算出第$s$次近似的$[Y_i]$和$[\lambda_i]$。当$i \to \infty$时,计算将收敛于系统前$s$阶主振型矩阵和特征值矩阵,即当$i \to \infty$时,有

$$[Y_i] = [\varphi_{ji}] \to [Y]$$
$$[\lambda_i] = \mathrm{diag}[\lambda_{ji}] \to [\lambda]$$

计算实践表明,最低的n阶特征值和特征向量一般收敛得很快,因此,可以比需要的稍微多取几阶的假设振型来计算。例如取r阶$(r > s)$假设振型,然后将迭代过程进行到前s阶振型满足所需精度为止。这附加的$(r - s)$阶假设振型的目的只是为了加快前s阶振型的收敛速度。当然,这样会在每次迭代中增加一些计算工作量;所以必须权衡得失,选取合理的附加振型的个数,有关文献中建议可以在$r = 2s$和$r = s + 8$两个数中取其小者。

本方法有很多优点。当系统中有几阶特征值非常接近的时候,一般迭代法会出现迭代收敛很慢的情况,子空间迭代法可以克服这一困难。大型复杂结构的振型分析中,系统的自由度可以多达几百甚至上千,但需要的主振型和特征值只是最低的10~20阶;这时,子空间迭代法非常适用,且精度高、成果可靠。所以,此法是公认的大型结构特征对计算的最有效方法之一。

9.1.5 结构动力学方程的解法

载荷作用于结构上产生的反应称为动力响应。根据作用载荷的不同,有不同的响应。如激振响应、冲击响应、随机响应等。用有限元法求解结构的动力响应问题,一般有如下两种基本方法。

1. 振型叠加法(模态叠加法)

振型叠加法的基本思想是把问题变换成解一组独立的微分方程,每一个自由度有一个方程,解出这些方程之后,把这些结果叠加就得到结构的动力响应。

若用振型叠加法求解如下动力学基本方程

$$[M]\{\ddot{\delta}(t)\} + [C]\{\dot{\delta}(t)\} + [K]\{\delta(t)\} = \{F(t)\} \tag{9.52}$$

应首先求出结构无阻尼的固有频率(特征值)和振型(特征向量)。设结构的前n个频率为ω_1, $\omega_2, \cdots, \omega_n$,对应的特征向量为$\{\delta_0\}_1, \{\delta_0\}_2, \cdots, \{\delta_0\}_n$并构成振型矩阵

$$[X] = [\{\delta_0\}_1 \quad \{\delta_0\}_2 \quad \cdots \quad \{\delta_0\}_n]$$

将结构的位移响应表示为各个模态的线性叠加。即

$$\{\delta\} = [\delta_0]\{y\} \tag{9.53}$$

式中,$[y]$为各模态的幅度向量,可视为广义位移。

将式(9.53)代入式(9.52),得

$$[M][\delta_0]\{\ddot{y}\} + [C][\delta_0]\{\dot{y}\} + [K][\delta_0]\{y\} = \{F\} \quad (9.54)$$

若以$[\delta_0]_i^T$前乘上式,令$i = 1,2,\cdots,n$,并利用下述正交条件

$$\left.\begin{array}{l}[\delta_0]_i^T[M][\delta_0]_j = 0 \\ [\delta_0]_i^T[K][\delta_0]_j = 0 \\ [\delta_0]_i^T[C][\delta_0]_j = 0\end{array}\right\} \quad (9.55)$$

则可得

$$[\delta_0]_i^T[M][\delta_0]_i\ddot{y}_i + [\delta_0]_i^T[C][\delta_0]_i\dot{y}_i + [\delta_0]_i^T[K][\delta_0]_i y_i = [\delta_0]_i^T\{F\} \quad (9.56)$$

$$M_i^* = [\delta_0]_i^T[M][\delta_0]_i \quad (9.57)$$

$$C_i^* = [\delta_0]_i^T[C][\delta_0]_i \quad (9.58)$$

$$K_i^* = [\delta_0]_i^T[K][\delta_0]_i \quad (9.59)$$

$$F_i^* = [\delta_0]_i^T\{F\} \quad (9.60)$$

式(9.57)~(9.60)分别称为广义质量、广义阻尼、广义刚度和广义力。

式(9.54)即可写成

$$M_i^*\ddot{y}_i + C_i^*\dot{y}_i + K_i^* y_i = F_i^* \quad (i = 1,2,\cdots,n) \quad (9.61)$$

$$\ddot{y}_i + 2\alpha_i\omega\dot{y}_i + \omega_i^2 y_i = \frac{F_i^*}{M_i^*} \quad (i = 1,2,\cdots,n) \quad (9.62)$$

式中,ω_i为i阶固有频率;α_i为i阶的阻尼比。

式(9.61)或式(9.62)相当于一个自由度系统的动力响应方程。求解一个自由度系统的动力响应问题可以利用杜阿梅(Duhamel)积分。在求得各阶响应后,再进行叠加即可求得结构的响应。

采用振型叠加法求解动力响应问题,其计算精度可达到很高,但它要求求出各阶振型模态,所以其计算程序比较复杂。对某些能激起高阶分量的冲击问题,其精度则难以满足要求,这就需要采用另一种计算方法,即逐步积分法。

2. 逐步积分法

逐步积分法又称直接积分法,其中最常用的有龙格-库塔法。逐步积分法的基本思想是在一系列时间步长Δt上对方程进行数值积分,并在每一时间步长上计算其加速度、速度和位移。

逐步求解法不仅在空间上采用有限元的离散化方法,而且在时间t上亦采用有限段"离散化"。在一个时间步长内,将加速度认为常量的逐步积分法称为中心差分法;在一个时间步长内认为加速度呈线性变化的方法称为分段线性化。在用有限元法计算动力问题时,常用威尔逊θ

法(Wilson θ – Method),它是无条件稳定的方法,所以是目前逐步求积法中的一种有效方法。逐步积分法往往适合于求解冲击响应一类、能激起高阶分量的问题。

(1) 纽马克法

纽马克法是在线性加速度上的基础上,引入了两个参数,即令

$$\{\dot{y}\}_{i+1} = \{\dot{y}\}_i + (1 - \gamma)\{\ddot{y}\}_i \Delta t + \gamma \{\ddot{y}\}_{i+1} \Delta t \tag{9.63}$$

$$\{y\}_{i+1} = \{y\}_i + \{\dot{y}\}_i \Delta t + \left(\frac{1}{2} - \beta\right)\{\ddot{y}\}_i \Delta t^2 + \beta \{\ddot{y}\}_{i+1} \Delta t^2 \tag{9.64}$$

式中,α、β 是纽马克引入的参数,α、β 参数的选取与积分的稳定性有很大关系。

纽马克建议一般取 $\gamma = 1/2$,此时式(9.63) 变为

$$\{\dot{y}\}_{i+1} = \{\dot{y}\}_i + \frac{1}{2}\{\ddot{y}\}_i \Delta t + \frac{1}{2}\{\ddot{y}\}_{i+1} \Delta t \tag{9.65}$$

为使此法的解稳定、收敛,β 应在 $\frac{1}{8} \sim \frac{1}{4}$ 间取值。当 $\beta = \frac{1}{4}$ 时,为无条件稳定法,计算的精度也较好。

应当指出的是,当 $\beta = \frac{1}{4}$ 时,式(9.64) 变为

$$\{y\}_{i+1} = \{y\}_i + \{\dot{y}\}_i \Delta t + \frac{1}{2}\left(\frac{\{\ddot{y}\}_i + \{\ddot{y}\}_{i+1}}{2}\right)\Delta t^2$$

上式实际上是一种取时间间隔中点加速度值为代表的中点加速度法。

当 $\beta = \frac{1}{6}$ 时,为线性加速度法,$\beta = \frac{1}{8}$ 时,为在时间间隔内用阶梯形变化的加速度图形。当选定 β 值后,一般可以用迭代法求解,即先假定一组$\{\ddot{y}\}_{i+1}$值,由式(9.64) 和式(9.65) 计算位移和速度。

下面将纽马克法改为增量形式,由式(9.64) 和(9.65) 可得

$$\{\Delta \dot{y}\} = \{\ddot{y}\}_i \Delta t + \frac{1}{2}\{\Delta \ddot{y}\}\Delta t \tag{9.66}$$

$$\{\Delta y\} = \{\dot{y}\}_i \Delta t + \frac{1}{2}\{\ddot{y}\}_i \Delta t^2 + \beta \{\Delta \ddot{y}\}\Delta t^2 \tag{9.67}$$

从式(9.67) 解出

$$\{\Delta \ddot{y}\} = \frac{1}{\beta \Delta t^2}\left[\{\Delta y\} - \{\dot{y}\}_i \Delta t - \frac{1}{2}\{\ddot{y}\}_i \Delta t^2\right] \tag{9.68}$$

代入式(9.66) 中得

$$\{\Delta \dot{y}\} = \frac{1}{2\beta \Delta t}\left[\{\Delta y\} - \{\dot{y}\}_i \Delta t - \frac{1 - 4\beta}{2}\{\ddot{y}\}_i \Delta t^2\right] \tag{9.69}$$

将式(9.68) 和式(9.69) 代入用增量表示的振动方程式

$$[M]\{\Delta \ddot{y}\} + [C]\{\Delta \dot{y}\} + [K]\{\Delta y\} = \{\Delta P\}$$

可得到

$$[\tilde{K}]\{\Delta y\} = \{\Delta \tilde{P}\} \tag{9.70}$$

式中

$$\begin{cases} [\tilde{K}] = [K] + \dfrac{1}{\beta\Delta t^2}[M] + \dfrac{1}{2\beta\Delta t}[C] \\ [\Delta \tilde{P}] = \{\Delta P\} + \left(\dfrac{1}{\beta\Delta t}\{\dot{y}\}_i + \dfrac{1}{2\beta}\{\ddot{y}\}_i\right)[M] + \left[\dfrac{1}{2\beta}\{\dot{y}\}_i + \dfrac{1-4\beta}{4\beta}\{\ddot{y}\}_i\Delta t\right][C] \end{cases} \tag{9.71}$$

由式(9.70)求出$\{\Delta y\}$后,再用式(9.69)求$\{\Delta \dot{y}\}$,然后由下式

$$\begin{cases} \{y\}_{i+1} = \{y\}_i + \{\Delta y\} \\ \{\dot{y}\}_{i+1} = \{\dot{y}\}_i + \{\Delta \dot{y}\} \\ \{\ddot{y}\}_{i+1} = -[M]^{-1}([C]_{i+1}\{\dot{y}\}_{i+1} + [K]_{i+1}\{y\}_{i+1} - \{P\}_{i+1}) \end{cases}$$

求$\{y\}_{i+1}, \{\dot{y}\}_{i+1}$和$\{\ddot{y}\}_{i+1}$。

(2) 龙格-库塔法

龙格-库塔法是将下面

$$[M]\{\ddot{y}\} + [C]\{\dot{y}\} + [K]\{y\} = \{P(t)\}$$

的二阶微分方程组化为两组一阶微分方程组来求解。

令

$$\begin{cases} \{Z\} = \{\dot{y}\} \\ \{y(t_0)\} = \{y\}_0 \end{cases} \tag{9.72}$$

则下式

$$[M]\{\ddot{y}\} + [C]\{\dot{y}\} + [K]\{y\} = \{P(t)\}$$

可改写为

$$\{\dot{Z}\} = [M]^{-1}(\{P\} - [C]\{Z\} - [K]\{y\})$$

初值 $\{Z(t_0)\} = \{Z\}_0 = \{y\}_0$ (9.73)

式(9.72)和式(9.73)的解为

$$\{y\}_{i+1} = \{y\}_i + \dfrac{1}{6}(\{k_1\} + 2\{k_2\} + 2\{k_3\} + \{k_4\})$$

$$\{\dot{y}\}_{i+1} = \{Z\}_{i+1} = \{Z\}_i + \dfrac{1}{6}(\{l_1\} + 2\{l_2\} + 2\{l_3\} + \{l_4\}) \tag{9.74}$$

由式

$$[M]\{\ddot{y}\} + [C]\{\dot{y}\} + [K]\{y\} = \{P(t)\}$$

得

$$\{\ddot{y}\}_{i+1} = [M]^{-1}(\{P\}_{i+1} - [C]\{Z\}_{i+1} - [K]\{y\}_{i+1}) \tag{9.75}$$

式中

$$\{k_1\} = \{Z\}_i \Delta t$$

$$\{l_1\} = [M]^{-1}(\{P\}_i - [C]\{Z\}_i - [K]\{y\}_i)\Delta t$$

$$\{k_2\} = (\{Z\}_i + \frac{1}{2}\{l_1\})\Delta t$$

$$\{l_2\} = [M]^{-1}\left[\{P\}_{i+\frac{1}{2}} - [C]\left(\{Z\}_i + \frac{1}{2}\{l_1\}\right) - [K]\left(\{y\}_i + \frac{1}{2}\{k_1\}\right)\right]\Delta t$$

$$\{k_3\} = \left(\{Z\}_i + \frac{1}{2}\{l_2\}\right)\Delta t$$

$$\{l_3\} = [M]^{-1}\left[\{P\}_{i+\frac{1}{2}} - [C]\left(\{Z\}_i + \frac{1}{2}\{l_2\}\right) - [K]\left(\{y\}_i + \frac{1}{2}\{k_2\}\right)\right]\Delta t$$

$$\{k_4\} = \left(\{Z\}_i + \frac{1}{2}\{l_3\}\right)\Delta t$$

$$\{l_4\} = [M]^{-1}\left[\{P\}_{i+\frac{1}{2}} - [C](\{Z\}_i + \{l_3\}) - [K](\{y\}_i + \{k_3\})\right]\Delta t$$

龙格-库塔法精度较高,容易改变步长,但计算量比较大。

(3) 中心差分法

如果把有限元系统平衡关系看成是一个常系数常微分方程组,便可以用任一种适当的有限差分格式通过位移来近似表示加速度和速度。因此,从理论上说,许多不同的有限差分格式均可利用,但求解的格式应当是有效率的,所以,我们只考虑少数几种计算格式。在求解某些问题时,一种非常有效的方法是中心差分法,该方法假设

$$^t\ddot{U} = \frac{1}{\Delta t^2}[^{t-\Delta t}U - 2\,^tU + \,^{t+\Delta t}U] \tag{9.76}$$

展开式(9.76) 的误差是(Δt^2) 阶的,为了使速度展开式也具有同阶误差,可用

$$^t\dot{U} = \frac{1}{2\Delta t}[^{t-\Delta t}U + \,^{t+\Delta t}U] \tag{9.77}$$

在 $t + \Delta t$ 时的位移解,是在时刻 t 按下式求得的,即

$$M\,^t\ddot{U} + C\,^t\dot{U} + K\,^tU = \,^tR \tag{9.78}$$

把式(9.76) 和式(9.77) 中的$^t\ddot{U}$ 及$^t\dot{U}$ 的关系式分别代入式(9.78),可得

$$\left(\frac{1}{\Delta t^2}M + \frac{1}{2\Delta t}C\right)^{t+\Delta t}U = \,^tR - \left(K - \frac{2}{\Delta t^2}M\right)^tU - \left(\frac{1}{\Delta t^2}M - \frac{1}{2\Delta t}C\right)^{t-\Delta t}U \tag{9.79}$$

由此便可求出$^{t+\Delta t}U$。应当指出,$^{t+\Delta t}U$ 的解是根据时刻t 的平衡条件得到的,即$^{t+\Delta t}U$ 由式(9.78) 算出。因而,该积分过程称为显示积分法。还应指出,这种积分格式在逐步解法中不需要对(有效)刚度矩阵进行分解。

在应用中心差分法计算$^{t+\Delta t}U$ 时包含了^tU 和$^{t-\Delta t}U$。因此,计算时刻 Δt 的解时,必须使用一个具体的起始过程。由于^0U、$^0\dot{U}$、$^0\ddot{U}$ 是已知的,利用关系式(9.76) 和式(9.77) 可求得$^{-\Delta t}U$,即有

$$^{-\Delta t}U_i = \,^0U_i - \Delta t\,^0\dot{U}_i + \frac{\Delta t^2}{2}\,^0\ddot{U}_i \tag{9.80}$$

式中,下标 i 表示所述向量的第 i 个元素。

假设所考虑的系统没有物理阻尼,即 C 是零矩阵。此时,式(9.79)可简化为

$$\left(\frac{1}{\Delta t^2}M\right){}^{t+\Delta t}U = {}^t\hat{R} \tag{9.81}$$

式中

$$^t\hat{R} = {}^tR - \left(K - \frac{2}{\Delta t^2}M\right){}^tU - \left(\frac{1}{\Delta t^2}M\right){}^{t-\Delta t}U \tag{9.82}$$

因此,如果质量矩阵呈对角形,则解方程组 $M\ddot{U} + C\dot{U} + KU = R$ 时可不进行矩阵分解,只需进行矩阵的乘法就可求得右端项的有效载荷向量 ${}^t\hat{R}$ 从而利用

$$^{t+\Delta t}U_i = {}^t\hat{R}_i\left(\frac{\Delta t^2}{m_{ii}}\right) \tag{9.83}$$

即可得出位移向量的各个分量,其中 ${}^{t+\Delta t}U_i$ 和 $\hat{R}_i$ 分别表示向量 ${}^{t+\Delta t}U$ 和 $\hat{R}$ 的第 i 个分量;m_{ii} 是质量矩阵的第 i 个对角线元素,并假设 $m_{ii} > 0$。

如果对集合元素的刚度和质量矩阵都不进行三角分解,就不必形成集合的 K 和 M。在前面曾指出

$$K = \sum_i K^{(i)}, \quad M = \sum_i M^{(i)} \tag{9.84}$$

这意味着为了求得式(9.82)所需的 $K{}^tU$,$\left(\frac{2M}{\Delta t^2}\right){}^tU$ 和 $\left(\frac{M}{\Delta t^2}\right){}^{t-\Delta t}U$,可在单元一级上把每个单元对有效载荷向量的贡献相加后进行计算。因此,${}^t\hat{R}$ 可利用下式求出

$$^t\hat{R} = {}^tR - \sum_i (K^{(i)}{}^tU) - \sum_i \frac{1}{\Delta t^2}M^{(i)}({}^{t-\Delta t}U - 2{}^tU) \tag{9.85}$$

应着重指出的是,其中要用 $K^{(i)}$ 和 $M^{(i)}$ 的紧凑形式来计算乘积 $K^{(i)}U^{(i)}$ 和 $M^{(i)}({}^{t-\Delta t}U - 2{}^tU)$,亦即要用 K_i^e 和 M_i^e。此外,我们还认识到 $K{}^tU$ 为在时刻 t 对应于单元应力的结点力。

使用式(9.83)和式(9.85)形式的中心差分法的优点很明显。由于不需要计算总体的刚度矩阵和质量矩阵,因此,基本上可以在单元一级进行求解,自然也减少了所需的高速存储量。如果所有相继单元的刚度矩阵和质量矩阵相同,该方法就变得更加有效,因为此时只需计算或从辅助存储器连续读出对应于第一个单元的矩阵。利用式(9.83)和式(9.85)所给的中心差分格式曾经有效地解出过阶数很高的系统。

至于中心差分法的缺点,必须看到该方法的效率取决于能否采用对角线质量矩阵和能否忽略通常与速度有关的阻尼力。如果只包含一个对角线阻尼矩阵,则仍可保持在单元一级求解的优点。实用上,对角线质量矩阵的缺点通常不是很严重。因为可以采用网格足够细密的有限元离散来提高解的精度。

使用中心差分格式的另一个十分重要的问题是,积分要求时间步长 Δt 小于一个临界值

Δt_{cr},Δt_{cr} 可根据整个单元集合体的刚度和质量性质确定。要得到一个有效的解,必须

$$\Delta t \leq \Delta t_{cr} = \frac{T_n}{\pi} \tag{9.86}$$

式中,T_n 是有限元集合体的最小周期;n 是单元系统的阶数。

利用式(9.83)求解时,假设对所有的 i 有 $m_{ii} > 0$。而关系式(9.86)又一次表明这个要求,因为在对角线质量矩阵上有一个对角线元素为零就意味着单元集合体有一个为零的周期。一般地说,可以假设质量矩阵的全部对角线元素均大于零,此时,式(9.86)给出一个能在积分中使用的时间步长的极限值。在分析某些问题时,对式(9.86)可以不用太小的时间步长;但一般地说,按积分精度要求而选取的时间步长,可能比式(9.86)算出的 Δt_{cr} 大许多倍。由于分析的总费用大约与所用的时间步长的大小成反比,因此,如果时间步长可以增大 m 倍,则费用可减少到 $\frac{1}{m}$。

(4) Wilson $-\theta$ 法

Wilson $-\theta$ 法实质上是线性加速度法的推广。线性加速度法是假定加速度从时刻 t 到时刻 $t + \Delta t$ 呈线性变化。参照图 9.2,Wilson $-\theta$ 法假定加速度从时刻 t 到时刻 $t + \theta\Delta t$ 呈线性变化,其中 $\theta \geq 1.0$。当 $\theta = 1.0$ 时,就化为线性加速度格式。为了无条件稳定,必须使 $\theta \geq 1.37$,通常采用 $\theta = 1.40$。

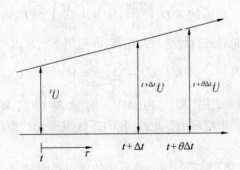

图 9.2 Wilson $-\theta$ 法的线性加速度假设

令 τ 表示时间增量,其中 $0 \leq \tau \leq \theta\Delta t$,于是对于从 t 到 $t + \Delta t$ 的时间区域内,假设

$$^{t+\tau}\ddot{U} = {}^t\ddot{U} + \frac{\tau}{\theta\Delta t}(^{t+\theta\Delta t}\ddot{U} - {}^t\ddot{U}) \tag{9.87}$$

积分式(9.87)得

$$^{t+\tau}\dot{U} = {}^t\dot{U} + {}^t\ddot{U}\tau + \frac{\tau}{\theta\Delta t}(^{t+\theta\Delta t}\ddot{U} - {}^t\ddot{U}) \tag{9.88}$$

和

$$^{t+\tau}U = {}^tU + {}^t\dot{U}\tau + \frac{1}{2}{}^t\ddot{U}\tau + \frac{\tau^3}{6\theta\Delta t}(^{t+\theta\Delta t}\ddot{U} - {}^t\ddot{U}) \tag{9.89}$$

利用式(9.88)和式(9.89),在时刻 $t+\Delta t$ 得

$$^{t+\theta\Delta t}\dot{U} = {}^{t}\dot{U} + \frac{1}{2}\theta\Delta t({}^{t+\theta\Delta t}\ddot{U} + {}^{t}\ddot{U}) \tag{9.90}$$

$$^{t+\theta\Delta t}U = {}^{t}U + \theta\Delta t\,{}^{t}\dot{U} + \frac{\theta^2\Delta t^2}{6}({}^{t+\theta\Delta t}\ddot{U} + 2{}^{t}\ddot{U}) \tag{9.91}$$

因此可以利用 $^{t+\theta\Delta t}U$ 求出 $^{t+\theta\Delta t}\ddot{U}$ 和 $^{t+\theta\Delta t}\dot{U}$:

$$^{t+\theta\Delta t}\ddot{U} = \frac{6}{\theta^2\Delta t^2}({}^{t+\theta\Delta t}U - {}^{t}U) - \frac{6}{\theta\Delta t}{}^{t}\dot{U} - {}^{t}\ddot{U} \tag{9.92}$$

$$^{t+\theta\Delta t}\dot{U} = \frac{3}{\theta\Delta t}({}^{t+\theta\Delta t}U - {}^{t}U) - 2{}^{t}\dot{U} - \frac{1}{2}\theta\Delta t\,{}^{t}\ddot{U} \tag{9.93}$$

为了得到时刻 $t+\theta\Delta t$ 的位移、速度和加速度的解,应考虑在时刻 $t+\theta\Delta t$ 的平衡方程式 $M\ddot{U}+C\dot{U}+KU=R$,然而,由于假设加速度呈线性变化,故所用的投影载荷向量也是线性变化的,即其方程式为

$$M^{t+\theta\Delta t}\ddot{U} + C^{t+\theta\Delta t}\dot{U} + K^{t+\theta\Delta t}U = {}^{t+\theta\Delta t}\overline{R} \tag{9.94}$$

式中

$$^{t+\theta\Delta t}\overline{R} = {}^{t}R + \theta({}^{t+\Delta t}R - {}^{t}R) \tag{9.95}$$

把式(9.92)和式(9.93)代入到式(9.94)就可求解 $^{t+\theta\Delta t}U$ 的方程,把 $^{t+\theta\Delta t}U$ 代入式(9.94)求出 $^{t+\theta\Delta t}\ddot{U}$,再把 $^{t+\theta\Delta t}\ddot{U}$ 代入到式(9.87)、式(9.88)和式(9.89),并取 $\tau=\Delta t$ 进行计算便得到 $^{t+\theta\Delta t}U$、$^{t+\theta\Delta t}\ddot{U}$ 和 $^{t+\theta\Delta t}\dot{U}$。

前面已经指出,Wilson $-\theta$ 法是一个隐式积分法,因为刚度矩阵 K 是未知位移向量的系数矩阵,人们也许会看到,此方法不需要特殊的起始过程,因为时刻 $t+\theta\Delta t$ 的位移、速度和加速度就是利用时刻 t 的值表示的。

9.2 结构热分析中的有限元法

传热是日常生活和工程实际中广泛存在的现象,温度差的存在产生热量的传递,温度的变化会引起构件的应力和应变变化,即出现热应力。热应力对构件的影响很大,甚至会引起结构的失效与破坏。航空发动机的燃烧室、涡轮部件,火箭发动机喷管、卫星的太阳能帆板以及载人航天飞行器等都受到严酷的高温考验。下面主要针对结构热分析中的有限元法的基本理论和基本方法进行讨论。

9.2.1 热传导基本理论

导热的基本定律也称傅里叶定律。揭示了热流量与温度梯度之间的本构关系:

$$\overline{Q} = -kA\,\mathrm{grad}\,T \quad \text{或} \quad q = \overline{Q}/A = -k\,\mathrm{grad}\,T \tag{9.96}$$

式中,$\bar{Q}$ 为导热热流量;q 为热流密度;k 为导热系数;A 为垂直于热流方向的截面积;$\text{grad }T$ 为温度梯度;"−"号表示热流方向沿着温度梯度方向,与温度梯度方向相反。这是满足热力学第二定律所必需的,即在无外界作用下,热流总是自发地由高温物体流向低温物体。

导热系数是傅里叶定律中的比例系数,是物质的一项重要的物理性质。它反映了物体的导热能力,即在单位温度梯度作用下能够通过单位面积进行传递的热流量。

导热系数的数值取决于物质的种类和温度等若干因素。不同形态的物质,导热能力的差异是与其导热机理密切相关的。一般固态物质的导热系数较高,液态次之,气态最低。

导热问题的完整数学描述包括控制方程和单值性条件。

导热微分方程为

$$\rho c \frac{\partial T}{\partial \tau} = \frac{\partial}{\partial x}\left(k_x \frac{\partial T}{\partial x}\right) + \frac{\partial}{\partial y}\left(k_y \frac{\partial T}{\partial y}\right) + \frac{\partial}{\partial z}\left(k_z \frac{\partial T}{\partial z}\right) + \dot{q} \tag{9.97}$$

式中,左端表示微元体热力学能的增量;右端前三项之和表示导入微元体的净热流量;$\dot{q}$ 表示微元体内热源的生成热;ρ 为导热体密度;c 为导热体比热容。

当为二维稳态温度场时,导热微分方程为

$$k_x \frac{\partial^2 T}{\partial x^2} + k_y \frac{\partial^2 T}{\partial y^2} + \dot{q} = 0 \tag{9.98}$$

可以用广义正交曲线坐标系将导热微分方程统一表示如下

$$\rho c \frac{\partial T}{\partial \tau} = \frac{1}{H}\left[\frac{\partial}{\partial x_1}\left(k_1 \frac{H}{H_1^2} \frac{\partial T}{\partial x_1}\right) + \frac{\partial}{\partial x_2}\left(k_2 \frac{H}{H_2^2} \frac{\partial T}{\partial x_2}\right) + \frac{\partial}{\partial x_3}\left(k_3 \frac{H}{H_3^2} \frac{\partial T}{\partial x_3}\right)\right] + \dot{q} \tag{9.99}$$

式中,x_1, x_2, x_3 为正交坐标系的3个空间坐标;H_1, H_2, H_3 为拉梅系数。

$$H_i = \sqrt{\left(\frac{\partial x}{\partial x_i}\right)^2 + \left(\frac{\partial y}{\partial x_i}\right)^2 + \left(\frac{\partial z}{\partial x_i}\right)^2}, \quad H = H_1 H_2 H_3 \tag{9.100}$$

只要已知正交坐标曲线与直角坐标系之间的函数关系,由上式计算出拉梅系数,便可得出相应坐标系的方程。

9.2.2 平面温度场有限元

1. 矩形单元公式

对于二维双线性矩形单元,结点温度和形函数描述矩形单元的表达式(参见图9.3)为

$$T^e = \begin{bmatrix} N_i & N_j & N_m & N_n \end{bmatrix} \begin{bmatrix} T_i \\ T_j \\ T_m \\ T_n \end{bmatrix} \tag{9.101}$$

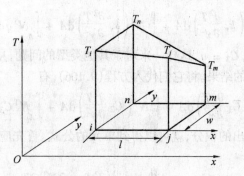

图 9.3　典型的矩形单元

式中，形函数 N_i, N_j, N_m, N_n 分别是

$$N_i = \left(1 - \frac{x}{l}\right)\left(1 - \frac{y}{w}\right), \quad N_j = \frac{x}{l}\left(1 - \frac{y}{w}\right)$$

$$N_m = \frac{x}{l}\frac{y}{w}, \quad N_n = \frac{y}{w}\left(1 - \frac{x}{l}\right) \tag{9.102}$$

下面对二维导热方程(9.98)应用伽辽金(Galerkin)方法。在局部坐标系下，可导出 4 个残差方程为

$$\left.\begin{aligned} R_i^e &= \int_A N_i\left(k_x\frac{\partial^2 T}{\partial x^2} + k_y\frac{\partial^2 T}{\partial y^2} + \dot{q}\right)\mathrm{d}A \\ R_j^e &= \int_A N_j\left(k_x\frac{\partial^2 T}{\partial x^2} + k_y\frac{\partial^2 T}{\partial y^2} + \dot{q}\right)\mathrm{d}A \\ R_m^e &= \int_A N_m\left(k_x\frac{\partial^2 T}{\partial x^2} + k_y\frac{\partial^2 T}{\partial y^2} + \dot{q}\right)\mathrm{d}A \\ R_n^e &= \int_A N_n\left(k_x\frac{\partial^2 T}{\partial x^2} + k_y\frac{\partial^2 T}{\partial y^2} + \dot{q}\right)\mathrm{d}A \end{aligned}\right\} \tag{9.103}$$

为了简化传导和载荷矩阵的表达形式，假设单元的残差为零。但是，在所有单元组合完成后，应将残差设为零。

将方程(9.103)写成矩阵形式，有

$$\int_A \boldsymbol{N}^\mathrm{T}\left(k_x\frac{\partial^2 T}{\partial x^2} + k_y\frac{\partial^2 T}{\partial y^2} + \dot{q}\right)\mathrm{d}A = 0 \tag{9.104}$$

式中，形函数矩阵的转置矩阵为

$$\boldsymbol{N}^\mathrm{T} = \begin{bmatrix} N_i \\ N_j \\ N_m \\ N_n \end{bmatrix} \tag{9.105}$$

方程(9.104)由 3 个主要的积分式组成，即

$$\int_A \mathbf{N}^{\mathrm{T}}\left(k_x \frac{\partial^2 T}{\partial x^2}\right)\mathrm{d}A + \int_A \mathbf{N}^{\mathrm{T}}\left(k_y \frac{\partial^2 T}{\partial y^2}\right)\mathrm{d}A + \int_A \mathbf{N}^{\mathrm{T}} \dot{q} \,\mathrm{d}A = 0 \tag{9.106}$$

令 $C_1 = k_x$，$C_2 = k_y$，$C_3 = \dot{q}$，这样一来对于其他类型的问题，只要控制微分方程的形式类似，就可以应用上面推导的结果。将它们代入方程(9.106)，有

$$\int_A \mathbf{N}^{\mathrm{T}}\left(C_1 \frac{\partial^2 T}{\partial x^2}\right)\mathrm{d}A + \int_A \mathbf{N}^{\mathrm{T}}\left(C_2 \frac{\partial^2 T}{\partial y^2}\right)\mathrm{d}A + \int_A \mathbf{N}^{\mathrm{T}} C_3 \,\mathrm{d}A = 0 \tag{9.107}$$

计算方程(9.107)给出的积分，就可以得到单元的公式。首先应当按偏导数的链式法则将二次项转化为一次项，即

$$\frac{\partial}{\partial x}\left(\mathbf{N}^{\mathrm{T}} \frac{\partial T}{\partial x}\right) = \mathbf{N}^{\mathrm{T}} \frac{\partial^2 T}{\partial x^2} + \frac{\partial \mathbf{N}^{\mathrm{T}}}{\partial x} \frac{\partial T}{\partial x} \tag{9.108}$$

对方程(9.108)进行整理，得到

$$\mathbf{N}^{\mathrm{T}} \frac{\partial^2 T}{\partial x^2} = \frac{\partial}{\partial x}\left(\mathbf{N}^{\mathrm{T}} \frac{\partial T}{\partial x}\right) - \frac{\partial \mathbf{N}^{\mathrm{T}}}{\partial x} \frac{\partial T}{\partial x} \tag{9.109}$$

将式(9.109)代入方程(9.107)的前两项，有

$$\int_A \mathbf{N}^{\mathrm{T}}\left(C_1 \frac{\partial^2 T}{\partial x^2}\right)\mathrm{d}A = \int_A C_1 \frac{\partial}{\partial x}\left(\mathbf{N}^{\mathrm{T}} \frac{\partial T}{\partial x}\right)\mathrm{d}A - \int_A C_1 \left(\frac{\partial \mathbf{N}^{\mathrm{T}}}{\partial x} \frac{\partial T}{\partial x}\right)\mathrm{d}A \tag{9.110}$$

$$\int_A \mathbf{N}^{\mathrm{T}}\left(C_2 \frac{\partial^2 T}{\partial y^2}\right)\mathrm{d}A = \int_A C_2 \frac{\partial}{\partial y}\left(\mathbf{N}^{\mathrm{T}} \frac{\partial T}{\partial y}\right)\mathrm{d}A - \int_A C_2 \left(\frac{\partial \mathbf{N}^{\mathrm{T}}}{\partial y} \frac{\partial T}{\partial y}\right)\mathrm{d}A \tag{9.111}$$

根据格林公式，可以将下述积分项

$$\int_A C_1 \frac{\partial}{\partial x}\left(\mathbf{N}^{\mathrm{T}} \frac{\partial T}{\partial x}\right)\mathrm{d}A, \quad \int_A C_2 \frac{\partial}{\partial y}\left(\mathbf{N}^{\mathrm{T}} \frac{\partial T}{\partial y}\right)\mathrm{d}A$$

表示成围绕单元的曲线积分。现在先考虑方程(9.110)中的积分项

$$-\int_A C_1 \left(\frac{\partial \mathbf{N}^{\mathrm{T}}}{\partial x} \frac{\partial T}{\partial x}\right)\mathrm{d}A$$

这个积分很容易计算。同时计算矩形单元的偏导数，有

$$\frac{\partial T}{\partial x} = \frac{\partial}{\partial x}[N_i \quad N_j \quad N_m \quad N_n]\begin{bmatrix} T_i \\ T_j \\ T_m \\ T_n \end{bmatrix} = \frac{1}{lw}[-w+y \quad w-y \quad y \quad -y]\begin{bmatrix} T_i \\ T_j \\ T_m \\ T_n \end{bmatrix} \tag{9.112}$$

同样地，计算 $\dfrac{\partial \mathbf{N}^{\mathrm{T}}}{\partial x}$，有

$$\frac{\partial \mathbf{N}^{\mathrm{T}}}{\partial x} = \frac{\partial}{\partial x}\begin{bmatrix} N_i \\ N_j \\ N_m \\ N_n \end{bmatrix} = \frac{1}{lw}\begin{bmatrix} -w+y \\ w-y \\ y \\ -y \end{bmatrix} \tag{9.113}$$

将方程(9.112)和方程(9.113)的结果代入方程(9.110)右端第二项,有

$$-\int_A C_1\left(\frac{\partial \boldsymbol{N}^T}{\partial x}\frac{\partial \boldsymbol{T}}{\partial x}\right)\mathrm{d}A = -C_1\int_A \frac{1}{(lw)^2}\begin{bmatrix}-w+y\\w-y\\y\\-y\end{bmatrix}\begin{bmatrix}-w+y & w-y & y & -y\end{bmatrix}\begin{bmatrix}T_i\\T_j\\T_m\\T_n\end{bmatrix}\mathrm{d}A \quad (9.114)$$

对上式积分,得到

$$-C_1\int_A \frac{1}{(lw)^2}\begin{bmatrix}-w+y\\w-y\\y\\-y\end{bmatrix}\begin{bmatrix}-w+y & w-y & y & -y\end{bmatrix}\begin{bmatrix}T_i\\T_j\\T_m\\T_n\end{bmatrix}\mathrm{d}A =$$

$$-\frac{C_1 w}{6l}\begin{bmatrix}2 & -2 & -1 & 1\\-2 & 2 & 1 & -1\\-1 & 1 & 2 & -2\\1 & -1 & -2 & 2\end{bmatrix}\begin{bmatrix}T_i\\T_j\\T_m\\T_n\end{bmatrix} \quad (9.115)$$

按同样的方法计算方程(9.111)右端第二项,有

$$\frac{\partial \boldsymbol{T}}{\partial y} = \frac{\partial}{\partial y}\begin{bmatrix}N_i & N_j & N_m & N_n\end{bmatrix}\begin{bmatrix}T_i\\T_j\\T_m\\T_n\end{bmatrix} = \frac{1}{lw}\begin{bmatrix}-l+x & -x & x & l-x\end{bmatrix}\begin{bmatrix}T_i\\T_j\\T_m\\T_n\end{bmatrix} \quad (9.116)$$

计算 $\frac{\partial \boldsymbol{N}^T}{\partial y}$,得到

$$\frac{\partial \boldsymbol{N}^T}{\partial y} = \frac{\partial}{\partial y}\begin{bmatrix}N_i\\N_j\\N_m\\N_n\end{bmatrix} = \frac{1}{lw}\begin{bmatrix}-w+x\\-x\\x\\l-x\end{bmatrix} \quad (9.117)$$

将方程(9.116)和方程(9.117)的结果代入方程(9.111)右端第二项,有

$$-\int_A C_2\left(\frac{\partial \boldsymbol{N}^T}{\partial y}\frac{\partial \boldsymbol{T}}{\partial y}\right)\mathrm{d}A = -C_2\int_A \frac{1}{(lw)^2}\begin{bmatrix}-w+x\\-x\\x\\l-x\end{bmatrix}\begin{bmatrix}-l+x & -x & x & l-x\end{bmatrix}\begin{bmatrix}T_i\\T_j\\T_m\\T_n\end{bmatrix}\mathrm{d}A \quad (9.118)$$

对上式积分,得到

$$-C_2\int_A \frac{1}{(lw)^2}\begin{bmatrix}-w+x\\-x\\x\\(l-x)\end{bmatrix}\begin{bmatrix}-l+x & -x & x & l-x\end{bmatrix}\begin{bmatrix}T_i\\T_j\\T_m\\T_n\end{bmatrix}dA =$$

$$-\frac{C_2 w}{6l}\begin{bmatrix}2 & 1 & -1 & -2\\1 & 2 & -2 & -1\\-1 & -2 & 2 & 1\\-2 & -1 & 1 & 2\end{bmatrix}\begin{bmatrix}T_i\\T_j\\T_m\\T_n\end{bmatrix} \qquad (9.119)$$

其次,计算热载荷项 $\int_A N^T C_3 dA$,有

$$\int_A N^T C_3 dA = C_3\int_A \begin{bmatrix}N_i\\N_j\\N_m\\N_n\end{bmatrix}dA = \frac{C_3 A}{4}\begin{bmatrix}1\\1\\1\\1\end{bmatrix} \qquad (9.120)$$

现再求方程(9.110)右端第一项和方程(9.111)右端第一项。如前所述,使用格林公式,可以由围单元边界的曲线积分表示,即

$$\int_A C_1 \frac{\partial}{\partial x}\left(N^T \frac{\partial T}{\partial x}\right)dA = \int_\tau C_1 N^T \frac{\partial T}{\partial x}\cos\theta d\tau \qquad (9.121)$$

$$\int_A C_2 \frac{\partial}{\partial y}\left(N^T \frac{\partial T}{\partial y}\right)dA = \int_\tau C_2 N^T \frac{\partial T}{\partial y}\sin\theta d\tau \qquad (9.122)$$

式中,τ 表示单元的边界;θ 表示单位法线的角度。

单元面积计算由格林公式给出,格林公式可以描述为

$$\iint_{\text{Region}}\left(\frac{\partial g}{\partial x}-\frac{\partial f}{\partial y}\right)dxdy = \int_{\text{Contour}}fdx + gdy \qquad (9.123)$$

式中,$f(x,y)$ 和 $g(x,y)$ 是连续函数,因此有连续的偏导数。

考虑带有对流边界条件的单元,如图9.4所示。

如果忽略热辐射,在 jm 边的 x 方向应用能量守恒定律,这就要求通过传导到达 jm 边的能量必须等于通过传导(通过和 jm 边相邻的流体)损失的能量。因此

$$-k\frac{\partial T}{\partial x} = h(T - T_f) \qquad (9.124)$$

式中,k 为介质的热传导系数;h 为热传递系数;T_f 为流动流体的温度。

将方程(9.124)的右端代入方程(9.121),有

$$\int_\tau C_1 N^T \frac{\partial T}{\partial x}\cos\theta d\tau = \int_\tau k N^T \frac{\partial T}{\partial x}\cos\theta d\tau = -\int_\tau h N^T(T - T_f)\cos\theta d\tau \qquad (9.125)$$

第9章 有限元法在其他领域中的应用

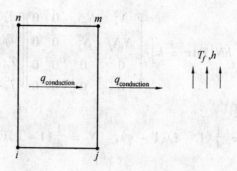

图9.4 带有对流边界条件的矩形单元

方程(9.125)实际含有两个积分项

$$-\int_\tau h\mathbf{N}^\mathrm{T}(T-T_f)\cos\theta\,\mathrm{d}\tau = -\int_\tau h\mathbf{N}^\mathrm{T}T\cos\theta\,\mathrm{d}\tau + \int_\tau h\mathbf{N}^\mathrm{T}T_f\cos\theta\,\mathrm{d}\tau \tag{9.126}$$

由积分项 $\int_\tau h\mathbf{N}^\mathrm{T}T\cos\theta\,\mathrm{d}\tau$ 和 $\int_\tau h\mathbf{N}^\mathrm{T}T\sin\theta\,\mathrm{d}\tau$ 导出矩形单元对流边界对传导矩阵的贡献

$$K^e_{l_{ij}} = \frac{hl_{ij}}{6}\begin{bmatrix}2&1&0&0\\1&2&0&0\\0&0&0&0\\0&0&0&0\end{bmatrix},\quad K^e_{l_{jm}} = \frac{hl_{jm}}{6}\begin{bmatrix}0&0&0&0\\0&2&1&0\\0&1&2&0\\0&0&0&0\end{bmatrix} \tag{9.127a,b}$$

$$K^e_{l_{mn}} = \frac{hl_{mn}}{6}\begin{bmatrix}0&0&0&0\\0&0&0&0\\0&0&2&1\\0&0&1&2\end{bmatrix},\quad K^e_{l_{ni}} = \frac{hl_{ni}}{6}\begin{bmatrix}2&0&0&1\\0&0&0&0\\0&0&0&0\\1&0&0&2\end{bmatrix} \tag{9.127c,d}$$

参考图9.3,注意,在上述矩阵中,$l_{ij}=l_{mn}=l$,$l_{jm}=l_{ni}=w$。为得到式(9.127a)~式(9.127d)的结果,需要计算矩形中的每一项,即有

$$\int_\tau h\mathbf{N}^\mathrm{T}T\,\mathrm{d}\tau = h\int_\tau \begin{bmatrix}N_i\\N_j\\N_m\\N_n\end{bmatrix}\begin{bmatrix}N_i&N_j&N_m&N_n\end{bmatrix}\begin{bmatrix}T_i\\T_j\\T_m\\T_n\end{bmatrix}\mathrm{d}\tau = $$

$$h\int_\tau \begin{bmatrix}N_i^2&N_jN_i&N_mN_i&N_nN_i\\N_iN_j&N_j^2&N_mN_j&N_nN_j\\N_iN_m&N_jN_m&N_m^2&N_nN_m\\N_iN_n&N_jN_n&N_mN_n&N_n^2\end{bmatrix}\begin{bmatrix}T_i\\T_j\\T_m\\T_n\end{bmatrix}\mathrm{d}\tau \tag{9.128}$$

例如,沿着 ij 边,$N_m=0$,$N_n=0$,代入式(9.128),则有

$$\int_\tau h\boldsymbol{N}^{\mathrm{T}}T\mathrm{d}\tau = h\int_\tau \begin{bmatrix} N_i^2 & N_jN_i & 0 & 0 \\ N_iN_j & N_j^2 & 0 & 0 \\ 0 & 0 & 0 & 0 \\ 0 & 0 & 0 & 0 \end{bmatrix}\begin{bmatrix} T_i \\ T_j \\ T_m \\ T_n \end{bmatrix}\mathrm{d}\tau \tag{9.129}$$

用自然坐标表示形函数,有

$$N_i = \frac{1}{4}(1-\xi)(1-\eta), \quad N_j = \frac{1}{4}(1+\xi)(1-\eta)$$

注意

$$\xi = \frac{2x}{l} - 1, \quad \mathrm{d}\xi = \frac{2}{l}\mathrm{d}x \quad \text{或者} \quad \mathrm{d}x = \frac{l}{2}\mathrm{d}\xi$$

其中,$-1 \leqslant \xi \leqslant 1$。将上述表达式代入式(9.129),有

$$\int_\tau h\boldsymbol{N}^{\mathrm{T}}T\mathrm{d}\tau = \frac{hl_{ij}}{2}\int_{-1}^{1}\begin{bmatrix} \left[\frac{1}{4}(1-\xi)(1-\eta)\right]^2 & \frac{1}{16}(1-\xi)(1-\eta)(1+\xi)(1-\eta) & 0 & 0 \\ \frac{1}{16}(1-\xi)(1-\eta)(1+\xi)(1-\eta) & \left[\frac{1}{4}(1+\xi)(1-\eta)\right]^2 & 0 & 0 \\ 0 & 0 & 0 & 0 \\ 0 & 0 & 0 & 0 \end{bmatrix}\begin{bmatrix} T_i \\ T_j \\ T_m \\ T_n \end{bmatrix}\mathrm{d}\xi \tag{9.130}$$

因为沿着 ij 边 $\eta = -1$,则方程(9.130)变为

$$\int_\tau h\boldsymbol{N}^{\mathrm{T}}T\mathrm{d}\tau = \frac{hl_{ij}}{2}\int_{-1}^{1}\begin{bmatrix} \left[\frac{1}{2}(1-\xi)\right]^2 & \frac{1}{4}(1-\xi)(1+\xi) & 0 & 0 \\ \frac{1}{4}(1-\xi)(1+\xi) & \left[\frac{1}{2}(1+\xi)\right]^2 & 0 & 0 \\ 0 & 0 & 0 & 0 \\ 0 & 0 & 0 & 0 \end{bmatrix}\begin{bmatrix} T_i \\ T_j \\ T_m \\ T_n \end{bmatrix}\mathrm{d}\xi = \frac{hl_{ij}}{6}\begin{bmatrix} 2 & 1 & 0 & 0 \\ 1 & 2 & 0 & 0 \\ 0 & 0 & 0 & 0 \\ 0 & 0 & 0 & 0 \end{bmatrix}\begin{bmatrix} T_i \\ T_j \\ T_m \\ T_n \end{bmatrix}$$

式中

$$\int_{-1}^{1}\left[\frac{1}{2}(1-\xi)\right]^2 \mathrm{d}\xi = \frac{1}{4}\left[\xi + \frac{\xi^3}{3} - \xi^2\right]_{-1}^{1} = \frac{2}{3}$$

$$\int_{-1}^{1} \frac{1}{4}(1-\xi)(1+\xi)\mathrm{d}\xi = \frac{1}{4}\left[\xi - \frac{\xi^3}{3}\right]_{-1}^{1} = \frac{1}{3}$$

$$\int_{-1}^{1} \left[\frac{1}{2}(1+\xi)\right]^2 \mathrm{d}\xi = \frac{1}{4}\left[\xi + \frac{\xi^3}{3} + \xi^2\right]_{-1}^{1} = \frac{2}{3}$$

同样地,通过这种方法也可以得到方程(9.127a) ~ 方程(9.127d)的结果。

由积分项 $\int_\tau h\mathbf{N}^\mathrm{T} T_f\cos\theta \mathrm{d}\tau$ 和 $\int_\tau h\mathbf{N}^\mathrm{T} T_f\sin\theta \mathrm{d}\tau$ 可导出单元的热载荷矩阵。沿矩形单元的边进行积分,有

$$F^e_{lij} = \frac{hT_f l_{ij}}{2}\begin{bmatrix}1\\1\\0\\0\end{bmatrix}, \quad F^e_{ljm} = \frac{hT_f l_{jm}}{2}\begin{bmatrix}0\\1\\1\\0\end{bmatrix} \qquad (9.131a,b)$$

$$F^e_{lmn} = \frac{hT_f l_{mn}}{2}\begin{bmatrix}0\\0\\1\\1\end{bmatrix}, \quad F^e_{lni} = \frac{hT_f l_{ni}}{2}\begin{bmatrix}1\\0\\0\\1\end{bmatrix} \qquad (9.131c,d)$$

对于物体内部的单元,不必考虑对流边界对单元传导矩阵的贡献。因此,由式(9.115)和式(9.119)可以得到矩形单元的传导矩阵为(此处略去负号,因为后面可以约去)

$$K^e = \frac{k_x w}{6l}\begin{bmatrix}2 & -2 & -1 & 1\\ -2 & 2 & 1 & -1\\ -1 & 1 & 2 & -2\\ 1 & -1 & -2 & 2\end{bmatrix} + \frac{k_y l}{6w}\begin{bmatrix}2 & 1 & -1 & -2\\ 1 & 2 & -2 & -1\\ -1 & -2 & 2 & 1\\ -2 & -1 & 1 & 2\end{bmatrix}$$

注意,单元热传导矩阵的组成为:① x 方向的传导分量;② y 方向的传导分量;③ 通过给定单元边对流可能损失的热量,如式(9.127a) ~ 式(9.127d)所示。单元的载荷矩阵由两部分组成:① 由某个单元内的热源引起的分量;② 由单元边可能存在的热对流损失引起的分量,如式(9.131a) ~ 式(9.131d)所示。热源对单元的热载荷矩阵的贡献由下式给出

$$F^e = \frac{\dot{q}A}{4}\begin{bmatrix}1\\1\\1\\1\end{bmatrix}$$

式中,A 为矩形单元的面积。

当沿矩形单元边的热流量为常数时,单元的热载荷矩阵为

$$F^e_{l_{ij}} = \frac{q''_0 l_{ij}}{2}\begin{bmatrix}1\\1\\0\\0\end{bmatrix}, \quad F^e_{l_{jm}} = \frac{q''_0 l_{jm}}{2}\begin{bmatrix}0\\1\\1\\0\end{bmatrix}$$

$$F^e_{l_{mn}} = \frac{q''_0 l_{mn}}{2}\begin{bmatrix}0\\0\\1\\1\end{bmatrix}, \quad F^e_{l_{ni}} = \frac{q''_0 l_{ni}}{2}\begin{bmatrix}1\\0\\0\\1\end{bmatrix}$$

将单元矩阵组合成总体矩阵，求解方程 $KT = F$，则可得到结点的温度，在下节详细说明这一步骤。

2. 三角形单元的公式

矩形单元的一个主要缺点是，它们不适合于边界弯曲的情况。相比之下，三角形单元更适合于模拟弯曲边界。为方便起见，将三角形单元绘于图 9.5 中。

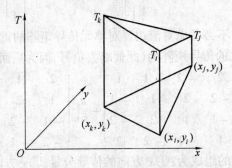

图 9.5 三角形单元

三角形单元由 3 个结点定义，使用形函数和相应的结点温度可表示温度变量，如温度在三角形内的插值函数形式为

$$T^e = \begin{bmatrix} N_i & N_j & N_k \end{bmatrix}\begin{bmatrix} T_i \\ T_j \\ T_k \end{bmatrix} \tag{9.132}$$

式中，形函数 N_i, N_j, N_m 分别为

$$N_i = \frac{1}{2\Delta}(a_i + b_i x + c_i y)$$

$$N_j = \frac{1}{2\Delta}(a_j + b_j x + c_j y)$$

$$N_k = \frac{1}{2\Delta}(a_k + b_k x + c_k y)$$

其中,Δ 是单元的面积,可以从以下方程计算得出:

$$2\Delta = x_i(y_j - y_k) + x_j(y_k - y_i) + x_k(y_i - y_j)$$

且

$$\begin{aligned}
a_i &= x_j y_k - x_k y_j, & b_i &= y_j - y_k, & c_i &= x_k - x_j \\
a_j &= x_k y_i - x_i y_k, & b_j &= y_k - y_i, & c_j &= x_i - x_k \\
a_k &= x_i y_j - x_j y_i, & b_k &= y_i - y_j, & c_k &= x_j - x_i
\end{aligned} \tag{9.133}$$

应用伽辽金方法,则三角形单元的 3 个残差方程的矩阵形式为

$$\int_A \boldsymbol{N}^\mathrm{T} \left(k_x \frac{\partial^2 T}{\partial x^2} + k_y \frac{\partial^2 T}{\partial y^2} + \dot{q} \right) \mathrm{d}A = 0 \tag{9.134}$$

其中

$$\boldsymbol{N}^\mathrm{T} = \begin{bmatrix} N_i \\ N_j \\ N_k \end{bmatrix}$$

以下的推导步骤与推导矩形单元的传导矩阵和热载荷矩阵的步骤很相似。首先,应用求偏导数的链式法则将二阶偏导数项转化为一阶偏导项。对于三角形单元,计算如下积分

$$-\int_A C_1 \left(\frac{\partial \boldsymbol{N}^\mathrm{T}}{\partial x} \frac{\partial T}{\partial y} \right) \mathrm{d}A$$

得到

$$\frac{\partial \boldsymbol{N}^\mathrm{T}}{\partial x} = \frac{\partial}{\partial x} \begin{bmatrix} N_i \\ N_j \\ N_k \end{bmatrix} = \frac{1}{2\Delta} \begin{bmatrix} b_i \\ b_j \\ b_k \end{bmatrix} \tag{9.135}$$

$$\frac{\partial T}{\partial x} = \frac{\partial}{\partial x} \begin{bmatrix} N_i & N_j & N_k \end{bmatrix} \begin{bmatrix} T_i \\ T_j \\ T_k \end{bmatrix} = \frac{1}{2\Delta} \begin{bmatrix} b_i & b_j & b_k \end{bmatrix} \begin{bmatrix} T_i \\ T_j \\ T_k \end{bmatrix} \tag{9.136}$$

将偏导项代入,有

$$-\int_A C_1 \left(\frac{\partial \boldsymbol{N}^\mathrm{T}}{\partial x} \frac{\partial T}{\partial x} \right) \mathrm{d}A = -C_1 \int_A \frac{1}{4\Delta} \begin{bmatrix} b_i \\ b_j \\ b_k \end{bmatrix} \begin{bmatrix} b_i & b_j & b_k \end{bmatrix} \begin{bmatrix} T_i \\ T_j \\ T_k \end{bmatrix} \mathrm{d}A \tag{9.137}$$

积分后,得

$$-C_1 \int_A \frac{1}{4\Delta} \begin{bmatrix} b_i \\ b_j \\ b_k \end{bmatrix} \begin{bmatrix} b_i & b_j & b_k \end{bmatrix} \begin{bmatrix} T_i \\ T_j \\ T_k \end{bmatrix} \mathrm{d}A = -\frac{C_1}{4\Delta} \begin{bmatrix} b_i^2 & b_i b_j & b_i b_k \\ b_i b_j & b_j^2 & b_j b_k \\ b_i b_k & b_j b_k & b_k^2 \end{bmatrix} \begin{bmatrix} T_i \\ T_j \\ T_k \end{bmatrix} \tag{9.138}$$

用同样的方法计算如下积分项

$$-\int_A C_2 \left(\frac{\partial \boldsymbol{N}^\mathrm{T}}{\partial y} \frac{\partial T}{\partial y} \right) \mathrm{d}A$$

由于

$$\frac{\partial \boldsymbol{N}^\mathrm{T}}{\partial y} = \frac{\partial}{\partial y} \begin{bmatrix} N_i \\ N_j \\ N_k \end{bmatrix} = \frac{1}{2\Delta} \begin{bmatrix} c_i \\ c_j \\ c_k \end{bmatrix} \tag{9.139}$$

$$\frac{\partial T}{\partial y} = \frac{\partial}{\partial y} \begin{bmatrix} N_i & N_j & N_k \end{bmatrix} \begin{bmatrix} T_i \\ T_j \\ T_k \end{bmatrix} = \frac{1}{2\Delta} \begin{bmatrix} c_i & c_j & c_k \end{bmatrix} \begin{bmatrix} T_i \\ T_j \\ T_k \end{bmatrix} \tag{9.140}$$

于是,有

$$-C_2 \int_A \frac{1}{4\Delta} \begin{bmatrix} c_i \\ c_j \\ c_k \end{bmatrix} \begin{bmatrix} c_i & c_j & c_k \end{bmatrix} \begin{bmatrix} T_i \\ T_j \\ T_k \end{bmatrix} \mathrm{d}A = -\frac{C_2}{4\Delta} \begin{bmatrix} c_i^2 & c_i c_j & c_i c_k \\ c_i c_j & c_j^2 & c_j c_k \\ c_i c_k & c_j c_k & c_k^2 \end{bmatrix} \begin{bmatrix} T_i \\ T_j \\ T_k \end{bmatrix} \tag{9.141}$$

对三角形单元,由热源项 C_3 引起的热载荷矩阵为

$$\int_A \boldsymbol{N}^\mathrm{T} C_3 \mathrm{d}A = C_3 \int_A \begin{bmatrix} N_i \\ N_j \\ N_k \end{bmatrix} \mathrm{d}A = \frac{C_3 A}{3} \begin{bmatrix} 1 \\ 1 \\ 1 \end{bmatrix} \tag{9.142}$$

在三角形单元不同边上应用对流边界条件,由积分项 $\int_\tau h\boldsymbol{N}^\mathrm{T} T\cos\theta \mathrm{d}\tau$ 和 $\int_\tau h\boldsymbol{N}^\mathrm{T} T\sin\theta \mathrm{d}\tau$ 可导出

$$K^e_{lij} = \frac{hl_{ij}}{6} \begin{bmatrix} 2 & 1 & 0 \\ 1 & 2 & 0 \\ 0 & 0 & 0 \end{bmatrix}, \quad K^e_{ljk} = \frac{hl_{jk}}{6} \begin{bmatrix} 0 & 0 & 0 \\ 0 & 2 & 1 \\ 0 & 1 & 2 \end{bmatrix}, \quad K^e_{ki} = \frac{hl_{ki}}{6} \begin{bmatrix} 2 & 0 & 1 \\ 0 & 0 & 0 \\ 1 & 0 & 2 \end{bmatrix}$$

$$(9.143\mathrm{a},\mathrm{b},\mathrm{c})$$

注意,l_{ij},l_{jk} 和 l_{ki} 分别表示三角形单元三条边的长度。由积分项 $\int_\tau h\boldsymbol{N}^\mathrm{T} T_f \cos\theta \mathrm{d}\tau$ 和 $\int_\tau h\boldsymbol{N}^\mathrm{T} T_f \cos\theta \mathrm{d}\tau$ 可产生单元的热载荷矩阵。沿三角形单元的边计算这些积分,得到

$$F^e_{lij} = \frac{hT_f l_{ij}}{2} \begin{bmatrix} 1 \\ 1 \\ 0 \end{bmatrix}, \quad F^e_{ljk} = \frac{hT_f l_{jk}}{2} \begin{bmatrix} 0 \\ 1 \\ 1 \end{bmatrix}, \quad F^e_{lki} = \frac{hT_f l_{ki}}{2} \begin{bmatrix} 1 \\ 0 \\ 1 \end{bmatrix} \tag{9.144a,b,c}$$

因此，三角形单元的传导矩阵为

$$K^e = \frac{k_x}{4\Delta}\begin{bmatrix} b_i^2 & b_ib_j & b_ib_k \\ b_ib_j & b_j^2 & b_jb_k \\ b_ib_k & b_jb_k & b_k^2 \end{bmatrix} + \frac{k_y}{4\Delta}\begin{bmatrix} c_i^2 & c_ic_j & c_ic_k \\ c_ic_j & c_j^2 & c_jc_k \\ c_ic_k & c_jc_k & c_k^2 \end{bmatrix}$$

注意，三角形单元的传导矩阵的组成为：① x 方向的传导分量；② y 方向的传导分量；③ 因给定单元的边可能存在对流而引起的热量损失项，如式(9.143a) ~ 式(9.143c)所示。三角形单元的载荷矩阵由两部分组成：① 给定单元内可能存在热源而引起的分量；② 因单元的边可能存在热对流损失而引起的分量，如式(9.144a) ~ 式(9.144c)所示。热源对单元载荷矩阵的贡献由下式给出

$$F^e = \frac{\dot{q}A}{3}\begin{bmatrix} 1 \\ 1 \\ 1 \end{bmatrix}$$

当三角形单元边界的热流量为常数时，它对单元载荷矩阵的贡献留做习题供读者自己考虑。

下面用例题来说明如何将单元矩阵组合得到总传导矩阵和总载荷矩阵。

【例9.1】 有一混凝土结构的小工业烟囱，热传导率为 $k = 1.4\ \text{W}\cdot\text{m}^{-1}\cdot\text{K}^{-1}$，如图9.6所示。假设烟囱内表面的统一温度为100℃，外表面暴露在空气中，空气的温度为30℃，响应的自然对流系数为 $h = 20\ \text{W}\cdot\text{m}^{-2}\cdot\text{K}^{-1}$。试确定稳态情况下温度在混凝土内的分布。

解 利用问题的对称性，只分析烟囱截面的 $\frac{1}{8}$ 的面，如图9.6所示。将所选择部分分成9个结点、5个单元。①、② 和 ③ 为矩形单元，④ 和 ⑤ 为三角形单元。

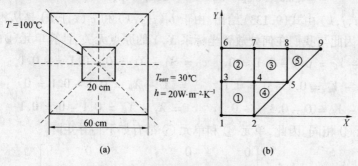

图9.6 烟囱示意图

单元与结点的对应关系为

单元①：1243 → $ijmn$；单元②：3476 → $ijmn$；单元③：4587 → $ijmn$；
单元④：254 → ijk；单元⑤：598 → ijk。
由传导引起的矩形单元传导矩阵为

$$K^e = \frac{kw}{6l}\begin{bmatrix} 2 & -2 & -1 & 1 \\ -2 & 2 & 1 & -1 \\ -1 & 1 & 2 & -2 \\ 1 & -1 & -2 & 2 \end{bmatrix} + \frac{kl}{6w}\begin{bmatrix} 2 & 1 & -1 & -2 \\ 1 & 2 & -2 & -1 \\ -1 & -2 & 2 & 1 \\ -2 & -1 & 1 & 2 \end{bmatrix}$$

单元①、②和③的大小是相同的,因此

$$K^{①} = K^{②} = K^{③} = \frac{1.4 \times 0.1}{6 \times 0.1} \times \begin{bmatrix} 2 & -2 & -1 & 1 \\ -2 & 2 & 1 & -1 \\ -1 & 1 & 2 & -2 \\ 1 & -1 & -2 & 2 \end{bmatrix} +$$

$$\frac{1.4 \times 0.1}{6 \times 0.1} \times \begin{bmatrix} 2 & 1 & -1 & -2 \\ 1 & 2 & -2 & -1 \\ -1 & -2 & 2 & 1 \\ -2 & -1 & 1 & 2 \end{bmatrix} =$$

$$\begin{bmatrix} 0.933 & -0.233 & -0.467 & -0.233 \\ -0.233 & 0.933 & -0.233 & -0.467 \\ -0.467 & -0.233 & 0.933 & -0.233 \\ -0.233 & -0.467 & -0.233 & 0.933 \end{bmatrix}$$

三角形单元④和⑤的传导矩阵为

$$K^e = \frac{k}{4\Delta}\begin{bmatrix} b_i^2 & b_ib_j & b_ib_k \\ b_ib_j & b_j^2 & b_jb_k \\ b_ib_k & b_jb_k & b_k^2 \end{bmatrix} + \frac{k}{4\Delta}\begin{bmatrix} c_i^2 & c_ic_j & c_ic_k \\ c_ic_j & c_j^2 & c_jc_k \\ c_ic_k & c_jc_k & c_k^2 \end{bmatrix}$$

这里 $b_i(i,j,k)$ 和 $c_i(i,j,k)$ 由式(9.133)给出。由于 $b_i(i,j,k)$ 和 $c_i(i,j,k)$ 是从相关结点的坐标之差计算出来的,因此与我们在何处放置坐标系 X,Y 的原点无关。计算单元④的系数,有

$$b_i = Y_j - Y_k = 0.1 - 0.1 = 0, \quad c_i = X_j - X_k = 0 - 0.1 = -0.1$$
$$b_j = Y_k - Y_i = 0.1 - 0 = 0.1, \quad c_i = X_j - X_k = 0.1 - 0.1 = 0$$
$$b_k = Y_i - Y_j = 0 - 0.1 = -0.1, \quad c_i = X_j - X_k = 0.1 - 0 = 0.1$$

单元⑤的系数和单元④相同。因此,单元④和单元⑤都有如下传导矩阵

$$K^{④} = K^{⑤} = \frac{1.4}{4 \times 0.005}\begin{bmatrix} 0 & 0 & 0 \\ 0 & (0.1)^2 & 0.1 \times (-0.1) \\ 0 & 0.1 \times (-0.1) & (-0.1)^2 \end{bmatrix} +$$

$$\frac{1.4}{4 \times 0.005}\begin{bmatrix} (-0.1)^2 & 0 & (-0.1) \times 0.1 \\ 0 & 0 & 0 \\ (-0.1) \times 0.1 & 0 & (0.1)^2 \end{bmatrix} =$$

$$\begin{bmatrix} 0.7 & 0 & -0.7 \\ 0 & 0.7 & -0.7 \\ -0.7 & -0.7 & 1.4 \end{bmatrix}$$

如前所述,对流边界条件对传导矩阵和载荷矩阵都有贡献。对流边界条件对单元②和单元③传导矩阵的贡献为

$$K^e_{lmn} = \frac{hl_{mn}}{6}\begin{bmatrix} 0 & 0 & 0 & 0 \\ 0 & 0 & 0 & 0 \\ 0 & 0 & 2 & 1 \\ 0 & 0 & 1 & 2 \end{bmatrix}$$

$$K^{②}_{lmn} = K^{③}_{lmn} = \frac{20 \times 0.1}{6}\begin{bmatrix} 0 & 0 & 0 & 0 \\ 0 & 0 & 0 & 0 \\ 0 & 0 & 2 & 1 \\ 0 & 0 & 1 & 2 \end{bmatrix} = \begin{bmatrix} 0 & 0 & 0 & 0 \\ 0 & 0 & 0 & 0 \\ 0 & 0 & 0.666 & 0.333 \\ 0 & 0 & 0.333 & 0.666 \end{bmatrix}$$

沿单元⑤的 jk 边也会通过对流损失热量,因此

$$K^e_{ljk} = \frac{hl_{jk}}{6}\begin{bmatrix} 0 & 0 & 0 \\ 0 & 2 & 1 \\ 0 & 1 & 2 \end{bmatrix}$$

$$K^{⑤}_{ljk} = \frac{20 \times 0.1}{6}\begin{bmatrix} 0 & 0 & 0 \\ 0 & 2 & 1 \\ 0 & 1 & 2 \end{bmatrix} = \begin{bmatrix} 0 & 0 & 0 \\ 0 & 0.666 & 0.333 \\ 0 & 0.333 & 0.666 \end{bmatrix}$$

对流边界条件沿 mn 对单元②和单元③热载荷矩阵的贡献为

$$F^e_{lmn} = \frac{hT_f l_{mn}}{2}\begin{bmatrix} 0 \\ 0 \\ 1 \\ 1 \end{bmatrix} = \frac{20 \times 30 \times 0.1}{2} \times \begin{bmatrix} 0 \\ 0 \\ 1 \\ 1 \end{bmatrix} = \begin{bmatrix} 0 \\ 0 \\ 30 \\ 30 \end{bmatrix}$$

$$F^{②}_{lmn} = F^{③}_{lmn} = [0 \ 0 \ 30 \ 30]^T$$

对流边界条件沿 jk 边对单元⑤热载荷矩阵的贡献为

$$F^e_{ljk} = \frac{hT_f l_{jk}}{2}\begin{bmatrix} 0 \\ 1 \\ 1 \end{bmatrix} = \frac{20 \times 30 \times 0.1}{2}\begin{bmatrix} 0 \\ 1 \\ 1 \end{bmatrix} = \begin{bmatrix} 0 \\ 30 \\ 30 \end{bmatrix}$$

$$F^{⑤}_{ljk} = [0 \ 30 \ 30]^T$$

下面需要将所有单元矩阵组合起来。利用相邻单元结点连接信息,整体热传导矩阵为

$$K = \begin{bmatrix} 0.933 & -0.233 & -0.233 & -0.466 & 0 & 0 & 0 & 0 & 0 \\ -0.233 & 1.633 & -0.466 & -0.933 & 0 & 0 & 0 & 0 & 0 \\ -0.233 & -0.466 & 1.866 & -0.466 & 0 & -0.233 & -0.466 & 0 & 0 \\ -0.466 & -0.933 & -0.466 & 4.199 & -0.933 & -0.466 & -0.466 & -0.466 & 0 \\ 0 & 0 & 0 & -0.933 & 2.333 & 0 & -0.466 & -0.933 & 0 \\ 0 & 0 & -0.233 & -0.466 & 0 & 1.599 & 0.1 & 0 & 0 \\ 0 & 0 & -0.466 & -0.466 & -0.466 & 0.1 & 3.198 & 0.1 & 0 \\ 0 & 0 & 0 & -0.466 & -0.933 & 0 & 0.1 & 3.665 & -0.367 \\ 0 & 0 & 0 & 0 & 0 & 0 & 0 & -0.367 & 1.366 \end{bmatrix}$$

在结点 1 和 2 应用常温边界条件,得到修改后的总热传导度矩阵

$$K = \begin{bmatrix} 1 & 0 & 0 & 0 & 0 & 0 & 0 & 0 & 0 \\ 0 & 1 & 0 & 0 & 0 & 0 & 0 & 0 & 0 \\ -0.233 & -0.466 & 1.866 & -0.466 & 0 & -0.233 & -0.466 & 0 & 0 \\ -0.466 & -0.933 & -0.466 & 4.199 & -0.933 & -0.466 & -0.466 & -0.466 & 0 \\ 0 & 0 & 0 & -0.933 & 2.333 & 0 & -0.466 & -0.933 & 0 \\ 0 & 0 & -0.233 & -0.466 & 0 & 1.599 & 0.1 & 0 & 0 \\ 0 & 0 & -0.466 & -0.466 & -0.466 & 0.1 & 3.198 & 0.1 & 0 \\ 0 & 0 & 0 & -0.466 & -0.933 & 0 & 0.1 & 3.665 & -0.367 \\ 0 & 0 & 0 & 0 & 0 & 0 & 0 & -0.367 & 1.366 \end{bmatrix}$$

将单元热载荷矩阵组合起来,有

$$F = [0 \quad 0 \quad 0 \quad 0 \quad 0 \quad 30 \quad 30+30 \quad 30+30 \quad 30]^T$$

在结点 1 和结点 2 应用常温边界条件,得到修改后的热载荷矩阵

$$F = [100 \quad 100 \quad 0 \quad 0 \quad 0 \quad 30 \quad 60 \quad 60 \quad 30]^T$$

最后得到结点方程组为

$$\begin{bmatrix} 1 & 0 & 0 & 0 & 0 & 0 & 0 & 0 & 0 \\ 0 & 1 & 0 & 0 & 0 & 0 & 0 & 0 & 0 \\ -0.233 & -0.466 & 1.866 & -0.466 & 0 & -0.233 & -0.466 & 0 & 0 \\ -0.466 & -0.933 & -0.466 & 4.199 & -0.933 & -0.466 & -0.466 & -0.466 & 0 \\ 0 & 0 & 0 & -0.933 & 2.333 & 0 & -0.466 & -0.933 & 0 \\ 0 & 0 & -0.233 & -0.466 & 0 & 1.599 & 0.1 & 0 & 0 \\ 0 & 0 & -0.466 & -0.466 & -0.466 & 0.1 & 3.198 & 0.1 & 0 \\ 0 & 0 & 0 & -0.466 & -0.933 & 0 & 0.1 & 3.665 & -0.367 \\ 0 & 0 & 0 & 0 & 0 & 0 & 0 & -0.367 & 1.366 \end{bmatrix} \begin{bmatrix} T_1 \\ T_2 \\ T_3 \\ T_4 \\ T_5 \\ T_6 \\ T_7 \\ T_8 \\ T_9 \end{bmatrix} = \begin{bmatrix} 100 \\ 100 \\ 0 \\ 0 \\ 0 \\ 30 \\ 60 \\ 60 \\ 30 \end{bmatrix}$$

求解线性方程组,得到结点解为

$$T^\mathrm{T} = [\,100\quad 100\quad 70.83\quad 67.02\quad 51.56\quad 45.88\quad 43.69\quad 40.10\quad 32.73\,]\,\mathrm{°C}$$

要验证结果是否精确,首先要注意结点温度要小于边界的温度,而外层的温度要略高于30℃,结点9的温度最低,这是因为物理结点9是最外层的结点。另一种验证结果是否精确的方法是,对围绕任一结点的控制体应用能量守恒定律,验证能量是否守恒,验证结点流入流出的能量是否平衡,例如,结点 3。图 9.7 显示了围绕结点 3 的控制体。

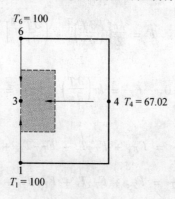

图 9.7　应用能量守恒定律验证结点 3 的结果

首先,考虑方程

$$\sum q = 0$$

应用傅里叶定律,有

$$k(0.1) \times \left(\frac{67.02 - T_3}{0.1}\right) + k(0.05) \times \left(\frac{45.88 - T_3}{0.1}\right) + k(0.05) \times \left(\frac{100 - T_3}{0.1}\right) = 0$$

解得 $T_3 = 69.98\,\mathrm{°C}$。考虑到单元大小的粗糙性,这个值和 70.83 ℃ 是比较接近的。

9.2.3　轴对称温度场有限元

1. 无内热源轴对称稳定温度场

微分方程的提法为

$$\begin{cases} \dfrac{\partial^2 T}{\partial x^2} + \dfrac{\partial^2 T}{\partial r^2} + \dfrac{1}{r}\dfrac{\partial T}{\partial r} = 0 \\[2mm] -k\dfrac{\partial T}{\partial n}\bigg|_\Gamma = \alpha(T - T_f)\big|_\Gamma \end{cases} \tag{9.145}$$

式中,r 为旋转体的半径;x 为旋转体的对称中心轴。

对于式(9.145),相应的泛函形式为

$$\pi[T(x,r)] = \iint_D \frac{kr}{2}\left[\left(\frac{\partial T}{\partial x}\right)^2 + \left(\frac{\partial T}{\partial r}\right)^2\right]\mathrm{d}x\mathrm{d}r + \int_\Gamma \alpha\left(\frac{1}{2}T^2 - T_f T\right)r\mathrm{d}s \qquad (9.146)$$

现在证明泛函(9.146)的变分与式(9.145)等价。由欧拉方程(用 r 代替 y)

$$F_T - \frac{\partial}{\partial x}F_{T_x} - \frac{\partial}{\partial r}F_{T_r} = 0$$

由

$$F = \frac{kr}{2}\left[\left(\frac{\partial T}{\partial x}\right)^2 + \left(\frac{\partial T}{\partial r}\right)^2\right]$$

得

$$F_T = 0, \quad F_{T_x} = kr\left(\frac{\partial T}{\partial x}\right), \quad F_{T_r} = kr\left(\frac{\partial T}{\partial r}\right)$$

代入下面两式

$$\frac{\partial}{\partial x}F_{T_x} = F_{T_x x} + F_{T_x T}T_x + F_{T_x T_x}T_{xx} + F_{T_x T_r}T_{rx}$$

$$\frac{\partial}{\partial r}F_{T_r} = F_{T_r r} + F_{T_r T}T_r + F_{T_r T_x}T_{xr} + F_{T_r T_r}T_{rr}$$

得

$$\frac{\partial}{\partial x}F_{T_x} = kr\frac{\partial^2 T}{\partial x^2}$$

及

$$\frac{\partial}{\partial r}F_{T_x} = k\frac{\partial T}{\partial r} + kr\frac{\partial^2 T}{\partial r^2}$$

最后代入欧拉方程，得

$$\frac{\partial^2 T}{\partial x^2} + \frac{\partial^2 T}{\partial r^2} + \frac{1}{r}\frac{\partial T}{\partial r} = 0$$

再用自然边界条件

$$\int_\Gamma \eta\left(-F_{T_r}\mathrm{d}x + F_{T_x}\mathrm{d}r + \frac{\partial G}{\partial T}\mathrm{d}s\right) = 0 \qquad (9.147)$$

将 F_{T_x}, F_{T_r} 和 $\dfrac{\partial G}{\partial T} = \alpha(T - T_f)r$ 代入，得

$$\int_\Gamma \eta\left[-kr\left(\frac{\partial T}{\partial r}\right)\mathrm{d}x + kr\left(\frac{\partial T}{\partial x}\right)\mathrm{d}r + \alpha(T - T_f)r\mathrm{d}s\right] = 0 \qquad (9.148)$$

最后代入下式

$$-\frac{\partial T}{\partial r}\mathrm{d}x + \frac{\partial T}{\partial x}\mathrm{d}r = \frac{\partial T}{\partial n}\mathrm{d}s$$

得

$$\int_\Gamma \eta\left[k\frac{\partial T}{\partial n} + \alpha(T - T_f)\right]r\mathrm{d}s = 0 \qquad (9.149)$$

式(9.149)中 $\eta(x,r)|_\Gamma \neq 0$ 及 r 为任意值,必有

$$-k\frac{\partial T}{\partial n}\Big|_\Gamma = \alpha(T - T_f)|_\Gamma \tag{9.150}$$

2. 有内热源轴对称稳定温度场

求泛函

$$\pi[T(x,r)] = \iint_D \frac{kr}{2}\left[\left(\frac{\partial T}{\partial x}\right)^2 + \left(\frac{\partial T}{\partial r}\right)^2 - q_v T\right]dxdr + \int_\Gamma \alpha\left(\frac{1}{2}T^2 - T_f T\right)rds \tag{9.151}$$

的极值曲面 $T(x,r)$ 必须满足的条件。

经过与上面类似的运算,得到极值曲面 $T(x,r)$ 必须满足的条件为

$$\begin{cases} \dfrac{\partial^2 T}{\partial x^2} + \dfrac{\partial^2 T}{\partial r^2} + \dfrac{1}{r}\dfrac{\partial T}{\partial r} + \dfrac{q_v}{k} = 0 \\ -k\dfrac{\partial T}{\partial n}\Big|_\Gamma = \alpha(T - T_f)|_\Gamma \end{cases} \tag{9.152}$$

式(9.152)就是求解有内热源轴对称稳定温度场的微分方程及其第三类边界条件。

9.2.4 瞬态温度场有限元

1. 抛物型方程的时间差分格式

对于瞬态温度场的控制方程,如下式所示的偏微分方程,在数学中统称为抛物型方程。

$$\frac{\partial T}{\partial t} = \frac{k}{\rho c_p}\left(\frac{\partial^2 T}{\partial x^2} + \frac{\partial^2 T}{\partial y^2} + \frac{q_v}{k}\right)$$

稳态导热方程加上 $\frac{\partial T}{\partial t}$ 项后,就变成抛物型方程。此时除了边界条件必须已知外,初始条件也是已知的,通常称它为初边值问题。求解就从初始温度开始,每隔一个时间步长,求解下一时刻的温度场,这样一步一步地向前推进,这种求解过程称为步进积分(Marching Integration)。抛物型方程的优点是节省计算机内存,例如,增加了一个时间坐标并不增加太多的内存单元;缺点是稳定性较差,容易产生振荡,甚至发散。

这类问题的求解特点是在空间域内用有限单元网格划分,而在时间域内则用有限差分网格划分。实质上是有限单元和有限差分的混合解法,这是一种成功的结合。因为它充分利用了有限单元法在空间域划分中的优点和有限差分法在时间推进中的优点。

(1) 向前差分

根据图 9.8,定义

$$\left(\frac{\partial T}{\partial t}\right)_{t-\Delta t} = \frac{1}{\Delta t}(T_t - T_{t-\Delta t}) + o(\Delta t) \tag{9.153}$$

为向前有限差分的一阶差商。式中,Δt 为时间差分步长;$o(\Delta t)$ 表示截断误差的数量级。

由式(9.153)可见,为了减小误差就得缩短时间步长。

向前差分格式,在早期手算的瞬态温度场有限差分求解中曾经得到广泛的应用。因为它能得到显示解,从而不必联立求解线性代数方程组,但是这种格式的稳定性较差,实用中要求时间步长取得很小,目前已经很少采用。

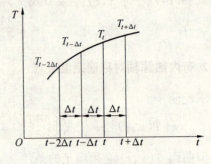

图 9.8 时间的有限差分

(2) 向后差分

根据图 9.8,定义

$$\left(\frac{\partial T}{\partial t}\right)_t = \frac{1}{\Delta t}(T_t - T_{t-\Delta t}) + o(\Delta t) \tag{9.154}$$

为向后有限差分的一阶差商。向后差分与向前差分具有相同的精度等级,但是向后差分得到的是隐式解,必须联立求解线性代数方程组。所以过去不如向前差分用得那么普遍。向后差分格式是无条件稳定的,而且在大的 Δt 步长下也不会振荡,目前应用很广。

(3) 差分格式的发展

由图 9.8 可见,向前差分和向后差分都是一种极端的情况。一般讲,二点差分格式可以写成如下的形式:

$$\sigma\left(\frac{\partial T}{\partial t}\right)_t + (1-\sigma)\left(\frac{\partial T}{\partial t}\right)_{t-\Delta t} = \frac{1}{\Delta t}(T_t - T_{t-\Delta t}) \tag{9.155}$$

式中,σ 为在 0 到 1 之间的一个分数。

在式(9.155)中,当 $\sigma = 1$ 就是向后差分;当 $\sigma = 0$ 就是向前差分。当 $\sigma = \frac{1}{2}$ 时,得

$$\frac{1}{2}\left[\left(\frac{\partial T}{\partial t}\right)_t + \left(\frac{\partial T}{\partial t}\right)_{t-\Delta t}\right] = \frac{1}{\Delta t}(T_t - T_{t-\Delta t}) + o(\Delta t^2) \tag{9.156}$$

这就是著名的 Crank – Nicolson 格式,简称 C – N 格式。由式(9.156)可见,它的截断误差是 Δt^2 的数量级。所以这种格式具有较高的精度,而且是无条件稳定的。

当 $\sigma = \frac{2}{3}$ 时,得到伽辽金格式如下:

$$\frac{2}{3}\left(\frac{\partial T}{\partial t}\right)_t + \frac{1}{3}\left(\frac{\partial T}{\partial t}\right)_{t-\Delta t} = \frac{1}{\Delta t}(T_t - T_{t-\Delta t}) + o(\Delta t^2) \tag{9.157}$$

这种格式同样具有较高的精度,而且是无条件稳定的。

在式(9.153)和式(9.154)中,都把 $\frac{\partial T}{\partial t}$ 在 Δt 范围内作为常数处理,所以前差和后差格式的

精度都较低。在式(9.155)中把$\frac{\partial T}{\partial t}$在$\Delta t$范围内作线性变化处理;在式(9.156)中把$\frac{\partial T}{\partial t}$在$\Delta t$范围内作抛物线变化处理。这样都与实际情况更加接近,所以 C – N 格式和伽辽金格式都能得到较高的精度。

上面讨论的格式都是用两个差分结点上的函数值来代替导数运算,称为二点差分格式。也可以用 3 个差分结点上的函数值来代替导数运算。例如,在图 9.8 中,用 t, $t - \Delta t$ 和 $t + \Delta t$ 三点的函数值来代替 t 时刻的导数,称为三点向后差分格式。由于增加了一个结点的函数值,所以也能提高计算的精度,并能满足更高一阶导数的要求。

2. 向后差分格式

根据式(9.154),可以写出温度时间导数的列向量:

$$\left\{\frac{\partial T}{\partial t}\right\}_t = \frac{1}{\Delta t}(\{T\}_t - \{T\}_{t-\Delta t}) + o(\Delta t) \tag{9.158}$$

式中

$$\left\{\frac{\partial T}{\partial t}\right\} = \begin{bmatrix} \frac{\partial T_1}{\partial t} & \frac{\partial T_2}{\partial t} & \cdots & \frac{\partial T_n}{\partial t} \end{bmatrix}^T$$

$$\{T\} = \begin{bmatrix} T_1 & T_2 & \cdots & T_n \end{bmatrix}^T$$

都是 n 维的列向量。

将式(9.158)代入整个结构的温度场方程

$$[K]\{T\}_T + [T_c]\left\{\frac{\partial T}{\partial t}\right\}_t = \{p\}_t$$

式中,$[T_c]$ 为温度改变的矩阵,是温度随时间变化的系数矩阵。

整理后得

$$\left([K] + \frac{[T_c]}{\Delta t}\right)\{T\}_t = \{P\}_t + \frac{[T_c]}{\Delta t}\{T\}_{t-\Delta t} \tag{9.159}$$

式(9.159)就是有限单元法计算瞬态温度场的基本方程。Δt 为适当取用的时间步长;$\{T\}_{t-\Delta t}$ 为初始温度场或前一时刻的温度场,这些都是已知的,从而求得 t 时刻的温度场 $\{T\}_t$。再由 $\{T\}_t$ 去求 $\{T\}_{t+\Delta t}$,如此逐步推进。

这里 $\{P\}_t$ 可以是时间 t 的函数(相应于随时间而变化的边界条件),也可以是与时间无关的边界条件。在后一种情况下就把 $\{P\}_t$ 写成 $\{P\}$。

3. Crank – Nicolson

根据式(9.156),可以写出列向量表达式

$$\frac{1}{2}\left(\left\{\frac{\partial T}{\partial t}\right\}_t + \left\{\frac{\partial T}{\partial t}\right\}_{t-\Delta t}\right) = \frac{1}{\Delta t}(\{T\}_t - \{T\}_{t-\Delta t}) + o(\Delta t^2) \tag{9.160}$$

根据下式

$$[K]\{T\} + [T_c]\left\{\frac{\partial T}{\partial t}\right\} = \{p\}$$

可以写出 t 时刻和 $t - \Delta t$ 时刻的关系式为

$$\begin{cases} [K]\{T\}_t + [T_c]\left\{\dfrac{\partial T}{\partial t}\right\}_t = \{P\}_t \\ [K]\{T\}_{t-\Delta t} + [T_c]\left\{\dfrac{\partial T}{\partial t}\right\}_{t-\Delta t} = \{P\}_{t-\Delta t} \end{cases} \quad (9.161)$$

将式(9.161)代入式(9.160),整理后得

$$\left([K] + \frac{2[T_c]}{\Delta t}\right)\{T\}_t = (\{P\}_t + \{P\}_{t-\Delta t}) + \left(\frac{2[T_c]}{\Delta t} - [K]\right)\{T\}_{t-\Delta t} \quad (9.162)$$

式(9.162)是采用 C - N 格式计算瞬态温度场的基本方程。式中 $\{P\}_t$ 和 $\{P\}_{t-\Delta t}$ 分别为 t 和 $t - \Delta t$ 时刻的方程右端项。如果边界条件随时间而变,则 $\{P\}_t$ 和 $\{P\}_{t-\Delta t}$ 是不相等的,但都是已知的。

4. 伽辽金格式

根据式(9.157),可以写出列向量表达式

$$2\left(\left\{\frac{\partial T}{\partial t}\right\}_t + \left\{\frac{\partial T}{\partial t}\right\}_{t-\Delta t}\right) = \frac{3}{\Delta t}(\{T\}_t - \{T\}_{t-\Delta t}) + o(\Delta t^2) \quad (9.163)$$

将式(9.161)代入式(9.163),整理后得

$$\left(2[K] + \frac{3[T_c]}{\Delta t}\right)\{T\}_t = (2\{P\}_t + \{P\}_{t-\Delta t}) + \left(\frac{3[T_c]}{\Delta t} - [K]\right)\{T\}_{t-\Delta t} \quad (9.164)$$

上式是采用伽辽金格式计算瞬态温度场的基本方程。

5. 三点后差分格式

现在用泰勒展开式来推导三点后差分格式。这是推导高阶导数多点差分格式的一种方法。如图9.8所示,分别对函数 $T_{t-\Delta t}$ 和 $T_{t-2\Delta t}$ 在 T_t 处用泰勒级数展开。注意到 Δt 和 $2\Delta t$ 均为负值,得

$$T_{t-\Delta t} = T_t + T'_t(-\Delta t) + T''_t\frac{(-\Delta t)^2}{2!} + T'''_t\frac{(-\Delta t)^3}{3!} + \cdots \quad (9.165)$$

$$T_{t-2\Delta t} = T_t + T'_t(-2\Delta t) + T''_t\frac{(-2\Delta t)^2}{2!} + T'''_t\frac{(-2\Delta t)^3}{3!} + \cdots \quad (9.166)$$

式中,$T'_t, T''_t, T'''_t, \cdots$ 分别为函数在 t 时刻处的一阶、二阶、三阶……偏导数。

用常数 A 乘式(9.165)两端,得

$$AT_{t-\Delta t} = AT_t + AT'_t(-\Delta t) + AT''_t\frac{(-\Delta t)^2}{2!} + AT'''_t\frac{(-\Delta t)^3}{3!} + \cdots \quad (9.167)$$

将式(9.166)和式(9.167)相加,得

$$AT_{t-\Delta t} + T_{t-2\Delta t} = (A+1)T_t - (A+2)\Delta t T'_t + \frac{(A+4)}{2!}(\Delta t)^2 T''_t - \frac{(A+8)}{3!}(\Delta t)^3 T'''_t + \cdots \quad (9.168)$$

为了求得 T'_t 的表达式,可令式(9.168)中 T''_t 项的系数为零。由此解得

$$A = -4$$

将 A 值代入式(9.168),并整理得

$$T'_t = \frac{1}{2\Delta t}(3T_t - 4T_{t-\Delta t} + T_{t-2\Delta t}) + \frac{1}{3}(\Delta t)^2 T'''_t + \cdots \quad (9.169)$$

式中,$\frac{(\Delta t)^2 T'''_t}{3}$ 是截断误差。这里三阶偏导数 T'''_t 是未知量,可以不必求出,而认为这一项的大小与 $(\Delta t)^2$ 是同一数量级,并用 $o(\Delta t^2)$ 来表示,于是式(9.169)最后写成

$$\left(\frac{\partial T}{\partial t}\right)_t = \frac{1}{2\Delta t}(3T_t - 4T_{t-\Delta t} + T_{t-2\Delta t}) + o(\Delta t^2) \quad (9.170)$$

将式(9.170)代入下式

$$[K]\{T\}_t + [T_c]\left\{\frac{\partial T}{\partial t}\right\}_t = \{p\}_t$$

整理后得

$$\left([K] + \frac{3}{2}\frac{[N]}{\Delta t}\right)\{T\}_t = \{P\}_t + \frac{[N]}{\Delta t}\left(2\{T\}_{t-\Delta t} - \frac{1}{2}\{T\}_{t-2\Delta t}\right) \quad (9.171)$$

由式(9.171)可见,当用三点后差分格式计算瞬态温度场时,它同时需要前两个时刻的温度场。

9.3 流场分析中的有限元法

在实际工程中,经常要求解流体力学问题,如飞机机翼的形状与升力的关系、涡轮发动机转子叶片中的流动问题等。由于这些结构的外形不规则,边界条件又比较复杂,用古典方法很难求解,而有限元法是求解这类问题的一个较为方便的手段。本节对流场中的渗流和势流两个基本问题的有限元法进行介绍。

9.3.1 渗流问题的有限元法

通过无限孔隙介质的流体运动遵循 Darcy 定律。该定律建立了压力降和平均流速之间的关系,其关系为

$$U_D = -\frac{k}{\mu}\frac{\mathrm{d}P}{\mathrm{d}x} \quad (9.172)$$

式中,U_D 为平均流速;k 为孔隙介质的渗流系数;μ 为流体的黏性系数;$\dfrac{dP}{dx}$ 为流体的压差。对于平面二维流,通常用水头 φ 定义流速分量。

二维渗流遵循 Darcy 定律,即

$$k_x \frac{\partial^2 \varphi}{\partial x^2} + k_y \frac{\partial^2 \varphi}{\partial y^2} = 0 \tag{9.173}$$

渗流速度的分量为

$$v_x = -k_x \frac{\partial \varphi}{\partial x}, \quad v_y = -k_y \frac{\partial \varphi}{\partial y} \tag{9.174}$$

式中,k_x 和 k_y 为渗流系数;φ 为用水头定义的流速分量。

对于矩形单元,其渗流性矩阵为

$$K^e = \frac{k_x w}{6l}\begin{bmatrix} 2 & -2 & -1 & 1 \\ -2 & 2 & 1 & -1 \\ -1 & 1 & 2 & -2 \\ 1 & -1 & -2 & 2 \end{bmatrix} + \frac{k_y l}{6w}\begin{bmatrix} 2 & 2 & -1 & -2 \\ 1 & 2 & -2 & -1 \\ -1 & -2 & 2 & 1 \\ -2 & -1 & 1 & 2 \end{bmatrix} \tag{9.175}$$

式中,w 和 l 分别为矩形单元的长度和宽度,如图 9.9 所示。

图 9.10 描述了一个三角形单元各结点的水头值。对于三角形单元,其渗流性矩阵为

$$K^e = \frac{k_x}{4\Delta}\begin{bmatrix} b_i^2 & b_i b_j & b_i b_k \\ b_i b_j & b_j^2 & b_j b_k \\ b_i b_k & b_j b_k & b_k^2 \end{bmatrix} + \frac{k_y}{4\Delta}\begin{bmatrix} c_i^2 & c_i c_j & c_i c_k \\ c_i c_j & c_j^2 & c_j c_k \\ c_i c_k & c_j c_k & c_k^2 \end{bmatrix} \tag{9.176}$$

式(9.176)中三角形单元的面积 Δ 以及 $b_i, b_j, b_k, c_i, c_j, c_k$ 各分量的表达式为

$$2\Delta = x_i(y_j - y_k) + x_j(y_k - y_i) + x_k(y_i - y_j)$$
$$b_i = y_j - y_k, \quad b_j = y_k - y_i, \quad b_k = y_i - y_j$$
$$c_i = x_k - x_j, \quad c_j = x_i - x_k, \quad c_k = x_j - x_i$$

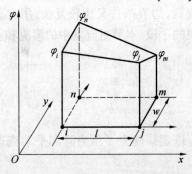

图 9.9　矩形单元各结点的水头值

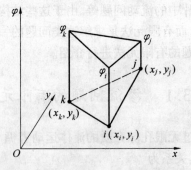

图 9.10　三角形单元各结点的水头值

9.3.2 势流问题的有限元法

1. 用势函数 φ 表示的势流

对于不可压缩的、非黏性流体,其流动是无旋的,那么任意一点的流速都可以用势函数 φ 表示,因而这种流动称为势流。势流在工程上具有广泛的用途,如水坝的溢流、泄水孔的出流以及低于音速的绕飞行器流动等。

(1) 基本方程

对于不可压缩的流体,任意一点的流速必须满足下列连续方程

$$\frac{\partial v_x}{\partial x} + \frac{\partial v_y}{\partial y} + \frac{\partial v_z}{\partial z} = 0 \tag{9.177}$$

式中,v_x, v_y, v_z 分别是流体在 x, y, z 方向的流速分量。

流体绕 x, y, z 轴的旋转分别为

$$\omega_x = \frac{1}{2}\left(\frac{\partial v_z}{\partial y} - \frac{\partial v_y}{\partial z}\right)$$

$$\omega_y = \frac{1}{2}\left(\frac{\partial v_x}{\partial z} - \frac{\partial v_z}{\partial x}\right)$$

$$\omega_z = \frac{1}{2}\left(\frac{\partial v_y}{\partial x} - \frac{\partial v_x}{\partial y}\right)$$

如果流动是无旋的,那么 $\omega_x = \omega_y = \omega_z = 0$,即

$$\frac{\partial v_z}{\partial y} - \frac{\partial v_y}{\partial z} = 0, \quad \frac{\partial v_x}{\partial z} - \frac{\partial v_z}{\partial x} = 0, \quad \frac{\partial v_y}{\partial x} - \frac{\partial v_x}{\partial y} = 0 \tag{9.178}$$

因此,不可压缩的无旋流动必须同时满足式(9.177)和式(9.178)。对于这种流动,可用势函数 φ 表示流速分量如下

$$v_x = \frac{\partial \varphi}{\partial x}, \quad v_y = \frac{\partial \varphi}{\partial y}, \quad v_z = \frac{\partial \varphi}{\partial z} \tag{9.179}$$

显然,这样定义的势函数 φ 是满足无旋条件式(9.178)的。再由式(9.177)可知,φ 必须满足下列连续方程

$$\frac{\partial^2 \varphi}{\partial x^2} + \frac{\partial^2 \varphi}{\partial y^2} + \frac{\partial^2 \varphi}{\partial z^2} = 0 \tag{9.180}$$

沿着边界,法向流速 v_n 和切向流速 v_s 分别为

$$v_n = \frac{\partial \varphi}{\partial n}, \quad v_s = \frac{\partial \varphi}{\partial s} \tag{9.181}$$

式中,n 为边界的法线;s 为边界的切线。

当流动平行于 x 轴,而且具有均匀流速 U 时,势函数可表示为
$$\varphi = Ux + 常数 \tag{9.182}$$
有时可利用上式写出无穷远处的边界条件(当然实际上是在足够远处取一个截面以代表无穷远)。

因此,用势函数 φ 表示的势流问题,可陈述如下。

给定区域 R,其边界为 $C = C_1 + C_2$,在区域 R 中,势函数 φ 满足拉普拉斯方程
$$\nabla^2 \varphi = \frac{\partial^2 \varphi}{\partial x^2} + \frac{\partial^2 \varphi}{\partial y^2} + \frac{\partial^2 \varphi}{\partial z^2} = 0 \tag{9.183}$$

在边界 C_1 上,φ 取已知值:
$$\varphi = g \tag{9.184}$$

在边界 C_2 上,法向流速取已知值:
$$\frac{\partial \varphi}{\partial n} = \beta \tag{9.185}$$

与前述稳定渗流问题类似,这个问题等价于下列泛函的极值问题。

函数 φ 在边界 C_1 上取已知值,$\varphi = g$,并使下列泛函取极值
$$\pi[\varphi] = \iiint_R \frac{1}{2} \left[\left(\frac{\partial \varphi}{\partial x}\right)^2 + \left(\frac{\partial \varphi}{\partial y}\right)^2 + \left(\frac{\partial \varphi}{\partial z}\right)^2 \right] dxdydz + \iint_{C_1} \beta \varphi ds \tag{9.186}$$

从流体力学可知,只要流动是无旋的,在流场空间的任何一点(不管是否在同一流线上)的能量都是一个常量。例如在重力场中,有
$$\frac{V^2}{2g} + \frac{p}{\gamma} + z = 常量 = H \tag{9.187}$$

这就是伯努利方程。式中,p 为压强;H 为总能头;γ 为流体的容重;V 为流速
$$V^2 = v_x^2 + v_y^2 + v_z^2 \tag{9.188}$$

在计算出流速后,由伯努利方程可计算任意一点的压强 p。

根据求解区域和边界条件的不同,势流问题可分为以下三类:
① 单连通问题,求解区域是单连通的;
② 复连通问题,求解区域是复连通的;
③ 自由面流动,部分边界是自由面。

单连通问题的求解比较简单,无需什么特殊技巧。其他两类问题的求解,都需要一些特殊的处理。下面着重讨论复连通问题的技术方法。

(2) 绕无升力物体的流动

如图 9.11 所示,要求分析绕无升力物体的流动,已知在无穷远处流体具有均匀流速 U。当然实际计算时总是采用一个有限的求解区域 R。通常可在平行与流动方向取一个矩形区域,其边界离开物体已足够远,假定边界上的流动未受扰动,因而 $\frac{\partial \varphi}{\partial n}$ 是已知的,如图 9.11 所示。沿着

物体的边界,法向流速必须等于零,所以 $\frac{\partial \varphi}{\partial n} = 0$。在目前情况下,因为全部边界条件都是由 $\frac{\partial \varphi}{\partial n}$ 给定的,问题的解答将不是唯一的,采用有限元法求解时,整体刚度矩阵 $[K]$ 是奇异的。为了克服这个困难,可以在求解区域中任取一个结点,并在此结点上令 φ 取任意已知值,例如可令边界上某一结点上 $\varphi = 0$。

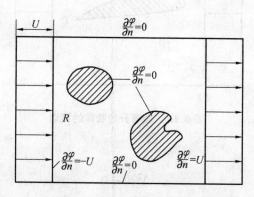

图 9.11 绕无升力物体的流动

(3) 有升力物体的流动

现在考虑绕有升力物体的二维势流。如图 9.12 所示,设来流速度为 U,根据著名的库塔 – 茹科夫斯基(Kutta Joukowshi)升力定律,物体所受的升力为

$$L = \rho U \Gamma$$

式中,L 为升力;ρ 为密度;Γ 为环流。

根据环流定义

$$\Gamma = \int_{C_1} v_s \, \mathrm{d}s \tag{9.189}$$

式中,C_1 为物体的边界;v_s 为在物体边界上的切向流速。在物体表面任取一对无限靠近的点 A 和 B,将 $v_s = \frac{\partial \varphi}{\partial s}$ 代入上式,可知

$$\Gamma = \int_A^B \frac{\partial \varphi}{\partial s} \mathrm{d}s = \varphi_B - \varphi_A = \Delta \varphi \tag{9.190}$$

可见对于像机翼这样的有升力物体,在物体表面的一点,如 A,势函数存在着跳跃 $\Delta \varphi$。在其余各处,势函数是连续的。在 A 点 $\frac{\partial \varphi}{\partial s}\big|_A = \frac{\partial \varphi}{\partial s}\big|_B$,所以速度是连续的。

对于像机翼这样的物体,计算时还必须满足库塔条件,即在尖锐的尾边 T 有一静止点。利用库塔条件可以决定 $\Delta \varphi$。

令

$$\Gamma = \Delta \varphi = \varphi_B - \varphi_A = 0 \tag{9.191}$$

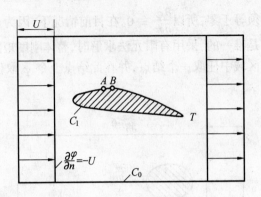

图 9.12 绕有升力物体的流动

定解问题可陈述如下。

在区域 R 内

$$\Delta^2 \varphi = 0 \tag{9.192}$$

在 C_0 上

$$\frac{\partial \varphi}{\partial n} = U n_x \tag{9.193}$$

式中,n_x 是边界法线的方向余弦。

在 C_1 上,除 A、B 两点外

$$\frac{\partial \varphi}{\partial n} = 0 \tag{9.194}$$

在 A、B 两点

$$\varphi_A = 0, \quad \varphi_B = a \tag{9.195}$$

在尾边 T

$$v_x = v_y = v_z = 0 \tag{9.196}$$

建议用叠加方法求解上述问题。

令

$$\varphi = a\varphi_1 + \varphi_2 \tag{9.197}$$

式中,φ_1 和 φ_2 分别满足下列条件。

① 在 R 内

$$\nabla^2 \varphi_1 = 0 \tag{a}$$

在 C_0 上

$$\frac{\partial \varphi_1}{\partial n} = 0 \tag{b}$$

在 C_1 上,除 A、B 外

$$\frac{\partial \varphi_1}{\partial n} = 0 \tag{c}$$

在 A、B 两点

$$\varphi_A = 0, \quad \varphi_B = 1 \tag{d}$$

② 在 R 内

$$\nabla^2 \varphi_2 = 0 \tag{e}$$

在 C_0 上

$$\frac{\partial \varphi_2}{\partial n} = U n_x \tag{f}$$

在 C_1 上,除 A、B 外

$$\frac{\partial \varphi_2}{\partial n} = 0 \tag{g}$$

在 A、B 两点

$$\varphi_A = 0, \varphi_B = 0 \tag{h}$$

用有限元法可分别求出 φ_1 和 φ_2,再利用库塔条件求出常数 a。

由(b)、(f) 二式可知在尾边 T

$$v_{nT} = \left.\frac{\partial \varphi}{\partial n}\right|_T = 0 \tag{9.198}$$

在任意一点,如果互不平行的两个方向上的速度分量为 0,则该点的速度等于 0。在 T 点,如果在不平行于法线 n 的方向的速度分量也等于 0,则 T 点的速度即等于 0。不妨取 x 这个方向。由式(9.196)

$$v_{xT} = \left.\frac{\partial \varphi}{\partial x}\right|_T = a\left.\frac{\partial \varphi_1}{\partial x}\right|_T + \left.\frac{\partial \varphi_2}{\partial x}\right|_T = 0 \tag{9.199}$$

当式(9.198) 和式(9.199) 同时成立时,库塔条件即被满足,由式(9.199) 可以求出常数 a。

在机翼尾边 T,边界曲线的导数如果是不连续的,可用一对点 T_1 和 T_2 来代替 T,其中 T_1 属于上表面,T_2 属于下表面,式(9.199) 可应用于 T_1 和 T_2 的任意一个。

如果流场中有多个有升力物体,如图 9.13 所示,也可用类似方法求解。例如,设共有 n 个物体,其边界分别为 $C_1, C_2, \cdots, C_n$,外边界为 C_0,可令

$$\varphi = \varphi_0 + a_1 \varphi_1 + a_2 \varphi_2 + \cdots + a_n \varphi_n \tag{9.200}$$

对于 φ_0,令 $\Delta \varphi_0 = 0$。对于 φ_1,令在 C_1 上取 $\Delta \varphi_1 = 0$,对于 φ_2,令在 C_2 上取 $\Delta \varphi_2 = 1$,等等。对每个物体应用库塔条件,可得到 n 个方程,正好可用来确定 n 个常数 $a_1, a_2, \cdots, a_n$。

2. 用流函数 ψ 表示的势流

平面势流也可用流函数 ψ 表示。

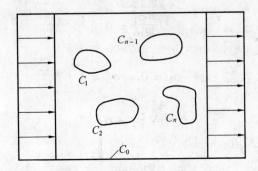

图 9.13　绕多个有升力物体的流动

(1) 基本方程

平面势流的连续性方程为

$$\frac{\partial v_x}{\partial x} + \frac{\partial v_y}{\partial y} = 0 \tag{9.201}$$

绕 z 轴的旋转为 $w_z = \frac{1}{2}\left(\frac{\partial v_x}{\partial x} - \frac{\partial v_y}{\partial y}\right)$，因此流体的无旋条件为

$$\frac{\partial v_x}{\partial x} - \frac{\partial v_y}{\partial y} = 0 \tag{9.202}$$

用流函数 ψ 表示速度分量 v_x 和 v_y 如下

$$v_x = \frac{\partial \psi}{\partial y}, \quad v_y = -\frac{\partial \psi}{\partial x} \tag{9.203}$$

显然，流函数 ψ 满足连续性方程(9.201)，再把式(9.203)代入无旋条件(9.202)，得到

$$\frac{\partial^2 \psi}{\partial x^2} + \frac{\partial^2 \psi}{\partial y^2} = 0 \tag{9.204}$$

可见流函数也必须满足拉普拉斯方程。

沿着边界，法向流速 v_n 和切向流速 v_s 分别为(图 9.14)

$$v_n = \frac{\partial \psi}{\partial s}, \quad v_s = \frac{\partial \psi}{\partial n} \tag{9.205}$$

沿着边界积分，有

$$\psi = \int \frac{\partial \psi}{\partial s} \mathrm{d}s = \int v_n \mathrm{d}s \tag{9.206}$$

如果法线方向流速 v_n 已知，由上式可求出边界上的 ψ 值。如果已知切向流速 α，边界条件可以由下式给出

$$\frac{\partial \psi}{\partial n} = -\alpha \tag{9.207}$$

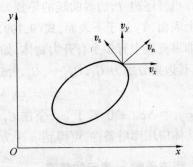

图 9.14　边界流速方向

当流动平行于 x 轴,而且具有均匀流速 U 时,流函数 ψ 表示为

$$\psi = Uy + 常数 \tag{9.208}$$

按流函数求解势流问题时,边界条件多由式(9.206)或式(9.207)给出。

(2) 绕无升力物体的流动

假定在远离物体处,流体具有均匀流速 U,根据式(9.208)可给出边界 C_0 上的 ψ 值,如图 9.15 所示,沿着边界 C_1,$\dfrac{\partial \psi}{\partial s} = 0$,因此,$\psi = $ 常数。但此常数是未知的,这就造成了求解的困难。为了克服这一困难,建议采用如下叠加方法。

令

$$\psi(x,y) = \psi_0(x,y) + b\psi_1(x,y) \tag{9.209}$$

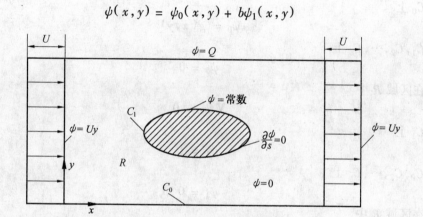

图 9.15 绕无升力物体的流动边界

式中,b 是待定系数;ψ_0 和 ψ_1 分别满足下列条件。

① 在 R 中

$$\nabla^2 \psi_0 = 0$$

在 C_0 上

$$\psi_0 = g(x,y) \tag{9.210}$$

在 C_1 上

$$\psi_0 = 0$$

② 在 R 中

$$\nabla^2 \psi_1 = 0$$

在 C_0 上

$$\psi_1 = 0 \tag{9.211}$$

在 C_1 上

$$\psi_1 = 1$$

采用有限元法，可以分别求出 ψ_0 和 ψ_1。再回到式(9.209)，在区域 R 中靠近边界 C_0 的一个已知 ψ 值的点上，计算 ψ_0 和 ψ_1 值，然后代入式(9.209)，即可计算常数 b 的值。

如果在流场中共有 n 个物体，也可采用类似方法求解。

令
$$\psi = \psi_0 + b_1\psi_1 + b_2\psi_2 + \cdots + b_n\psi_n \tag{9.212}$$

式中，$b_1, b_2, \cdots, b_n$ 是 n 个待定常数；$\psi_0, \psi_1, \cdots, \psi_n$ 等分别满足下列条件。

① 在区域 R 中
$$\nabla^2\psi_0 = 0$$

在 C_0 上
$$\psi_0 = g(x,y) \tag{9.213}$$

在 $C_1, C_2, \cdots, C_n$ 上
$$\psi_0 = 0$$

② 在区域 R 中
$$\nabla^2\psi_1 = 0$$

在 C_1 上
$$\psi_1 = 1 \tag{9.214}$$

在 $C_0, C_2, \cdots, C_n$ 上
$$\psi_1 = 0$$

③ 在区域 R 中
$$\nabla^2\psi_2 = 0$$

在 C_2 上
$$\psi_2 = 1 \tag{9.215}$$

在 $C_0, C_1, C_3, \cdots, C_n$ 上
$$\psi_2 = 0$$

④ 在区域 R 中
$$\nabla^2\psi_n = 0$$

在 C_n 上
$$\psi_n = 1 \tag{9.216}$$

在 $C_0, C_1, \cdots, C_{n-1}$ 上
$$\psi_n = 0$$

采用有限元法，不难求出 $\psi_0, \psi_1, \cdots, \psi_n$ 值。把它们代入式(9.211)，再在靠近 C_0 的 n 个点上计算 ψ 值，可得到 n 个线性方程，从而可求出 n 个常数 $b_1, b_2, \cdots, b_n$。

(3) 绕有升力物体的流动

当流场中有机翼之类的有升力物体时，计算中必须考虑库塔条件。参照图9.12，设来流速

度为 U,机翼边界为 C_1,远离机翼、流动未受干扰的边界为 C_0,定解问题为

在区域 R 中
$$\nabla^2 \psi = 0$$

在边界 C_0 上
$$\psi = Uy$$

在边界 C_1 上
$$\psi = 常数$$

考虑库塔条件,在尾边 T
$$v_x = v_y = 0$$

对于这个问题,也可用叠加法求解。令
$$\psi = \psi_0 + b\psi_1 \tag{9.217}$$

式中,b 是待定系数;ψ_0 和 ψ_1 分别满足式(9.210)和式(9.211)。系数 b 可由库塔条件决定。在机翼边缘 C_1 上,$\psi_0 = 0$,$\psi_1 = 1$,$\psi = b = $ 常数,因此沿 C_1 有
$$v_n = \frac{\partial \psi}{\partial s} = 0$$

在尾边 T,法向流速当然也等于零。如果在异于法线 n 的方向再有一个速度分量等于零,则 T 点的速度等于零。今取此方向为 x 方向,则
$$v_{xT} = \left.\frac{\partial \psi}{\partial y}\right|_T = \left.\frac{\partial \psi_0}{\partial y}\right|_T + b\left.\frac{\partial \psi_1}{\partial y}\right|_T = 0 \tag{9.218}$$

当式(9.218)成立时,库塔条件即被满足。由式(9.218)可求出系数 b 的值。

9.4 电磁场分析中的有限元法

航空航天设备中存在许多涉及电磁的元件和结构,如雷达、天线、电机、电路板等,如何在设计中提高单个电磁元件的性能、优化这些元件布局,提高设备整体的电磁兼容性能,就需要进行电磁场的分析。这些问题可以采用有限元法得到较高效率、精度的解答,本节介绍其中的基本原理和基本方法。

9.4.1 电磁场基本理论

电磁场理论由一套麦克斯韦方程组描述,分析和研究的出发点就是对麦克斯韦方程组的研究,包括对这个方程组的求解和实验验证。麦克斯韦方程组实际上是由四个定律组成,它们分别是安培环路定律、法拉第电磁感应定律、高斯电通定律(亦简称为高斯定律)和高斯磁通定律(亦称磁通连续性定律)。

1. 安培环路定律

无论介质和磁场强度 H 的分布如何，磁场中磁场强度沿任何一闭合路径的线积分和等于该积分路径所确定的曲面 Ω 的电流的总和，或者说该线积分等于积分路径所包围的总电流。这里的电流包括传导电流（自由电荷产生）和位移电流（电磁场变化产生）。

$$\oint_\Gamma \boldsymbol{H} \cdot \mathrm{d}\boldsymbol{l} = \iint_\Omega \left(\boldsymbol{J} + \frac{\partial \boldsymbol{D}}{\partial t} \right) \cdot \mathrm{d}\boldsymbol{S} \tag{9.219}$$

式中，H 为磁场强度，$\mathrm{A} \cdot \mathrm{m}^{-1}$；$J$ 为传导电流密度矢量，简称电流密度，$\mathrm{A} \cdot \mathrm{m}^{-2}$；$\frac{\partial \boldsymbol{D}}{\partial t}$ 为位移电流密度，位移电流密度并不表示真正电荷的流动，而是表示电场的变化率。

2. 法拉第电磁感应定律

闭合回路中的感应电动势与穿过此回路的磁通量随时间的变化率成正比。用积分表示则为

$$\oint_\Gamma \boldsymbol{E} \cdot \mathrm{d}\boldsymbol{l} = -\iint_\Omega \frac{\partial \boldsymbol{B}}{\partial t} \cdot \mathrm{d}\boldsymbol{S} \tag{9.220}$$

式中，E 为电场强度，$\mathrm{V} \cdot \mathrm{m}^{-1}$；$B$ 为磁感应强度，T 或 $\mathrm{Wb} \cdot \mathrm{m}^{-2}$。

3. 高斯电通定律

在电场中，无论电解质与电通密度矢量的分布如何，穿出任何一个闭合曲面的电通量等于这一闭合曲面所包围的电荷量，电通量也就是电通密度矢量对此闭合曲面的积分。该定律的积分形式可表达如下

$$\oiint_S \boldsymbol{D} \cdot \mathrm{d}\boldsymbol{S} = \iiint_V \rho \mathrm{d}V \tag{9.221}$$

式中，ρ 为电荷体密度，$\mathrm{C} \cdot \mathrm{m}^{-3}$；$V$ 为闭合曲面 S 所围成的体积区域。

4. 高斯磁通定律

磁场中，无论磁介质与磁通密度矢量的分布如何，穿出任何一个闭合曲面的磁通量恒等于零，磁通量即为磁通量矢量对此闭合曲面的有向积分。高斯磁通定律的积分形式为

$$\oiint_S \boldsymbol{B} \cdot \mathrm{d}\boldsymbol{S} = 0 \tag{9.222}$$

方程(9.219)～(9.222)便构成了描述电磁场的麦克斯韦方程组,4个积分方程描述电磁场各有侧重：方程(9.219)表明不仅传导电流能产生磁场，而且变化的电场也能产生磁场；方程(9.220)为推广的电磁感应定律，表明变化的磁场亦能产生电场；方程(9.221)表明电荷以发散的方式产生电场；方程(9.222)表明磁力线是无头无尾的闭合曲线。这组麦克斯韦方程表明了

变化的电场和变化的磁场间相互激发、相互联系形成统一的电磁场。

方程(9.219)~(9.222)还分别有微分形式,也就是微分形式的麦克斯韦方程组,表示如下

$$\nabla \times \boldsymbol{H} = \boldsymbol{J} + \frac{\partial \boldsymbol{D}}{\partial t} \tag{9.223}$$

$$\nabla \times \boldsymbol{E} = -\frac{\partial \boldsymbol{B}}{\partial t} \tag{9.224}$$

$$\nabla \cdot \boldsymbol{D} = \rho \tag{9.225}$$

$$\nabla \cdot \boldsymbol{B} = 0 \tag{9.226}$$

5. 一般形式的电磁场微分方程

电磁场的计算中,经常需要对上述偏微分方程进行简化,以便能够用分离变量法、格林函数法等解得电磁场的解析解,其解的形式为三角函数的指数形式以及一些用特殊函数(如贝塞尔(bessel)函数、勒让得(Legendre)多项式等)表示的形式。但在工程实践中,要精确得到问题的解析解,除了极个别情况,通常是很困难的。于是只能根据具体给定的边界条件和初始条件,用数值解法求其数值解,有限元法就是其中最为有效、应用最广的一种数值计算方法。

(1) 矢量磁势和标量电势

对于电磁场的计算,为了使问题得到简化,通过定义两个量来把电场和磁场变量分离开来,分别形成一个独立的电场或磁场的偏微分方程,这样便有利于数值求解。这两个量一个是矢量磁势 A(亦称磁势位),另一个是标量电势 Φ,它们的定义如下。

矢量磁势

$$\boldsymbol{B} = \nabla \times \boldsymbol{A} \tag{9.227}$$

也就是说磁势的旋度等于磁通量密度。而标量电势为

$$\boldsymbol{E} = -\nabla \varphi \tag{9.228}$$

(2) 电磁场偏微分方程

按式(9.227)和式(9.228)定义的矢量磁势和标量电势能自动地满足法拉第电磁感应定律。接下来再应用到安培环路定律和高斯电通定律中,经过推导,可分别得到磁场偏微分方程和电场偏微分方程

$$\nabla^2 \boldsymbol{A} - \mu\varepsilon \frac{\partial^2 \boldsymbol{A}}{\partial t^2} = -\mu \boldsymbol{J} \tag{9.229}$$

$$\nabla^2 \varphi - \mu\varepsilon \frac{\partial^2 \varphi}{\partial t^2} = -\frac{\rho}{\varepsilon} \tag{9.230}$$

式中,μ 和 ε 分别为介质的磁导率和介电常数;∇^2 为拉普拉斯算子。

$$\nabla^2 = \left(\frac{\partial^2}{\partial x^2} + \frac{\partial^2}{\partial y^2} + \frac{\partial^2}{\partial z^2}\right) \tag{9.231}$$

很明显,式(9.229)和式(9.230)具有相同的形式,是彼此对称的,这意味着求解它们的方法相同。至此,可以对式(9.229)和式(9.230)进行数值求解,如采用有限元法,解得磁势和电势的场分布值,然后再进行转化(即后处理)可得到电磁场的各种物理量,如磁感应强度、储能等。

6. 电磁场中常见的边界条件

电磁场问题实际求解过程中,有各种各样的边界条件,但归结起来可概括为3种:狄利克雷(Dirichlet)边界条件、诺伊曼边界条件以及它们的组合。

狄利克雷边界条件可表示为

$$\varphi|_\Gamma = g(\Gamma) \tag{9.232}$$

式中,Γ 为狄利克雷边界;$g(\Gamma)$ 为位置的函数,可以为常数和零,为零时称为齐次狄利克雷边界条件,如平行板电容器的一个极板电势可假定为零,而另一个假定为常数,为零的边界即为齐次边界。

诺伊曼边界条件可表示为

$$\left.\frac{\partial \varphi}{\partial n}\right|_\Gamma + f(\Gamma)\varphi|_\Gamma = h(\Gamma) \tag{9.233}$$

式中,Γ 为诺伊曼边界;n 为边界 Γ 的外法线矢量;$f(\Gamma)$ 和 $h(\Gamma)$ 为一般函数(可为常数和零)。为零时是齐次诺伊曼边界条件。

实际上电磁场微分方程的求解中,只有有边界条件和初始条件的限制时,电磁场才有确定解。因此,通常称此类问题为边值问题和初值问题。

7. 电磁场求解的有限元法

一个无限大的平板电容器,该电容器的两极板间充有电荷密度 $\rho = \varepsilon$ 的自由电荷,并假设极板都接在电压为 u 的电源上,极板距离为 $2d$。很明显,电容器的激励和几何形状都对称于 y 轴,使电势在对称轴上沿 x 方向的变化为零,于是这种对称结构可用齐次诺伊曼边界条件来表示。描述这个平行板电容器静电场分布的微分方程为

$$\begin{aligned}\nabla^2\varphi &= -1 \\ \varphi|_{x=1} &= u \quad x \in (0, d) \\ \left.\frac{\partial\varphi}{\partial n}\right|_{v=0} &= 0\end{aligned} \tag{9.234}$$

9.4.2 电磁场变分问题

在变分法中,首先要构成一个近似解的函数,称为泛函。然后使该泛函最小化,从而减小近

似解的误差。一般说来，要找到一个适合于偏微分方程及其边界条件的泛函是一项难度很大的工作。对于电磁场方程来说，通常具有拉普拉斯、泊松和亥姆霍兹(Helmholtz)等偏微分方程形式。下面应用变分法来求解一些简单的电磁场分布问题。

1. 用变分法求解拉普拉斯方程

无源静电场或静磁场的分布问题可以用拉普拉斯方程来描述。一个典型的拉普拉斯方程及其相应的狄利克雷边界条件为

$$\nabla^2 \varphi = 0 \Rightarrow \frac{d^2 \varphi}{dx^2} = 0$$

$$\varphi(\Gamma) = g, \quad g = \begin{cases} 0(x=0) \\ 10(x=d) \end{cases}$$

该问题表示了一个电容器极板之间的静态电场分布。虽然这里讨论的是静电场问题，但其方程和边界条件具有一定的普遍意义，即静磁场的分布也可以利用相似的方程来描述，只不过是将标量电势变化为矢量电势，求解方法与过程都相似。

在求解偏微分方程时，一般的原则为设法构造一个与误差（即近似解造成的偏差）有关的目标函数，然后用某种方法使这个误差达到最小化，从而确定近似解中的位置系数。变分法也遵循这样的原则，在求解拉普拉斯方程的时候，可以把电场或磁场中储能选为目标函数。从物理学中可知，对于一个电场或磁场来说，其储能总是趋于最小（广义地讲，其他分布场也有类似的结论），这使我们将变分法的泛函和电磁场的储能联系起来。从物理意义上讲，储能总是区域最小；从数学意义上来讲，泛函也要最小化。因此可以选择场的储能为求解场近似解的泛函，然后使其导数为0，从而使该函数达到最小化，最后确定近似解的待定系数。对于无源电场来说，储能在电场中的能量可以表示为

$$W = \frac{1}{2}\int_\Omega DE d\Omega = \frac{\varepsilon}{2}\int_\Omega |\nabla \Phi|^2 d\Omega \tag{9.235}$$

这里假定介质为线性的，所以上式中的介电常数 ε 可以提到积分号之外，从而使问题得到简化。

方程的近似解可以由一系列线性独立的试函数和相应的待定系数表示。对试函数的一个额外的要求是，这些函数应使近似解满足狄利克雷边界条件，这就要求我们在构造近似解时，要考虑狄利克雷边界条件。这样做虽然限制了试函数的选择范围，但却简化了待定系数的求解过程。为了方便起见，在构成泛函时将式(9.235)中的介质常数 ε 省略，这样的泛函虽然不是真正的储能，但与储能仅仅相差一个系数，如此形成的泛函的最小值虽然不是储能的最小值，但相应的待定系数却与储能最小值所对应的待定系数相同。也就是说如此得到的近似解的待定系数与令储能最小化得到的待定系数相同，而我们的目的就是为了求解近似解的这些待定系数，不是储能本身。与储能相关的一个泛函定义为

$$\pi = \frac{1}{2}\int_\Omega |\nabla\Phi|^2 \mathrm{d}\Omega = \frac{1}{2}\int_\Omega \Big|\sum_{i=1}^n C_i \nabla\Psi_i\Big|^2 \mathrm{d}\Omega \tag{9.236}$$

构成了泛函之后,就要设法求得它的最小值。对泛函(9.236)求关于某个待定系数 C_j 的偏导数,并令其为零,即

$$\frac{\partial \pi}{\partial C_j} = 0 \quad (j = 1,2,\cdots,n) \tag{9.237}$$

上式实际上表明要对泛函求每一个待定系数的偏导数,这样便构成了 n 个代数方程,其中 n 为待定系数的个数。在求导数过程中,有下式成立

$$\frac{\partial}{\partial C_j}\Big(\sum_{i=1}^n C_i \nabla\Psi_i\Big) = \nabla\Psi_i \tag{9.238}$$

事实上,对某个试函数的梯度运算 $\nabla\Psi_i$ 是独立于待定系数 C_j 的函数,在式(9.238)中求关于 C_j 的偏导数时,可以认为 $\nabla\Psi_i$ 是关于 C_j 的常数,那么在 n 个含有待定系数的式(9.238)的各项中,只有当 $C_i = C_j$ 时,导数才不为零,因此式(9.238)中只有一项导数不为零。这样式(9.238)便可以写成

$$\frac{\partial \pi}{\partial C_j} = \int_\Omega \Big(\sum_{i=1}^n C_i \nabla\Psi_i\Big) \cdot \nabla\Psi_i \mathrm{d}\Omega = 0 \quad (j = 1,2,\cdots,n) \tag{9.239}$$

式中,$C_i(i = 1,2,\cdots,n)$ 为 n 个待定系数。

假设积分运算和求积运算可以互相调换,式(9.239)经整理后可以写成求解这些待定系数的 n 个代数方程

$$\sum_{i=1}^n \Big(\int_\Omega \nabla\Psi_i \cdot \nabla\Psi_i \mathrm{d}\Omega\Big) C_i = 0 \quad (j = 1,2,\cdots,n) \tag{9.240}$$

式(9.240)也可以写成紧凑的矩阵形式,即

$$[K]\{C\} = \mathbf{0} \tag{9.241}$$

式中,$\{C\}$ 为 $n \times 1$ 阶列矩阵,表示未知数;$[K]$ 为 $n \times n$ 阶系数矩阵,系数矩阵 $[K]$ 的各元素按下式求得

$$K_{ij} = K_{ji} = \int_\Omega \nabla\Psi_i \cdot \nabla\Psi_j \mathrm{d}\Omega \tag{9.242}$$

式(9.242)表明,处于对称位置上的两个矩阵元素相同,即 $K_{ij} = K_{ji}$,这样的系数矩阵为一个对称型矩阵。

至此为止,我们已经用一组线性独立的试函数来表示偏微分方程的近似解,并构造了一个与分布场的储能有关的泛函,令该泛函对各待定系数的偏导数为零,便能够使泛函达到最小值。这样一来就能够形成 n 个待定系数,从而完全确定近似解。这种求解偏微分方程近似解的方法称为瑞利 – 里茨方法,也称里茨方法。如此形成的系数矩阵 $[K]$ 称为瑞利 – 里茨矩阵,又称里茨矩阵。

下面用变分法原理来求解该方程。首先,需要选取试函数,构造方程的近似解。不妨选择幂

函数为试函数,试函数的个数 n 可以选为4。那么拉普拉斯方程的近似解可以用4个幂函数 x^0,x^1,x^2,x^3 的线性组合表示,即

$$\overline{\varphi} = a_1 + a_2 x + a_3 x^2 + a_4 x^3 = \sum_{i=1}^{n} a_i x^{(i-1)} \tag{9.243}$$

上式中的 a_1,a_2,a_3 和 a_4 为待定系数,一旦这些待定系数被确定之后,近似解就变成已知函数了。我们将用瑞利-里茨方法来求得这些待定系数。

在以上的讨论中,曾对试函数及其所构成的近似解加以限制,使之满足狄利克雷边界条件,其目的是为了简化泛函的计算,这一点还要在以后讨论更一般的偏微分方程时,再加以详细说明。令近似解满足狄利克雷边界条件,则可以减少待定系数的个数。该问题的狄利克雷边界由两个点组成,即 $x=0$ 和 $x=d$,将这两点的电势给定值代入近似解表达式中,可以使待定系数由4个减少到2个,即

$$\overline{\varphi}|_{x=0} = 0 \Rightarrow a_1 = 0$$

$$\overline{\varphi}|_{x=d} = 10 \Rightarrow a_2 d + a_3 d^2 + a_4 d^3 = 10 \Rightarrow a_4 = \frac{10 - da_2 - d^2 a_3}{d^3}$$

为了便于理解,令 $C_1 = a_2, C_2 = a_3$,那么近似解可改写成

$$\overline{\varphi} = C_1 x + C_2 x^2 + \frac{10 - dC_1 - d^2 C_2}{d^3} x^3 \tag{9.244}$$

对近似解求梯度,以便找出泛函表达式

$$\nabla \overline{\varphi} = C_1 + 2C_2 x + \frac{3}{d^3}(10 - dC_1 - d^2 C_2) x^2$$

参照式(9.236),定义一个与储能有关的泛函

$$\pi = \frac{1}{2} \int_\Omega |\nabla \overline{\varphi}|^2 d\Omega = \frac{1}{2} \int_0^d \left[C_1 + 2C_2 x + \frac{3}{d^3}(10 - dC_1 - d^2 C_2) x^2 \right]^2 dx \tag{9.245}$$

对式(9.245)确定的泛函求关于待定系数 C_1 和 C_2 的偏导数,并令它们为零,从而求得泛函的驻点,亦即使泛函最小化,如式(9.239)所示。

$$\frac{\partial \pi}{\partial C_1} = \int_0^d \nabla \overline{\varphi} \frac{\partial \nabla \overline{\varphi}}{\partial C_1} dx = \int_0^d \left[C_1 + 2C_2 x + \frac{3}{d^3}(10 - dC_1 - d^2 C_2) x^2 \right] \left(1 - \frac{3}{d^2} x^2\right) dx =$$

$$\frac{4}{5} dC_1 + \frac{3}{10} d^2 C_2 - 8 = 0$$

$$\frac{\partial \pi}{\partial C_2} = \int_0^d \nabla \overline{\varphi} \frac{\partial \nabla \overline{\varphi}}{\partial C_2} dx = \int_0^d \left[C_1 + 2C_2 x + \frac{3}{d^3}(10 - dC_1 - d^2 C_2) x^2 \right] \left(2x - \frac{3}{d} x^2\right) dx =$$

$$\frac{3}{10} d^3 C_1 + \left(\frac{3}{10} d^4 - \frac{1}{6} d^3\right) C_2 - 3d^2 = 0$$

求解以上两个代数方程,就能够找出待定系数 C_1 和 C_2

$$C_1 = \frac{10}{d}, \quad C_2 = 0$$

将得到的待定系数代回近似解的表达式中,从而确定近似解为

$$\overline{\varphi} = \frac{10}{d}x \tag{9.246}$$

2. 用变分法求解泊松方程

如果一个静电场受到电荷的激励,或者一个静磁场受到电流的激励,这种有源静态场应该由泊松方程以及相应的边界条件所描述。下面再以静电场为例说明这类边值问题的求解过程,一个典型的静电场问题可以用下列方程表示

$$\left. \begin{array}{l} \nabla^2 \Phi = -q \quad (\in \Omega) \\ \Phi |_{\Gamma_1} = g \quad (\in \Gamma_1) \\ \dfrac{\partial \Phi}{\partial n} |_{\Gamma_2} = 0 \quad (\in \Gamma_2) \end{array} \right\} \tag{9.247}$$

式中,$q = \dfrac{\rho}{\varepsilon}$,即与电荷密度和电介质常数有关;$g$ 为电势在狄利克雷边界 Γ_1 上的给定值;电势在诺伊曼边界 Γ_2 上的法向导数为零。

这种齐次诺伊曼边界条件表明电势的分布关于诺伊曼边界条件对称。考虑到描述方程和激励源,该问题中与储能相关的泛函具有以下形式

$$\pi = \frac{1}{2} \int_\Omega (|\nabla \overline{\Phi}|^2 - 2q\overline{\Phi}) \, d\Omega \tag{9.248}$$

式(9.248)与拉普拉斯方程的泛函有所区别,而且在形式上与电场储能表达式相差较远。但这种对应于泊松方程的泛函是经过广泛研究和尝试而得到的一种恰当的形式,同时又具有某种物理意义,因此在变分法中广为采用。

下面要证明,当近似解 $\overline{\Phi}$ 趋近于精确解 Φ 时,由式(9.248)定义的泛函达到最小值。与求解拉普拉斯方程时类似,通过适当地选择近似解(亦即试函数)的线性组合,强迫近似解满足边界条件。近似解与精确解相比具有一定的偏差,该偏差可以用函数的形式表示,所以近似解可以写成

$$\overline{\Phi} = \Phi + \delta u \tag{9.249}$$

这里 u 为一个可微函数,由于所选择的近似解满足边界条件,也就是说在狄利克雷边界 Γ_1 上近似解等于精确解,那么 u 在边界 Γ_1 上的值为零。式(9.249)中的 δ 为一个参数,表示一个小的偏差,对应于近似解的泛函可以用精确解和相应的偏差函数表示,即将式(9.249)代入泛函(9.248)表达式中

$$\pi(\overline{\Phi}) = \pi(\Phi + \delta u) = \frac{1}{2} \int_\Omega [|\nabla \Phi + \delta \nabla u|^2 - 2q(\Phi + \delta u)] \, d\Omega =$$

$$\pi(\Phi) + \delta \int_\Omega \nabla \Phi \cdot \nabla u \, d\Omega + \frac{\delta^2}{2} \int_\Omega |\nabla u|^2 \, d\Omega - \delta \int_\Omega q u \, d\Omega \tag{9.250}$$

式中，$\pi(\Phi)$ 为精确解的泛函；$\pi(\overline{\Phi})$ 为近似解的泛函。

对式(9.250)右端的第二项应用格林定理，可以得到

$$\delta\int_\Omega \nabla\Phi\cdot\nabla u\,\mathrm{d}\Omega = \delta\oint_\Gamma u\frac{\partial\Phi}{\partial n}\mathrm{d}\Gamma - \delta\int_\Omega u\nabla^2\Phi\,\mathrm{d}\Omega \tag{9.251}$$

如果考虑三维问题，那么式(9.251)右端的第一项为沿边界 Γ 而进行的闭合曲面积分，该积分由两个部分组成，即在狄利克雷边界 Γ_1 上的积分和在诺伊曼边界 Γ_2 上的积分

$$\delta\oint_\Gamma u\frac{\partial\Phi}{\partial n}\mathrm{d}\Gamma = \delta\int_{\Gamma_1} u\frac{\partial\Phi}{\partial n}\mathrm{d}\Gamma + \int_{\Gamma_2} u\frac{\partial\Phi}{\partial n}\mathrm{d}\Gamma$$

由于在狄利克雷边界 Γ_1 上 u 为零，致使上式右端的第一项为零，而在诺伊曼边界 Γ_2 上 $\frac{\partial\Phi}{\partial n}$ 为零，致使上式中右端的第二项为零，那么对整个闭合曲面的积分为零。也就是说，式(9.251)中右端的第一项从式中消失，考虑到精确解满足泊松方程，即 $\nabla^2\Phi = -q$，式(9.251)可以得到进一步简化为

$$\delta\int_\Omega \nabla\Phi\cdot\nabla u\,\mathrm{d}\Omega = \delta\int_\Omega uq\,\mathrm{d}\Omega \tag{9.252}$$

将这一结果代回式(9.250)中，使得右端第二项和第四项之和为零，近似解的泛函便简化为

$$\pi(\overline{\Phi}) = \pi(\Phi + \delta u) = \pi(\Phi) + \frac{\delta^2}{2}\int_\Omega |\nabla u|^2\mathrm{d}\Omega \tag{9.253}$$

于是近似解与精确解的泛函之间的偏差成为

$$\Delta\pi = \pi(\Phi + \delta u) - \pi(\Phi) = \frac{\delta^2}{2}\int_\Omega |\nabla u|^2\mathrm{d}\Omega \tag{9.254}$$

由式(9.254)可知，该偏差恒为非负，其可能的最小值为零，并且当参数 δ 趋于零时，以上偏差为零。也就是说，当近似解 $\overline{\Phi}$ 趋于精确解 Φ 时，泛函(9.248)达到其最小值。因此在求解偏微分方程(9.247)时，如果使泛函(9.248)极小化，则得到的近似解接近于精确解。从另外一个角度来说，可以定义一个对应于泊松方程(9.247)的泛函(9.248)，通过使该泛函最小化，构造一组线性代数方程，求解这组线性代数方程便能确定近似解的待定系数，从而求得偏微分方程的近似解。

对于式(9.247)所决定的静电场问题，描述方程中的 q 代表了 $\frac{\rho}{\varepsilon}$，其中 ρ 为自由电荷面密度，ε 为介电常数。电场中的储能曾作过介绍，下面将给出电场储能的另外一种表达方式，将储能定义为将电荷从无限远处移到现位置所做的总功

$$W = \frac{1}{2}\int_\Omega ED\,\mathrm{d}\Omega = \frac{\varepsilon}{2}\int_\Omega |\nabla\Phi|^2\mathrm{d}\Omega = \frac{1}{2}\int_\Omega \Phi\rho\,\mathrm{d}\Omega \tag{9.255}$$

利用新的储能表达式(9.255)，再次考查泛函(9.248)。当近似解等于精确解时，泛函(9.248)变为

$$\pi = \frac{1}{2}\int_\Omega |\nabla\Phi|^2\mathrm{d}\Omega - \int_\Omega \frac{\rho}{\varepsilon}\Phi\,\mathrm{d}\Omega = \frac{1}{\varepsilon}W - \frac{2}{\varepsilon}W = -\frac{1}{\varepsilon}W \tag{9.256}$$

式(9.256)假定了电介质为均匀介质,即介电常数 ε 可以提到积分号之外。从某种意义上,式(9.256)指出了与储能相关的泛函的物理意义。也就是说,当近似解 $\overline{\Phi}$ 等于精确解 Φ 时,上述泛函(9.248)达到其最小值,而该最小值与电场储能只差一个常数,该常数为 $-\dfrac{1}{\varepsilon}$。那么可以认为式(9.254)所给出的泛函偏差代表了整个电场中由近似解 $\overline{\Phi}$ 而带来的能量误差。式(9.254)同时也说明,能量误差是小偏差 δ 的二次函数。通过式(9.249),对电势的误差进行观察,发现电势误差本身是 δ 的一次函数。当近似解接近于精确解时,δ 值应该很小,那么按以上泛函的原理来求解场的分布,所得到的储能的结果要比势函数(即电势或磁势)本身更为精确。这一点对于研究和改进有限元解后处理算法至关重要。举例来说,当计算与储能有关的物理量如力、力矩、电感、电容等时,其结果要比势函数本身有更高的精确度。因此,在研究解后处理方法和计算电磁系统参数时,如果存在不同的算法,则由能量的概念来求解问题,与从势函数着手相比,常常能得到更精确的结果。

下面将用变分法求解偏微分方程,亦即确定式 $\overline{\varphi} = \sum\limits_{i=1}^{n} C_i \psi_i$ 近似解的待定系数。这里再一次强调,在选择试函数和近似解时,使得近似解满足边界条件,那么该边值问题所对应的泛函应该参照式(9.248)写出

$$\pi = \frac{1}{2}\int_{\Omega}\left(\sum_{i=1}^{n} C_i \nabla \Psi_i\right)^2 d\Omega - \int_{\Omega} q \sum_{i=1}^{n} C_i \Psi_i d\Omega \tag{9.257}$$

为了使泛函达到最小化,令泛函对每一个未知系数(C_1 到 C_n)的偏导数为零,对于一般项来说,有

$$\frac{\partial \pi}{\partial C_j} = \int_{\Omega}\left(\sum_{i=1}^{n} C_i \nabla \Psi_i\right)\frac{\partial}{\partial C_j}\left(\sum_{i=1}^{n} C_i \nabla \Psi_i\right) d\Omega - \int_{\Omega} q \frac{\partial}{\partial C_j}\left(\sum_{i=1}^{n} C_i \Psi_i\right) d\Omega = 0$$

$$\frac{\partial \pi}{\partial C_j} = \int_{\Omega}\left(\sum_{i=1}^{n} C_i \nabla \Psi_i\right) \nabla \Psi_j d\Omega - \int_{\Omega} q \Psi_j d\Omega = 0$$

$$(j = 1, 2, \cdots, n) \tag{9.258}$$

即

$$\int_{\Omega}\left(\sum_{i=1}^{n} C_i \nabla \Psi_i\right) \nabla \Psi_j d\Omega = \int_{\Omega} q \Psi_j d\Omega \quad (j = 1, 2, \cdots, n) \tag{9.259}$$

式中,q 为已知激励函数;$\Psi_1, \Psi_2, \cdots, \Psi_n$ 为已选定的试函数。

如果 $C_1, C_2, \cdots, C_n$ 为未知系数,那么该方程实际上成为一个求解 n 个未知系数 $C_1, C_2, \cdots, C_n$ 的 n 阶代数方程组,将积分运算与求和运算的次序对调,可以将式(9.258)写成规范型的线性代数方程组的形式

$$\sum_{i=1}^{n}\left(\int_{\Omega} \nabla \Psi_i \cdot \nabla \Psi_j d\Omega\right) C_i = \int_{\Omega} q \Psi_j d\Omega \quad (j = 1, 2, \cdots, n) \tag{9.260}$$

为简便起见,通常将这 n 个未知系数写成 n×1 阶列矩阵形式(即{C}),因此式(9.260)可

以写成一个矩阵方程的形式

$$[K]\{C\} = \{f\} \tag{9.261}$$

式中,系数矩阵$[K]$和激励矩阵$\{f\}$的一般元素由下式给出

$$K_{ij} = K_{ji} = \int_\Omega \nabla\Psi_i \cdot \nabla\Psi_j d\Omega$$

$$f_j = \int_\Omega q\Psi_j d\Omega \tag{9.262}$$

这里系数矩阵$[K]$为$n \times n$阶方形矩阵,并具有对称形式,$\{f\}$为$n \times 1$阶列矩阵。求解出系数矩阵$\{C\}$就能确定偏微分方程的近似解。

综上所述,尽管变分法和伽辽金法的出发点不同,其待定系数的推导过程也有很大差别,但对于泊松方程来说,这两种方法导出的矩阵方程及矩阵元素的表达式却完全相同,因此所得到的待定系数乃至近似解则完全一样。

3. 用变分法求解亥姆霍兹方程

亥姆霍兹方程用于描述稳态时变场,相对应的电势方程为

$$\nabla^2\varphi + \mu\varepsilon\omega^2\varphi = -\frac{\rho}{\varepsilon} \tag{9.263}$$

这个方程实际上是亥姆霍兹方程的一种特殊形式,一般型的亥姆霍兹方程在数学上常常写成

$$\nabla(k\nabla\varphi) + C^2\varphi = -q \tag{9.264}$$

式中,φ表示位置的一般函数;k表示介质材料的特性。

从广义上说,k为位置的函数,如果介质为均质的,则k变成一个常数;q为位置的一般函数,常常与激励有关。

首先考虑一组比较简单的边界条件,即

$$\varphi|_{\tau_1} = g \tag{9.265}$$

$$\left.\frac{\partial\varphi}{\partial n}\right|_{\tau_2} = 0 \tag{9.266}$$

由此可见,诺伊曼边界条件是齐次的。对于这样一个由亥姆霍兹方程描述的边值问题,其泛函可以写成

$$F(\varphi) = \frac{1}{2}\int_\Omega [k|\nabla\varphi|^2 - C^2\varphi^2 - 2q\varphi]d\Omega \tag{9.267}$$

与泊松方程的泛函相比,亥姆霍兹方程的泛函增加了一项含有常数C的项。在选择试函数和构造近似解的时候,设法使近似解满足狄利克雷边界条件(9.265),在数学上,将这种近似解事先就必须满足的边界条件称为基本边界条件。在这里,狄利克雷边界条件为基本边界条件,这种基本边界条件是保证泛函在近似解趋近于精确解时达到最小值的一个必要条件。由泛

函表达式(9.267)可见，齐次诺伊曼边界条件并没有在泛函中出现，也就是说，当近似解等于精确解时，泛函的驻点(即泛函的导数为零的点)能自动地使齐次诺伊曼边界条件(9.266)得到满足，这类边界条件对选择近似解并不施加任何限制条件，因而称为自然边界条件。以上边值问题的诺伊曼条件就是一种自然边界条件。

按照式(9.267)构造的泛函其一阶导数趋近于零。假设近似解与精确解之间有一个偏差，其表达式与式(9.267)相同

$$\bar{\varphi} = \varphi + \delta u$$

式中，δ 为一个参数；u 为一个可微的任意函数，对 u 的唯一限制为 u 在狄利克雷边界 Γ_1 上的值为零，以保证基本边界条件的要求。

对应于近似解的泛函为

$$\pi(\bar{\varphi}) = \pi(\varphi + \delta u) = \frac{1}{2}\int_\Omega [k|\nabla\varphi + \delta\nabla u|^2 - C^2(\varphi + \delta u)^2 - 2q(\varphi + \delta u)]\mathrm{d}\Omega \tag{9.268}$$

式中

$$|\nabla\varphi + \delta\nabla u|^2 = |\nabla\varphi|^2 + 2\delta\nabla\varphi\nabla u + \delta^2|\nabla u|^2$$
$$(\varphi + \delta u)^2 = \varphi^2 + 2\delta\varphi u + \delta^2 u^2$$

经过整理，式(9.268)所示的泛函可以写成

$$\pi(\bar{\varphi}) = \pi(\varphi) + \delta\int_\Omega [k\nabla\varphi\cdot\nabla u - C^2(\varphi u - qu)]\mathrm{d}\Omega + \frac{\delta^2}{2}\int_\Omega [k|\nabla u|^2 - C^2 u^2]\mathrm{d}\Omega \tag{9.269}$$

考查式(9.269)，可以将近似解与精确解对应的泛函之间存在的偏差写成

$$\nabla\pi = \pi(\bar{\varphi}) - \pi(\varphi) = \delta\int_\Omega [k\nabla\varphi\cdot\nabla u - C^2(\varphi u - qu)]\mathrm{d}\Omega +$$

$$\frac{\delta^2}{2}\int_\Omega [k|\nabla u|^2 - C^2 u^2]\mathrm{d}\Omega = \delta\pi + o(\delta^2) \tag{9.270}$$

式中，$\delta\pi$ 表示泛函偏差关于解误差 δ 的一次项；$o(\delta^2)$ 表示泛函偏差关于解误差 δ 的高阶项。

由微积分理论可知，要使泛函 π 在 $\bar{\varphi} = \varphi$ 时达到最小值，$\bar{\varphi} = \varphi$ 必须是泛函 π 的一个驻点，即下式成立

$$\delta\pi(\varphi) = 0 \tag{9.271}$$

如果下式在 $\bar{\varphi}$ 趋于 φ 时为零，便表明 $\bar{\varphi} = \varphi$ 是泛函的驻点，亦即 π 达到最小值。这里假定泛函的极小值就是最小值，而省略了得出这一结论的严格证明和具体要求。即

$$\delta\pi(\varphi) = \delta\int_\Omega [k\nabla\varphi\nabla u - C^2(\varphi u - qu)]\mathrm{d}\Omega \tag{9.272}$$

将格林定理应用于式(9.272)第一项中，使得

$$\delta \int_\Omega k \, \nabla\varphi \, \nabla u \, \mathrm{d}\Omega = \delta \oint_\Gamma u k \frac{\partial \varphi}{\partial n} \mathrm{d}\Gamma - \delta \int_\Omega u \, \nabla(k \, \nabla\varphi) \mathrm{d}\Omega$$

将上式代回式(9.270)可以得到

$$\delta\pi(\varphi) = \delta \oint_\Gamma u k \frac{\partial \varphi}{\partial n} \mathrm{d}\Gamma - \delta \int_\Omega u [\nabla(k \nabla u) + C^2(\varphi + q)] \mathrm{d}\Omega \tag{9.273}$$

式(9.273)中的右端第一项分别为对狄利克雷边界条件 Γ_1 的积分和对诺伊曼边界条件 Γ_2 的积分。由于狄利克雷边界条件为基本边界条件,函数 u 在 Γ_1 上保持为零,由于诺伊曼边界条件为齐次边界条件,$\frac{\partial \varphi}{\partial n}$ 在 Γ_2 上保持为零,因此式(9.273)右端第一项为零。在第二项中的 φ 为问题的精确解,应满足偏微分方程(9.264),所以第二项也为零。由此可见 $\overline{\varphi} = \varphi$ 是泛函(9.268)的驻值点,也就是说,泛函在近似解趋近于精确解时而达到的极小值就是最小值。从另外一个角度来说,可以对由式(9.267)构造的泛函求关于各个位置系数的偏导数,并令这些偏导数为零,从而形成了 n 个线性代数方程,以确定 n 个待定系数,即求解出方程的近似解。通常线性代数方程组可以写成矩阵方程的形式,如式(9.261)所示。

9.4.3 二维场的有限元

本节中,以一个理想化的静电场分布为例,介绍二维有限元的原理和方法。图9.16(a)为一个同轴传输线的截面示意图,两个同芯长方体之间加有 10 V 直流电压,导体间储有密度为 ρ 的电荷,传输线的长度远远大于其截面的长和宽,那么可以认为电场在传输线上的各个截面的分布都相同,因此只需求解电场在某个截面的分布。在这个问题中,几何结构、材料和激励都是已知条件,要求解出电场在导体间的分布,从而能检查绝缘材料的工作状况。这样一个带有激励源的静电场分布问题应由二维泊松方程描述。

如图9.16(a)所示,该问题的几何形状、介质及激励都关于 x 轴和 y 轴对称,因此只需求解整个截面的 $\frac{1}{4}$ 即可,如图9.16(b)所示。利用对称性可以减少结点和单元的数目,从而节省用于建立模型和计算近似解的时间。从另外一个角度来讲,如果维持结点和单元的数目不变,则利用对称性可以对这 $\frac{1}{4}$ 的区域作更为详细的划分,则单元的尺寸可大为减小,从而提高近似解的精度。一般来说问题的区域分得越细,则得到的近似解越精确。在划分区域时,对于场分布变化率较大的局部区域,应该将其划分为较小的单元,对于场分布变化较小的局部区域,可以将其划分成较大的单元,以减少单元数。在对称轴线的两侧,电势对于该轴线的法向变化率为零,也就是说,对称线作为边界可以用诺伊曼边界条件来描述,即电势关于对称轴线的法向梯度为零。从电力线的观点出发,也可以说电力线垂直穿过对称轴线。除了诺伊曼边界条件之外,该问题还有狄利克雷边界条件,即内导体的电势为零,外导体的电势为 10 V。那么该问题的静电场分布如图 9.16(b) 所示并由下式描述。

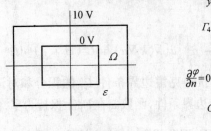

(a) 同轴传输线的截面   (b) 对称简化区域

图 9.16　同轴传输线的静电场问题

$$\nabla^2 \varphi = -q \quad x,y \in \Omega \quad \left(q = \frac{\rho}{\varepsilon}\right) \tag{9.274}$$

狄利克雷边界条件为

$$\varphi|_{\Gamma_1} = 0$$
$$\varphi|_{\Gamma_3} = 10 \text{ V} \tag{9.275}$$

诺伊曼边界条件为

$$\left.\frac{\partial \varphi}{\partial n}\right|_{\Gamma_2} = \left.\frac{\partial \varphi}{\partial n}\right|_{\Gamma_4} = 0 \tag{9.276}$$

与一维问题相似,二维问题的整体区域 Ω 也要被分割成很小的子区域,这种用有限元表示整体区域的过程称为离散化过程,由于分割后的区域呈网格状,所以称这种离散化过程为网格形成过程,而这些网格就是各种形状的有限元。二维有限元可以取为各种多边形。与其他多边形相比,三角形具有以下两个优点:

① 描述二维三角形的多项式有三项,该数目与三角形的结点数以及结点上未知量的个数恰好相同,因而使得多项式形函数的利用率最高。

② 三角形形状简单,能十分便利地表示复杂的几何结构。

与第 2 章类似,图 9.17(a) 绘出了一个任意三角形单元 e,其顶点分别标记为 i,j,k。单元 e 的 3 个结点上的未知量为电势值,分别记为 φ_i,φ_j 和 φ_k,需用有限元法计算得到。将势函数在子区域(即单元 e)上的分布值用线性插值的方法表示,如图 9.17(b) 所示。

$$\varphi^e = \varphi_i N_i + \varphi_j N_j + \varphi_k N_k \tag{9.277}$$

式中的形函数 N_i,N_j,N_k 分别对应于单元 e 的 3 个结点。

由式 (9.277) 可以看出,势函数在某单元上的分布函数由它们对应的 3 个结点的形函数以及这些结点上的势函数值线性叠加而成。

将以上原则推广到整个区域 Ω,每一个单元上的势函数都依照线性插值的原理用形函数和结点的电势表示,就能解出电势在整个区域上的分布函数。由于各个单元互不重叠,整个区

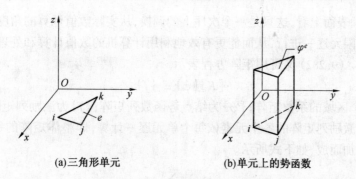

(a)三角形单元　　　　(b)单元上的势函数

图 9.17　三角形单元上及势函数

域上的电势则由每个单元的电势组合而成,即

$$\bar{\varphi} = \sum_{e=1}^{n} \varphi^e = \sum_{e=1}^{n} [\varphi_i N_i + \varphi_j N_j + \varphi_k N_k] \tag{9.278}$$

式中,n 表示单元的个数。

以上介绍了二维有限元的基本思路,下面将用变分法导出有限元计算的矩阵方程。齐次诺伊曼边界条件为自然边界条件,因此在选择形函数亦即试函数时,只需令近似解满足基本边界条件——狄利克雷条件即可。选择形函数时,已经使形函数在一个结点上为 1,而在其余结点上都为零。这样就使狄利克雷条件可以很容易地得到满足,只需令对应狄利克雷边界上结点的电势值由狄利克雷条件确定即可。既然这些边界点上的电势值为已知量,各矩阵相应于这些点的行和列就应当消去,从而使方程的阶数减少。

根据前面讨论的内容可以写出应用于泊松方程的泛函

$$\pi = \frac{1}{2} \int_{\Omega} \left[\sum_{e=1}^{n} (\varphi_i \nabla N_i + \varphi_j \nabla N_j + \varphi_k \nabla N_k) \right]^2 d\Omega - \int_{\Omega} q \sum_{e=1}^{n} (\varphi_i N_i + \varphi_j N_j + \varphi_k N_k) d\Omega \tag{9.279}$$

这里的待定系数即为结点上的电势值,对泛函求关于各个结点电势的导数,并使之为零,便得到求解这些电势值的线性方程组

$$\frac{\partial \pi}{\partial \varphi_i} = \sum_{e=1}^{N} \left[\int_{\Omega^e} (\varphi_i \nabla N_i + \varphi_j \nabla N_j + \varphi_k \nabla N_k) \nabla N_i d\Omega - \int_{\Omega^e} q N_i d\Omega \right] = 0 \tag{9.280}$$

$$\frac{\partial \pi}{\partial \varphi_j} = \sum_{e=1}^{N} \left[\int_{\Omega^e} (\varphi_i \nabla N_i + \varphi_j \nabla N_j + \varphi_k \nabla N_k) \nabla N_j d\Omega - \int_{\Omega^e} q N_j d\Omega \right] = 0 \tag{9.281}$$

$$\frac{\partial \pi}{\partial \varphi_k} = \sum_{e=1}^{N} \left[\int_{\Omega^e} (\varphi_i \nabla N_i + \varphi_j \nabla N_j + \varphi_k \nabla N_k) \nabla N_k d\Omega - \int_{\Omega^e} q N_k d\Omega \right] = 0 \tag{9.282}$$

将式(9.280)~(9.282)与式(9.279)相比可以发现,以上几个式子中,除了导数运算之外,积分与求和运算的次序也做了调整。上式中分别在每一单元上对泛函求导,然后令 n 个单元的泛

函导数之和为零。表面上看,这只是一个次序上的调换,从实际数值计算的角度来看,这样做能使计算按每个有限元逐一进行,从而能更有效地利用计算机的数值计算和处理功能。

式(9.280)~(9.282)又可用矩阵方程表示

$$[K]\{\varphi\} = \{f\} \tag{9.283}$$

式中,$[K]$ 为整个区域的系数矩阵;$\{\varphi\}$ 为结点势函数列矩阵;$\{f\}$ 为激励列矩阵。

系数矩阵和激励列矩阵的各个元素依每个单元逐一计算,即整体矩阵的每一元素都由每个单元的贡献叠加而成,如下式所示。

$$K_{ij} = \sum_{e=1}^{n} K_{ij}^e \tag{9.284}$$

$$f_i = \sum_{e=1}^{n} f_i^e \tag{9.285}$$

具有顶点 i, j, k 的三角形单元对系数矩阵的贡献为

$$[K]^e = \begin{bmatrix} K_{ii}^e & K_{ij}^e & K_{ik}^e \\ K_{ji}^e & K_{jj}^e & K_{jk}^e \\ K_{ki}^e & K_{kj}^e & K_{kk}^e \end{bmatrix} \tag{9.286}$$

式中,各元素所在行与列由顶点 i, j, k 在整个区域中的次序决定,式中单元系数矩阵的每一元素可由下式求出

$$K_{ij}^e = \int_{\Omega^e} \nabla N_i \cdot \nabla N_j \mathrm{d}\Omega = \int_{\Omega^e}(b_i b_j + c_i c_j) =$$

$$\frac{(y_j - y_k)(y_k - y_i) + (x_k - x_j)(x_i - x_k)}{4\Delta}$$

$$K_{ii}^e = \frac{(y_j - y_k)^2 + (x_k - x_j)^2}{4\Delta} \tag{9.287}$$

该单元对激励列矩阵的贡献是

$$\{f\}^e = \begin{Bmatrix} f_i^e \\ f_j^e \\ f_k^e \end{Bmatrix} \tag{9.288}$$

式中,各元素所在的行由三角形的顶点所在的区域中的次序决定,式中单元激励列矩阵的每一元素可由下式求出

$$f_i^e = \int_{\Omega^e} q N_i \mathrm{d}\Omega = \int_{\Omega^e} q(a_i + b_i x + c_i y) \mathrm{d}x \mathrm{d}y \tag{9.289}$$

式(9.289)可以进一步简化为

$$f_i^e = \frac{q\Delta}{3} \tag{9.290}$$

在有限元的计算过程中,将以上单元系数矩阵和单元激励列矩阵的各元素集合到整体矩阵(即系数矩阵和激励列矩阵)中,其行和列的位置则由结点在分割整个区域时的序号决定。

9.4.4 轴对称场的有限元

不同于实际上并不存在的二维几何结构,轴对称几何结构(即旋转体)不但存在而且十分普遍。假设 z 轴是对称轴,则电势的泊松方程可以写成

$$-\frac{1}{\rho}\frac{\partial}{\partial \rho}\left(\varepsilon_r \rho \frac{\partial \Phi}{\partial \rho}\right) - \frac{\partial}{\partial z}\left(\varepsilon_r \frac{\partial \Phi}{\partial z}\right) = \frac{\rho_c}{\varepsilon_0} \quad (9.291)$$

在该式两边乘以 ρ,则得到

$$-\frac{\partial}{\partial \rho}\left(\varepsilon_r \rho \frac{\partial \Phi}{\partial \rho}\right) - \frac{\partial}{\partial z}\left(\varepsilon_r \rho \frac{\partial \Phi}{\partial z}\right) = \frac{\rho_c}{\varepsilon_0}\rho \quad (9.292)$$

引入变换

$$x = \rho, \quad y = z, \quad \alpha_x = \alpha_y = \varepsilon_r \rho, \quad f = \frac{\rho_c}{\varepsilon_0}\rho$$

方程(9.292)即可转化为

$$-\frac{\partial}{\partial x}\left(\alpha_x \frac{\partial \Phi}{\partial x}\right) - \frac{\partial}{\partial y}\left(\alpha_y \frac{\partial \Phi}{\partial y}\right) = f$$

所以,上节中介绍的有限元公式可以直接用于该问题的求解。这种情形下经常出现的边界条件类似于二维情况,但现在的区域分析所用的近似边界条件变为

$$\frac{\partial \Phi}{\partial r} \approx -\frac{1}{r}\Phi \quad (9.293)$$

式中,$r = \sqrt{\rho^2 + z^2}$。

假设 Φ 的源仅限于原点($r = 0$)附近,这是因为这种情况下电势的渐近形式为

$$\Phi \approx \frac{A}{r}, \quad r \to \infty \quad (9.294)$$

式中,A 与 r 无关。

作为特例,考虑如图 9.18 所示的几何结构,其中两个不同内径的共轴波导组合在一起。这种结构关于 z 轴对称,因此,在 ρz 平面内的电势满足下式

$$E^e = -\frac{1}{2\Delta^e}\sum_{j=1}^{3}(b_j^e \hat{x} + c_j^e \hat{y})\Phi_j^e$$

另外,因为电势扰动仅限于连接处附近,所以,远离连接处某一位置的电势应该与未扰动情形下的电势相同。因此,在离连接处足够远的位置处的电势应与 z 无关,或者,它满足条件

$$\frac{\partial \Phi}{\partial z} = 0 \quad (9.295)$$

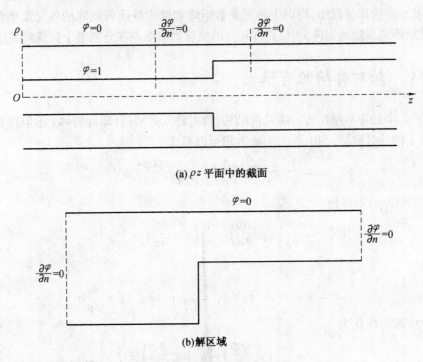

图 9.18 两共轴波导的连接问题

这可用做截断解区域的边界条件。图 9.19 给出了有限元网格。注意:因为在连接处的电势变化较剧烈,所以用了较稠密的网格。图 9.20 绘出了等势线。

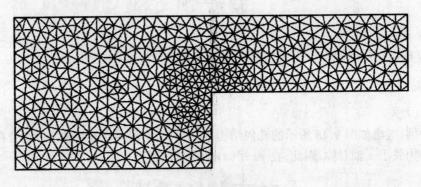

图 9.19 有限元网格

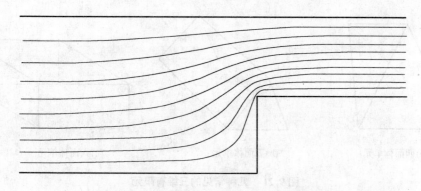

图 9.20　两共轴波导连接处附近的等势线

9.4.5　三维场的有限元

至此为止，我们介绍了一维和二维的有限元法，并通过几个电磁场问题，简单地说明了有限元法的应用原理和计算过程。尽管许多工程问题可以简化为二维问题，即可以用前几节介绍的原理求解，但几乎所有的工程问题实际上都是三维问题，在有些场合下，为了保证精度必须用三维图形表示，这就要求用三维有限元来求解。下面将介绍三维有限元法的基本原理，其基本推导过程与前几节非常类似。

一个电磁问题三维几何区域首先被有限元离散化，使一个整体问题可以局部地处理，这一出发点已经在介绍一维和二维有限元法时介绍过。三维有限元也可以有各种各样的形状，常见的有具有 4 个结点的四面体、具有 6 个结点的五面体以及具有 8 个结点的长方体等，如图 9.21 所示。本节主要介绍如图 9.21(a) 所示的四面体用于有限元法计算的方法，将一个一般的四面体重新表示为图 9.22，并将 4 个结点标为 i,j,k,l。这些顶点（即结点）的坐标分别标注为 (x_i,y_i,z_i)、(x_j,y_j,z_j)、(x_k,y_k,z_k)、(x_l,y_l,z_l)，对应的结点势函数值为 $\varphi_i,\varphi_j,\varphi_k$ 和 φ_l。这 4 个结点以及由它们构成的 4 个平面共同形成了一个一般性单元，记为 "e"。

$$N_i = a_i + b_i x + c_i y + d_i z \tag{9.296}$$

对应于每个结点都有一个相应的形函数，该形函数在该结点的位置为 1，而在其他结点上的位置为 0。对于一阶（即线性）有限元来说，形函数为坐标 x,y,z 的线性函数，对于结点 "i" 来说，形函数 N_i 在 4 个结点上的值可表示为

$$\begin{cases} N_i(x_i,y_i,z_i) = 1 \\ N_i(x_j,y_j,z_j) = 0 \\ N_i(x_k,y_k,z_k) = 0 \\ N_i(x_l,y_l,z_l) = 0 \end{cases} \tag{9.297}$$

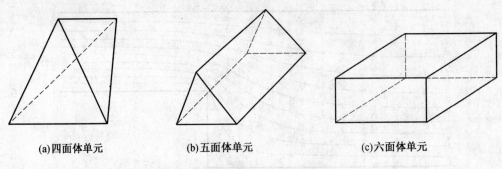

(a)四面体单元　　(b)五面体单元　　(c)六面体单元

图 9.21　几种常见的三维有限元

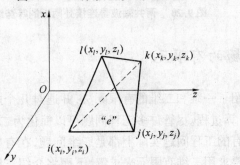

图 9.22　四面体单元

式(9.296)和式(9.297)实际上构成了求解系数 a_i,b_i,c_i,d_i 的 4 个线性代数方程,并能够写成矩阵形式

$$\begin{bmatrix} 1 & x_i & y_i & z_i \\ 1 & x_j & y_j & z_j \\ 1 & x_k & y_k & z_k \\ 1 & x_l & y_l & z_l \end{bmatrix} \begin{Bmatrix} a_i \\ b_i \\ c_i \\ d_i \end{Bmatrix} = \begin{Bmatrix} 1 \\ 0 \\ 0 \\ 0 \end{Bmatrix} \qquad (9.298)$$

利用克拉默(Gramer)法则便可以得到以上 4 个系数值,即

$$a_i = \frac{1}{6V} \begin{vmatrix} x_j & y_j & z_j \\ x_k & y_k & z_k \\ x_l & y_l & z_l \end{vmatrix}, \quad b_i = -\frac{1}{6V} \begin{vmatrix} 1 & y_j & z_j \\ 1 & y_k & z_k \\ 1 & y_l & z_l \end{vmatrix}$$

$$c_i = \frac{1}{6V} \begin{vmatrix} 1 & x_j & z_j \\ 1 & x_k & z_k \\ 1 & x_l & z_l \end{vmatrix}, \quad d_i = -\frac{1}{6V} \begin{vmatrix} 1 & x_j & y_j \\ 1 & x_k & y_k \\ 1 & x_l & y_l \end{vmatrix} \qquad (9.299)$$

式中,V 表示四面体的体积

$$V = \frac{1}{6} \begin{vmatrix} 1 & x_i & y_i & z_i \\ 1 & x_j & y_j & z_j \\ 1 & x_k & y_k & z_k \\ 1 & x_l & y_l & z_l \end{vmatrix} \tag{9.300}$$

用同样的方法,可以确定对应于其他各结点的形函数。那么势函数在该单元 e 上的分布就由各个结点对应的形函数与电势值的乘积叠加而成

$$\varphi^e(x,y,z) = N_i\varphi_i + N_j\varphi_j + N_k\varphi_k + N_l\varphi_l \tag{9.301}$$

这也是关于坐标向量的一个线性函数。

下面仍然以一个泊松方程为例,说明三维有限元计算矩阵的形成过程,问题的描述方程为

$$\left. \begin{aligned} \nabla^2\varphi &= -q \\ \varphi &= \rho|_{\Gamma_1} \\ \frac{\partial \varphi}{\partial n_e}\bigg|_{\Gamma_2} &= 0 \end{aligned} \right\} \in \Omega \tag{9.302}$$

式中,Γ_1 为狄利克雷边界;Γ_2 为诺伊曼边界;$\boldsymbol{n}_e$ 为外向的单位法向矢量。

Γ_1 和 Γ_2 构成了包围体积 Ω 的表面空间曲面。我们的目的是为了求解出势函数在整个区域 Ω 的近似解,对于离散化的区域来说,这一目的就转化为求解势函数在各个结点上的近似值,势函数在每一个单元上的分布便由单元结点上的势函数值和单元上的形函数,依照线性插值的原理(9.301)算出。而整个区域的势函数分布由各个结点的分布构成。

由于整个问题的区域 Ω 已被有限元离散化,区域 Ω 的边界由各个边界单元的一个面构成,而四面体单元的一个面为三角形,那么区域的边界由多个三角形构成。位于狄利克雷边界的结点势函数由式(9.302)给出,已经为已知值,因而不需要再计算,这样只需要求解对应于其他结点的近似值即可。近似值又可以写成各个单元上的势函数的叠加,即

$$\bar{\varphi} = \sum_{e=1}^{n} \varphi^e = \sum_{e}^{n} [N_i\varphi_i + N_j\varphi_j + N_k\varphi_k + N_l\varphi_l] \tag{9.303}$$

式中,n 表示单元的总数。

对应于泊松方程(9.302)的泛函为

$$\pi = \frac{1}{2}\int_\Omega |\nabla\varphi|^2 d\Omega - \int_\Omega q\bar{\varphi} d\Omega \tag{9.304}$$

将近似解的表达式(9.303)代回上式,写出泛函的具体形式

$$\pi = \frac{1}{2}\int_\Omega \Big[\sum_{e=1}^{n} (\nabla N_i\varphi_i + \nabla N_j\varphi_j + \nabla N_k\varphi_k + \nabla N_l\varphi_l)\Big]^2 d\Omega -$$
$$\int_\Omega \Big[q\sum_{e=1}^{n}(N_i\varphi_i + N_j\varphi_j + N_k\varphi_k + N_l\varphi_l)\Big] d\Omega \tag{9.305}$$

对上述泛函求关于各个结点势函数值 φ_i 的导数,并令各个导数为零,从而使得近似解的

误差最小化,依此原则而形成的线性代数方程便用来求解各结点的未知势函数值。对泛函求关于结点 i 电势 φ_i 的导数,并令其为零,有

$$\frac{\partial \pi}{\partial \varphi_i} = \sum_{e=1}^{n} \int_{\Omega^e} (\nabla N_i \varphi_i + \nabla N_j \varphi_j + \nabla N_k \varphi_k + \nabla N_l \varphi_l) \nabla N_i \mathrm{d}\Omega - \sum_{e=1}^{n} \int_{\Omega^e} q N_i \mathrm{d}\Omega \quad (9.306)$$

对 $\varphi_j, \varphi_k, \varphi_l$ 求导的结果与式(9.306)类似,式(9.306)中已经将求和运算提到积分运算的外面。这样对积分的计算只是针对每个单元独立进行,然后将各个单元计算结果相加而得到整体方程的表达式。

9.4.6 非线性问题的有限元

对于二维恒定非线性磁场,方程及边界条件为

$$\begin{cases} \dfrac{\partial}{\partial x}\left(v\dfrac{\partial A}{\partial x}\right) + \dfrac{\partial}{\partial y}\left(v\dfrac{\partial A}{\partial y}\right) + \delta = 0 \\ A\mid_{\Gamma_1} = A_0 \\ v\dfrac{\partial A}{\partial n}\bigg|_{\Gamma_2} = -H_t \end{cases}$$

式中,v 为磁导率 μ 的倒数。

上式对应的泛函为

$$\pi = \iint_{\Omega} \left(\int_0^B H \mathrm{d}B - A\delta\right) \mathrm{d}x \mathrm{d}y + \int_{\Gamma_2} H_t A \mathrm{d}s \quad (9.307)$$

定义

$$f = \int_0^B H \mathrm{d}B - A\delta$$

将其代入欧拉方程,则

$$\frac{\partial}{\partial x}\left(\frac{\partial f}{\partial A_x}\right) + \frac{\partial}{\partial y}\left(\frac{\partial f}{\partial A_y}\right) - \frac{\partial f}{\partial A} = 0 \quad (9.308)$$

式中

$$A_x = \frac{\partial A}{\partial x}, \quad A_y = \frac{\partial A}{\partial y}, \quad \frac{\partial f}{\partial A} = -\delta$$

$$\frac{\partial}{\partial x}\left(\frac{\partial f}{\partial A_x}\right) = \frac{\partial}{\partial x}\left[\frac{\partial}{\partial B}\left(\int_0^B H \mathrm{d}B - A\delta\right)\frac{\partial B}{\partial A_x}\right] = \frac{\partial}{\partial x}\left(vB\frac{\partial B}{\partial A_x}\right)$$

由于

$$B = \sqrt{A_x^2 + A_y^2}$$

$$B\frac{\partial B}{\partial A_x} = B\frac{\partial}{\partial A_x}\sqrt{A_x^2 + A_y^2} = A_x = \frac{\partial A}{\partial x}$$

$$\frac{\partial}{\partial x}\left(\frac{\partial f}{\partial A_x}\right) = \frac{\partial}{\partial x}\left(v\frac{\partial A}{\partial x}\right)$$

同理

$$\frac{\partial}{\partial y}\left(\frac{\partial f}{\partial A_y}\right) = \frac{\partial}{\partial y}\left(v\frac{\partial A}{\partial y}\right)$$

代入式(9.308)得到

$$\frac{\partial}{\partial x}\left(v\frac{\partial A}{\partial x}\right) + \frac{\partial}{\partial y}\left(v\frac{\partial A}{\partial y}\right) + \delta = 0$$

对于二类边界条件,泛函中多出一项 $\int_{\Gamma_2} H_t A \mathrm{d}s$,则泛函 π 满足欧拉方程的要求。

$\int_0^B vB\mathrm{d}B$ 表示磁性材料中单位体积的磁能,其几何意义为如图9.23所示的磁化曲线 $B-H$ 与 B 轴之间的面积。

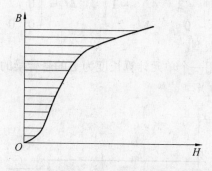

图 9.23　磁性材料磁能的几何意义

每个三角形单元的磁能为

$$W_e = \iint_\Delta \int_0^B vB\mathrm{d}B\mathrm{d}x\mathrm{d}y \tag{9.309}$$

将 W_e 对 A_i 求一阶偏导数,得到

$$\frac{\partial W_e}{\partial A_i} = \iint_\Delta \left(\frac{\partial}{\partial B}\int_0^B vB\mathrm{d}B\mathrm{d}x\mathrm{d}y\right)\frac{\partial B}{\partial A_i}\mathrm{d}x\mathrm{d}y =$$

$$\iint_\Delta vB \cdot \frac{1}{2B}\left[2\frac{\partial A}{\partial x}\frac{\partial}{\partial A_i}\left(\frac{\partial A}{\partial x}\right) + 2\frac{\partial A}{\partial y}\frac{\partial}{\partial A_i}\left(\frac{\partial A}{\partial y}\right)\right]\mathrm{d}x\mathrm{d}y =$$

$$\iint_\Delta v\left[\frac{\partial A}{\partial x}\frac{\partial}{\partial A_i}\left(\frac{\partial A}{\partial x}\right) + \frac{\partial A}{\partial y}\frac{\partial}{\partial A_i}\left(\frac{\partial A}{\partial y}\right)\right]\mathrm{d}x\mathrm{d}y =$$

$$\iint_\Delta \frac{v}{4\Delta^2}\left[\begin{array}{l}(b_iA_i + b_jA_j + b_mA_m)b_i + \\ (c_iA_i + c_jA_j + c_mA_m)c_i\end{array}\right]\mathrm{d}x\mathrm{d}y =$$

$$\frac{v}{4\Delta^2}[(b_iA_i + b_jA_j + b_mA_m)b_i + (c_iA_i + c_jA_j + c_mA_m)c_i] \quad (9.310)$$

从上式可见,考虑非线性之后,形成刚度$[K]$的公式与线性情况下的公式相同,只是由于v随$\{A\}$值变化,$[K]$的元素与v成正比,也是变数。经过网格离散后得到的非线性方程为

$$[K]\{A\} = \{R\} \quad (9.311)$$

非线性方程的求解可以按照7.4节介绍的牛顿-拉夫森方法、拟牛顿-拉夫森方法、或者修正牛顿-拉夫森方法进行,这里不再赘述。

习 题

9-1 一结构的刚度矩阵和质量矩阵分别为

$$K = \begin{bmatrix} 2 & -2 & 0 \\ -2 & 4 & -1 \\ 0 & -1 & 2 \end{bmatrix}, \quad M = \begin{bmatrix} 1 & 0 & 0 \\ 0 & 2 & 0 \\ 0 & 0 & 1 \end{bmatrix}$$

试求出该问题的自然频率和振型。

9-2 如图9.24所示,用一个单元计算长度为L的悬臂梁的固有频率。已知:材料密度为ρ,弹性模量为E,横截面积为A。

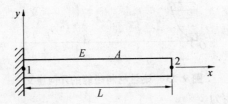

图 9.24

9-3 如图9.25所示,用3个长度相等的单元计算一端固定实心圆轴的固有频率。已知:轴的长度为L,材料密度为ρ,弹性模量为E,横截面积为A。

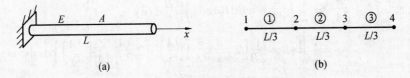

图 9.25

9-4 设如图9.26所示的3结点平面单元是均质、各向同性的,具有单位厚度。计算用导热系数k和结点坐标表示的K。

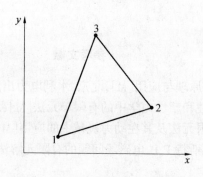

图 9.26

9-5 有一半径为 $R = 500$ mm 的平板,两个半圆表面是绝热的,圆周表面保持常温 26℃,直径表面为 0℃,求此半圆板在稳定状态下的温度场。

9-6 有一方形钢板,板的一边保持为 $T_1 = 100$℃,其余三边温度保持为 $T_0 = 0$℃,若板的上下表面不散热,求在稳定状态下板中心的温度。

思 考 题

9-1 比较动力学和静力学的有限元方程和求解方法,简述它们的相同点和不同点?

9-2 列举阻尼矩阵的几种形式并指出它们的物理意义。

9-3 各种直接积分法的基本假设是什么?

9-4 举例说明当回转体中温度对于 $\theta = 0$ 平面对称时,θ 必须是材料的一个主方向。

9-5 试结合实际情况,说明哪些航空航天结构中的流动可以简化为渗流问题和势流问题。

9-6 在两平行面间有一圆柱限制绕流(如图 9.27(a) 所示),对本问题进行简化,取 1/4 区域进行分析(图 9.27(b)),图 9.27(b) 中的各边界的边界条件如何确定?求解该问题的基本步骤?

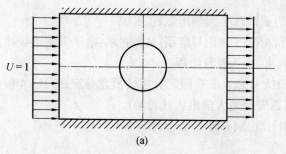
(a)

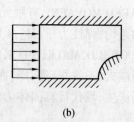
(b)

图 9.27

参考文献

[1] 朱伯芳.有限单元法原理与应用[M].北京:水利电力出版社,1979.

[2] 谢贻权,何福保.弹性和塑性力学中的有限单元法[M].北京:机械工业出版社,1981.

[3] 郭成壁,陈全福.有限元法及其在动力机械中的应用[M].北京:国防工业出版社,1984.

[4] 查利 M V K,席尔凡斯特 P P.电磁场问题的有限元解法[M].史乃,唐任远,等,译.北京:科学出版社,1985.

[5] 孔祥谦.有限单元法在传热学中的应用[M].北京:科学出版社,1986.

[6] 陈丕璋,严烈通,姚若萍.电机电磁场理论与计算[M].北京:科学出版社,1986.

[7] 李明达.有限单元法在燃气涡轮发动机零件强度计算中的应用[M].北京:国防工业出版社,1987.

[8] 王秉愚.有限元法程序设计[M].北京:北京理工大学出版社,1991.

[9] 巴斯 K J.工程分析中的有限元法[M].傅子智,译.北京:机械工业出版社,1991.

[10] 高德平.机械工程中的有限元法基础[M].西安:西北工业大学出版社,1993.

[11] 刘更.结构动力学有限元程序设计[M].北京:国防工业出版社,1993.

[12] 张榴晨,徐松.有限元法在电磁计算中的应用[M].北京:中国铁道出版社,1996.

[13] 谭浩强,张基温,唐永炎.C语言程序设计教程[M].北京:高等教育出版社,1998.

[14] 俞铭华,吴剑国,王林.有限元法与C语言程序设计[M].北京:科学出版社,1998.

[15] 金建铭.电磁场有限元方法[M].王建国,译.西安:西安电子科技大学出版社,1998.

[16] 施荣华,刘卫国.C程序设计与应用[M].北京:中国铁道出版社,1999.

[17] 王勖成.有限单元法[M].北京:清华大学出版社,2003.

[18] 陆山.热结构分析有限元程序设计[M].西安:西北工业大学出版社,2003.

[19] ZIENKIEWICZ O C, TAYLOR R L. The Finite Element Method [M].5th ed.北京:世界图书出版公司,2005.

[20] 包世华.结构动力学[M].武汉:武汉理工大学出版社,2005.

[21] SAEED MOVAENI.有限元分析:ANSYS理论与应用[M].北京:电子工业出版社,2005.

[22] 徐芝伦.弹性力学[M].4版.北京:高等教育出版社,2006.

[23] COOK R D,MALKUS D S,PLESHA M E,etal.有限元分析的概念与应用[M].4版.关正西,强洪夫,王铁军,等,译.西安:西安交通大学出版社,2007.

[24] 杨庆生.现代计算固体力学[M].北京:科学出版社,2007.